Arbeitslosenprojekt TuWas

Leitfaden für Arbeitslose

Der Rechtsratgeber zum SGB III

© 2005 **Fachhochschulverlag**
DER VERLAG FÜR ANGEWANDTE WISSENSCHAFTEN

Ulrich Stascheit, Ute Winkler
Leitfaden für Arbeitslose
Der Rechtsratgeber zum SGB III
22. Auflage, Stand: 1.1.2005
unter Mitarbeit von:
Hein Embs,
Dorothee Frings,
Wolfgang Petzold,
Elwine Turk

© 2005 Fachhochschulverlag
ISBN 3-936065-35-7

DTP:
Andreas Bauer, Tinka Kellermann,
Monika Weiland
auf Apple Macintosh Power PC

Druck und Bindung:
Clausen & Bosse GmbH
25917 Leck

Preis:
Der Leitfaden kostet je Exemplar 11,– €
(einschließlich Versandkosten)

Bestellungen:
Fachhochschulverlag
Kleiststraße 31
60318 Frankfurt am Main

Telefon (0 69) 15 33–28 20
Telefax (0 69) 15 33–28 40
bestellung@fhverlag.de
www.fhverlag.de

**Verfasser und Verfasserinnen garantieren
nicht für die Richtigkeit aller Aussagen**

Viele Leser bitten uns telefonisch oder schriftlich um Ratschläge, um das Abfassen von Widersprüchen und um das Aufsetzen von Klageschriften. Leider können und dürfen wir diese Rechtsberatung im Einzelfall nicht leisten. Diese Arbeit muss von den Arbeitsloseninitiativen (→ S. 581), vom gewerkschaftlichen Rechtsschutz und von den »Fachanwälten für Sozialrecht« getragen werden.

VORWORT ZUR 22. AUFLAGE

Seit 1.1.2005 gilt ein zum Teil grundlegend verändertes Arbeitslosenrecht:

Durch das »Dritte Gesetz für moderne Dienstleistungen am Arbeitsmarkt« (Hartz III) ist das SGB III zum 1.1.2005 umgestaltet worden. Das betrifft insbesondere die Berechnung des Arbeitslosengeldes und die Sperrzeiten.
Alle seit 1.1.2005 greifenden Änderungen des SGB III sind eingearbeitet.

Hartz III

Stand: 1.1.2005

Auch die durch das »Gesetz zu Reformen am Arbeitsmarkt« ab 1.1.2006, 1.2.2006, 1.2.2007, 1.2.2010 beabsichtigten Verkürzungen der Alg-Anspruchsdauer und Alg-Rahmenfristen werden vorgestellt.

Neu aufgenommen wurde das Kapitel »Beschäftigung von Ausländern«. Hier wird detailliert dargestellt, wer ab 1.1.2005 unter welchen Bedingungen nach dem neuen »Aufenthaltsgesetz« in Deutschland arbeiten und bei Arbeitslosigkeit Leistungen beziehen darf.

Weggefallen ist das Kapitel »Arbeitslosenhilfe«. Die Arbeitslosenhilfe ist durch das »Vierte Gesetz für moderne Dienstleistungen am Arbeitsmarkt« (Hartz IV) seit 1.1.2005 mit der Hilfe zum Lebensunterhalt für erwerbsfähige Sozialhilfebezieher zum neuen Arbeitslosengeld II verschmolzen und in einem neuen »SGB II – Grundsicherung für Arbeitsuchende« geregelt. Diese umfangreiche Neuregelung konnte im alten »Leitfaden für Arbeitslose« keinen Platz finden. Das Arbeitslosenprojekt TuWas legt deshalb einen neuen »Leitfaden zum Arbeitslosengeld II. Der Rechtsratgeber zum SGB II« vor.

Hartz IV

Neuer Leitfaden zum Arbeitslosengeld II

Informationen zu diesem neuen Leitfaden und zu den anderen Büchern des Fachhochschulverlags, die Arbeitslose und ihre Berater/Beraterinnen interessieren könnten, finden Sie auf → S. 591.

INHALT

      Abkürzungsverzeichnis 8

A   **Sie werden (demnächst) arbeitslos – worauf Sie achten müssen 12**

B   **Hilfen bei Arbeitsuche und bei Arbeitsaufnahme 58**

C   **Wer bekommt Arbeitslosengeld? 75**

D   **Zumutbarkeit 118**

E   **Höhe des Arbeitslosengeldes 154**

F   **Anrechnung von Nebeneinkommen 187**

G   **Dauer des Arbeitslosengeldes 200**

H   **Beschäftigung von Ausländern 211**

I   **Sperrzeiten 261**

J   **Ruhen von Leistungen, insbesondere bei Entlassungsentschädigungen 313**

K   **Kurzarbeitergeld (Kug) 331**

L   **Insolvenzgeld (Insg) 348**

M   **Berufliche Ausbildung – Berufsausbildungsbeihilfe (BAB) 364**

N   **Weitere Fördermöglichkeiten
     für junge Menschen** 377

O   **Berufliche Weiterbildung** 391

P   **Teilhabe behinderter Menschen
     am Arbeitsleben – Übergangsgeld** 416

Q   **Massnahmen zur Schaffung
     und Erhaltung von Arbeitsplätzen** 455

R   **Hilfen zur Existenzgründung** 483

S   **Mittel aus dem Europäischen
     Sozialfonds (ESF)** 498

T   **Zahlung, Schutz, Abzweigung,
     Rückzahlung von Leistungen** 511

U   **Kranken-, Pflege-, Unfall-, Rentenversicherung** 531

V   **Widerspruch und Klage** 552

W   **Stichwortverzeichnis** 582

X   **Verzeichnis der Tabellen und Schaubilder** 589

Y   **Pressestimmen** 590

Z   **Weitere Bücher des Fachhochschulverlags
     zum Thema Arbeitslosenrecht/Arbeitslosigkeit** 591

ABKÜRZUNGSVERZEICHNIS

AA	Agentur für Arbeit, früher Arbeitsamt
a. A.	anderer Ansicht
a. a. O.	am angegebenen Ort
ABA	Arbeit, Beruf und Arbeitslosenhilfe (Zeitschrift)
Abg	Ausbildungsgeld
abH	ausbildungsbegleitende Hilfen
ABM	Arbeitsbeschaffungsmaßnahme
ABS	Arbeitsförderungs-, Beschäftigungs- und Strukturentwicklungsgesellschaft
a. F.	alte Fassung
AFG	Arbeitsförderungsgesetz
AföRG	Ausbildungsförderungsreformgesetz
AiB	Arbeitsrecht im Betrieb (Zeitschrift)
AIS	Arbeitgeber-Informations-Service
Alg	Arbeitslosengeld nach dem SGB III
Alg II	Arbeitslosengeld nach dem SGB II
Alhi	Arbeitslosenhilfe
AMBl	Amtsblatt
ANBA	Amtliche Nachrichten der Bundesanstalt für Arbeit (Zeitschrift)
AO	Anordnung
AOK	Allgemeine Ortskrankenkasse
AP	Arbeitsrechtliche Praxis (Nachschlagewerk des BAG)
ARB 1/80	Beschluss Nr. 1/80 des Assoziationsrats EWG-Türkei über die Entwicklung der Assoziation vom 19.9.1980
ArbG	Arbeitsgericht
ArbGG	Arbeitsgerichtsgesetz
ArbuSozR	Arbeits- und Sozialrecht (Zeitschrift)
ArbZG	Arbeitszeitgesetz
ARGE	Arbeitsgemeinschaft zwischen AA und kommunalem Träger nach SGB II
ASIS	Ausbildungsstellen-Informations-Service
AsylbLG	Asylbewerberleistungsgesetz
AsylVerfG	Asylverfahrensgesetz
A-UBV	Anordnung zur Unterstützung der Beratung und Vermittlung
AÜG	Gesetz zur Regelung der gewerbsmäßigen Arbeitnehmerüberlassung
a+b	arbeit und beruf (Zeitschrift)
AufenthG	Aufenthaltsgesetz
AufenthV	Aufenthaltsverordnung
AuR	Arbeit und Recht (Zeitschrift)
AVAVG	Gesetz über Arbeitsvermittlung und Arbeitslosenversicherung (1927)
AVmG	Altersvermögensgesetz
Az.	Aktenzeichen
AZWV	Anerkennungs- und Zulassungsverordnung – Weiterbildung
BA	Bundesagentur für Arbeit, früher Bundesanstalt für Arbeit (Nürnberg)
BAB	Berufsausbildungsbeihilfe
BAföG	Bundesausbildungsförderungsgesetz
BAG	Bundesarbeitsgericht
BAG-SB	Informationsdienst der Bundesarbeitsgemeinschaft Schuldnerberatung e.V. (Zeitschrift)
BAGE	Entscheidungen des Bundesarbeitsgerichts
BAnz	Bundesanzeiger
BArbBl	bundesarbeitsblatt (Zeitschrift)
BAT	Bundes-Angestelltentarifvertrag
BB	Betriebs-Berater (Zeitschrift)
BBiG	Berufsbildungsgesetz
BeitrAB	Beiträge zur Arbeitsmarkt- und Berufsforschung
BErzGG	Gesetz zum Erziehungsgeld und zur Elternzeit
BeschV	Beschäftigungsverordnung

BeschVerfV	Beschäftigungsverfahrensverordnung	DALEB	Datenabgleich von Zeiten des Leistungsbezuges bei der BA mit Beschäftigungszeiten
BetrVG	Betriebsverfassungsgesetz		
BfA	Bundesversicherungsanstalt für Angestellte (Berlin)	DB	Der Betrieb (Zeitschrift)
		DBl	Dienstblatt
BFH	Bundesfinanzhof	DBIR	Dienstblatt der BA – Rechtsprechung
BGB	Bürgerliches Gesetzbuch		
BGBl	Bundesgesetzblatt	DBIRErl	Dienstblatt-Runderlass
BGH	Bundesgerichtshof	DGB	Deutscher Gewerkschaftsbund
BGJ	Berufsgrundbildungsjahr		
BIZ	BerufsInformationsZentrum	DRV	Deutsche Rentenversicherung (Zeitschrift)
BKGG	Bundeskindergeldgesetz		
BKK	Die Betriebskrankenkasse (Zeitschrift)	DVBl	Deutsches Verwaltungsblatt (Zeitschrift)
BMAS	Bundesministerium für Arbeit und Sozialordnung	EAO	Erreichbarkeits-Anordnung
		EG	Europäische Gemeinschaft
BMWA	Bundesministerium für Wirtschaft und Arbeit	EGInsO	Einführungsgesetz zur Insolvenzordnung
BQS	Beschäftigungs- und Qualifizierungsgesellschaft	EinZu	Einstellungszuschuss
		EQJ	Sonderprogramm Einstiegsqualifizierung Jugendlicher
BR-Drs.	Bundesrats-Drucksache		
Breith.	Breithaupt: Sammlung von Entscheidungen aus dem Gebiete der Sozialversicherung, Versorgung und Arbeitslosenversicherung	ES	Entgeltsicherung
		ESF	Europäischer Sozialfonds
		EStG	Einkommensteuergesetz
		EU	Europäische Union
BSG	Bundessozialgericht	EuGH	Gerichtshof der Europäischen Gemeinschaften
BSGE	Amtliche Sammlung der Entscheidungen des BSG		
		EWG	Europäische Wirtschaftsgemeinschaft
BSHG	Bundessozialhilfegesetz		
BsI	Beschäftigung schaffende Infrastrukturförderung	EWiR	Entscheidungen zum Wirtschaftsrecht (Zeitschrift)
BT-Drs.	Bundestags-Drucksache	EWR	Europäischer Wirtschaftsraum
BüE	Berufsausbildung in einer überbetrieblichen Einrichtung	ExZu	Existenzgründungszuschuss
		EZ	Eingliederungszuschüsse
BUrlG	Bundesurlaubsgesetz	EZAR	Entscheidungssammlung zum Ausländer- und Asylrecht
BvB	Berufsvorbereitende Bildungsmaßnahme		
BVerfG	Bundesverfassungsgericht	FamRZ	Zeitschrift für das gesamte Familienrecht
BVerfGE	Amtliche Sammlung der Entscheidungen des Bundesverfassungsgerichts		
		FbW	Förderung der beruflichen Weiterbildung
		FreizügG	Freizügigkeitsgesetz
BVerwG	Bundesverwaltungsgericht		
BVG	Bundesversorgungsgesetz	GewO	Gewerbeordnung
BZA	Bundesverband Zeitarbeit Personal-Dienstleistungen e. V.	GG	Grundgesetz
		GK-SGB III	Gemeinschaftskommentar zum Arbeitsförderungsrecht
DA	Durchführungsanordnung, Durchführungsanweisung	GMBl	Gemeinsames Ministerialblatt

Handbuch Arbeitsförderung	Andreas Henkes, Ulrich Baur, Joachim Kopp, Christiane Polduwe: Handbuch Arbeitsförderung, SGB III, München 1999	MdE	Minderung der Erwerbsfähigkeit
		MDK	Medizinischer Dienst der Krankenkassen
HwO	Handwerksordnung	MittAB	Mitteilungen aus der Arbeitsmarkt- und Berufsforschung (Zeitschrift; seit 2004: ZAF)
HzA	Hilfe zur Arbeit		
IAB	Institut für Arbeitsmarkt- und Berufsforschung	MTB	Manteltarifvertrag für Arbeiter des Bundes
ibv	informationen für die Beratungs- und Vermittlungsdienste	MuSchG	Mutterschutzgesetz
		m. w. N.	mit weiteren Nachweisen
IFD	Integrationsfachdienste	NACE	Nomenclature générale des activités économiques dans les Communautés européennes, statistische Systematik der Wirtschaftszweige in der Europäischen Union
iGZ	Interessenverband deutscher Zeitarbeitsunternehmen		
IHK	Industrie- und Handelskammer		
info also	Informationen zum Arbeitslosenrecht und Sozialhilferecht (Zeitschrift)		
		NDV-RD	Rechtsprechungsdienst zum Nachrichtendienst des Deutschen Vereins (Zeitschrift)
InfAuslR	Informationsbrief Ausländerrecht (Zeitschrift)		
		n. F.	neue Fassung
Insg	Insolvenzgeld	NJW	Neue Juristische Wochenschrift (Zeitschrift)
InsO	Insolvenzordnung		
IntV	Integrationskursverordnung	NZA	Neue Zeitschrift für Arbeitsrecht
Job-AQTIV-Gesetz	Gesetz zur Reform der arbeitsmarktpolitischen Instrumente Aktivieren, Qualifizieren, Trainieren, Investieren, Vermitteln		
		NZS	Neue Zeitschrift für Sozialrecht
		O	Ordnung
		OLG	Oberlandesgericht
		OVG	Oberverwaltungsgericht
JugArbSchG	Jugendarbeitsschutzgesetz	OWiG	Gesetz über Ordnungswidrigkeiten
KfW	Kreditanstalt für Wiederaufbau		
KJHG	Sozialgesetzbuch VIII. Buch – Kinder- und Jugendhilfe	PSA	Personal-Service-Agentur
		RandNr.	Randnummer
KSchG	Kündigungsschutzgesetz	RdA	Recht der Arbeit (Zeitschrift)
Kug	Kurzarbeitergeld	RdErl.	Runderlass
KURS	Die Datenbank für Aus- und Weiterbildung der BA	RDV	Recht der Datenverarbeitung (Zeitschrift)
KV	Krankenversicherung	RehaAnglG	Gesetz über die Angleichung der Leistungen zur Rehabilitation
LAA	Landesarbeitsamt, jetzt Regionaldirektion		
		Ri	Richtlinie
LAG	Landesarbeitsgericht	RL	Richtlinie des Rates EU
Lkz	Lohnkostenzuschuss	RspDienst	Rechtsprechungsdienst der Sozialgerichtsbarkeit
LPartG	Lebenspartnerschaftsgesetz		
LSG	Landessozialgericht	Rspr	Rechtsprechung
LStR	Lohnsteuer-Richtlinien	RVO	Reichsversicherungsordnung
LVA	Landesversicherungsanstalt		

SAM	Strukturanpassungsmaßnahme	SozSich	Soziale Sicherheit (Zeitschrift)
SchwarzArbG	Schwarzarbeitsbekämpfungsgesetz	SPALAR	Sonderprogramm - Arbeit für Langzeitarbeitslose - Richtlinie
SchwbAV	Schwerbehinderten-Ausgleichsabgabe-Verordnung	SPI	Sozialpolitische Informationen, Hrsg. Bundesministerium für Gesundheit und Soziale Sicherung
SG	Sozialgericht		
SGb	Die Sozialgerichtsbarkeit (Zeitschrift)	SPR	Richtlinien zur Durchführung des Sofortprogramms zum Abbau der Jugendarbeitslosigkeit
SGB I	Sozialgesetzbuch I. Buch – Allgemeiner Teil		
SGB II	Sozialgesetzbuch II. Buch – Grundsicherung für Arbeitsuchende	StAG	Staatsangehörigkeitsgesetz
		SV	Die Sozialversicherung (Zeitschrift)
SGB III	Sozialgesetzbuch III. Buch – Arbeitsförderung	TzBfG	Teilzeit- und Befristungsgesetz
SGB IV	Sozialgesetzbuch IV. Buch – Gemeinsame Vorschriften für die Sozialversicherung		
		Übg	Übergangsgeld
SGB V	Sozialgesetzbuch V. Buch – Gesetzliche Krankenversicherung	ÜG	Überbrückungsgeld
		Uhg	Unterhaltsgeld
		USK	Urteilssammlung für die gesetzliche Krankenversicherung
SGB VI	Sozialgesetzbuch VI. Buch – Gesetzliche Rentenversicherung		
SGB VII	Sozialgesetzbuch VII. Buch – Gesetzliche Unfallversicherung	VAM	»Virtueller Arbeitsmarkt«
		VDR	Verband Deutscher Rentenversicherungsträger
SGB VIII	Sozialgesetzbuch VIII. Buch – Kinder- und Jugendhilfe	VG	Verwaltungsgericht
		VO	Verordnung
SGB IX	Sozialgesetzbuch IX. Buch – Rehabilitation und Teilhabe behinderter Menschen	VSSR	Vierteljahresschrift für Sozialrecht
		VwVerfG	Verwaltungsverfahrensgesetz
SGB X	Sozialgesetzbuch X. Buch – Sozialverwaltungsverfahren und Sozialdatenschutz	WoGG	Wohngeldgesetz
		WzS	Wege zur Sozialversicherung (Zeitschrift)
SGB XI	Sozialgesetzbuch XI. Buch – Soziale Pflegeversicherung		
SGB XII	Sozialgesetzbuch XII. Buch – Sozialhilfe	ZAF	Zeitschrift für Arbeitsmarktforschung (bis 2003: MittAB)
SGG	Sozialgerichtsgesetz	ZAV	Zentrale Arbeitsvermittlung
SIS	Stellen-Informations-System	ZfF	Zeitschrift für das Fürsorgewesen
Slg.	Sammlung (der Rechtsprechung des EuGH)	ZFSH/SGB	Zeitschrift für Sozialhilfe und Sozialgesetzbuch
Sozg	Sozialgeld		
SozR	Sozialrecht (Entscheidungssammlung, hrsg. von Richtern des Bundessozialgerichts)	Ziff.	Ziffer
		ZIP	Zeitschrift für Wirtschaftsrecht
Sozialrecht Aktuell	Zeitschrift	ZPO	Zivilprozessordnung
		ZTR	Zeitschrift für Tarifrecht

A SIE WERDEN (DEMNÄCHST) ARBEITSLOS – WORAUF SIE ACHTEN MÜSSEN

I Die Lauferei beginnt 13
1 Arbeitsgericht 13
2 Agentur für Arbeit 14
2.1 Welche Agentur für Arbeit ist zuständig? 14
2.2 Das »Job-Center« 15

II Die Arbeitsuchmeldung 15
1 Unverzüglich arbeitsuchend melden 15
2 ab Kenntnis vom Ende der Versicherungspflicht 16
3 ohne schuldhaftes Zögern 18
4 Arbeitsuchmeldung und Arbeitslosmeldung unterscheiden! 20

III Die Arbeitslosmeldung / Alg-Antragstellung 21
1 Persönliche Arbeitslosmeldung 21
1.1 Arbeitslosmeldung vor Eintritt der Arbeitslosigkeit 21
1.2 Arbeitslosmeldung nach Eintritt der Arbeitslosigkeit 21
1.3 Arbeitslosmeldung und Krankheit 22
2 Arbeitslosengeld beantragen 24
3 Die Lauferei geht weiter 24
3.1 ARGE 25
3.2 »Kommunaler Träger« 25
3.3 Familienkasse 25
3.4 Wohngeldstelle 25
3.5 Vier Fliegen mit einem Schlag 26
4 Formulare, Formulare 26
5 Die Arbeitsbescheinigung 28
6 Vor falschen Angaben wird gewarnt 30

IV Die Arbeitsvermittlung durch die Agentur für Arbeit 32
1 Zwei Instrumente 32
1.1 »Profiling« / »Assessment« 32
1.2 »Eingliederungsvereinbarung« 32
2 Ob und Wie der Vermittlung 34
3 Die Verfügbarkeit prüfen 36
4 Das Vermittlungsformular 38
5 Was passiert, wenn Sie eine angebotene Stelle ablehnen? 39
6 Das Internetangebot der BA 39
7 Recht auf Auskunft/Einsicht 40
8 Recht auf Beratung 41

> V **Die Privatisierung der Arbeitsvermittlung** 43
>   1 Arbeitsvermittlung durch private Arbeitsmakler 43
>   2 Arbeitsvermittlung durch Maßnahmeträger 46
>   3 Arbeitsvermittlung in und durch
>   Personal-Service-Agenturen (PSA) 46
>
> VI **Datenschutz** 49
>   1 Erhebung, Verarbeitung und Nutzung
>   von Sozialdaten der Arbeitslosen 49
>   1.1 durch die BA/AA 49
>   1.2 durch andere öffentliche Stellen 53
>   1.3 durch private Stellen? 53
>   2 Der Bundesbeauftragte für den Datenschutz 57

I Die Lauferei beginnt

1 Arbeitsgericht

Falls Sie Ihren Arbeitsplatz durch eine Kündigung verlieren, müssen Sie prüfen, ob Sie gegen die Kündigung vor dem Arbeitsgericht eine Kündigungsschutzklage erheben. Wir empfehlen, sich sachkundigen Rat zu holen. Rat kann Ihr Betriebsrat, der gewerkschaftliche Rechtsschutz oder ein Rechtsanwalt erteilen. Falls Sie sich durch einen Rechtsanwalt beraten lassen wollen, sollten Sie einen »Fachanwalt für Arbeitsrecht« suchen. Auf → S. 578 finden Sie auch Informationen zur Beratungshilfe.

Kündigungs-schutzklage?

Beachten Sie, dass Sie, falls Sie Kündigungsschutzklage durch einen Rechtsanwalt erheben lassen, die Kosten für Ihren Rechtsanwalt in der 1. Instanz vor dem Arbeitsgericht gemäß § 12a Abs. 1 ArbGG selbst dann tragen müssen, wenn Sie den Prozess vor dem Arbeitsgericht gewinnen, es sei denn, Sie sind rechtsschutzversichert oder der gewerkschaftliche Rechtsschutz übernimmt die Kosten.

Kosten!

Falls Sie auf eigene Faust Kündigungsschutzklage erheben wollen, können Sie die Klage kostenlos durch die Rechtsantragstelle beim Arbeitsgericht aufnehmen lassen. Es können aber Gerichtskosten entstehen (§ 12 ArbGG). Bringen Sie alle Unterlagen (z.B. Arbeitsvertrag, Kündigungsschreiben, Gehaltsabrechnung) zur Rechtsantragstelle mit.

Beachten Sie, dass auch ein gewonnener Kündigungsschutzprozess Ihnen nichts nutzt, wenn der Arbeitgeber sich aus dem Staub macht oder nichts (mehr) hat. Steht noch Lohn aus, beantragen Sie sofort bei der Agentur für Arbeit Insolvenzgeld (→ S. 348).

2 Agentur für Arbeit

Frühzeitig zur Agentur für Arbeit

Sie müssen sich frühzeitig **arbeitsuchend** melden (→ S. 15), und zwar bei der Agentur für Arbeit (AA), dem früheren Arbeitsamt.

Sie müssen sich zusätzlich spätestens am ersten Tag der Arbeitslosigkeit **arbeitslos** melden und Alg* beantragen (→ S. 21).

2.1 Welche Agentur für Arbeit ist zuständig?
§ 327 SGB III

AA am Wohnort

Zuständig ist die AA, in deren Bezirk Sie am ersten Tag der Arbeitslosigkeit wohnen oder sich gewöhnlich aufhalten.

Veränderungsmitteilung ernst nehmen

Ziehen Sie während der Zeit der Arbeitslosigkeit in einen anderen AA-Bezirk um, so müssen Sie dies mittels der rosafarbenen »Veränderungsmitteilung« der bisherigen AA mitteilen. Ab dem Umzugstag wird die neue AA zuständig. Sie müssen sich spätestens am Tag nach dem Umzug bei der nun zuständigen AA persönlich melden; sonst erhalten Sie kein Alg.

Auch wenn Sie innerhalb des Wohnortes umziehen, müssen Sie dies mit der Veränderungsmitteilung der AA bekannt machen. Zwar hat die BA bei Umzug innerhalb des Wohnorts einen rechtzeitigen Post-Nachsendeantrag genügen lassen (Erlass vom 25.11.1998). Da aber das BSG diesen Erlass für unvereinbar mit der Erreichbarkeitsanordnung hält (Urteil vom 20.6.2001 – B 11 AL 10/01 R), schützt nur die sofortige Meldung des Umzugs vor dem Alg-Verlust.

Auf Antrag des Arbeitslosen kann die zuständige AA eine andere AA für zuständig erklären, wenn die Arbeitsmarktlage nicht dagegen spricht oder die Zuständigkeit der bisherigen AA für den Arbeitslosen eine unbillige Härte bedeuten würde.

---

* Wenn in diesem Leitfaden von Alg die Rede ist, ist stets das Arbeitslosengeld nach dem SGB III gemeint und nicht das Alg II nach dem SGB II.

2.2 Das »Job-Center«
§ 9 Abs. 1a SGB III; § 44b SGB II

Die BA und die AA sind eine Dauerbaustelle. Noch gestern sollte unter dem Schlagwort »Arbeitsamt 2000« alles »kundenorientiert« umgebaut werden. Mit den Hartz-Gesetzen wurden die Umbaupläne verändert.

»Von den Agenturen für Arbeit werden Job-Center als einheitliche Anlaufstellen für alle eingerichtet, die einen Arbeitsplatz oder Ausbildungsplatz suchen. Im Job-Center werden diese Personen informiert, der Beratungs- und Betreuungsbedarf geklärt und der erste Eingliederungsschritt verbindlich vereinbart« (§ 9 Abs. 1a SGB III).

Das Job-Center ist Anlaufstelle für Alg-Antragsteller und gemäß § 44b SGB II auch für Alg II-Antragsteller; vorausgesetzt, AA und kommunaler Träger bilden eine ARGE. Aber auch dann müssen das AA-Job-Center und das ARGE-Job-Center nicht im gleichen Gebäude untergebracht sein.

II Die Arbeitsuchmeldung
§ 37b SGB III

1 Unverzüglich arbeitsuchend melden

Gemäß § 37b SGB III ist, wer arbeitslos wird, verpflichtet, sich unverzüglich arbeitsuchend zu melden, sobald er weiß, dass er arbeitslos wird. Mit der frühzeitigen Meldung soll erreicht werden, dass Arbeitslosigkeit vermieden oder die beschäftigungslose Zeit durch Vorverlegung der Wiedereingliederungsbemühungen verkürzt wird.

Der zukünftige Arbeitslose muss sich also sofort nach Kenntnis vom Ende des Versicherungspflichtverhältnisses bei der AA arbeitsuchend melden. Die AA scheinen eine Meldung innerhalb der ersten sieben Kalendertage nach Kenntnis genügen zu lassen. Darauf sollten Sie sich aber nicht verlassen, jedenfalls solange die Sieben-Tage-Schonfrist nicht ausdrücklich im »Merkblatt für Arbeitslose« eingeräumt wird. Gehen Sie deshalb sofort zur AA.

Obwohl der Gesetzgeber das Wort »Pflicht« verwendet, handelt es sich nicht um eine erzwingbare Verpflichtung, sondern um eine so genannte »Obliegenheit«, die der Verpflichtete einhalten kann oder nicht. Hält er sie nicht ein, wird sein Alg gekürzt (→ S. 183).
Die Meldepflicht besteht vor jedem Arbeitsloswerden. Das Alg wird aber nur gekürzt, wenn sich der Meldepflichtige vor einem ersten oder einem neuen Alg-Anspruch nicht frühzeitig genug meldet.

Die Meldung muß persönlich erfolgen.

persönlich

Ende des Versicherungspflichtverhältnisses

Wenn wir oben sagten, wer arbeitslos wird, muß sich arbeitsuchend melden, so ist das ungenau. Richtig muß es heißen, meldepflichtig ist, wessen Versicherungspflichtverhältnis endet.

Versicherungspflichtverhältnis ist zunächst nach § 25 SGB III das Beschäftigungsverhältnis, soweit es der Versicherungspflicht unterliegt.

Versicherungspflichtig sind aber auch die weiteren, für den Fall der Arbeitslosigkeit versicherten Personen; z. B.

- Wehr- und Ersatzdienstleistende,
- Jugendliche in bestimmten Einrichtungen der beruflichen Rehabilitation,
- Auszubildende in außerbetrieblichen Einrichtungen,
- Bezieherinnen von Mutterschaftsgeld,
- Erziehende von Kindern bis zum dritten Lebensjahr, wenn sie unmittelbar vor der Erziehungszeit gegen Arbeitslosigkeit versichert waren oder Lohnersatzleistungen bezogen haben,
- Bezieher bestimmter Sozialleistungen wie z. B. Krankengeld, Verletztengeld, Übergangsgeld, voller Erwerbsminderungsrenten u. Ä.

 Auch wer ein solches Versicherungspflichtverhältnis beendet, muss sich frühzeitig arbeitsuchend melden.

Ausnahmen

Ausgenommen von der Meldepflicht sind betriebliche Ausbildungsverhältnisse. Das gilt nur für die nach § 25 Abs. 1 Satz 1 SGB III Versicherungspflichtigen, nicht für die diesen nach § 25 Abs. 1 Satz 2 SGB III gleichgestellten Berufsausbildungen in außerbetrieblichen Einrichtungen. Die Meldepflicht für betriebliche Ausbildungen entfällt deshalb, weil die Auszubildenden überwiegend vom Ausbildungsbetrieb weiterbeschäftigt werden und sich die Weiterbeschäftigung häufig erst kurz vor Ausbildungsende entscheidet (BT-Drs. 15/25, S. 27).

2 ab Kenntnis vom Ende der Versicherungspflicht

Die Meldepflicht beginnt mit der Kenntnis des Beendigungszeitpunktes.

unbefristetes Arbeitsverhältnis

Beim unbefristeten Arbeitsverhältnis ist das der Zeitpunkt, in dem die Arbeitgeberkündigung oder die Arbeitnehmerkündigung zugeht oder der Aufhebungsvertrag geschlossen wird (BT-Drs. 15/25, S. 27). Die Meldepflicht besteht auch dann ab Beendigung des Beschäftigungsverhältnisses, wenn über den Fortbestand des Arbeits- oder Ausbildungsverhältnisses gerichtlich gestritten wird. Wer gegen die Kündigung seines Arbeitsverhältnisses das Arbeitsgericht anruft, unterliegt also gleichwohl der Meldepflicht.

Streitig ist, ob bei einer »Änderungskündigung« die Meldepflicht schon mit dem Zugang der Kündigung beginnt. Peter Hanau (ZIP 2003, Heft 35, S. 1573) bestreitet das mit guten Gründen. Wir empfehlen dennoch, sofort nach Erhalt der Kündigung sich bei der AA zu melden.

Änderungskündigung

Bei befristeten Arbeitsverhältnissen soll man sich drei Monate vor dem Ende des Arbeitsverhältnisses melden müssen. Das ergibt sich nach unserer Meinung aber keineswegs eindeutig aus dem Gesetz (→ S. 185).

befristetes Arbeitsverhältnis

Bei von vornherein bis zu sechs Wochen befristeten Arbeitsverhältnissen verzichtet die AA auf eine frühzeitige Arbeitsuchmeldung (BA-Rundbrief 134/2003, S. 2).

Ausnahmen

ABMler müssen sich nicht arbeitsuchend melden, da diese bei der AA weiter als arbeitsuchend geführt werden und sie nach § 38 Abs. 4 Satz 1 Nr. 2 SGB III weiter zu vermitteln sind.

Eine entsprechende Regelung findet sich nicht für die anderen befristeten Versicherungspflichtverhältnisse, die keine Arbeitsverhältnisse sind. Der Gesetzgeber hat hier wohl keine Notwendigkeit für eine entsprechende Regelung gesehen. Die Vorschrift wird jedoch bei den Versicherungspflichtverhältnissen, bei denen das Ende bereits bei Beginn feststeht, entsprechend angewendet werden, also z. B. für Zeiten des Erziehungsgeldbezuges, beim Wehr- und Zivildienst u. Ä.

befristetes Versicherungspflichtverhältnis

Bei zweckbefristeten oder auflösend bedingten Arbeitsverhältnissen muss sich der Arbeitnehmer dann melden, wenn der Arbeitgeber ihm mitteilt, dass das Arbeitsverhältnis enden wird bzw. dass der Zweck erreicht oder die auflösende Bedingung eingetreten ist (vgl. § 15 Abs. 2 des Teilzeit- und Befristungsgesetzes).

zweckbefristete / auflösend bedingte Arbeitsverhältnisse

Das Ende des Versicherungspflichtverhältnisses fällt nicht immer mit dem Ende des Arbeitsverhältnisses zusammen. Der Arbeitnehmer, der während einer Arbeitsunfähigkeit seinen Arbeitsplatz verliert, bleibt, solange er Anspruch auf Entgeltfortzahlung oder Krankengeld hat (§ 192 Abs. 1 Nr. 2 SGB V), in einem Versicherungspflichtverhältnis. Wenn das Ende der Krankheit nicht sicher ist, entsteht auch keine Meldepflicht. In Krankheitsfällen kann von der Kenntnis eines Beendigungszeitpunkts erst gesprochen werden, wenn das Ende der Arbeitsunfähigkeit feststeht, nicht schon, wenn sie nach ärztlicher Erfahrung zu erwarten ist. Solange der Arzt den Kranken vor dem Ende der attestierten Arbeitsunfähigkeit zur Kontrolle einbestellt, kann von einem feststehenden Ende des Versicherungspflichtverhältnisses als Voraussetzung der Meldepflicht nicht ausgegangen werden. Auch beim Bezug von Rente wegen voller Erwerbsminderung wird meist erst spät klar sein, ob die Erwerbsfähigkeit mit dem Ende der Rentenlaufzeit wiederhergestellt ist.

Krankheit

3 ohne schuldhaftes Zögern

Die Meldung muss unverzüglich nach Kenntnis des Beendigungszeitpunkts erfolgen.
Unverzüglich heißt in der Rechtssprache »ohne schuldhaftes Zögern« (vgl. die gesetzliche Definition in § 121 Abs. 1 Satz 1 BGB).

Die Meldepflicht wird nicht schuldhaft verletzt, wenn er von der Fortsetzung des Versicherungspflichtverhältnisses ausgehen durfte, z.B. wegen eines fest vereinbarten Folgearbeitsverhältnisses, das z.B. wegen Insolvenz des neuen Arbeitgebers vor Beginn des Arbeitsverhältnisses nicht angetreten werden kann. Jeder Irrtum über die Voraussetzungen der Meldepflicht lässt diese nicht entstehen, weil § 37b Satz 1 SGB III positive Kenntnis über den Beendigungstatbestand erfordert; die grob fahrlässige Unkenntnis genügt nicht. Versäumt der Versicherte die Meldung am ersten ihm möglichen Tag nach Eintritt der Meldepflicht, kommt es darauf an, ob die Verspätung verschuldet ist oder nicht. Über den Verschuldensgrad enthält das Gesetz keine Regelung; es genügt deshalb jedes Verschulden, also Vorsatz und Fahrlässigkeit. Von einer Beschränkung auf grobe Fahrlässigkeit kann nicht ausgegangen werden.

Unverschuldet unterbleibt die Meldung an Tagen, an denen die AA nicht dienstbereit ist (vgl. § 122 Abs. 3 SGB III). Ansonsten kommt es auf die individuellen Verhältnisse an.

Kein Entschuldigungsgrund ist im allgemeinen die Unkenntnis der frühzeitigen Meldepflicht, wenn dem Betroffenen der Beendigungstatbestand und das Datum der voraussichtlichen Beendigung bekannt ist.

Hinweispflicht des Arbeitgebers

Als entschuldigt wird eine Verspätung wegen Unkenntnis der Meldepflicht regelmäßig anzusehen sein, wenn der Arbeitgeber seiner Verpflichtung nach § 2 Abs. 2 Satz 2 Nr. 3 SGB III nicht nachkommt. Nach dieser Bestimmung »soll« der Arbeitgeber den Arbeitnehmer vor der Beendigung des Arbeitsverhältnisses frühzeitig über die Notwendigkeit eigener Aktivitäten bei der Suche nach einer anderen Beschäftigung sowie über die Verpflichtung unverzüglicher Meldung bei der AA informieren, ihn hierzu freistellen und die Teilnahme an erforderlichen Qualifikationsmaßnahmen ermöglichen.

Daraus ist zu schließen, dass der Gesetzgeber die Kenntnis von der frühen Meldepflicht nicht allgemein voraussetzt. Weist der Arbeitgeber den Arbeitnehmer nicht unmittelbar mit oder nach der Kündigung oder dem Aufhebungsvertrag auf den Beginn der Meldepflicht hin, wird diesem bei der ersten Arbeitslosigkeit ein Verschulden nicht vorzuwerfen sein. Ist der Arbeitslose von der AA auf seine frühzeitige Meldepflicht hingewiesen worden, liegt regelmäßig auch dann ein schuldhaftes Nichtmelden vor, wenn der Arbeitgeber seiner Pflicht nach § 2 Abs. 2 Satz 2 Nr. 3 SGB III nicht nachkommt.

Es ist umstritten, ob der Arbeitnehmer von dem Arbeitgeber wegen der Minderung des Alg Schadensersatz verlangen kann, wenn der Arbeitgeber es unterlässt, den Arbeitnehmer rechtzeitig über seine Meldepflicht zu informieren. Es wird die Auffassung vertreten, die Informationspflicht des Arbeitgebers folge aus seiner arbeitsvertraglichen Fürsorgepflicht mit der Folge, dass der Arbeitgeber bei Verletzung dieser Pflicht Schadensersatz leisten muss (Gaul, BB 2003, S. 2457 ff. [2459]; »nachdenkenswert« Gaul/Otto, DB 2002, S. 2486; im Ergebnis ebenso: Kasseler Handbuch zum Arbeitsförderungsrecht/Peters-Lange 2003, § 41 RandNr. 17c bei Mitveranlassung der Beendigung des Arbeitsverhältnisses durch den Arbeitgeber). Zum Teil wird der Schadensersatzanspruch des Arbeitnehmers generell verneint, da mit § 2 SGB III arbeitsmarktpolitische Ziele und nicht der Schutz einzelner Arbeitsverhältnisse verfolgt würden (vgl. Bauer/Krets, NJW 2003, S. 537, 541; Küttner/Voeltzke, Personalhandbuch 2004, Ordnungsnr. 43, RandNr. 81).

Schadenersatzpflicht des Arbeitgebers?

Das Arbeitsgericht Verden verneint einen Schadensersatzanspruch; § 2 Abs. 2 Satz 2 Nr. 3 SGB III sei nur eine sanktionslose Soll-Vorschrift; außerdem verfolge diese Vorschrift nicht den Schutz des privatrechtlichen Arbeitsverhältnisses, sondern öffentlich-rechtliche, arbeitsmarktpolitische Ziele (Urteil vom 27.11.2003, BB 2004, Heft 30, S. 1632 f. mit im Ergebnis zustimmender Anmerkung von Heins und Höstermann). Auch das Arbeitsgericht Frankfurt am Main (Urteil vom 20.10.2004, Az.: 15 Ca 8562/04) verneint einen Schadensersatzanspruch.

Gemäß § 629 BGB i. V. m. § 2 Abs. 2 Satz 2 Nr. 3 SGB III hat der Arbeitnehmer einen unabdingbaren Anspruch auf Freistellung für alle von der AA angeordnete Maßnahmen; der Arbeitgeber muß deshalb den Arbeitnehmer auch für die Arbeitsuchmeldung freistellen; es sei denn, diese kann außerhalb der Arbeitszeit erfolgen. Lehnt der Arbeitgeber eine Freistellung ab, ist die Nichtmeldung bei der AA unverschuldet.

Freistellungspflicht des Arbeitgebers

David Zunder arbeitet vorübergehend über 300 km von seinem Wohnort entfernt auf Montage. Regelmäßig wird nach § 327 Abs. 1 SGB III die AA seines Wohnorts zuständig sein. Stellt ihn der Arbeitgeber nicht zur Arbeitsuchmeldung an der Wohnort-AA frei, trifft David Zunder kein Verschulden an der Nichtmeldung.

Beispiel

Aus § 616 BGB folgt ein Anspruch auf Fortzahlung des Entgelts während der Freistellung zur Arbeitsuche und insbesondere zur Arbeitsuchmeldung. Zeitlich dürfte dieser Anspruch beschränkt sein durch die ursprünglich geplante, dann nicht Gesetz gewordene Regelung des § 629a BGB; d. h. Entgeltfortzahlung nur bis zur Dauer von vier, sieben oder zehn Arbeitstagen, wenn das Arbeitsverhältnis bis zu zwei, zweieinhalb oder mehr Jahren bestanden hat.

Grundsätzlich Entgeltfortzahlungspflicht des Arbeitgebers

Ausnahme

Allerdings ist der Anspruch auf Entgeltfortzahlung durch Tarifvertrag, Betriebsvereinbarung oder Einzelarbeitsvertrag abdingbar.

Will ein Arbeitgeber trotz bestehendem Entgeltfortzahlungsanspruch den Arbeitnehmer nicht bezahlt zur Arbeitsuchmeldung freistellen und kann die Meldung nicht außerhalb der Arbeitszeit erfolgen, ist die Nichtmeldung unverschuldet.

Lassen Sie sich – falls es die AA nicht sowieso macht – auf jeden Fall Ihre Arbeitsuchmeldung bestätigen.

Falls Ihnen die AA das Alg wegen verspäteter Arbeitsuchmeldung kürzt, bestehen gute Chancen, gegen die Kürzung erfolgreich zu klagen (→ S. 184 und → S. 556).

4 Arbeitsuchmeldung und Arbeitslosmeldung unterscheiden!

Die Arbeitsuchmeldung nach § 37b SGB III darf nicht mit der Arbeitslosmeldung nach § 122 SGB III verwechselt werden. Die Arbeitsuchmeldung ersetzt nicht die Arbeitslosmeldung.

Die vereinzelt (z. B. von Peter Hanau, ZIP 2003, Heft 35, S. 1573) vertretene Meinung, in der Arbeitsuchmeldung stecke zugleich die Arbeitslosmeldung, die wirksam werde, sobald die Arbeitslosigkeit in den nächsten drei Monaten zu erwarten sei, mag zwar vernünftig sein; verlassen Sie sich aber nicht darauf, dass die AA das so sieht. Gehen Sie also trotz früherer Arbeitsuchmeldung erneut zur AA und melden Sie sich arbeitslos.

Die AA muss den Arbeitsuchmeldenden deutlich darauf hinweisen, dass sein Anspruch auf Alg von der weiteren persönlichen Arbeitslosmeldung spätestens am ersten Tag der Arbeitslosigkeit abhängt. Unterlässt Sie diesen Hinweis, so darf eine zu späte Arbeitslosmeldung nicht zulasten des Alg-Beziehers gehen. Zur Not muss er über den Herstellungsanspruch (→ S. 41) so gestellt werden, als sei er rechtzeitig aufgeklärt worden.

Die Arbeitsuchmeldung kann mit der Arbeitslosmeldung verbunden werden, wenn zwischen Kenntnis der Beendigung des Arbeitsverhältnisses und dessen Ende höchstens drei Monate liegen (§ 122 Abs. 1 Satz 2 SGB III).

III Die Arbeitslosmeldung / Alg-Antragstellung
§ 122 SGB III

1 Persönliche Arbeitslosmeldung

Sobald Sie arbeitslos geworden sind, müssen Sie sich persönlich bei der AA arbeitslos melden, da es frühestens ab dem Meldezeitpunkt Alg gibt.
Sie müssen persönlich in der AA erscheinen, die Arbeitslosmeldung durch einen Brief oder durch einen Bekannten oder Rechtsanwalt reicht nicht aus (Ausnahme siehe »Vertretung bei Arbeitslosmeldung« → S. 23).

Leistungen der Arbeitsförderung müssen beantragt werden. Regelmäßig genügt bei Alg aber die Arbeitslosmeldung; mit ihr gilt das Alg als beantragt.

Antrag stellen

Nur wenn Sie kurz vor dem 45., 47., 52. oder 57. Geburtstag stehen, kann sich zurzeit noch ein Hinauszögern des Antrags lohnen. Näheres → S. 201.

1.1 Arbeitslosmeldung vor Eintritt der Arbeitslosigkeit

Nach § 122 Abs. 1 Satz 2 SGB III können Sie sich frühestens drei Monate vor dem erwarteten Eintritt der Arbeitslosigkeit arbeitslos melden. Bei früher Meldung und Abgabe aller notwendigen Unterlagen (→ S. 24) erhalten Sie schneller Ihr erstes Geld von der AA.

1.2 Arbeitslosmeldung nach Eintritt der Arbeitslosigkeit

Denken Sie daran: Die Arbeitsuchmeldung ersetzt nicht die Arbeitslosmeldung! Melden Sie sich deshalb auf jeden Fall am ersten Tag, an dem Sie arbeitslos sind. Auch wenn die AA bestimmte Sprechtage hat, können Sie sich an allen Tagen (Montag bis Freitag) arbeitslos melden. Wenn Sie die Wartezeiten verkürzen möchten, erscheinen Sie frühmorgens in der AA.

Ist die zuständige AA am ersten Tag der Beschäftigungslosigkeit nicht dienstbereit, z. B. am Wochenende oder an Feiertagen, wegen des Betriebsausflugs der AA oder Ähnliches, so reicht die Arbeitslosmeldung am nächsten Tag, an dem die AA dienstbereit ist (§ 122 Abs. 3 SGB III).

Melden Sie sich erst später arbeitslos, so haben Sie bis zu dem Tag der Arbeitslosmeldung keinen Anspruch auf Alg, auch wenn sonst alle Voraussetzungen für den Bezug von Alg gegeben sein sollten. Also: Immer so früh wie möglich zur AA gehen und sich arbeitslos melden. Eine verspätete Arbeitslosmeldung kann darüber hinaus schlimme Folgen haben, da die Rahmenfrist für Alg genau von dem Tag an zu-

Zu späte Arbeitslosmeldung kostet Alg

rückgerechnet wird, an dem alle Voraussetzungen für den Bezug von Alg, darunter auch die persönliche Arbeitslosmeldung, erfüllt sind.

Beispiel

David Zunder war bis zum 31.7.2002 Oberschüler, ohne jedoch das Abitur gemacht zu haben. Vom 1.8.2002 bis 31.7.2003 arbeitete er (= zwölf Monate Anwartschaftszeit). Ab 1.8.2003 ging er wieder zur Schule, um das Abitur nachzumachen, und bestand die Prüfung am 31.7.2005. Ab dem 1.8.2005 ist er arbeitslos und meldet sich auch an diesem Tag arbeitslos und beantragt Alg. Erfolgreich? – Ja, denn innerhalb der Drei-Jahres-Rahmenfrist, hier: vom 31.7.2005 bis 1.8.2002, hat David Zunder zwölf Monate Anwartschaftszeit erreicht. Meldet sich David Zunder aber erst nach einem etwaigen Urlaub am 1.9.2005 arbeitslos und beantragt Alg, so wird die AA den Antrag ablehnen: David Zunder hat innerhalb der Drei-Jahres-Rahmenfrist, jetzt vom 31.8.2005 bis 1.9.2002, keine Anwartschaftszeit von zwölf Monaten erreicht.

Nahtlose Arbeitslosmeldung auch ohne Alg wegen Renten-Anrechnungszeit

Die schnelle Arbeitslosmeldung ist aber auch dann noch wichtig, wenn Sie keine Leistungen der AA zu erwarten haben: Nur wenn Sie sich im Anschluss an das Arbeitsverhältnis oder an den letzten Leistungsbezug arbeitslos gemeldet haben, zählen die Zeiten der Arbeitslosigkeit als Anrechnungszeit in der Rentenversicherung. Näheres → S. 548.

1.3 Arbeitslosmeldung und Krankheit

Es ist von entscheidender Bedeutung, wann Sie arbeitsunfähig werden. Vier Fälle sind zu unterscheiden:

Vor Arbeitslosmeldung während Beschäftigung

- Werden Sie vor der Arbeitslosmeldung noch während des Beschäftigungsverhältnisses krank, erhalten Sie Krankengeld für die Dauer der Arbeitsunfähigkeit, höchstens für 78 Wochen.

Der Bezug von Krankengeld hat folgende Vorteile:
– Es ist höher als das Alg;
– es kürzt nicht die Alg-Bezugsdauer;
– es kann – da der Krankengeldbezug versicherungspflichtig ist – eine Alg-Anwartschaft begründen oder die Alg-Bezugsdauer verlängern;
– während des Krankengeldbezugs kann eine neue Altersstufe erreicht werden mit der Folge der Verlängerung des Alg-Bezugs (→ S. 201).

Sind Sie schon länger krank, so droht Ihnen die Aussteuerung aus dem Krankengeld-Bezug. Fragen Sie Ihre Krankenkasse, ab wann Sie kein Krankengeld mehr erhalten.

Vor Aussteuerung: Alg-Antrag

Stellen Sie rechtzeitig vor dem Auslaufen des Krankengeldes einen Alg-Antrag. Warten Sie nicht auf einen Bescheid der Krankenkasse; er kommt nicht selten ein bis zwei Monate nach dem Auslaufen des Krankengeldes.

III Die Arbeitslosmeldung / Alg-Antragstellung

Stellen Sie erst jetzt den Alg-Antrag, erhalten Sie für die Lücke zwischen dem Ende des Krankengeldbezugs und dem Alg-Antrag nichts. In diesem Fall hilft nach unserer Meinung der so genannte sozialrechtliche Herstellungsanspruch (→ S. 41). Diesen sollten Sie vorsichtshalber bei der Krankenkasse **und** bei der AA geltend machen.

- Lassen Sie sich vor der Arbeitslosmeldung, aber nach der Beendigung des Arbeitsverhältnisses krankschreiben, erhalten Sie Krankengeld (und übrigens auch Krankenbehandlung) höchstens für einen Monat, wenn Sie pflichtversichert sind (§ 19 Abs. 2 SGB V). Sind Sie nach diesem Monat weiterhin krank, können Sie Alg nur bekommen, wenn es sich um eine Dauererkrankung handelt. Andernfalls bleiben Sie ohne Krankengeld und ohne Alg und müssen sich, wenn Sie nicht familienversichert sind, freiwillig gegen Krankheit versichern, um Ihren Versicherungsschutz nicht zu verlieren. Krankengeld wird als nachgehender Versicherungsschutz seit 2004 nur gezahlt, wenn Sie nicht familienversichert sind. Die Familienversicherung verdrängt nach § 19 Abs. 2 Satz 2 SGB V den nachgehenden Versicherungsschutz.

Zwischen Ende des Arbeitsverhältnisses und Arbeitslosmeldung

Deshalb: Auch wenn Sie sich krank fühlen, schleppen Sie sich erst auf die AA, melden Sie sich dort arbeitslos (auch wenn der AA-Mitarbeiter meint: »Sie gehören zum Arzt«) und gehen Sie erst danach zum Arzt.

- Wird die Arbeitsunfähigkeit erst nach der Arbeitslosmeldung ärztlich festgestellt, dann erhalten Sie am Tag der Meldung zunächst Alg und anschließend Kranken-Alg und Krankengeld.

Nach Arbeitslosmeldung

- Sind Sie bereits krank, wenn Sie sich arbeitslos melden, können Sie dennoch Alg bekommen, wenn die Voraussetzungen der Nahtlosigkeit im Sinne des § 125 SGB III vorliegen. Wegen der Voraussetzungen → S. 90).

Bei Arbeitslosmeldung

§ 125 Abs. 1 Satz 4 SGB III sieht eine Ausnahme von der persönlichen Meldepflicht für Personen vor,
- die wegen einer mehr als sechsmonatigen Minderung der Leistungsfähigkeit versicherungspflichtige Beschäftigungen unter den Bedingungen, die auf dem für sie in Betracht kommenden Arbeitsmarkt üblich sind, nicht aufnehmen können,
- solange der Rentenversicherungsträger nicht verminderte Erwerbsfähigkeit festgestellt hat.

Vertretung bei Arbeitslosmeldung

In diesem Fall kann die Arbeitslosmeldung durch einen Vertreter erfolgen, muss aber unverzüglich nachgeholt werden, sobald der Grund für die Verhinderung entfallen ist, der Betroffene jedenfalls nicht mehr aus Gesundheitsgründen außerstande ist, sich persönlich arbeitslos zu melden.

Was beim Zusammentreffen von Krankheit und Arbeitslosigkeit gilt, finden Sie ab → S. 532.

2 Arbeitslosengeld beantragen

Erstantrag

Alg muss beantragt werden. Das geschieht regelmäßig automatisch mit der Arbeitslosmeldung (§ 323 Abs. 1 Satz 2 SGB III). Die Ausfüllung des Antragsvordrucks konkretisiert den bereits mündlich gestellten Antrag.

Neuantrag

Der Antrag muss immer dann neu gestellt werden, wenn die Leistungsunterbrechung mehr als sechs Wochen dauert oder wenn die Leistung bereits unbefristet eingestellt worden ist.

Babylon ist möglich

Grundsätzlich müssen Anträge, Widersprüche und Klagen in deutscher Sprache abgefasst werden, denn die Amtssprache ist Deutsch (§ 19 Abs. 1 SGB X). Über- und zwischenstaatliches Recht erlaubt aber die Abfassung ausnahmsweise in der Muttersprache (§ 30 Abs. 2 SGB I). In diesen Fällen muss die AA Dolmetscher- und Übersetzungsdienste stellen (zu Einzelheiten vgl. DBlRErl 5/2000).

Das gilt für Arbeitslose aus folgenden Ländern:

- Gemäß Art. 84 Abs. 4 VO (EWG) Nr. 1408/71 aus Belgien, Dänemark, Finnland, Frankreich, Griechenland, Großbritannien, Irland, Italien, Luxemburg, Niederlande, Portugal, Schweden, Spanien; aus Staaten des EWR: Island, Liechtenstein, Norwegen;
- aus der Schweiz;
- gemäß Art. 45 des deutsch-türkischen Abkommens über Soziale Sicherheit aus der Türkei;
- gemäß Abkommen mit der (alten) Sozialistischen Föderativen Republik Jugoslawien vom 12.10.1968, das für die Nachfolgestaaten weiter gilt: aus Bosnien-Herzegowina, Kroatien, Makedonien, Serbien, Slowenien, Kosovo.

Auch die notwendigen Kosten für die Übersetzung von Zeugnissen und sonstigen Unterlagen können im Zusammenhang mit Bewerbungen für Arbeitslose und von Arbeitslosigkeit bedrohte Arbeitsuchende sowie für Ausbildungsuchende aus den genannten Ländern als Bewerbungskosten nach §§ 45, 46 SGB III übernommen werden.

3 Die Lauferei geht weiter

Alg II- »Aufstockung«

Haben Sie aufgrund Ihres früheren niedrigen Arbeitsverdienstes nur ein geringes Alg zu erwarten, außerdem noch Kinder, dazu einen Ehe-, Lebens- oder eheähnlichen Partner, der nichts oder nur wenig verdient, und haben Sie auch kein größeres Vermögen, sollten Sie gleichzeitig mit dem Alg-Antrag »aufstockendes« Alg II/Sozialgeld beantragen.

3.1 ARGE

Den Alg II/Sozialgeld-Antrag bearbeitet in der Regel das Job-Center der ARGE (Arbeitsgemeinschaft zwischen AA und kommunalem Träger). Das Job-Center ist häufig entfernt von der AA untergebracht. Das AA wird Sie mit Ihrem Alg II/Sozialgeld-Antrag »außer Haus« zu Ihrem Job-Center schicken (wollen).

3.2 »Kommunaler Träger«

Der Alg II/Sozialgeld-Antrag zur »Aufstockung« des Alg wird allerdings nicht im Job-Center der ARGE bearbeitet, wenn Sie in einem Landkreis oder einer kreisfreien Stadt wohnen, der oder die die Alg II/Sozialgeld-Verwaltung selbst in die Hand genommen hat (so genannter optierender kommunaler Träger). In diesem Fall schickt Sie die AA zur »Aufstockung« ins (hoffentlich) örtlich zuständige Sozialamt.

3.3 Familienkasse

Allerdings erhalten Sie kein Alg II, auch nicht »aufstockend«, wenn Sie nur wegen Ihrer Kinder hilfebedürftig sind. Dann erhalten Sie den so genannten Kinderzuschlag nach § 6a BundeskindergeldG. Ob Sie ihn erhalten, entscheidet die »Familienkasse«. Diese sitzt i. d. R. in der AA. Wenn Sie Ihren Alg II-Aufstockungsantrag bei dem (optierenden) kommunalen Träger abgeben, kann es passieren, dass dieser Sie zur Prüfung Ihres Kinderzuschlagantrags zurück zur AA schickt.

Kinderzuschlag

3.4 Wohngeldstelle

Bei niedrigem Alg, großer Familie und gering oder nicht verdienenden Familienangehörigen sollten Sie Wohngeld bei der Wohngeldstelle Ihrer Gemeinde-, Stadt- oder Kreisverwaltung beantragen. Diesen Weg können Sie sich nur sparen, wenn Sie so bedürftig sind, dass Sie trotz Wohngeld Alg II/Sozialgeld bekommen; denn mit aufstockendem Alg II/Sozialgeld erhalten Sie automatisch aufstockend die »Kosten der Unterkunft«.
Sie sollten auch deshalb Wohngeld beantragen, weil das Ihren Zuschlag nach »Alg-Vorbezug« sichern und erhöhen kann. Diesen Zuschlag können Sie gemäß § 24 SGB II erhalten, wenn Sie nach Ablauf des Alg-Bezugs Alg II/Sozialgeld erhalten, das niedriger ausfällt als das bisher bezogene Alg.
Näher über das Wohngeld informiert die übersichtliche Broschüre »Wohngeld«, die Sie kostenlos beziehen können über:

Wohngeld

>   Presse- und Informationsamt
>   der Bundesregierung
>   11044 Berlin.

3.5 Vier Fliegen mit einem Schlag

Wie Sie sehen, statt planmäßig Arbeit zu suchen, müssen Sie zunächst versuchen, durch einen Haufen Laufereien Ihren und den Unterhalt Ihrer Familie zu sichern. Das hat der Gesetzgeber nicht gewollt:

»Alles aus einer Hand!«

»Für die Betroffenen bedeutet [Hartz IV], dass sie eine bürgernahe Anlaufstelle haben und nicht mehr mit einer Vielzahl von Behörden konfrontiert werden« (so die Begründung des SGB II-Entwurfs, BT-Drs. 15/1516, S. 47).
»Ziel ist es, die Daten laufen zu lassen und nicht die Bürger« (a.a.O., S. 45).

Sie könnten diese Versprechen ernst nehmen und überlegen, ob Sie nicht gleichzeitig mit Ihrem Alg-Antrag aufstockend Alg II/Sozialgeld, Wohngeld und den Kinderzuschlag beantragen.
Ein solcher »Vier-auf-einen-Streich«-Antrag könnte etwa so lauten:

Antrag auf Alg, Alg II/Sozg, Wohngeld, Kinderzuschlag

Mit meinem Alg-Antrag beantrage ich zusätzlich, hilfsweise und vorsorglich zur Fristwahrung
- aufstockendes Alg II/Sozialgeld;
- Wohngeld;
- Kinderzuschlag.

Die Agentur für Arbeit muss diese Anträge entgegennehmen (§ 16 Abs. 1 Satz 2 SGB I).

Mit der Abgabe dieses Antrags (am besten nehmen Sie einen Zeugen mit, falls die Entgegennahme verweigert wird) sind Sie zwar die Laufereien nicht los; auf jeden Fall haben Sie aber die Fristen nach § 37 Abs. 2 SGB II, § 5 BKGG und § 27 Abs. 2 WohngeldG gewahrt.

4 Formulare, Formulare

Zunächst reicht Personalausweis

Für die Arbeitsuchmeldung und die Arbeitslosmeldung brauchen Sie zunächst nur den Personalausweis oder ersatzweise den Reisepass mit aktueller Meldebescheinigung. Diese benötigen auch Personen ohne festen Wohnsitz.

Anmeldebogen

Im Job-Center erhalten Sie einen »Anmeldebogen«, in dem u.a. nach Ihrem beruflichen Werdegang gefragt wird. Deshalb sollten Sie die Beschäftigungszeiten der letzten sieben Jahre, demnächst nur noch der letzten drei Jahre parat haben.

Aufgrund des ausgefüllten Anmeldebogens werden Ihre Daten erfasst.

Danach erhalten Sie den Alg-Antrag und dazugehörige, wichtige Vordrucke:
- die vom Arbeitgeber auszufüllende Arbeitsbescheinigung (→ unten 5);
- Bescheinigung über Nebeneinkommen;
- Zusatzblatt »Sozialversicherung der Leistungsbezieher«;
- Fragebogen zum Verlust der Beschäftigung.

Alg-Antrag

Vordrucke

Lassen Sie sich beim Ausfüllen des Fragebogens zum Verlust der Beschäftigung auf keinen Fall unter Zeitdruck setzen. Lesen Sie zunächst das Kapitel »Sperrzeiten« (→ S. 261) und füllen Sie den Fragebogen erst dann in Ruhe, am besten zu Hause aus. Sie können durch die Art Ihrer Antworten eine Sperrzeit und damit den Verlust von Alg für zwölf Wochen und länger vermeiden.

Bei Arbeitslosmeldung wird Ihnen auch das »Merkblatt für Arbeitslose« ausgehändigt. Das auf 69 Seiten angewachsene »Merkblatt« ist ein Ärgernis. Irreführend ist die Titelei des Umschlags. »Dienste und Leistungen« werden versprochen. Angeblich wird über »Ihre Rechte – Ihre Pflichten« informiert. Schlägt man die Broschüre auf, nichts von »Rechten«, »Diensten«, »Leistungen«. Stattdessen im Vorwort fett gedruckt »Bitte beachten Sie (...) Eigenbemühungen«. Auf der folgenden Seite »das Wichtigste vorweg: 10 Punkte, die Sie sich merken sollten!«

»Merkblatt«

ein Ärgernis

1. (...) sind Sie verpflichtet, (...) zu suchen, (...) aufzunehmen, (...) teilzunehmen.
2. (...) müssen Sie mit dem Wegfall der Leistung oder mit Sperrzeiten rechnen.
3. Bitte melden Sie (...).
4. Bitte melden Sie (...).

Und anschließend erst einmal seitenlang die Pflichten: (...) müssen Sie (...); in Ihrem eigenen Interesse sollten Sie (...); sind Sie verpflichtet (...); darüber hinaus sind Sie verpflichtet (...); besteht Ihre Mitteilungspflicht (...); müssen Sie sofort (...); sind ausschließlich Sie verpflichtet (...); alles verbunden mit Drohungen über den vorübergehenden, dauernden, rückwirkenden Verlust der Leistung.

Auch wenn die Rechtsprechung der Sozialgerichte von der BA verlangt, den Arbeitslosen auf alles hinzuweisen, was zu einem Leistungsverlust führen kann, kein anderer Versicherer würde sich erlauben, Versicherungsnehmern, die jahre-, manchmal jahrzehntelang Beiträge gezahlt haben, ein solches Merkblatt, gedruckt auf Kosten eben dieser Beiträge, in die Hand zu drücken; ein Pamphlet, das von der fixen Idee geradezu besessen ist, der Versicherungsnehmer habe nur auf den Versicherungsfall, die Arbeitslosigkeit, gewartet, um sich einen schönen Lenz zu machen – eine Hoffnung, die man den Arbeitslosen gründlich verbauen müsse.

In einem Punkt ist das Merkblatt allerdings ehrlich: Es spricht die Arbeitslosen (noch) nicht als »Kunden« an. Das passte nun wahrlich nicht zu dem vor Misstrauen triefenden, vor Fordern strotzenden, das

Fördern vernachlässigenden und mit falschen Versprechungen daherkommenden Machwerk.

Veränderungs-mitteilung

Weiterhin bekommen Sie Veränderungsmitteilungen, auf denen Sie Veränderungen Ihrer persönlichen Situation – z. B. wenn Sie eine (neue) Stelle gefunden haben, wenn Sie krank werden, wenn Sie umziehen usw. – der AA mitteilen müssen. Benutzen Sie diese Veränderungsmitteilung sofort bei jeder Veränderung, sonst laufen Sie Gefahr, Ihre Leistung zu verlieren.

Besucherkarte

Außerdem erhalten Sie eine Besucherkarte. Das ist fast ein Arbeitslosenausweis. Auf dieser Karte sind Ihr Geburtstag, Ihre Berufsklasse und Ihr Berufsbereich, Ihre Kundennummer sowie die Telefonnummern und Besuchszeiten der für Sie in der AA Zuständigen eingetragen. Bei Vorsprachen in der AA sollen Sie diese Karte vorweisen.

Antragsabgabe

Den Alg-Antrag und alle Vordrucke sollten Sie schnellstmöglich ausgefüllt im Job-Center abgeben. Sie können den Antrag auch mit der Post zusenden; doch es ist sinnvoller, ihn persönlich abzugeben, weil dann sofort geprüft wrden kann, ob der Antrag und die Vordrucke vollständig ausgefüllt sind und alle Unterlagen vorliegen.

Soweit Sie Bescheide über erhaltene Sozialleistungen vorlegen müssen, sollten Sie darauf achten, dass der andere Leistungsträger (z. B. die Krankenkasse oder der Rentenversicherungsträger) das **ungekürzte** kalendertägliche Regelentgelt bescheinigt.

5 Die Arbeitsbescheinigung
§ 312 SGB III

Den Vordruck der AA »Arbeitsbescheinigung« muss der Arbeitgeber ausfüllen. Wir empfehlen, soweit möglich, den von der AA erhaltenen Vordruck »Arbeitsbescheinigung« persönlich beim Arbeitgeber abzugeben und darauf zu bestehen, dass Ihnen die Arbeitsbescheinigung sogleich ausgefüllt wieder ausgehändigt wird. Gemäß § 312 Abs. 1 Satz 3 SGB III ist die Arbeitsbescheinigung dem Arbeitnehmer vom Arbeitgeber bei Beendigung des Beschäftigungsverhältnisses auszuhändigen.

Können Sie die Arbeitsbescheinigung nicht persönlich bei Ihrem früheren Arbeitgeber abgeben, so schicken Sie die Arbeitsbescheinigung dem Arbeitgeber mit der Bitte um sofortige Rücksendung. Müssen Sie befürchten, dass Ihr früherer Arbeitgeber Ihnen Schwierigkeiten bereiten möchte und deshalb die Arbeitsbescheinigung nicht oder verspätet ausfüllen wird, schicken Sie die Bescheinigung per Einschreiben mit Rückschein.

Die Praxis vieler AA, den Arbeitslosen aufzufordern, die Arbeitsbescheinigung zu beschaffen und die Bearbeitung des Alg-Antrags bis dahin ruhen zu lassen, »ist rechtlich bedenklich, jedenfalls unverbindlich« (so Steinmeyer, in: Gagel, SGB III, RandNr. 16 zu § 312).

Verzögert oder verweigert der Arbeitgeber das Ausfüllen der Arbeitsbescheinigung, so muss die AA sich selbst um die (rechtzeitige) Beibringung der Arbeitsbescheinigung durch den Arbeitgeber kümmern (so unter Hinweis auf die Ermittlungspflicht nach § 20 SGB X zu Recht Steinmeyer, a. a. O., RandNr. 75 zu § 312). Verweigert ein Arbeitgeber hartnäckig die Arbeitsbescheinigung, kann die AA ihn notfalls durch Verhängung einer Geldbuße von bis zu 1.500 € (§ 404 Abs. 2 Nr. 19, Abs. 3 SGB III) und Androhung von Schadensersatz (§ 321 Nr. 1 SGB III) zur Ausstellung der Arbeitsbescheinigung zwingen.

Manchmal hilft ein Anruf des Arbeitslosen bei der Krankenkasse, um anhand der Beitragszahlungen die versicherungspflichtigen Beschäftigungszeiten nachzuweisen.

In der Arbeitsbescheinigung sind insbesondere zu bescheinigen:
- die Art der Tätigkeit des Arbeitnehmers;
- Beginn, Ende, Unterbrechungen und Grund für die Beendigung des Beschäftigungsverhältnisses;
- das versicherungspflichtige Bruttoarbeitsentgelt.

Was muss in die Arbeitsbescheinigung?

Zum Bruttoarbeitsentgelt gehören auch Sachbezüge (freie Kost, Wohnung, Deputate u. a.) mit dem Wert nach der Sachbezugsverordnung; Einmalleistungen wie Weihnachts- und Urlaubsgeld; Entgeltfortzahlung bei Krankheit und Urlaub; das ausgefallene Bruttoarbeitsentgelt bei Kurzarbeit und Bezug von Kurzarbeitergeld; vermögenswirksame Arbeitgeberleistungen; rückwirkende tarifliche Lohnerhöhungen mit dem auf den Abrechnungszeitraum entfallenden Anteil.

Auf der Arbeitsbescheinigung ist nur das Arbeitsentgelt anzugeben, das zuletzt vor dem Ausscheiden des Arbeitnehmers aus dem Beschäftigungsverhältnis tatsächlich abgerechnet worden ist.

Erhalten Sie die Arbeitsbescheinigung ausgefüllt zurück, sollten Sie die Angaben, insbesondere die Beendigungsgründe, gleich überprüfen. Bei von Ihnen zu verantwortenden Beendigungsgründen droht eine Sperrzeit. Sind Sie mit den Angaben nicht einverstanden, versuchen Sie beim Arbeitgeber eine Änderung der Arbeitsbescheinigung zu erreichen.

Hat der Arbeitgeber die Arbeitsbescheinigung falsch ausgefüllt, so wird die AA bei der Prüfung, ob und in welcher Höhe Ihr Alg-Anspruch besteht, in der Regel zunächst die falschen Angaben des Arbeitgebers zugrunde legen. Werden diese später, z. B. nach einer Kündigungsschutzklage, berichtigt, ist die AA verpflichtet, Ihren Anspruch erneut zu überprüfen und gegebenenfalls neu zu berechnen.

Falls der Arbeitgeber nicht mehr existiert, müssen Sie anhand von Ersatzdokumenten (z. B. Rentenversicherungsnachweis, Gehaltsabrechnungen, Arbeitsvertrag) den Nachweis führen. Hierzu gibt es einen besonderen Vordruck. Zur Not reichen auch Zeugenaussagen von Kollegen oder eine eigene wahrheitsgemäße Versicherung aus.

6 Vor falschen Angaben wird gewarnt

Nach § 60 SGB I muss, wer eine Sozialleistung beantragt oder erhält,
- wahrheitsgemäße Angaben machen und
- Änderungen in seinen Verhältnissen unverzüglich mitteilen.

So muss ein Alg-Antragsteller oder Alg-Bezieher der AA
- Nebeneinkommen aus Erwerbstätigkeit,
- die Aufnahme einer neuen Beschäftigung,
- den »Abgang« eines Kindes bei 67%-Alg,
- den Wechsel in eine schlechtere Steuerklasse

mitteilen.

Wer das unterlässt, also mit gezinkten Karten spielt, um ein höheres Alg zu bekommen, lebt gefährlich.

Datenabgleich mit Krankenkassen

Wichtigste Quelle der AA zur Feststellung von »Überzahlungen« ist das so genannte DALEB-Verfahren. Hierbei handelt es sich um einen Datenabgleich zwischen den Lohnersatzleistungen der BA und den Meldungen der Arbeitgeber über Beschäftigungszeiten an die Einzugsstellen der Krankenkassen.

mit Knappschaft

Auch die bei der Bundesknappschaft/Verwaltungsstelle Cottbus gesammelten Daten über geringfügige Beschäftigungen werden in den Datenabgleich einbezogen.

Auskunftspflicht von Arbeitgebern

Arbeitgeber, die Alg-Bezieher beschäftigen, müssen auf Verlangen der AA Auskunft geben über die Beschäftigung, insbesondere das Arbeitsentgelt (§ 315 Abs. 3 SGB III). Unternehmer, die Alg-Bezieher mit einer selbstständigen Tätigkeit betrauen, sollen nach Niesel (SGB III Kommentar, RandNr. 22 zu § 315) nicht auskunftspflichtig sein.

Auskunftspflicht von Banken

Gemäß § 315 Abs. 2 Satz 1 SGB III kann die AA von Banken und Sparkassen Auskunft über (Veränderungen von) Guthaben des Alg-Beziehers verlangen.
Siefert-Häusler (in: Wissing, SGB III Kommentar, RandNr. 10 zu § 315) bezweifelt, ob die Auskunftspflicht angesichts des Bankgeheimnisses rechtlich zulässig ist. Sie zweifelt aber, ob ihre Zweifel dem Alg-Bezieher etwas nützen; denn gemäß § 60 Abs. 1 Satz 1 Nr. 1 SGB I muss der Alg-Bezieher »der Erteilung der erforderlichen Auskünfte durch Dritte zustimmen«, d. h., er muss die Bank von der Wahrung des Bankgeheimnisses gegenüber der AA befreien. Andernfalls verletzt er seine Mitwirkungspflicht und erhält gemäß § 66 Abs. 1 SGB III kein Alg.

Bußgeldgefahr

Einem Bezieher von laufenden Leistungen droht eine Geldbuße bis zu 5.000 €, wenn er »eine Änderung in den Verhältnissen, die für einen Anspruch auf eine laufende Leistung erheblich ist, nicht, nicht richtig, nicht vollständig oder nicht rechtzeitig mitteilt« (§ 404 Abs. 2 Nr. 26 SGB III).

Besteht die »Änderung in den Verhältnissen« in Schwarzarbeit, droht nach § 8 Abs. 1 Nr. 1b i.V.m. § 1 Abs. 2 Nr. 3, Abs. 3 SchwarzArbG eine Geldbuße bis 300.000 €.

Schwarzarbeit

Die Verfolgungsverjährungsfrist beträgt gemäß § 31 Abs. 2 OWiG:

Verfolgungsverjährung

bei Geldbußen	
ab 1.001 € bis 2.500 €	1 Jahr
ab 2.501 € bis 15.000 €	2 Jahre
von mehr als 15.000 €	3 Jahre

Gegen einen Bußgeldbescheid kann binnen zwei Wochen Einspruch eingelegt werden (§ 67 OWiG). Hilft die AA dem Einspruch nicht ab, so entscheidet das Amtsgericht. Falls der Betroffene und die Staatsanwaltschaft nicht widersprechen, kann das Amtsgericht ohne Hauptverhandlung entscheiden. In diesem Fall kann das Bußgeld nicht höher ausfallen (§ 72 Abs. 2 Satz 2 OWiG). Nach einer Hauptverhandlung kann das Amtsgericht eine höhere Geldbuße festsetzen.

Einspruch

Statt eines Bußgelds droht bei schwerwiegenden Verstößen ein Strafverfahren wegen Betrugs. Einen Betrugsverdacht nimmt die BA (gemäß BA-Rundbrief 129/2003) regelmäßig an, wenn aufgrund eines automatischen Datenabgleichs (z.B. im Rahmen des DALEB-Verfahrens → S. 30) Überschneidungen/Überzahlungen bekannt werden. Obwohl hier regelmäßig eine Ordnungswidrigkeit nach § 404 Abs. 2 Nr. 26 SGB III vorliegt, gibt die BA diese Fälle an die (neuerdings zuständige) Zollverwaltung zur Einleitung eines Strafverfahrens ab. Aber auch dort, wo kein Tatbestand einer Ordnungswidrigkeit erfüllt ist (z.B. bei falschen Angaben im Antragsvordruck), schaltet die BA regelmäßig die Zollverwaltung ein, die ein Strafverfahren wegen Betrugs einleitet.

Gefahr eines Strafverfahrens

Soweit eine Bestrafung wegen Betruges ausscheidet, droht eine Bestrafung nach § 9 SchwarzArbG. Danach kann mit Freiheitsstrafe oder Geldstrafe bestraft werden, wer Sozialleistungen neben Schwarzarbeit erschleicht.

Schwarzarbeit

In den genannten Fällen verlangt die AA nicht nur das Alg zurück, sondern auch den für Sie als angeblich Arbeitslosen gezahlten Krankenkassen-/Pflegebeitrag, wenn die AA die Beiträge nicht von der Krankenkasse zurückfordern kann, weil Sie von der Kasse Leistungen bezogen haben. Sie zahlen also u.U. zweimal den Krankenkassen-/Pflegebeitrag: einmal aufgrund der der AA verschwiegenen Beschäftigung, das zweite Mal aufgrund der Rückforderung der AA.

Rückzahlung des Krankenkassen-/Pflegebeitrags

IV Die Arbeitsvermittlung durch die Agentur für Arbeit

1 Zwei Instrumente

1.1 »Profiling« / »Assessment«

»Profiling« = individuelle Chanceneinschätzung

Solange genügend Arbeitsplätze da sind, erleichtert eine »passgenaue« Vermittlung das Finden und Behalten eines Arbeitsplatzes. Solange genügend Arbeitsvermittler da sind, bleibt ihnen Zeit, einzuschätzen, welcher Arbeitsplatz für welchen Arbeitslosen passt. Das setzt voraus, dass Arbeitsvermittler und Arbeitslose sich ein genaues Bild davon machen, welche Chancen der einzelne Arbeitslose angesichts des erreichbaren Arbeitsmarktes hat. Diese individuelle Chanceneinschätzung nennt der Gesetzgeber »Profiling« (BT-Drs. 14/6944, S. 28). Dieses »Profiling« regelt § 6 Abs. 1 SGB III:

»Eingangs-Check«

»Die Agentur für Arbeit hat spätestens nach der Arbeitslosmeldung zusammen mit dem Arbeitslosen die für die Vermittlung erforderlichen beruflichen und persönlichen Merkmale des Arbeitslosen, seine beruflichen Fähigkeiten und seine Eignung festzustellen. Die Feststellung hat sich auch darauf zu erstrecken, ob eine berufliche Eingliederung erschwert ist und welche Umstände sie erschweren.«

»Vertieftes Profiling«

»Kann die Agentur für Arbeit nicht feststellen,
1. in welche berufliche Ausbildung der Ausbildungsuchende oder
2. in welche berufliche Tätigkeit der arbeitslose oder von Arbeitslosigkeit bedrohte Arbeitsuchende vermittelt werden kann oder welche Maßnahmen der aktiven Arbeitsförderung vorgesehen werden können,

soll es die Teilnahme an einer Maßnahme der Eignungsfeststellung vorsehen.« (§ 35 Abs. 3 SGB III.)

Beauftragt mit der Maßnahme der Eignungsfeststellung werden häufig private »Assessmentcenter« (näher → S. 66).

1.2 »Eingliederungsvereinbarung«

»Die Eingliederungsvereinbarung basiert auf dem Profiling des Arbeitslosen und seinen Vorstellungen über seine zukünftige berufliche Tätigkeit in Verbindung mit Möglichkeiten des für ihn in Betracht kommenden Arbeitsmarktes. Sie wird in der Regel für einen Zeitraum zwischen drei und sechs Monaten abgeschlossen und ist gegebenenfalls fortzuschreiben.« (BT-Drs. 14/6944, S. 31.)

Was ist eine Eingliederungsvereinbarung?

Nach § 6 Abs. 1 Satz 3 i. V. m. § 35 Abs. 4 SGB III muss die Eingliederungsvereinbarung schriftlich festhalten:
- die Eigenbemühungen des Arbeitslosen;
- die Vermittlungsbemühungen der AA;
- künftige Leistungen der aktiven Arbeitsförderung, soweit der Arbeitslose die Voraussetzungen erfüllt.

In der Gesetzesbegründung werden Sinn und Inhalt der Eingliederungsvereinbarung näher beschreiben:

> »Eine vom Arbeitsamt und der/dem Arbeitslosen gemeinsam erarbeitete Eingliederungsvereinbarung stellt einerseits sicher, dass die Arbeitsämter Angebote bereit stellen, die den individuellen Interessen, Kenntnissen und Fähigkeiten der/des Arbeitslosen sowie den geschlechtsspezifischen Beschäftigungschancen entsprechen, soweit dies der jeweilige Arbeitsmarkt zulässt. Andererseits wird mit jeder/jedem Arbeitslosen vereinbart, welche Anstrengungen von ihr/ihm selbst bei der Stellensuche und der Teilnahme an arbeitsmarktpolitischen Maßnahmen erwartet werden. Der Grundsatz des »Förderns und Forderns« wird konsequent und für beide Seiten fair umgesetzt.« (BT-Drs. 14/6944, S. 25.)

> »Der Deutsche Bundestag fordert (...) die Bundesregierung auf, dafür Sorge zu tragen, dass der Grundsatz des Förderns in einem mindestens gleichwertigen Verhältnis zu dem (...) Grundsatz des Forderns angewandt wird. Dabei sind die individuellen Rechte und Bedürfnisse der erwerbsfähigen Hilfebedürftigen angemessen zu berücksichtigen. Die Bundesregierung hat insbesondere darauf hinzuwirken, dass
> - die (...) Eingliederungsvereinbarung in einem partnerschaftlichen Umgang zwischen Agentur für Arbeit und erwerbsfähigen Hilfebedürftigen zustande kommt und
> - in der Eingliederungsvereinbarung diejenigen Leistungen zur Eingliederung in Arbeit vereinbart werden, die unter Berücksichtigung der Umstände des Einzelfalls zur Eingliederung in Arbeit erforderlich und vertretbar sind.
>
> Darüber hinaus soll die Bundesanstalt durch geeignete Maßnahmen (z. B. durch Hinzuziehen eines zweiten Fallmanagers) gewährleisten, dass im Falle von Differenzen bei Abschluss und Einhalten der Eingliederungsvereinbarungen die Interessen des erwerbsfähigen Hilfebedürftigen gewahrt werden.« (BT-Drs. 15/1728, S. 14.)

Gesetzgeber fordert auch »Fördern«

Lehnt der Arbeitslose den Abschluss einer Eingliederungsvereinbarung ab, weil er seine Interessen nicht gewahrt sieht, darf keine Sperrzeit verhängt werden; auch eine Einstellung der Leistung wäre unzulässig. Das stellt die Gesetzesbegründung klar:

> »Die Eingliederungsvereinbarung wird vom zuständigen Mitarbeiter des Arbeitsamtes und dem Betroffenen gemeinsam erarbeitet. Bei Differenzen über die vorzusehenden Maßnahmen kann der Arbeitslose eine Beratung und eine Entscheidung des Vorgesetzten verlangen. Hierbei kann er zu seiner Unterstützung auch einen Berater seines Vertrauens hinzuziehen. Kann auch bei diesem Einigungsversuch kein Einvernehmen erzielt werden und kommt deshalb eine Eingliederungsvereinbarung nicht zustande, bleibt es dabei, dass das Arbeitsamt Vermittlungsvorschläge unterbreitet und über Maßnahmen der aktiven Arbeitsförderung entscheidet.« (BT-Drs. 14/6944, S. 31.)

Statt Eingliederungsvereinbarung: Eingliederungsplan

Wer vom Alg ins Alg II überwechselt, **muss** die Eingliederungsvereinbarung abschließen. Lehnt er sie ab, droht ihm gemäß § 31 Abs. 1 Satz 1 Nr. 1a SGB III die Kürzung des Alg II.

Im Unterschied zur Eingliederungsvereinbarung sollte man bei einseitiger Festlegung durch die AA von »Eingliederungsplan« sprechen. Der »Eingliederungsplan« dürfte rechtlich als Verwaltungsakt einzustufen sein, gegen den Widerspruch und Klage möglich sind (so Steinmeyer, info also 2002, Heft 1, S. 5). Das ist aber nicht unstreitig.

Bei Bruch der Eingliederungsvereinbarung: Kein Alg mehr

Hält sich ein Arbeitsloser nicht an die in der abgeschlossenen Eingliederungsvereinbarung übernommenen Pflichten, kann die AA

- gemäß § 38 Abs. 2 SGB III die Vermittlung einstellen mit der Folge, dass er – weil er den Vermittlungsbemühungen der AA nicht mehr zur Verfügung steht – gemäß § 119 Abs. 1 Nr. 3 SGB III kein Alg mehr erhält oder

Sperrzeit

- gemäß § 144 Abs. 1 Satz 2 Nr. 3 i. V. m. § 119 Abs. 4 Satz 2 Nr. 1 SGB III eine Sperrzeit verhängen.

Und wenn die AA die Eingliederungsvereinbarung bricht?

Unklar ist, was passiert, wenn die AA die in der Eingliederungsvereinbarung seinerseits zu übernehmenden Pflichten nicht erfüllt. Wäre die Eingliederungsvereinbarung wirklich ein Vertrag – wie der Gesetzgeber auf den ersten Blick vorspiegelt – müsste der Arbeitslose auf Erfüllung oder Schadensersatz klagen oder vom Vertrag zurücktreten können. Diese Folgerungen scheint der Gesetzgeber gefürchtet zu haben. Anders lässt es sich nicht erklären, dass er – eher beiläufig – in der Gesetzesbegründung erklärt:

»Die Eingliederungsvereinbarung hat nicht die Funktion, ein neues Rechtsverhältnis zwischen Arbeitsamt und Arbeitslosen zu begründen.« (BT-Drs. 14/6944, S. 31).

2 Ob und Wie der Vermittlung

Gemäß § 38 Abs. 4 Satz 1 SGB III besteht ein Anspruch auf Arbeitsvermittlung,

- solange der Arbeitsuchende Alg beansprucht, oder
- solange der Arbeitsuchende in einer ABM gefördert wird, oder
- wenn der Arbeitsuchende eine ihm nicht zumutbare Beschäftigung angenommen hat und weiter eine Vermittlung verlangt, jedoch nicht länger als sechs Monate, oder
- nach Arbeitsuchmeldung gemäß § 37b SGB III bis zum angegebenen Beendigungszeitpunkt des Versicherungspflichtverhältnisses.

Im Übrigen ist die Vermittlung nach drei Monaten einzustellen. Der Arbeitsuchende kann sie erneut in Anspruch nehmen.

Bei der Vermittlung gelten folgende Grundsätze:
- Die AA hat die Neigung, Eignung und Leistungsfähigkeit der Ausbildungsuchenden und Arbeitsuchenden sowie die Anforderungen der angebotenen Stellen zu berücksichtigen (§ 35 Abs. 2 SGB III). Sie hat dazu beizutragen, den »Erwerb des Lebensunterhaltes durch eine frei gewählte Tätigkeit zu ermöglichen« (§ 1 Abs. 1 SGB I). Diese Leitnorm aller Sozialgesetzbücher gerät immer mehr in Vergessenheit. Was Arbeitslose gerne wollen, interessiert kaum noch jemanden. Dennoch sollte man sich stets, wenn man zu einer Arbeit fern der Wünsche und Vorstellungen gezwungen wird, auf diese Grundnorm berufen, bevor auch sie abgeschafft wird.

»Lebensunterhalt durch frei gewählte Tätigkeit«

- Die AA hat Frauen besonders zu fördern.
  - Nach § 36 Abs. 2 SGB III darf die BA bei der Vermittlung das Geschlecht der Arbeitnehmer oder Arbeitnehmerinnen nicht berücksichtigen, auch wenn der Arbeitgeber dies verlangt, es sei denn, dass die angebotene Tätigkeit nur von einem Mann oder nur von einer Frau ausgeübt werden kann.
  - § 8 Abs. 2 SGB III sieht vor, dass Frauen entsprechend ihrem Anteil an den Arbeitslosen gefördert werden sollen. Die Vorschrift gilt auch für die Vermittlung, weil diese zu den Leistungen der aktiven Arbeitsförderung gehört (§ 3 Abs. 1 Nr. 1, Abs. 4 SGB III).
  - Nach § 8b SGB III »sollen Berufsrückkehrerinnen die zu ihrer Rückkehr in die Erwerbstätigkeit notwendigen Leistungen der aktiven Arbeitsförderung (...) erhalten. Hierzu gehören insbesondere Beratung und Vermittlung.«
  - »Die Beauftragten für Chancengleichheit am Arbeitsmarkt unterstützen und beraten Arbeitgeber und Arbeitnehmer sowie deren Organisationen in übergeordneten Fragen der Frauenförderung, der Gleichstellung von Frauen und Männern am Arbeitsmarkt sowie der Vereinbarkeit von Familie und Beruf bei beiden Geschlechtern.« (§ 385 Abs. 2 Satz 1 SGB III).

Frauenförderung

Beauftragte für Chancengleichheit am Arbeitsmarkt

Jede Frau, die sich diskriminiert fühlt, sollte sich an die »Beauftragte für Chancengleichheit am Arbeitsmarkt« ihrer AA wenden.

- Die AA hat darauf zu achten, dass Arbeitslose nicht wegen ihres Alters, Gesundheitszustandes oder ihrer Staatsangehörigkeit benachteiligt werden. § 36 Abs. 2 SGB III gebietet, Einschränkungen in Stellenangeboten nach Alter, Gesundheitszustand oder Staatsangehörigkeit nur zu berücksichtigen, wenn sie nach Art der auszuübenden Tätigkeit unerlässlich sind.
Wir bezweifeln, dass dieses wohlgemeinte Gebot in der Praxis durchzusetzen ist. Ein Arbeitsvermittler, der weiß, dass Arbeitgeber in der Regel »Olympiamannschaften« wollen, wird keinen alten, gebrechlichen Bewerber zur Einstellung vorschlagen.

Keine Diskriminierung nach Alter, Gesundheit, Staatsangehörigkeit

- Die Religionszugehörigkeit darf bei Kirchen und ihren Tendenzbetrieben (insbesondere ihren sozialen Einrichtungen) uneingeschränkt, die Gewerkschafts-, Partei- und Religionszugehörigkeit

Religions- und Parteizugehörigkeit

bei Tendenzunternehmen (z. B. Gewerkschaften, Arbeitgeberverbänden, Presseunternehmen, Parteien) nur berücksichtigt werden, wenn die Art der Tätigkeit diese Einschränkung rechtfertigt.

Keine Gesetzesverstöße
- Die AA hat das Vermittlungsverbot nach § 36 Abs. 1 SGB III zu beachten. Danach darf die AA nicht dazu beitragen, ein gesetz- oder sittenwidriges Arbeits- oder Ausbildungsverhältnis zu begründen.

Beispiele

– Die Vermittlung zu einem sittenwidrig niedrigen Wucherlohn ist unzulässig, auch wenn dieser Lohn höher als das Alg ist (Klagemuster → S. 562). Gegen das Verbot der Vermittlung in Arbeit zu Wucherlöhnen verstoßen die AA laufend. Das hat der Fernsehbeitrag »Arbeitsämter vermitteln Lohndumpingjobs« von Ekkehard Sieker (plusminus vom 16.4.2002) dokumentiert.
– Die Vermittlung eines Jugendlichen, der eine Arbeitsstelle mit einer Arbeitszeit von regelmäßig »mindestens 50 Stunden« wöchentlich sucht, weil er schnell Geld verdienen will, wäre wegen Verstoßes gegen § 8 JugendarbeitsschutzG unzulässig.

Neutralitätsgebot
- Die AA hat das Neutralitätsgebot nach § 36 Abs. 3 SGB III zu beachten. Die AA darf in einem durch einen Arbeitskampf unmittelbar betroffenen Bereich nur dann vermitteln, wenn der Arbeitsuchende und der Arbeitgeber dies trotz eines Hinweises auf den Arbeitskampf verlangen.

Datenschutz
- Die AA hat den Datenschutz zu wahren (→ S. 49).

Flankierende Hilfen
- Die AA hat flankierende Hilfen bei der Vermittlung von Ausbildung- und Arbeitsuchenden einzusetzen (§ 3 Abs. 1 Nr. 1 SGB III). Zu den Hilfen gehören insbesondere der Ersatz von Bewerbungs- und Reisekosten (→ S. 58).

3 Die Verfügbarkeit prüfen

Voraussetzung für den Bezug von Alg ist, dass Sie dem Arbeitsmarkt zur Verfügung stehen (→ S. 80).
Der Arbeitsvermittler wird fragen:

- zu welchen Tageszeiten und in welchem Umfang (Vollzeit oder Teilzeit) Sie arbeiten wollen und können. Bei gewünschten unüblichen Arbeitszeiten wird der Arbeitsvermittler die Verfügbarkeit verneinen;
- nach gesundheitlichen Einschränkungen, insbesondere dann, wenn das letzte Arbeitsverhältnis wegen gesundheitlicher Probleme beendet wurde.

Ärztliche/ psychologische Untersuchung
Machen Sie derartige gesundheitliche Einschränkungen geltend oder hat der Arbeitsvermittler Zweifel an Ihrer Leistungsfähigkeit, müssen Sie mit einer Untersuchung durch den Ärztlichen oder Psychologischen Dienst der AA rechnen. Dieser kann (in Anlehnung an DBlRdErl. 73/2000) insbesondere in folgenden Fällen eingeschaltet werden:

Schaubild
Einschalten des ärztlichen/psychologischen Dienstes

Gründe	Rechtsgrundlagen
Fragen zur Vermittlungsfähigkeit und Berufseignung	§§ 31 Abs. 1, 32 i. V. m. § 35 Abs. 2 SGB III
Eignungsfragen bei Maßnahmen der beruflichen Ausbildung, Weiterbildung/Trainingsmaßnahmen	§§ 48, 59 ff., 77 ff. SGB III
Eignungsfragen bei Reha-Maßnahmen	§§ 97 ff. SGB III
Verfügbarkeit/Arbeitsfähigkeit	§ 119 Abs. 1 Nr. 3, Abs. 5 Nrn. 1, 2 SGB III
Nahtlosigkeitsregelung (mehr als sechsmonatige Leistungsminderung und damit möglicher Fall für Rentenversicherung?)	§ 125 SGB III
Einfluss gesundheitlicher Einschränkungen auf die Bemessung	§ 131 Abs. 5 SGB III
Berechtigung einer Sperrzeit bei Arbeitsaufgabe	§ 144 Abs. 1 Satz 2 Nr. 1 SGB III
Berechtigung einer Sperrzeit bei Ablehnung einer Arbeit/Maßnahme bzw. Nichtantritt einer Arbeit oder Maßnahme (bzw. Abbruch) ohne »wichtigen Grund«	§ 144 Abs. 1 Satz 2 Nrn. 3–5 SGB III
Wegfall der Erstattungspflicht des Arbeitgebers bei »gerechtfertigter« Entlassung wegen Krankheit	§ 147a Abs. 1 Nr. 1 SGB III

Gemäß § 309 Abs. 1 SGB III sind Leistungsbezieher verpflichtet, auf Aufforderung beim AA-Arzt oder AA-Psychologen zu erscheinen. Leistungsbeziehern, die ohne wichtigen Grund dieser Aufforderung nicht nachkommen, droht eine Sperrzeit (→ S. 287).

Pflicht zum Erscheinen

Der schriftlichen Aufforderung zum Erscheinen zu einer ärztlichen/psychologischen Untersuchung hat stets ein Beratungsgespräch vorauszugehen, in dem gegenüber dem Betroffenen genau dargelegt wird, weshalb in seinem Fall die jeweilige Untersuchung erforderlich ist.

Beratungsgespräch

Sie sind als Leistungsbezieher gemäß § 62 SGB I weiter verpflichtet, sich untersuchen zu lassen. Kommen Sie dieser Verpflichtung ohne wichtigen Grund i. S. § 65 SGB I nicht nach, so kann Ihnen nach § 66 SGB I bis zur Nachholung der Mitwirkung das Alg versagt oder entzogen werden.

Pflicht, sich untersuchen zu lassen

Voraussetzung einer Versagung oder Entziehung ist jedoch nach § 66 Abs. 3 SGB I, dass Sie auf die Folge fehlender Mitwirkung schriftlich hingewiesen wurden und Ihrer Mitwirkungspflicht innerhalb einer gesetzten angemessenen Frist nicht nachgekommen sind. Die AA

Rechtsfolgenbelehrung

muss außerdem in dem Beratungsgespräch darlegen, weshalb die ärztliche/psychologische Untersuchung erforderlich ist.

Der Termin für die Untersuchung darf nicht früher als eine Woche nach Zugang des Einladungsschreibens liegen. Für den Zugang sind zusätzlich zum Absendetag drei Kalendertage anzusetzen, sodass zwischen dem Tag der Absendung und dem Einladungstermin mindestens zehn Kalendertage liegen müssen (so DBlRErl 16/1998).

Belastende Doppeluntersuchungen können Sie durch Vorlage von Gutachten Ihres Fach-/Hausarztes zu vermeiden versuchen.

Keine Verfügbarkeit aus gesundheitlichen Gründen

Verneint der AA-Arzt/-Psychologe aus gesundheitlichen Gründen die Verfügbarkeit, so erhalten Sie, wenn Sie während des Leistungsbezugs vorübergehend arbeitsunfähig sind, Alg als Kranken-Alg für sechs Wochen von der AA (anschließend Krankengeld von Ihrer Krankenkasse).

Dauert die Arbeitsunfähigkeit voraussichtlich länger als sechs Monate, dann erhalten Sie im Wege der Nahtlosigkeit des § 125 SGB III Alg. Das gilt aber nur, bis der zuständige Rentenversicherungsträger verminderte Erwerbsfähigkeit festgestellt hat; es kommt jedoch nicht darauf an, ob tatsächlich Rente gezahlt wird. Wegen der Einzelheiten → S. 90.

Der AA-Arzt/-Psychologe kann auch zu der Auffassung kommen, dass Ihre Gesundheit nur eingeschränkt ist mit der Folge, dass Sie z. B. nur im Sitzen oder nur im Stehen arbeiten können. Hier wird der Arbeitsvermittler die Verfügbarkeit in der Regel nicht verneinen, sondern prüfen, ob Rehabilitationsmaßnahmen sinnvoll sind oder ob nur noch bestimmte Arbeitsstellen infrage kommen.

Zum Recht auf Einsicht in ärztliche und psychologische Gutachten → S. 40.

4 Das Vermittlungsformular

Sie erhalten Stellenangebote von der AA bei einem Vermittlungsgespräch oder per Post in Form eines Vermittlungsformulars. In dem Vermittlungsformular sollen vom Vermittler nähere Angaben zu der angebotenen Stelle eingetragen werden. Bestehen Sie auf einem vollständigen Ausfüllen des Vermittlungsformulars auch dann, wenn Ihnen der Vermittler die Informationen im Rahmen eines Vermittlungsgespräches mündlich erläutert hat. Fehlen nämlich diese Angaben im Vermittlungsformular, können Sie nicht überprüfen, ob das Arbeitsangebot überhaupt zumutbar ist. Zudem: Erhalten Sie diese Angaben nur mündlich, sind Sie später unter Umständen in Beweisschwierigkeiten, wenn Sie die angebotene Stelle ablehnen und deshalb eine Sperrzeit erhalten. Wenn Ihnen die AA eine Stelle telefo-

Auf vollständigem Ausfüllen bestehen

nisch vermittelt, halten Sie die Angaben schriftlich fest oder – noch besser – versuchen Sie sofort, in der AA eine schriftliche Bestätigung der angebotenen Stelle zu erhalten.

Eine Durchschrift des Stellenangebotes zusammen mit Ihrem Namen und Ihrer Anschrift erhält der Arbeitgeber. Auf der Rückseite des Vermittlungsformulars, das Sie erhalten, werden Sie über die Rechtsfolgen belehrt, falls Sie die angebotene Stelle nicht annehmen.   Rechtsfolgenbelehrung

Die Rückseite der Durchschrift für den Arbeitgeber ist mit einem Vordruck versehen, auf dem der Arbeitgeber der AA das Ergebnis des Einstellungsgespräches mitteilen soll.   Antwortvordruck des Arbeitgebers

Sie können bei der AA die Einsicht in die Antwort des Arbeitgebers verlangen (→ S. 40). Sie können, wenn Sie mit den Angaben des Arbeitgebers nicht einverstanden sind, sofort eine Gegendarstellung abgeben.   Akteneinsicht

5 Was passiert, wenn Sie eine angebotene Stelle ablehnen?

Kommt es nach einem Stellenangebot nicht zur Arbeitsaufnahme und besteht deshalb Ihre Arbeitslosigkeit weiter, so wird die AA zunächst die Stellungnahme des Arbeitgebers abwarten und dessen Angaben prüfen müssen. Glaubt die AA, dass Sie die Fortdauer der Arbeitslosigkeit zu vertreten haben, und plant die AA deshalb eine Sperrzeit (→ S. 261), so wird es Sie vorladen und Sie anhören. Sie erhalten in einer »Niederschrift« Gelegenheit, Ihre Gründe für die Ablehnung des Stellenangebotes darzulegen. Die AA wird aufgrund der »Niederschrift« prüfen, ob sie eine Sperrzeit verhängt. Erhalten Sie nach Ihrer Meinung zu Unrecht einen Sperrzeitbescheid, wehren Sie sich mit Widerspruch und Klage (→ S. 552).   Sperrzeitgefahr

Niederschrift

6 Das Internetangebot der BA

Nach § 41 Abs. 2 SGB III haben die AA bei der Beratung, Vermittlung und Berufsorientierung »Selbstinformationseinrichtungen« einzusetzen.
Der Stellen-Informations-Service (SIS) bietet offene Stellen, meistens unter Angabe des Namens und der Anschrift des Arbeitgebers an. Interessenten können diese Stellen in der AA per Selbstbedienung an Bildschirmgeräten abrufen und über bereitstehende Telefone direkt mit den Betrieben, ohne Einschaltung des Arbeitsvermittlers, Kontakt aufnehmen.
Da Arbeitgeber häufig die Besetzung einer Stelle nicht melden, ist SIS leider häufig nicht auf dem aktuellen Stand.   SIS

Der Ausbildungsstellen-Informations-Service (ASIS) informiert über die den AA gemeldeten Ausbildungsstellen. Diese werden mit Name und Anschrift des Ausbildungsbetriebes sowie mit Angaben zu Ein-   ASIS stellungstermin, Bewerbungsverfahren, Ansprechpartner u. Ä. veröffentlicht. Ausbildungsplatzsuchende können die Angebote auf einem der im Berufsinformationszentrum (BIZ) und den Wartezonen der AA bereitstehenden Bildschirme abrufen, sich auf Wunsch ausdrucken lassen und mit dem Ausbildungsbetrieb ohne vorheriges Gespräch mit der Berufsberatung direkt Kontakt aufnehmen.

AIS

Der Arbeitgeber-Informations-Service (AIS) stellt Arbeitgebern Bewerberprofile Arbeitsuchender zur Verfügung. In dieser europaweit größten Datenbank Arbeitsuchender werden auch die aufgenommen, die eine Maßnahme der beruflichen Weiterbildung abschließen.

EURES

Auf der Internetseite der European Employment Services (EURES) (http://europa.eu.int/comm/dg05/elm/eures/de/index-de.htm) können Sie Informationen über die Lebens- und Arbeitsbedingungen in allen Mitgliedsländern einsehen und die Stellenangebote der EURES-Datenbank abfragen.

KURS

Es gibt eine große Zahl von schwer überschaubaren Bildungsmaßnahmen. Einen Überblick bietet »KURS – die Datenbank für Aus- und Weiterbildung« der BA (www.arbeitsamt.de). Mit KURS können Sie im Berufsinformationszentrum (BIZ) der AA ohne Voranmeldung und kostenlos die Bildungsangebote selbst abrufen.
Ob ein spezielles Angebot von der AA gefördert wird, sagt Ihnen KURS allerdings nicht. Das können Sie nur über den zuständigen Berater bei der AA erfahren.

7 Recht auf Auskunft/Einsicht
§§ 25, 83 SGB X

Die gläserne AA

Jeder Arbeitslose hat einen Anspruch auf Offenlegung all dessen, was über ihn gespeichert ist. Dieser so genannte Auskunftsanspruch ergibt sich aus §§ 25, 83 SGB X. Entsprechend erklärt die BA:

»Hinsichtlich Ihrer in den Dateien der Arbeitsvermittlung und Arbeitsberatung gespeicherten Daten haben Sie folgende Rechte:
- Auskunft über die zu Ihrer Person gespeicherten Daten;
(...)
(BA [Hrsg.], Die Arbeitsvermittlung und Arbeitsberatung stellt sich vor, Nürnberg 1992, S. 15.)

Ärztliche/ psychologische Gutachten

Einen Auskunftsanspruch und das Recht auf Einsicht in ärztliche oder psychologische Gutachten einschließlich der Befundunterlagen hat der Bundesbeauftragte für den Datenschutz mit den Worten unterstrichen:

»Ein berechtigtes Interesse der Gutachter an der Geheimhaltung ihrer Gutachten ist gerade gegenüber den von der Begutachtung Betroffenen auszuschließen. Die ärztlichen Gutachten dienen weder den Interessen

des Arztes, noch stellen sie einen Selbstzweck dar; sie sind ausschließlich dazu bestimmt, über den Gesundheitszustand eines Versicherten Aufschluss zu geben.
Der Transparenzgrundsatz erfordert daher elementar, dass sich der Betroffene über den Inhalt des ausschließlich über ihn erstellten Gutachtens informieren kann.«
(15. Tätigkeitsbericht des Bundesbeauftragten für den Datenschutz [1993–1994], S. 194.)

Transparenzgrundsatz

8 Recht auf Beratung

Nach § 14 SGB I hat jeder Anspruch auf Beratung über seine Rechte und Pflichten nach den Sozialgesetzbüchern. Dem entspricht nach § 29 Abs. 1 SGB III die Pflicht der AA, Arbeitsuchenden und Arbeitslosen Berufsberatung anzubieten. Die Berufsberatung umfasst gemäß § 30 Satz 1 Nr. 5 SGB III auch die Erteilung von Auskunft und Rat zu Leistungen der Arbeitsförderung, also auch zu Alg. Art und Umfang der Beratung richten sich gemäß § 29 Abs. 2 SGB III nach dem Beratungsbedarf des einzelnen Ratsuchenden.

Anspruch auf Beratung

Wir wissen, dass der Anspruch auf Beratung und die Pflicht der AA zur Beratung häufig nur auf dem Papier bestehen. Insbesondere die ungenügende Personalausstattung und die damit verbundene Überlastung der AA-Beschäftigten führt dazu, dass Ratsuchende häufig als lästige Bittsteller und nicht als Kunden mit Beratungsanspruch behandelt werden.

Das versucht die BA zu ändern. Mit DBlRdErl 23/2000 verpflichtet sie die AA zur kundenorientierten Leistungsberatung:

Anspruch auf kundenorientierte Beratung

»Leistungsberatung zielt auf eine qualifizierte individuelle Kundenbetreuung ab (kundenorientierte Leistungsberatung). Mit ihrer Hilfe erhalten die Kunden das notwendige materielle Wissen und die Kenntnisse über den Verfahrensablauf, um ihre Rechte und Pflichten umfassend und zügig wahrnehmen zu können (zielgerichtete und korrekte Inanspruchnahme von Leistungen unter Berücksichtigung möglicher Rechtsfolgen, Ausschöpfung betriebswirtschaftlicher Dispositionsmöglichkeiten). Dabei orientiert sich die Leistungsberatung am spezifischen Beratungsbedarf des Einzelnen, seinen differenzierten Lebensumständen und seinen individuellen oder betrieblichen Gestaltungsmöglichkeiten. Kundenorientierte Leistungsberatung ist nicht erst mit dem sachverhaltsbezogenen Erstkontakt zum Arbeitsamt (z. B. persönliche Arbeitslosmeldung oder Anzeige von Kurzarbeit), sondern bereits vor der Leistungsphase anzubieten. So sollten z. B. Arbeitnehmer/innen bereits vor einer Kündigung bzw. vor dem Abschluss eines Aufhebungsvertrages beraten werden, um evtl. leistungsrechtliche Auswirkungen bei ihrer Entscheidung berücksichtigen zu können. (...)
Leistungsberatung muss kundenorientiert, d. h. initiativ, rechtzeitig, umfassend und verständlich erfolgen. Die Form (persönlich, telefonisch oder

schriftlich) richtet sich nach den Wünschen der Kunden und nach dem Beratungsbedarf.
Zentrale Beratungsform ist das individuelle Beratungsgespräch mit Arbeitnehmer/innen (…)«

Anspruch auf Beratung über weitere sozialrechtliche Wege

Die Beratung darf sich dabei nicht auf das Arbeitslosenrecht beschränken:

»§ 14 SGB I verpflichtet den jeweiligen Leistungsträger, im Rahmen seiner Zuständigkeit jeden über seine für ihn in seiner individuellen Ausgangslage konkret infrage kommenden Rechte und Pflichten nach dem Sozialgesetzbuch zu beraten. Dabei ist nicht nur über Rechte und Pflichten nach dem SGB zu beraten, sondern auch über damit zusammenhängende Rechtsgegenstände und Wechselwirkungen. Wird Beratung von einem unzuständigen Leistungsträger verlangt, hat dieser die Verpflichtung, mindestens den dafür zuständigen Leistungsträger zu benennen.

Beispiele

Im Zusammenhang mit der Antragstellung auf Entgeltersatzleistungen wird erkannt, dass möglicherweise ein Anspruch auf Sozialhilfeleistungen oder Wohngeld besteht. In diesem Fall ist im Rahmen der Leistungsberatung auch Auskunft (§ 15 SGB I) über die Möglichkeit der Inanspruchnahme anderer Sozialleistungen und die Zuständigkeit anderer Sozialleistungsträger zu geben.
Im Zusammenhang mit der Beratung über die Folgen einer geplanten Entlassungsentschädigung müssen nicht nur alternative Gestaltungsmöglichkeiten in die Beratung, sondern auch Auswirkungen – z. B. infolge möglichen Ruhens von Ansprüchen – auf die Krankenversicherung einbezogen werden.«
(So René Heusch, Winfried Müller, Werner Kugler, Mitarbeiter der BA bzw. der Fachhochschule der BA, in: a + b 2000, Heft 3, S. 66.)

Herstellungsanspruch

Wird ein Arbeitsloser falsch beraten, kann der so genannte »sozialrechtliche Herstellungsanspruch« helfen. Ein solcher Herstellungsanspruch kann entstehen, wenn die AA einen Leistungsfall falsch bearbeitet, einem Arbeitslosen falsche Auskünfte gibt oder ihn fehlerhaft oder unvollständig berät. Nicht in jedem Fall unvollständiger Beratung entsteht ein Herstellungsanspruch. Die AA hat einen Leistungsempfänger nicht in jedem Falle auf die für ihn günstigste Gestaltungsmöglichkeit hinzuweisen. Das BSG verpflichtet die Leistungsträger zur »verständnisvollen Förderung« der Versicherten. Der Leistungsträger hat bei konkreten Anlässen die ihm anvertrauten Interessen des Versicherten zu wahren und ihm zu den Leistungen und Rechten zu verhelfen, die ihm nach dem Gesetz zustehen. Ein konkreter Anlass zur Interessenwahrung liegt insbesondere vor, wenn ein Versicherter eine Beratung wünscht, aber auch, wenn bei der Aktenbearbeitung für den Versicherten offensichtlich zweckmäßige Gestaltungsmöglichkeiten klar zutage treten.

Erleidet ein Arbeitsloser durch falsche oder unvollständige Beratung der AA einen Schaden, wird also eine ihm zustehende Leistung überhaupt nicht, in zu geringer Höhe oder zu spät gezahlt, dann muss ihn die AA rückwirkend so stellen, wie er bei korrekter Beratung stehen würde. Dabei spielt es keine Rolle, ob Mitarbeiter der AA schuldhaft gehandelt haben.

V Die Privatisierung der Arbeitsvermittlung

1 Arbeitsvermittlung durch private Arbeitsmakler

Schon durch das Arbeitsförderungsreformgesetz von 1997 wurde das Vermittlungsmonopol der BA abgeschafft. Immerhin war seitdem die Arbeitsvermittlung durch Private erlaubnispflichtig. Nach Streichung der §§ 291, 293, 294 SGB III und der Aufhebung der Arbeitsvermittlungsverordnung 2002 kann heute jedermann ohne Erlaubnis der BA Arbeit vermitteln. Nur die Auslandsvermittlung kann – soweit es um das Nicht-EU-Ausland geht – durch Rechtsverordnung eingeschränkt werden. Damit ist neben dem Wohnungsmakler der »Arbeitsmakler« hoffähig gemacht worden. Und das von einer SPD, die in ihrer Geschichte stets gegen den privaten »Arbeitsnachweis« und die damit verbundenen Missbräuche gekämpft hat! (Nachzulesen bei Bernhard Weller, Arbeitslosigkeit und Arbeitsrecht, Stuttgart 1969; Dieter Maier, Die geschichtliche Entwicklung des Alleinvermittlungsrechts der Bundesanstalt für Arbeit, a+b 1993, Heft 1, S. 2–6.)

Keine Erlaubnispflicht mehr

Dem Missbrauch ist wieder Tür und Tor geöffnet: Der frühere § 295 SGB III, der die Aufhebung der Erlaubnis bei gesetzwidrigem Treiben vorsah, ist aufgehoben. § 35 GewO, der die Versagung der Vermittlung bei mangelnder Zuverlässigkeit ermöglicht, wird – angesichts der Überlastung der Gewerbeaufsicht – eine stumpfe Waffe bleiben.

Die unbeschränkte Zulassung privater Arbeitsmakler widerspricht dem im Jahr 2000 in Kraft getretenen Übereinkommen 181 der Internationalen Arbeitskonferenz (ILO). Dessen Art. 3 Nr. 2 verlangt, dass die Tätigkeit privater Arbeitsvermittler durch ein Bewilligungs- oder Zulassungssystem zu regulieren ist. Leider ist die Bundesrepublik Deutschland dem Abkommen (noch) nicht beigetreten.

Widerspricht ILO-Übereinkommen

Die unbeschränkte Zulassung privater Arbeitsmakler soll den Wettbewerb fördern (so der SPD-Abgeordnete Brandner, Ausschuss für Arbeit und Sozialordnung, 124. Sitzung, Protokoll 14/124, S. 13). Dazu will so recht nicht passen, dass den privaten Arbeitsmaklern die Kundschaft gemäß § 37 Abs. 1 SGB III durch die AA zugetrieben wird. Immerhin hat der Arbeitslose ein Widerspruchsrecht. Darüber muss er belehrt werden. Der Weiterreichung an einen privaten Arbeitsmakler kann er aber nur aus wichtigem Grund widersprechen.

Nach § 37 Abs. 4 SGB III kann ein Arbeitsloser, wenn er sechs Monate nach Eintritt der Arbeitslosigkeit noch arbeitslos ist, die Beauftragung eines Dritten mit seiner Vermittlung verlangen. Das bietet sich an, wenn das Verhältnis zwischen AA-Vermittler und Arbeitslosem zerrüttet ist.

Vergütung jetzt auch von Arbeitsuchenden

Früher durften private Arbeitsmakler regelmäßig nur Arbeitgeber zur Kasse bitten. Nach § 296 SGB III werden heutzutage auch die Arbeitsuchenden gerupft. Nur von Ausbildungsuchenden darf gemäß §§ 296a, 297 Nr. 2 SGB III keine Vergütung verlangt werden.

Widerspricht ILO-Übereinkommen

Auch diese Neuregelung widerspricht dem genannten ILO-Übereinkommen 181. Nach dessen Art. 7 dürfen private Arbeitsvermittler den Arbeitnehmern weder unmittelbar noch mittelbar Gebühren in Rechnung stellen. Der Verstoß wurde vom BMAS ein-, leider aber nicht ausgeräumt (vgl. Ausschuss für Arbeit und Sozialordnung, 122. Sitzung, Protokoll 14/122, S. 5).

Voraussetzungen für Vergütungsanspruch

Der private Arbeitsmakler kann von Arbeitsuchenden eine Vergütung nur verlangen, wenn
- ein schriftlicher Vermittlungsvertrag geschlossen worden ist;
- aufgrund der Vermittlung ein Arbeitsverhältnis zustande kommt;
- der Vermittlungsvertrag keine Exklusivklausel (= Verbot, auch andere Arbeitsmakler einzuschalten) enthält;
- der Vermittlungsvertrag Angaben über die Vergütung enthält;
- die Vergütung nicht die gesetzlichen Höchstgrenzen übersteigt.

Höchstvergütung

Nach § 296 Abs. 3 i.V.m. § 421g Abs. 2 SGB III darf die Vergütung (einschließlich Umsatzsteuer) 2.000 € nicht überschreiten.

Für die Vermittlung von Au-pair-Stellen beträgt die Höchstgebühr 150 €.

Für die Vermittlung von Künstlern, Fotomodellen, Berufssportlern gelten besondere Gebühren (§ 301 SGB III i.V.m VO vom 27.3.2002 [BGBl I, S. 2439]).

Vermittlungsgutschein

Nach § 421g SGB III (in der Fassung des Vierten Gesetzes zur Änderung des Dritten Buches Sozialgesetzbuch (...) vom 19.11.2004) haben Arbeitslose unter folgenden Voraussetzungen einen Anspruch auf einen Vermittlungsgutschein:
- Anspruch auf Alg, oder
- in ABM;
- frühestens nach sechs Wochen Arbeitslosigkeit.

Die Frist geht dem Tag der Antragstellung auf einen Vermittlungsgutschein unmittelbar voraus. In die Frist werden Zeiten nicht eingerechnet, in denen der Arbeitnehmer an Maßnahmen der Eignungsfeststellung und Trainingsmaßnahmen sowie an Maßnahmen der beruflichen Weiterbildung teilgenommen hat.

Mit dem Vermittlungsgutschein verpflichtet sich die AA, den Vergütungsanspruch eines vom Arbeitnehmer eingeschalteten Vermittlers,

der den Arbeitnehmer in eine sozialversicherungspflichtige Beschäftigung mit einer Arbeitszeit von mindestens 15 Stunden wöchentlich vermittelt hat, zu erfüllen.
Der Vermittlungsgutschein gilt für einen Zeitraum von jeweils drei Monaten.

Den Gutschein kann man bei der AA persönlich abholen oder dort formlos per Telefon, Brief, Telefax oder E-Mail unter Angabe der Kunden-Nummer anfordern.

Der Vermittlungsgutschein, einschließlich der darauf entfallenden gesetzlichen Umsatzsteuer, wird in Höhe von 2.000 € ausgestellt. **Vergütung**
Die Vergütung wird in Höhe von 1.000 € nach einer sechswöchigen und der Restbetrag nach einer sechsmonatigen Dauer des Beschäftigungsverhältnisses gezahlt.

Die Zahlung der Vergütung ist ausgeschlossen, wenn **Zahlungsausschlüsse**
- der Vermittler von der AA mit der Vermittlung des Arbeitnehmers beauftragt ist,
- die Einstellung bei einem früheren Arbeitgeber erfolgt ist, bei dem der Arbeitnehmer während der letzten vier Jahre vor der Arbeitslosmeldung mehr als drei Monate lang versicherungspflichtig beschäftigt war; dies gilt nicht, wenn es sich um die befristete Beschäftigung besonders betroffener schwerbehinderter Menschen handelt,
- das Beschäftigungsverhältnis von vornherein auf eine Dauer von weniger als drei Monaten begrenzt ist oder
- der Vermittler nicht nachweist, dass er die Arbeitsvermittlung als Gegenstand seines Gewerbes angezeigt hat oder nach den gesetzlichen Regelungen zur Teilhabe schwerbehinderter Menschen am Arbeitsleben beteiligt worden ist.

Den Vermittlungsgutschein können nicht nur private Arbeitsmakler einlösen. Auch Träger der Wohlfahrtspflege, kommunale Beschäftigungsgesellschaften u. Ä. können sich über Vermittlungsgutscheine (mit)finanzieren (so ausdrücklich das BMAS, Ausschuss für Arbeit und Sozialordnung, 122. Sitzung, Protokoll 14/122, S. 5). Das gilt nicht, wenn diese Träger (z. B. bei ABM) von der AA ohnehin mit der Vermittlung beauftragt sind.

Wie am Vermittlungsgutschein verdient werden kann, zeigen zwei Beispiele:
- »Als Honorar für Ihre Arbeitsaufnahme überweisen wir Ihnen bis zu 500 € vom Nennbetrag Ihres Vermittlungsgutscheins«, bietet ein Münchener Arbeitsmakler an. Inzwischen suchen sich Arbeitslose einen Makler, eine Arbeit und verlangen die Hälfte des Werts des auch mit ihren Beiträgen finanzierten Vermittlungsgutscheins (Frankfurter Rundschau vom 8.5.2002).
- Arbeitgeber mit laufendem Bedarf an Arbeitskräften gründen eigene Arbeitsvermittlungsagenturen und kassieren die Vermittlungsprovisionen.

2 Arbeitsvermittlung durch Maßnahmeträger

Seit dem Job-AQTIV-Gesetz werden die Träger beruflicher Weiterbildung und beruflicher Ausbildung, Reha-Träger und Träger von ABM, Transfergesellschaften und Träger von Jobrotationsprojekten zur Vermittlung der zugewiesenen Arbeitslosen verpflichtet (§§ 37 Abs. 2, 69 Satz 2, 84 Nr. 2, 232, 246 Nr. 3 SGB III). Das Gesetz sieht – anders als bei der Vermittlung durch private Arbeitsmakler – kein Widerspruchsrecht des Arbeitslosen vor.

Durch § 421i SGB III können Träger mit Eingliederungsmaßnahmen beauftragt werden. Die AA schreibt öffentlich aus, für vorgegebene Arbeitslosengruppen bei vorgegebenen Eingliederungsquoten Maßnahme-/Eingliederungskonzepte einzureichen. Der Träger, dessen Angebot am wirtschaftlichsten ist, erhält den Zuschlag. Die im Vertrag zwischen AA und Träger vereinbarten Kosten (Maßnahmekosten, Honorare u. Ä.) werden aus dem Eingliederungstitel genommen.

Erfolgsdruck zulasten Arbeitsloser

Der Erfolg der Maßnahmeträger wird in erster Linie daran gemessen, wie viele Teilnehmer sie vermitteln. Weitere Aufträge erhalten nur Träger mit hoher Vermittlungsquote (BT-Drs. 14/6944, S. 34 f.). Damit wächst der Druck auf die Träger, Teilnehmer auf Teufel komm raus in Arbeit – auch sittenwidrig schlecht bezahlte – zu drücken. Demgegenüber muss immer wieder die Pflicht der Träger aus § 97 Abs. 1 SGB X betont werden, die Rechte und Interessen der Arbeitslosen zu wahren.

3 Arbeitsvermittlung in und durch Personal-Service-Agenturen (PSA)
§§ 37c, 434g Abs. 5 SGB III; §§ 1 ff. AÜG

Seit 2003 muss in jedem AA-Bezirk mindestens eine PSA eingerichtet werden. Hauptaufgabe der PSA ist es, Arbeitslose zu verleihen mit dem Ziel, dass sie vom Entleiher übernommen werden (Klebeeffekt).

Traum ...

Die Hartz-Kommission sah in der PSA das »Herzstück« ihrer Vorschläge und träumte von 500.000 Arbeitslosen in PSA. Die BA war nicht so größenwahnsinnig und strebte für 2003 nur 50.000 an (auf 100 Arbeitslose ein PSA-Beschäftigter).

Bis Ende Januar 2004 gab es (nach BArbBl 2004, Heft 4, S. 8)
- 985 PSA
- mit 44.000 Plätzen,

und Wirklichkeit
- von denen 31.708 belegt waren.

und Pleiten

Diese erbärmlichen Zahlen müssen um 201 PSA mit 9.500 Plätzen bereinigt werden, die im Februar 2004 durch die Insolvenz des größten PSA-Anbieters »Maatwork« verloren gingen (ANBA 2004, Heft 2, S. 240).

Bis Ende Januar 2004 konnten 6.375 Arbeitnehmer, die aus der PSA ausgetreten sind, eine sozialversicherungspflichtige Beschäftigung aufnehmen (BArbBl, a.a.O.). Fragt sich nur, ob das dem »Klebeeffekt« zu verdanken ist oder eigener Initiative, unabhängig von der PSA.

Die durch den PSA-Traum entstehenden Kosten sind gewaltig: Ende 2003 betrugen sie bereits 174 Millionen Euro; jede Vermittlung in ein festes Arbeitsverhältnis kostete damals schon durchschnittlich 31.990 € (nach Handelsblatt vom 9.1.2004).

und Kosten

Eine PSA soll vorrangig in Regie einer Verleihfirma, in zweiter Linie mit Beteiligung der AA an einer Verleihfirma und erst als letzte Möglichkeit allein von der AA betrieben werden.
In den beiden ersten Fällen schließt die AA einen Vertrag mit der Verleihfirma. Vertragspartner kann (nach BA-Rundbrief 71/2002) nur eine »organisatorisch – und gegebenenfalls zusätzlich rechtlich – eigenständige Einheit sein (z.B. selbstständige Betriebsabteilung oder unselbstständige Zweigniederlassung, eigene GmbH)«.

Im Vertrag muss insbesondere festgelegt werden, welche Arbeitslose die PSA einstellen muss, was in verleihfreien Zeiten passiert und wie hoch das Honorar für die PSA ausfällt.

Die PSA darf ausschließlich von der AA zugewiesene Arbeitslose einstellen und beschäftigen.

Welche Arbeitslose?

Nicht wirklich geklärt ist, welche Arbeitslose einer PSA zugewiesen werden. Sicher ist nur, dass in einer PSA sich keine »Olympiamannschaften« sammeln werden. »Aus den Grundsätzen der Wirtschaftlichkeit folgt, dass andere Vermittlungsinstrumente, die voraussichtlich in kurzer Zeit zu einer Beschäftigungsaufnahme außerhalb der Personal-Service-Agentur führen, Vorrang haben.« (BT-Drs. 15/25, S. 28.) Da die PSA aber ihrerseits wirtschaftlich arbeiten muss, hält es die BA für erforderlich, dass »die PSA-Zielgruppe ausreichend Chancen für den für einen wirtschaftlichen PSA-Betrieb erforderlichen Arbeitskräfteverleih eröffnet. Damit wird zugleich deutlich, dass die PSA-Zielgruppe seitens der AA so festgelegt werden muss, dass sie zwar kurzfristig vom AA nicht vermittelbare Arbeitslose umfasst, die aber abgesehen von individuellen Vermittlungshemmnissen beschäftigungsfähig sind und im Rahmen ihres Qualifikationsspektrums für Arbeitnehmerüberlassung in Betracht kommen«. (BA-Rundbrief 71/2002, S. 4.) Danach scheint die PSA für eine Mittelgruppe (zwischen Olympiamannschaft und schwer Vermittelbaren) infrage zu kommen. Allerdings verunklart die BA diese Vorstellung durch folgende Erweiterung der PSA-Zielgruppe: »Damit dürften sich auch für arbeitslose Arbeitnehmer ohne Berufsabschluss, Langzeitarbeitslose und von Langzeitarbeitslosigkeit bedrohte, schwerbehinderte und ältere Arbeitslose in vielen Fällen Chancen zur Einmündung in eine PSA mit sich anschließender Integration in den Arbeitsmarkt ergeben.« (BA-Rundbrief 71/2002, S. 4.)

	Vorrangig werden Alg-Bezieher zugewiesen. Andernfalls rechnen sich die durch die PSA entstehenden Kosten nicht.
Arbeitsvertrag	Zwischen PSA und zugewiesenem Arbeitslosen wird ein sozialversicherungspflichtiges Beschäftigungsverhältnis begründet. Der Arbeitsvertrag ist befristet: Die Dauer beträgt mindestens neun Monate; im Regelfall soll sie zwölf Monate nicht übersteigen (BT-Drs. 15/25, S. 28).
Verleihfreie Zeiten	Nach § 37c Abs. 1 Satz 2 SGB III muss die PSA die Beschäftigten in verleihfreien Zeiten qualifizieren und weiterbilden. Die BA schränkt (im BA-Rundbrief 71/2002, S. 3) diese Pflicht ein auf »Integrationsbemühungen« und »Kurzzeitqualifizierungen«. Unter »Integrationsbemühungen« fasst sie das altbekannte »Spektrum (...) von Bewerbungstraining über Coaching bis zu assistierter Vermittlung zu einem anderen Arbeitgeber«. »Als Qualifizierung kommt nur kurzzeitige arbeitsplatznahe Weiterbildung in Betracht.«
Keine Kombipackungen	Eine »normale« Förderung der beruflichen Weiterbildung nach §§ 77 ff. SGB III lässt die BA im Schoße der PSA nicht zu. Die Gewährung weiterer Ermessensleistungen der aktiven Arbeitsförderung (z.B. Lohnkostenzuschüsse, Entgeltsicherung für Alg-Berechtigte ab 50 Jahren) an die PSA ist nicht möglich (so ausdrücklich BT-Drs. 15/25, S. 28). Bei nahtlosem Überwechseln aus der PSA zu einem anderen Arbeitgeber gibt es im Regelfall keinen Eingliederungszuschuss (BA-Rundbrief 71/2002, S. 6).
Honorar für PSA	Die durch den Verleih allein nicht zu erwirtschaftenden Betriebskosten sollen durch ein Honorar der BA gedeckt werden. Das Honorar besteht (nach BA-Rundbrief 71/2002, S. 3 f.) aus einer Fallpauschale und einer Vermittlungsprämie.
Fallpauschale	Die monatliche Fallpauschale sinkt mit der Beschäftigungsdauer:

Beschäftigungsdauer	monatliche Fallpauschale
1.–3. Monat der PSA-Beschäftigung	100 % des Grundbetrages
4.–6. Monat der PSA-Beschäftigung	75 % des Grundbetrages
7.–9. Monat der PSA-Beschäftigung	50 % des Grundbetrages

	Die monatliche Fallpauschale scheint sich zwischen 800 € und 1.200 € einzupendeln.
Vermittlungsprämie	Auch die Vermittlungsprämie sinkt mit der Beschäftigungsdauer, wenn der PSA-Beschäftigte zu einem Entleiher oder einem anderen durch die PSA vermittelten Arbeitgeber überwechselt:

Vermittlung	Vermittlungsprämie
im 1.–3. Monat der PSA-Beschäftigung	200 % des Grundbetrages
im 4.–6. Monat der PSA-Beschäftigung	150 % des Grundbetrages
nach dem 6. Monat der PSA-Beschäftigung	100 % des Grundbetrages

Die Bezugsgröße, der Grundbetrag, wird von der AA festgelegt. Es berücksichtigt dabei insbesondere die Berufe der zugewiesenen Arbeitslosen, deren Vermittlungschancen und den regionalen Arbeitsmarkt.

Grundbetrag

VI Datenschutz
§ 35 SGB I; §§ 67 ff. SGB X;
§§ 41 Abs. 3, 42, 394 ff. SGB III

1 Erhebung, Verarbeitung und Nutzung von Sozialdaten der Arbeitslosen

1.1 durch die BA/AA

Es liegt auf der Hand, dass ohne persönliche Daten der Arbeitslosen Vermittlung und Geldleistungen durch die AA nicht möglich sind. Genauso klar ist, dass die AA nicht alles erfragen und nicht alles, was sie von Arbeitslosen und über diese erfährt, beliebig verarbeiten und nutzen darf.
Was zulässig ist, bestimmen die § 35 SGB I i. V. m. §§ 67 ff. SGB X und die §§ 394 ff., 41 Abs. 3, 42 SGB III.

Gemäß § 394 Abs. 1 Satz 1 SGB III darf die BA

»Sozialdaten nur erheben, verarbeiten und nutzen, soweit dies zur Erfüllung ihrer gesetzlich vorgeschriebenen oder zugelassenen Aufgaben erforderlich ist. Ihre Aufgaben nach diesem Buch sind
1. die Feststellung eines Versicherungspflichtverhältnisses einschließlich einer Versicherungsfreiheit,
2. die Erbringung von Leistungen der Arbeitsförderung an Arbeitnehmer, Arbeitgeber und Träger von Arbeitsförderungsmaßnahmen,
3. die Erstellung von Statistiken, Arbeitsmarkt- und Berufsforschung, Berichterstattung,
4. die Überwachung der Beratung und Vermittlung durch Dritte,
5. die Erteilung von Genehmigungen für die Ausländerbeschäftigung sowie die Zustimmung zur Anwerbung aus und nach dem Ausland,
6. die Bekämpfung von Leistungsmissbrauch und illegaler Beschäftigung,
7. die Unterrichtung der zuständigen Behörden über Anhaltspunkte von Schwarzarbeit, Nichtentrichtung von Sozialversicherungsbeiträgen oder Steuern und Verstößen gegen das Ausländergesetz,

8. die Überwachung der Melde-, Anzeige-, Bescheinigungs- und sonstiger Pflichten nach dem Achten Kapitel sowie die Erteilung von Auskünften,
9. der Nachweis von Beiträgen sowie die Erhebung von Umlagen für das Wintergeld und das Insolvenzgeld,
10. die Durchführung von Erstattungs- und Ersatzansprüchen,
11. der Betrieb von Job-Center, in denen Arbeitsuchende und Ausbildungsuchende mit dem Ziel der Eingliederung in das Erwerbsleben umfassend betreut werden; (...)«

Projekt »Biografische Daten«

Vor dem Hintergrund dieser beschränkten Befugnis muss das BA-Projekt »Biografische Daten« diskutiert werden.

»Ziel ist die Steuerung der Aktivitäten nach Wirkung und Wirtschaftlichkeit. Voraussetzung für ein solches Konzept ist detailliertes Wissen, bei welchen Kunden mit welchen Aktivitäten welche Wirkungen erzielt werden. Der historische Ablauf der personenbezogenen Geschäftsvorfälle sowie die mit ihnen zusammenhängenden Zahlungen sollen abbildbar sein« (BA-Rundbrief 124/2003).

»Kundenhistorie«

»Diese unter dem Titel ›Biografische Daten‹ in der Entwicklung befindliche Datenbank wird die Informationen, die der BA bereits heute über die einzelnen Arbeitslosen zur Verfügung stehen, in einer Kundenhistorie zusammenzuführen, strukturiert speichern und neue Kennzahlen gewinnen, mit denen der Bereich Controlling die Umsetzung des neuen Steuerungssystems effektiv begleiten kann. (...)
Zur Unterstützung der Einzelfallentscheidung in der AA wird dem Vermittler bzw. dem über die Maßnahmenvergabe entscheidenden Sachbearbeiter ein Zugriff auf die spezifische Historie des Kunden ermöglicht. Hierzu zählen nicht nur Zeiträume mit Arbeitslosigkeit, sondern v. a. auch eine Übersicht über alle erhaltenen Dienstleistungen (Beratungen, Maßnahmen etc.) und Entgeltersatzleistungen inkl. der jeweils verursachten Kosten. Zusätzlich werden kundengruppen- und regionenspezifische Entscheidungshilfen wie zu erwartende Integrationswahrscheinlichkeiten und -kosten angezeigt. (...) Der Abruf der Einzelfallhistorien erfolgt durch den ›Virtuellen Arbeitsmarkt‹ (VAM), der ab Stufe 2 die Anzeige der ›Biografischen Daten‹ übernehmen wird« (BA-Rundbrief 10/2004).

Wir zweifeln, ob die Zusammenführung aller »biografischen Daten« aus allen »existierenden operativen Verfahren« zu »detaillierten, individuellen Kundenhistorien« zum Zwecke von »Steuerung und Controlling« durch § 394 Abs. 1 Satz 1 SGB III gedeckt ist. Vor allem, wenn man bedenkt, dass diese Kundenhistorien keineswegs vor dem Zugriff privater Dritter sicher sind (→ S. 55).

Weitergabe nur an Befugte

Nach § 35 Abs. 1 Satz 2 SGB I verlangt die Wahrung des Sozialgeheimnisses von der AA u. a., »dass die Sozialdaten nur an Befugte weitergegeben werden«. Insoweit gibt es bereits Probleme beim ersten Gang zur AA, sozusagen auf dem Gang der AA:

Mit dem »Arbeitsamt 2000« wurde der Aufruf nach Nummer durch den namentlichen Aufruf ersetzt. Da der Name ein Sozialdatum und damit schutzwürdig ist, hält der Bundesbeauftragte für den Datenschutz diese Praxis für bedenklich. Da die BA den Nummernaufruf nicht wieder einführen will, hat der Bundesbeauftragte für den Datenschutz sich zu folgendem Kompromiss breitschlagen lassen: Im Eingangsbereich jeder AA wird folgendes Hinweisschild angebracht:

Namentlicher Aufruf?

> **Datenschutz**
>
> Teilen Sie uns bitte mit, wenn
> - Ihr Anliegen in einem separaten Büro besprochen werden soll,
> - Sie nicht namentlich aufgerufen werden wollen.

Nach unserer Meinung genügt dieses Hinweisschild nicht den Anforderungen, die § 67b Abs. 2 SGB X an die Einwilligung des Betroffenen stellt.

Die gleichzeitige Aufnahme von Daten mehrerer Arbeitsloser durch mehrere Bedienstete in einem Raum der AA und das damit verbundene Mithören von z.T. besonders schützenswerten Daten (z.B. finanzielle Situation, Scheidungsabsichten, anstehende Gefängnisaufenthalte) verstößt gegen das Sozialgeheimnis nach § 35 SGB I. Diese weitverbreitete Praxis hat der Bundesbeauftragte für den Datenschutz ausdrücklich gerügt (17. Tätigkeitsbericht [1997–1998], S. 386). Soweit im Rahmen der Neuorganisation (»Arbeitsamt 2000«) offene Kundenbereiche (Clearingstellen) geschaffen worden sind, muss gewährleistet sein, dass andere Arbeitslose die Gespräche nicht mithören können (so der Bundesbeauftragte für den Datenschutz, 18. Tätigkeitsbericht [1999–2000], BT-Drs. 14/5555, S. 142). Das oben genannte Hinweisschild versucht dem Rechnung zu tragen.

Keine »Schulter-an-Schulter«-Abfertigung

Die AA darf Sozialdaten nur erheben, soweit dies zur Aufgabenerfüllung »erforderlich ist« (§ 67a Abs. 1 SGB X, § 394 Abs. 1 Satz 1 SGB III, § 41 Abs. 3 Satz 1 SGB III). Hauptproblem dabei ist, welche Schwächen von Arbeitslosen die AA wie »kennzeichnen« darf.

Erhebung von Sozialdaten nur soweit »erforderlich«

Eine erste Leitlinie gibt § 42 Abs. 1 Satz 1 SGB III. Danach darf die AA »von Ausbildungsuchenden und Arbeitsuchenden Daten nicht erheben, die ein Arbeitgeber vor Begründung eines Ausbildungs- oder Arbeitsverhältnisses nicht erfragen darf«. Die AA darf deshalb z.B. nicht nach Schwangerschaften fragen.

Der Bundesbeauftragte für den Datenschutz hat wiederholt verlangt, dass Arbeitslose in Beratungsvermerken der computergestützten Arbeitsvermittlung »weder negativ gekennzeichnet noch subjektive Eindrücke und Bewertungen aufgenommen werden« (15. Tätigkeitsbericht des Bundesbeauftragten für den Datenschutz [1993–1994], S. 197 f.).

Beispiel

Im Beratungsvermerk war gespeichert: »Der Arbeitslose X beschwert sich über Alles und Jeden«. Auf die Beschwerde des Arbeitslosen hin forderte der Bundesbeauftragte für den Datenschutz die Löschung mit folgender Begründung:

»Das Beschwerderecht ist ein grundsätzliches Bürgerrecht. Darüber hinaus sollten – insbesondere bei Langzeitarbeitslosen – stets die möglichen Auswirkungen der Arbeitslosigkeit auf deren psychische Situation berücksichtigt werden. (...) Die BA hat den Vermerk gelöscht und eingeräumt, dass das Beschwerdeverhalten eines Arbeitslosen grundsätzlich nicht vermittlungsrelevant ist.« (15. Tätigkeitsbericht, S. 201.)

Nicht zu beanstanden sind nach einem Beispielkatalog der BA Eintragungen wie:

Zulässige Kennzeichnungen

- »Tätigkeit mit Ausnahme im Arzneimittelbereich (bei Drogenabhängigen)
- Tätigkeit ohne Kontakt mit Spirituosen (bei Alkoholabhängigen)
- Tätigkeit ohne besondere Stressbelastung (bei psychisch Kranken)
- kann aus gesundheitlichen Gründen Beruf nicht mehr ausüben.«

Unzulässig sind Eintragungen wie:

Unzulässige Kennzeichnungen

- »Arbeitslosmeldung nach Drogentherapie/Entziehungskur
- hat Alkoholprobleme
- verdeckte Kennzeichnung, wie ***/—/YYY
- Zugehörigkeit zu einer Rasse
- einschlägig vorbestraft
- destruktives und unsoziales Verhalten
- anscheinend psychische Probleme.«

(Zitat nach 16. Tätigkeitsbericht [1995–1996], S. 324 f.)

Auf Initiative des Bundesbeauftragten für den Datenschutz hat der Gesetzgeber in § 396 SGB III die Grenzen der »Kennzeichnung« Arbeitsloser zu regeln versucht.
§ 396 Satz 1 SGB III lautet:

»Die Bundesagentur und von ihr Beauftragte Dritte dürfen Berechtigte und Arbeitgeber bei der Speicherung oder Übermittlung von Daten nicht in einer aus dem Wortlaut nicht verständlichen oder in einer Weise kennzeichnen, die nicht zur Erfüllung ihrer Aufgaben erforderlich ist.«

Trotz dieser Regelung wird es weiter Streit darüber geben, was zur »Kennzeichnung« Arbeitsloser »erforderlich« ist. Vor allem vor dem Hintergrund des mit dem Job-AQTIV-Gesetz neu gefassten § 6 Abs. 1 SGB III, der im Rahmen des »Profiling« umfassender als früher fordert, die Stärken und Schwächen der Arbeitslosen festzustellen. Insbesondere hat die AA die Tatsachen zu erheben, die eine berufliche Eingliederung erschweren. Deshalb hält die BA (BA-Rundbrief 52/2002) es für zulässig, »mangelhaftes Sozialverhalten« (z. B. Mangel an Kommunikationsfähigkeit, Selbstbewusstsein, Durchhaltevermögen, Teamfähigkeit, Toleranz, Zuverlässigkeit und Motivation) in die Beratungs- und Vermittlungsunterlagen aufzunehmen.

Nach § 41 Abs. 3 SGB III darf die AA in die Stelleninformationssysteme (→ S. 39) Daten über Ausbildungsuchende, Arbeitsuchende und Arbeitgeber nur aufnehmen, soweit sie für die Vermittlung erforderlich sind. Daten, die eine Identifizierung des Betroffenen ermöglichen, dürfen nur mit seiner Einwilligung aufgenommen werden. Er kann auch die Aufnahme seiner anonymisierten Daten ausschließen. Ein Arbeitsuchender, **der Alg beansprucht**, kann nur die Aufnahme von Daten ausschließen, die seine Identifizierung ermöglichen. Dem Betroffenen ist auf Verlangen ein Ausdruck der aufgenommenen Daten zuzusenden.

Verfügung über Sozialdaten in Stelleninformationssystemen

Arbeitslose haben Anspruch auf
- Berichtigung unrichtiger Sozialdaten;
- Löschung unzulässigerweise gespeicherter oder nicht mehr erforderlicher Daten.

Einzelheiten sind in § 84 SGB X geregelt.

Berichtigung und Löschung von Sozialdaten

1.2 durch andere öffentliche Stellen

Hier geht es vor allem um den Sozialdatenschutz in den von AA und Sozialämtern im Rahmen der ARGE betriebenen Job-Centern. Nach § 394 Abs. 1 Satz 3 SGB III »dürfen die Agenturen für Arbeit die für die Erfüllung der Aufgaben der gemeinsamen Anlaufstelle und die für die Erfüllung der übertragenen Aufgaben erforderlichen Sozialdaten erheben, verarbeiten und nutzen«. Eine entsprechende Vorschrift enthält jetzt § 50 Abs. 1 SGB II und enthielt früher schon § 421d Abs. 3 Satz 1 SGB III.

Auch hier gelten die unter 1.1 genannten Einschränkungen, insbesondere der Grundsatz der »Erforderlichkeit«.

1.3 durch private Stellen?

Hier geht es um den Sozialdatenschutz, wenn die AA die oben (→ S. 43) aufgeführten nichtöffentlichen Stellen
– private Arbeitsmakler,
– private Maßnahmeträger,
– private PSA
mit der Eignungsfeststellung, der Qualifizierung, der Eingliederung, dem Verleih und der Vermittlung beauftragt.

Bis Ende 2003 war der Sozialdatenschutz bei der Einschaltung Privater lediglich an drei Stellen behandelt:[*]

■ In § 298 SGB III

»(1) Vermittler dürfen Daten über zu besetzende Ausbildungs- und Arbeitsplätze und über Ausbildungsuchende und Arbeitnehmer nur erheben, verarbeiten und nutzen, soweit dies für die Verrichtung ihrer Vermittlungstätigkeit erforderlich ist. Sind diese Daten personenbezogen oder Geschäfts- oder Betriebsgeheimnisse, dürfen sie nur erhoben, verarbeitet oder genutzt werden, soweit der Betroffene im Einzelfall nach Maßgabe des § 4a des Bundesdatenschutzgesetzes eingewilligt hat. Übermittelt der Vermittler diese Daten im Rahmen seiner Vermittlungstätigkeit einer weiteren Person oder Einrichtung, darf diese sie nur zu dem Zweck verarbeiten oder nutzen, zu dem sie ihr befugt übermittelt worden sind.

Man muss fragen, wie kommt die BA ihrer Pflicht aus § 394 Abs. 1 Satz 1 Nr. 4 SGB III, »die Beratung und Vermittlung durch Dritte zu überwachen« nach, soweit es um den Datenschutz geht; wie »überwacht« die BA insbesondere den Schutz von Sozialdaten, die der Dritte an Vierte (vgl. § 298 Abs. 1 Satz 3 SGB III) übermittelt?

Nur mit Zustimmung

Immerhin, der Arbeitslose muss der Erhebung, Verarbeitung und Nutzung seiner personenbezogenen Daten zustimmen. Das wirft eine weitere Frage auf: Nach § 37 Abs. 1 Satz 3 SGB III kann ein Arbeitsloser nur aus wichtigem Grund der Beauftragung eines Dritten mit seiner Vermittlung widersprechen. Was passiert, wenn er die Vermittlung durch Dritte mangels wichtigen Grundes akzeptieren muss, der Weitergabe seiner personenbezogenen Daten aber nicht zustimmt mit der Folge, dass der Dritte nicht vermitteln kann? Die BA beantwortet die Frage:

»Stimmt ein Leistungsempfänger der Weitergabe von Sozialdaten nicht zu, können daraus unmittelbare leistungsrechtliche Konsequenzen nicht hergeleitet werden. Die Verweigerung ist aber ein Anlass, die Eigenbemühungen des Bewerbers sowie das Vorliegen der Anspruchsvoraussetzungen nachhaltig zu prüfen.« (BA-Rundbrief 92/2002, S. 2).

Wir bezweifeln, dass jemandem, der von einem Datenschutzrecht Gebrauch macht, solche »mittelbaren Konsequenzen« angedroht werden dürfen.

---

[*] Wir behandeln hier nicht Datennutzung und Datenschutz für die Arbeitsmarktforschung und Statistik (s. dazu §§ 282, 282a, 421d Abs. 4 SGB III).

- In § 86 Abs. 1 Satz 5 SGB III

»Stellt das Arbeitsamt bei der Prüfung der Maßnahme hinreichende Anhaltspunkte für Verstöße gegen datenschutzrechtliche Vorschriften fest, soll es die zuständige Kontrollbehörde für den Datenschutz hiervon unterrichten.«

Wir bezweifeln, dass private Weiterbildungsträger dem Datenschutz gehörige Aufmerksamkeit schenken. Es wäre interessant zu erfahren, wie oft die AA gemäß § 86 Abs. 1 Satz 5 SGB III kontrollierend eingegriffen hat.

- In § 421d Abs. 3 SGB III

»Die beteiligten Leistungsträger und die von ihnen gemeinsam gebildete und beauftragte Stelle können für Modellvorhaben [zur Verbesserung der Zusammenarbeit mit den örtlichen Trägern der Sozialhilfe] die für die Durchführung des Modellvorhabens erforderlichen Sozialdaten erheben, verarbeiten und nutzen.«

Der Bundesbeauftragte für den Datenschutz hat in seinem 19. Tätigkeitsbericht [2001–2002] neben den Datenflüssen zu privaten Forschungseinrichtungen (mit denen wir uns hier nicht befassen) insbesondere die Datenströme zwischen AA/Sozialamt und den von ihnen gebildeten privaten Stellen und die Datenströme zwischen AA und privaten Vermittlern bzw. privaten PSA unter die Lupe genommen. Der Datenaustausch sei nicht hinreichend geregelt, viele datenschutzrechtliche Fragen seien ungeklärt (a.a.O., S. 20).

»Das größte Problem ist die veraltete Technik der BA. Diese erlaubt derzeit lediglich, den Zugang Dritter auf die Datenbanken und Computersysteme der BA insgesamt zuzulassen oder gar nicht. Ein Mittelweg, wie etwa die Eröffnung des Zugangs nur zu bestimmten Teilen des Systems, ist derzeit nicht möglich. Ein ungehinderter Zugriff privater Dritter auf die Computersysteme der BA (nicht nur der Vermittlungs-, sondern auch der Leistungsdaten) würde einer Abschaffung des Sozialdatenschutzes für Arbeitslose gleichkommen.« (A. a. O., S. 131).

Den »ungehinderten Zugriff privater Dritter auf die Computersysteme der BA« soll der seit 2004 geltende § 395 Abs. 2 SGB III erlauben:

»Die Bundesagentur darf abweichend von § 80 Abs. 5 des Zehnten Buches zur Erfüllung ihrer Aufgaben nach diesem Buch nichtöffentliche Stellen mit der Erhebung, Verarbeitung und Nutzung von Sozialdaten beauftragen, auch soweit die Speicherung der Daten den gesamten Datenbestand umfasst.«

Wortgleich wird diese Bestimmung in § 51 SGB II wiederholt.

Die Bundesregierung versucht damit, § 80 Abs. 5 SGB X auszuhebeln. Nach dieser Vorschrift

> »ist die Erhebung und Verarbeitung von Sozialdaten im Auftrag durch nichtöffentliche Stellen nur zulässig, wenn
> 1. beim Auftraggeber sonst Störungen im Betriebsablauf auftreten können oder
> 2. die übertragenen Aufgaben beim Auftragnehmer erheblich kostengünstiger besorgt werden können.«

Beide Voraussetzungen liegen nicht vor: Was private Vermittler und PSA unternehmen, könnte ohne »Störungen des Betriebsablaufs« von den Fachkräften der AA geleistet werden.
Dazu auch »kostengünstiger«. Das belegen die gigantischen Kosten der PSA (bei minimalen Erfolgen) und der Missbrauch mit Vermittlungsgutscheinen durch einen Teil der privaten Vermittler. Deshalb hatte der Bundesrechnungshof die Abschaffung des Vermittlungsgutscheins zum Ende 2004 gefordert (a+b 2004, Heft 4, S. 112).
Dass die Voraussetzungen des § 80 Abs. 5 SGB X die Einschaltung Privater nicht erlaubt, scheint auch die Bundesregierung zu sehen. Sonst hätte sie nicht versucht, die Hürde, die § 80 Abs. 5 SGB X aufrichtet, wegzuräumen.
Der Versuch ist gescheitert. Durch § 395 Abs. 2 SGB III und § 51 SGB II kann § 80 Abs. 5 SGB X nicht beiseite geschoben werden; das zeigt ein Blick ins Gesetz: Nach § 37 Satz 1 SGB I kann zwar grundsätzlich von Vorschriften des SGB I und SGB X durch die übrigen Sozialgesetzbücher (z. B. durch das SGB III) abgewichen werden. Dieser so genannte Vorbehalt gilt gemäß § 37 Satz 2 SGB I u. a. aber nicht für § 35 SGB I. In § 35 Abs. 2 steht ausdrücklich, dass die Erhebung, Verarbeitung und Nutzung von Sozialdaten nur unter den Voraussetzungen des 2. Kapitels des SGB X zulässig ist. Da im 2. Kapitel des SGB X u. a. der § 80 Abs. 5 steht, kann von ihm durch einen wie auch immer gearteten neuen § 395 SGB III oder § 51 SGB II nicht abgewichen werden.

Damit ist die die Erhebung, Verarbeitung und Nutzung von Sozialdaten Arbeitsloser durch AA und Sozialamt gemeinsam gebildete private Stellen und durch von den AA beauftragte private Vermittler, PSA und Maßnahmeträger unzulässig, soweit diese Daten für die Erfüllung einer Aufgabe der BA/AA/ARGE/Sozialamt erhoben, verarbeitet oder genutzt werden.

Teilnehmerbeurteilungen

Damit dürften auch Teilnehmerbeurteilungen durch private Träger unzulässig sein; denn jede Beurteilung ist ein Sozialdatum i. S. d. § 67 Abs. 1 SGB X.

Wer unsere Auffassung von der generellen Unzulässigkeit von Teilnehmerbeurteilungen durch private Träger nicht teilt, kann an der folgenden Tabelle ablesen, wann ein Arbeitsloser nach den unseres Erachtens nicht ausreichenden Vorschriften des SGB III ohne seine Zustimmung nicht beurteilt werden darf:

Schaubild
Rechtmäßigkeit von Teilnehmerbeurteilungen[*]

Maßnahme	Muss Träger Beurteilung an die AA übermitteln?		Muss Teilnehmer der Beurteilung zustimmen?	
ABM (§ 260 SGB III)	ja	§ 261 Abs. 5 SGB III	ja	
Berufliche Weiterbildung (§ 77 SGB III)	ja	§ 318 Abs. 2 Satz 2 Nr. 1 SGB III	nein	§ 318 Abs. 2 Satz 1 Nr. 2 SGB III
Berufliche Ausbildung (§§ 60, 240 SGB III)	ja	§ 318 Abs. 2 Satz 2 Nr. 1 SGB III	nein	§ 318 Abs. 2 Satz 1 Nr. 2 SGB III
Berufsvorbereitende Bildungsmaßnahme (§ 61 SGB III)	ja	§ 318 Abs. 2 Satz 2 Nr. 1 SGB III	ja	
Teilhabe am Arbeitsleben (§ 97 SGB III)	ja	§ 318 Abs. 2 Satz 2 Nr. 1 SGB III	ja	
Eignungsfeststellung/ Training (§ 48 SGB III)	ja	§ 318 Abs. 2 Satz 2 Nr. 1 SGB III	nein	§ 318 Abs. 2 Satz 1 Nr. 2 SGB III

[*] Wenn man sie nicht aus den oben genannten Gründen generell für unzulässig hält.

2 Der Bundesbeauftragte für den Datenschutz

Er ist der Einzige, der sich ernsthaft um den Datenschutz für Arbeitslose kümmert. Das zeigen seine Tätigkeitsberichte und ein Satz aus dem 19. Tätigkeitsbericht (a. a. O., S. 130):

»Das Unglück, seine Arbeitsstelle zu verlieren oder Sozialhilfeberechtigter zu werden, darf nicht zum Schaden für das Grundrecht auf informationelle Selbstbestimmung des Betroffenen führen.«

Bei Problemen mit dem Datenschutz schreiben Sie deshalb ruhig an:

Der Bundesbeauftragte für den Datenschutz
Friedrich-Ebert-Str. 1
53173 Bonn (Bad Godesberg)

E-Mail: poststelle@bfd.bund.de

B HILFEN BEI ARBEITSUCHE UND BEI ARBEITSAUFNAHME

§§ 45–55, 57, 58, 225–228, 421j, 421l, 434j Abs. 12 Nr. 2 SGB III; Anordnung zur Unterstützung der Beratung und Vermittlung; § 3 ESF-Ri

I Unterstützung bei Arbeitsuche und Arbeitsaufnahme 58

1 Unterstützung bei Arbeitsuche 58
1.1 Bewerbungskosten 59
1.2 Reisekosten 59
2 Unterstützung bei Arbeitsaufnahme 60
3 Hürden 61

II Trainingsmaßnahmen / Maßnahmen der Eignungsfeststellung 62

1 Art und Dauer der Maßnahmen 62
2 Die Maßnahmen im Einzelnen 64
2.1 Trainingsmaßnahmen 64
2.2 Maßnahmen der Eignungsfeststellung 66
3 Die finanziellen Leistungen 67
4 Sperrzeit, Krankheit, Teilnehmerbeurteilung 69

III Kombilohn-Modelle 71

1 Ein Flop nach dem anderen 71
2 Entgeltsicherung (ES) für Alg-Berechtigte ab 50 Jahren 71

I Unterstützung bei Arbeitsuche und Arbeitsaufnahme
§§ 45–47, 53–55 SGB III

1 Unterstützung bei Arbeitsuche
§§ 45–47 SGB III; §§ 2–6 Anordnung zur Unterstützung der Beratung und Vermittlung (A-UBV)[*]

Übernommen werden können
- Bewerbungskosten und
- Reisekosten.

---

[*] Die A-UBV ist abgedruckt in: Arbeitslosenprojekt TuWas (Hrsg.), Arbeitslosenrecht. Die Gesetzessammlung für Arbeitslose, ihre Berater und Beraterinnen, 10. Auflage, Fachhochschulverlag, Stand: 1.1.2005.

Diese können erhalten:
- Arbeitslose,
- von Arbeitslosigkeit bedrohte Arbeitsuchende,
- Ausbildungsuchende.

Wer?

Beachten Sie die Hürden, die einer Kostenübernahme im Wege stehen (→ S. 61).

1.1 Bewerbungskosten

Erstattungsfähig sind z. B. Kosten für Lichtbilder, Beglaubigungen, Gesundheitszeugnisse, Bewerbungsmappen, Übersetzungen von Zeugnissen.

Erstattungsfähig

Übernommen werden können gemäß § 4 Abs. 1 A-UBV auch Bewerbungskosten, »die bei Nutzung moderner Informations- und Kommunikationstechniken anfallen«. Wir nehmen an, dass darunter u. a. die Kosten für den Besuch eines Internetcafés, für Telefongespräche mit Arbeitgebern und für Bewerbungsfaxe zu fassen sind.

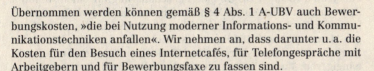

Nicht übernommen werden die Kosten für
- Stellengesuche in Fachzeitschriften und Zeitungen,
- die Abonnements solcher Blätter,
- die Beschaffung von Hard- und Software (§ 4 Abs. 2 A-UBV).

Nicht erstattungsfähig

Bewerbungskosten können bis 260 € jährlich übernommen werden. Die AA kann gemäß § 3 A-UBV die Bewerbungskosten pauschalieren. Bei Pauschalierung ist je Bewerbung ein Betrag von 5,– € zu erstatten.

Höhe

Erstellen mit der Vermittlung von der AA beauftragte Träger Bewerbungsunterlagen, können hierfür bis zu 100 € erstattet werden. Die 100 € gibt es aber nicht zusätzlich zu den 260 €.

1.2 Reisekosten

Erstattungsfähig sind nach § 45 Satz 2 Nr. 2 SGB III Kosten im Zusammenhang mit Fahrten zur Berufsberatung, Vermittlung, Eignungsfeststellung und zu Vorstellungsgesprächen.
Auch die Kosten einer Begleitperson (z. B. bei Minderjährigen oder Schwerbehinderten) können übernommen werden.

Erstattungsfähig

Als Reisekosten können die berücksichtigungsfähigen Fahrkosten übernommen werden. Berücksichtigungsfähig sind die bei Benutzung eines regelmäßig verkehrenden öffentlichen Verkehrsmittels anfallenden Kosten der niedrigsten Klasse des zweckmäßigsten öffentlichen Verkehrsmittels, wobei mögliche Fahrpreisermäßigungen zu berücksichtigen sind. Bei Benutzung eines Pkw wird pro zurückge-

Höhe

legtem Kilometer eine Wegstreckenentschädigung von 0,22 € gewährt. Fahrrad-, Motorrad- und Trabantfahrer erfragen die niedrigeren Sätze bei der AA.

Bei mehrtägigen Fahrten können gemäß § 46 Abs. 2 SGB III Tagegelder und Übernachtungskosten übernommen werden. Näheres erfahren Sie bei der AA.

Gemäß § 5 A-UBV kann die AA für Zeiten intensivierter Betreuung bzw. verstärkter Eigenbemühungen (z. B. im Zusammenhang mit Eingliederungsvereinbarungen gem. § 35 Abs. 4 SGB III oder auch der Einschaltung Dritter) Reisekosten für den Tagespendelbereich (→ S. 141) für einen Zeitraum von bis zu einem Monat im Voraus pauschaliert übernehmen, wenn mit einer entsprechend hohen Zahl von Fahrten zu rechnen ist. Ob eine Pauschalierung für einen weiteren Zeitraum von bis zu einem Monat erfolgen kann, ist jeweils vom Umfang der durchgeführten und nachgewiesenen Fahrten im vorherigen Monat abhängig. Die Pauschale richtet sich nach den Kosten für Wochen- oder Monatskarten des öffentlichen Nahverkehrs – unabhängig vom tatsächlich benutzten Verkehrsmittel. Der Arbeitslose kann also auch mit dem Fahrrad Arbeit suchen, ohne die Pauschale zu verlieren.

2 Unterstützung bei Arbeitsaufnahme
§§ 53–55 SGB III

Geboten werden können:
- Reisekostenbeihilfe;
- Übergangsbeihilfe;
- Ausrüstungsbeihilfe;

Mobilitätshilfen
- Fahrkostenbeihilfe;
- Trennungskostenbeihilfe;
- Umzugskostenbeihilfe.

Wer? Erhalten können diese Beihilfen:
- Arbeitslose, die eine versicherungspflichtige Beschäftigung aufnehmen;
- von Arbeitslosigkeit Bedrohte, die eine versicherungspflichtige Arbeit aufnehmen;
- bei der AA gemeldete Ausbildungsuchende, die eine Ausbildung beginnen; die Fahrkosten- und Trennungskostenbeihilfe gibt es wegen der BAB-Sonderregelungen für Ausbildungsuchende allerdings nicht.

Beachten Sie die Hürden, die der Inanspruchnahme der Leistungen im Wege stehen (→ S. 61).
Arbeitslose, die Alg beziehen, können die genannten Leistungen auch bei einer Arbeitsaufnahme im Ausland erhalten.

Es können die Fahrkosten zum Antritt einer Arbeitsstelle (Reisekostenbeihilfe) bis zu 300 € übernommen werden, und zwar pro gefahrenem Kilometer in gleicher Höhe wie bei der Arbeitsuche (→ S. 59).

Reisekostenbeihilfe

Übergangsbeihilfe sichert den Lebensunterhalt bis zur ersten Gehaltszahlung. Sie kann nur als (zinsloses) Darlehen in Höhe von bis zu 1.000,– € gezahlt werden.
Die AA lässt sich in der Regel mindestens drei Wochen Zeit, um über den Antrag zu entscheiden. Deshalb kann der Antrag auf Übergangsbeihilfe seinen Zweck nur erfüllen, wenn Sie ihn spätestens vier Wochen vor Antritt der Arbeit stellen.

Übergangsbeihilfe

Ausrüstungsbeihilfe ermöglicht die Anschaffung von Arbeitskleidung und Arbeitsgerät. Es können Kosten bis zur Höhe von 260 € übernommen werden.

Ausrüstungsbeihilfe

Als Fahrkostenbeihilfe können für die ersten sechs Monate der Beschäftigung die Kosten für tägliche Fahrten zwischen Wohnung und Arbeitsstelle übernommen werden.

Fahrkostenbeihilfe

Für den Mehraufwand bei getrennter Haushaltsführung können als monatliche Trennungskostenbeihilfe für die ersten sechs Monate der Beschäftigung die Kosten bis zu einem Betrag von 260 € monatlich übernommen werden.

Trennungskostenbeihilfe

Als Umzugskostenbeihilfe können die Kosten für das Befördern des Umzugsgutes im Sinne des § 6 Abs. 3 Satz 1 des BundesumzugskostenrG von der bisherigen zur neuen, außerhalb des Tagespendelbereichs liegenden Wohnung übernommen werden, wenn der Umzug innerhalb von zwei Jahren nach Aufnahme der Beschäftigung stattfindet.
Es können bis zu 4.500 € von der AA übernommen werden.

Umzugskostenbeihilfe

3 Hürden

Die Hilfen unter 1 und 2 erhalten Sie nur unter drei Voraussetzungen:

3 Hürden

- Sie müssen die Übernahme der Kosten beantragen, **bevor** die Kosten entstehen.
  Gemäß § 6 A-UBV muss der einmal gestellte Antrag nicht für jede Bewerbung/Reise wiederholt werden. Der einmal gestellte Antrag deckt bis zur Aufnahme einer Beschäftigung, Berufsausbildung oder der Einstellung der Vermittlungsbemühungen durch die AA die bis dahin entstandenen Bewerbungs-/Reisekosten.

Vorher!

Vereinfachte Antragstellung bei Arbeitsuche

- Sie müssen die Kosten nachweisen.
  Die 5,– € Bewerberpauschale gibt es nur pro nachgewiesener Bewerbung.

Nachweise

Kosten für »die Nutzung moderner Informations- und Kommunikationstechniken« können (nach unserer Meinung) z. B. durch Belege des Internetcafés, Einzelverbindungsnachweise bei Telefongesprächen und Sendejournalauszüge bei Telefaxen nachgewiesen werden.

Bei der Monatspauschale für Arbeitsuchreisen muss der Arbeitslose die unternommenen Reisen nachweisen. Findet er früher als erwartet Arbeit, muss er die Pauschale nicht zurückzahlen.

Vorrang des Arbeitgebers?

- Die Kosten können (voraussichtlich) nicht von einem Arbeitgeber verlangt werden.

Beispiele zum Vorrang

Hat ein Arbeitgeber einen Arbeitsuchenden zur Vorstellung aufgefordert, so muss – falls nichts anderes vereinbart worden ist – der Arbeitgeber gemäß § 670 BGB die Reisekosten bezahlen.

Ist der Arbeitgeber nach § 618 und § 619 BGB verpflichtet, dem Arbeitnehmer aus Gründen des Gesundheitsschutzes die bei der Arbeit zu tragende Schutzkleidung zur Verfügung zu stellen, so hat er entsprechend § 670 BGB den Arbeitnehmern die Aufwendungen zu erstatten, die sie für die Selbstbeschaffung der Kleidung für erforderlich halten durften (BAG, Urteil vom 19.5.1998 – 9 AZR 307/96).

In beiden Fällen lehnt die AA die Kostenübernahme ab.

Seit 2003 müssen Antragsteller nicht mehr nachweisen, dass sie bedürftig sind!

AA muss Mittel bereitstellen

Haben Sie die drei Hürden geschafft, sollten Sie sich nicht mit der pauschalen Begründung, »(...) die der AA zur Verfügung stehenden Mitteln sind erschöpft«, abwimmeln lassen. Das BSG hat entschieden, dass die Erschöpfung der Haushaltsmittel allein kein Ablehnungsgrund ist (Urteil vom 25.10.1990 – 7 RAr 14/90, NZA 1991, S. 404).

II Trainingsmaßnahmen / Maßnahmen der Eignungsfeststellung
§§ 48 – 52, 417 Abs. 2 SGB III;
§ 3 Richtlinien ESF-BA-Programm

1 Art und Dauer der Maßnahmen

Unter der Überschrift »Verbesserung der Vermittlungsaussichten« verbergen sich Maßnahmen der Eignungsfeststellung und zwei Typen von Trainingsmaßnahmen, wobei der erste Typ in zwei Formen auftaucht. Alle vier unterscheiden sich nach Zweck und Dauer:

Schaubild
**Art und Dauer der Trainingsmaßnahmen / Maßnahmen
der Eignungsfeststellung**

Trainingsmaßnahme		Maßnahme der Eignungsfeststellung	
Typ 1	**Typ 2**		
Form a) ■ Unterstützung der – Selbstsuche oder – Vermittlung durch – Bewerbungstraining und – Beratung über Arbeitsplatzsuche Form b) ■ Prüfung der – Arbeitsbereitschaft, – Arbeitsfähigkeit	■ Vermittlung von Kenntnissen zur Erleichterung – der Vermittlung oder – des Abschlusses einer Aus- bzw. Weiterbildung	■ Ermittlung von – Kenntnissen, – Fähigkeiten, – Leistungsvermögen, – beruflichen Entwicklungsmöglichkeiten und – sonstigen für die Eingliederung bedeutsamer Umstände und ■ Feststellung der Eignung – für bestimmte berufliche Tätigkeit oder – für Leistung der aktiven Arbeitsförderung	Zweck
2 Wochen	8 Wochen	4 Wochen	Dauer

Die einzelnen Maßnahmen können auch
■ in Abschnitten durchgeführt werden;
■ miteinander kombiniert werden.

Nach § 49 Abs. 3 Satz 4 SGB III »darf die Förderung die Dauer von 12 Wochen nicht übersteigen«. Der klare Wortlaut des Gesetzes verbietet Maßnahmen von mehr als zwölf Wochen jedenfalls pro Kalenderjahr (ebenso Fuchsloch, in: Gagel, SGB III, RandNrn. 30 ff. zu § 49). Im Gegensatz dazu hält die BA (BA-Rundbrief 20/2003) Trainingsmaßnahmen von mehr als zwölf Wochen pro Kalenderjahr regelmäßig für zulässig. Diese »Flexibilisierung des Instruments« diene der »Aktivierung der Zielgruppen«. Auch Stark (in: Wissing u. a., SGB III, RandNr. 9 zu § 49) glaubt, Maßnahmen von mehr als zwölf Wochen pro Kalenderjahr seien stets zulässig. Er begründet das mit dem Wegfall des alten § 103b Abs. 4 AFG; dieser erlaubte nach einer zwölfwöchigen Maßnahme eine erneute Maßnahme erst nach Ablauf von zwei Jahren. Aus der Streichung des § 103b Abs. 4 AFG kann man aber angesichts des klaren Wortlauts des § 49 Abs. 3 Satz 4 SGB III doch nur schließen, dass eine erneute zwölfwöchige Maßnahme bereits **nach Ablauf** eines Kalenderjahres, **nicht aber innerhalb** eines Kalenderjahres zulässig ist.

Was heißt höchstens 12 Wochen?

Arbeitslose, die innerhalb eines Kalenderjahres zu Maßnahmen von mehr als zwölf Wochen herangezogen werden, sollten überlegen, ob sie die Maßnahme zwar antreten (anderenfalls droht eine Sperrzeit), sofort aber Widerspruch einlegen und beim SG auf Feststellung klagen, dass diese Praxis von § 49 Abs. 3 Satz 4 SGB III nicht gedeckt ist. Ob Sie mit der Klage erfolgreich sein werden, ist allerdings zweifelhaft; haben sich inzwischen doch zwei weitere Kommentare (Bernard, in: Spellbrink/Eicher, Kasseler Handbuch der Arbeitsförderung, § 9, RandNr. 36; Stratmann, in: Niesel, SGB III, RandNr. 7 zu § 49) der Meinung der BA angeschlossen.

Wer?

Es können
- nicht nur Arbeitslose, sondern auch von Arbeitslosigkeit bedrohte Arbeitsuchende an den Maßnahmen teilnehmen;
- die Maßnahmen auch im Ausland stattfinden.

2 Die Maßnahmen im Einzelnen

2.1 Trainingsmaßnahmen

Trainings-
maßnahmen

Inhalte von Trainingsmaßnahmen beschreibt die BA folgendermaßen:

- »Bewerbungstraining, Stellenakquisitionstechniken, Vorbereitung auf die Teilnahme an Assessment-Centern, die von Firmen zur Personalauswahl angeboten werden, Unterstützung der eigeninitiativen Stellensuche, Arbeitsmarktinformation, Nutzung des Internets für die Stellensuche,
- Hilfe zur Selbsteinschätzung und zur Entwicklung von Eigeninitiative, Motivationsförderung,
- Vermittlung von Schlüsselqualifikationen, sozialer Kompetenz, Lern- und Arbeitstechniken,
- Vermittlung allgemeinbildender und berufsspezifischer Kenntnisse,
- berufspraktische, betriebliche Erprobung in einem oder mehreren Tätigkeitsfeldern in einem oder mehreren Betrieben,
- Feststellung sperrzeitrelevanter Tatbestände/Prüfung von Arbeitsbereitschaft und -fähigkeit.«

(DA, 49.21.1.)

Leider würfeln die AA häufig Teilnehmer ohne Rücksicht auf Qualifikation und Interesse zusammen; Hauptsache, der Kurs wird gefüllt.

Um Arbeitsbereitschaft und Arbeitsfähigkeit zu prüfen – was § 49 Abs. 2 Nr. 1 SGB III ausdrücklich als einen Zweck von Trainigsmaßnahmen ansieht – werden zunehmend so genannte Trainingszentren eingerichtet.

Trainingszentren

»Fordern«

»Trainingszentren sollen auch für die Feststellung sperrzeitrelevanter Tatbestände/Prüfung von Arbeitsbereitschaft und -fähigkeit genutzt werden. Durch eine möglichst kurze Dauer der individuellen Teilnahme soll dabei sichergestellt werden, dass Arbeitslosen, bei denen Verdacht auf Leistungsmissbrauch besteht, mehrmals im Kalenderjahr das Angebot der Teilnahme an entsprechenden Maßnahmen unterbreitet werden kann. In diesem Zusammenhang haben sich auch solche Maßnahmen bewährt, die hinsichtlich ihrer zeitlichen Ausgestaltung auf die Arbeitszeitbedürfnisse unterschiedlicher Gruppen eingehen (z. B. Unterricht von 8.00–20.00 Uhr, Teilnahme je nach individueller Verfügbarkeit).« (DA, 49.14.8.)

Neben dem hier stark in den Vordergrund tretenden Kontrollaspekt können bestimmte Personengruppen sozialpädagogisch betreut werden. Ausdrücklich genannt werden (in DA, 49.14.3) Suchtkranke und Überschuldete, deren berufliche Eingliederung durch entsprechende Angebote unterstützt werden kann.

und »Fördern«

Die Maßnahmen können bestehen in der
- Tätigkeit in einem Betrieb (betriebliche Maßnahme);
- Teilnahme an einer Maßnahme eines Trägers (Trägermaßnahme).

Durch eine betriebliche Maßnahme soll kein Arbeitsverhältnis entstehen (BT-Drs. 13/4941, S. 162). Wenn das so wäre, entstünde ein öffentlich-rechtliches Beschäftigungsverhältnis, für das die arbeits- und sozialversicherungsrechtlichen (Schutz-)Vorschriften nicht gelten würden. Ob das, ohne klaren gesetzlichen Ausdruck gefunden zu haben (wie z. B. bei der Schaffung von zusätzlichen, im öffentlichen Interesse liegenden Arbeitsgelegenheiten in § 16 Abs. 3 Satz 2 Halbsatz 2 SGB III), überhaupt zulässig ist, bezweifeln wir. Jedenfalls gelten (entsprechend § 16 Abs. 3 Satz 2 Halbsatz 3 SGB II) stets die Arbeitsschutzvorschriften und das BundesurlaubsG. Das bedeutet nach unserer Meinung, dass unabhängig vom »Arbeitslosenurlaub« (→ S. 95) zusätzlich »Arbeitnehmerurlaub« anteilig nach der Dauer der betrieblichen Maßnahme gewährt werden muss.

Betriebliche Maßnahme

Nach DA 49.13.1 darf es Zweck der betrieblichen Maßnahme nicht sein, ausschließlich oder überwiegend fremdnützige Arbeit zu leisten, für die in der Regel Entgelt gezahlt wird. Betriebliche Maßnahmen können nur dann bei einem Zeitarbeitsunternehmen durchgeführt werden, wenn der Teilnehmer nicht verliehen wird. Betriebliche Maßnahmen dürfen nicht dazu genutzt werden, urlaubs- oder krankheitsbedingte Ausfälle oder betriebliche Spitzenbelastungen aufzufangen.

Leistungsmissbrauch durch Arbeitgeber

Um einem Missbrauch von Arbeitskraft durch betriebliche Maßnahmen vorzubeugen, verbietet § 51 SGB III Maßnahmen bei einem Arbeitgeber,

1. der den Arbeitslosen in den letzten vier Jahren mehr als drei Monate versicherungspflichtig beschäftigt hat, oder
2. der dem Arbeitslosen vor Eintritt der Arbeitslosigkeit eine Beschäftigung angeboten hat, oder
3. von dem eine Beschäftigung üblicherweise ohne solche Tätigkeiten oder Maßnahmen erwartet werden kann oder
4. dem geeignete Fachkräfte vermittelt werden können.

Zu 3.: Über diese Formulierung »soll verhindert werden, dass Tätigkeiten, die üblicherweise befristet ausgeübt werden, insbesondere Saisonarbeit, missbräuchlich als Trainingsmaßnahme angeboten werden« (BT-Drs. 13/4941, S. 163).

Zu 4.: Vor allem den vierten Missbrauchstatbestand sollten sich Arbeitslose merken. Angesichts Millionen Arbeitsloser dürfte es unmöglich sein, einem Arbeitgeber keine geeigneten Fachkräfte zu vermitteln.

Praktika im Rahmen von Trägermaßnahmen

Nach DA 49.14.4 müssen Träger von Maßnahmen, die Praktika vorsehen,

- die Praktikumsplätze vor Beginn – in der Regel im Tagespendelbereich – nachweisen;
- eine ordnungsgemäße Durchführung des betrieblichen Praktikums sicherstellen;
- die Praktika in Betrieben und nicht in Übungsfirmen- oder Werkstätten durchführen;
- auf angemessene Praktikumsbedingungen sowie auf ein angemessenes Verhältnis zwischen der Zahl der Praktikanten, der Beschäftigten und der für die Anleitung während des Praktikums verantwortlichen Mitarbeiter im Betrieb achten;
- eine Überwachung und Betreuung während des Praktikums gewährleisten.

2.2 Maßnahmen der Eignungsfeststellung

Assessment

»Kann die Agentur für Arbeit nicht feststellen,
1. in welche berufliche Ausbildung der Ausbildungsuchende oder
2. in welche berufliche Tätigkeit der arbeitslose oder von Arbeitslosigkeit bedrohte Arbeitsuchende vermittelt werden kann oder welche Maßnahmen der aktiven Arbeitsförderung vorgesehen werden können, soll es die Teilnahme an einer Maßnahme der Eignungsfeststellung vorsehen.« (§ 35 Abs. 3 SGB III.)

Assessmentcenter

Die Eignungsfeststellung wird häufig gemäß § 37 Abs. 1 Satz 1 SGB III privaten Assessmentcentern übertragen. Deren Aufgaben beschreibt die BA folgendermaßen:

»Assessmentverfahren im Rahmen von Maßnahmen der Eignungsfeststellung sollen auf alle Umstände bezogen werden, die für die berufliche Eingliederung bedeutsam sind. Maßnahmen der Eignungsfeststellung können somit u. a. auch umfassen:
– Persönlichkeitsanalyse (Abklärung des körperlichen und geistigen Leistungsvermögens),
– Erstellung eines Teilnehmerprofils (Stärken-/Schwächenfeststellung)

- Feststellung des Entwicklungspotenzials und von Begabungsschwerpunkten,
- Feststellung von berufsfachlichen Kenntnissen und Schlüsselqualifikationen im sozialen und kommunikativen Bereich sowie
- Feststellung von Motivation und Interessenlage.«
(DA, 49.16.2.)

Gemäß § 97 Abs. 1 SGB X muss die AA sicherstellen, dass die Assessmentcenter die Gewähr für eine sachgerechte, die Rechte und Interessen des Arbeitslosen wahrende Erfüllung der Aufgabe bieten. Die Assessmentcenter müssen deshalb mindestens folgende Voraussetzungen und Standards erfüllen:

- Die Erhebung und Verarbeitung von Sozialdaten durch Private muss datenschutzrechtlich zulässig sein (→ S. 53).   *Datenschutz*

- Mit der Eignungsfeststellung sind Fachleute zu beauftragen, die – wie z. B. Psychologen oder Sozialpädagoginnen – der Schweigepflicht nach § 203 StGB unterfallen.   *Schweigepflicht*

- Die Eignungsfeststellung muss nach anerkannten, fachlich ausgewiesenen Standards geschehen. Das ist häufig nicht der Fall. In einer Untersuchung der AA Chemnitz zur Durchführung des Profiling bei privaten Assessmentcentern wird u. a. kritisiert: »Die größten Probleme zeigten sich aber bei allen Trägern im unzureichenden verhaltensnahen Erfassen der Fähig- und Fertigkeiten unserer Kunden«, bedingt insbesondere durch den »unsystematischen Einsatz von vermeintlichen Testverfahren« (ibv 04/03 vom 19.2.2003, S. 472, 473).   *Kein Pfusch*

- Es sollten keine Fragebögen, die sich in der Nähe einer psychologischen Untersuchung/Begutachtung bewegen, ohne Einverständnis des Arbeitslosen benutzt werden. § 32 SGB III fordert ein Einverständnis bei Eignungsfeststellung im Wege einer psychologischen Untersuchung oder Begutachtung.

- Die Eignungsfeststellung darf nicht Trägern zugeschoben werden, die gleichzeitig Träger von Trainings- oder Weiterbildungsmaßnahmen sind (so auch BA-Rundbrief 58/2002, S. 4). Anderenfalls besteht die Gefahr, dass Arbeitslose passend für noch nicht ausgelastete Maßnahmen des gleichen Trägers »profiliert« werden.   *Interessenkonflikt*

3 Die finanziellen Leistungen

Während der Maßnahme wird an Leistungsbezieher Alg weitergezahlt.   *Alg*
Leistungen von Arbeitgebern, Praktikumsstellen, Maßnahmeträgern werden nicht angerechnet (→ S. 197).

ESF-Uhg Teilnehmer(innen) an Maßnahmen der Eignungsfeststellung oder Trainingsmaßnahmen, die mangels Erfüllung der Anwartschaftszeit keinen Anspruch auf Alg haben und auch kein Alg II erhalten, können nach § 3 Abs. 1 Satz 1 Nr. 2 Richtlinien ESF-BA-Programm ein ESF-Unterhaltsgeld erhalten.

Dieses ist seit 2005 gesenkt auf monatlich 345 € in den alten und auf monatlich 331 € in den neuen Bundesländern. Der Wohn- und nicht der Maßnahmeort entscheidet über die Höhe des ESF-Uhg. Berufsrückkehrerinnen haben einen Rechtsanspruch auf das ESF-Uhg (§ 3 Abs. 1 Satz 2 Richtlinien).

ESF-Versicherungsschutz
Für Teilnehmer/innen an Maßnahmen mit ESF, deren Schutz im Krankheits- oder Pflegefall nicht anderweitig sichergestellt ist, können nach § 3 Abs. 2 Richtlinien ESF-BA-Programm die Beiträge für eine freiwillige Kranken- und Pflegeversicherung bei einem Träger der gesetzlichen Kranken- und sozialen Pflegeversicherung übernommen werden.

In begründeten Einzelfällen können die Kosten für eine entsprechende private Kranken- und Pflegeversicherung übernommen werden, wenn durch den Träger der gesetzlichen Kranken- und sozialen Pflegeversicherung ein Versicherungsschutz nicht gewährleistet werden kann.

Unfallversicherungsschutz
Die Teilnehmer sind unfallversichert. Der Unfallversicherungsträger variiert nach Maßnahmegestaltung:

Gestaltung der Maßnahme	Unfallversicherungsträger des
Rein betriebliche Maßnahme	Betriebs
Trägermaßnahme ohne Praktikum	Trägers
Trägermaßnahme mit Praktikum, bei dem Praktikumsbetrieb – kein Entgelt zahlt	Trägers
– Entgelt zahlt	– Trägers für theoretischen Teil – Betriebs für Praktikumszeit

Maßnahmekosten
Neben Alg können die Maßnahmekosten übernommen werden.
Auch Arbeitslosen, die kein Alg erhalten, können die Maßnahmekosten bezahlt werden (§ 48 Abs. 1 Satz 2 SGB III).
ESF-Uhg gibt es nur, wenn jedenfalls die Maßnahmekosten übernommen werden.

Gemäß § 50 SGB III werden übernommen:
- erforderliche und angemessene Lehrgangskosten und Prüfungsgebühren;
- Fahrkosten (→ S. 59);
- Kosten für die Betreuung aufsichtspflichtiger Kinder in Höhe von 130 € monatlich je Kind.

Über die Aufzählung in § 50 SGB III hinaus übernehmen die AA (nach DA, 50.11, 50.13) Kosten für erforderliche
- Arbeitskleidung;
- Eignungsuntersuchungen (z. B. in Verkehrsberufen);
- Unterkunft (bis 340 € monatlich) und Verpflegung (bis 136 € monatlich).

Höhe und Gestaltung der Kosten für Fahrten und Unterkunft/Verpflegung richten sich nach den §§ 81, 82 SGB III (→ S. 403).
Fehlzeiten während einer Maßnahme haben regelmäßig keinen Einfluss auf die genannten Kosten (DA, 50.11.2, 50.15.1).

Maßnahmeträger erhalten regelmäßig rund 4,10 € pro Teilnehmer/Stunde.
Maßnahmekosten, die unmittelbar den Teilnehmern entstehen, müssen monatlich im Voraus gezahlt werden (§ 337 Abs. 3 Satz 3 SGB III). Das gilt auch dann, wenn die Teilnehmer sie über den Maßnahmeträger, der die Kosten monatlich nachträglich von der AA erhält, ausbezahlt bekommen.
Arbeitsuchende können an vielleicht vernünftigen Trainingsmaßnahmen nur teilnehmen, wenn der bisherige Noch-Arbeitgeber den Arbeitnehmer freistellt. Das Gesetz schafft einen Anreiz zur Freistellung: Nach § 417 Abs. 2 SGB III kann die AA einen Lohnkostenzuschuss zahlen, wenn ein Arbeitgeber Arbeitnehmer unter Fortzahlung des Arbeitsentgelts für eine mit der AA abgestimmte Maßnahme freistellt.

Lohnkostenzuschuss

Der Zuschuss kann bis zur Höhe des Betrages erbracht werden, der sich als anteiliges Arbeitsentgelt einschließlich des darauf entfallenden Arbeitgeberanteils am Gesamtsozialversicherungsbeitrag für Zeiten ohne Arbeitsleistung während der Teilnahme an der Maßnahme errechnet.
Den Zuschuss gibt es nur noch, wenn die Maßnahme bis 31.12.2005 begonnen wird.

Höhe

Ende

4 Sperrzeit, Krankheit, Teilnehmerbeurteilung

Entziehen Sie sich einer Maßnahme der Eignungsfeststellung, sei es, dass Sie sich ihr von Anfang an verweigern, sei es, dass Sie sie abbrechen, so droht Ihnen gemäß § 144 Abs. 1 Satz 1 Nrn. 4 und 5 SGB III eine Sperrzeit. Näheres zur Sperrzeit → S. 284 ff. Allerdings nur, falls die Maßnahme zumutbar ist (Näheres zur Zumutbarkeit → S. 149 ff.).

Sperrzeitgefahr

Sperrzeiten treffen häufig Frauen mit Kindern, die von heute auf morgen zu einer Maßnahme »eingeladen« werden und so schnell nicht die Unterbringung der Kinder organisieren können. Arbeitslosenrechtlich ist gegen eine solche überfallartige »Einladung« nichts zu machen. Unter Einschaltung der »Beauftragten für Chancengleichheit am Arbeitsplatz« sollte aber darauf gedrängt werden, dass den Müttern rechtzeitig der Beginn der Maßnahme mitgeteilt wird, damit sie die Kinder gut versorgt unterbringen können. Andernfalls besteht die Gefahr, dass die Kinder – weil schlecht- oder unversorgt – krank werden und die Frauen deshalb der Aufforderung zur Teilnahme an einer Maßnahme nicht nachkommen (müssen) → S. 545.

Insbesondere Frauen mit Kindern sollten gegenüber den Vertreterinnen der Träger von Maßnahmen nicht zu vertrauensselig sein: Manches »von Frau zu Frau« geführte Gespräch über die Schwierigkeit, Arbeit mit Kindererziehung zu verbinden, hat schon zur Überprüfung der Verfügbarkeit durch die AA geführt.

Krankheit

Die AA verlangt ab dem ersten Krankheitstag eine ärztliche Bescheinigung. Wer sie vorlegt, dem wird die Leistung als Kranken-Alg weitergezahlt. Krankheitstage ohne ärztliche Bescheinigung gelten als Fehltage. Schon zwei unentschuldigte Fehltage können zum Ausschluss aus der Maßnahme wegen maßnahmewidrigen Verhaltens und damit zu einer Sperrzeit führen.

Teilnehmerbeurteilungen

Seit 2004 müssen Teilnehmer von Eignungsfeststellungs- und Trainingsmaßnahmen »eine Beurteilung ihrer Leistung und ihres Verhaltens durch den Träger zulassen« (§ 318 Abs. 2 Satz 1 Nr. 2 SGB III). Wir halten trotz dieser Neuregelung Teilnehmerbeurteilungen ohne Zustimmung der Arbeitslosen datenschutzrechtlich für unzulässig (näher → S. 56).

Für die Teilnehmerbeurteilungen dürften die für Zeugnisse von den Arbeitsgerichten entwickelten Grundsätze gelten; denn die Teilnehmerbeurteilung hat – wie ein Zeugnis – Auswirkungen auf die zukünftige berufliche Entwicklung. Sie stellt Weichen für die Vermittlung durch die AA und für die Teilnahme an ABM, Trainings-, Weiterbildungs- und ähnliche Maßnahmen.

müssen »wahr« und »wohlwollend« sein

Wie ein Zeugnis muss die Teilnehmerbeurteilung deshalb »wahr« und »wohlwollend« sein. Da die Assessmentcenter u. a. aus den Beiträgen der Arbeitnehmer finanziert werden, auch Arbeitgeber durch zu »wohlwollende« Teilnehmerbeurteilungen – anders als beim Zeugnis – nicht geschädigt werden können, sind die Assessmentcenter zu besonderem »Wohlwollen« verpflichtet. Das gebietet auch § 97 Abs. 1 SGB X, der die Assessmentcenter verpflichtet, die Interessen der Arbeitslosen zu wahren.

Einsichtsrecht?

Gemäß § 83 SGB X ist das Ergebnis des Assessments dem Arbeitslosen, wenn er es wünscht, zu übermitteln.
Auch gegenüber der AA hat der Arbeitslose einen Anspruch auf Auskunft über das Ergebnis des Assessments (→ S. 40).

Klage möglich?

Ob Arbeitslose schon gegen falsche bzw. »übelwollende« Teilnehmerbeurteilungen klagen können oder erst, wenn aufgrund einer solchen

Teilnehmerbeurteilung – nachweisbar – z.B. eine bestimmte Eingliederungsmaßnahme nicht gewährt wird, scheint uns noch ungewiss zu sein. Gegen wen zu klagen ist (AA oder Träger) und vor welchem Gericht (Arbeitsgericht? Dann Kostenrisiko; Zivilgericht? Dann Kostenrisiko; Sozialgericht? Dann jedenfalls keine Gerichtskosten), hängt von der rechtlichen Einordnung der Maßnahme (öffentlich-rechtliches, zivilrechtliches, arbeitsrechtliches Verhältnis) ab.

III Kombilohn-Modelle

1 Ein Flop nach dem anderen

Alle Versuche einzelner Bundesländer, über einen Zuschuss zu Niedriglöhnen Arbeitslose in (schlecht bezahlte) Arbeit zu bringen, sind gescheitert. Die »Erfolgsquote« liegt (nach Bruno Kaltenborn, Kombilöhne in Deutschland – Eine systematische Übersicht, IAB Werkstattbericht Nr. 14/2001) zwischen 70 (»Hessischer Kombilohn«) und 654 Vermittlungen ([altes] »Mainzer Modell«). *Ländermodelle*

Auch das erste bundesweite Kombilohn-Modell, die seit 1996 existierende Arbeitnehmerhilfe, war nicht erfolgreich. Die Arbeitnehmerhilfe wurde deshalb 2004 abgeschafft. *Arbeitnehmerhilfe*

Auch das mit großem publizistischem Aufwand 2002 bundesweit propagierte »Mainzer Modell« ist sang- und klanglos eingestellt worden. *»Mainzer Modell«*

Weiterhin hält sich auch der Erfolg des bundesweit eingeführten Kombilohn-Modells »Entgeltsicherung für Alg-Berechtigte ab 50 Jahren« (siehe unten 2) in Grenzen; lediglich 4.863 Alg-Bezieher erhielten im Juli 2004 diesen Zuschuss. Zur Kritik an diesem Kombilohn-Modell vgl. IAB Werkstattbericht Nr. 13/2002, S. 39 f. *Entgeltsicherung ab 50 Jahren*

Schließlich bleibt abzuwarten, wie das neueste Kombilohn-Modell, das »Einstiegsgeld« für Alg II-Bezieher nach § 29 SGB II sich gestaltet; neue Arbeitsplätze schafft auch das »Einstiegsgeld« nicht. *Einstiegsgeld*

2 Entgeltsicherung (ES) für Alg-Berechtigte ab 50 Jahren
§ 421j SGB III

Mit der ES soll ein Anreiz für ältere Alg-Berechtigte geschaffen werden, eine schlechter bezahlte versicherungspflichtige Arbeit aufzunehmen.

Die ES ist ein zeitlich befristetes Kombilohn-Modell, das sich zusammensetzt aus: *Was ist die ES?*
1. einem Lohnzuschuss der AA;
2. einem zusätzlichen Beitrag der AA zur Rentenversicherung.

Muss-Leistung

Einen Rechtsanspruch auf ES haben:

4 Grenzen:

Arbeitslose oder von Arbeitslosigkeit Bedrohte, die folgende vier Grenzen überschritten haben:

Alters-Grenze
- ab dem 50. Geburtstag;

Alg-Grenze
- mit einem (Rest-)Alg-Anspruch von mindestens 180 Tagen;

Minderlohn-Grenze
- wenn der neue Lohn in einer versicherungspflichtigen Beschäftigung mindestens 50 € niedriger ist als der vorhergehende Lohn;

Lohn-Grenze
- wobei der neue Lohn mindestens den Tariflohn oder – mangels Tarifs – den ortsüblichen Lohn erreichen muss.

Damit soll verhindert werden, dass Arbeitgeber »das (...) Arbeitsentgelt mindern, um die (...) Entgeltsicherung zu steigern« (BT-Drs. 15/25, S. 34).

Der ES-Zuschuss umfasst:

Lohnzuschuss 50% der Nettoentgeltdifferenz

1. die Hälfte des Verlusts zwischen altem und neuem Lohn. Oder wie § 421j Abs. 2 Satz 2 SGB III es genauer ausdrückt: 50% der monatlichen Nettoentgeltdifferenz. Nettoentgeltdifferenz ist »der Unterschiedsbetrag zwischen dem pauschalierten Nettoentgelt, das sich aus dem der Bemessung des Arbeitslosengeldes zugrunde liegenden Arbeitsentgelt ergibt, und dem pauschalierten Nettoentgelt der aufgenommenen Beschäftigung«. Mit einbezogen in die Berechnung werden einmalig gezahlte Entgelte (z. B. das Weihnachtsgeld).

»Wesentliche Änderungen« des Arbeitsentgelts während des ES-Bezugs werden gemäß § 421j Abs. 2 Satz 6 SGB III berücksichtigt. Eine »wesentliche Änderung« nimmt die BA an, wenn sich das Entgelt in der neuen Beschäftigung um mindestens 5% oder um mindestens 100 € monatlich ändert.

Sinkt oder steigt die Arbeitszeit in der neuen Beschäftigung im Vergleich zur vorhergehenden Beschäftigung, wird die ES verhältnismäßig gekürzt oder erhöht.

RV-Zuschuss

2. Der ES-Zuschuss umfasst neben dem Lohnzuschuss eine Aufstockung des Beitrags zur gesetzlichen Rentenversicherung. Gemäß § 421j Abs. 2 Satz 3 SGB III i. V. m. §§ 163 Abs. 9, 168 Abs. 1 Nr. 8 SGB VI zahlt die BA den Beitrag für die Differenz zwischen 90% des (alten) Bemessungsentgelts und dem Bruttoentgelt aus der Beschäftigung während des ES-Bezugs.

Bei Befreiung von der RV-Pflicht übernimmt die AA den Beitrag zur privaten Altersvorsorge oder erstattet den freiwilligen Beitrag zur gesetzlichen RV, allerdings nur bis zu der Höhe, die die AA bei der gesetzlichen RV trägt.

Dauer

Die ES wird nur für die Dauer des noch nicht verbrauchten Alg-Anspruchs gewährt. Hat die ES die Alg-Anspruchsdauer erreicht, ist zukünftig eine erneute ES ausgeschlossen. Insbesondere begründet die Beschäftigung mit ES keine neue »ES-Anwartschaft«.

Die ES wird auch bei Arbeitsunfähigkeit oder bei nicht vom Arbeitnehmer zu vertretendem Arbeitsausfall (z.B. bei Kurzarbeit) weitergezahlt.

Die ES gibt es nicht, wenn   *Ausschlüsse*
- der Arbeitnehmer in den letzten vier Jahren bei demselben Arbeitgeber mehr als drei Monate beschäftigt war;
- der Arbeitgeber einen Arbeitnehmer entlässt, um einen Arbeitnehmer mit ES einzustellen;
- der Arbeitnehmer in einer Personalanpassungsmaßnahme mit Transfer-Kug weniger verdient als bei dem abgebenden Arbeitgeber;
- der Arbeitnehmer in einer ABM oder in einer Personal-Service-Agentur (PSA) beschäftigt ist.

Eine Kombination mit Eingliederungszuschüssen (→ S. 476) ist möglich (BT-Drs. 15/25, S. 35).   *Kombipackungen*

Der Arbeitgeber ist, wenn er einen mindestens 55 Jahre alten Arbeitslosen einstellt, vom Beitrag zur Arbeitslosenversicherung befreit (§ 421k SGB III).

Nebeneinkommen wird nicht angerechnet.

Die ES gibt es nur auf Antrag. Sie müssen sie beantragen, bevor Sie die neue Beschäftigung antreten (§ 324 Abs. 1 Satz 1 SGB III). Allerdings kann die AA nach § 324 Abs. 1 Satz 2 SGB III einen verspäteten Antrag berücksichtigen, um eine unbillige Härte zu vermeiden. Zwar führt Unkenntnis von der rechtzeitigen Antragstellung allein noch nicht zur unbilligen Härte. Hat sich der ältere Arbeitslose aber – entsprechend seiner Pflicht aus § 37b SGB III – rechtzeitig arbeitsuchend gemeldet, so musste ihn die AA auf die Entgeltsicherung und auf die rechtzeitige Antragstellung hinweisen. Versäumte die AA diesen Hinweis, liegt eine unbillige Härte vor (so Ralf Becker, in: Wissing, SGB III, RandNr. 61 zu § 421j).   *Antrag!*

Der Arbeitgeber muss auf einem Vordruck Dauer und Art der Beschäftigung und die Höhe des Arbeitsentgelts bescheinigen.

Der Gesetzgeber empfiehlt den über 50-Jährigen, nahtlos an die (verlorene) Beschäftigung in eine Beschäftigung mit ES einzutreten (BT-Drs. 15/25, S. 35). Dafür spricht, dass jeder Tag des Alg-Bezugs die ES-Bezugsdauer verkürzt. Dennoch raten wir – falls sich überhaupt eine Arbeit mit ES anbietet – wenigstens einen Tag mit Alg-Bezug einzulegen. Warum, zeigt folgendes Beispiel:

Der 52-jährige David Zunder droht mit einem Alg-Anspruch von 26 Monaten arbeitslos zu werden. Er nimmt nahtlos eine viel schlechter bezahlte Beschäftigung an, weil die ES einen gewissen Ausgleich für die schlechte Bezahlung bietet. Die Beschäftigung ist auf 26 Monate befristet, was neuerdings gemäß § 14 Abs. 3 TzBfG zulässig sein soll   *Beispiel*

(kritisch hierzu Däubler, in: AiB 2002, Heft 12, S. 731 f.). Nach Ablauf der Frist wird David Zunder arbeitslos und beantragt Alg. Als er sein Alg sieht, wird er bleich.

Zwar hat er Anspruch auf 26 Monate Alg, denn die ES verkürzt nicht seine Alg-Dauer. Sein Alg wird aber auf der Grundlage der schlechten Bezahlung bemessen; auch die ES geht, da nicht beitragspflichtig zur Arbeitslosenversicherung, nicht in die Bemessung ein.

Hätte er nach dem Verlust der gut bezahlten Arbeit auch nur einen Tag Alg bezogen, würde gemäß § 133 Abs. 1 SGB III (alter, aber gemäß § 434j Abs. 3 SGB III noch geltender Fassung) das Alg auf der Grundlage der früheren hohen Bezahlung bemessen, da zwischen dem früheren Alg-Bezugende und dem jetzigen Alg-Antrag noch keine drei Jahre verstrichen sind.

Auslaufmodell

Die ES ist (bis jetzt noch) zeitlich befristet. Ab 1.1.2006 gibt es die ES nur noch, wenn der (**Erst**)-Antrag spätestens am 31.12.2005 gestellt wird und alle Voraussetzungen spätestens an diesem Tag erfüllt sind (§ 421j Abs. 7 Satz 1 SGB III). § 421j Abs. 7 Satz 2 SGB III lässt zwar einen **erneuten ES-Antrag** auch nach dem 31.12.2005 zu; ES kann in diesem Fall aber längstens bis zum 31.8.2008 bezogen werden.

C WER BEKOMMT ARBEITSLOSENGELD?
§§ 117 ff. SGB III

I **Verschmelzung von Arbeitslosengeld und Unterhaltsgeld** 76

II **Drei Voraussetzungen** 77

III **Wer ist arbeitslos?** 77

    1   Wer ist beschäftigungslos? **78**
    1.1   Beschäftigungslosigkeit bei Voll-Alg **78**
    1.2   Beschäftigungslosigkeit bei Teil-Alg **79**
    2   Welche Eigenbemühungen werden verlangt? **79**
    3   Wer ist verfügbar? **80**
    3.1   Wer strebt eine versicherungspflichtige, wenigstens 15 Wochenstunden umfassende Beschäftigung an? **80**
    3.2   Was heißt: unter den üblichen Bedingungen des Arbeitsmarktes? **80**
    3.2.1 Maßstab: Der einzelne Arbeitslose **80**
    3.2.2 Lage der Arbeitszeit **80**
    3.2.3 Dauer der Arbeitszeit (Teilzeitbeschäftigung) **81**
    3.3   Was heißt: eine versicherungspflichtige, mindestens 15 Stunden umfassende Beschäftigung ausüben können? **81**
    3.4   Was heißt: eine versicherungspflichtige Beschäftigung ausüben dürfen? **82**
    3.5   Was heißt: zeit- und ortsnah erreichbar sein? **82**
    3.6   Was heißt: bereit sein, jede Beschäftigung anzunehmen und auszuüben? **84**
    3.7   Was heißt: an einer beruflicher Eingliederung teilnehmen können und wollen? **85**
    4   Sonderfälle **85**
    4.1   Verfügbarkeit für Heimarbeit **85**
    4.2   Verfügbarkeit von Müttern **85**
    4.2.1 Trotz Betreuung **85**
    4.2.2 Trotz Bezugs von Erziehungsgeld **86**
    4.3   Verfügbarkeit von Pflegenden **87**
    4.4   Verfügbarkeit von Schülern und Studenten **87**
    5   Arbeitslosengeld ohne Verfügbarkeit **89**
    5.1   Bei Arbeitsunfähigkeit wegen Krankheit **89**
    5.2   Bei Minderung der Leistungsfähigkeit – Nahtlosigkeit **90**
    5.3   Bei Arbeitslosen ab 58 Jahren **92**
    5.4   Bei ehrenamtlicher Betätigung **93**
    5.5   Bei Weiterbildung auf eigene Faust **94**

	5.6	Bei ESF-Sprachkurs **95**
	5.7	Bei Trainingsmaßnahmen u.Ä. **95**
	5.8	Bei Urlaub **95**
	5.9	Mitnahme von Alg bei Arbeitsuche im EU-Ausland **99**
	5.9.1	Was ist E 303? **99**
	5.9.2	Vor der Abreise in ein EU-Land **100**
	5.9.3	Nach der Ankunft im EU-Land **101**
	5.9.4	Bei der Rückreise in die Bundesrepublik **102**
	5.9.5	Nach der Einreise in die Bundesrepublik **103**
IV	**Persönlich arbeitslos melden und Arbeitslosengeld beantragen 103**	
	1	Spätestens bei Beginn der Arbeitslosigkeit arbeitslos melden! **103**
	2	Wie lange bleibt die Arbeitslosmeldung wirksam? **103**
	2.1	Erlöschen bei mehr als sechswöchiger Unterbrechung **103**
	2.2	Erlöschen bei nicht gemeldeter Beschäftigung **104**
	3	Arbeitslosengeld beantragen **105**
V	**Was heißt: die Anwartschaftszeit erfüllen? 105**	
	1	Anwartschaftszeit **105**
	2	Die Rahmenfrist **106**
	2.1	Berechnung der Rahmenfrist **106**
	2.2	Begrenzung der Rahmenfrist **107**
	2.3	Erweiterung der Rahmenfrist **108**
	3	Welche Zeiten sind Anwartschaftszeiten? **110**
	4	Welche Zeiten sind keine Anwartschaftszeiten? **113**
	5	Anwartschaftszeit durch Studentenjob? **116**
VI	**Was muss geändert werden? 117**	
	1	Verlängerung der Rahmenfrist und Verfallsfrist um Zeiten der Erziehung von Kindern **117**

I Verschmelzung von Arbeitslosengeld und Unterhaltsgeld

Bisher gab es Arbeitslosengeld (Alg) nur für Arbeitslose. Bei der Teilnahme an einer Maßnahme der beruflichen Weiterbildung konnte nach §§ 153 ff. SGB III Unterhaltsgeld (Uhg) gezahlt werden. Ab 1.1.2005 fällt das Uhg weg. Alg wird jetzt bei Arbeitslosigkeit und bei beruflicher Weiterbildung gezahlt. Damit ist angeblich nur eine

Verwaltungsvereinfachung beabsichtigt (BT-Drs. 15/1515 S. 73). Vermieden werden sollen die Aufhebung der Bewilligung von Alg wegen des Antritts einer Weiterbildungsmaßnahme und die gesonderte Bewilligung von Uhg.

Es fragt sich aber, ob der Wegfall des Uhg nicht doch nachteilige Folgen für die Versicherten hat. Der Anspruch auf Alg ist zeitlich befristet. Die Regelhöchstdauer beträgt nach § 127 SGB III zwölf Monate. Das Uhg war nicht befristet, der Anspruch richtete sich nach der Dauer der förderungsfähigen Maßnahme und konnte deutlich länger sein. Auch nach dem Wegfall des Uhg verbrauchen zwei Tage Alg bei beruflicher Weiterbildung einen Anspruchstag, so daß die Weiterbildungsmaßnahme bei einem Alg-Anspruch von 360 Tagen zwei Jahre dauern kann (§ 128 Abs. 1 Nr. 8 SGB III).

Das gilt aber nicht mehr, wenn die Bildungsmaßnahme erst nach einiger Zeit des Alg-Bezugs begonnen werden soll oder der Alg-Anspruch kürzer ist, dann können nur noch kurze Maßnahmen mit Alg gefördert werden. Nach der Gesetzesbegründung ist das nicht beabsichtigt (BT-Drs. 15/1515 S. 84). Auf die Praxis der BA kann man gespannt sein.

II Drei Voraussetzungen
§ 118 SGB III

Alg wegen Arbeitslosigkeit können Sie nur bekommen, wenn Sie die folgenden Voraussetzungen erfüllen. Sie müssen
- arbeitslos sein und
- sich arbeitslos gemeldet haben und
- die Anwartschaftszeit erfüllt haben.

III Wer ist arbeitslos?
§ 119 Abs. 1 SGB III

Sind Sie arbeitslos, so erscheint Ihnen diese Frage überflüssig. Für die AA sind Sie jedoch nur arbeitslos, wenn Sie

- vorübergehend nicht in einem Beschäftigungsverhältnis stehen (dazu unten → 1) und   **Beschäftigungslosigkeit**

- sich bemühen, die Beschäftigungslosigkeit zu beenden (dazu unten → 2) und   **Beschäftigungssuche**

- den Vermittlungsbemühungen der AA zur Verfügung stehen (dazu unten → 3).   **Verfügbarkeit**

C Wer bekommt Arbeitslosengeld?

1 Wer ist beschäftigungslos?

1.1 Beschäftigungslosigkeit bei »Voll-Alg«
§ 119 Abs. 1 Nr. 1, Abs. 3 SGB III

Grenze: 15 Wochenstunden

Beschäftigungslos sind Sie, wenn Sie nicht oder weniger als 15 Stunden wöchentlich arbeiten.

Beschäftigungswoche, nicht Kalenderwoche

Für die Feststellung, ob eine Beschäftigung auf weniger als 15 Stunden wöchentlich beschränkt ist, ist (nach DA Nr. 23 zu § 118) nicht die Kalenderwoche, sondern die Beschäftigungswoche zugrunde zu legen. Die Beschäftigungswoche (= Zeitwoche) ist ein Zeitraum von sieben aufeinander folgenden Kalendertagen, beginnend mit dem ersten Tag der Beschäftigung (§ 26 Abs. 1 SGB X i.V.m. § 187 Abs. 2 BGB). Dabei ist es unerheblich, wie die Arbeitszeit innerhalb der Beschäftigungswoche auf die einzelnen Tage verteilt ist. Maßgeblich für die Beurteilung der Beschäftigungslosigkeit sind die in der Beschäftigungswoche tatsächlich geleisteten Arbeitsstunden.

Beispiel

Elfriede Wehrmich tritt an einem Mittwoch einen auf vier Arbeitstage (Mittwoch, Donnerstag, Freitag, Montag) befristeten Vier-Stunden-Job an.
Sie ist nicht beschäftigungslos. Zwar kommt sie in der ersten Kalenderwoche nur auf zwölf und in der zweiten Kalenderwoche nur auf vier Arbeitsstunden, in der Beschäftigungswoche (Mittwoch bis Dienstag) erreicht sie aber 16 Arbeitsstunden.

Was zählt zu den 15 Stunden?

Soweit Pausen (z.B. Mittagspausen) nicht bezahlt werden, zählen sie nicht als Arbeitszeit.
Bereitschaftsdienste werden nur entsprechend dem bezahlten Anteil als Arbeitszeit gewertet.

Gelegentliche Überschreitungen der 15-Stunden-Grenze von geringer Dauer sind unbeachtlich.

Summierung von Beschäftigungen

Mehrere Beschäftigungsverhältnisse werden zur Feststellung der Beschäftigungslosigkeit summiert (§ 119 Abs. 3 Satz 2 SGB III).

15-Stunden-Grenze auch bei selbstständiger und mithelfender Tätigkeit

Seit dem 1.1.2005 steht nach § 119 Abs. 3 Satz 1 SGB III der Beschäftigungslosigkeit eine selbstständige Tätigkeit oder eine Beschäftigung als mithelfendes Familienmitglied im zeitlichen Umfang von wenigstens 15 Stunden wöchentlich ausnahmslos entgegen. Wer eine solche Tätigkeit ausübt, ist also nicht beschäftigungslos. Eine Begünstigung von Selbstständigen und mithelfenden Familienmitgliedern gibt es jetzt nicht mehr.

1.2 Beschäftigungslosigkeit bei »Teil-Alg«
§ 150 Abs. 2 Nr. 1 SGB III

Teil-Alg erhalten Arbeitnehmer, die eine von mehreren nebeneinander ausgeübten versicherungspflichtigen Beschäftigungen verlieren.

Was ist Teil-Alg?

Beschäftigungslos ist dementsprechend, wer eine versicherungspflichtige Beschäftigung verloren hat, die er neben einer weiteren versicherungspflichtigen Beschäftigung ausgeübt hat.

Beschäftigungslos

Die beiden versicherungspflichtigen Beschäftigungen können auch bei einem Arbeitgeber bestehen (BSG, Urteil vom 21.6.2001 – B 7 AL 54/00 R). Wann das der Fall ist, richtet sich nach den Besonderheiten des Einzelfalls (vgl. LSG Nordrhein-Westfalen, Urteil vom 23.10.2002 – L 10 AL 81/01).

2 Welche Eigenbemühungen werden verlangt?
§ 119 Abs. 1 Nr. 2, Abs. 4 SGB III

Früher genügte es, wenn der Arbeitslose sich der Arbeitsvermittlung passiv zur Verfügung stellte. Heute bekommt er Alg nur, wenn er sich aktiv um die Beendigung der Beschäftigungslosigkeit bemüht. Der Gesetzgeber hat zwar immer noch nicht genau festgelegt, welche Eigenbemühungen der Arbeitslose leisten muss, er hat aber jetzt die drei wichtigsten Verpflichtungen genannt.

Der Arbeitslose hat im Rahmen der Eigenbemühungen alle Möglichkeiten zur beruflichen Eingliederung zu nutzen; hierbei muss er insbesondere
- die Verpflichtungen aus der Eingliederungsvereinbarung nach § 35 Abs. 4 SGB III erfüllen. Es ist davon auszugehen, dass in den Eingliederungsvereinbarungen alles untergebracht werden wird, was der Arbeitslose zu tun hat, also vor allem in welchem Umfang und in welcher Weise er sich bewerben muss, wie er die Bewerbungen nachzuweisen hat usw.; jetzt kann die Verletzung der Verpflichtungen aus der Eingliederungsvereinbarung zu einer Sperrzeit führen (§ 144 Abs. 1 Satz 2 Nr. 3 SGB III); das setzt aber eine Rechtsfolgenbelehrung voraus. Daraus ist zu schließen, dass die AA wie bisher nach dem alten § 119 Abs. 5 SGB III den Arbeitslosen konkret zur Vorlage von Nachweisen auffordern muss, um die fehlenden Eigenbemühungen festzustellen;
- bei der Vermittlung durch Dritte mitwirken;
- die Selbstinformationssysteme der AA (§ 41 SGB III) in Anspruch nehmen, d.h. der Arbeitslose muss sich mit der Veröffentlichung seiner Daten einverstanden erklären, soweit eine Identifizierung ausgeschlossen ist, und er muss das SIS auch aktiv nutzen.

Was die AA einem Arbeitslosen im Einzelnen an Eigenbemühungen zumuten kann, finden Sie auf → S. 118.

3 Wer ist verfügbar?
§ 119 Abs. 5 SGB III

Den Vermittlungsbemühungen der AA steht nur zur Verfügung, wer
- eine versicherungspflichtige, wenigstens 15 Wochenstunden umfassende zumutbare Beschäftigung unter den Bedingungen des für ihn in Betracht kommenden Arbeitsmarktes ausüben kann und darf,
- Vorschlägen der AA zur beruflichen Eingliederung zeit- und ortsnah Folge leisten kann,
- bereit ist, jede zumutbare Beschäftigung anzunehmen und auszuüben und
- bereit ist, an zumutbaren Maßnahmen zur beruflichen Eingliederung in das Erwerbsleben teilzunehmen.

3.1 Wer strebt eine versicherungspflichtige, wenigstens 15 Wochenstunden umfassende Beschäftigung an?
§ 119 Abs. 5 Nr. 1 SGB III

Der Beschäftigungslose muss eine Arbeitnehmertätigkeit suchen, die wenigstens 15 Arbeitsstunden in der Woche dauert. Wenn Sie nur als Beamter oder Selbstständiger arbeiten wollen, streben Sie keine versicherungspflichtige Beschäftigung an. Unschädlich ist eine Nebentätigkeit als Selbstständiger, solange sie weniger als 15 Stunden in der Woche in Anspruch nimmt.

3.2 Was heißt: unter den üblichen Bedingungen des Arbeitsmarktes?

3.2.1 Maßstab: Der einzelne Arbeitslose

Die Verfügbarkeit richtet sich nicht nach den Bedingungen des allgemeinen Arbeitsmarktes, sondern nach dem für den einzelnen Arbeitslosen in Betracht kommenden Arbeitsmarkt.

Welcher Arbeitsmarkt für den einzelnen Arbeitslosen in Betracht kommt, ergibt sich grundsätzlich aus seinen beruflichen Fähigkeiten und dem für ihn örtlich erreichbaren Gebiet. Damit ist nicht nur die Region gemeint, in der der Arbeitslose Arbeitsplätze täglich erreichen kann, sondern unter Umständen das ganze Land, wenn er bundesweit vermittelt werden kann.

3.2.2 Lage der Arbeitszeit

»Übliche Bedingungen des Arbeitsmarktes« meint u.a. die Lage der Arbeitszeit. Als Arbeitsloser müssen Sie bereit sein, zu der im AA-Bezirk ortsüblichen Lage der Arbeitszeiten zu arbeiten.

Üblich ist eine Lage der Arbeitszeit dann, wenn sie auf dem Arbeitsmarkt, für den der Arbeitslose in Betracht kommt, in nennenswertem Umfange vorkommt.

Beispiel

David Zunder und seine Frau teilen sich die Versorgung ihres Sohnes. Das war bisher dadurch möglich gewesen, dass David Zunder von 14 Uhr bis 22 Uhr im Schichtdienst arbeitete und seine Frau von 8 Uhr bis 13 Uhr eine Teilzeitbeschäftigung ausübte.
Nachdem David Zunder seinen Arbeitsplatz verloren hat, meldet er sich arbeitslos und besteht darauf, für den Zeitraum von 14 Uhr bis 22 Uhr eine Arbeitsstelle vermittelt zu bekommen.
Da in diesem Zeitraum üblicherweise Spätschichten liegen, kann die AA nicht die Verfügbarkeit verneinen.

Es ist nicht Voraussetzung, dass Arbeitsstellen zu der gewünschten Zeit frei sind. Bevor die AA Ihnen wegen der gewünschten »unüblichen Arbeitszeit« Leistungen verweigern darf, muss geprüft werden, ob es derartige Arbeitsplätze im Tagespendelbereich (→ S. 141) gibt. Lassen sich Arbeitsplätze, die Sie ausfüllen können, hier nicht feststellen, haben Sie keinen Alg-Anspruch. Das gilt aber nicht, wenn Sie sich für den bundesweiten Arbeitsmarkt zur Verfügung stellen und in anderen Regionen Arbeitsplätze mit der gewünschten Arbeitszeit existieren.

3.2.3 Dauer der Arbeitszeit (Teilzeitbeschäftigung)
§ 120 Abs. 4 SGB III

Seit dem 1.1.2005 dürfen sich Arbeitslose auf die Suche nach einer Teilzeitbeschäftigung beschränken. Voraussetzung ist nur, dass die Teilzeitbeschäftigung wenigstens 15 Wochenstunden umfasst, versicherungspflichtig ist und den üblichen Bedingungen des für den Arbeitslosen in Betracht kommenden Arbeitsmarktes entspricht. Allerdings ist es gemäß § 124 Abs. 4 Satz 2 SGB III nicht zulässig, sich anlässlich eines konkreten Arbeitsangebotes oder Maßnahmeangebotes erstmals auf eine Teilzeitbeschäftigung zu beschränken. Diese Regelung führt dazu, dass trotz des allgemeinen Rechts, sich nur für eine Teilzeitbeschäftigung zur Verfügung zu stellen, die Arbeitsablehnung nicht gerechtfertigt ist und eine Sperrzeit eintritt. Ansonsten kann die Beschränkung auf die Teilzeit auch während des Leistungsbezuges erklärt werden. Allerdings sinkt dann auch das Alg.

3.3 Was heißt: eine versicherungspflichtige, mindestens 15 Stunden umfassende Beschäftigung ausüben können?

Sind Sie in der Lage, zu arbeiten?

Sie müssen tatsächlich aufgrund Ihrer körperlichen und geistigen Leistungsfähigkeit und Ihrer beruflichen Erfahrung in der Lage sein, die von Ihnen angestrebte oder überhaupt eine Beschäftigung in versicherungspflichtigem Umfang auszuüben. Das Leistungsvermögen muss aber noch für eine Tätigkeit von wenigstens 15 Stunden wöchentlich ausreichen.

Eigen-Goal bei Alkohol

Die AA Lübeck verneint bei Leistungsbeziehern, die mit mehr als 0,8 Promille in der AA erscheinen, die Verfügbarkeit und zahlt für den Rauschtag kein Alg. Bei Alkoholkranken müsste die AA erwägen, ob es nicht zur Zahlung von Kranken-Alg verpflichtet ist (→ S. 89).

Nicht zumutbar sind alle Arbeiten, die Sie aus gesundheitlichen Gründen nicht ausführen können; das gilt für körperliche und seelische Erkrankungen gleichermaßen.

3.4 Was heißt: eine versicherungspflichtige Beschäftigung ausüben dürfen?

Das »Dürfen« bezieht sich auf die rechtliche Zulässigkeit der Beschäftigung:

Mutterschutz
- Eine (werdende) Mutter darf sechs Wochen vor und acht Wochen nach der Geburt nicht arbeiten und hat daher an sich keinen Anspruch auf Alg.

Ausnahme

Eine werdende Mutter kann sich in den letzten sechs Wochen vor der Geburt jedoch ausdrücklich zur Arbeit bereit erklären (§ 3 Abs. 2 MutterschutzG); dann steht ihr auch Alg zu. Regelmäßig wird es aber vorteilhafter sein, einen in den sechs Wochen zustehenden Anspruch auf das anwartschaftsbegründende Mutterschaftsgeld auszuschöpfen. Dann bleibt der Alg-Anspruch für diese Zeit geschont und kann später noch verbraucht werden.

Ausländer
- Beschäftigungsverbote ergeben sich insbesondere auch für Ausländer. Einzelheiten finden Sie in Kapitel H → S. 211.

3.5 Was heißt: zeit- und ortsnah erreichbar sein?
§ 119 Abs. 5 Nr. 2 SGB III i. V. m. Erreichbarkeits-Anordnung

Der Arbeitslose muss einem Vermittlungsangebot der AA – hierzu gehört auch das Angebot einer Bildungsmaßnahme – zeit- und ortsnah folgen können. Man könnte annehmen, dass der Aufenthaltsort des Arbeitslosen heutzutage ohne Bedeutung ist; es sollte genügen, dass er bei auswärtigem Aufenthalt von einem Arbeitsangebot umgehend erfährt und in der Lage ist, dem Arbeitsangebot unverzüglich nachzukommen, sodass er eine Vorstellung vereinbaren, an einem Vorstellungsgespräch o.Ä. teilnehmen bzw. eine Arbeit sofort aufnehmen kann.

Die BA, die die Einzelheiten der Erreichbarkeit bestimmen darf (§ 152 Nr. 2 SGB III), nutzt diese Möglichkeit jedoch leider nicht, um den Arbeitslosen mehr Selbstbestimmung zu ermöglichen. Die Erreichbar-

keit macht sie nach § 1 Abs. 1 Satz 1 der ErreichbarkeitsAO davon abhängig, dass der Arbeitslose in der Lage ist, unverzüglich
- Mitteilungen der AA persönlich zur Kenntnis zu nehmen,
- die AA aufzusuchen,
- mit einem möglichen Arbeitgeber oder Träger einer beruflichen Eingliederungsmaßnahme in Verbindung zu treten und bei Bedarf persönlich mit diesem zusammenzutreffen und
- eine vorgeschlagene Arbeit anzunehmen oder an einer beruflichen Eingliederungsmaßnahme teilzunehmen.

Das BSG hat die ErreichbarkeitsAO im Grundsatz gebilligt (Urteil vom 20.6.2001 – B 11 AL 10/01 R).
Nach § 1 Abs. 1 Satz 2 der ErreichbarkeitsAO muss der Arbeitslose täglich in seiner Wohnung die eingehende Post persönlich einsehen können. Hat er ein Postfach, ist er nur erreichbar, wenn er es täglich leert (LSG Baden-Württemberg, Beschluss vom 9.1.2003 – L 13 AL 4260/02 ER-B). Er darf sich also tagsüber ohne besondere Erlaubnis oder Unterrichtung der AA von seinem Wohnsitz entfernen, wenn er täglich zurückkehrt (um einmal täglich höchstpersönlich die Post durchzusehen) und die AA täglich »ohne unzumutbaren Aufwand« erreichen kann (§ 2 Nr. 3 Satz 2 ErreichbarkeitsAO). (Näher zu dieser unzeitgemäßen Regelung: Ute Winkler, info also 1998, Heft 1, S. 9.)

Diese Voraussetzung ist auch erfüllt, wenn der Arbeitslose die an einem Samstag oder an einem Tag vor einem gesetzlichen Feiertag eingehende Post erst am folgenden Sonn- bzw. Feiertag zur Kenntnis nehmen kann (§ 1 Abs. 1 Satz 3 ErreichbarkeitsAO).

Besonders an Tagen um Ostern und an »Brückentagen« zwischen Wochenfeiertagen und Wochenenden laden AA vermehrt Leistungsbezieher zu Masseninformationsveranstaltungen ein. Wer nicht erscheint, bekommt eine Sperrzeit (§ 144 Abs. 1 Satz 2 Nr. 6 SGB III).

Der Arbeitslose steht der Arbeitsvermittlung nach § 1 Abs. 3 der ErreichbarkeitsAO immerhin auch dann zur Verfügung, wenn er Vorschlägen der AA zur beruflichen Eingliederung wegen eines Vorstellungs-, Beratungs- und sonstigen Termins im Zusammenhang mit der Arbeitsuche nicht zeit- und ortsnah Folge leisten kann.

Ausnahme

Die BA hat inzwischen (DA, RandNrn. 56a–56f zu § 119) die Anforderungen an die Erreichbarkeit nach einem Umzug gemildert:

Erreichbarkeit nach Umzug

Zieht der Arbeitslose innerhalb der Wohngemeinde oder in eine Nachbargemeinde um und hat er rechtzeitig einen Nachsendeantrag gestellt, ist grundsätzlich davon auszugehen, dass die Briefpost den Arbeitslosen ohne Verzögerung erreicht. Bei gestelltem Nachsendeantrag erhält die AA von der Deutschen Post eine Anschriftenberichtigungskarte. Nach Eingang dieser Karte mit der dort angegebenen neuen Anschrift ist davon auszugehen, dass der Nachsendeantrag rechtzeitig gestellt worden ist. Verzögerungen durch den Postlauf und

Umzug innerhalb der Wohngemeinde oder in die Nachbargemeinde die Bearbeitung in der AA (z. B. Nichtbefolgung einer Meldeaufforderung) gehen nicht zulasten des Arbeitslosen.

Wird ein Nachsendeantrag nicht rechtzeitig gestellt, liegt Erreichbarkeit erst ab Wirksamkeit des Nachsendeantrages vor.
Ist kein Nachsendeantrag gestellt worden, liegt Erreichbarkeit bis zur Mitteilung der neuen Anschrift durch den Arbeitslosen nicht vor.
Liegt der Nachbarort in einem anderen AA-Bezirk, fordert die bisherige AA den Arbeitslosen auf, sich bei der aufnehmenden AA zu melden.

Umzug nach außerhalb des Wohn- oder Nachbarorts

Ist der Arbeitslose in einen Ort außerhalb des Wohn- oder Nachbarortes umgezogen, liegt Erreichbarkeit nicht vor. Die Anschriftenberichtigungskarte der Post gilt als Mitteilung des Umzugs und der neuen Anschrift. Ab Tag des Eingangs der Anschriftenberichtigungskarte in der AA ist Erreichbarkeit wieder gegeben, wenn der Umzug innerhalb des AA-Bezirkes erfolgt ist.

Liegt der neue Wohnort im Zuständigkeitsbereich einer anderen AA, muss die AA den Arbeitslosen unverzüglich darüber informieren, dass ihm Leistungen erst ab dem Zeitpunkt seiner persönlichen Meldung bei der für den neuen Wohnort zuständigen AA gewährt werden können.

Das BSG hält diesen Erlass für rechtswidrig, weil nur die Meldung des Umzugs an die AA die Verfügbarkeit herstelle (Urteil vom 9.8.2001 – B 11 AL 17/01 R). Obwohl die Dienstanweisungen der BA bisher nicht geändert worden sind, empfehlen wir dringend, jeden Umzug sofort bei der AA zu melden.

Wenn Sie unnötigen Komplikationen aus dem Weg gehen möchten, teilen Sie der zuständigen AA unaufgefordert, spätestens eine Woche vor dem Umzug Ihre neue Anschrift mit. Das ist nicht aufwändiger als ein Nachsendeantrag.

3.6 Was heißt: bereit sein, jede Beschäftigung anzunehmen und auszuüben?

Der Arbeitslose muss bereit sein, eine zumutbare Arbeit auch tatsächlich anzunehmen und auch tatsächlich auszuüben. Damit ist die subjektive Verfügbarkeit gemeint. In den Grenzen seiner Arbeitsfähigkeit muss der Arbeitslose Beschäftigungen aufnehmen wollen, soweit diese zumutbar sind. Der Arbeitslose muss sich nur im Rahmen seines beruflichen und gesundheitlichen Leistungsvermögens und begrenzt durch die Zumutbarkeitsschranke der Arbeitsvermittlung zur Verfügung stellen.

3.7 Was heißt: an einer beruflichen Eingliederung teilnehmen können und wollen?
§ 119 Abs. 5 Nr. 4 SGB III

Hierzu gehören zunächst die Trainingsmaßnahmen und Maßnahmen der Eignungsfeststellung, die in den §§ 48 – 52 SGB III geregelt sind, außerdem Maßnahmen der beruflichen Ausbildung (§§ 59 ff. SGB III) oder Weiterbildung (§§ 77 ff. SGB III) sowie Maßnahmen zur Teilhabe behinderter Menschen am Arbeitsleben (§§ 97 ff. SGB III). Der Arbeitslose muss grundsätzlich bereit sein, an diesen Maßnahmen teilzunehmen; will er das nicht und lehnt er die Teilnahme generell ab, steht er der Arbeitsvermittlung nicht zur Verfügung und hat keinen Anspruch auf Alg. Damit ist allerdings nicht gesagt, dass der Arbeitslose an jeder Maßnahme, die ihm die AA anbietet, teilnehmen muss; es kommt vielmehr darauf an, ob ihm die einzelne angebotene Maßnahme zumutbar ist (→ S. 148 ff.).

4 Sonderfälle

4.1 Verfügbarkeit für Heimarbeit
§ 120 Abs. 4 Satz 3 SGB III

Wer nur Heimarbeit sucht, steht der Arbeitsvermittlung zur Verfügung, wenn er die Anwartschaftszeit durch Heimarbeit erworben hat.

4.2 Verfügbarkeit von Müttern

4.2.1 Trotz Betreuung

Arbeitslose dürfen während der Arbeitslosigkeit ihre Kinder selbst betreuen (BSG, Urteil vom 25.4.1995 – 11 RAr 9/90 – NZA 1992, S. 48), ohne dass dadurch ihre Verfügbarkeit eingeschränkt wäre. Selbst die Tagespflege von Kindern schließt die Verfügbarkeit nicht aus (BSG, Urteil vom 16.9.1999 – B 7 AL 80/98 R – info also 2000, Heft 1, S. 23).

Die Betreuung von Kindern und pflegebedürftigen Angehörigen hat nach der DA, RandNr. 115 zu § 119 keinen Einfluss auf die Verfügbarkeit, wenn die Arbeitslose deshalb keine Einschränkungen hinsichtlich Dauer, Lage und Verteilung der Arbeitszeit macht und sich aus dem Vermittlungsgespräch keine Anhaltspunkte für Einschränkungen ergeben. Grundsätzlich genügt die Erklärung der Arbeitslosen, dass die Betreuung von Kindern bei Aufnahme einer Beschäftigung oder der Teilnahme an einer Maßnahme der beruflichen Bildung gesichert ist.

Nachweis der Verfügbarkeit?

C Wer bekommt Arbeitslosengeld?

Bei Arbeitslosmeldung nach Geburt

Das gilt auch dann, wenn sich die Arbeitslose nach der Geburt eines Kindes arbeitslos meldet. Schränkt die Arbeitslose ihre Arbeitsbereitschaft wegen des Betreuungsbedarfs ein, ist davon auszugehen, dass für die angegebene Arbeitszeit Verfügbarkeit besteht.

Bei Aufgabe der Arbeit wegen Betreuung

Hat die Arbeitslose wegen der Betreuung aufsichtsbedürftiger Kinder oder pflegebedürftiger Angehöriger eine Beschäftigung aufgegeben und stellt sie sich im Umfang der früheren Beschäftigung der Arbeitsvermittlung zur Verfügung, sieht die BA die Notwendigkeit einer Klärung. Zunächst ist die Arbeitslose zu fragen, wie der Betreuungsbedarf im Falle der Aufnahme einer Beschäftigung sichergestellt werden kann. Im Zweifelsfall soll eine schriftliche Bescheinigung der Betreuungsperson oder der Betreuungseinrichtung notwendig sein. Bei weiteren Zweifeln soll die Person oder Einrichtung, die die Betreuung übernehmen soll, befragt werden. Liegt zwischen dem Ende der letzten Beschäftigung und der Arbeitslosmeldung ein Zeitraum von mindestens sechs Monaten, soll im Regelfall davon ausgegangen werden, dass sich die Lebensumstände geändert haben; die Erklärung der Arbeitslosen, die Betreuung sei sichergestellt, genügt dann.

Sind beide Eltern arbeitslos, müssen sie keine Vorsorge für die außerfamiliäre Kinderbetreuung treffen, auch wenn sie beide eine Vollzeitbeschäftigung suchen (BSG, Urteil vom 25.4.1991 – 11 RAr 9/90, NZA 1992, S. 48).

4.2.2 Trotz Bezugs von Erziehungsgeld

Der Bezug von Alg steht dem Bezug von Erziehungsgeld nicht entgegen. Nach Wegfall von § 2 Abs. 2 BErzGG durch das HaushaltsbegleitG 2004 kann seit 2004 Erziehungsgeld grundsätzlich auch bezogen werden, wenn die Bemessungsgrundlage des Alg 30 Stunden übersteigt.
Allein die Tatsache, dass die Beschäftigungslosigkeit mit einer Elternzeit zusammenfällt und der Arbeitgeber des bestehenden Arbeitsverhältnisses zu einer Beschäftigungsaufnahme bei einem anderen Arbeitgeber seine Zustimmung erteilen muss (§ 15 BErzGG), steht der Verfügbarkeit nicht entgegen. Dies gilt auch dann, wenn beide Elternteile gleichzeitig Elternzeit beanspruchen (DA, RandNr. 81 zu § 119).

Bei Arbeitslosen, die Alg neben Erziehungsgeld beziehen, prüft die AA die Verfügbarkeit, insbesondere ob
- die Betreuung des Kindes im Fall der Arbeitsaufnahme sichergestellt ist;
- die Arbeitslose bereit ist, die Beschäftigungslosigkeit jederzeit zu beenden.

**Neu:
Alg zählt bei Einkommensgrenze**

Nach § 6 Abs. 1 Sätze 1 und 3 BErzGG n. F. werden seit 2004 Lohnersatzleistungen, also auch das Alg, bei der Bestimmung der Erziehungsgeld-Einkommensgrenzen als Einkommen berücksichtigt.

4.3 Verfügbarkeit von Pflegenden

Die Pflege eines Angehörigen muss die Verfügbarkeit nicht ausschließen. Das hat das SG Duisburg (Urteil vom 3.2.2004, Sozialrecht Aktuell 2004, Heft 9, S. 181 ff.; info also 2004, Heft 6, S. 250) im Falle eines Leistungsbeziehers, der sich halbtags zur Verfügung stellte und daneben einen Onkel in Pflegestufe III pflegte, entschieden:

> »Durch die Übernahme der Pflege eines Pfleglings in Pflegestufe III, die nach § 15 SGB XI mindestens fünf Stunden im wöchentlichen Tagesdurchschnitt betragen muss, hat der Kläger keine mehr als kurzzeitige Beschäftigung aufgenommen. Durch die Pflege wird kein Beschäftigungsverhältnis begründet.
> Allein durch die Voraussetzungen für Pflegestufe III i. S. v. § 15 SGB XI kann die Verfügbarkeit der Pflegeperson nicht ausgeschlossen werden. Das folgt schon daraus, dass sich die Pflegetätigkeit von fünf Stunden täglich nicht auf einen Zeitraum konzentriert, sondern über den Tag verteilt und entgegen der Ansicht der Beklagten weitestgehend variabel zu gestalten ist. Im Übrigen ergibt sich aus § 11 Ziffer 7 der Arbeitslosenhilfeverordnung in der bis zum 31.12.2001 geltenden Fassung, wonach nicht steuerpflichtige Einnahmen von Pflegepersonen für Leistungen zur Grundpflege oder hauswirtschaftlichen Versorgung nicht als Einkommen i. S. der Bedürftigkeitsregelung bei der Arbeitslosenhilfe gelten, dass allein durch die Tatsache einer Pflege auch nach Pflegestufe III Verfügbarkeit nicht ausgeschlossen werden kann.
> Das Gericht hat keinen Zweifel, dass der Kläger die Pflege seines Onkels so gestalten kann, dass er für die Halbtagstätigkeit, für die er sich zur Verfügung gestellt hat, auch tatsächlich verfügbar war. (...) Unerheblich ist insoweit, dass der Kläger während der Zeiten der Arbeitslosigkeit seine Pflegetätigkeit auch in Zeiten ausgeübt hat, für die er sich zur Verfügung gestellt hat, denn dies war ihm wegen entgegenstehender Verpflichtungen freigestellt.«

Auch das SG Fulda (Urteil vom 17.1.2001, info also 2003, Heft 3, S. 115 ff.) hat trotz Pflege in der Pflegestufe III Verfügbarkeit für eine Ganztagsbeschäftigung angenommen; der Leistungsbezieher stehe den Vermittlungsbemühungen der AA zur Verfügung, weil die Pflege seiner Mutter jederzeit kurzfristig durch Dritte übernommen werden könne.

4.4 Verfügbarkeit von Schülern und Studenten
§§ 120 Abs. 2 SGB III

Nach § 119 Abs. 5 Nr. 1 SGB III steht der Arbeitslose der Arbeitsvermittlung nur dann zur Verfügung, wenn er eine versicherungspflichtige Beschäftigung ausüben kann und darf. Wann Studenten und Schüler einer versicherungspflichtigen Beschäftigung nachgehen, beschreiben wir → S. 116 näher. Diese Ausführungen gelten an sich auch für die Verfügbarkeit.

Der Gesetzgeber hat die Anforderungen für Studenten und Schüler verschärft. Nach § 120 Abs. 2 SGB III wird vermutet, dass arbeitslose Studenten und Schüler nur versicherungsfreie Beschäftigungen ausüben können. Diese Vermutung können Studenten und Schüler nur widerlegen, wenn sie beweisen, dass der Ausbildungsgang eine versicherungspflichtige Beschäftigung bei ordnungsgemäßer Erfüllung der in den Ausbildungs- und Prüfungsordnungen vorgeschriebenen Anforderungen zulässt. Die Bestimmung erkennt regelmäßig den individuellen Nachweis der Verfügbarkeit nicht an. Nur wenn der gewählte Studiengang oder der Schulunterricht eine versicherungspflichtige Beschäftigung generell zulässt, kann der Student oder Schüler seine Verfügbarkeit beweisen.

Einschränkung der Verfügbarkeit nur für Studenten und Schüler

Die BA hat im DBlRErl 5/88 das Verfahren geregelt. Nach Meinung der BA gilt die Vermutung fehlender Verfügbarkeit für:
- Schüler an allgemeinbildenden Schulen im Sinne des § 27 Abs. 4 Satz 1 Nr. 1 SGB III (z. B. Grund-, Haupt-, Realschule, Gymnasium, Gesamtschule),
- alle Personen, die als ordentlich Studierende eine der wissenschaftlichen oder fachlichen Ausbildung dienende Bildungseinrichtung besuchen (§ 27 Abs. 4 Satz 1 Nr. 2 SGB III).

Schüler an allgemeinbildenden Schulen Studierende

Gemäß § 27 Abs. 4 Satz 2 SGB III wird fehlende Verfügbarkeit nicht vermutet, wenn die Ausbildung außerhalb der Arbeitszeit stattfindet. Die Vermutung fehlender Verfügbarkeit gilt nicht für:
- Bildungsveranstaltungen der Volkshochschulen,
- Lehrgänge, die der Vermittlung von Allgemeinwissen dienen,
- Gasthörer an Hochschulen oder an einer sonstigen der wissenschaftlichen oder fachlichen Ausbildung dienenden Schule,
- Personen, die ihre Promotion betreiben, nachdem sie ihre Ausbildung durch eine Abschlussprüfung abgeschlossen haben,
- Schüler an Abendschulen.

Ausnahmen

Schüler (mit Ausnahme derjenigen an Abendschulen) können nach Meinung der BA die Vermutung des § 120 Abs. 2 SGB III in keinem Fall widerlegen.

I.d.R keine Verfügbarkeit von Schülern

Die BA hält die Verfügbarkeit auch für ausgeschlossen, wenn eine Studentin oder ein Student
- ausschließlich in den Semesterferien (Zeiten, in denen sie/er durch Lehrveranstaltungen oder sonstige mit dem Studium zusammenhängende Anforderungen nicht belastet ist) eine entgeltliche Tätigkeit aufnehmen kann,
- während des Semesters neben seiner Ausbildung nur eine Beschäftigung aufnehmen kann, die auf nicht mehr als 20 Stunden beschränkt ist,
- nur an Wochenenden, in Abend- und Nachtstunden oder an sonstigen allgemein vorlesungsfreien Zeiten eine entgeltliche Beschäftigung ausüben kann.

Schüler und Studenten haben immer einen Zusatzfragebogen auszufüllen und darin die wöchentlichen Unterrichtsstunden anzugeben. Bei einer Arbeitsbelastung durch 11 und mehr Unterrichtsstunden pro Woche verneint die BA grundsätzlich die Verfügbarkeit.

AA: Keine Verfügbarkeit ab 11 Stunden pro Woche

Nach der Rechtsprechung des BSG sind Studenten verfügbar, wenn sie neben der Studienverpflichtung in der Lage sind, länger als kurzzeitig eine Beschäftigung zu marktüblichen Bedingungen auszuüben. Bestimmte zeitliche Obergrenzen für die wöchentliche Belastung hat das BSG nicht festgelegt und die Höchstarbeitszeit der Arbeitszeitordnung von 48 Stunden für Studium und Arbeit zusammen als unbeachtlich bezeichnet (Urteil vom 19.3.1992 – 7 RAr 128/90, NZA 1992, Heft 20, S. 958; Urteil vom 21.4.1993 – 11 RAr 25/92). Eine Gesamtbelastung von 60 Wochenstunden steht der Verfügbarkeit von Studenten nicht entgegen.

BSG: nicht so eng

Mit Urteil vom 14.3.1996 – 7 RAr 18/94 hat das BSG entschieden, dass die Einhaltung der Regelstudiendauer nicht zu den Anforderungen i. S. des § 103a Abs. 2 AFG = § 120 Abs. 2 SGB III gehört, deren ordnungsgemäße Erfüllung dem Studenten verbindlich »vorgeschrieben« ist.

Nimmt Sie das Studium allerdings voll in Anspruch, so nützt es Ihnen nichts, wenn Sie sich bereit erklären, das Studium im Falle der Vermittlung abzubrechen. In einem solchen Fall hat das Bundessozialgericht die Verfügbarkeit verneint (Urteil vom 29.9.1987 – 7 RAr 15/86, SozR 4100 § 103 Nr. 39).

Es nutzt auch nichts zu behaupten, Sie studierten gar nicht, sondern wollten nur die mit dem Studentenstatus verbundenen Vergünstigungen beanspruchen (BSG, Urteil vom 24.7.1997 – 11 RAr 99/96, SozR 3–4100 § 103a Nr. 3).

5 Arbeitslosengeld ohne Verfügbarkeit

5.1 Bei Arbeitsunfähigkeit wegen Krankheit
§ 126 SGB III

Anspruch auf Leistungsfortzahlung hat für die Dauer von sechs Wochen, wer während des Bezugs von Alg arbeitsunfähig wird. In Anlehnung an das Entgeltfortzahlungsgesetz gilt das nur für die Fälle einer unverschuldeten Arbeitsunfähigkeit. Hat der Arbeitslose während seiner Erkrankung keinen Anspruch auf Alg, steht ihm regelmäßig Krankengeld zu. Der Bezug von Krankengeld ist versicherungspflichtig und geeignet, eine neue Anwartschaft zu begründen; der Arbeitslose erleidet deshalb durch die Versagung des Kranken-Alg keinen Schaden.

Kranken-Alg

Die Krankheit eines Kindes bis zum zwölften Lebensjahr befreit für höchstens zehn Tage pro Kind, bei Alleinerziehenden höchstens 20

Kranke Kinder

Tage, im Kalenderjahr höchstens 25 bzw. 50 Tage von der Pflicht zur Verfügbarkeit, ohne dass der Anspruch auf Alg verloren geht.

Arbeitsunfähig? Arbeitsunfähig ist ein Arbeitsloser in den ersten sechs Monaten der Arbeitslosigkeit unter Berücksichtigung der Anforderungen der letzten Berufstätigkeit (BSG, Urteil vom 19.9.2002 – B 1 KR 11/02 R). Ab dem siebten Monat muss er sich auf alle Arbeiten des allgemeinen Arbeitsmarktes verweisen lassen. Deshalb ist er dann arbeitsunfähig, wenn er krankheitsbedingt diejenigen Arbeiten nicht mehr verrichten kann, für die er sich der Arbeitsvermittlung zur Verfügung gestellt hat, z. B. wenn er sich für eine Vollzeitbeschäftigung zur Verfügung gestellt hat und aus gesundheitlichen Gründen nur Teilzeit arbeiten kann (BSG, Urteil vom 7.12.2004 – B 1 KR 5/03 R). Dann kann der Arbeitslose Kranken-Alg und anschließend Krankengeld beziehen.

5.2 Bei Minderung der Leistungsfähigkeit – Nahtlosigkeit
§ 125 SGB III

Arbeitslose, die gesundheitlich so stark beeinträchtigt sind, dass sie nach den üblichen Maßstäben nicht vermittelbar sind, laufen Gefahr, zwischen Krankenkasse, AA und Rentenversicherungsträgern hin- und hergeschoben zu werden; nach dem Motto:

> In arbeitslosen Ungesunden
> sehen wir nicht gerne »Kunden«.

Was bedeutet Nahtlosigkeit? Dies vermeidet § 125 Abs. 1 SGB III. Er legt fest, dass solche Arbeitslose »nahtlos«, d. h. ohne in Leistungslücken gestoßen zu werden, versorgt werden.

Die Nahtlosigkeitsregelung ist erst anzuwenden, wenn der Krankengeldanspruch erschöpft ist. Das Krankengeld geht dem Nahtlosigkeits-Alg im Range vor (BSG, Urteil vom 3.6.2004 – B 11 AL 55/03 R). In der Vergangenheit haben die Krankenkassen arbeitsunfähige Arbeitslose gern an die AA abgeschoben. In diesen Fällen sollte geprüft werden, ob nach dem Urteil des BSG vom 3.6.2004 bei der Krankenkasse ein Antrag nach § 44 SGB X auf Überprüfung, eventuell verbunden mit einem Herstellungsanspruch, gestellt werden kann, wenn der Krankengeldanspruch nicht ausgeschöpft war. Dann könnte der Arbeitslose höhere Leistungen bekommen, wenn die zu Unrecht beendete Krankengeldzahlung sich unmittelbar an das Arbeitsverhältnis anschloss. In jedem Fall ist das Krankengeld anwartschaftsbegründend. Hätte statt Alg Krankengeld gezahlt werden müssen, müsste die Leistung von Alg in Krankengeld umgewandelt werden, und Alg II ließe sich hinausschieben. Die Krankenkasse kann dem Arbeitslosen § 330 Abs. 1 SGB III nicht entgegenhalten, weil dieser nur für das Alg, nicht das Krankengeld gilt.

Geht die AA von einem geminderten, für den Arbeitsmarkt aber noch ausreichenden Leistungsvermögen aus, ist Alg nach § 117 SGB III zu zahlen, eventuell gemindert nach § 131 Abs. 5 SGB III.

Liegt nach Meinung der AA kein Leistungsvermögen für wenigstens 15 Wochenstunden unter den üblichen Arbeitsbedingungen des für den Arbeitslosen beachtlichen Arbeitsmarktes vor, sind die Voraussetzungen der Nahtlosigkeitsregelung nur bei einer voraussichtlich mehr als sechs Monate dauernden Arbeitsunfähigkeit erfüllt, wenn der Arbeitslose arbeiten will, soweit er dazu in der Lage ist (vgl. BSG, Urteil vom 9.9.1999 – B 11 AL 13/99 R, info also 2000, Heft 1, S. 26).

Hierbei braucht aber seine subjektive Bereitschaft nicht über sein objektives Leistungsvermögen hinauszugehen. Bei der Feststellung einer Erwerbsminderung muss der Arbeitslose mitwirken, sonst ruht das Alg (§ 125 Abs. 2 Satz 5 SGB III).

Hat der Rentenversicherungsträger verminderte Erwerbsfähigkeit festgestellt, entfällt die Sperrwirkung des § 125 Abs. 1 SGB III; die AA hat in eigener Verantwortung zu entscheiden, ob der Arbeitslose i. S. des § 119 Abs. 5 SGB III verfügbar ist. Nur die Feststellung verminderter Erwerbsfähigkeit durch den Rentenversicherungsträger beendet die Vorleistungspflicht der AA nach § 125 SGB III; lehnt der Rentenversicherungsträger die Zahlung von Rente ab, weil der Arbeitslose nicht vermindert erwerbsfähig ist, bleibt § 125 SGB III anwendbar (BSG, Urteil vom 9.9.1999, a. a. O.). § 125 SGB III ist also auch während des Streites um die Rente anzuwenden. Das haben immer noch nicht alle AA verstanden.

Endet eine Rente auf Zeit oder entzieht der Rentenversicherungsträger die Rente, weil er für die Zukunft verminderte Erwerbsfähigkeit verneint, steht § 125 SGB III der Verneinung von Verfügbarkeit wegen einer Dauererkrankung entgegen. Bisher ging die BA davon aus, dass sie bereits nach einer negativen Entscheidung des Rentenversicherungsträgers bei Leistungsunfähigkeit des Arbeitslosen kein Alg mehr zahlen müsse.
Erhalten Sie Rente vom Versicherungsträger, so ruht der Alg-Anspruch (§ 142 Abs. 1 Nr. 3 SGB III). Wenn Sie allerdings die Voraussetzungen für die Zahlung von Rente wegen verminderter Erwerbsfähigkeit, insbesondere die Wartezeit von 60 Beitragsmonaten (§ 43 Abs. 1 Satz 1 Nr. 3 SGB VI), nicht erfüllt haben oder in den letzten fünf Jahren vor dem Eintritt der Invalidität nicht drei Jahre versicherungspflichtig beschäftigt waren (§ 43 Abs. 1 Satz 1 Nr. 2, Abs. 4 und Abs. 5 SGB VI), entfällt nach der Entscheidung des Rentenversicherungsträgers der Alg-Anspruch, obwohl Sie keine Rente erhalten, sofern Sie nicht verfügbar sind, weil Sie nicht wenigstens 15 Wochenstunden arbeiten können. Hier hat die »Nahtlosigkeit« ein Loch. Näher hierzu Ute Winkler, info also 1991, Heft 1, S. 11, und info also 2000, Heft 1, S. 11.

Eine Sondervorschrift ist für die Meldung im Falle der Nahtlosigkeit vorgesehen. Grundsätzlich muss sich der Arbeitslose persönlich bei der AA arbeitslos melden; die Meldung durch einen Vertreter ist nicht wirksam (§ 122 Abs. 1 SGB III). Kann sich der Arbeitslose wegen gesundheitlicher Einschränkungen nicht persönlich arbeitslos melden, darf die Meldung ausnahmsweise durch einen Vertreter erfolgen; der Arbeitslose muss sich aber unverzüglich persönlich melden, sobald er dazu gesundheitlich in der Lage ist (§ 125 Abs. 1 Satz 3 und 4 SGB III).

Reha-Antrag

Die AA **hat** Personen, die Alg im Wege der Nahtlosigkeit erhalten (§ 125 Abs. 2 Satz 1 SGB III), aufzufordern, innerhalb eines Monats einen Antrag auf Leistungen der medizinischen Rehabilitation oder zur Teilhabe am Arbeitsleben beim zuständigen Träger zu stellen. Bis 2003 »sollte« die BA nur auffordern. Die Frage ist, ob der BA jetzt noch in atypischen Fällen ein Spielraum bleibt. Ein solcher atypischer Fall liegt z. B. vor, wenn der Arbeitslose durch eine Erkrankung körperlich oder seelisch handlungsunfähig ist oder wenn eine psychische Erkrankung – krankheitsbedingt – mit dem Fehlen von Krankheitseinsicht verbunden ist (vgl. LSG Sachsen-Anhalt, Urteil vom 6.6.2002 – L 2 AL 108/01, info also 2002, Heft 6, S. 252). In diesen Fällen muss nach unserer Meinung auch nach Neufassung des § 125 Abs. 2 Satz 1 SGB III eine andere Lösung gefunden werden – etwa durch die Bestellung eines Betreuers.

Ruhen bei unterlassenem Antrag

Stellt der Arbeitslose keinen Antrag, ruht der Anspruch auf Alg. Stellt er zunächst den Antrag, nimmt ihn dann aber zurück oder lehnt die bewilligte Reha-Maßnahme ab, ruht das Alg ebenfalls (so § 125 Abs. 2 Satz 4 SGB III; vgl. auch LSG Stuttgart, Urteil vom 24.1.2001 – L 3 AL 4195/99 R – E-LSG AL 221). Wird die Antragstellung später nachgeholt, endet das Ruhen. Lehnt der Reha-Träger den Antrag ab, weil die gesetzlichen Voraussetzungen nicht vorliegen oder weil ein Heilerfolg nicht zu erwarten ist, muss die BA weiter Alg zahlen (SG Stuttgart, Urteil vom 15.6.1998 – S 15 AL 2785/98 ER – info also 1999, Heft 1, S. 8). Nach Meinung des LSG Celle ruht der Anspruch auf Alg nicht, wenn der Arbeitslose für seine Weigerung einen wichtigen Grund hat (Urteil vom 11.11.1997 – L 8 AL 275/97 ER).

bei mangelnder Mitwirkung

Kommt der Arbeitslose seinen Mitwirkungspflichten gegenüber dem Träger der medizinischen Rehabilitation oder der Teilhabe am Arbeitsleben nicht nach oder behindert er die Feststellung der Erwerbsminderung, so ruht der Alg-Anspruch, bis die Mitwirkung nachgeholt bzw. die Erwerbsminderung festgestellt wird (§ 125 Abs. 2 Sätze 4 und 5 SGB III).

5.3 Bei Arbeitslosen ab 58 Jahren
§ 428 SGB III; § 4 Erreichbarkeits-Anordnung

Arbeitslose, die 58 und älter sind, können Alg auch dann beziehen, wenn sie sich nicht mehr zu jeder zumutbaren Arbeit oder Bildungsmaßnahme bereit erklären (§ 428 SGB III). Auch von der Pflicht, täglich für die AA erreichbar zu sein, kann die AA die Arbeitslosen ab dem 58. Geburtstag für insgesamt 17 Wochen im Jahr entbinden (§ 4 Satz 1 ErreichbarkeitsAO). In dieser Zeit können Sie tun und lassen, was Sie wollen, z. B. längere Reisen ins Ausland unternehmen. In besonderen Fällen können die 17 Wochen im notwendigen Umfang überschritten werden (§ 4 Satz 2 ErreichbarkeitsAO).

In der übrigen Zeit muss der Arbeitslose für die AA weiterhin erreichbar sein (BSG, Urteil vom 14.3.1996 – 7 RAr 38/95).

Machen Sie von der Möglichkeit des »58er Urlaubs« Gebrauch,
- gibt Ihnen die AA keine Arbeitsbeschaffungs-, Weiterbildungs- und sonstige Maßnahme der aktiven Arbeitsförderung mehr;
- erhalten Sie keine Kur zur **beruflichen** Rehabilitation mehr;
- fordert Sie die AA, wenn Sie Alg für wenigstens drei Monate bezogen haben, auf, Altersrente zu beantragen, sobald die Voraussetzungen dafür vorliegen.

Tun Sie dies innerhalb eines Monats nicht, ruht das Alg, bis Sie den Antrag stellen.

Das Alg muss Ihnen weiter gezahlt werden, wenn Sie Rente **nur mit Abschlägen** beziehen können (§ 428 Abs. 2 Satz 1 SGB III).

Kein Ruhen des Alg, wenn Rente nur mit Abschlägen

Der Androhung, das Alg ruhen zu lassen, kommt nur noch geringe Bedeutung zu; denn vor Erreichen der Regelaltersgrenze können nur noch die wenigen, die unter die Übergangsregelungen der §§ 236 ff. SGB VI fallen (insbesondere schwerbehinderte Menschen), vor Erreichen der Regelaltersgrenze ohne Abschläge Altersrente in Anspruch nehmen. Die Regelaltersgrenze liegt bei 65 Jahren, für schwerbehinderte Menschen bei 63 Jahren und für langjährig unter Tage beschäftigte Bergleute bei 60 Jahren.

In Zweifelsfällen wenden Sie sich an die Auskunfts- und Beratungsstelle Ihres Rentenversicherungsträgers.

Haben Sie in Unkenntnis der genannten Nachteile der AA gegenüber erklärt, von § 428 SGB III Gebrauch zu machen, so können Sie diese Erklärung innerhalb von drei Monaten widerrufen, ohne Nachteile zu erleiden.

Widerrufsrecht

Durch § 252 Abs. 8 SGB VI ist sichergestellt, dass auch leistungslose Zeiten nach § 428 SGB III zu Anrechnungszeiten in der gesetzlichen Rentenversicherung führen.

RV- Anrechnungszeit

5.4 Bei ehrenamtlicher Betätigung
§ 119 Abs. 2 SGB III

Erfuhr die AA früher von einer ehrenamtlichen Tätigkeit von 15 und mehr Stunden pro Woche, ging das Alg verloren. Allerdings war das wohl nie richtig (Gerhard Wissing, in: info also 2002, Heft 4, S. 147). Nach dem mit dem Job-AQTIV-Gesetz eingefügten § 118a SGB III, der seit 2004 in § 119 Abs. 2 SGB III aufgenommen worden ist, schließt ehrenamtliche Betätigung, auch wenn sie 15 und mehr Stunden pro Woche in Anspruch nimmt, einen Alg-Anspruch nicht aus, wenn dadurch die berufliche Eingliederung des Arbeitslosen nicht beeinträchtigt wird.

»Arbeitslose können sich damit grundsätzlich wie beschäftigte Arbeitnehmer ehrenamtlich betätigen. Die Regelung trägt insoweit dem gesellschaftspolitischen Anliegen, das ehrenamtliche Engagement von Mitbürgerinnen und Mitbürgern stärker zu fördern, Rechnung und berücksichtigt zugleich, dass ehrenamtliche Betätigungen auch Chancen für Arbeitslose bieten, weil sie den Kontakt zur Arbeitswelt erhalten und eine Brücke in eine neue reguläre Beschäftigung sein können.« (BT-Drs. 14/6944, S. 36).

Nach der »Verordnung über die ehrenamtliche Betätigung von Arbeitslosen«[*] ist eine Tätigkeit ehrenamtlich, wenn sie unentgeltlich ausgeübt wird, dem Gemeinwohl dient und bei einer Organisation erfolgt, die ohne Gewinnerzielungsabsicht Aufgaben ausführt, die im öffentlichen Interesse liegen oder gemeinnützige, mildtätige oder kirchliche Zwecke fördern.

Auslagenersatz gilt nicht als Entgelt. Die Grenze liegt jedoch bei einem pauschalen Auslagenersatz von 154 € im Monat. Erhält der Arbeitslose eine nicht steuerpflichtige Aufwandsentschädigung, darf diese zusammen mit der Auslagenpauschale 154 € nicht übersteigen. Die Einzelabrechnung von Auslagenersatz darf aber über dem Betrag von 154 € liegen.

Wegen der scharfen Anrechnung von Nebeneinkommen auf das Arbeitslosengeld II (von 400 € Nebeneinkommen bleiben gemäß § 30 SGB II nur ca. 50 € anrechnungsfrei) empfehlen wir Alg-Beziehern, als Nebenbeschäftigung sich – wenn möglich – eine ehrenamtliche Beschäftigung mit 154 € Aufwandsentschädigung zu suchen. Diese bleibt auch beim Alg II anrechnungsfrei (§ 11 Abs. 3 Nr. 1a Alg II-VO).

Eine ehrenamtliche Betätigung von 15 Stunden und mehr muss der AA unverzüglich gemeldet werden. Die Beschäftigungssuche darf durch die ehrenamtliche Tätigkeit nicht beeinträchtigt werden.

5.5 Bei Weiterbildung auf eigene Faust
§ 120 Abs. 3 SGB III

Bis Ende 2003 verneinte die BA die Verfügbarkeit, wenn Arbeitslose auf eigene Faust sich eine Weiterbildung suchten, sie finanzierten und mehr als 15 Stunden pro Woche sich weiterbildeten. Dies widersprach der Förderung, die Arbeitslosen sollten mehr Eigeninitiative zeigen.

---

[*] Abgedruckt in: Arbeitslosenprojekt TuWas (Hrsg.), Arbeitslosenrecht. Die Gesetzessammlung für Arbeitslose, ihre Berater und Beraterinnen, 10. Auflage, Fachhochschulverlag, Stand: 1.1.2005.

Seit 2004 ist die Weiterbildung auf eigene Faust unter zwei Voraussetzungen möglich, ohne dass die Verfügbarkeit und damit der Anspruch auf Alg verneint wird:
- Die AA stimmt der Weiterbildung zu und
- der Alg-Berechtigte ist bereit, die Weiterbildung abzubrechen, sobald eine zumutbare Arbeit in Betracht kommt. Diese Bereitschaft muss der Alg-Berechtigte durch eine entsprechende »Abbruchvereinbarung« mit seinem Weiterbildungsträger belegen.

5.6 Bei ESF-Sprachkurs
§ 4 Abs. 4 Richtlinien ESF-BA-Programm
i. V. m. § 120 Abs. 3 SGB III

Seit 2005 können Alg-berechtigte Migranten durch berufsbezogene Deutschkurse gefördert werden (→ S. 259). Die Teilnahme an einem solchen Sprachkurs schließt die Verfügbarkeit nicht aus.

5.7 Bei Trainingsmaßnahmen u. Ä.
§ 120 Abs. 1 SGB III

Als verfügbar gelten Arbeitslose, wenn sie an einer Trainingsmaßnahme, einer Maßnahme der Eignungsfeststellung oder an einer Berufsfindungsmaßnahme oder einer Arbeitserprobung im Sinne des Rechts der beruflichen Rehabilitation teilnehmen oder zur Verhütung oder Beseitigung öffentlicher Notstände Dienste leisten oder im Rahmen strafrechtlicher Regelungen außerhalb einer Freiheitsentziehungsmaßnahme frei arbeiten.

5.8 Bei Urlaub

Gemäß § 3 Abs. 1 Satz 1 der ErreichbarkeitsAO hat ein arbeitsloser Leistungsbezieher Anspruch auf drei Wochen Urlaub pro Jahr. Dabei macht § 3 Abs. 1 Satz 2 die Einschränkung, dass in den ersten drei Monaten der Arbeitslosigkeit nur »in begründeten Ausnahmefällen« Urlaub gewährt werden kann.

Vier Fragen werden von Urlaub wünschenden Leistungsempfängern immer wieder gestellt:
- Habe ich nicht Anspruch auf 4 Wochen Urlaub?
  1995 wurde der gesetzliche Mindesturlaub gemäß § 3 Abs. 1 Bundesurlaubsgesetz auf 24 Werktage erhöht. Deshalb haben wir früher gefordert, auch Arbeitslosen 24 Werktage Urlaub zu gewähren. Das BSG (Urteil vom 10.8.2000 – B 11 AL 101/99 R) sieht das anders: Der auf drei Wochen begrenzte Verzicht der BA auf die Verfügbarkeit sei von der gesetzlichen Ermächtigung des § 103 Abs. 5 AFG (jetzt § 152 Nr. 2 SGB III) gedeckt. Die Streitfrage ist damit entschieden; es bleibt bei drei Wochen Urlaub.

24 Werktage Urlaub? Nein

Verlängern Werktagsfeiertage den Urlaub? Ja

- Verlängern Feiertage, die auf Werktage fallen, den Urlaub?
  Die AA sagt nein. Wir meinen seit eh und je ja. Nach § 3 Abs. 2 Bundesurlaubsgesetz sind Werktage alle Kalendertage, die nicht Sonn- oder gesetzliche Feiertage sind. Wenn bei einem Arbeitnehmer ein Feiertag, der auf einen Werktag fällt, nicht auf den Urlaub angerechnet werden darf, so sollte dies auch für Arbeitslose gelten.

Das SG Berlin (Urteil vom 12.6.1998 – S 58 Ar 3208/97, info also 1998, Heft 4, S. 193) hat entschieden, dass der Arbeitslosenurlaub sich um Werktagsfeiertage (im Urteil ging es um den Karfreitag und den Ostermontag) verlängert. Das Gericht begründet das Nicht-Mitzählen dieser Feiertage damit, dass Arbeitslose an diesen Tagen postalisch sowieso nicht erreichbar seien und der Kurzurlaub arbeitsloser Familienmitglieder an verlängerten Wochenenden »nicht durch eine unnötige, weil vom Vermittlungszweck nicht gebotene Anrechnung von ›Freistellungstagen‹ erschwert werden sollte«.

Die von der BA gegen dieses Urteil zunächst eingelegte Berufung hat sie inzwischen zurückgenommen (zur Auseinandersetzung vor dem LSG Berlin s. Udo Geiger, info also 2000, Heft 3, S. 148). Die BA zeigt damit, dass ihre Position nicht haltbar ist.

- Was heißt pro Jahr?

Pro Leistungsjahr? Nein; pro Kalenderjahr!

Bis vor kurzem verstand die BA unter Jahr noch das Leistungsjahr. Wir haben dagegen unter Jahr stets das Kalenderjahr verstanden. Genauso haben auch die Sozialgerichte entschieden.
Inzwischen hat auch die BA nachgegeben. § 3 Abs. 1 Satz 1 der ErreichbarkeitsAO spricht jetzt ausdrücklich von Kalenderjahr.

Beispiel

David Zunder ist seit 1.7.2004 arbeitslos und bezieht seither Alg. Im Oktober 2004 hat er drei Wochen Urlaub genommen. Ostern 2005 will er mit seiner Familie zwei Wochen verreisen. Früher lehnte die AA einen solchen Urlaubsantrag noch ab, da er im Leistungsjahr (1.7.2004 bis 30.6.2005) bereits 3 Wochen Urlaub hatte. Jetzt – nachdem die ErreichbarkeitsAO das Kalenderjahr zugrunde legt – kann David Zunder über Ostern Urlaub erhalten.

Arbeitslosenurlaub nach Arbeitnehmerurlaub? Ja

- Kann ich Arbeitslosenurlaub nehmen, obwohl ich im Kalenderjahr bereits Urlaub als Arbeitnehmer hatte?
  Ja – denn der Anspruch nach dem Bundesurlaubsgesetz hat einen anderen Rechtsgrund als der Urlaub nach § 3 ErreichbarkeitsAO (ebenso BMAS, BT-Drs. 13/1031 vom 31.3.1995).

3 Monate Wartezeit

In den ersten drei Monaten lässt die AA Sie gemäß § 3 Abs. 1 Satz 2 ErreichbarkeitsAO regelmäßig nicht in Urlaub fahren.

Urlaub muss abgesprochen werden

Aber auch nach drei Monaten dürfen Sie nicht einfach in Urlaub fahren, sondern müssen Ihren Urlaub mit der AA absprechen. Hierfür gibt es ein besonderes Urlaubsformular. Bei Urlaub ohne Absprache riskieren Sie die Streichung des Alg.

Einzelne AA wollen die »Genehmigung« zum Urlaub erst unmittelbar vor Urlaubsantritt erteilen. Wir halten diese Praxis für rechtswidrig, weil damit eine vernünftige, kostengünstige Urlaubsplanung verhindert wird. Wir meinen, dass die »Genehmigung« spätestens zwei Wochen vor Urlaubsantritt erteilt werden muss.

Die AA kann den Urlaubsantrag gemäß § 3 Abs. 1 Satz 3 ErreichbarkeitsAO ablehnen, wenn durch den Urlaub »die berufliche Eingliederung (...) beeinträchtigt wird«. Stehen für eine offene Stelle mehrere Arbeitslose zur Verfügung, muss die AA Gründe angeben, warum es gerade Sie und nicht einen anderen Arbeitslosen, der keinen Urlaub beantragt hat, auf die Stelle vermitteln will (SG Berlin, Urteil vom 29.11.1989, info also 1990, Heft 3, S. 152).

Die AA hat bei der Urlaubsabsprache die Belange des Arbeitslosen zu berücksichtigen (z. B. Schulferien der Kinder, Urlaubsplanung des (Ehe-)Partners, bereits gebuchte Reisen). Solche Gründe können dazu führen, dass schon in den ersten drei Monaten der Arbeitslosigkeit Urlaub genommen werden kann (§ 3 Abs. 1 Satz 2 ErreichbarkeitsAO).

Während der Arbeitslosigkeit können Sie gemäß § 3 Abs. 2 Nr. 2 ErreichbarkeitsAO nach Absprache mit der AA an staatspolitischen, kirchlichen oder gewerkschaftlichen Bildungsveranstaltungen ohne Verlust Ihres Alg-Anspruches teilnehmen.

Bildungsurlaub für Arbeitslose

Der Drei-Wochen-Urlaub und die Drei-Wochen-Bildungsveranstaltung können beide zusammen im selben Kalenderjahr, und zwar auch unmittelbar hintereinander genommen werden.

Allerdings müssen Sie bei Bildungsveranstaltungen während der Teilnahme für die AA brieflich täglich erreichbar sein und sich bereit erklären, die Veranstaltung abzubrechen, falls Ihnen eine Ausbildungs-/Arbeitsstelle vermittelt bzw. eine Eingliederungsmaßnahme angeboten wird.

Bei Kuren müssen Sie unterscheiden:

Kuren

- Falls Sie von einem Reha-Träger Übg oder eine ähnliche Leistung erhalten, ruht das Alg, und Sie brauchen der AA nicht zur Verfügung stehen. Eventuell muss die AA Kranken-Alg nach § 126 SGB III zahlen.

- Erhalten Sie kein Übg oder eine ähnliche Leistung während der Kur, so dürfen Sie nach Absprache mit der AA gemäß § 3 Abs. 2 Nr. 1 ErreichbarkeitsAO pro Kalenderjahr eine ärztlich angeordnete Kur der medizinischen Vorsorge oder Rehabilitation antreten und zwar auch dann, wenn Sie Ihren normalen 3-Wochen-Urlaub im Kalenderjahr schon genommen haben (SG Berlin, Urteil vom 29.11.1989, info also 1990, Heft 3, S. 152). Die Kur darf – anders als nach der alten AufenthaltsAO – wohl nicht länger als drei Wochen dauern.

98 C Wer bekommt Arbeitslosengeld?

Ehrenamtliche Abwesenheit

- Drei Wochen dürfen Sie auch im Zusammenhang mit einer ehrenamtlichen Betätigung ortsabwesend sein (§ 3 Abs. 2 Nr. 3 der ErreichbarkeitsAO).

»Mehrurlaub«

Nehmen Sie über den Ihnen zustehenden und von der AA bewilligten Urlaub hinaus »Mehrurlaub«, müssen Sie – je nach Dauer des »Mehrurlaubs« – mit folgenden Nachteilen rechnen:

bis 6 Wochen

Nehmen Sie über den Normalurlaub von drei Wochen hinaus bis zu drei Wochen »Mehrurlaub«, so verneint die AA die Verfügbarkeit (Erreichbarkeit); für diese Zeit erhalten Sie kein Alg. Außerdem droht Ihnen die Verminderung der Alg-Bezugsdauer (§ 128 Abs. 1 Nr. 7 SGB III).

Ausnahme

Der 3-Wochen-Zeitraum darf nach § 3 Abs. 3 der ErreichbarkeitsAO in Fällen, die für den Arbeitslosen unvorhersehbar und unvermeidbar sind, bis zu drei Tagen überschritten werden. Beispiele sind ein Streik bei Eisenbahn, Fähren oder Fluggesellschaften oder ein Verkehrsunfall.

Zurückmelden

Nach Beendigung des Urlaubs müssen Sie unverzüglich persönlich zur AA, damit Alg weitergezahlt wird. Melden Sie sich nicht aus dem Urlaub zurück, wird die Alg-Zahlung eingestellt.

mehr als 6 Wochen

Machen Sie länger als sechs Wochen Urlaub, verneint die AA gemäß § 3 Abs. 4 ErreichbarkeitsAO die Verfügbarkeit insgesamt, und Sie erhalten ab dem Tage des Urlaubsanfangs kein Alg (also auch nicht für die ersten drei Wochen!). Darüber hinaus kürzt die AA Ihre Alg-Bezugsdauer bis zu vier Wochen. In diesem Fall erhalten Sie Alg erst wieder, wenn Sie einen Wiederbewilligungsantrag stellen.

Wiederbewilligungsantrag

Wenn Sie nach einem derartigen mehr als sechs Wochen dauernden Urlaub zurückkehren und nach einem Wiederbewilligungsantrag wieder Alg beziehen, können Sie die bisher nicht genommenen drei Wochen Normal-Urlaub pro Kalenderjahr beanspruchen.

Nehmen Sie über den vorher bewilligten Urlaub (von in der Regel drei Wochen) hinaus mehr Urlaub, erhalten Sie nicht nur kein Alg. Die AA kürzt auch Ihre Alg-Anspruchsdauer gemäß § 128 Abs. 1 Nr. 7 SGB III um die Tage des Mehrurlaubs.

Beispiel

Der Arbeitslose Ali Beg hat noch 15 Wochen Anspruch auf Alg. Er bittet die AA nicht um drei, sondern um fünf Wochen Urlaub, weil die lange Fahrt mit dem Pkw in seine türkische Heimat für drei Wochen nicht lohne. Die AA bewilligt den Urlaub.

Ali Beg erhält nicht nur für die zwei Wochen »Mehrurlaub« kein Alg. Die AA kürzt in aller Regel zusätzlich seinen Alg-Anspruch um zwei Wochen.

Die Anspruchsdauer wird nur dann nicht gekürzt, wenn der Arbeitslose einen wichtigen Grund für den »Mehrurlaub« hat. Nach DA, Rand-Nr. 23 zu § 128 erkennt die AA beispielhaft als wichtige Gründe an:

Wichtige Gründe für »Mehrurlaub«

- Gemeinsamer Urlaub mit dem berufstätigen (Ehe-)Partner;
- Besuch erkrankter Angehöriger;
- Antritt eines Urlaubs, der bereits vor Eintritt der Arbeitslosigkeit gebucht war, wenn die Rückgängigmachung des Urlaubs Geld kostet.

In unserem Beispiel würde die AA die Tatsache, dass die weite Urlaubsreise sich nur bei fünf Wochen lohnt, nicht als wichtigen Grund anerkennen. Regelmäßig kürzen die AA in solchen Fällen den Alg-Anspruch selbst dann, wenn dem Arbeitslosen der »Mehrurlaub« bewilligt worden ist und ihm zwar gesagt wurde, er erhalte während des »Mehrurlaubs« kein Alg, er aber nicht über die Kürzung der Alg-Bezugsdauer aufgeklärt worden ist. In solchen Fällen sollte in jedem Fall Widerspruch eingelegt und geklagt werden, weil die AA ihrer Beratungspflicht nicht nachgekommen ist (Näheres → S. 41).

Im Übrigen halten wir die gesamte Kürzungsautomatik für problematisch. § 128 Abs. 1 Nr. 7 SGB III schmälert in den meisten Fällen ohne einleuchtenden Grund den durch Versicherungsbeiträge erworbenen Alg-Anspruch, ohne dass die Versichertengemeinschaft durch den »Mehrurlaub« geschädigt würde (Näheres → S. 208).

5.9 Mitnahme von Alg bei Arbeitsuche im EU-Ausland

Mancher deutsche Arbeitslose würde gern einmal im Ausland auf Arbeitsuche gehen, wenn er nicht Angst hätte, sein Alg zu verlieren. Erst recht würde sich mancher ausländische Arbeitslose gerne in seiner Heimat eine Arbeit suchen, wenn er nur sein Alg mit auf die Arbeitsuche nehmen könnte.

Dass dies für EU-Staatsangehörige, die in einem EU-/EWR-Mitgliedsstaat[*] auf Arbeitsuche gehen wollen, möglich ist, wissen viele Arbeitslose nicht. Deshalb unser Tip: E 303.

5.9.1 Was ist E 303?

Bei E 303 handelt es sich – anders als bei E 605 – nicht um etwas Giftiges, sondern, im Gegenteil, um eine heilsame Sozialleistung. E 303 ist eine Bescheinigung der AA, die arbeitslosen Staatsangehörigen eines EU-Landes einen dreimonatigen Aufenthalt in einem ande-

Kein Gift – sondern heilsam

---

[*] Belgien, Dänemark, Finnland, Frankreich, Griechenland, Großbritannien, Irland, Island, Italien, Liechtenstein, Luxemburg, Niederlande, Norwegen, Österreich, Portugal, Schweden, Spanien.

ren EU-Land unter Fortzahlung von Alg ermöglicht. Rechtsgrundlage für diese so genannte Mitnahme-Bescheinigung ist Art. 69 der Verordnung (EWG) Nr. 1408/71.*

5.9.2 Vor der Abreise in ein EU-Land

Alg-Anspruch
- Sie müssen einen Anspruch auf Alg haben.

Vierwöchige Wartefrist
- Regelmäßig müssen Sie der Arbeitsvermittlung durch die deutsche AA mindestens vier Wochen zur Verfügung gestanden haben. Diese Wartefrist beginnt mit dem Tag der Arbeitslosmeldung, bei Meldung vor Eintritt der Arbeitslosigkeit mit dem ersten Tag nach Beendigung des Arbeitsverhältnisses. Die deutsche AA kann die vierwöchige Wartefrist verkürzen, u. a. dann, wenn in den vier Wochen eine Arbeitsvermittlung voraussichtlich nicht möglich sein wird.

Antrag auf Mitnahme-Bescheinigung
- Sie müssen bei der deutschen AA einen »Antrag auf Ausstellung einer Mitnahme-Bescheinigung nach Vordruck E 303« stellen. Diese Mitnahmebescheinigung gibt es in der Sprache des EU-Landes, in das Sie reisen wollen.

Hauptsächlich zur Arbeitsuche ins EU-Land
- Sie müssen der deutschen AA erklären, dass Sie sich zur Arbeitsuche in das gewünschte EU-Land begeben wollen. Da die Arbeitsuche zwar der wesentliche, aber nicht der alleinige Grund sein muss, schaden andere, zur Arbeitsuche hinzukommende Gründe (z. B. Aufsuchen von Freunden und Verwandten, Bildungsinteressen) nicht.

Voraussetzung ist nicht eine gleich gute oder gar gesteigerte Vermittlungsaussicht
- Voraussetzung für das Ausstellen der Mitnahme-Bescheinigung E 303 ist nicht eine mindestens gleich gute oder gar eine gesteigerte Vermittlungsaussicht in dem ins Auge gefassten EU-Land. Auch wenn die Arbeitsmarktchancen dort genauso schlecht oder noch schlechter sind als in der Bundesrepublik, haben Sie einen Anspruch auf die Mitnahme von Alg. Ist die vierwöchige Wartefrist (siehe oben) erst einmal abgelaufen und ein Antrag auf die Mitnahme-Bescheinigung E 303 gestellt, so kann die deutsche AA den Anspruch auf die Mitnahme-Bescheinigung nicht mehr dadurch vereiteln, dass es ein Arbeitsangebot unterbreitet.

Mitnahme während einer Phase von Arbeitslosigkeit nur einmal möglich
- Sie können während einer Phase von Arbeitslosigkeit nur einmal Alg in ein anderes EG-Land mitnehmen. Erst wenn die Arbeitslosigkeit durch eine neue Beschäftigungszeit unterbrochen worden ist, können Sie bei erneuter Arbeitslosigkeit und nach Ablauf der vierwöchigen Wartefrist erneut eine Mitnahmebescheinigung beantragen (Art. 69 Abs. 3 der Verordnung (EWG) Nr. 1408/71). Beschäftigungszeit bedeutet dabei nicht versicherungspflichtige Beschäftigungs-

---

* Die Verordnung ist abgedruckt in: Arbeitslosenprojekt TuWas (Hrsg.), Arbeitslosenrecht. Die Gesetzessammlung für Arbeitslose, ihre Berater und Beraterinnen, 10. Auflage, Fachhochschulverlag, Stand: 1.1.2005.

zeit. Insbesondere muss keine (neue) Anwartschaftszeit zurückgelegt werden. Es genügt vielmehr jede, auch kurzfristige Beschäftigung, um erneut Alg für drei Monate mit auf die Reise nehmen zu können.

- Sie können Alg bis zu drei Monaten mitnehmen, vorausgesetzt, diese Leistungen stehen Ihnen überhaupt so lange zu. Die EU plant, den Mitnahmezeitraum auf sechs Monate zu verlängern.

bis zu
drei Monaten

- Um den Krankenversicherungsschutz während des Auslandsaufenthaltes zu sichern, müssen Sie sich von Ihrer deutschen Krankenkasse unter Vorlage der Mitnahme-Bescheinigung E 303 eine Bescheinigung E 119 (»Bescheinigung über den Anspruch der Arbeitslosen und ihrer Familienangehörigen auf Leistungen der Kranken-/Mutterschaftsversicherung«) ausstellen lassen. Grundlage für den »Export« des Krankenversicherungsschutzes ist Art. 25 der Verordnung (EWG) Nr. 1408/71.

Kranken-
versicherungs-
schutz

- Falls Sie für die Reise mehrere Tage brauchen, kann es Ihnen passieren, dass Sie für diese Zeit mangels Verfügbarkeit weder von der deutschen noch von der ausländischen Arbeitsbehörde eine Leistung bekommen. Versuchen Sie, diese Zeit durch Beantragung von Urlaub durch die deutsche AA (→ S. 95) abzudecken.

Bei langer Reise:
Urlaub
beantragen

- Falls Sie in Spanien auf Arbeitsuche gehen, sollten Sie vorsorglich so viel Geld mitnehmen, dass Sie davon mehrere Wochen, nötigenfalls auch die drei Monate leben können. Anders als etwa in Griechenland dauert es nämlich in Spanien häufig Monate, bis Sie von der dortigen Arbeitsverwaltung das erste Geld erhalten.

Genügend Geld
mitnehmen

5.9.3 Nach der Ankunft im EU-Land

- Sie müssen sich innerhalb von sieben Kalendertagen nach der Abmeldung von der deutschen AA am Ort der Arbeitsuche bei der zuständigen ausländischen Arbeitsverwaltung melden. Beachten Sie dabei, dass in den meisten EU-Mitgliedstaaten Arbeitsvermittlung und Arbeitslosenversicherung voneinander getrennt sind. Es reicht daher nicht aus, wenn Sie sich bei den ausländischen Behörden der Arbeitslosenversicherung melden, um die Zahlung Ihrer Leistungen zu veranlassen, sondern Sie müssen Ihre Verfügbarkeit auch gegenüber den Arbeitsvermittlungsbehörden erklären. Die deutsche AA sagt Ihnen, welche Behörde im Gastland zuständig ist.

Innerhalb von
7 Tagen bei der
ausländischen
Arbeitsverwal-
tung melden

Dort geben Sie die Mitnahme-Bescheinigung E 303 ab. Nur wenn Sie sich innerhalb von sieben Kalendertagen gemeldet haben, wird Ihnen Alg **nahtlos** im Anschluss an den Leistungsbezug in der Bundesrepublik gezahlt.

C Wer bekommt Arbeitslosengeld?

Im Gastland der Arbeitsvermittlung zur Verfügung stehen
- Sie müssen im Gastland der Arbeitsvermittlung zur Verfügung stehen. Ob und wie oft Sie sich bei der ausländischen Arbeitsverwaltung melden müssen, richtet sich nach dem Recht des jeweiligen Gastlandes.

Deutsche AA kann Sie nicht zurückrufen
- Auch wenn Sie im Gastland keine Arbeit finden, kann Sie die deutsche AA während Ihres bis zu drei Monaten dauernden Aufenthaltes nicht zurückrufen, um Ihnen in der BRD eine Arbeit zu vermitteln.

Alg in bisheriger Höhe
- Aufgrund der Mitnahme-Bescheinigung erhalten Sie Alg in bisheriger Höhe, umgerechnet in die Währung des Gastlandes.

Bei Krankheit im Gastland: E 119
- Werden Sie im Gastland arbeitsunfähig krank, so melden Sie dies der Arbeitsverwaltung des Gastlandes und mit dem von Ihrer deutschen Krankenkasse ausgestellten Vordruck E 119 (siehe oben) der zuständigen Krankenkasse des Gastlandes.

5.9.4 Bei der Rückreise in die Bundesrepublik

Vor der Rückreise: E 303/5
- Sie müssen sich vor der Rückreise von der Arbeitsverwaltung des Gastlandes auf dem Formular E 303/5 bescheinigen lassen, für welchen Zeitraum Sie im Gastland Alg erhalten haben.

Rückkehr binnen 3 Monaten
- Sie können Alg höchstens für drei Monate ins Ausland mitnehmen. Das Ende des dreimonatigen Mitnahmezeitraums wird von der deutschen AA mit genauem Datum auf der Mitnahmebescheinigung E 303 vermerkt.

 Kehren Sie nicht spätestens zu diesem Termin in die Bundesrepublik zurück, verlieren Sie Ihren (Rest-)Alg-Anspruch unwiederbringlich.

Um kein Risiko einzugehen, sollten Sie deshalb lieber ein paar Tage vor dem angegebenen Rückreisetermin zurückkehren. Zwar kann die Rückkehrfrist bei unvorhersehbaren Rückkehrhindernissen (z.B. Unfall, unvorhersehbarer Transportarbeiterstreik) verlängert werden. Aber selbst bei Fristverlängerung erreichen Sie nur, daß Ihr Leistungsanspruch nicht verloren geht, nicht aber, daß Ihnen für die Dauer der Fristverlängerung Alg gezahlt wird.

Nach dem Wortlaut des Art. 69 Abs. 2 Satz 1, 2. Halbsatz wird die Rückkehrfrist schon durch die Einreise in die Bundesrepublik gewahrt und nicht erst durch die Meldung bei der deutschen AA. Falls Sie erst am letzten Tag der Frist in die Bundesrepublik einreisen, sollten Sie sich zu Beweiszwecken das Einreisedatum an der Grenze in den Reisepass stempeln lassen.

Ausnahme
Sie müssen nicht innerhalb von drei Monaten zurückkehren, wenn Sie innerhalb der drei Monate im Land der Arbeitsuche eine versicherungspflichtige Beschäftigung ausgeübt haben (EuGH, Rs. 192/87 (Van-

haeren), EuGHE 1988, 2411). In diesem Fall verlieren Sie den Rest-Alg-Anspruch frühestens nach vier Jahren.

5.9.5 Nach der Einreise in die Bundesrepublik

Melden Sie sich sofort bei der AA. Nur so gehen Sie sicher, dass Ihnen Alg nahtlos weitergewährt wird.
Weitere Informationen zu E 303 gibt Anne Lenze, info also 1995, Heft 1, S. 19 ff.
Vordrucke in den Sprachen der EU-/EWR-Mitgliedstaaten erhalten Sie bei der AA.

Soforts arbeitslos melden!

IV Persönlich arbeitslos melden und Arbeitslosengeld beantragen
§§ 118 Abs. 1 Nr. 2, 122, 323 Abs. 1 SGB III

1 Spätestens bei Beginn der Arbeitslosigkeit arbeitslos melden!

Im Kapitel A »Sie werden (demnächst) arbeitslos – was ist zu tun?« → S. 21 stellen wir dar, was bei der Arbeitslosmeldung zu beachten ist, wenn Sie arbeitslos geworden sind. Wichtig ist, dass Sie sich persönlich bei der AA melden müssen. Die Arbeitslosmeldung ist nach Meinung des Bayerischen LSG nicht wirksam, wenn der Betreffende nicht arbeitsbereit ist (Urteil vom 15.5.2003 – L 9 AL 150/02).

2 Wie lange bleibt die Arbeitslosmeldung wirksam?

Die Wirkung der Arbeitslosmeldung erlischt grundsätzlich mit der Aufnahme einer Beschäftigung, dem Beginn einer Weiterbildungsmaßnahme oder der eigenen Abmeldung (vgl. LSG Nordrhein-Westfalen, Urteil vom 9.4.2003 – L 12 AL 66/02).
§ 122 Abs. 2 SGB III regelt außerdem für zwei Fallgestaltungen die Frage, wann die Arbeitslosmeldung erlischt.

2.1 Erlöschen bei mehr als sechswöchiger Unterbrechung

Die Arbeitslosmeldung erlischt gemäß § 122 Abs. 2 Nr. 1 SGB III, wenn die Arbeitslosigkeit für mehr als sechs Wochen unterbrochen ist. Unterbrochen wird die Arbeitslosigkeit nicht nur durch die Aufnahme einer Beschäftigung oder Tätigkeit, sondern mit dem Wegfall jedes einzelnen Tatbestandsmerkmals der Definition der Arbeitslosigkeit (vgl. § 119 SGB III). Das gilt vor allem für das Merkmal der Eigenbemühungen und die Verfügbarkeit.

Bei mehr als 6-wöchiger Unterbrechung der Arbeitslosigkeit

Erneute Arbeitslosmeldung

Wer also der Arbeitsvermittlung für einen zusammenhängenden Zeitraum von mehr als sechs Wochen nicht zur Verfügung steht (z. B. wegen Wegfalls der Arbeitsbereitschaft, der Teilnahme an einer Maßnahme der beruflichen Eingliederung oder wegen Krankengeldbezugs), muss sich erneut persönlich arbeitslos melden; ein Anruf oder ein Brief genügt nicht, auch wenn die Leistung noch nicht eingestellt worden ist.

Endet die Unterbrechung vor Ablauf der Sechs-Wochen-Frist, müssen Sie sich nicht erneut persönlich melden. Das gilt auch dann, wenn die Arbeitslosigkeit durch eine der AA rechtzeitig gemeldete Beschäftigung oder selbstständige Tätigkeit von 15 oder mehr Stunden unterbrochen worden und bei Wegfall des Unterbrechungstatbestandes eine neue Anwartschaft und ein neuer Anspruch auf Alg entstanden ist (vgl. BT-Drs. 13/4941, S. 176). Sie müssen der AA aber den Wegfall des Unterbrechungsgrundes mitteilen.

2.2 Erlöschen bei nicht gemeldeter Beschäftigung

Nach Schwarzarbeit: erneute Arbeitslosmeldung

Nimmt der Arbeitslose eine Beschäftigung, eine selbstständige Tätigkeit oder eine Tätigkeit als mithelfender Familienangehöriger auf, ohne dies der AA mitzuteilen, verliert die Arbeitslosmeldung gemäß § 122 Abs. 2 Nr. 2 SGB III ihre Wirkung. Gemeint sind nur Beschäftigungen oder Tätigkeiten, die die Arbeitslosigkeit beenden, also wenigstens 15 Stunden pro Woche ausfüllen (BT-Drs. 13/4941, S. 176).

Nicht geregelt ist, bis zu welchem Zeitpunkt der Leistungsbezieher die Aufnahme der Beschäftigung gemeldet haben muss. Die AA erwartet, dass die Meldung unverzüglich, also ohne schuldhaftes Zögern, erfolgt. Hierbei wird von einer Wochenfrist auszugehen sein. Melden Sie die Aufnahme einer Beschäftigung möglichst sofort. Haben Sie die unverzügliche Meldung versäumt, sollten Sie sich nach Beendigung der Beschäftigung wieder sofort persönlich arbeitslos melden.

Das Gesetz macht das Unwirksamwerden der Arbeitslosmeldung im Falle der unterbliebenen Unterrichtung der AA nicht von einem etwaigen Verschulden des Versicherten abhängig. Bei der Frage, ob wegen der unwirksam gewordenen Arbeitslosmeldung das für die Zeit nach dem Ende der Zwischenbeschäftigung gezahlte Alg zurückzuzahlen ist, weil die Arbeitslosmeldung hätte wiederholt werden müssen, ist im Rahmen des § 48 Abs. 1 Satz 2 SGB X das Vorliegen von Vorsatz oder grober Fahrlässigkeit zu prüfen. Die Wirkung des § 128 Abs. 2 Nr. 2 SGB III, nämlich der Verlust des Alg-Anspruchs auch zwischen dem Ende der nicht gemeldeten Beschäftigung und der neuen Meldung, verstößt nach Meinung des LSG Nordrhein-Westfalen nicht gegen den Grundsatz der Verhältnismäßigkeit (Urteil vom 10.4.2003 – L 1 AL 4/03).

Die Unterscheidung zwischen den gemeldeten und den ungemeldeten Zwischenbeschäftigungen betrifft nur die Fälle einer Beschäftigungsdauer von höchstens sechs Wochen. Bei längerer Beschäftigungsdauer muss der Betroffene, der erneut arbeitslos geworden ist, sich ohnehin wieder persönlich arbeitslos melden.

3 Arbeitslosengeld beantragen

Alg muss beantragt werden. Das geschieht regelmäßig automatisch mit der Arbeitslosmeldung (§ 323 Abs. 1 Satz 2 SGB III). Die Ausfüllung des Antragsvordrucks konkretisiert den bereits mündlich gestellten Antrag.

Sie können der Antragsfiktion jedoch widersprechen, wenn das im Einzelfall günstiger ist (vgl. LSG Nordrhein-Westfalen, Urteil vom 10.4.2003 – L 1 (9) AL 199/01; a. A. Bayerisches LSG, Urteil vom 6.3.2003 – L 11 AL 227/01). Nach § 118 Abs. 2 SGB III können Sie bestimmen, ob und wann der Anspruch auf Alg entstehen soll, solange über den Antrag noch nicht entschieden ist.

Der Antrag muss immer dann neu gestellt werden, wenn die Leistungsunterbrechung mehr als sechs Wochen dauert oder wenn die Leistung bereits unbefristet eingestellt worden ist.

Neuantrag

V Was heißt: die Anwartschaftszeit erfüllen?
§ 123 SGB III

Um Alg erhalten zu können, müssen Sie zuvor eine Anwartschaft auf Alg erworben haben.

1 Anwartschaftszeit

In den letzten drei Jahren vor Ihrer Arbeitslosigkeit (= Grundrahmenfrist) müssen Sie mindestens zwölf Monate versicherungspflichtig (zur Arbeitslosenversicherung) beschäftigt gewesen sein, um die Anwartschaft auf Alg zu begründen. Zur Erweiterung der Rahmenfrist → S. 108.

12 Monate Versicherungspflicht in den letzten 3 Jahren

Die Rahmenfrist von drei Jahren gilt nur noch für Arbeitslose, die bis zum 31.1.2006 Alg beantragen (§ 124 Abs. 1 i. V. m. § 434j Abs. 3 SGB III). Ab dann gilt nur noch eine Rahmenfrist von zwei Jahren.

Für Teil-Alg hat die Anwartschaftszeit erfüllt, wer in der speziellen Rahmenfrist von zwei Jahren neben der weiterhin ausgeübten versicherungspflichtigen Tätigkeit mindestens zwölf Monate eine weitere versicherungspflichtige Tätigkeit ausgeübt hat (§ 150 Abs. 2 Nr. 2 SGB III).

Teil-Alg: 12 Monate in den letzten 2 Jahren

C Wer bekommt Arbeitslosengeld?

Saisonarbeiter

Saisonarbeiter erfüllen die Anwartschaftszeit bereits durch sechs Monate (180 Kalendertage) Versicherungspflicht innerhalb der Rahmenfrist.

Saisonarbeiter sind (nach der AnwartschaftszeitVO) Personen, die innerhalb der letzten 16 Monate vor dem Tag der Arbeitslosmeldung
- Alg bezogen und mindestens 120 Tage oder
- mindestens 180 Tage

in einem Saisonbetrieb beschäftigt waren.

Saisonbetriebe

Saisonbetriebe sind nach § 1 Abs. 2 AnwartschaftszeitVO Betriebe (auch Betriebsteile), in denen in der Regel jährlich wiederkehrend
- die Beschäftigungsverhältnisse der Arbeitnehmer wegen vollständiger Einstellung der Arbeit für eine zusammenhängende Zeit von mehr als 35 Kalendertagen beendet werden, oder
- die Beschäftigungsverhältnisse der auf witterungsabhängigen Arbeitsplätzen beschäftigten Arbeitnehmer aus witterungsbedingten Gründen beendet werden, oder
- Arbeitnehmer wegen einer Produktionssteigerung für eine zusammenhängende Zeit von mindestens vier, aber weniger als zwölf Monaten beschäftigt werden.

Auch eine AA kann ein Saisonbetrieb sein (LSG Sachsen-Anhalt, Urteil vom 25.5.2000 – L 2 AL 60/97 – info also 2001, Heft 1, S. 16).

Wehr-/Zivildienst Leistende: 6 Monate

Wehr- und Zivildienst Leistende können ebenfalls bereits mit einer Versicherungszeit von sechs Monaten die Anwartschaftszeit erfüllen (§ 123 Satz 1 Nr. 2 SGB III).

Durch das »Dritte Gesetz für moderne Dienstleistungen am Arbeitsmarkt« werden Saisonarbeiter und Wehr- und Zivildienst Leistende nicht mehr bevorzugt. Auch sie müssen in Zukunft zwölf Monate versicherungspflichtig gearbeitet haben, um Alg zu bekommen.

Übergangsregelung

Gemäß § 434j Abs. 3 SGB III gilt diese Verschlechterung noch nicht für arbeitslose Saisonarbeiter und Wehr- und Zivildienst Leistende, die spätestens vor Ablauf des 31.1.2006 Alg beantragt haben. Für sie gelten noch die kürzeren Anwartschaftszeiten.

2 Die Rahmenfrist

2.1 Berechnung der Rahmenfrist

Die dreijährige Rahmenfrist wird rückwirkend berechnet. Sie endet mit dem drei Jahre zurückliegenden Tag, der das gleiche Datum trägt wie der erste Tag, an dem alle Voraussetzungen (Beschäftigungslosigkeit, Arbeitslosmeldung, Alg-Antrag) erfüllt sind – § 26 Abs. 1 SGB X). Das bedeutet, dass der erste Tag, an dem alle Voraussetzungen des Alg-Anspruchs vorliegen, nicht mitgezählt wird.

		Beispiel
Beschäftigungslos, Arbeitslosmeldung und Alg-Antrag	9.6.2005	
Rahmenfrist	**8.6.2005 – 9.6.2002**	

Die Rahmenfrist wird zeitlich zurück verlegt, wenn wegen eines Samstags, Sonntags oder Feiertags eine Arbeitslosmeldung nicht möglich ist und der Arbeitslose sich am erstmöglichen Werktag bei der AA arbeitslos meldet; denn in diesem Fall wirkt die Arbeitslosmeldung gemäß § 122 Abs. 3 SGB III auf den Tag zurück, an dem die AA nicht dienstbereit war.

		Beispiel
Beschäftigungslos am Pfingstsamstag	10.6.2005	
Arbeitslosmeldung am Dienstag	13.6.2005	
Rahmenfrist	**9.6.2005 – 10.6.2002**	

War die Anwartschaftszeit im Zeitpunkt der Arbeitslosmeldung noch nicht erfüllt, wird sie aber dann (durch Verlängerung des Arbeitsverhältnisses) erfüllt, verschiebt sich die Rahmenfrist (BSG, Urteil vom 3.6.2004 – B 11 AL 70/03 R).

2.2 Begrenzung der Rahmenfrist
§ 124 Abs. 2 SGB III

Gemäß § 124 Abs. 2 SGB III darf eine Rahmenfrist nicht in eine vorausgegangene Rahmenfrist hineinreichen, in der der Arbeitslose bereits einmal eine Anwartschaftszeit erfüllt hatte. Dadurch wird ausgeschlossen, dass Versicherungszeiten, die in einer früheren Rahmenfrist zur Erfüllung einer früheren Alg-Anwartschaftszeit dienten, erneut für die Begründung eines Alg-Anspruchs genutzt werden können.

		Beispiel
Versicherungspflichtige Beschäftigung endet am	31.05.2005	
Bisheriger Alg-Anspruch (angenommen 1 Jahr) ab	01.06.2005	
Bisherige Rahmenfrist vom	30.05.2005 – 31.05.2002	
Bisheriger Alg-Bezug vom	01.06.2005 – 31.07.2005	
Neue versicherungspflichtige Beschäftigung vom	01.08.2005 – 30.11.2005	
Neuer Alg-Anspruch ab	01.12.2005	
Neue Rahmenfrist, begrenzt durch frühere Rahmenfrist	**30.11.2005 – 01.06.2005**	

Das Beispiel macht deutlich, dass nach Bezug von Alg ein **neuer** Anspruch auf Alg nur durch eine Versicherungspflichtzeit von einem

Jahr erworben werden kann, weil die alten Versicherungspflichtzeiten für den neuen Alg-Anspruch nicht herangezogen werden können. Zum Ausgleich dafür kann allerdings auf alte, nicht verbrauchte Rest-Alg-Ansprüche zurückgegriffen werden. In unserem Beispiel könnten also ab 1.12.2005 noch zehn Monate Alg bezogen werden. Näheres zum Verhältnis alter und neuer Alg-Ansprüche → S. 204.

2.3 Erweiterung der Rahmenfrist
§ 124 Abs. 3 SGB III

Die Grundrahmenfrist von drei Jahren kann sich bisher noch (zur Zukunft → unten) in vier Fällen erweitern.

Bis 5 Jahre Die Rahmenfrist wird auf höchstens fünf Jahre erweitert für

Selbstständige
- Zeiten einer mindestens 15 Stunden wöchentlich umfassenden selbstständigen Tätigkeit (§ 124 Abs. 3 Satz 1 Nr. 3 SGB III).

Uhg-Bezug
- Zeiten des Uhg-Bezuges (§ 124 Abs. 3 S. 1 Nr. 4 SGB III) (auch Teil-Uhg) und Zeiten, in denen eine Bildungsmaßnahme nach § 85 Abs. 2 SGB III anerkannt war.
Nach der Abschaffung des Uhg (vgl. § 124a SGB III) muss die Verlängerung auch beim Bezug von Alg bei beruflicher Weiterbildung gelten, wenn zwischen dem Alg-Bezug Zeiten von Zwischenbeschäftigungen mit Versicherungspflicht liegen.

Übg-Bezug
- Zeiten des Übg-Bezugs (auch Anschluss-Übg) während einer Maßnahme der **berufsfördernden** Rehabilitation (§ 124 Abs. 3 Satz 1 Nr. 5 SGB III).

Die Teilnahme **jugendlicher** behinderter Menschen an einer berufsfördernden Maßnahme und die Teilnahme behinderter Menschen an einer **medizinischen** Maßnahme der Rehabilitation verlängert nicht die Rahmenfrist, da beide Maßnahmearten schon nach § 26 Abs. 1 Nr. 1 und § 26 Abs. 2 SGB III regelmäßig versicherungspflichtig sind.

In die Rahmenfrist werden nicht eingerechnet:

Pflege
- Zeiten der Pflege eines Angehörigen, der Anspruch auf Leistungen aus der sozialen und privaten Pflegeversicherung oder Hilfe zur Pflege nach dem BSHG oder eine gleichartige Leistung (z. B. nach § 44 SGB VII oder § 35 BVG) hat, wenn die Pflege wenigstens 14 Wochenstunden umfasst (§ 124 Abs. 3 Satz 1 Nr. 1 SGB III).

Ohne Höchstgrenze Für die Zeiten der Pflege wird die Rahmenfrist ohne Höchstgrenze verlängert; es genügt zur Erfüllung der Anwartschaftszeit, dass die Anwartschaftszeit vor Beginn der Pflegezeit zurückgelegt worden ist. Angehörige sind gemäß § 16 Abs. 5 SGB X insbesondere Ehegatten, Verlobte, Verwandte und Verschwägerte in gerader Linie, Geschwister, Kinder der Geschwister, Ehegatten der Geschwister und Geschwister der Ehegatten, Geschwister der Eltern, Pflegeeltern und Pflegekinder (BSG, Urteil vom 25.6.2002 – B 11 AL 67/01 R). Auch eheähnliche Partner und Lebenspartner müssen als Angehörige betrachtet werden. Nicht zu den Angehörigen gehört nach Meinung des LSG Berlin die Tante des Ehemannes (Urteil vom 26.3.2002 – L 14 AL 111/00).

Teilen sich mehrere Personen die Pflegetätigkeit für einen Angehörigen, so führt bei jeder Pflegeperson die Zeit der Pflege zu einer Verlängerung der Rahmenfrist, wenn sie jeweils 14 Wochenstunden erreicht.

Die BA meinte (nach der alten DA, RandNr. 11 zu § 124), dass Pflegezeiten frühestens ab dem 1.4.1995 die Rahmenfrist erweitern können, da erst ab diesem Zeitpunkt ein Anspruch auf Leistungen nach dem SGB XI entstehen konnte. Das trifft nicht zu. Sollten bereits vor dem 1.4.1995 Leistungen für häusliche Pflege nach dem BSHG, nach dem Unfallversicherungsrecht, nach dem BVG oder nach dem SGB V bezogen worden sein, so verbietet der Wortlaut des § 124 Abs. 3 Satz 1 Nr. 1 SGB III es nicht, die Rahmenfrist um diese Zeiten zu erweitern (BSG, Urteil vom 29.1.2001 – B 7 AL 16/00 R – SozR 3–4300 § 196 Nr. 1). Dem folgt die neue DA, RandNr. 11 zu § 124.

Nur Pflegezeiten ab 1.4.1995?

Treffen mehrere der vier Fälle **hintereinander** zu, so sind die verschiedenen Erweiterungszeiten nach unserer Auffassung zusammenzuzählen.

Summieren von Erweiterungszeiten

Die Rahmenfrist wird nur erweitert, wenn einer der vier Erweiterungstatbestände sich an ein Versicherungspflichtverhältnis anschließt. Wird dagegen ein Alg-Bezug durch Selbstständigkeit, Übg-Bezug oder Pflege unterbrochen, erleichtern diese Zeiten nicht den Rückgriff auf den alten, nicht verbrauchten Alg-Anspruch aus der Zeit vor der Unterbrechung.

Keine Rahmenfrist-Erweiterung bei Unterbrechung des Alg-Bezugs

Hier greift die allgemeine Verfall-Frist des § 147 Abs. 2 SGB III. Danach kann ein Alg-Anspruch nicht mehr geltend gemacht werden, wenn seit seiner Entstehung vier Jahre verstrichen sind. Diese vierjährige Verfallsfrist wird durch Zeiten des Übg-Bezugs oder der Existenzgründung also nicht verlängert. Auch nicht durch Zeiten der Pflege von Angehörigen (BSG, Urteil vom 21.10.2003 – B 7 AL 88/02 R; LSG Berlin, Urteil vom 26.3.2002 – L 14 AL 111/00).
Nach unserer Meinung führt diese Regelung insbesondere für Frauen, die länger Angehörige pflegen, zum nicht gerechtfertigten Verlust des Alg-Anspruchs.

Bei Unterbrechung: Verfallsfrist von 4 Jahren

Elfriede Wehrmich, geb. 1942, verliert, nachdem sie 33 Jahre gearbeitet und Beiträge zur Arbeitslosenversicherung gezahlt hat, ihre Arbeit zum 31.12.1998. Vom 1.1.1999 an erhält sie Alg. Ihr Schwiegervater erleidet am 25.1.1999 einen Herzinfarkt. Ab 1.2.1999 pflegt sie den schwer Pflegebedürftigen. Nach mehr als vierjähriger Pflege stirbt der Schwiegervater am 15.3.2003.

Beispiel

Wegen Ablaufs der vierjährigen Verfallsfrist geht der gesamte noch nicht verbrauchte Alg-Anspruch (bei Elfriede Wehrmich immerhin 25 Monate) verloren, obwohl sie die »Solidargemeinschaft« durch jahrzehntelange Beitragszahlung bereichert und durch die häusliche Pflege des Schwiegervaters entlastet hat. Ab 1.1.2005 kann sie allerdings Anspruch auf Alg II haben.

In Zukunft fallen alle Erweiterungsmöglichkeiten der Rahmenfrist weg, mit einer Ausnahme: Bei Bezug von Übg wegen einer berufsfördernden Maßnahme bleibt es auch in Zukunft bei einer Erweiterung der Rahmenfrist auf bis zu fünf Jahre.

Zum Ausgleich für den Wegfall der Verlängerungsmöglichkeit können sich Pflegepersonen, Selbstständige und Arbeitnehmer in Zukunft während einer Beschäftigung im Ausland (außerhalb der EG) freiwillig weiterversichern und dadurch die Anwartschaft erhalten (§ 28a SGB III).

Übergangsregelung

Nach § 424j Abs. 3, 3a SGB III erweitern sich für Pflegende und Selbstständige, die bis zum 31.1.2007 Alg beantragt haben, wie bisher die Rahmenfristen.

3 Welche Zeiten sind Anwartschaftszeiten?
§§ 24 ff. SGB III

Die Anwartschaftszeit kann erfüllt werden durch Zeiten versicherungspflichtiger Beschäftigungen; zu diesen werden gerechnet:

Beschäftigungen als Arbeitnehmer
- Zeiten der Beschäftigung als Arbeiter, Angestellter, Heimarbeiter, wenn die Beschäftigung die Geringfügigkeitsgrenze des § 8 SGB IV überschreitet (→ S. 113).
Versicherungspflicht besteht nicht während einer Beschäftigung, die – wegen Übersteigens der 400 €-Grenze – mehr als geringfügig ist, aber weniger als 15 Wochenstunden umfasst, wenn Sie gleichzeitig Alg beziehen (→ S. 114).

als Wehr- und Zivildienst Leistende
- (Seit 2004) jede Wehrpflicht- und Zivildienstzeit von mehr als drei Tagen; ebenso Zeiten freiwilligen zusätzlichen Wehrdienstes von mehr als drei Tagen (§ 26 Abs. 1 Nr. 2 SGB III).

ohne Arbeitsentgelt bis 1 Monat
- Die Versicherungspflicht besteht gemäß § 7 Abs. 3 Satz 1 SGB IV für Zeiten eines Beschäftigungsverhältnisses für längstens einen Monat fort, wenn kein Arbeitsentgelt gezahlt wird; gemeint sind Zeiten des innerhalb des Beschäftigungsverhältnisses genommenen unbezahlten Urlaubs, nicht Zeiten, die nachträglich an das ursprünglich vereinbarte Ende des Beschäftigungsverhältnisses angehängt werden, um die Anwartschaftszeit zu erfüllen (vgl. BSG, Urteil vom 15.12.1999 – B 11 AL 51/99 R).

- Das Versicherungspflichtverhältnis besteht fort für Zeiten des Kurzarbeiter- und Winterausfallgeldbezuges (§ 24 Abs. 3 SGB III). *als Kug-Bezieher*

- Zeiten der Beschäftigung als Auszubildende. Hierunter fallen auch: Jugendliche, die als behinderte Menschen oder im Rahmen der Jugendhilfe an berufsfördernden Maßnahmen teilnehmen, und Auszubildende i.S. des BBiG in einer außerbetrieblichen Einrichtung (§ 25 Abs. 1 Satz 2 SGB III). *als Auszubildende*

- Zeiten als Gefangene, sofern Arbeitsentgelt, Ausbildungsbeihilfe, Ausfallentschädigung oder Berufsausbildungsbeihilfe gezahlt wird (§ 26 Abs. 1 Nr. 4 SGB III). *als Gefangene*

- Zeiten, für die wegen des Bezugs von Krankengeld, Versorgungskrankengeld, Verletztengeld, Übergangsgeld (im Rahmen einer medizinischen Maßnahme der Rehabilitation) oder Krankentagegeld einer privaten Krankenversicherung Beiträge zur Arbeitsförderung zu zahlen sind (§ 26 Abs. 2 SGB III). Beiträge sind nur zu zahlen, wenn die Bezieher dieser Leistungen unmittelbar vorher versicherungspflichtig beschäftigt waren oder Lohnersatzleistungen nach dem SGB III erhalten haben. *als Bezieher von Krankengeld u. Ä.*

- Zeiten der Versicherungspflicht trotz Freistellung.
  Die Versicherungspflicht trotz Arbeitsfreistellung ist in § 7 Abs. 1a SGB IV geregelt: *als Versicherungspflichtiger trotz Freistellung*

»Ist für Zeiten einer Freistellung von der Arbeitsleistung Arbeitsentgelt fällig, das mit einer vor oder nach diesen Zeiten erbrachten Arbeitsleistung erzielt wird (Wertguthaben), besteht während der Freistellung eine Beschäftigung gegen Arbeitsentgelt, wenn
1. die Freistellung auf Grund einer schriftlichen Vereinbarung erfolgt und
2. die Höhe des für die Zeit der Freistellung und des für die vorausgegangenen zwölf Kalendermonate monatlich fälligen Arbeitsentgelts nicht unangemessen voneinander abweichen und diese Arbeitsentgelte 400 € übersteigen.«

Danach sind also auch Zeiten einer Freistellung, für die vor- oder nachgearbeitet und für die durchgehend Arbeitsentgelt gezahlt wird, Zeiten einer versicherungspflichtigen Beschäftigung. Das gilt insbesondere für Modelle der Altersteilzeit.

Eine zeitliche Begrenzung der Freistellungsphase sieht das Gesetz nicht vor; es kommt auch nicht darauf an, ob sie von Zeiten tatsächlicher Beschäftigung umrahmt wird oder am Anfang eines Arbeitsverhältnisses bzw. an dessen Ende liegt. Voraussetzung ist allerdings, dass zwischen dem Entgelt der letzten zwölf Kalendermonate vor der Freistellung und dem Entgelt während der Freistellung ein angemessenes Verhältnis besteht, damit auch in der Zeit der Freistellung durch die Entgeltzahlung der bisherige Lebensstandard in etwa gewahrt bleibt und der Sozialversicherungsschutz nicht mit »Minibeiträgen« begründet werden kann (BR-Drs. 1000/97 S. 20). Der Gesetzgeber hat das Verhältnis nicht zahlenmäßig festlegen wollen, aber die Geringfügigkeitsgrenze des § 8 SGB IV, also 400 €, als Mindesthöhe vorgesehen.

Da das SGB IV nach § 1 Abs. 1 Satz 2 und 3 SGB IV auch für das SGB III gilt, sind Phasen der Freistellung in dem umschriebenen Sinn auch anwartschaftsbegründende Versicherungszeiten in der Arbeitslosenversicherung. Bei der Beitragszahlung wird das für den jeweiligen Zeitraum tatsächlich gezahlte Arbeitsentgelt berücksichtigt (§ 23 SGB IV). Wird das für die Freistellung angesparte Arbeitsentgelt nicht in diesem Sinne verwandt oder wegen Zahlungsunfähigkeit des Arbeitgebers nicht gezahlt, werden die Beträge auf vorhandene Versicherungszeiten umgelegt (§ 23 b Abs. 2 SGB IV), führen also nicht zu zusätzlichen Versicherungszeiten.

Beschäftigung im EU-/EWR-Ausland?

■ Versicherungs- oder Beschäftigungszeiten in einem Mitgliedstaat der EU bzw. des EWR. Voraussetzung für die Anerkennung der Zeiten aus EU- bzw. EWR-Mitgliedstaaten ist im Allgemeinen aber, dass vor der Arbeitslosmeldung und Antragstellung zuletzt eine sozialversicherungspflichtige Beschäftigung in Deutschland ausgeübt worden ist. Nähere Informationen enthält das Informationsblatt der AA »Rückwanderer«.

Seit 2003 gibt es drei weitere Versicherungspflichtzeiten:

■ Die Zeit des Bezugs von Mutterschaftsgeld wird wie die Zeit des Krankengeldbezugs versicherungspflichtig, wenn die Mutter unmittelbar vorher versicherungspflichtig war oder eine laufende Entgeltersatzleistung nach dem SGB III bezogen hat (§ 26 Abs. 2 Nr. 1 SGB III).

■ Die Zeit der Erziehung eines Kindes im Inland, das das dritte Lebensjahr noch nicht vollendet hat, wenn die Erziehungsperson unmittelbar vorher versicherungspflichtig war oder eine laufende Entgeltersatzleistung nach dem SGB III bezogen hat (§ 26 Abs. 2a SGB III).

■ Die Zeit des Bezugs einer Rente wegen voller Erwerbsminderung, wenn der Rentner unmittelbar vorher versicherungspflichtig war oder eine laufende Entgeltersatzleistung nach dem SGB III bezogen hat (§ 26 Abs. 2 Nr. 3 SGB III).

Summieren von unterschiedlichen Anwartschaftszeiten

Die verschiedenen Anwartschaftszeiten können zusammengezählt werden. Die Anwartschaftszeit von mindestens zwölf Monaten kann sich also aus mehreren der oben aufgeführten Zeiten zusammensetzen. Diese müssen nicht lückenlos aufeinanderfolgen; sie müssen nur in der Rahmenfrist liegen. Sie müssen auch nicht volle Kalendermonate umfassen.

Schaubild
Summieren von Anwartschaftszeiten

Beispiel

Axel Sponti war tätig als	in der Zeit von ...	bis ...	Kalendertage Anwartschaftszeit
Schüler		30.09.2003	0 Tage
in der Lehre bis Abbruch	01.10.2003	30.06.2004	+ 273 Tage
auf Reisen	01.07.2004	01.01.2005	+ 0 Tage
Hilfsarbeiter	02.01.2005	03.02.2005	+ 33 Tage
unbezahlt beurlaubt	04.02.2005	22.02.2005	+ 19 Tage
Hilfsarbeiter	23.02.2005	31.03.2005	+ 37 Tage
arbeitslos	ab 01.04.2005		+ 0 Tage
			= 362 Tage
			= 12 Mon. + 2 Tage

Da Axel Sponti innerhalb der Rahmenfrist von 3 Jahren – zurückgerechnet vom 31.3.2005 bis 1.4.2002 – 362 Kalendertage an Anwartschaftszeiten hinter sich gebracht hat, bekommt er Alg.

4 **Welche Zeiten sind keine Anwartschaftszeiten?**
§ 27 SGB III

- Geringfügige Beschäftigungen begründen keine Anwartschaft.
  Eine geringfügige Beschäftigung liegt gemäß § 8 SGB IV vor, wenn
  a) das Arbeitsentgelt regelmäßig im Monat 400 € nicht übersteigt,
  b) die Beschäftigung innerhalb eines Kalenderjahres auf längstens zwei Monate oder 50 Arbeitstage nach ihrer Eigenart begrenzt zu sein pflegt oder im voraus vertraglich begrenzt ist, es sei denn, dass die Beschäftigung berufsmäßig ausgeübt wird und ihr Entgelt 400 € übersteigt.
  Mehrere geringfügige Beschäftigungen werden zusammengerechnet.

Geringfügige Beschäftigungen

Zu a): Seit dem 1.4.2003 hängt die Geringfügigkeit einer Beschäftigung nur noch von der Höhe des Entgelts (400 €) ab, nicht mehr von der Zahl der Wochenarbeitsstunden.
Gelegentliche Überschreitungen der Arbeitsentgeltgrenze sind unerheblich. Als Arbeitsentgelt werden auch einmalige Zahlungen berücksichtigt, wenn sie mindestens einmal jährlich zu erwarten sind.

Beispiel

Laufendes Arbeitsentgelt (380 € x 12 Monate)	4.560,– €
zzgl. Weihnachtsgeld	+ 250,– €
Arbeitsentgelt	= 4.810,– €

Ein Zwölftel dieses Betrages beläuft sich auf 400,83 € und übersteigt damit die Entgeltgrenze; Versicherungsfreiheit liegt nicht vor.

Zu b): Eine Beschäftigung von nur zwei Monaten oder 50 Arbeitstagen innerhalb eines Kalenderjahres bleibt versicherungsfrei; während dieser Zeit darf ohne Zeit- und Entgeltgrenze gearbeitet werden.
Auch hier werden mehrere Beschäftigungen zusammengerechnet, soweit sie innerhalb eines Jahres ausgeübt werden.

Versicherungsfreiheit besteht nicht für Personen, die die Beschäftigung berufsmäßig ausüben. Eine Beschäftigung wird berufsmäßig ausgeübt, wenn der Arbeitnehmer dadurch seinen Lebensunterhalt überwiegend oder zu einem erheblichen Teil erwirbt. Personen, die vor der Aufnahme einer befristeten Beschäftigung arbeitslos gemeldet sind, werden immer berufsmäßig tätig. Auf die berufsmäßige Beschäftigung kommt es nur an, wenn die Entgeltgrenze von 400 € überschritten wird.
Die Versicherungspflicht zur Arbeitslosenversicherung richtet sich nach dem in der Beschäftigung erzielten Entgelt.

Keine Versicherungspflicht in der Arbeitslosenversicherung besteht jedoch bei einer die Entgeltgrenze überschreitenden Beschäftigung mit einer Arbeitszeit von weniger als 15 Wochenstunden, wenn Sie zugleich einen Anspruch auf Alg haben. Während des Leistungsbezugs soll nicht zugleich mit einer Nebenbeschäftigung eine neue Anwartschaft erworben werden können (§ 27 Abs. 5 SGB III). Das gilt nicht für den Bezug von Teil-Alg, der gerade die Ausübung einer versicherungspflichtigen Beschäftigung voraussetzt.

ABM-Zeiten

- Beschäftigungen in einer ABM, wenn nach dem 1.1.2004 in eine ABM eingetreten wird (§ 27 Abs. 3 Nr. 5 SGB III). Wer noch vor dem 31.12.2003 eine ABM begonnen hat, bleibt bis zum Ende der ABM versicherungspflichtig (§ 434j Abs. 1 SGB III).

Unständige Beschäftigungen

- Unständige Beschäftigungen begründen keine Anwartschaft. Es handelt sich dabei um eine Beschäftigung, die der Natur der Sache nach auf weniger als eine Woche beschränkt zu sein pflegt oder im Voraus durch Arbeitsvertrag beschränkt ist.

Beschäftigungszeiten als Beamte, Selbstständige

- Beschäftigungszeiten als Beamte oder Richter und als Selbstständige begründen keine Anwartschaft.
  Dasselbe gilt für folgende Personengruppen:
  – Geistliche von als öffentlich-rechtliche Körperschaften anerkannten Religionsgemeinschaften;
  – hauptamtlich beschäftigte Lehrer an privaten genehmigten Ersatzschulen, wenn sie nach beamtenrechtlichen Vorschriften oder Grundsätzen bei Krankheit Anspruch auf Fortzahlung der Bezüge und auf Beihilfe haben;
  – Mitglieder des Vorstandes einer Aktiengesellschaft.

- Beschäftigungen von Heimarbeitern, die gleichzeitig als Zwischenmeister (§ 12 Abs. 4 SGB IV) tätig sind, begründen keine Anwartschaft, wenn der überwiegende Teil des Verdienstes aus der Tätigkeit als Zwischenmeister bezogen wird.

Zwischenmeister

- Beschäftigungen ausländischer Arbeitnehmer zur beruflichen Aus- oder Fortbildung begründen keine Anwartschaft, wenn
  – die berufliche Aus- oder Fortbildung aus Mitteln des Bundes, eines Landes, einer Gemeinde oder eines Gemeindeverbandes oder aus Mitteln einer Einrichtung oder einer Organisation, die sich der Aus- oder Fortbildung von Ausländern widmet, gefördert wird, und
  – sie verpflichtet sind, nach Beendigung der geförderten Aus- oder Fortbildung das Inland zu verlassen, und
  – die im Inland zurückgelegten Versicherungszeiten weder nach dem Recht der EG noch nach zwischenstaatlichen Abkommen oder dem Recht des Wohnlandes des Arbeitnehmers einen Anspruch auf Leistungen für den Fall der Arbeitslosigkeit in dem Wohnland des Betreffenden begründen können.

Beschäftigungen ausländischer Arbeitnehmer zur beruflichen Aus- oder Fortbildung

- Beschäftigungen als mithelfende Familienmitglieder begründen keine Anwartschaft; Familienangehörige sollten deshalb nur auf der Grundlage eines Arbeitsvertrages im Betrieb des Mannes oder anderer Familienangehöriger mitarbeiten.

Mithelfende Familienmitglieder

In den Vorauflagen haben wir darüber berichtet, dass in den neuen Bundesländern wegen der Nachwirkungen des ehelichen Güterrechts in der DDR (§ 13 des Familiengesetzbuchs) die versicherungspflichtige Beschäftigung beim Ehegatten nach Meinung der Versicherungsträger erschwert war. Inzwischen hat das BSG klargestellt, dass seit dem 3.10.1990 das DDR-Recht die Eigentumsverhältnisse nicht mehr beeinflusst und der Begründung eines Arbeitsverhältnisses nicht mehr im Wege steht (Urteil vom 9.12.2003 – B 7 AL 22/03 R). Einer wirtschaftlichen Beteiligung an dem Unternehmen hat das BSG im konkreten Fall keine Bedeutung beigemessen, weil sie unterhalb der Beteiligung des Ehepartners und der Hälfte des Unternehmenswertes lag.

Für Arbeitsverhältnisse, die nach dem 31.12.2004 begonnen haben, stellt die BfA oder die Krankenkasse fest, ob die Mitarbeit versicherungspflichtig ist. Die Entscheidung ist für die BA verbindlich. Es kann also dann nicht mehr vorkommen, dass Sie jahrelang Beiträge gezahlt haben und bei Arbeitslosigkeit kein Alg bekommen. Für bereits vor dem 1.1.2005 begonnene Mitarbeit im Familienbetrieb gilt das allerdings nicht. Näheres können Sie aus den »Gemeinsamen Grundsätzen der Sozialversicherungsträger zur leistungsrechtlichen Bindung der BA an Bescheide in Statusfeststellungsverfahren für Ehegatten/Lebenspartner und GmbH-Gesellschafter-Geschäftsführer« und der Verlautbarung zur versicherungsrechtlichen Beurteilung der Beschäftigung von Angehörigen erfahren, zu finden im Internet unter http://vdr.de.

Rentner

- Beschäftigungen sonstiger versicherungsfreier Personen begründen keine Anwartschaft. Das sind gemäß § 28 SGB III Personen,
  - die das 65. Lebensjahr vollendet haben, mit Ablauf des Monats, in dem sie dieses Lebensjahr vollenden,
  - während der Zeit, für die ihnen eine den Anspruch auf Rente wegen voller Erwerbsminderung vergleichbare Leistung eines ausländischen Leistungsträgers zuerkannt ist,
  - die wegen einer Minderung ihrer Leistungsfähigkeit dauernd nicht mehr verfügbar sind, von dem Zeitpunkt an, an dem die AA diese Minderung der Leistungsfähigkeit und der zuständige Träger der gesetzlichen Rentenversicherung volle Erwerbsminderung im Sinne der gesetzlichen Rentenversicherung festgestellt haben.

Urlaubsabgeltung

- Kann wegen der Beendigung des Arbeits- oder Ausbildungsverhältnisses Urlaub nicht mehr genommen werden und ist deshalb die Vergütung für die nicht genommenen Urlaubstage zu zahlen (Urlaubsabgeltung), so sind diese Tage nicht anwartschaftszeitbegründend.

Zeiten vor Erlöschen wegen Sperrzeit

- Zeiten, die vor dem Tag liegen, an dem der Alg-Anspruch wegen Eintritts einer Sperrzeit erloschen ist (→ S. 297), zählen nicht als Anwartschaftszeit (§ 123 Satz 2 SGB III).

5 Anwartschaftszeit durch Studentenjob?
§ 27 Abs. 4 SGB III

Studentenjob: versicherungspflichtig oder versicherungsfrei?

Grundsätzlich sind Schüler während des Besuchs einer allgemeinbildenden Schule und Studenten, die während ihres Studiums als ordentliche Studierende einer Hochschule oder einer sonstigen der wissenschaftlichen oder fachlichen Ausbildung dienenden Schule gegen Entgelt beschäftigt werden, nicht versicherungspflichtig. Dennoch sind nicht alle Schüler und Studenten, die während ihres Studiums einer Beschäftigung nachgehen, versicherungsfrei. Nach der Rechtsprechung des Bundessozialgerichts ist eine Beschäftigung versicherungsfrei, wenn sie »neben« dem Studium, d. h. ihm nach Zweck und Dauer untergeordnet, ausgeübt wird, das Studium also die Haupt-, die Beschäftigung die Nebensache ist.

Umgekehrt ist derjenige, der seinem »Erscheinungsbild« nach zum Kreis der Beschäftigten gehört, durch ein gleichzeitiges Studium nicht versicherungsfrei; Versicherungsfreiheit besteht vielmehr nur für solche Personen, deren Zeit und Arbeitskraft überwiegend durch ihr Studium beansprucht werden. Soweit es hiernach auf das »Erscheinungsbild« ankommt, sind zu dessen Feststellung alle insoweit erheblichen Umstände des einzelnen Falles zu beachten. Das Bundessozialgericht hat darin, dass während des Semesters eine Arbeitszeit von wöchentlich 20 Stunden überschritten wird, ein wesentliches Beweisanzeichen für Versicherungspflicht gesehen. Die Erwerbstätigkeit eines Studenten nur während der von Studienanforderungen freien Semesterferien ist hingegen unabhängig vom Umfang der Tätigkeit nicht versicherungspflichtig.

Versicherungspflicht besteht immer, wenn die schulische Einrichtung der Fortbildung außerhalb der üblichen Arbeitszeit dient (§ 27 Abs. 4 Satz 2 SGB III; vgl. auch info also 1987, Heft 4, S. 227) oder wenn die schulische Ausbildung in Teilzeitform ausgestaltet ist (LSG Sachsen-Anhalt, Urteil vom 30.3.2001 – L 2 AL 17/99).

Ist der Student in während der Studienzeit vorgesehenen Praxiszeiten in den Betrieb eingegliedert und weisungsgebunden, ist er als abhängig Beschäftigter anzusehen und versicherungspflichtig (LSG Nordrhein-Westfalen, Urteil vom 26.6.2003 – L 16 KR 192/02, NZS 2004, S. 146).

Von der Frage, ob Studenten durch einen Job die Anwartschaftszeit erfüllen können, ist die Frage zu unterscheiden, ob Studenten während eines Studiums überhaupt Alg beziehen können. Näheres → S. 87.

VI Was muss geändert werden?

1 Verlängerung der Rahmenfrist und Verfallsfrist um Zeiten der Erziehung von Kindern

Mit dem Job-AQTIV-Gesetz ist § 124 Abs. 3 Satz 1 Nr. 2 SGB III mit Wirkung vom 1.1.2003 aufgehoben worden. Kindererziehung verlängert nun nicht mehr die Rahmenfrist, weil diese nach § 26 Abs. 2a SGB III versicherungspflichtig und damit anwartschaftsbegründend sein kann. Die Versicherungspflicht hängt aber davon ab, dass die Arbeitslose unmittelbar vor der Kindererziehung versicherungspflichtig war oder eine laufende Entgeltersatzleistung nach dem SGB III bezogen hat. Erfüllt die Erziehungsperson diese Voraussetzung nicht, kann die Kindererziehung dem Erwerb eines Anspruchs auf Alg entgegenstehen, weil die Versicherungszeiten in der Rahmenfrist nach Rückkehr auf den Arbeitsmarkt für die Anwartschaftszeit nicht mehr ausreichen. Die Mutter steht also schlechter da als vor der Neuregelung. Es ist deshalb dringend notwendig, auch zukünftig von der Verlängerung der Rahmenfrist wegen Kindererziehung auszugehen, wenn die Erziehungszeit nicht anwartschaftsbegründend ist. Dasselbe gilt für die Verfallsfrist des § 147 SGB III.

D ZUMUTBARKEIT
§ 121 SGB III

I **Wo spielt die Zumutbarkeit eine Rolle?** 119

II **Was kann Arbeitslosen bei der Beschäftigungssuche zugemutet werden?** 120

    1   Alg-Bezieher **120**
    2   Lohnlose und gekündigte Arbeitnehmer **126**
    3   Arbeitslose Unterhaltspflichtige und arbeitslose Unterhaltsberechtigte **126**

III **Welche Beschäftigung kann Arbeitslosen zugemutet werden?** 127

    1   Die Entwertung der beruflichen Qualifikation **128**
    2   Die schnellere Absenkung des Arbeitsentgelts **131**
    3   Die Mobilität **141**
    3.1 Die tägliche Fahrzeit **141**
    3.2 Das Wochenendpendeln **142**
    3.3 Der Umzug **143**
    4   Die Leiharbeit **143**
    4.1 Die Leiharbeit wird hoffähig gemacht **143**
    4.2 Die Zumutbarkeit im Einzelnen **144**
    4.2.1 Wartezeit einhalten! **144**
    4.2.2 Die Arbeitsbedingungen, insbesondere das Arbeitsentgelt **145**
    4.2.3 Kein Verstoß gegen AÜG **147**
    5   Die Nacht- und Schichtarbeit **147**
    6   Weitere Arbeitsbedingungen **148**

IV **Welche Maßnahme der beruflichen Weiterbildung kann Arbeitslosen zugemutet werden?** 148

V **Welche Trainingsmaßnahme / Maßnahme der Eignungsfeststellung kann Arbeitslosen zugemutet werden?** 149

    1   Die Trainingsmaßnahme **149**
    1.1 Welche »Tätigkeit« ist zumutbar? **149**
    1.2 Welche »Teilnahme an einer Maßnahme« ist zumutbar? **150**
    2   Die Maßnahme der Eignungsfeststellung **150**

VI **Welche Beschäftigung kann Arbeitsuchenden zugemutet werden?** 151

> VII **Was muss geändert werden? 152**
> 1 Streichung von § 121 Abs. 3 Satz 3 SGB III **152**
> 2 Zumutung niederwertiger Arbeit nur
>   bei Mangel an Niederqualifizierten **153**
> 3 Konkretisierung der Eigeninitiative durch AO **153**
> 4 Streichung der §§ 144 Abs. 1 Satz 2 Nr. 2,
>   Abs. 4 Satz 2 SGB III **153**

I Wo spielt die Zumutbarkeit eine Rolle?

Die Zumutbarkeit spielt eine Rolle:

- Bei der Arbeitsaufgabe.   *Arbeitsaufgabe*
  Wer eine Beschäftigung aufgibt, kann eine Sperrzeit nur erhalten, wenn die Fortsetzung der Beschäftigung **zumutbar** war (§§ 2 Abs. 5 Nr. 1, 144 Abs. 1 Satz 2 Nr. 1 SGB III).

- Bei den Eigenbemühungen.   *Eigenbemühungen*
  Nur wer **zumutbare** Eigenbemühungen bei der Suche einer **zumutbaren** Beschäftigung nicht ergreift, kann eine Sperrzeit erhalten (§§ 2 Abs. 5 Nr. 2, 119 Abs. 1 Nr. 2, Abs. 4, 144 Abs. 1 Satz 2 Nr. 3 SGB III).

- Bei der Arbeitsablehnung.   *Arbeitsablehnung*
  Nur wer eine **zumutbare** Beschäftigung nicht annimmt oder die Anbahnung eines **zumutbaren** Beschäftigungsverhältnisses vereitelt, kann von der AA als nicht verfügbar behandelt werden (§§ 2 Abs. 5 Nr. 3, 119 Abs. 5 Nr. 3 SGB III) oder eine Sperrzeit erhalten (§§ 2 Abs. 5 Nr. 3, 144 Abs. 1 Satz 2 Nr. 2 SGB III).

- Bei der Ablehnung einer Ausbildungs-, Weiterbildungs- oder Reha-Maßnahme, einer Maßnahme der Eignungsfeststellung oder einer Trainingsmaßnahme.   *Maßnahmeablehnung*
  Nur wer eine **zumutbare** Maßnahme ablehnt, kann von der AA als nicht verfügbar behandelt werden (§§ 2 Abs. 5 Nr. 4, 119 Abs. 5 Nr. 4 SGB III) oder eine Sperrzeit erhalten (§§ 2 Abs. 5 Nr. 4, 144 Abs. 1 Satz 2 Nr. 4 SGB III).

- Beim Abbruch einer beruflichen Ausbildungs-, Weiterbildungs- oder Reha-Maßnahme, einer Maßnahme der Eignungsfeststellung oder einer Trainingsmaßnahme.   *Maßnahmeabbruch*
  Wer eine solche Maßnahme abbricht, kann eine Sperrzeit nur erhalten, wenn die Fortsetzung der Eingliederungsmaßnahme **zumutbar** war (§§ 2 Abs. 5 Nr. 4, 144 Abs. 1 Satz 2 Nr. 5 SGB III).

D Zumutbarkeit

II Was kann Arbeitslosen bei der Beschäftigungssuche zugemutet werden?

1 Alg-Bezieher

Wer zu AFG-Zeiten Alg beanspruchen wollte, brauchte nur der Arbeitsvermittlung zur Verfügung zu stehen. Das reicht zum Anspruchserhalt nicht mehr aus. §§ 2 Abs. 5 Nr. 2, 119 Abs. 1 Nr. 2, Abs. 4 SGB III verlangen die »eigenverantwortliche Arbeitsuche«. Nur wer beide Voraussetzungen erfüllt, das passive Verfügbarsein und das strebende Bemühen um Arbeit, ist beschäftigungsuchend. Und nur wer eine Beschäftigung sucht, ist gemäß § 119 Abs. 1 Nr. 2 SGB III arbeitslos und kann gemäß § 117 Abs. 1 Nr. 1 SGB III Alg erhalten und behalten.

§§ 2 Abs. 5 Nr. 2, 119 Abs. 1 Nr. 2 SGB III lassen den Arbeitslosen zunächst im Unklaren, wie weit seine Pflicht zur Beschäftigungssuche geht. Auch die Gesetzesbegründung schafft mit der folgenden Kommentierung keine Klarheit:

> »Das AA soll die Möglichkeit erhalten, konkret zu prüfen, ob der Arbeitslose hinreichende Eigenbemühungen unternimmt und alle Möglichkeiten ausschöpft, die sich ihm bieten, um seine Arbeitslosigkeit zu beenden.« (BT-Drs. 13/4941, S. 140)

Das Gesetz entspricht nicht dem vom Rechtsstaatsprinzip geforderten Bestimmtheitsgebot (hierzu ausführlich Ulrich Stascheit, info also 1997, Heft 3, S. 145 f.; ihm folgend SG Frankfurt am Main, Urteil vom 25.11.2003 – S 1 AL 1171/02, info also 2004, Heft 5, S. 209 ff.). Ein Leistungsempfänger muss nicht **alle** Möglichkeiten nutzen, wie § 119 Abs. 4 Satz 1 SGB III es verlangt, und nicht **jede** Arbeit annehmen; er muss vielmehr nur jede **zumutbare** Möglichkeit ausschöpfen, um zu einer **zumutbaren** Arbeit zu kommen.

Was an Arbeit zumutbar ist, wird auf → S. 127 beschrieben.

Welche Wege bei der Beschäftigungssuche zumutbar sind, ist jedoch unklar. Klarheit bringt auch nicht der neue § 119 Abs. 4 Satz 2 SGB III. Er nennt drei Beispiele für Eigenbemühungen:

1. »Die Wahrnehmung der Verpflichtungen aus der Eingliederungsvereinbarung,
2. die Mitwirkung bei der Vermittlung durch Dritte und
3. die Inanspruchnahme der Selbstinformationseinrichtungen der Agentur für Arbeit.«

Damit werden eigentlich nur Eigenbemühungen im Vorfeld konkretisiert. Was an Eigenbemühungen in der Eingliederungsvereinbarung, durch Dritte als Vermittler, nach Einsicht in das SIS zumutbarerweise verlangt werden kann, lässt der Gesetzgeber weiter im Dunkeln.

II Was kann Arbeitslosen bei der Beschäftigungssuche zugemutet werden?

Auch BA und BMWA drücken sich weiter um eine öffentliche Klärung: Die in § 152 Nr. 1 SGB III vorgesehene Anordnung ist bis heute nicht ergangen.

Einige AA nutzen die Grauzone zu rechtlich zweifelhaften, Arbeitslose einschüchternden Bescheiden. So schickte ein Arbeitsamt seinen langzeitarbeitslosen Leistungsbeziehern folgendes Formularschreiben:

> »Sie haben erklärt, alle Möglichkeiten zur Beendigung Ihrer Beschäftigungslosigkeit zu nutzen und nutzen zu wollen. (...)
> Folgende Auflagen sind zu erfüllen: 5 Bewerbungen wöchentlich. (...)
> Bei persönlicher Bewerbung ist grundsätzlich vom Arbeitgeber beigefügter Nachweis auszufüllen. (...)
> Aufwendungen für Eigenbemühungen und für die geforderten Nachweise können grundsätzlich nicht erstattet werden.«

Der vom Arbeitgeber auszufüllende Nachweis sah so aus:

> »Herr X hat sich heute bei uns um eine Arbeitsstelle u.a. auch als Hilfskraft beworben. Das kostenlose Praktikum von 12 Wochen und den Arbeitgeberzuschuss von mindestens 12 Mon. 50% bei Einstellung hat er angeboten (...)
> Firmenstempel und Unterschrift«

Mindestens 5 Fragen drängen sich bei diesem Formularschreiben auf:
1. Ist die pauschale Forderungen nach fünf Bewerbungen pro Woche zumutbar?
2. Ist die pauschale Forderung, sich u.a. als Hilfskraft zu bewerben, zumutbar?
3. Ist das Angebot von Zuschüssen und das Andienen der Arbeitskraft im Rahmen eines kostenlosen Praktikums zumutbar?
4. Ist der pauschale Hinweis auf grundsätzliche Nichterstattung der Aufwendungen rechtmäßig?
5. Welche Anforderungen sind an den Nachweis der Eigenbemühungen zu stellen?

Zu 1.: Es bietet sich an, die frühere Rechtsprechung der Verwaltungsgerichte zum parallelen Problem des »Nachweises eigener Arbeitsbemühungen« von Sozialhilfebeziehern (vgl. § 18 Abs. 2 Satz 1 BSHG) heranzuziehen:

Welche Aktivitäten sind zumutbar?

BVerwG

> »Die Anforderungen an die selbstständige Arbeitsuche eines als arbeitslos gemeldeten Hilfesuchenden dürfen jedoch nicht überspannt werden. Ob und in welcher Intensität eigene Bemühungen des Hilfesuchenden um eine Arbeitsstelle verlangt werden dürfen, hängt ab von den Umständen des Einzelfalls, insbesondere von den persönlichen (z.B. familiären, gesundheitlichen) Verhältnissen des Hilfesuchenden, seinen Arbeitsfähigkeiten und der Arbeitsmarktlage in dem Bereich, der dem Hilfesuchenden zugänglich ist (vgl. § 3 Abs. 1 BSHG).« (BVerwG, Urteil vom 17.5.1995, NJW 1995, Heft 48, S. 3200 f.)

Inzwischen sind erste Urteile von Sozialgerichten zur Zumutbarkeit von Eigenbemühungen ergangen.
Das SG Berlin (Urteil vom 15.1.2002 – S 51 AL 1491/00, info also 2003, Heft 3, S. 109 ff.) verlangt von der AA,

SG Berlin

»bei der Aufforderung zu Eigenbemühungen in jedem Einzelfall zu prüfen, in welchem Umfang konkrete Bemühungen vom Betroffenen abverlangt werden können und auf welche Art und Weise diese nachzuweisen sind. Hierzu ist eine inhaltlich und sprachlich deutliche und an den individuellen Fähigkeiten des Arbeitslosen ausgerichtete Erläuterung der erwarteten Bemühungen und der hierzu vorzulegenden Nachweise erforderlich. Insoweit kann der Auffassung der [AA] nicht gefolgt werden, dass sich aus dem übergebenen Merkblatt eindeutige und unmissverständliche Belehrungen ergeben. Es steht dort gerade nicht, was konkret an Bemühungen und Nachweisen verlangt wird. Vielmehr heißt es, der Arbeitsvermittler werde ›bei der Suche und Auswahl möglicher Eigenbemühungen beraten und unterstützen‹ und man erhalte ein ›gesondertes Aufforderungsschreiben‹, wenn ›konkrete Nachweise über Ihre Eigenbemühungen erforderlich werden‹. Bei den Erläuterungen im Merkblatt handelt es sich damit lediglich um allgemeine Hinweise zum Gesetzeswortlaut und es wird deutlich, dass der Arbeitslose darauf zu achten hat, was in dem Aufforderungsschreiben von ihm erwartet wird.« (A. a. O., S. 110 f.)

Im Übrigen betont das SG Berlin, dass insbesondere die Vermittlungsfähigkeit und dementsprechend die Arbeitsmarktchancen den Umfang der Eigenbemühungen bestimmen.

SG Frankfurt am Main

Nach einem Urteil des SG Frankfurt am Main vom 25.11.2003 (S 1 AL 1171/02, info also 2004, Heft 5, S. 209 ff.) muss das allgemein abgefasste Gesetz einschränkend ausgelegt werden, wenn fehlende Eigenbemühungen zum Verlust des Alg führen sollen. Der Arbeitslose müsse nicht »alle sich bietenden Möglichkeiten ausschöpfen«. Er müsse sich nur um ihm zumutbare Arbeitsstellen kümmern und müsse nur ihm zumutbare Möglichkeiten der Arbeitsuche nutzen. Dies hänge von den Umständen des Einzelfalles, insbesondere von den persönlichen (z. B. familiären, gesundheitlichen) Verhältnissen des Arbeitslosen, seinen Arbeitsfähigkeiten und der Arbeitsmarktlage ab; die Bemühungen müssten auch konkrete Erfolgsaussichten besitzen. Die AA habe nicht berücksichtigt, dass der Kläger sechs Eigenbemühungen nachgewiesen habe. Es sei jedenfalls für ihn nicht erkennbar gewesen, dass dies unzureichend sein sollte. Die AA habe ihm nicht gesagt, in welchem Umfang Bewerbungen auf dem allgemein zumutbaren Arbeitsmarkt hätten stattfinden müssen.
Die Dienstanweisung der BA nennt folgende Kriterien:

BA

»Art und zeitlicher Umfang der Eigenbemühungen sind im Einzelfall, insbesondere unter Berücksichtigung des Persönlichkeitsbildes, der persönlichen Leistungsfähigkeit, der Dauer der Arbeitslosigkeit und der realen Eingliederungschancen auf dem Arbeitsmarkt festzulegen.« (DA Nr. 10 zu § 119)

II Was kann Arbeitslosen bei der Beschäftigungssuche zugemutet werden?

Gegen diese Maßstäbe verstößt das oben zitierte Formularschreiben (ebenso Ute Winkler, info also 2001, Heft 2, S. 73). Es fragt nicht, was im Einzelfall angesichts der Fähigkeiten des individuellen Arbeitslosen vernünftig und angemessen ist. Offensichtlich fragt es auch nicht nach den Arbeitsmarktchancen des einzelnen Arbeitslosen. Gefragt ist schlicht »blinder Bewerbungsaktionismus«, der nach Leandro Valgolio (Kasseler Handbuch des Arbeitsförderungsrechts, § 10, RandNr. 238) nicht verlangt werden kann.

Kein »blinder Bewerbungs- aktionismus«

Dass die Anzahl der verlangten Bewerbungen für jeden einzelnen Sozialleistungsempfänger in Abhängigkeit von den konkreten Erfolgschancen festgelegt werden muss, hat das Verwaltungsgericht Hannover (Beschluss vom 18.1.1999, info also 1998, Heft 2, S. 80 ff.) ausführlich begründet (→ S. 491). Es hat insbesondere entschieden, dass das pauschale Verlangen nach fünf Bewerbungen pro Woche so lange rechtswidrig ist, solange das Sozialamt die besonderen Umstände, die eine solche Bewerbungsflut erfolgreich erscheinen lassen, nicht zusammenstellt und darlegt (Beschluss vom 18.1.1999, info also 1999, Heft 2, S. 86 f.). Dies muss erst recht von der AA verlangt werden gegenüber Arbeitslosen, die mit ihren Beiträgen die Arbeit der AA mitfinanzieren.

Uns sind bisher keine ernsthaften Anstrengungen der BA bekannt geworden, detaillierter zu beschreiben, was an Eigenbemühungen zumutbar ist. Einen ersten Versuch hat Winfried Müller, Dozent an der Fachhochschule der BA in Mannheim, gestartet. Wir bringen einige Passagen aus seinem Beitrag »Eigeninitiativen Arbeitsloser – Notwendigkeit, Voraussetzungen und Grenzen« (a+b 2004, Heft 1, S. 4–7):

> »(...) dem Angebot der Vermittlungs- und Beratungsfachkräfte, bedarfsgerecht Auskunft und Rat zu erteilen, [kommt] eine herausragende Bedeutung zu. Denn ehe Forderungen nach Selbstaktivitäten erhoben und gar mit leistungsrechtlichen Sanktionen bestückt werden, muss zunächst im Rahmen fachlich qualifizierter Beratung abgeklärt werden, ob der Arbeitsuchende zur sinnvollen und zweckmäßigen Gestaltung notwendiger Eigenbemühungen überhaupt in der Lage ist und auch, welche Leistungen zur Unterstützung seiner Bemühungen eingesetzt werden können und sollen. Bloße »Hinweise« nach irgendwelchen, u. U. nicht näher beschriebenen Selbstaktivitäten zu geben, ist fachlich und rechtlich unvertretbar. Es zeugt auch von wenig Professionalität, wenn statt erforderlicher Beratung lediglich Merkblätter ausgehändigt werden, die kaum auf den konkreten Einzelfall zugeschnitten sein können. (...)
>
> Die Notwendigkeit, Beratung durch die AA anzubieten, ergibt sich aber auch daraus, dass auf Veranlassung der AA zwar gutgemeinte, aber von vornherein unpassende Eigenaktivitäten der Arbeitslosen den für das Arbeitsamt wichtigen Kunden Arbeitgeber eher verärgern als positiv stimmen. (...)
>
> Die folgenden Beispiele wollen nicht darüber hinwegtäuschen, dass trotz aller Eigenbemühungen der Arbeitsuchenden letztlich der Beschäftigungsbedarf der Arbeitgeber über die Nachfrage nach Arbeitskräften entscheidet.

124 D Zumutbarkeit

Für Bewerber aus dem kaufmännischen Bereich wären an Eigenbemühungen u. a. möglich:
- Erstellung eines Aktivitätenplanes,
- Entwicklung passender Job-Search-Strategien/Selbstvermarktungsstrategien,
- Erstellung zeitgemäßer, aussagefähiger Bewerbungsunterlagen,
- Initiativbemühungen: telefonische, schriftliche Kurzbewerbungen bei festgelegten Arbeitgebern, Bewerbungen/Vorsprachen bei Arbeitnehmerüberlassern,
- persönliche Initiativ-Vorstellung,
- befristete Arbeitsverhältnisse in Suche mit einbeziehen,
- Aufgabe von Stellengesuchen in Zeitungen,
- regelmäßige Auswertung von Stellenanzeigen in Zeitungen etc.,
- wöchentliche Auswertung SIS bzw. Markt & Chance,
- falls möglich, regelmäßig im Internet nach Stellen suchen bzw. sich per E-Mail bewerben,
- Auswertung fehlgeschlagener Bewerbungen bzw. Vorstellungsgespräche,
- Bewerberstrategien/Bewerber-/Vorstellungsverhalten überdenken,
- Freunde/Bekannte in Stellensuche mit einbeziehen/um Rat fragen,
- Mobilitätsbereitschaft/-fähigkeit prüfen (berufliche, geografische und Status-Mobilität),
- Information über Maßnahmen der beruflichen Weiterbildung einholen (z. B. durch IbZ, Besuch im BIZ etc.),
- regelmäßige Vorsprache bei Vermittler/Arbeitsberater,
- Vorsprache bei Bildungsträgern/Dritten,
- Einschaltung privater Arbeitsvermittler (Vermittlungsgutschein nutzen),
- Teilnahme an Seminaren (AA, Dritte, Sonstige),
- Gründung selbstständiger Existenz prüfen,
- Teilnahme an Arbeitslosen-Selbsthilfegruppen/Erfahrensaustausch (...)

Schließlich können die Maximen des § 7 SGB III sinngemäß Anwendung finden:
- Zu verlangende Eigenbemühungen müssen den Fähigkeiten entsprechen,
- die Aufnahmefähigkeit des Arbeitsmarktes muss beachtet werden (...),
- schließlich kann sich anhand der Ergebnisse der Beratungs- und Vermittlungsgespräche arbeitsmarktpolitischer Handlungsbedarf in einer anderen Zielrichtung ergeben (z. B. zunächst Teilnahme an Maßnahme der Eignungsfeststellung, Trainingsmaßnahme etc.).«

Welche Arbeit ist zumutbar?

Zu 2.: Die pauschale Aufforderung, sich auch als Hilfskraft zu bewerben, ist nach unserer Meinung bei höher Qualifizierten aus den auf → S. 129 genannten Gründen unzumutbar.

Zu 3.: Es ist zumutbar, dem Arbeitgeber bei der Bewerbung die Einstellung durch den Hinweis auf von der AA zugesagte Fördermöglichkeiten schmackhaft zu machen.
Zweifel bestehen, ob bei der Bewerbung vom Arbeitslosen Trainingsmaßnahmen oder gar kostenlose Praktika angedient werden müssen.

Beides verlangt vom Arbeitslosen das offene Eingeständnis des geringen Werts oder gar der Wertlosigkeit seiner aktuellen Arbeitskraft. Ein solch beschämendes Eingeständnis verstößt gegen die in § 1 Abs. 1 SGB I ausgesprochene Garantie eines »menschenwürdigen Daseins«.

Zu 4.: »Grundsätzlich hat der Arbeitslose die anlässlich seiner Eigenbemühungen entstehenden notwendigen Aufwendungen selbst zu tragen«, meint die BA in der noch immer geltenden DA Nr. 4 zu § 119. Demgegenüber kann nach Auffassung des Bundesverwaltungsgerichts (a.a.O.) an Eigenbemühungen nur verlangt werden, was nach finanziellen Kräften zumutbar ist.

Nach unserer Meinung sind Alg-Beziehern kostenträchtige Aktivitäten nur zuzumuten, wenn sie von der AA finanziert werden. Seit 2003 gibt es gemäß § 45 SGB III i. V.m. der »Anordnung zur Unterstützung der Beratung und Vermittlung« Bewerbungs- und Reisekosten, ohne dass noch die Bedürftigkeit von der AA geprüft werden muss (Näheres → S. 58). Die AA muss auf die Möglichkeit der Kostenübernahme hinweisen; das folgt aus ihrer Beratungspflicht → S. 41. Dieser Pflicht kommt die AA häufig nicht nach. So taucht in ihrem »Merkblatt für Arbeitslose« weder das Stichwort »Bewerbungskosten« noch das Stichwort »Reisekosten« auf. Ein weiteres Beispiel dafür, dass das Merkblatt inzwischen zum »Pflichtenheft« verkommen ist, das zu Unrecht den Untertitel »Ihre Rechte – Ihre Pflichten« trägt.

Was ist finanziell zumutbar?

Zu 5.: »Auf Verlangen der AA hat der Arbeitslose seine Eigenbemühungen nachzuweisen, wenn er rechtzeitig auf die Nachweispflicht hingewiesen worden ist«, orakelte der still und heimlich abgeschaffte § 119 Abs. 5 Satz 2 SGB III. Dunkel blieb und bleibt, was, wie und nach welchem Hinweis nachgewiesen werden muss (Näheres zur Problematik der Nachweispflicht Ulrich Stascheit, info also 1997, Heft 3, S. 148). Nach Abschaffung des § 119 Abs. 5 Satz 2 SGB III können nach unserer Meinung nur in der Eingliederungsvereinbarung vereinbarte Nachweise verlangt werden.

Nachweis der »Eigenbemühungen«

Stets muss die Art und Weise, wie der Nachweis zu führen ist, zumutbar sein. So wird in aller Regel ein Arbeitsloser seiner Nachweispflicht genügen, wenn er die Behauptung der Beschäftigungssuche durch die Angabe nachprüfbarer Tatsachen untermauert – z.B.: »Ich habe am ... um ... Uhr bei der Fa. ... vorgesprochen; der Personalleiter (oder schon der Pförtner) sagte, sie würden niemanden einstellen.« Unzumutbar wäre es dagegen, den Arbeitslosen zu verpflichten, vom Arbeitgeber eine von diesem zu fertigende Bescheinigung über das erfolglose Vorsprechen zu verlangen. Bei nur 1.000 arbeitslosen Alg-Beziehern, die sich jeweils fünfmal pro Woche bewerben müssten, hätten die Arbeitgeber in einem einzigen AA-Bezirk pro Jahr rund 250.000 Bescheinigungen auszustellen! Diese immense Belastung der Arbeitgeber lässt es auch fraglich erscheinen, ob eine AA – wie im oben zitierten Formularschreiben – verlangen kann, eine dem Arbeitslosen mitgegebene, vorgefertigte Bescheinigung abstempeln und unterschreiben zu lassen.

muss zumutbar sein

Rechtsfolge: Sperrzeit

Wer sich nicht in zumutbarer Weise um zumutbare Arbeit bemüht, muss seit 2005 mit einer Sperrzeit rechnen (§ 144 Abs. 1 Satz 2 Nr. 3 SGB III). Einzelheiten → S. 284.

Die Frage, wie intensiv ein Arbeitsloser sich um Arbeit bemühen muss, wird nicht nur durch §§ 2 Abs. 5 Nr. 1, 119 Abs. 1 Nr. 2, Abs. 4 SGB III aufgeworfen. Sie stellt sich auch nach § 615 Satz 2 BGB, § 11 Nr. 2 KSchG für lohnlose bzw. gekündigte Arbeitnehmer und nach dem Familienrecht für arbeitslose Unterhaltspflichtige und Unterhaltsberechtigte.

2 Lohnlose und gekündigte Arbeitnehmer

Zahlt ein Arbeitgeber keinen Lohn (mehr) und bietet der Arbeitnehmer weiter seine Arbeitskraft an, so hat er Anspruch auf den so genannten Annahmeverzuglohn. Nach § 615 Satz 2 BGB muss der Arbeitnehmer sich allerdings das »anrechnen lassen, was er durch anderweitige Verwendung seiner Dienste ... zu erwerben böswillig unterlässt.« Man spricht hier vom »hypothetischen Lohn«. Auch ein gekündigter Arbeitnehmer, der seinen Kündigungsschutzprozess gewinnt, muss sich den »hypothetischen Lohn« nach § 11 Nr. 2 KSchG anrechnen lassen, wenn er es böswillig unterlässt, eine ihm zumutbare Arbeit anzunehmen.

Sich nicht arbeitsuchend melden erfüllt nach Auffassung des Bundesarbeitsgerichts nicht das Merkmal des böswilligen Unterlassens. Den Arbeitnehmer träfe keine Obliegenheit, die Vermittlung der BA in Anspruch zu nehmen (BAG, Urteil vom 16.5.2000, ZIP 2000, Heft 51–52, S. 2319).

Nachdem neuerdings § 37b Satz 3 SGB III eine Arbeitsuchmeldung auch dann verlangt, wenn noch ein Kündigungsschutzprozess läuft, bezweifeln einige Juristen, ob das BAG bei seiner Meinung bleiben kann (näher zum Streitstand Bernhard Opolony, BB 2004, Heft 25, S. 1388).

3 Arbeitslose Unterhaltspflichtige und arbeitslose Unterhaltsberechtigte

Eingetretene Arbeitslosigkeit kann den Bedarf und die Bedürftigkeit des Unterhaltsberechtigten sowie die Leistungsfähigkeit des Unterhaltsverpflichteten beeinflussen.

Jede Unterhaltspartei hat eine Erwerbsobliegenheit, zu Deutsch: die Pflicht, ihre Arbeitsfähigkeit so gut wie möglich einzusetzen und eine ihr mögliche (zumutbare) Erwerbstätigkeit auszuüben. Unterlässt sie die ihr zumutbaren Anstrengungen der Arbeitsuche (subjektive Bemühungen – vgl. BGH, Urteil vom 15.11.1995, FamRZ 1996, S. 345 f.)

trotz vorhandener realer Beschäftigungschancen (objektive Voraussetzungen – vgl. die vorerwähnte BGH-Entscheidung), wird sie so behandelt, als erziele sie diejenigen Einkünfte, welche ihr bei der ihr möglichen Erwerbstätigkeit zufließen würden; es werden ihr also entsprechende fiktive Einkünfte zugerechnet. Von diesem fiktiven Einkommen wird ihre (rechtliche) Bedürftigkeit bzw. ihre (rechtliche) Leistungsfähigkeit mit bestimmt.

Sowohl ein Unterhaltsberechtigter als auch ein Unterhaltspflichtiger muss im Fall der Arbeitslosigkeit in nachprüfbarer Weise vortragen und gegebenenfalls beweisen, welche Schritte er im einzelnen zu dem Zweck unternommen hat, einen zumutbaren Arbeitsplatz zu finden und sich bietende Erwerbsmöglichkeiten zu nutzen. Über die z.T. komplizierten Einzelfragen der familienrechtlichen Erwerbsobliegenheit informiert Dieter Pauling, info also 2001, Heft 1, S. 10 ff.

III Welche Beschäftigung kann Arbeitslosen zugemutet werden?

Die Zumutbarkeit einer Beschäftigung ist in § 121 SGB III wie folgt geregelt:

»(1) Einem Arbeitslosen sind alle seiner Arbeitsfähigkeit entsprechenden Beschäftigungen zumutbar, soweit allgemeine oder personenbezogene Gründe der Zumutbarkeit einer Beschäftigung nicht entgegenstehen.
(2) Aus allgemeinen Gründen ist eine Beschäftigung einem Arbeitslosen insbesondere nicht zumutbar, wenn die Beschäftigung gegen gesetzliche, tarifliche oder in Betriebsvereinbarungen festgelegte Bestimmungen über Arbeitsbedingungen oder gegen Bestimmungen des Arbeitsschutzes verstößt.
(3) Aus personenbezogenen Gründen ist eine Beschäftigung einem Arbeitslosen insbesondere nicht zumutbar, wenn das daraus erzielbare Arbeitsentgelt erheblich niedriger ist als das der Bemessung des Alg zugrunde liegende Arbeitsentgelt. In den ersten drei Monaten der Arbeitslosigkeit ist eine Minderung um mehr als 20% und in den folgenden drei Monaten um mehr als 30% dieses Arbeitsentgeltes nicht zumutbar. Vom siebten Monat der Arbeitslosigkeit an ist dem Arbeitslosen eine Beschäftigung nur dann nicht zumutbar, wenn das daraus erzielbare Nettoeinkommen unter Berücksichtigung der mit der Beschäftigung zusammenhängenden Aufwendungen niedriger ist als das Arbeitslosengeld.
(4) Aus personenbezogenen Gründen ist einem Arbeitslosen eine Beschäftigung auch nicht zumutbar, wenn die täglichen Pendelzeiten zwischen seiner Wohnung und der Arbeitsstätte im Vergleich zur Arbeitszeit unverhältnismäßig lang sind. Als unverhältnismäßig lang sind im Regelfall Pendelzeiten von insgesamt zweieinhalb Stunden bei einer Arbeitszeit von mehr als sechs Stunden und Pendelzeiten von zwei Stunden bei einer Arbeitszeit von sechs Stunden und weniger anzusehen. Sind in einer Region unter vergleichbaren Arbeitnehmern längere Pendelzeiten üb-

lich, bilden diese den Maßstab. Ein Umzug zur Aufnahme einer Beschäftigung außerhalb des zumutbaren Pendelbereichs ist einem Arbeitslosen zumutbar, wenn nicht zu erwarten ist, dass der Arbeitslose innerhalb der ersten drei Monate der Arbeitslosigkeit eine Beschäftigung innerhalb des zumutbaren Pendelbereichs aufnehmen wird. Vom vierten Monat der Arbeitslosigkeit an ist einem Arbeitslosen ein Umzug zur Aufnahme einer Beschäftigung außerhalb des zumutbaren Pendelbereichs in der Regel zumutbar. Die Sätze 4 und 5 sind nicht anzuwenden, wenn dem Umzug ein wichtiger Grund entgegensteht. Ein wichtiger Grund kann sich insbesondere aus familiären Bindungen ergeben.
(5) Eine Beschäftigung ist nicht schon deshalb unzumutbar, weil sie befristet ist, vorübergehend eine getrennte Haushaltsführung erfordert oder nicht zum Kreis der Beschäftigungen gehört, für die der Arbeitnehmer ausgebildet ist oder die er bisher ausgeübt hat.«

Durch § 121 SGB III wurde der alte § 103 Abs. 2 AFG ersetzt, der »bei der Beurteilung der Zumutbarkeit [vorsah], (...) die Interessen des Arbeitslosen und die der Gesamtheit der Beitragszahler gegeneinander abzuwägen.« Auch die alte ZumutbarkeitsAO, die wenigstens teilweise die Interessen der Arbeitslosen wahrte, gilt nicht mehr.

Die geballte, letztlich aber erfolglose Kritik an § 121 SGB III hat der Bundesrat auf den Punkt gebracht:

Kritik

»Die Verschärfung der Zumutbarkeitsregeln negiert das Problem massiver Unterbeschäftigung aufgrund akuten Mangels an Arbeitsplätzen und fördert lediglich Verdrängungseffekte auf dem Arbeitsmarkt. Darüber hinaus benachteiligen diese Regelungen Frauen überproportional in nicht akzeptabler Weise.« (Entschließung des Bundesrates, BT-Drs. 13/7051, S. 1.)

Wie die Zumutbarkeitsregelung das Arbeits(losen-)leben verschlechtert

Verschlechterungen werden Arbeitslosen zugemutet bei:
1. der beruflichen Qualifikation;
2. der Bezahlung;
3. der Mobilität;
4. sonstigen Arbeitsbedingungen.

1 Die Entwertung der beruflichen Qualifikation

Schon zu AFG-Zeiten gab es in der Arbeitslosenversicherung keinen dauerhaften »Berufsschutz«; immerhin wurde aber die Qualifikation des Arbeitslosen dadurch geschützt, dass die AA erst nach einer gewissen Zeit dem Arbeitslosen eine Arbeit auf der nächstniederen von fünf Qualifikationsstufen zumuten konnten. Eine Möglichkeit, die die AA erfreulicherweise nur selten nutzten.

Das sollte mit dem SGB III geändert werden. Ausgehend von dem in § 121 Abs. 1 SGB III aufgenommenen Grundsatz »Einem Arbeitslosen sind alle seiner Arbeitsfähigkeit entsprechenden Beschäftigungen zumutbar«, bestimmt § 121 Abs. 5 SGB III jetzt:

»Eine Beschäftigung ist nicht schon deshalb unzumutbar, weil sie ... nicht zum Kreis der Beschäftigungen gehört, für die der Arbeitnehmer ausgebildet ist oder die er bisher ausgeübt hat.«

Ein Hohn für die Qualifikation

Damit soll die sofortige Dequalifizierung Arbeitsloser möglich werden. Mit § 121 Abs. 5 SGB III fällt der Gesetzgeber hinter das AVAVG von 1927 zurück. Nach § 90 Abs. 3 AVAVG konnte ein Arbeitsloser immerhin neun Wochen lang eine Arbeit ablehnen, »weil sie ihm nach seiner Vorbildung oder seiner früheren Tätigkeit nicht zugemutet werden kann«.

Die umstandslose Dequalifizierung wird selbst von der BA kritisiert. Sie hält die Regelung aus folgenden Gründen für verfehlt (vgl. zu den Einwänden der BA: »Härtere Zumutbarkeitskriterien entlasten den Arbeitsmarkt nicht«, Frankfurter Allgemeine Zeitung vom 30.1.1996; Präsident a. D. Jagoda und stellvertretende DGB-Vorsitzende Engelen-Kefer, BT-Drs. 13/5936):

Arbeitsmarktpolitische Kritik

- nicht die fehlende Motivation des Arbeitslosen, sondern fehlende Stellen sind das Problem;
- § 121 Abs. 5 SGB III schafft keine neuen Stellen;
- minderqualifizierte Bewerber werden durch höher qualifizierte Bewerber verdrängt;
- die Bereitschaft der Arbeitgeber, Arbeitslose mit höherer Qualifikation auf geringer bewerteten Arbeitsplätzen einzustellen, ist wegen der Demotivierung der Qualifizierten und deren Wunsch, sich schnell auf bessere Arbeitsstellen zu bewerben, gering.

Sollten trotz der guten Einwände der früheren Spitze der BA die AA-Mitarbeiter qualifiziertere Arbeitslose in unterqualifizierte Beschäftigungen drücken wollen, Ihnen gar eine Sperrzeit bei Ablehnung einer Arbeit auf niedrigerer Qualifikationsstufe aufbrummen, so könnten folgende juristische Argumente hilfreich sein:

Juristische Gegenwehr

- § 121 Abs. 5 SGB III steht – würde er uneingeschränkt angewandt – im Widerspruch zu einem Grundprinzip des Sozialgesetzbuchs. Nach § 1 Abs. 1 Satz 2 SGB I soll das SGB »dazu beitragen, den Erwerb des Lebensunterhaltes durch eine frei gewählte Tätigkeit zu ermöglichen«. § 121 Abs. 5 SGB III ist im Lichte dieses Grundprinzips auszulegen. § 1 Abs. 1 Satz 2 SGB I verbietet jede vorschnelle Herabqualifizierung.

- Nach § 35 Abs. 2 Satz 2 SGB III hat die AA bei der Vermittlung die Neigung, Eignung und Leistungsfähigkeit des Arbeitslosen zu berücksichtigen. Diese Vermittlungsgrundsätze wirken sich auf die Zumutbarkeit von Beschäftigungen aus (Ute Winkler, info also 2001, Heft 2, S. 73 unter Hinweis auf BSG, Urteil vom 30.11.1973 – 7 RAr 43/73, DBlR Nr. 1790a zu § 119 AFG).

- Da § 1 Abs. 1 Satz 2 SGB I und § 35 Abs. 2 Satz 2 SGB III zudem »Ausführungsbestimmungen« der in Art. 12 GG garantierten Grundrechte auf Berufswahlfreiheit und freie Wahl des Arbeitsplatzes sind, wäre eine umstandslose, vorschnelle Herabstufung von Arbeitslosen auch verfassungswidrig. Zwar garantiert Art. 12 GG keinen Berufs- und Arbeitsplatzschutz; er lässt vielmehr unter strengen Voraussetzungen Eingriffe zu, z. B. im Interesse der Versichertengemeinschaft. Die Beitragszahler haben aber – wie die Einwände der BA zeigen – kein Interesse an der Herabqualifizierung: insbesondere werden kaum Leistungen gespart; der verdrängte Arbeitslose aus der niederen Qualifikationsstufe bleibt weiter im Leistungsbezug. Möglicherweise kostet er wegen günstiger Steuerklasse oder wegen »Kinderzuschlags« sogar mehr!

- Zudem wird die Qualifikation des herabgestuften Arbeitslosen entwertet. Das ist nicht nur arbeitsmarktpolitisch unsinnig. Das widerspricht auch einem mit dem Job-AQTIV-Gesetz ausdrücklich ins Gesetz aufgenommenen Ziel der Arbeitsförderung. Nach § 1 Abs. 2 Nr. 4 SGB III sollen die Leistungen der Arbeitsförderung »unterwertiger Beschäftigung entgegenwirken«. Dieses Ziel würde durch ein vorschnelles, umstandsloses Runterdrücken Arbeitsloser ins Gegenteil verkehrt.

Will die AA die Vermittlungsgrundsätze nach § 35 Abs. 2 Satz 2 SGB III respektieren und nicht einen Verstoß gegen § 1 Abs. 1 Satz 2 SGB I, § 1 Abs. 2 Nr. 4 SGB III und gegen Art. 12 GG riskieren, darf es § 121 Abs. 5 SGB III nur sehr zurückhaltend einsetzen (zur Bedeutung des Rechts auf Berufsfreiheit nach Art. 12 GG bei der Anwendung von § 121 SGB III eingehend Horst Steinmeyer, in: Gagel, SGB III Kommentar, § 121, RandNrn. 27–40, 46–48).

Den rechten Weg weist der alte RdErl. 100/82 der BA, der übrigens auf Druck der damaligen Bundesregierung erlassen wurde. Danach durfte eine Vermittlung auf einer niedrigen Qualifikationsstufe nur erfolgen, wenn

- alle Vermittlungsbemühungen auf der Qualifikationsstufe des Arbeitslosen ausgeschöpft waren und

- für die Stelle der niedrigen Qualifikationsstufe trotz angemessener Vermittlungsbemühungen in einer Frist von in der Regel drei Wochen kein Arbeitsloser der entsprechenden Qualifikationsstufe vermittelt werden konnte.

Allein dieses stufenweise Vorgehen entspricht dem Zweck des § 121 SGB III, den die Bundesregierung wie folgt beschreibt:

»Die Neuregelung der Zumutbarkeitsvorschriften (...) soll vielmehr dazu beitragen, (...) offene Arbeitsstellen, **die sonst nicht besetzt werden können**, (...) zu besetzen.« (BT-Drs. 13/5730, S. 2)

Solange die AA nicht nachweist, dass eine freie Stelle nicht mit einem minderqualifizierten Arbeitslosen besetzt werden kann, entfällt der von der Bundesregierung genannte Grund für eine Herabstufung höher Qualifizierter. Wir raten deshalb allen Arbeitslosen, sich gegen die auf § 121 Abs. 5 SGB III gestützte voreilige Zumutung niederqualifizierter Arbeit mit Widerspruch und Klage (→ S. 552 ff.) zu wehren.

2 Die schnellere Absenkung des Arbeitsentgelts

Sehr schnell kann durch § 121 Abs. 3 SGB III eine schlechter bezahlte Stelle zugemutet werden. Wie sich Arbeitslose finanziell verschlechtern und warum, fasst die Begründung zu § 121 Abs. 3 SGB III folgendermaßen zusammen:

> »Da das Arbeitslosengeld die Aufgabe hat, das Entgelt teilweise zu ersetzen, das der Arbeitslose wegen der Arbeitslosigkeit nicht verdienen kann, ist dem Arbeitslosen jede Beschäftigung zumutbar, die den Entgeltausfall in zumutbarer Weise ausgleicht. Dies ist nach der Vorschrift der Fall, wenn das Arbeitsentgelt einer Beschäftigung in den ersten drei Monaten der Arbeitslosigkeit nicht mehr als 20 % und in den folgenden drei Monaten nicht mehr als 30 % unter dem Arbeitsentgelt liegt, nach dem das Arbeitslosengeld bemessen wurde. Vom siebten Monat der Arbeitslosigkeit an kann dem Arbeitslosen zugemutet werden, für ein Nettoarbeitsentgelt zu arbeiten, das seinem Arbeitslosengeld entspricht.« (BT-Drs. 13/4941, S. 238.)

Jeder Leistungsempfänger muss also das angebotene Nettoentgelt mit seinem Alg vergleichen.

Die AA spricht deshalb vom »Vergleichseinkommen«. Vergleichseinkommen ist das pauschalierte Nettoeinkommen.

Vergleichseinkommen

> »Aus verwaltungspraktischen Gründen bestehen keine Bedenken, als Nettoeinkommen das Leistungsentgelt nach § 136 SGB III [seit 2005 nach § 133 SGB III] zugrunde zu legen.« (so DA, RandNr. 6 zu § 121.)

Pauschaliertes Netto-Vergleichseinkommen

Wer also wissen will, ob das angebotene niedrige Bruttoeinkommen unzumutbar niedrig ist, muss das dem Bruttoentgelt entsprechende so genannte Leistungsentgelt (= pauschaliertes Nettoentgelt) suchen (→ S. 174) und dieses Leistungsentgelt dann mit seinem Alg vergleichen.

Nach sechs Monaten Arbeitslosigkeit muss nicht das Nettoeinkommen, sondern das Nettoeinkommen nach Abzug »der mit der Beschäftigung zusammenhängenden Aufwendungen« über dem Alg liegen. Aufwendungen sind auf jeden Fall die Werbungskosten. Da diese zu Beginn einer Berufstätigkeit nicht immer präzise festzustellen sind, muss mindestens der Pauschalbetrag nach § 9a EStG berücksichtigt werden (so Horst Steinmeyer, in: Gagel, SGB III Kommentar, RandNr. 76 zu § 121). Dieser aus »verwaltungspraktischen Gründen«

Aufwendungen: insbesondere Werbungskosten

(auf diese beruft sich die BA selbst bei der pauschalierten Ermittlung des Vergleichseinkommens) geforderten Pauschalierung folgen die AA nicht; sie verlangen Einzelnachweise der Aufwendungen.

Auch Kinderbetreuungskosten?

Kinderbetreuungskosten will die BA (DA, RandNr. 97 zu § 119) nicht als Aufwendungen anerkennen. Wir sind anderer Meinung, da durch die Aufnahme der Beschäftigung erst die Kinderbetreuung durch Dritte notwendig wird und während der Arbeitslosigkeit die Arbeitslose ihre Kinder ohne Einfluss auf die Verfügbarkeit selbst betreuen darf (BSG, Urteil vom 25.4.1991 – 11 RAr 9/90, SozR 3-4100 § 134 Nr. 7).

Bis 1997 war nach § 5 Abs. 1 der ZumutbarkeitsAO eine Beschäftigung unzumutbar, wenn Tatsachen die Annahme rechtfertigten, dass für die angebotene Beschäftigung nicht das tarifliche oder, soweit eine tarifliche Regelung nicht bestand, das für den Beruf ortsübliche Arbeitsentgelt gezahlt wurde.

Zwar ist auch heute noch eine Beschäftigung nicht zumutbar, wenn sie gegen tarifliche oder in Betriebsvereinbarungen festgelegte Bestimmungen über Arbeitsbedingungen verstößt (§ 121 Abs. 2 SGB III); es kommt jedoch nicht mehr darauf an, ob dem Arbeitslosen das tarifliche bzw. bei Fehlen einer tariflichen Regelung das ortsübliche Arbeitsentgelt geboten wird.

Grenze: Tariflohn nur bei Tarifbindung

Das Tarifentgelt spielt nur noch eine Rolle, wenn der Arbeitnehmer selbst tarifgebunden und bei einem tarifgebundenen Arbeitgeber beschäftigt ist. Oder wenn das Beschäftigungsverhältnis von einem allgemeinverbindlichen Tarifvertrag erfasst wird. Darüber hinaus ist das tarifliche Entgelt nicht mehr der Maßstab für die Zumutbarkeit der Beschäftigung.

Allerdings nutzt Ihnen auch bei beiderseitiger Tarifbindung oder Allgemeinverbindlicherklärung ein Tariflohn nur wenig, wenn Sie sich von der AA auf die Dequalifizierungsrutsche (→ S. 128) setzen lassen. Lässt ein Maschinenbauingenieur sich erst einmal eine Hilfsarbeiterstelle zumuten, so gilt nur noch der niedrige Tariflohn eines Hilfsarbeiters. Deshalb ist es so wichtig, sich gegen jede Stelle auf niederem Qualifikationsniveau mit den auf → S. 128 genannten Gründen zu wehren.

Gesetzliche Grenze: Mindestlohn

Löhne, die gegen gesetzliche Bestimmungen verstoßen, sind gemäß § 121 Abs. 2 SGB III unzumutbar. Leider gibt es gesetzliche Mindestlöhne nur aufgrund § 1 Abs. 3a Arbeitnehmer-EntsendeG im

- **Baugewerbe**
  (Vierte VO über zwingende Arbeitsbedingungen im Baugewerbe vom 13.12.2003, BAnz Nr. 242 vom 30.12.2003, S. 26093, i. V. m. Tarifvertrag Mindestlohn vom 29.10.2003, BArbBl 2004, Heft 7/8, S. 39 ff.).
  Der Mindeststundenlohn beträgt (einschließlich Bauzulage):

III Welche Beschäftigung kann Arbeitslosen zugemutet werden?

Baugewerbe

vom 1.9.2004 – 31.8.2005			
in den alten Bundesländern		Lohngruppe 1	10,36 €
		Lohngruppe 2	12,47 €
in den neuen Bundesländern		Lohngruppe 1	8,95 €
		Lohngruppe 2	10,01 €
ab 1.9.2005			
in den alten Bundesländern		Lohngruppe 1	10,54 €
		Lohngruppe 2	12,68 €
in den neuen Bundesländern		Lohngruppe 1	9,10 €
		Lohngruppe 2	10,18 €

- **Abbruchgewerbe**
(VO über zwingende Arbeitsbedingungen im Abbruchgewerbe vom 24.3.2004, BAnz Nr. 62 vom 30.3.2004, S. 6657, i. V. m. Tarifvertrag Mindestlohn Abbruch vom 25.11.2003, BArbBl 2004, Heft 7/8, S. 36 f.).
Der Mindeststundenlohn beträgt:

Abbruchgewerbe

in den alten Bundesländern	Mindestlohngruppe 1	Hilfskräfte	9,49 €
	Mindestlohngruppe 2	Fachwerker, Abbruch-, Bohr- und Sägehelfer	11,60 €
in den neuen Bundesländern	Mindestlohngruppe 1	Hilfskräfte	8,95 €
	Mindestlohngruppe 2	Fachwerker, Abbruch-, Bohr- und Sägehelfer	10,01 €

- **Maler- und Lackiererhandwerk**
(VO über zwingende Arbeitsbedingungen im Maler- und Lackiererhandwerk vom 25.5.2004, BAnz Nr. 99 vom 28.5.2004, S. 11405, i. V. m. Tarifvertrag Mindestlohn vom 6.2.2004, BArbBl 2004, Heft 7/8, S. 47 f.).
Der Mindeststundenlohn beträgt:

Maler-/Lackiererhandwerk

vom 1.4.2005 – 31.3.2006		
in den alten Bundesländern	für Ungelernte	7,85 €
	für Gesellen	10,73 €
in den neuen Bundesländern	für Ungelernte	7,15 €
	für Gesellen	9,37 €

D Zumutbarkeit

■ **Dachdeckerhandwerk**
(Dritte VO über zwingende Arbeitsbedingungen im Dachdeckerhandwerk vom 25.5.2004, BAnz Nr. 99 vom 28.5.2004, S. 11406, i. V. m. Tarifvertrag Mindestlohn vom 17.3.2004, BArbBl 2004, Heft 7/8, S. 49).
Der Mindeststundenlohn beträgt:

Dachdeckerhandwerk

ab 1.1.2005	9,49 €
ab 1.1.2006	11,60 €

Verfassungsrechtliche Grenze?

Mangels sonstiger gesetzlicher Mindestlohnbestimmungen ist zu fragen, ob das Verfassungsrecht Arbeitslose davor schützt, durch staatlichen Zwang in eine Arbeit getrieben zu werden, in der so niedrige Löhne gezahlt werden, dass die Existenz nicht mehr gesichert ist.

Ansätze zu einem solchen Schutz gibt es: Art. 4 Abs. 1 der Europäischen Sozialcharta und Art. 7 des Internationalen Pakts über wirtschaftliche und kulturelle Rechte (UN) gewährleisten ein Recht auf einen Lohn, der einen angemessenen Lebensstandard/Lebensunterhalt für die Arbeitnehmer und ihre Familien sichert.

Art. 166 Abs. 2 der Bayerischen Verfassung räumt jedermann das Recht ein, »sich durch Arbeit eine auskömmliche Existenz zu schaffen«. Art. 48 Abs. 1 der Verfassung des Landes Brandenburg garantiert jedem Einzelnen, »seinen Lebensunterhalt durch frei gewählte Arbeit zu verdienen«.*

Allerdings sind sich Verfassungsjuristen darüber einig, dass es sich bei diesen Verfassungsbestimmungen nur um so genannte »Programmsätze« handelt, weil – so der Bayerische Staatsgerichtshof – der Staat nicht imstande sei, jedem Bürger eine auskömmliche Existenz durch Arbeit zu schaffen. Darum geht es beim Streit um § 121 Abs. 3 Satz 3 SGB III aber gar nicht. Die Frage ist vielmehr, ob der Bürger nicht kraft Verfassung gegen staatlich verordneten Zwang geschützt wird, für Hungerlöhne (und solche sind regelmäßig die von § 121 Abs. 3 Satz 3 SGB III zugemuteten Löhne in Alg-Höhe) zu arbeiten.

Art. 12 Abs. 1 GG

Schutz dagegen könnte Art. 12 Abs. 1 GG bieten. Art. 12 Abs. 1 GG garantiert das Recht, den Beruf frei von staatlichen Reglementierungen ausüben zu dürfen. Dieses Abwehrrecht hat das Bundesverfassungsgericht konkretisiert:

---

* Christdemokraten, denen diese Garantie nicht behagt, seien an die Enzyklika »Centesimus Annus« von Papst Johannes Paul II erinnert: »Gesellschaft und Staat müssen für ein angemessenes Lohnniveau sorgen, dass dem Arbeiter und seiner Familie den Unterhalt sichert und die Möglichkeit zum Sparen erlaubt.«

»Die Freiheit, einen Beruf auszuüben, ist untrennbar verbunden mit der Freiheit, eine angemessene Vergütung zu fordern. Gesetzliche Vergütungsregelungen sind daher am Maßstab des Art. 12 I GG zu messen. Das gilt nicht nur für Vorschriften, die die Anspruchsgrundlage selbst betreffen; auch Regelungen, die lediglich die Durchsetzung von Vergütungsansprüchen beschränken, fallen in den Schutzbereich des Art. 12 I GG.« (BVerfG in ständiger Rechtsprechung, zuletzt Beschluss vom 30.3.1993, NJW 1993, Heft 44, S. 2861, mit weiteren Nachweisen.)

Allerdings hat das Bundesverfassungsgericht diesen Schutz bisher nur der Vergütung freier Berufe (z. B. Rechtsanwälten und Konkursverwaltern) angedeihen lassen. Es ist aber nicht einzusehen, warum der Schutz gegen staatliche Einschränkungen bei der Durchsetzung einer angemessenen Vergütung nicht auch für abhängig Beschäftigte, die durch ihre Beiträge die Arbeitslosenversicherung mitfinanzieren, gelten soll. Sind diese doch in höherem Maße von der Vergütung abhängig und damit schutzwürdiger als die oft vermögenden Freiberufler. Schützte man über Art. 12 Abs. 1 GG nur die Vergütung der freien Berufe, würde das den Verdacht verstärken, die Berufsfreiheitsgarantie sei in der Verfassungswirklichkeit zu einem nur das Recht der freien Berufe erweiternden Grundrecht der Gewerbefreiheit verengt worden.

Ein gesetzlicher Eingriff in die Freiheit, eine angemessene Vergütung zu fordern, verstößt allerdings nach Auffassung des Bundesverfassungsgerichts nur dann gegen Art. 12 Abs. 1 GG, wenn
- der Eingriff schwerwiegend ist; und
- nicht dem Gemeinwohl dient; und
- unverhältnismäßig ist.

Gemessen an diesen Kriterien verstößt § 121 Abs. 3 Satz 3 SGB III gegen die grundrechtlich gewährleistete Berufsfreiheit aus Art. 12 Abs. 1 GG. In die Freiheit der Berufswahl wird eingegriffen, wenn durch eine gesetzliche Regelung »die wirtschaftliche Grundlage der Berufsausübung gefährdet wird« (BVerfG a.a.O., S. 2861). § 121 Abs. 3 Satz 3 SGB III gefährdet nicht nur die wirtschaftliche Grundlage der Arbeitnehmer; durch den Zwang, Arbeit zu Löhnen anzunehmen, die den Lebensunterhalt nicht sichern, wird Arbeitnehmern die wirtschaftliche Grundlage entzogen. Das ist ein schwerwiegender Eingriff. Dem kann nicht entgegengehalten werden, auch ohne Arbeit habe der Arbeitslose ja nur die Alg-Leistung. Dabei wird übersehen, dass ein Leistungsbezieher durch eine neue Nebentätigkeit 165 € netto im Monat anrechnungsfrei hinzuverdienen kann; eine Möglichkeit, die ihm durch § 121 Abs. 3 Satz 3 SGB III ersatzlos genommen wird.

Schwerwiegende Eingriffe in die Freiheit der Berufsausübung können höchstens im Interesse des Gemeinwohls gerechtfertigt werden. § 121 Abs. 3 Satz 3 SGB III diente dem Gemeinwohl, wenn durch niedrige Löhne Arbeitslosigkeit verhindert und die damit verbundenen Kosten für Solidargemeinschaft und Steuerzahler gesenkt würden. Dafür gibt es keinen empirischen Beleg. So haben beispielsweise die niedrigen Löhne in den neuen Bundesländern nicht zur Verminderung der Arbeitslosigkeit geführt. Niedrigstlöhne dienen auch deshalb nicht dem Gemeinwohl, weil sie zu niedrigen Beiträgen in der Sozialversicherung und zu Lohnsteuerausfällen führen. »Die finanzielle Stabilität des Systems der sozialen Sicherung ist Gemeinwohlbelang von hoher Bedeutung« (so das BVerfG in ständiger Wiederholung, zuletzt Beschluss vom 3.4.2001, ZIP 2001, Heft 4, S. 1066 ff. [1069]).

§ 121 Abs. 3 Satz 3 SGB III dient nicht nur nicht dem Gemeinwohl; er widerspricht vielmehr dem Gemeinwohl; denn mit dem Zwang zur Arbeit mit einem Lohn in Alg-Höhe wird – jedenfalls beim 60%-Alg – der Tatbestand des Lohnwuchers und damit der Sittenwidrigkeit erfüllt (näher hierzu unten). Ein schwerwiegender und zudem sittenwidriger Eingriff in das Grundrecht der freien Ausübung des Berufs verstößt stets gegen Art. 12 Abs. 1 GG.

Wir zweifeln allerdings, ob Arbeitslose aus Art. 12 Abs. 1 GG wirklich Honig saugen können. Nach dem Aufsatz des Präsidenten des Bundesverfassungsgerichts, Hans-Jürgen Papier, zu »Arbeitsmarkt und Verfassung« (RdA 2000, Heft 1, S. 1–7) ist Skepsis angebracht:

> »Eingehung und Ausgestaltung von Arbeitsverhältnissen sind stets zweiseitige Wahrnehmungen des Grundrechts der Berufsfreiheit. Nicht nur der Arbeitnehmer, auch der Arbeitgeber übt insoweit seine berufsgrundrechtliche Freiheit aus.«

Hier wird deutlich, dass Art. 12 Abs. 1 GG letztlich zu einem Recht auf ungestörte Gewerbefreiheit heruntergekommen ist. Dementsprechend kommt Papier auch die für Arbeitslose existenzielle Frage, ob Art. 12 Abs. 1 GG es zulässt, Arbeitgebern durch die AA über § 121 Abs. 3 SGB III Arbeitnehmer zu Hungerlöhnen zuzutreiben, nicht in den Blick.

Wir steigen deshalb vom wankenden Podest hehrer Verfassungsargumentation hinab in die Niederungen einfacher Gesetze.

Grenze aus § 1 Abs. 1 Satz 2 SGB I

Nach § 1 Abs. 1 Satz 2 SGB I soll das Sozialgesetzbuch dazu beitragen, »den Erwerb des Lebensunterhalts durch eine frei gewählte Tätigkeit zu ermöglichen«. Dem widerspricht § 121 Abs. 3 Satz 3 SGB III. Er ermöglicht nicht den Erwerb des Lebensunterhalts, sondern vereitelt ihn. Da § 1 Abs. 1 Satz 2 SGB I die Grundnorm unseres Sozial-(versicherungs-)rechts ist, kann ohne Änderung dieser Grundnorm der Gesetzgeber nicht bei einzelnen Sozialgesetzbüchern ohne plausible Begründung arbeitslose Versicherungsnehmer in Arbeit zwingen, deren Vergütung auch nicht annähernd den Lebensunterhalt deckt.

III Welche Beschäftigung kann Arbeitslosen zugemutet werden?

Eine letzte Grenze gegen die rücksichtslose Herabstufung gemäß § 121 Abs. 3 Satz 3 SGB III ergibt sich aus § 36 Abs. 1 SGB III. Die AA darf danach nicht in Arbeits- und Ausbildungsverhältnisse vermitteln, deren Bedingungen gegen die guten Sitten verstoßen. Gegen die guten Sitten verstößt jeder Lohnwucher. Was Lohnwucher ist, ist in § 291 StGB und in § 138 Abs. 2 BGB geregelt.

Grenze aus § 36 Abs. 1 SGB III

Sittenwidrigkeit Lohnwucher

§ 291 Abs. 1 Satz 1 Nr. 3 StGB lautet:

> »Wer die Zwangslage (...) eines anderen dadurch ausbeutet, dass er sich oder einem Dritten (...) für eine sonstige Leistung (...) Vermögensvorteile versprechen oder gewähren lässt, die in einem auffälligen Missverhältnis zu der Leistung (...) stehen, wird (...) bestraft«.

Nach § 138 Abs. 2 BGB ist ein solches wucherisches Geschäft nichtig.

Wir vermuten, dass in vielen Fällen ein gemäß §§ 121 Abs. 3 Satz 3 SGB III zugemuteter Nettolohn in Höhe jedenfalls der 60%-Alg-Leistung lohnwucherisch ist.

Lohnwucher vorprogrammiert

Lohnwucher liegt bei »auffälligem Missverhältnis« zwischen Lohn und Leistung vor. Da der Gesetzgeber das »auffällige Missverhältnis« nicht bestimmt hat, kommt es darauf an, wann für die Gerichte das »auffällige Missverhältnis« beginnt.

»Auffälliges Missverhältnis« von Lohn und Leistung

- Der 1. Strafsenat des Bundesgerichtshofs hat ein »auffälliges Missverhältnis« zwischen Arbeitsleistung und Lohn festgestellt, wenn der angebotene Lohn um ca. 33% unter dem Tariflohn liegt (BGH, Urteil vom 22.4.1997, BB 1997, Heft 42, S. 2166; NJW 1997, Heft 40, S. 2689).

BGH in Strafsachen

Die Arbeitsgerichte hatten in den letzten Jahren vereinzelt über Lohnwucher zu entscheiden.

- So hat z.B. das Arbeitsgericht Bremen den von einer Verleihfirma einer Lager- und Produktionshelferin angebotenen Stundenlohn in Höhe von 11,50 DM brutto für lohnwucherisch niedrig gehalten. Der Lohn liege
  - um über 40% unter dem vom Statistischen Landesamt ermittelten Durchschnittslohn für Hilfsarbeiterinnen in Bremen;
  - um über 36% unter dem Mindeststundenlohn für gewerbliche Hilfskräfte im Baugewerbe (2001/2002 in den alten Bundesländern: 9,26 € ohne Bauzuschlag); dieser biete sich als Vergleichsmaßstab für ungelernte gewerbliche Arbeiter an;
  - um fast 30% unter dem Tariflohn für Lagerarbeiter;
  - fast 20% unter der (bis 2001 geltenden) Pfändungsfreigrenze;
  - unter dem Sozialhilfebedarf der Arbeiterin, wenn man die Miete, wenigstens einen Teil der Einmaligen Beihilfen und den Mehrbedarfszuschlag für Erwerbstätige berücksichtige.

ArbG Bremen

Das Arbeitsgericht Bremen hat insbesondere betont, dass bei an sich schon niedrigen Hilfsarbeiterlöhnen ein besonders strenger Maßstab angelegt werden müsse (Urteil vom 30.8.2000 – Az.: Ca 5152, 5198/00, AiB 2001, Heft 10, S. 610 ff.; NZA-RR 2001, S. 27 ff.).

BAG

- Das BAG hat die Wuchergrenze bisher nicht genau bestimmt. Mit Urteil vom 23.5.2001 (EWiR 2002, Heft 10, S. 419 f., Kurzkommentar von Peter Hanau) hat das BAG ein Gehalt von 70% des üblichen Gehalts nicht als lohnwucherisch niedrig angesehen. Dabei ging es um ein Architektengehalt und nicht um den Niedriglohnsektor.

Mit Urteil vom 24.3.2004 (AuR 2004, Heft 5, S. 189) hat es einen Stundenlohn von 11,99 DM für einen bei einem Zeitarbeitsunternehmen beschäftigten Lager-/Versandarbeiter u.a. deshalb nicht als unangemessen niedrig angesehen, weil es der bei dem Zeitarbeitsunternehmen geltende Tariflohn war. Anders als beispielsweise das Arbeitsgericht Bremen lässt das BAG im Übrigen den Sozialhilfebedarf nicht als Maßstab gelten.

Ausbildungsverhältnisse

Bei Ausbildungsverhältnissen ist eine Ausbildungsvergütung unangemessen niedrig i.S. § 10 Abs. 1 BBiG, wenn sie 20% unter Tarif oder unter der Empfehlung von Kammern oder Innungen liegt (so BAG, Urteil vom 25.7.2002, DB 2003, Heft 32, S. 1744); das Angebot einer Ausbildungsstelle, in der weniger als 80% der normalen Ausbildungsvergütung gezahlt wird, ist deshalb unzumutbar.

Geförderte Ausbildungsverhältnisse

Das müsste eigentlich erst recht gelten, wenn die Ausbildungsstelle durch öffentliche Mittel bezuschusst wird. Anderer Ansicht ist das LAG Brandenburg (Urteil vom 2.7.1999, info also 2001, Heft 1, S. 28); es hielt eine Ausbildungsvergütung in Höhe von 400 DM (statt 740 DM nach Tarif) für angemessen, weil der Bildungsträger und der Malermeister, in dessen Betrieb die praktische Ausbildung geschah, nur 400 DM Zuschuss bekämen.

Nach einem Urteil des BAG (vom 24.10.2002, EWiR 2003, Heft 14, S. 673, Kurzkommentar von v. Hoyningen-Huene) ist bei überbetrieblichen Ausbildungen bei gemeinnützigen Bildungsträgern, die ausschließlich durch öffentliche Gelder und private Spenden zur Schaffung zusätzlicher Ausbildungsplätze finanziert werden und zudem für den Ausbilder mit keinerlei finanziellen Vorteilen verbunden sind, die vereinbarte Vergütung nicht an der tariflich geregelten Ausbildungsvergütung zu messen. Entscheidend ist, ob die Vergütung fühlbar zu den Lebenshaltungskosten des Auszubildenden beitragen kann. Das hat das BAG im vorliegenden Fall noch bejaht, obwohl die Ausbildungsvergütung nur 35% der tariflichen Ausbildungsvergütung betrug.

- Das BSG hatte bisher über keinen Fall von Lohnwucher zu entscheiden.

  Das SG Berlin hat mit Urteil vom 18.1.2002 (info also 2002, Heft 3, S. 114 ff.) eine Sperrzeit wegen Arbeitsablehnung aufgehoben, weil der angebotene Stundenlohn von 11 DM lohnwucherisch niedrig sei. Das Sozialgericht hält in Übereinstimmung mit dem Bundesgerichtshof in Strafsachen einen Lohn in Höhe von zwei Dritteln des einschlägigen Vergleichslohns für unangemessen niedrig.

Sozialgerichte

Das SG Fulda hat mit Urteil vom 17.3.2004 (info also 2004, Heft 5, S. 217 ff.) eine Sperrzeit wegen Arbeitsaufgabe aufgehoben, weil der gezahlte Stundenlohn (4,10 €) lohnwucherisch niedrig sei:

»Jedenfalls bei Niedriglöhnen kann (...) nicht von Lohnwucher erst dann ausgegangen werden, wenn der Tariflohn um ein Drittel unterschritten ist. Die Kammer schließt sich insoweit der Auffassung des Arbeitsgerichts Bremen an, dass bei einem an sich schon niedrigen Hilfsarbeiterlohn ein besonders strenger Maßstab angelegt werden muss. (...)
Von Lohnwucher [ist] unabhängig von diesen Prozentzahlen jedenfalls dann auszugehen, wenn bei einer Vollzeittätigkeit ein Lohn angeboten wird, der für einen Alleinstehenden noch unter dem nach der Düsseldorfer Tabelle als Existenzminimum festgelegten Selbstbehalt liegt, der 2002 720 Euro betrug. (...)
Darüber hinaus unterschritt der Nettolohn von 704 Euro auch die Pfändungsfreigrenze; auch dies ist ein Indiz für Lohnwucher.«

Die BA geht bei einem Lohn, der 30 % und mehr unter dem tariflichen (oder ortsüblichen) Lohn liegt, von Lohnwucher aus. So ausdrücklich die »Durchführungshinweise der BA zum SGB II«, RandNr. 10.3 zu § 10 SGB II. Was für die Zumutbarkeit nach § 10 Abs. 2 Nr. 4 SGB II gilt, muss erst recht für die Zumutbarkeit nach § 121 Abs. 3 SGB III gelten.

BA!

Nicht nur § 138 Abs. 2 BGB und § 291 Abs. 1 StGB sanktionieren das Missverhältnis von Lohn und Arbeitsleistung. Auch das Schwarzarbeitsbekämpfungsgesetz bestraft es. Nach § 10 SchwarzArbG wird mit Freiheitsstrafe bis zu fünf Jahren bestraft, wer einen Ausländer ohne Genehmigung »zu Arbeitsbedingungen beschäftigt, die in einem auffälligen Missverhältnis zu den Arbeitsbedingungen deutscher Arbeitnehmer stehen, die die gleiche oder eine vergleichbare Tätigkeit ausüben«. Auffälliges Missverhältnis wird hier bei einem Lohnunterschied von mehr als 20 % angenommen. Gesetzgeber und BA messen also mit unterschiedlichem Maß: Wer seinen Schwiegervater von einer kroatischen Pflegekraft ohne anerkannte Ausbildung auf eigene Kosten rund um die Uhr pflegen lässt, steht mit einem Bein im Gefängnis, wenn er es wagt, z. B. nur 78 % des üblichen Lohns zu zahlen. Dagegen soll es zulässig sein, eine kinderlose Alg-Bezieherin nach sechsmonatiger Arbeitslosigkeit zu einem Lohn zu verdonnern, der nur 60 % des tariflichen oder ortsüblichen Lohns beträgt!

Maßstab aus § 10 SchwarzArbG

Widerspruch zu § 39 Abs. 2 AufenthG

§ 121 Abs. 3 SGB III passt schließlich nicht zu § 39 Abs. 2 des neuen Aufenthaltsgesetzes. Nach dieser Bestimmung darf die BA der Aufenthaltserlaubnis zur Ausübung einer Beschäftigung nicht zustimmen, wenn »der Ausländer (...) zu ungünstigeren Arbeitsbedingungen als vergleichbare deutsche Arbeitnehmer beschäftigt wird«. Damit wird die Beschäftigung von Ausländern zu Wucherlöhnen – jedenfalls in Branchen und Gegenden, in denen noch Tariflöhne gezahlt werden – untersagt; gleichzeitig sollen deutsche Arbeitnehmer von der AA in Beschäftigungen zu Wucherlöhnen gedrückt werden können!

Wir empfehlen Arbeitslosen, die in Arbeitsverhältnisse mit einem Nettolohn in der Nähe ihres bisherigen Alg gezwungen werden, nachzuprüfen, ob der angebotene Lohn mehr als 33% unter dem Tariflohn liegt. Dort, wo kein Tariflohn existiert, ist Maßstab die Ortsüblichkeit des Lohnes (so Arbeitsgericht Herne im Fall einer wucherisch niedrig bezahlten Helferin in einem privaten ambulanten Pflegedienst, Urteil vom 5.8.1998, Sozialrecht Aktuell, 1999, Heft 3, S. 31). Man kann auch versuchen, die → S. 133 f. aufgelisteten Mindestlöhne im Abbruch-, Bau-, Dachdecker-, Maler/Lackierergewerbe als Vergleichsmaßstab einzuführen, wenn es um vergleichbare, insbesondere körperlich anstrengende Arbeiten geht.

Die Lohnwuchergrenze wird bei einem Nettolohn in Alg-Höhe am ehesten überschritten, wenn
- der Alg-Bezieher mangels Kindern nur das 60%-Alg erhält; denn dann kann die Differenz ja 40% betragen;
- der Alg-Bezieher schon vorher schlecht verdient hat; denn dann beträgt die Differenz zwischen Nettolohn in Alg-Höhe und Tariflohn häufig mehr als 33% bzw. 40%.

Die Gegenwehr wird dann erschwert, wenn eine Arbeit auf niederer Qualifikationsstufe angeboten wird. Dann kann als Maßstab nur der tarifliche oder ortsübliche Lohn dieser Qualifikationsstufe genommen werden. Deshalb ist es so wichtig, auch gegen das Angebot von Arbeit auf niederer Qualifikationsstufe anzugehen (→ S. 128).

Entweder Widerspruch und Klage gegen Sperrzeit

Wenn Sie eine Arbeit ablehnen mit der Begründung, der angebotene Lohn sei lohnwucherisch niedrig, laufen Sie Gefahr, dass die AA eine Sperrzeit verhängt. Dagegen müssten Sie sich im Wege des Widerspruchs und der Klage beim Sozialgericht wehren. Ein Muster für eine solche Klage finden Sie auf → S. 562.

Allerdings erhalten Sie während der Sperrzeit kein Geld; außerdem dauern Widerspruchs- und Klageverfahren lange; und ob Sie schließlich gewinnen, steht in den Sternen.

oder Klage vor dem Arbeitsgericht auf angemessene Vergütung

Deshalb empfehlen wir, die Arbeit anzutreten und sofort auf angemessene Bezahlung zu klagen. Dieser Weg hat zwei Vorteile: Gewinnen Sie, erhalten Sie die Differenz zum Tarif-/ortsüblichen Lohn. Außerdem wird Ihnen der Arbeitgeber noch während der Probezeit kündigen. Dass Sie sich vor dem Arbeitsgericht gegen einen lohnwucherisch niedrigen Lohn wehren und deshalb die Arbeit schnell verlieren, darf nicht mit einer Sperrzeit geahndet werden.

Insbesondere nach einem gewonnenen Arbeitsgerichtsprozess kann man erwägen, unter Hinweis auf das Urteil des BGH Strafanzeige gegen den Arbeitgeber wegen Lohnwuchers und gegen den AA-Mitarbeiter wegen Beihilfe zum Lohnwucher zu erstatten.

Eventuell Strafanzeige

Die von § 291 Abs. 1 StGB (und § 138 Abs. 2 BGB) geforderte »Ausbeutung einer Zwangslage« liegt auf der Hand: Es droht bei Ablehnung der Arbeit eine Sperrzeit. Wir haben hier den seltenen Fall, dass der Gesetzgeber mit Zwang einen wirtschaftlich Schwächeren nötigt, einen strafbaren, weil lohnwucherischen Vertrag mit einem »Ausbeuter« (das Wort stammt aus § 291 Abs. 1 StGB und § 138 Abs. 2 BGB) abzuschließen!

»Ausbeutung einer Zwangslage«

Natürlich wird der AA-Mitarbeiter mangels Schuld nicht bestraft; er vollzieht ja nur ein gültiges Gesetz. Aber vorher würden Staatsanwalt oder Gericht möglicherweise zu dem Ergebnis kommen, dass nach den Maßstäben des Bundesgerichtshofs in Strafsachen **objektiv** der Straftatbestand des Wuchers erfüllt ist. Eine solche Entscheidung würde die Unhaltbarkeit des § 121 Abs. 3 SGB III deutlich machen.

3 Die Mobilität

3.1 Die tägliche Fahrzeit

Nach § 121 Abs. 4 Satz 2 SGB III ist bei einer Beschäftigung von mehr als sechs Stunden eine Fahrzeit bis zu zweieinhalb Stunden für den Hin- und Rückweg zumutbar. Ausschlaggebend ist der tatsächliche Zeitaufwand von Haustür zu Haustür.

Tagespendelbereich: bis zu 2 1/2 Stunden bei Vollzeitarbeit

Zumutbar sollen (nach DA 11 zu § 121) grundsätzlich alle Verkehrsmittel sein, die dem Arbeitslosen zur Verfügung stehen, also auch ein Auto. Den Zwang zur Benutzung des eigenen Pkw bestreitet Gisela Lauer (in: Wissing, SGB III, RandNr. 18 zu § 121). Es müsse dem Arbeitslosen überlassen bleiben, wie er unter ökonomischen und ökologischen Gesichtspunkten seinen Arbeitsweg zurücklegt. Er müsse nach einem langen Arbeitstag nicht noch lange Fahrzeiten im eigenen Auto in Kauf nehmen. Etwas anderes könne allerdings bei extrem schlechter Anbindung an das öffentliche Verkehrsnetz gelten.

Welches Verkehrsmittel?

Bei Teilzeitarbeit bis sechs Stunden soll eine Fahrzeit bis zwei Stunden für die Hin- und Rückfahrt zumutbar sein. Das bedeutet, dass z.B. für eine Teilzeitarbeit von drei Stunden eine Fahrzeit bis zwei Stunden zumutbar wäre. Das wäre für Teilzeitbeschäftigte eine i. S. § 121 Abs. 4 Satz 1 SGB III unzumutbare zeitliche Belastung. Damit würde der von der Bundesregierung propagierte Hauptzweck von

2 Stunden bei Teilzeitarbeit?

Teilzeit vereitelt (»Denn alle, die eine Familie haben oder sich eine Familie wünschen, müssen die Anforderungen von Familie und Arbeitswelt in Einklang bringen«, mobil Zeit, Ein Leitfaden für Arbeitnehmer und Arbeitgeber, hrsg. vom Bundesministerium für Arbeit und Sozialordnung, 1997, S. 4). Eine solche starre Handhabung der 2-Stunden-Regel verstieße zudem gegen das Verbot mittelbarer Diskriminierung wegen des Geschlechts. Da der weitaus größte Teil der Teilzeitbeschäftigten Frauen sind (siehe mobil Zeit, a.a.O., S. 20), träfe die Belastung durch zu lange Fahrzeiten fast ausschließlich Frauen. An Stelle der starren 2-Stunden-Regel und in Übereinstimmung mit § 121 Abs. 4 Satz 1 SGB III muss deshalb eine der abnehmenden Teilzeit entsprechende sinkende Fahrzeit treten. Zumutbar erscheint eine Fahrzeit von höchstens zwei Sechstel (= zwei Stunden bezogen auf sechs Stunden) der Teilzeitarbeit. Jede über zwei Sechstel hinausgehende Fahrzeit wäre i.S. § 121 Abs. 4 Satz 1 SGB III »unverhältnismäßig lang« und damit unzumutbar.

Im Einzelfall kann auch die so errechnete Fahrzeit unzumutbar sein, wenn die konkreten Anforderungen der Kinderbetreuung, gesundheitliche Einschränkungen u.Ä. nur eine kürzere Fahrzeit erlauben (so ausdrücklich für den Fall der Kinderbetreuung der Ausschuss für Arbeit und Sozialordnung, BT-Drs. 13/6845, S. 348; BT-Drs. 13/5936, S. 23).
Auch nach Meinung der Bundesregierung »lässt die Neuregelung zu, Pflege- und Betreuungspflichten in die Bewertung der Zumutbarkeit einzubeziehen« (BT-Drs. 13/5730, S. 3).

Längere Fahrzeiten bei Vollzeitarbeit

Fahrzeiten von mehr als zweieinhalb Stunden sind ausnahmsweise dann zumutbar, wenn in einer Region unter vergleichbaren Arbeitnehmern längere Pendelzeiten üblich sind (§ 121 Abs. 4 Satz 3 SGB III).

Die AA kann Fahrkosten übernehmen. Allerdings nur für die ersten sechs Monate der (weit entfernt liegenden) Beschäftigung (→ S. 60).

Abschließend sei an die Worte des früheren Präsidenten der BA, Bernhard Jagoda, erinnert, der ausdrücklich vor zu hohen Erwartungen gewarnt hat: »Arbeitgeber nehmen nicht gerne Personen, die weit weg wohnen, da sie erwarten, dass diese bei einer günstiger gelegenen Arbeit den Arbeitsplatz verlassen.« (BT-Drs. 13/6845, S. 343.)

3.2 Das Wochenendpendeln

Nach § 121 Abs. 5 SGB III ist eine Beschäftigung nicht schon deshalb unzumutbar, weil sie vorübergehend eine getrennte Haushaltsführung erfordert. Als vorübergehend sieht die BA (nach DA 13 zu § 121) eine Dauer bis zu sechs Monaten an. Das Wochenendpendeln ist aber nur ausnahmsweise zumutbar, nämlich dann, wenn eine besonders ungünstige Wohnlage Vermittlungsbemühungen im Tagespendelbereich aussichtslos macht.

Aber auch in diesem Fall ist ein Wochenendpendeln unzumutbar, wenn das durch Art. 6 GG besonders geschützte Ehe- und Familienleben durch Vernachlässigung von (Ehe-)Partner, Kindern und pflegebedürftigen Angehörigen beeinträchtigt würde.

Auch die zusätzlichen Kosten der getrennten Haushaltsführung, die die AA ja nur bis höchstens 260 € pro Monat übernehmen kann (→ S. 61), können das Wochenendpendeln unzumutbar machen.

3.3 Der Umzug

Die Anforderungen an die Mobilität der Arbeitslosen sind seit 2003 verschärft worden. § 121 Abs. 4 SGB III enthält jetzt eine ausdrückliche Regelung zur Zumutbarkeit eines Umzugs. Bisher war gesetzlich nur bestimmt, dass dem Arbeitslosen eine Beschäftigung mit vorübergehender getrennter Haushaltsführung zumutbar ist. Darüber hinaus war anerkannt, dass ein Umzug in besonderen Fällen abhängig vom Alter und der Lebenssituation des Arbeitslosen und der Qualität der angebotenen Beschäftigung zumutbar sein kann.

Nach § 121 Abs. 4 Sätze 4 bis 7 SGB III ist ein Umzug
- **ab dem vierten Monat** der Arbeitslosigkeit in der Regel zumutbar;
- **innerhalb der ersten drei Monate** der Arbeitslosigkeit nur, wenn eine Arbeitsaufnahme im Tagespendelbereich nicht zu erwarten ist.

Ein Umzug darf nicht verlangt werden, wenn ein wichtiger Grund entgegensteht. Als solchen wichtigen Grund nennt das Gesetz familiäre Bindungen. Auch die Gesetzesbegründung (BT-Drs. 15/25, S. 30) sieht im verfassungsrechtlichen Schutz von Ehe und Familie ein Umzugshindernis. Demnach können u. a. Ehe- und Lebenspartner, Kinder und pflegebedürftige Angehörige einen Umzug unzumutbar machen. Weitere wichtige Gründe gegen einen Umzug können z. B. Alter, Gesundheitszustand und ortsgebundene Ehrenämter im öffentlichen Interesse sein. Ein Umzug kann nach unserer Meinung zum Antritt einer befristeten oder einer schlecht bezahlten Beschäftigung nicht verlangt werden.

Der Zwang zum Umzug kann wenigstens finanziell durch eine Umzugskostenbeihilfe der AA abgefedert werden (→ S. 61).

4 Die Leiharbeit

4.1 Die Leiharbeit wird hoffähig gemacht

Bis zur 18. Auflage des Leitfadens haben wir – untermauert mit Urteilen einiger Sozialgerichte – Leiharbeit weitgehend für unzumutbar gehalten. Diese Position ist nicht mehr zu halten. Zum einen

hat das BSG (mit Urteil vom 8.11.2001 – B 11 AL 31/01 R, SozR 3–4300 § 144 Nr. 7) Leiharbeit unter bestimmten Umständen für zumutbar erklärt.
Zum anderen hat der Gesetzgeber durch das Job-AQTIV-Gesetz und insbesondere durch das Erste Gesetz für moderne Dienstleistungen am Arbeitsmarkt die Leiharbeit umgestaltet mit dem ausgesprochenen Ziel, Arbeitslose über Leiharbeit in Arbeit zu bringen. Insbesondere, nachdem Personal-Service-Agenturen (PSA) als Verleihfirmen für von der AA zugewiesene Arbeitslose gesetzlich vorgeschrieben worden sind (→ S. 46), kann Leiharbeit an sich nicht mehr als unzumutbar angesehen werden.

4.2 Die Zumutbarkeit im Einzelnen

Es muss vielmehr in jedem Einzelfall geprüft werden, ob die konkrete Leiharbeit zumutbar ist. Das gilt auch für die PSA-Leiharbeit; denn »für den Abschluss und die Beendigung von Arbeitsverträgen mit der PSA gelten die allgemeinen Regelungen zur Zumutbarkeit« (BA-Rundbrief 71/2002, S. 6).

4.2.1 Wartezeit einhalten!

Kein vorschnelles Drücken in Leiharbeit

Arbeitslosen mit längerer Beschäftigung im Normalarbeitsverhältnis und mit realistischen Chancen auf eine Normalarbeitsstelle ist das vorschnelle Aufdrücken einer Leiharbeitsstelle nicht zuzumuten (BSG, Urteil vom 8.11.2001 – B 11 AL 31/01 R, SozR 3–4300 § 144 Nr. 7). Unzumutbar ist insbesondere das Aufzwingen einer »Anschluss-Leiharbeit« noch während der Kündigungsfrist des bisherigen unbefristeten Normalarbeitsverhältnisses. Dazu könnten sich manche Vermittler der AA unter Ausnutzung der frühzeitigen Arbeitsuchendmeldung verleiten lassen. Durch eine solche »Vermittlungsoffensive« würde einem »Normalarbeitnehmer« das Suchen eines »Normalarbeitsverhältnisses« unmöglich gemacht (näher zu dem allgemeinen Problem der aufgezwungenen frühzeitigen Bindung des demnächst Arbeitslosen Marcus Kreutz, AuR 2003, Heft 2, S. 42).

Auch Horst Steinmeyer (in: Gagel, SGB III, RandNr. 103 zu § 121) hält eine vorschnelle Vermittlung in Leiharbeit für unzumutbar: »Zu Beginn der Arbeitslosigkeit ist dem Arbeitnehmer die Annahme einer Leiharbeit nur zuzumuten, wenn nach Lage und Entwicklung des Arbeitsmarktes die Vermittlung in ein reguläres Arbeitsverhältnis aussichtslos erscheint.« Diese Zumutbarkeitsschranke muss insbesondere für Leiharbeit außerhalb der PSA gelten. Denn während die PSA-Leiharbeit auf die Vermittlung in den ersten Arbeitsmarkt und – wenn auch beschränkt – auf die Qualifizierung der Arbeitslosen zielt, stehen diese beiden Ziele nicht im Mittelpunkt des übrigen gewerblichen Verleihs.

4.2.2 Die Arbeitsbedingungen, insbesondere das Arbeitsentgelt

Gemäß § 3 Abs. 1 Nr. 3 i. V. m. § 9 Nr. 2 AÜG muss der Verleiher seit 2004 dem Leiharbeitnehmer für die Zeit der Überlassung an einen Entleiher die im Betrieb dieses Entleihers für einen vergleichbaren Arbeitnehmer des Entleihers geltenden wesentlichen Arbeitsbedingungen einschließlich des Arbeitsentgelts gewähren. Von diesem durch die EU erzwungenen Gleichstellungsgebot kann durch Tarifvertrag abgewichen werden. *Gleichstellungsgebot*

Ein solcher Tarifvertrag ist zwischen dem Bundesverband Zeitarbeit Personal-Dienstleistungen e.V. (BZA) und den im DGB vertretenen Einzelgewerkschaften abgeschlossen werden. *Tarifvertrag*
Einen zweiten Tarifvertrag haben diese Gewerkschaften mit dem Interessenverband deutscher Zeitarbeitsunternehmen (iGZ) vereinbart. Auf diesen für Leiharbeitnehmer im Vergleich zum DGB-BZA-Tarifvertrag (noch) ungünstigeren Tarifvertrag gehen wir hier nicht ein. Näheres finden Sie im Internet unter http://www.ig-zeitarbeit.de/start_flash.htm.

Der BZA-DGB-Tarifvertrag besteht aus dem
- Manteltarifvertrag Zeitarbeit,
- Entgeltrahmentarifvertrag Zeitarbeit,
- Entgelttarifvertrag Zeitarbeit.

Diese BZA-DGB-Tarifverträge gelten ab 1.1.2004 nicht nur für Tarifgebundene. Auch nicht tarifgebundene Arbeitgeber und Arbeitnehmer können die tarifliche Regelung anwenden. Insbesondere nicht tarifgebundene Arbeitgeber werden sie (oder den iGZ-DGB-Tarifvertrag) anwenden, weil sie nur so um das Gleichstellungsgebot herumkommen.

Die Zumutbarkeit von Leiharbeit richtet sich ab 2004 letztlich danach, ob das im Tarifvertrag Niedergelegte zwischen Verleiher und Leiharbeitnehmer vereinbart ist. Nach deutschem Arbeitsrecht gelten Regelungen in Tarifverträgen allgemein für richtig (»Richtigkeitsgewähr«), weil sie von den Tarifgegnern unter Berücksichtigung ihrer unterschiedlichen Interessen ausgehandelt worden sind. Man muss deshalb das in den genannten Tarifverträgen Vereinbarte als zumutbar hinnehmen, selbst wenn man es für unzumutbar hält. Dementsprechend hat das BAG (Urteil vom 24.3.2004, AuR 2004, Heft 5, S. 189) den von einem Zeitarbeitsunternehmen gezahlten tariflichen Stundenlohn von 11,99 DM nicht als lohnwucherisch und damit nicht als sittenwidrig beurteilt. *Maßstab: Tarifvertrag*

Wir gehen lediglich kurz auf die im Jahr 2005 und 2006 geltenden Entgelte ein, weil der Lohn die Leiharbeiter am stärksten interessieren dürfte.

Tabelle
Leiharbeiter-Stundenlöhne 2005 und 2006 nach dem BZA-DGB-Tarifvertrag[*]

Entgelt-gruppe	2005		2006	
	West	Ost	West	Ost
1	7,02 €	6,28 €	7,20 €	6,59 €
2	7,43 €	6,65 €	7,62 €	6,97 €
3	8,92 €	7,98 €	9,14 €	8,36 €
4	9,43 €	8,44 €	9,67 €	8,85 €
5	10,66 €	9,54 €	10,93 €	10,00 €
6	11,79 €	10,55 €	12,08 €	11,05 €
7	12,81 €	11,46 €	13,13 €	12,01 €
8	13,84 €	12,39 €	14,18 €	12,97 €
9	15,89 €	14,22 €	16,28 €	14,90 €

[*] Ohne Berücksichtigung von Zuschlägen nach der Einsatzdauer.

Entgeltgruppen

Die Leiharbeiter werden gemäß ihrer tatsächlichen, überwiegenden Tätigkeit in einer der neun Entgeltgruppen eingruppiert. Es bedeuten z. B.
- Entgeltgruppe 1: Tätigkeiten, die eine kurze Anlernzeit erfordern.
- Entgeltgruppe 4: Tätigkeiten, für die Kenntnisse und Fertigkeiten erforderlich sind, die durch eine mindestens dreijährige Berufsausbildung vermittelt werden und die eine mehrjährige Berufserfahrung voraussetzen.
- Entgeltgruppe 9: Tätigkeiten, die ein Hochschulstudium bzw. Tätigkeiten, die ein Fachhochschulstudium und mehrjährige Berufserfahrung erfordern.

West – Ost

Die Stundenlöhne in den neuen Bundesländern liegen im Jahr 2005 um 10,5 %, im Jahr 2006 um 8,5 % unter denen in den alten Bundesländern.

Zuschläge

Die Prozentzuschläge gibt es bei ununterbrochenem Einsatz bei dem gleichen Entleiher:

Nach Ablauf von	Prozentzuschlag
3 Monaten	2,0 %
6 Monaten	3,5 %
9 Monaten	5,0 %
12 Monaten	7,5 %

Weitere Zuschläge (z. B. für Nacht-, Sonntags- und Feiertagsarbeit) sieht der Manteltarifvertrag Zeitarbeit vor.

Zu beachten ist, dass die Tarifparteien eine regelmäßige Arbeitszeit von nur 35 Stunden pro Woche vereinbart haben. Das bedeutet, dass ein Leiharbeiter in der niedrigsten Entgeltgruppe 1 im Osten (2005) die 6,28 € nur für 151,67 Stunden im Monat erhält. Dies entspricht im Durchschnitt einer 35-Stunden-Woche. Sein Monatslohn beträgt damit gerade einmal 952,49 €.

Nicht aufgenommen wurde – erfreulicherweise – in die Tarifverträge die in § 3 Abs. 1 Nr. 3 AÜG erlaubte Minderung des Nettolohns eines zuvor Arbeitslosen auf Alg-Niveau in den ersten sechs Wochen des Leiharbeitsverhältnisses.

Keine Sonderregelung für Arbeitslose

4.2.3 Kein Verstoß gegen AÜG

Die Regeln des AÜG müssen eingehalten werden. Näheres hierzu erläutert Jürgen Ulber in: AuR 2003, Heft 1, S. 7–15.

5 Die Nacht- und Schichtarbeit

Nacht- und Schichtarbeit ist für Alleinstehende nur zumutbar, wenn sie dem Arbeitszeitgesetz (ArbZG) entspricht:

für Alleinstehenden

- Nach § 6 Abs. 1 ArbZG ist die Arbeitszeit der Nacht- und Schichtarbeitnehmer nach den gesicherten arbeitswissenschaftlichen Erkenntnissen über die menschengerechte Gestaltung der Arbeit festzulegen. Was die arbeitswissenschaftlichen Erkenntnissen fordern, kann man im (kostenlosen) »Leitfaden zur Einführung und Gestaltung von Nacht- und Schichtarbeit«, Hrsg. Bundesanstalt für Arbeitsschutz und Arbeitsmedizin, Postfach 17 02 02, 44061 Dortmund, nachlesen.

- Nach § 6 Abs. 3 ArbZG muss bei Nachtarbeit eine arbeitsmedizinische Betreuung gewährleistet sein.

Schichtarbeit und insbesondere Nachtarbeit ist für (Ehe-)Partner und insbesondere für Mütter und Väter wegen der damit verbundenen Beeinträchtigung des durch Art. 6 Abs. 1 GG geschützten Familienlebens regelmäßig nicht zumutbar (Horst Steinmeyer, in: Gagel, SGB III Kommentar, RandNr. 98 zu § 121 SGB III; Karsten Toparkus, Zumutbare Beschäftigung im Arbeitsförderungsrecht [§ 121 SGB III], S. 128). Ein Nachtschichtler ist schlechter dran als ein Wochenendpendler (→ S. 142), weil der unterschiedliche Tag-/Nacht-Rhythmus ein gedeihliches Ehe- und Familienleben selbst an Wochenenden unmöglich macht.

für (Ehe-)Partner und Eltern

6 Weitere Arbeitsbedingungen

Welche Arbeitsbedingungen sonst noch ein Arbeitsangebot oder die Festsetzung einer Beschäftigung unzumutbar machen können, finden Sie im Sperrzeitkapitel unter »Wichtiger Grund von A–Z« (→ S. 300). Schauen Sie dort insbesondere unter folgenden Stichworten:

- Arbeitsbedingungen,
- Auslandstätigkeit,
- Bekleidungsvorschriften,
- Frauen,
- Gewissensgründe,

- Kinder,
- Religion,
- Tarifbindung,
- Vermittlungswunsch,
- Zumutbarkeit.

IV Welche Maßnahme der beruflichen Weiterbildung kann Arbeitslosen zugemutet werden?

Nach § 2 Abs. 4 Satz 2 SGB III sollen Arbeitslose »ihre berufliche Leistungsfähigkeit den sich ändernden Anforderungen anpassen«. Damit verpflichtet der Gesetzgeber Arbeitslose zu »lebenslangem Lernen« (BT-Drs. 13/494, S. 152). Es gibt also kein Recht, sich auf einmal erworbenen, inzwischen aber verwelkten beruflichen Lorbeeren auszuruhen. Folglich droht Arbeitslosen eine Sperrzeit, wenn sie eine Maßnahme der beruflichen Weiterbildung ablehnen oder abbrechen (§ 144 Abs. 1 Satz 1 Nr. 4 und Nr. 5 SGB III). Das gilt aber nur, wenn die Maßnahme zumutbar ist.

Qualität der Maßnahme

Zumutbar dürften alle Weiterbildungsmaßnahmen sein, die von einer Zertifizierungsagentur oder der AA gemäß § 85 SGB III zugelassen sind (→ S. 407). Dadurch soll für eine gewisse Qualität von Träger und Maßnahme gesorgt werden. Wer dennoch Zweifel an einer bestimmten Maßnahme oder an einem bestimmten Träger hat, dem ermöglicht manchmal der »Bildungsgutschein« gemäß § 77 Abs. 3 SGB III, sich einen anderen geeigneten Träger und eine passende Maßnahme zu suchen.

Fahrzeit

Wie bei einer Beschäftigung sind Fahrzeiten zur Bildungseinrichtung nur dann zumutbar, wenn sie die auf → S. 141 f. genannten Fahrzeiten nicht überschreiten. Bei Teilzeitmaßnahmen sind nur Fahrzeiten zumutbar, die so kurz sind, dass daneben eine Teilzeitarbeit zeitlich möglich bleibt.

Kostenübernahme

Erst wenn der Arbeitslose einen schriftlichen Bescheid der AA zur Übernahme der Weiterbildungskosten in den Händen hält, ist der Antritt der Maßnahme zumutbar (BSG, Urteil vom 19.1.1990 – 7 Ar 46/89).

V Welche Trainingsmaßnahme/Maßnahme der Eignungsfeststellung kann Arbeitslosen zugemutet werden?

Streit entsteht nicht selten bei der Frage, welche Trainingsmaßnahmen/Maßnahme der Eignungsfeststellung zumutbar sind. § 121 SGB III sagt unmittelbar nichts zur Zumutbarkeit.

1 Die Trainingsmaßnahme

Man muss unterscheiden, ob die Trainingsmaßnahme in Form einer »Tätigkeit«, d. h. regelmäßig in abhängiger Beschäftigung oder durch »Teilnahme an einer Maßnahme« durchgeführt werden soll. Beide Möglichkeiten sind in § 48 SGB III vorgesehen.

1.1 Welche »Tätigkeit« ist zumutbar?

Bei einer Trainingsmaßnahme durch Tätigkeit gelten die Zumutbarkeitsgrenzen, die § 121 SGB III für jedes Arbeitsangebot nennt. Andernfalls könnte der Rest von Schutz, den § 121 SGB III bietet, bei Trainingsmaßnahmen durch Tätigkeit beseitigt werden.

Zumutbarkeit einer »Tätigkeit«

Folglich ist eine als Trainingsmaßnahme deklarierte Tätigkeit erst nach sechs Monaten Arbeitslosigkeit zumutbar. Denn § 121 SGB III macht erst vom siebten Monat der Arbeitslosigkeit an ein Arbeitsangebot, bei dem die Netto-Vergütung dem Alg-Satz entspricht, zumutbar. Da bei Trainingsmaßnahmen nur Alg gezahlt wird, muss die Frist von sechs Monaten auch bei Tätigkeiten im Rahmen von Trainingsmaßnahmen gewahrt bleiben.

Erst nach 6 Monaten

Aber auch nach sechs Monaten ist nicht jede Tätigkeit zumutbar. Arbeitslose sollten darauf bestehen, nicht in unterwertige Tätigkeiten eingewiesen zu werden. Ob dies – mit der auf → S. 128 entwickelten Argumentation – allerdings erfolgreich sein wird, ist fraglich; denn Zweck der Trainingsmaßnahme ist neben der Verbesserung der Eingliederungsaussichten das Testen von Arbeitsfähigkeit und Arbeitsbereitschaft des Arbeitslosen (BT-Drs. 13/4941 S. 162 f.). Nun könnte man argumentieren, der angebliche Leistungsmissbrauch könne auch durch Anbieten einer der Qualifikation des Arbeitslosen entsprechenden Trainingsmaßnahme bekämpft werden. Ob Arbeitslose damit aber durchkommen, bezweifeln wir, weil die Trainingsmaßnahmen regelmäßig nur acht Wochen dauern dürfen. Wegen acht Wochen unterwertiger Tätigkeit eine Sperrzeit (zur Länge → S. 291) zu riskieren, lohnt nicht.

Fahrzeiten zu Trainingsmaßnahmen sind wie bei normalen Arbeitsangeboten zumutbar (→ S. 141 f.).

Fahrzeit

Unzumutbarkeit bei Leistungsmissbrauch

Ist die Trainingsmaßnahme in Form von »Arbeit« deshalb unzulässig, weil sie einen Leistungsmissbrauch durch den Arbeitgeber darstellt (Näheres → S. 62), ist sie auf jeden Fall unzumutbar.

1.2 Welche »Teilnahme an einer Maßnahme« ist zumutbar?

Zumutbarkeit einer Maßnahme

Unterwertige Maßnahmen?

Soweit Sie zur »Teilnahme an einer Maßnahme« verdonnert werden, können Sie sich nur bedingt auf die Grundsätze über die Zumutbarkeit von Maßnahmen der beruflichen Weiterbildung berufen. Denn anders als Weiterbildungsmaßnahmen sollen Trainingsmaßnahmen auch die Arbeitsfähigkeit und Arbeitsbereitschaft testen (BT-Drs. 13/4941, S. 162 f.). Deshalb und wegen der kurzen Dauer von regelmäßig nur acht Wochen dürfte es nicht einfach sein, sich mit Erfolg gegen eine Sperrzeit wegen Ablehnung einer als nichtsnutzig empfundenen Trainingsmaßnahme zu wehren. Mut machen zwei Urteile des Hess LSG. Nach einem Urteil vom 9.8.2000 – L 6 AL 166/00 (info also 2001, Heft 4, S. 209) führt die Ablehnung einer Trainingsmaßnahme nur dann zu einer Sperrzeit, wenn die Maßnahme geeignet ist, dem Arbeitslosen die notwendigen Kenntnisse und Fähigkeiten zu vermitteln, um eine Arbeitsaufnahme oder einen erfolgreichen Abschluss einer beruflichen Aus- oder Weiterbildungsmaßnahme erheblich zu erleichtern. Nach dem Urteil vom 23.4.2004 – L 6/10 AL 1404/01 (info also 2004, Heft 4, S. 160) ist eine Trainingsmaßnahme dann unzumutbar, wenn mehr als die Hälfte des Unterrichtsinhaltes den Arbeitslosen krass unterfordert.

2 Die Maßnahme der Eignungsfeststellung

§ 35 Abs. 3 SGB III schreibt eine Eignungsfeststellung (neudeutsch: Assessment) vor, wenn die AA trotz des Beratungsgesprächs nach § 6 SGB III nicht beurteilen kann, welche Arbeit oder Fördermaßnahme für den Arbeitslosen infrage kommt. Festgestellt werden sollen gemäß § 49 Abs. 1 SGB III neben Kenntnissen und Fähigkeiten, Leistungsvermögen und beruflichen Entwicklungsmöglichkeiten »sonstige für die Eingliederung bedeutsame Umstände«. Solche Umstände sind insbesondere solche, die die »berufliche Eingliederung erschweren« (§ 6 Abs. 1 Satz 2 SGB III). Erschwert wird die Eingliederung insbesondere durch objektive Fakten (z.B. durch den Mangel an Arbeitsplätzen). Die AA wird aber auch individuelle Eingliederungsprobleme des Arbeitslosen aufstöbern wollen. Soweit der Arbeitslose dabei mitspielt, wird es keinen Streit geben. Was aber, wenn der Arbeitslose nicht damit einverstanden ist, quasi als »gläserner Arbeitsloser« sein »Inneres« zu offenbaren? Wenn er nicht dazu beitragen will, dass ihm – wie einem Schüler – »Kopfnoten« (A ist unaufmerksam, unangepasst, ungepflegt ...) erteilt werden? Gar von privaten Assessmentcentern, denen in der Regel die Eignungsfeststellung übertragen wird?

Wir halten die Eignungsfeststellung durch ein privates Assessmentcenter aus Datenschutzgründen für unzulässig (→ S. 56). Ist das richtig – wofür wir nicht garantieren können – dann ist eine solche Eignungsfeststellung auch unzumutbar.

Wer anders als wir eine Eignungsfeststellung durch Private grundsätzlich für zulässig hält, kann sie nur ablehnen, wenn sie nicht durch Fachkräfte, nicht nach anerkannten Regeln und nicht durch Träger ohne Interessenkonflikt durchgeführt wird (Näheres → S. 67).

VI Welche Beschäftigung kann Arbeitsuchenden zugemutet werden?

Gemäß § 37b SGB III muss ein demnächst Arbeitsloser sich frühzeitig arbeitsuchend melden. Damit soll die Eingliederung in neue Arbeit beschleunigt werden.
Die Frage ist, was sich der »Vielleicht-Arbeitslose« zwischen Arbeitsuchmeldung und Arbeitslosmeldung zumuten lassen muss. Die Frage muss deshalb beantwortet werden, weil mit dem »Dritten Gesetz für moderne Dienstleistungen am Arbeitsmarkt« (Hartz III) in § 144 Abs. 1 Satz 2 Nr. 2 SGB III und mit dem »Vierten Gesetz zur Änderung des Dritten Buches Sozialgesetzbuch ...« (nicht zu verwechseln mit Hartz IV!) in § 144 Abs. 4 Satz 2 SGB III die Sperrzeit auf Arbeitsuchende ausgedehnt worden ist. Danach kann eine Sperrzeit einfangen, wer nach der Arbeitsuchmeldung eine Arbeit ablehnt.

Voraussetzung auch dieser neuen Sperrzeit ist, dass die Arbeit überhaupt zumutbar ist. Arbeitsuchenden kann nur weniger zugemutet werden als Arbeitslosen. § 121 SGB III gilt nicht. Er regelt nach seinem eindeutigen Wortlaut (bisher noch) lediglich die Zumutbarkeit von Arbeits**losen**, nicht von Arbeits**suchenden**.

Vor Arbeitslosigkeit ist die Eingehung eines Arbeitsvertrags über eine unterqualifizierte Arbeit unzumutbar. Eignung und Neigung müssen in dieser Phase berücksichtigt werden. Das verlangt § 36 Abs. 2 SGB III, der ausdrücklich für Arbeitsuchende gilt.

Unterqualifizierte Arbeit?

Vor Eintritt der Arbeitslosigkeit ist der Abschluss eines Arbeitsvertrags mit einem künftigen Arbeitgeber zu einem schlechteren Lohn als bisher (vielleicht sogar mit der Folge, dass man auf ergänzendes Alg II/Sozg angewiesen ist) unzumutbar.
§ 121 Abs. 3 SGB III erlaubt die Absenkung des Lohns nur bei tatsächlich Arbeitslosen, nicht bei vielleicht demnächst Arbeitslosen, zurzeit noch Arbeitsuchenden.
Ein Arbeitsuchender kann nicht gezwungen werden, bei seinem bisherigen Arbeitgeber zu schlechteren Lohn-/Arbeitsbedingungen zu bleiben. Das ist unzumutbar. Schon gar nicht kann ein Arbeitsuchen-

Schlechter bezahlte Arbeit?

der gezwungen werden, vor Ablauf seines auslaufenden Arbeitsverhältnisses eine neue Arbeit anzutreten.

Zumutbar ist vor dem Eintritt der Arbeitslosigkeit die Annahme einer angebotenen Arbeit zu schlechteren Bedingungen nur unter der aufschiebenden Bedingung, »soweit keine bessere Arbeit gefunden wird«. Andernfalls nimmt man dem »Vielleicht-Arbeitslosen« das in Art. 12 Abs. 1 GG verbürgte Recht auf freie Wahl des Arbeitsplatzes. Ausprägungen dieses Grundrechts finden sich in § 1 Abs. 1 SGB I (»freie Entfaltung der Persönlichkeit« und »Selbsthilfe«) sowie in § 1 Abs. 1 SGB II (»Eigenverantwortung«). In diese, die Autonomie betonenden Rechte würde eingegriffen, wenn Arbeitsuchenden vor Eintritt der Arbeitslosigkeit bestimmte Arbeitsplätze sozusagen »vorgeschrieben« würden. Das wäre »präventiv/repressive paternalistische Arbeitsfürsorge«. Sie ist – jedenfalls **solange keine Leistungen** bezogen werden – rechtswidrig.

Ergebnis: Das Aufdrücken von Arbeit zu schlechteren Bedingungen als bisher zwischen Arbeitsuch- und Arbeitslosmeldung ist regelmäßig unzulässig. §§ 144 Abs. 1 Satz 2 Nr. 2, Abs. 4 Satz 2 SGB III entfalten deshalb keine Sanktionswirkung.

Auch Eingliederungsmaßnahmen?

Der neue Satz 2 des § 144 Abs. 4 SGB III spricht neben der Ablehnung einer Arbeit noch vom »Falle der Ablehnung (...) einer beruflichen Eingliederungsmaßnahme nach der Meldung zur frühzeitigen Arbeitsuche (§ 37b)«. Daraus könnte man schließen, dass dem Arbeitsuchenden bereits vor der Arbeitslosigkeit »berufliche Eingliederungsmaßnahmen« zugemutet werden können. Dagegen spricht der eindeutige Wortlaut des § 144 Abs. 1 Satz 2 Nr. 2 SGB III, der eine Sperrzeit gegenüber Arbeitsuchenden nur bei Ablehnung einer Arbeit vorsieht. Diese Beschränkung des Sperrzeit**anlasses** kann nicht in einer Regelung über die Sperrzeit**dauer**, also nicht in § 144 Abs. 4 Satz 2 SGB III aus den Angeln gehoben werden. Auch die Begründung (BT-Drs. 15/3674, S. 21) zu § 144 Abs. 4 Satz 2 SGB III spricht nur von der »Arbeitsablehnung« und nicht von der Ablehnung einer »beruflichen Eingliederungsmaßnahme«.

VII Was muss geändert werden?

1 Streichung von § 121 Abs. 3 Satz 3 SGB III

§ 121 Abs. 3 Satz 3 SGB III ist zu streichen. Der staatliche Zwang, nach sechsmonatiger Arbeitslosigkeit Arbeit mit einer Vergütung in Alg-Höhe anzunehmen, ist – jedenfalls beim 60%-Alg – Beihilfe zum Lohnwucher, verstößt gegen § 1 Satz 2 SGB I und gegen die Freiheit der Berufsausübung aus Art. 12 Abs. 1 GG, die – nach Bundesverfassungsgericht – »untrennbar verbunden ist mit der Freiheit, eine angemessene Vergütung zu fordern«.

2 Zumutung niederwertiger Arbeit nur bei Mangel an Niederqualifizierten

§ 121 Abs. 1 und Abs. 5 SGB III ist – entsprechend dem alten RdErl. 100/82 – zu ergänzen: Arbeit auf einer niederen Qualifikationsstufe darf regelmäßig nur zugemutet werden, wenn innerhalb von drei Wochen auf der niederen Qualifikationsstufe kein Arbeitsloser mit der niederen Qualifikation vermittelt werden konnte. Anderenfalls besteht – die vom Bundesrat beklagte – Gefahr, »dass gering Qualifizierte einem staatlich verordneten Verdrängungsprozess ausgesetzt werden«. Dies verstößt gegen das aus § 11 Abs. 2 Nrn. 2, 5, 6, § 77 SGB III zu entnehmende Gebot, »gering Qualifizierte« besonders zu fördern.

3 Konkretisierung der Eigeninitiative durch AO

Was an Eigeninitiative von Arbeitslosen erwartet werden kann und wie der Nachweis über die Eigeninitiative zu führen ist, muss endlich in der von § 152 Nr. 1 SGB III vorgesehenen Anordnung geregelt werden, und zwar konkreter als in § 119 Abs. 4 SGB III. Nur so lassen sich willkürliche Entscheidungen und Eingliederungsvereinbarungen einzelner AA eindämmen.

4 Streichung der §§ 144 Abs. 1 Satz 2 Nr. 2, Abs. 4 Satz 2 SGB III

Die Ausdehnung der Sperrzeit auf Arbeit**suchende**, also noch kein Alg beziehende, noch nicht Arbeits**lose** verstößt aus den auf → S. 152 genannten Gründen regelmäßig gegen das Grundrecht der freien Wahl des Arbeitsplatzes. Dieser Sperrzeittatbestand ist unzumutbar und zu streichen.
Jedenfalls ist in § 144 Abs. 4 Satz 2 SGB III der Satzteil »oder einer beruflichen Eingliederungsmaßnahme« zu streichen, weil er in § 144 Abs. 1 Satz 2 Nr. 2 SGB III keine entsprechende Stütze findet.

E HÖHE DES ARBEITSLOSENGELDES
§§ 129–134, 140, 151, 408, 416a,
434j Abs. 3, Abs. 5 SGB III

I **Alg – in Prozent 155**

    1   60%-Regel **155**
    2   Ab 1 Kind: 67% **155**

II **Das Bemessungsentgelt 157**

    1   Was ist Bemessungsentgelt? **157**
    2   Was heißt beitragspflichtiges Arbeitsentgelt? **157**
    2.1 Was zählt nicht als beitragspflichtiges Arbeitsentgelt? **157**
    2.2 ABC der beitragspflichtigen Arbeitsentgelte **158**
    3   Vier Sonder-Bemessungsentgelte **160**
    4   Was umfasst der Bemessungszeitraum? **162**
    4.1 Der Regelfall **162**
    4.2 Was schafft keine Bemessungszeiträume? **163**
    4.3 Erweiterung des Bemessungsrahmens auf zwei Jahre **165**
    4.4 Wann und wie wird »fiktiv« bemessen? **167**
    5   Zusammenfassung: Alg-Bemessung nach Lohnminderung **169**
    6   Nur abgerechnete Entgeltzeiträume – nur im Bemessungszeitraum erzieltes Arbeitsentgelt **170**
    7   Das durchschnittliche auf den Tag entfallende Arbeitsentgelt **171**
    8   Der Monat hat 30 Tage **171**

III **Das Leistungsentgelt 172**

IV **Die Bedeutung der Steuerklasse 175**

    1   Berichtigung oder Änderung der Steuerklasse **175**
    2   Steuerklassenkombination von Ehegatten **175**

V **Arbeitslosigkeit und Steuererklärung 183**

VI **Minderung des Alg bei verspäteter Arbeitsuchmeldung 183**

VII **Was muss geändert werden? 185**

    1   Verschiebung des Bemessungszeitraums auch bei Minderverdienst wegen Pflege **185**
    2   Streichung von § 133 Abs. 3 Satz 1 Nr. 2 SGB III **186**
    3   Streichung von §§ 37b, 140 SGB III **186**

I Alg – in Prozent
§ 129 SGB III

Wieviel Alg steht einem Arbeitslosen zu? Wie können Sie überprüfen, ob der von der AA berechnete Betrag auch stimmt? Nachdem Sie sich arbeitslos gemeldet und Alg beantragt haben, erhalten Sie, wenn Sie alle Voraussetzungen für den Bezug von Alg erfüllen, nach einigen Wochen einen Leistungsbescheid. Dem Leistungsbescheid können Sie entnehmen, wieviel Alg Ihnen die AA überweisen wird, von welchem Arbeitsentgelt die AA bei der Berechnung des Alg ausgeht und ab wann Ihnen Alg zusteht. Wie die AA die Höhe des Alg errechnet, ergibt sich aus dem Bescheid allerdings nicht. Wir erläutern im Folgenden die Berechnungsweise deshalb ausführlich.

Das Alg beträgt einen bestimmten Prozentsatz von dem so genannten Leistungsentgelt. Leistungsentgelt ist das pauschalierte Nettoentgelt oder, wie § 133 Abs. 1 SGB III genauer sagt, »das um pauschalierte Abzüge verminderte Bemessungsentgelt«. — *Grundlage: pauschaliertes Nettoentgelt*

1 60%-Regel

Das Alg beträgt 60% des Leistungsentgelts. Das ist der so genannte »allgemeine Leistungssatz«. — *Allgemeiner Leistungssatz*

2 Ab 1 Kind: 67%

Alg in Höhe von 67% erhalten Arbeitslose, die mindestens ein Kind i.S. von § 32 Abs. 1, 3 bis 5 EStG haben. Der Gesetzgeber spricht hier vom »erhöhten Leistungssatz«.
Das 67%-Alg erhalten auch Arbeitslose, deren (Ehe-)Partner mindestens ein Kind i.S. § 32 Abs. 1, 3 bis 5 EStG haben, wenn beide (Ehe-)Partner unbeschränkt einkommensteuerpflichtig sind und nicht dauernd getrennt leben.
Gemäß § 129 Nr. 1 SGB III i.V.m. § 32 Abs. 3 EStG gibt es das 67%-Alg für den vollen Kalendermonat, auch wenn das Kind z.B. erst am 31. Tag eines Monats zur Welt kommt oder seinen 18. Geburtstag am ersten Tag des Monats hat. — *Erhöhter Leistungssatz*

Kinder sind leibliche Kinder, Adoptivkinder, Pflegekinder und Stiefkinder. Das 67%-Alg gibt es auch dann, wenn die Kinder nicht im eigenen Haushalt leben, aber Unterhalt für sie gezahlt wird; außerdem abweichend vom Steuerrecht für Kinder, die nicht im Inland leben. Es kommt nicht darauf an, dass der Arbeitslose das Sorgerecht für das Kind hat. — *Welche Kinder?*

Arbeitslose erhalten den Leistungssatz von 67% unabhängig von der Zahl der Kinder; das BSG hält es für verfassungsgemäß, dass das Alg nicht nach der Zahl der Kinder gestaffelt ist (Urteil vom 27.6.1996 – 11 R Ar 77/95, BSGE 78, 229).

E Höhe des Arbeitslosengeldes

Auch volljährige Kinder?

Auch ein volljähriges Kind (ab 18 Jahren) kann das Alg auf 67 % erhöhen, wenn es

- noch nicht das 21. Lebensjahr vollendet hat, nicht in einem Beschäftigungsverhältnis steht und bei einer AA arbeitsuchend gemeldet ist oder

- noch nicht das 27. Lebensjahr vollendet hat und
  a) für einen Beruf ausgebildet wird oder
  b) sich in einer Übergangszeit von höchstens vier Monaten befindet, die zwischen zwei Ausbildungsabschnitten oder zwischen einem Ausbildungsabschnitt und der Ableistung des gesetzlichen Wehr- oder Zivildienstes, einer vom Wehr- oder Zivildienst befreienden Tätigkeit als Entwicklungshelfer oder als Dienst Leistender im Ausland nach § 14b des Zivildienstgesetzes oder der Ableistung eines freiwilligen Dienstes (s. unter d) liegt, oder
  c) eine Berufsausbildung mangels Ausbildungsplatzes nicht beginnen oder fortsetzen kann oder
  d) ein freiwilliges soziales Jahr, ein freiwilliges ökologisches Jahr oder einen »Europäischen Freiwilligendienst für junge Menschen« leistet oder
  e) wegen körperlicher, geistiger oder seelischer Behinderung außerstande ist, sich selbst zu unterhalten; Voraussetzung ist, dass die Behinderung vor dem 27. Geburtstag eingetreten ist (§ 32 Abs. 4 EStG).

Die Altersgrenze wird über das 21. bzw. 27. Lebensjahr hinaus um Zeiten des Grundwehr- und Zivildienstes hinausgeschoben, wenn die genannten Voraussetzungen für eine Verlängerung vorliegen.

Einkommensgrenze für volljährige Kinder

Für die genannten volljährigen Kinder gibt es das 67%-Alg aber nur, wenn ihre Einkünfte und Bezüge, die zum Bestreiten des Unterhalts oder der Berufsausbildung bestimmt oder geeignet sind, (im Jahr 2004) 7.680 € nicht übersteigen.

Zu den Einkünften und den Bezügen des volljährigen Kindes gehören (nach DA, RandNr. 9 zu § 129) insbesondere:

- Ausbildungsvergütungen und andere Einkünfte aus nicht selbstständiger Arbeit.
  Einkünfte aus nicht selbstständiger Arbeit sind um nachgewiesene tatsächliche Werbungskosten zu vermindern, mindestens um den Arbeitnehmerpauschbetrag von jährlich 920 €.

- Einkünfte aus selbstständiger Arbeit, aus Vermietung und Verpachtung, der Land- und Forstwirtschaft oder einem Gewerbebetrieb.

- Einkünfte aus Kapitalvermögen auch unterhalb des Sparerfreibetrages von 1.370 € jährlich, abzüglich der Werbungskosten (mindestens 51 € Pauschbetrag) jährlich.

- Lohnersatzleistungen (z. B. Alg, Krankengeld).

- Als Zuschuss gewährte Leistungen zum Lebensunterhalt bei Schul- oder Berufsausbildung (Übg, Abg, BAB, BAföG).
- Unterhaltsansprüche, die dem Kind gegen seinen – auch geschiedenen oder dauernd getrennt lebenden – (Ehe-)Partner zustehen, nicht jedoch Unterhaltsleistungen der Eltern an das Kind.

Lohnersatzleistungen, Zuschüsse und Unterhaltsansprüche sind (nach DA, RandNr. 10 zu § 129) um nachgewiesene Aufwendungen zu mindern, mindestens um eine Kostenpauschale von 184 € jährlich.
Nachdem wir wissen, wann es 60%- und wann es 67%-Alg vom Leistungsentgelt gibt, bleibt zu klären, was Leistungsentgelt ist.
Um zu dem (Netto-)Leistungsentgelt zu kommen, muss zunächst das (Brutto-)Bemessungsentgelt ermittelt werden.

II Das Bemessungsentgelt
§ 131 SGB III

1 Was ist Bemessungsentgelt?

Das Bemessungsentgelt bewegt sich auf der Höhe des Bruttoentgelts.
Nach § 131 Abs. 1 Satz 1 SGB III ist Bemessungsentgelt
- das beitragspflichtige Arbeitsentgelt,
- das der Arbeitslose im Bemessungszeitraum
- erzielt hat
- und das durchschnittlich auf den Tag entfällt.

2 Was heißt beitragspflichtiges Arbeitsentgelt?

Was alles Arbeitsentgelt ist und was als betragspflichtiges Arbeitsentgelt in das Bemessungsentgelt eingeht, ist im Einzelfall schwierig zu bestimmen. Das SGB III sagt an drei Stellen nur, was nicht zum Arbeitsentgelt zählt.

2.1 Was zählt nicht als beitragspflichtiges Arbeitsentgelt?

Danach fallen Arbeitsentgelte unter den Tisch:
- die der Arbeitslose wegen der Beendigung des Arbeitsverhältnisses erhält oder die im Hinblick auf die Arbeitslosigkeit vereinbart worden sind (§ 131 Abs. 1 Nr. 1 SGB III). Damit meint der Gesetzgeber nicht Entlassungsentschädigungen; denn diese sind nach einhelliger Meinung nicht beitragspflichtig, auch nicht insoweit, als die Entlassungsentschädigung den Steuerfreibetrag übersteigt. Gemeint sind vielmehr manipulierte Lohnerhöhungen kurz vor dem Ausscheiden;

Nicht: manipulierte Erhöhung

Nicht: abredewidrig benutzte Wertguthaben

- die als Wertguthaben nach § 7 Abs. 1a SGB IV nicht gemäß einer Vereinbarung über flexible Arbeitszeitregelungen verwendet werden (§ 23b Abs. 2, Abs. 3 SGB IV i. V. m. § 131 Abs. 1 Nr. 2 SGB III);

Nicht: über Beitragsbemessungsgrenze

- die die Beitragsbemessungsgrenze (2005 in den alten Bundesländern 62.400 €, in den neuen Bundesländern 52.800 €) übersteigen (§ 341 Abs. 3, Abs. 4 SGB III).

2.2 ABC der beitragspflichtigen Arbeitsentgelte

Was im Übrigen als Arbeitsentgelt gilt, regeln u. a. die §§ 14, 23a, 17 SGB IV i. V. m. der ArbeitsentgeltVO.[*]

Nach § 14 Abs. 1 Satz 1 SGB IV sind Arbeitsentgelt »alle laufenden oder einmaligen Einnahmen aus einer Beschäftigung, gleichgültig, ob ein Rechtsanspruch auf die Einnahmen besteht, unter welcher Bezeichnung oder in welcher Form sie geleistet werden und ob sie unmittelbar aus der Beschäftigung oder im Zusammenhang mit ihr erzielt werden«.

Nach § 1 der ArbeitsentgeltVO sind »einmalige Einnahmen, laufende Zulagen, Zuschläge, Zuschüsse sowie ähnliche Einnahmen, die zusätzlich zu Löhnen und Gehältern gewährt werden, nicht dem Arbeitsentgelt zuzurechnen, soweit sie lohnsteuerfrei sind (...)«. Als

Richtschnur

Richtschnur kann folgender Grundsatz gelten: Alles, wofür Sie als Arbeitnehmer Lohnsteuer zahlen (müssen), ist beitragspflichtiges Arbeitsentgelt; denn der Gesetzgeber hat »eine möglichst weitgehende Übereinstimmung mit den Regelungen des Steuerrechts sicherzustellen« (so § 17 Abs. 1 Satz 2 SGB IV).

Wie schwierig die Feststellung der Lohnsteuerpflicht und (damit) der Beitragspflicht im Einzelfall sein kann, zeigen die folgenden Beispiele (alle entnommen aus: Willi Benner/Bernhard Bals, Arbeitsentgelt im Sinne der Sozialversicherung und Arbeitslohn im Sinne des Lohnsteuerrechts, BB 2004, Beilage 2 zu Heft 4, S. 1–24):

Beispiele von A–Z

- **Abfindungen** (Entlassungsentschädigungen) sind beitragsfrei, auch soweit sie die Steuerfreibeträge nach § 3 Nr. 9 EStG überschreiten.

- **Aufwandsentschädigungen** sind grundsätzlich nur im öffentlichen Dienst unter bestimmten Voraussetzungen steuer- und beitragsfrei (§ 3 Nr. 12 EStG, R 13 LStR). Aufwandsentschädigungen im privaten Dienst sind steuer- und beitragspflichtig, soweit es sich nicht um Auslagenersatz, durchlaufende Gelder, Auslösungen, Fehlgeldentschädigungen, Heimarbeiterzuschläge, Reisekostenvergütungen oder Umzugskostenvergütungen handelt.

---

[*] Die ArbeitsentgeltVO ist abgedruckt in: Arbeitslosenprojekt TuWas (Hrsg.), Arbeitslosenrecht. Die Gesetzessammlung für Arbeitslose, ihre Berater und Beraterinnen, 10. Auflage, Fachhochschulverlag, Stand: 1.1.2005.

- **Dienstwohnung**. Die verbilligte Überlassung einer Wohnung ist steuer- und beitragspflichtig (§ 5 SachbezugsVO).

- **Einmalige Einkünfte**, wie 13. Monatsgehalt, Weihnachtszuwendungen, Urlaubsgeld, Urlaubsabgeltungen, Gratifikationen und Tantiemen sind steuer- und im Regelfall beitragspflichtig.

- **Essenzuschüsse**, die zur Verbilligung von Mahlzeiten für die Arbeitnehmer gegeben werden, sind steuer- und beitragsfrei, wenn der Kostenanteil des Arbeitnehmers mindestens so hoch ist wie der amtliche Sachbezugswert für die Mahlzeit. Ist er geringer, so sind die Zuschüsse bis zur Höhe des Unterschiedbetrages zwischen dem Kostenanteil des Arbeitnehmers und dem amtlichen Sachbezugswert für die Mahlzeit steuer- und beitragspflichtig. Letzterer beläuft sich 2004 für das Mittagessen auf 2,58 €.

- **Feiertagsarbeitszuschläge**, die für tatsächlich geleistete Feiertagsarbeit neben dem Grundlohn gezahlt werden, sind steuer- und beitragsfrei, soweit sie für Arbeiten am 31. Dezember ab 14 Uhr sowie an gesetzlichen Feiertagen – mit Ausnahmen der Weihnachtsfeiertage und des 1. Mai –, auch wenn diese auf einen Sonntag fallen, 125 v.H. und für Arbeiten am 24. Dezember ab 14 Uhr sowie an den Weihnachtsfeiertagen und am 1. Mai 150 v.H. des Grundlohns bis zu 50 € je Stunde nicht übersteigen (§ 3b Abs. 1 EStG).

- **Freie Unterkunft**, die der Arbeitgeber dem Arbeitnehmer gewährt, ist steuer- und beitragspflichtig. Sie ist mit dem amtlichen Sachbezugswert zu erfassen.

- **Kindergartenplatz** für ein nicht schulpflichtiges Kind eines Arbeitnehmers ist nach § 3 Nr. 33 EStG steuer- und beitragsfrei; dasselbe gilt für Arbeitgeberleistungen zur Unterbringung und Betreuung von nicht schulpflichtigen Kindern in einem betriebsfremden Kindergarten, die zusätzlich zum ohnehin geschuldeten Arbeitslohn erbracht werden.

- **Kraftfahrzeugüberlassung** zum privaten Gebrauch des Arbeitnehmers ist steuer- und beitragspflichtig.

- **Nachtarbeitszuschläge**, die für tatsächlich geleistete Nachtarbeit neben dem Grundlohn gezahlt werden, sind steuer- und beitragsfrei, soweit sie 25 v.H. des Grundlohns bis zu 50 € je Stunde nicht übersteigen (§ 3b Abs. 1 EStG). Für Nachtarbeit, die vor 0 Uhr begonnen hat, erhöht sich der steuerfreie Zuschlagsteil der Zeit von 0 Uhr bis 4 Uhr auf 40 v.H. des Grundlohns (§ 3b Abs. 3 EStG).

- **Qualifikations- und Trainingsmaßnahmen**, die den Leistungen nach § 48 SGB III entsprechen, sind steuer- und beitragsfrei, wenn sie im Zusammenhang mit der Auflösung eines Dienstverhältnisses durchgeführt werden (R 74 Abs. 2 LStR).

- **Sonntagsarbeitszuschläge**, die für tatsächlich geleistete Sonntagsarbeit neben dem Grundlohn gezahlt werden, sind steuer- und beitragsfrei, soweit sie 50 v. H. des Grundlohns bis zu 50 € je Stunde nicht übersteigen (§ 3b Abs. 1 EStG). Für Arbeitsschichten, die vor 24 Uhr begonnen haben, gilt auch die nachfolgende Zeit bis 4 Uhr als Teil des Sonntags (§ 3b Abs. 3 EStG).

- **Trinkgelder**, auf die ein Rechtsanspruch besteht, sind steuer- und beitragspflichtig; Trinkgelder, die dem Arbeitnehmer anlässlich seiner Arbeitsleistung von einem Dritten freiwillig zusätzlich zu dem Betrag gegeben werden, der für diese Arbeitsleistung zu zahlen ist, sind unbegrenzt steuerfrei nach § 3 Nr. 51 EStG und beitragsfrei.

- **Umzugskostenvergütungen** sind steuer- und beitragsfrei bei Zahlung
  – aus öffentlichen Kassen nach § 3 Nr. 13 EStG,
  – im privaten Dienst aus dienstlicher Veranlassung, und zwar bis zur Höhe der Umzugskostenvergütung vergleichbarer Bundesbeamter einschließlich Pauschvergütung für so genannte sonstige Umzugsauslagen ohne Einzelnachweis der tatsächlichen Aufwendungen (§ 3 Nr. 16 EStG; R 41 Abs. 2 LStR).

- **Urlaubsabgeltungen** sind als einmalige Bezüge steuer- und beitragspflichtig.

- **Zeitzuschläge** nach dem BAT oder den Manteltarifverträgen für Arbeiter des Bundes, Arbeiter der Länder und für Arbeiter gemeindlicher Verwaltungen und Betriebe sind zum Teil steuer- und beitragsfrei nach § 3b EStG.

Zusammenfassend kann man sagen: Auch wenn mancher sich über Lohnsteuer und Sozialversicherungsbeiträge auf Teile seiner Vergütung ärgern sollte; bei Arbeitslosigkeit erhöhen die beitragspflichtigen Lohnbestandteile das Bemessungsentgelt und damit das Alg.

3 Vier Sonder-Bemessungsentgelte

Bei Kug u. Ä.

- Für Zeiten, in denen ein Arbeitsloser Kug, Winterausfallgeld oder Winterausfallgeld-Vorausleistung gemäß § 211 Abs. 3 SGB III erhalten hat, ist Bemessungsentgelt das Arbeitsentgelt, das der Arbeitslose ohne den Arbeitsausfall und ohne Mehrarbeit erzielt hätte (§ 131 Abs. 3 Nr. 1 SGB III). Der Arbeitslose wird also so behandelt, als hätte er normal verdient.

Bei Freistellungszeiten

- Nach einem Arbeitsverhältnis mit der Vereinbarung bezahlter Freistellungen im Sinne des § 7 Abs. 1a SGB IV wird bei der Berechnung des Bemessungsentgelts das Arbeitsentgelt berücksichtigt, das der Arbeitslose im Bemessungszeitraum für die geleistete Arbeit ohne die Vereinbarung flexibler Arbeitszeiten verdient hätte (§ 131 Abs. 3 Nr. 2 SGB III).

Mit dieser Regelung sollen Nachteile vermieden werden, wenn der Arbeitslose im Bemessungszeitraum in einem Beschäftigungsverhältnis mit flexibler Arbeitszeit gestanden hat (BR-Drs. 1000/97 S. 25).
Für Zeiten einer Freistellung wird wie bei der Beitragsermittlung das tatsächlich gezahlte Entgelt berücksichtigt.

Die Berücksichtigung der tatsächlich gezahlten Entgelte bei der Ermittlung des Alg-Betrages sollte alle Arbeitnehmer veranlassen, in Vereinbarungen über flexible Arbeitszeiten für Zeiten der Beschäftigung und der Freistellung gleich hohe Entgelte vorzusehen. Zwar erfasst der Bemessungsrahmen nach § 130 Abs. 1 SGB III grundsätzlich ein Jahr. Dennoch kann je nach Verteilung von Arbeitsleistung und Freistellung eine ungünstige Bemessung nicht ausgeschlossen werden, wenn für Zeiten der Freistellung deutlich geringere Löhne gezahlt werden. Dem würde zwar die Chance einer höheren Bemessung gegenüberstehen, wenn der Bemessungsrahmen längere Zeiten tatsächlicher Arbeitszeit enthält. Dennoch sollte entsprechend der Lohnersatzfunktion des Alg eine ungleiche Aufteilung des erzielten Arbeitsentgeltes vermieden werden, weil das Alg nur einmal festgestellt wird und ein fiktiver Arbeitsverlauf während der Arbeitslosigkeit nicht berücksichtigt wird.

Gleich hohe Entgelte vorsehen

- Arbeitslose, die früher relativ gut verdienten und deshalb ein vergleichsweise hohes Alg beziehen, scheuen sich nicht selten, eine schlecht bezahlte Arbeit zu suchen. Sie fürchten, dass sie auch diese Beschäftigung wieder verlieren und ihr Alg dann nach der niedrigen Bezahlung bemessen wird. Die Befürchtung ist in zwei Fällen unbegründet:

Nach früherem Alg-Bezug

– Wurde durch die Zwischenbeschäftigung keine neue Anwartschaftszeit begründet, dauerte die Zwischenbeschäftigung im Regelfall also weniger als zwölf Monate, so bemisst sich ein noch nicht aufgebrauchter Alg-Anspruch nach dem alten Verdienst.

Zwischenbeschäftigung weniger als 12 Monate

– Dauerte die Zwischenbeschäftigung mindestens zwölf Monate, ist (gemäß § 133 Abs. 1 SGB III a. F.) »Bemessungsentgelt mindestens das Entgelt, nach dem das Alg zuletzt bemessen worden ist«. Voraussetzung für diese Privilegierung ist allerdings, dass der Arbeitslose innerhalb von drei Jahren vor Entstehung seines neuen Alg-Anspruchs wenigstens einen Tag Alg bezogen hat. Mit dieser Regelung »sollen Arbeitslose, die ihre Arbeitslosigkeit durch die Aufnahme einer Beschäftigung beenden, in der sie ein geringeres Entgelt erzielen, als es der Bemessungsgrundlage des Alg zugrunde lag, vor Nachteilen bei erneutem Beschäftigungsverlust geschützt werden. Damit sollen Hemmnisse, die einer

Mindestens 12 Monate

Besitzstandssicherung Schonfrist: 3 Jahre

Rückkehr in das Erwerbsleben entgegenstehen könnten, beseitigt werden« (BT-Drs. 13/4941, S. 178). Liegt der letzte Tag Alg-Bezug nicht länger als drei Jahre zurück, vergleicht die AA das alte mit dem neuen Bemessungsentgelt. Ist das alte höher, wird das alte zugrunde gelegt; sollte das neue höher sein, bemisst sich das Alg nach dem neuen Bemessungsentgelt. Diese Wahl des höchsten Bemessungsentgelts folgt aus dem Wörtchen »mindestens« in § 133 Abs. 1 a. F. SGB III.

Ohne Ausnahme

Das alte, hohe Bemessungsentgelt wird auch dann zugrunde gelegt, wenn das so berechnete Alg höher liegt als das Leistungsentgelt (= pauschaliertes Nettoentgelt) der letzten Beschäftigung.

Mit Hartz III ist der Bestandsschutzrahmen von drei Jahren auf zwei Jahre verkürzt worden (§ 131 Abs. 4 SGB III n. F.). Die Begründung, die Verkürzung um ein Jahr diene der »Verwaltungsvereinfachung« (so BT-Drs. 15/1515, S. 85) ist vorgeschoben; ob die AA zwei oder drei Jahre zurückschaut, ist bei ordentlich geführter Leistungsakte völlig egal. Allerdings spart die Verkürzung – und das ist der wahre Grund – Geld zulasten der Alg-Bezieher.

Übergangsregelung

Gemäß § 434j Abs. 3 SGB III gilt der längere, dreijährige Bestandsschutzrahmen noch für alle Arbeitslosen, deren Alg-Anspruch bis zum 31.1.2006 entstanden ist.

Bei Teilzeitverfügbarkeit

■ Ist der Arbeitslose nicht mehr bereit oder in der Lage, die im Bemessungszeitraum durchschnittlich auf die Woche entfallende Zahl von Arbeitsstunden zu leisten, vermindert sich das Bemessungsentgelt für die Zeit der Einschränkung entsprechend dem Verhältnis der Zahl der durchschnittlichen regelmäßigen wöchentlichen Arbeitsstunden, die der Arbeitslose künftig leisten will oder kann, zu der Zahl der durchschnittlich auf die Woche entfallenden Arbeitsstunden im Bemessungszeitraum (§ 131 Abs. 5 Satz 1 SGB III).

Das Bemessungsentgelt wird nach § 131 Abs. 5 Satz 2 SGB III nicht vermindert, wenn der Arbeitslose wegen Minderung der Leistungsfähigkeit weniger als 15 Stunden in der Woche arbeiten kann und Alg im Wege der Nahtlosigkeit (→ S. 90) erhält.

4 Was umfasst der Bemessungszeitraum?

4.1 Der Regelfall

Bemessungsrahmen: i. d. R. 1 Jahr

»Der Bemessungszeitraum umfasst die beim Ausscheiden des Arbeitslosen aus dem jeweiligen Beschäftigungsverhältnis abgerechneten Entgeltabrechnungszeiträume der versicherungspflichtigen Beschäftigungen im Bemessungsrahmen. Der Bemessungsrahmen umfasst ein Jahr; er endet mit dem letzten Tag des letzten Versicherungspflichtverhältnisses vor der Entstehung des Anspruchs.«

Nach dieser in § 130 Abs. 1 SGB III enthaltenen Definition muss man zwischen »Bemessungszeitraum« und »Bemessungsrahmen« unterscheiden. Man muss zunächst den einjährigen Bemessungsrahmen abstecken und dann feststellen, wie viel Entgeltabrechnungszeiträume in dieses eine Jahr fallen; diese bilden den Bemessungszeitraum.

»Bemessungszeitraum« und »Bemessungsrahmen«

Dabei umfasst der Bemessungszeitraum seit 2005 nur noch Zeiten einer versicherungspflichtigen Beschäftigung (s. oben unter 1 → S. 157).

4.2 Was schafft keine Bemessungszeiträume?

Außer Betracht bleiben seit 2005 alle übrigen Versicherungspflichtverhältnisse (z. B. wegen Bezugs von Sozialleistungen). Um für Alg-Bezieher nachteilige Bemessungen zu vermeiden, gehen in den Bemessungszeitraum weiter nicht ein:

- Zeiten einer Beschäftigung, neben der Übg wegen einer Leistung zur Teilhabe am Arbeitsleben, Teil-Übg oder Teil-Alg geleistet worden ist;

- Zeiten einer Beschäftigung als Helfer im Sinne des Gesetzes zur Förderung eines freiwilligen sozialen Jahres oder als Teilnehmer im Sinne des Gesetzes zur Förderung eines freiwilligen ökologischen Jahres, wenn diese Zeiten unmittelbar nach einem Versicherungspflichtverhältnis geleistet worden sind.

Auch Zeiten mit gesunkenem Verdienst bleiben in zwei Fällen außer Betracht:

- Zeiten, in denen die Arbeitslose Erziehungsgeld bezogen oder nur wegen der Berücksichtigung von Einkommen nicht bezogen hat oder ein Kind unter drei Jahren betreut und erzogen hat, wenn wegen der Betreuung und Erziehung des Kindes das Arbeitsentgelt oder die durchschnittliche wöchentliche Arbeitszeit gemindert war;

Erziehungszeiten

- Zeiten, in denen die durchschnittliche regelmäßige wöchentliche Arbeitszeit aufgrund einer Teilzeitvereinbarung nicht nur vorübergehend auf weniger als 80 % der durchschnittlichen regelmäßigen Arbeitszeit einer vergleichbaren Vollzeitbeschäftigung, mindestens um fünf Stunden wöchentlich, vermindert war, wenn die Arbeitslose Beschäftigungen mit einer höheren Arbeitszeit innerhalb der letzten dreieinhalb Jahre (= 42 Monate) vor der Entstehung des Anspruchs während eines sechs Monate umfassenden zusammenhängen Zeitraums ausgeübt hat.

Diese Regelung führt je nach Beginn der Teilzeit zu unterschiedlichen Folgen:

1. Liegen **in den letzten zwei Jahren** (= erweiterter Bemessungsrahmen → S. 165) **nicht wenigstens 150 Tage** mit Anspruch auf Vollzeitarbeitsentgelt, dann wird das Alg fiktiv bemessen.

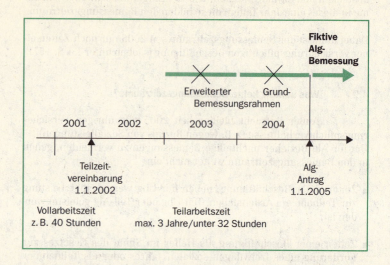

Da die fiktive Bemessung seit 2005 von niedrigen pauschalierten Bemessungsentgelten ausgeht (→ S. 167), kann sich der nach Teilzeitarbeit in Alg-Bezug Gehende erheblich verschlechtern. Hat er in der Vollzeit und dementsprechend in der anschließenden Teilzeit gut verdient, liegt das fiktiv bemessene Alg möglicherweise niedriger, als wenn das Alg auf der Basis der Teilzeit bemessen worden wäre!

Beispiel

Der Facharbeiter David Zunder in Wolfsburg hat vor mehr als einem Jahr und sieben Monaten seine Arbeit um 21 % verkürzt. Statt 3.000 € brutto im Monat verdient er wegen der Teilzeit nur noch 2.370 € im Monat. Bemessungsentgelt sind nicht diese 2.370 €, sondern ein fiktives Bemessungsentgelt nach der Tabelle auf → S. 168 in Höhe von 64,40 € x 30 = 1.932 €. Damit greift in diesen Fällen die als Wohltat und als Anreiz zur Teilzeit gedachte Bemessungsregel des § 131 Abs. 2 Nr. 4 SGB III nicht mehr. Den gleichen Nachteil erleiden Mütter, die vor der Kindererziehung gut verdient haben. Ihnen schadet die entsprechende Regelung in § 131 Abs. 2 Nr. 3 SGB III.

2. Liegen **in den letzten zwei Jahren** (= erweiterter Bemessungsrahmen → S. 165) **wenigstens 150 Tage** mit Anspruch auf Vollzeitarbeitsentgelt, dann wird das Alg auf der Grundlage des Vollzeitarbeitsentgelts bemessen. Hier behalten § 131 Abs. 2 Nrn. 3 und 4 SGB III ihre wohltuende Wirkung.

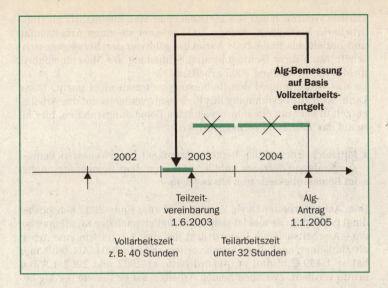

- Zeiten einer Beschäftigung in den neuen Bundesländern, die die AA als ABM oder SAM gefördert hat, wenn der Arbeitnehmer
1. diese Beschäftigung nahtlos im Anschluss an eine versicherungspflichtige Beschäftigung aufgenommen hat und
2. bis zum 31.12.2003 in die Maßnahme eingetreten ist (§ 416a SGB III).

Ost-ABM/SAM

Diese Regelung gewährleistet, dass Arbeitnehmer, die im Rahmen von Restrukturierungsbemühungen ihres letzten Arbeitgebers ohne zwischenzeitliche Arbeitslosigkeit in eine ABM oder SAM zugewiesen werden, dadurch keine Nachteile bei der Bemessung des Alg im Vergleich zu den Betroffenen erfahren, die nach zwischenzeitlicher Arbeitslosigkeit durch die Bestandsschutzregelung des Bemessungsrechts (→ S. 161) vor leistungsrechtlichen Nachteilen bei erneuter Arbeitslosigkeit geschützt sind (so die Begründung des Regierungsentwurfs zu § 416a SGB III).
Angesichts der dramatischen Verkürzung von ABM/SAM in der Praxis dürfte diese Regelung höchstens noch bei Älteren, langjährig Geförderten eine Rolle spielen.

4.3 Erweiterung des Bemessungsrahmens auf zwei Jahre

Der einjährige Bemessungsrahmen wird in zwei Fällen um ein Jahr auf zwei Jahre erweitert:

- Der Bemessungszeitraum enthält weniger als 150 Tage mit Anspruch auf Arbeitsentgelt.

1. Fall:
Keine 150 Tage

166 E Höhe des Arbeitslosengeldes

Beispiel

Elfriede Wehrmich war seit 2003 bei einer Maschinenfabrik als Hilfsarbeiterin beschäftigt. Anfang 2004 erleidet sie einen Arbeitsunfall und bezieht bis Ende 2004 Verletztengeld von der Berufsgenossenschaft. Nach ihrer Gesundung und Schließung der Maschinenfabrik meldet sie sich Anfang 2005 arbeitslos.

Da das Verletztengeld den Bemessungszeitraum nicht (mehr) füllen kann, wird zur Bestimmung des Bemessungsentgelts auf das Arbeitsentgelt in dem um ein Jahr erweiterten Bemessungsrahmen, hier also auf das Jahr 2003 zurückgegriffen.

2. Fall: »Unbillige Härte«

■ Mit Rücksicht auf das Bemessungsentgelt im erweiterten Bemessungsrahmen wäre es unbillig hart, von dem Bemessungsentgelt im Bemessungszeitraum auszugehen.

Beispiel

Dem Akkordarbeiter David Zunder wird zum Ende 2003 betriebsbedingt gekündigt. Er meldet sich unverzüglich nach der Kündigung bei der AA arbeitsuchend. Diese drückt ihn zum 1.1.2004 in eine Arbeit als Zeitlöhner, auch diese Arbeit verliert er Ende 2004. Als Zeitlöhner hat er 1.450 € brutto, im Akkord hatte er 2002 und 2003 1.850 € brutto verdient. Zwischen beiden Arbeiten hat er keinen Tag Alg bezogen.

Die AA darf wegen unbilliger Härte nicht den Verdienst aus dem Jahr 2004 zugrunde legen. Sie hat vielmehr den im Jahr 2003 erzielten höheren Verdienst in die Bemessung einzubeziehen.

Das gilt nach Auffassung des BSG allerdings nur, wenn – wie in unserem Beispiel – die Dauer der besser bezahlten Tätigkeit die Dauer der schlechter bezahlten Tätigkeit absolut übersteigt (Urteil vom 2.9.2004 – B 7 AL 68/03 R).

Fraglich ist, wo die »unbillige Härte« beginnt. Das BSG verlangt ein »deutlich geringeres« Entgelt. Dann bleibt die Frage, was »deutlich geringer« ist. Zu Recht betont Rolfs (in: Gagel, SGB III, Rand Nr. 14 zu § 131 SGB III a. F.), dass Geringverdiener schon geringe Lohnabschläge erheblich treffen. Ob seine Meinung, bereits 5 % weniger Lohn stellten regelmäßig eine (unbillige) Härte dar (a.a.O., RandNr. 15), bei gut verdienenden Richtern Gehör findet, bleibt abzuwarten.

Angesichts der zunehmenden vom Gesetzgeber und AA flankierten Lohndrückerei sollten alle, die in letzter Zeit ohne Zwischenbezug von Alg in eine schlechter bezahlte Arbeit gewechselt sind, bei Arbeitslosigkeit von der AA die Prüfung verlangen, ob die Bemessung »unbillig hart« ist. Denn der Bemessungsrahmen wird wegen »unbilliger Härte« auf zwei Jahre nur erweitert, wenn der Alg-Bezieher es verlangt (§ 130 Abs. 3 Satz 2 SGB III). Ergeben sich aus dem Alg-Antrag allerdings Anhaltspunkte für eine »unbillige Härte«, dann muss nach unserer Auffassung die AA auch ohne Hinweis des Arbeitslosen von sich aus prüfen, ob das Bemessungsentgelt nicht »unbillig hart« zu niedrig angesetzt ist.

4.4 Wann und wie wird »fiktiv« bemessen?

Kann ein Bemessungszeitraum von mindestens 150 Tagen mit Anspruch auf Arbeitsentgelt auch innerhalb des auf zwei Jahre erweiterten Bemessungsrahmens nicht festgestellt werden, ist als Bemessungsentgelt ein fiktives Arbeitsentgelt zugrunde zu legen (§ 132 SGB III).

Elfriede Wehrmich war bis Ende 2002 als ausgebildete Schreinerin beitragspflichtig beschäftigt. Mit der Geburt ihres Kindes bezieht sie von 2003 bis Ende 2004 Erziehungsgeld. Da ihr Arbeitgeber Ende 2004 den Betrieb stilllegt, beantragt sie Anfang 2005 Alg.
Zwar begründet auch der Bezug von Erziehungsgeld einen Alg-Anspruch. Aber da es kein beitragspflichtiges Arbeitsentgelt ist, kann das Erziehungsgeld nicht als Bemessungsentgelt zugrunde gelegt werden. Mangels 150 Tagen mit Lohnanspruch in den letzten zwei Jahren wird das Arbeitsentgelt »fingiert«.

Beispiel

»Fiktives« Arbeitsentgelt heißt, es wird ein pauschales Arbeitsentgelt mit Blick auf das, was der Arbeitslose »kann«, festgelegt.
Für die Festsetzung des fiktiven Arbeitsentgelts ist gemäß § 132 Abs. 2 Satz 1 SGB III der Arbeitslose der Qualifikationsgruppe zuzuordnen, die der beruflichen Qualifikation entspricht, die für die Beschäftigung erforderlich ist, auf die die AA die Vermittlungsbemühungen für den Arbeitslosen in erster Linie zu erstrecken hat.

Nach der Gesetzesbegründung sollen die Vermittlungsbemühungen der AA abhängig sein vom »in Betracht kommenden Arbeitsangebot« (BT-Drs. 15/1515, S. 86). Diese Einschränkung passt zum fehlenden Berufsschutz. Sie bedeutet für qualifizierte Alg-Bezieher, wenn qualifizierte Arbeitsplätze fehlen, dass das fiktive Arbeitsentgelt niedriger als ihrer Qualifikation angemessen festgesetzt wird.

Anders als bis 2004 »erfolgt die fiktive Leistungsbemessung nicht mehr nach dem individuellen erzielbaren tariflichen Arbeitsentgelt, sondern (...) nach einer pauschalierten Regelung« (so BT-Drs. 15/1515, S. 85 f.). Der Gesetzgeber begründet die Pauschalierung mit »Verwaltungsvereinfachung«. Dass daneben ein weiteres Mal der Tariflohn beiseite geschoben wird, verschweigt er.

Für die Pauschalierung werden gemäß § 132 Abs. 2 Satz 2 SGB III folgende vier Qualifikationsstufen mit vier absteigenden Pauschbeträgen gebildet.

4 Qualifikationspauschalen

Für die Frage, ob die Ost- oder West-Bezugsgröße zugrunde gelegt wird, kommt es nicht auf den Wohnort des Alg-Beziehers an. Nur bei regional beschränkter Vermittlung ist die Ost-Bezugsgröße zugrunde zu legen, nicht bei bundesweit möglicher Vermittlung (so auch Coseriu/Jakob, in: Wissing u. a., SGB III, RandNr. 49 zu Anhang zu §§ 130–139).

E Höhe des Arbeitslosengeldes

Schaubild
Qualifikationspauschalen

Die Beschäftigung erfordert	Die Pauschale beträgt	in €/Tag*	
		West	Ost
Qualifikationsstufe 1 ■ eine Hochschul- oder Fachhochschulausbildung	300stel der Bezugsgröße**	96,60	81,20
Qualifikationsstufe 2 ■ einen Fachschulabschluss, ■ den Nachweis über eine abgeschlossen Qualifikation als Meister oder ■ einen Abschluss in einer vergleichbaren Einrichtung	360stel der Bezugsgröße	80,50	67,67
Qualifikationsstufe 3 ■ eine abgeschlossene Ausbildung in einem Ausbildungsberuf	450stel der Bezugsgröße	64,40	54,13
Qualifikationsstufe 4 ■ keine Ausbildung	600stel der Bezugsgröße	48,30	40,60

* Auf der Grundlage der Bezugsgröße 2005.
** Bezugsgröße ist gemäß § 18 SGB IV das Durchschnittsentgelt der gesetzlichen Rentenversicherung im vorangegangenen Kalenderjahr.
Die Bezugsgröße beträgt 2005 in den alten Bundesländern 28.980 €, in den neuen Bundesländern 24.360 €.
Rechenbeispiel Qualifikationsstufe 1, alte Bundesländer:
28.980 € : 300 = 96,60 € pro Tag.

Beispiel

Elfriede Wehrmich, die Schreinerin mit Kind, wohnt in Meiningen. Trotz Kindes ist sie bereit, auch in Fulda eine Stelle anzutreten.
Fiktives Arbeitsentgelt = 64,40 € (und nicht 54,13 €).
Um keine voreilige Freude aufkommen zu lassen: Die 64,40 € sind das (Brutto-)Bemessungsentgelt pro Tag. Dieses wird bereinigt, und vom (bereinigten) Leistungsentgelt gibt es das 60 %- oder 67 %-Alg.

Fiktive Arbeitszeit bei fiktivem Arbeitsentgelt

Wird das Arbeitsentgelt fiktiv bemessen und beschränkt der Arbeitslose sich in Zukunft auf Teilzeitarbeit, so wird das Bemessungsentgelt entsprechend der geminderten Stundenzahl verringert. Bezugspunkt ist dabei nicht die ursprüngliche individuelle Vollarbeitszeit, sondern gemäß § 131 Abs. 5 Satz 3 SGB III die regelmäßige wöchentliche Arbeitszeit, die im Zeitpunkt der Entstehung des Alg-Anspruchs für Angestellte im öffentlichen Dienst des Bundes (d. h. [noch] zurzeit in den alten Bundesländern 38,5 Stunden und in den neuen Bundesländern 40 Stunden) gilt.

5 Zusammenfassung: Alg-Bemessung nach Lohnminderung

Die von Unternehmern und Bundesregierung/Bundestag propagierte und (u. a. durch Hartz III und Hartz IV) durchgesetzte Lohndrückerei betrifft nicht nur die Arbeitenden, sondern auch die Arbeitslosen. Sie müssen nicht nur erbärmlich schlecht bezahlte Arbeit annehmen; sie laufen auch Gefahr, nach Verlust dieser Arbeit ein noch niedrigeres Alg zu bekommen. Immerhin: Das Alg orientiert sich nicht stets am letzten, niederen Lohn. Das zeigt die folgende Übersicht:

Schaubild
Lohnminderung vor Alg-Bezug

Grund für Lohnminderung	Folge für Alg-Bemessung
1. Aufnahme von neuer Arbeit **nach** vorhergehendem Alg-Bezug Neue Arbeit dauert a) weniger als 12 Monate b) 12 Monate und mehr	a) Bemessung nach früherem Lohn b) Bemessung nach früherem, höherem Lohn, falls zwischen dem letzten Tag des früheren Alg-Bezugs und dem ersten Tag des erneuten Alg-Bezugs weniger als drei Jahre liegen
2. Aufnahme von neuer Arbeit **ohne** vorhergehenden Alg-Bezug	Erweiterung des Bemessungsrahmens wegen unbilliger Härte verlangen
3. Aufnahme einer ABM/SAM **ohne** vorhergehenden Alg-Bezug	Falls ABM/SAM-Beginn vor dem 31.12.2003 in den neuen Bundesländern: Bemessung nach früherem, höherem Lohn
4. Wechsel von Voll- auf Teilzeitarbeit vor Alg-Bezug a) Keine 150 Tage mit Vollzeitarbeitsentgelt in den letzten zwei Jahren b) 150 Tage mit Vollzeitarbeitsentgelt in den letzten zwei Jahren	a) Fiktive Bemessung b) Bemessung nach Vollzeitarbeitsentgelt
5. Kindererziehung a) Keine 150 Tage mit Vollzeitarbeitsentgelt in den letzten zwei Jahren b) 150 Tage mit Vollzeitarbeitsentgelt in den letzten zwei Jahren	a) Fiktive Bemessung b) Bemessung nach Vollzeitarbeitsentgelt
6. Lohnstundung oder Lohnverzicht	Alg: Erweiterung des Bemessungsrahmens wegen unbilliger Härte verlangen. Insg: Ist in Gefahr

Wer vor'm Alg schon Lohn verlor, kriegt Alg z. T. vom Lohn zuvor

In der Regel empfehlen wir nach Verlust einer gut bezahlten Arbeit, wenigstens einen Tag Alg zu beziehen. Den einmal angebrochenen Alg-Anspruch können Sie (gemäß § 147 Abs. 2 SGB III) vier Jahre lang wiederbeleben; das dürfte angesichts der in Zukunft verkürzten Rahmenfristen vorteilhaft sein. Außerdem wird bei erneuter Arbeitslosigkeit (gemäß Fallgruppe 1 b) das Alg, wenn zwischen dem letzten Tag des früheren Alg-Bezugs und dem ersten Tag des erneuten Alg-Bezugs weniger als drei Jahre (ab 1.2.2006: zwei Jahre) liegen, nach dem früheren, höheren Lohn bemessen.

6 Nur abgerechnete Entgeltzeiträume – nur im Bemessungszeitraum erzieltes Arbeitsentgelt

Abgerechnet

Für die Leistungsbemessung wird nur das Entgelt zugrunde gelegt, das beim Ausscheiden des Arbeitnehmers abgerechnet war. Das gilt nach § 130 Abs. 1 SGB III nicht nur für das letzte, sondern für alle im Bemessungsrahmen liegenden Beschäftigungsverhältnisse.

Erzielt

Gemäß § 131 Abs. 1 SGB III kann grundsätzlich nur im Bemessungszeitraum erzieltes, d. h. tatsächlich erhaltenes Arbeitsentgelt berücksichtigt werden.
Entgelte, die der Arbeitslose vor seinem Ausscheiden aus dem versicherungspflichtigen Beschäftigungsverhältnis tatsächlich nicht erhalten hat, werden ausnahmsweise rückwirkend (gemäß § 48 Abs. 1 Satz 2 SGB X i. V. m. § 330 Abs. 3 SGB III) bei der Bemessung des Alg berücksichtigt, wenn der Arbeitslose dieses Entgelt für den abgerechneten Entgeltzeitraum beanspruchen konnte.

Das ist z. B. der Fall, wenn

- nachträglich die Tarifeinstufung berichtigt wird (vgl. z. B. SG Berlin, Urteil vom 10.2.1995 – S 51 Ar 3490/93, info also 1995, Heft 2, S. 80);
- die ursprüngliche Abrechnung falsch war, z. B. wegen Rechenfehlern, bei Streit über die Zahl der geleisteten Arbeitsstunden oder den Stundenlohn, Provisionen u. Ä.;
- nach einem für den Arbeitnehmer günstigen Abschluss eines Arbeitsgerichtsverfahrens im Bemessungszeitraum entstandenes Arbeitsentgelt nachgezahlt wird; das gilt aber nur für Arbeitsentgeltzeiten vor Entstehung des Anspruchs;
- eine Tariferhöhung vor dem Ausscheiden noch nicht berücksichtigt war.

Dadurch verursachte höhere Arbeitsentgelte werden allerdings nur berücksichtigt, falls sie, wenn auch nachträglich, dem Arbeitslosen zugeflossen sind oder nur wegen der Zahlungsunfähigkeit des Arbeitgebers nicht mehr zufließen konnten. »Mit dieser Einschränkung soll verhindert werden, dass sich die Parteien eines Arbeitsvertrages nachträglich rückwirkend auf ein höheres Arbeitsentgelt des Betroffenen, etwa im Vergleichswege verständigen, um ein höheres Alg zu erreichen, ohne dass der Arbeitgeber den höheren Betrag auch an den Arbeitnehmer auszahlen muss.« (BT-Drs. 13/4941, S. 179.)

7 Das durchschnittliche auf den Tag entfallende Arbeitsentgelt

Nach § 131 Abs. 1 SGB III ist Bemessungsentgelt das durchschnittlich auf den Tag entfallende beitragspflichtige Arbeitsentgelt. Es ist demnach die Summe der in die abgerechneten Entgeltzeiträume fallenden beitragspflichtigen Arbeitsentgelte durch die Anzahl der in die Entgeltzeiträume fallenden **Kalender**tage zu teilen. Zum Beispiel 10.688,20 € erzielt in 170 Tagen ergibt (nach der Teilung) ein durchschnittliches tägliches Bemessungsentgelt von 62,87 €.

Tagesbasis

Die Teilung des Arbeitsentgelts durch **Arbeits**tage – wie Coseriu/Jakob (in: Wissing u. a., SGB III, Anhang zu §§ 130–139, RandNr. 28) es vorschlagen – findet im Gesetz keine Stütze. Diese – für Alg-Bezieher an sich vorteilhafte – Berechnung führte bei gleichem Wochenlohn zu unterschiedlichen Ergebnissen: Eine Verkäuferin, die ihren Lohn von Montag bis Samstag verdient, stünde schlechter da als eine Sekretärin, die den gleichen Lohn von Montag bis Freitag verdient.

»Da (seit 2005) eine jährliche Verordnung über die Leistungsentgelte entfällt, erübrigt sich eine (früher übliche) Rundung des errechneten Bemessungsentgelts« (BT-Drs. 15/1515, S. 85).

Keine Rundung (mehr)

8 Der Monat hat 30 Tage

Gemäß § 134 wird das Alg für Kalendertage berechnet und geleistet. Ist es für einen vollen Kalendermonat zu zahlen, ist dieser mit 30 Tagen anzusetzen. Wer im Februar Alg bekommt, kann sich freuen. Dagegen führt die Neuregelung in allen Monaten mit 31 Tagen faktisch zu einer Kürzung.

Beispiel

David Zunder mit Anspruch auf Alg mit einer Dauer von 360 Kalendertagen beantragt am 1.1.2005 Alg. Er findet im Laufe des Jahres keine Arbeit und muss seine Alg-Dauer ausschöpfen. Er erhält zwölf Monate (à 30 Kalendertage) Alg, also bis zum 31.12.2005, und kann erst zum 1.1.2006 (bei Bedürftigkeit) Alg II beantragen. Wäre er zum 1.1.2004 (also nach altem Recht) arbeitslos geworden, wäre sein Alg-Anspruch – je nach Dauer des Februars – am 25.12. bzw. 26.12. 2004 erschöpft gewesen; denn nach dem abgeschafften § 139 SGB III a. F. wurde Alg für die realen Kalendertage geleistet. Er hätte also (bei Bedürftigkeit) bereits zum 26. bzw. 27.12.2004 Alhi beantragen können.

III Das Leistungsentgelt
§ 133 SGB III

Steht das (Brutto-)Bemessungsentgelt fest, ist der erste Schritt auf dem Weg zur Berechnung der Alg-Höhe geschafft. Im nächsten Schritt muss das so genannte (Netto-)Leistungsentgelt festgestellt werden.

= Pauschaliertes Netto

Leistungsentgelt ist gemäß § 133 Abs. 1 Satz 1 SGB III »das um pauschalierte Abzüge verminderte Bemessungsentgelt«. Es gibt drei pauschalierte Abzüge:

Sozialversicherungspauschale

- Als Arbeitnehmeranteil in der Sozialversicherung werden pauschal 21 % des Bemessungsentgelts abgezogen. Dabei geht der Gesetzgeber zurzeit von 9,75 % in der Rentenversicherung, 3,25 % in der Arbeitslosenversicherung, 0,85 % in der Pflege- und 7,15 % in der Krankenversicherung aus. Man darf gespannt sein, ob eine Senkung der Krankenversicherungsbeiträge durch die Gesundheitsreform zu einer Senkung der 21 %-Pauschale führt.

Pauschalierte Lohnsteuer

- »Die Lohnsteuer nach der Lohnsteuertabelle, die sich nach dem vom Bundesministerium der Finanzen aufgrund des § 51 Abs. 4 Nr. 1a EStG bekannt gegebenen Programmablaufplan bei Berücksichtigung der Vorsorgepauschale nach § 10c Abs. 2 des Einkommensteuergesetzes in dem Jahr, in dem der Anspruch entstanden ist, ergibt.« (§ 133 Abs. 1 Nr. 2 SGB III)

Es wird also nicht von der tatsächlichen, sondern von einer fiktiven und damit pauschalierten Steuerbelastung ausgegangen. Freibeträge, die nur einzelnen Arbeitnehmern zustehen, bleiben außer Betracht. Das BSG (Urteil vom 24.7.1997 – 11 RAr 45/96, Breithaupt 1998, S. 865 ff.) hat die Verfassungsmäßigkeit einer solchen Pauschalierung bejaht, auch soweit Steuerfreibeträge für behinderte Menschen nicht berücksichtigt werden. Der Gesetzgeber sei berechtigt, aus Gründen der Verwaltungspraktikabilität ein typisierendes Bemessungssystem zu schaffen. Das verstoße nicht gegen das Diskriminierungsverbot des Art. 3 Abs. 3 Satz 2 GG.

Die Höhe des Abzugs ist abhängig von der jeweils maßgeblichen Lohnsteuerklasse und ist direkt der Lohnsteuertabelle zu entnehmen.

Solidaritätszuschlag

- Der Solidaritätszuschlag
Dabei werden Kinderfreibeträge nicht berücksichtigt; wohl deshalb, weil Kinder ja schon zum erhöhten Leistungssatz von 67 % führen.
Der Solidaritätszuschlag beträgt im Jahr 2005 5,5 % der Lohnsteuer. Bei niedriger Lohnsteuerschuld wird der Solidaritätszuschlag jedoch nicht oder aber nicht in voller Höhe erhoben (§§ 3 Abs. 4 Satz 1, 4 Abs. 2 Solidaritätszuschlagsgesetz). Das führt in solchen Fällen zu einem höheren Leistungsentgelt.

Seit 2005 wird – anders als bisher – keine Kirchensteuer mehr abgezogen. Selbst Arbeitslose, die einer Kirchensteuer erhebenden Kirche angehören, erhalten ihr Alg nach einem Leistungsentgelt bemessen, das nicht um die Kirchensteuer gesenkt worden ist. Damit ist nicht nur der alte, das BSG und das BVerfG wiederholt beschäftigende Streit um den Kirchensteuerabzug für Alg beziehende Atheisten, Muslime u. Ä., beendet; der Verzicht auf den Kirchensteuerabzug spült den Alg-Beziehern zudem 290 Millionen Euro allein im Jahr 2005 in die Tasche (BArbBl 2004, S. 6)!

Kein Kirchensteuerabzug mehr

Halleluja!

Seit 2005 werden die Lohnsteuerklassen nicht mehr bestimmten Leistungsgruppen zugeordnet. Damit entfallen die bisherigen, nach den Leistungsgruppen A–E geordneten Leistungstabellen. An deren Stelle treten u. a. die Lohnsteuertabellen. Da diese aber nicht den 21 %-Pauschalabzug für Sozialversicherungsbeiträge enthalten, muss es eine eigenständige Leistungstabelle der BA geben. Da außerdem das (Brutto-)Bemessungsentgelt 2005 nicht mehr auf den nächsten durch fünf teilbaren Eurobetrag gerundet wird, muss die Tabelle auf den Cent genaue (Brutto-)Bemessungsentgelte enthalten. Dadurch würde die Druckfassung der Tabelle zum dicken Buch. Deshalb liegt keine Leistungstabelle mehr als »Karton« in der AA aus.

Wegfall der Leistungsgruppen

Sie können mithilfe eines von der BA zur Verfügung gestellten Berechnungsprogramms Ihr Alg selbst berechnen. Das Selbstberechnungsprogramm ist unter http://www.pub.arbeitsamt.de/selbst.php aufzurufen und leicht zu bedienen.

Wie berechne ich mein Alg?

das Alg wird gedeckelt durch die Leistungsbemessungsgrenze. Diese entspricht der Arbeitsentgeltgrenze, ab der keine Beiträge zur Arbeitslosenversicherung mehr zu entrichten sind, also der Beitragsbemessungsgrenze (§ 341 Abs. 4 SGB III). Sie liegt im Jahr 2005 jährlich in den alten Bundesländern bei 62.400 €, in den neuen Bundesländern bei 52.800 €; monatlich bei 5.200 €/4.400 €; kalendertäglich bei 173,33 €/146,67 €.

Leistungsbemessungsgrenze entspricht Beitragsbemessungsgrenze

Gemäß § 408 SGB III gilt die niedrige Beitragsbemessungsgrenze, wenn die letzte versicherungspflichtige Beschäftigung in den neuen Bundesländern lag.

Maske
BA-Programm Selbstberechnung Alg

Selbstberechnung Arbeitslosengeld

Hiermit können Sie die Höhe Ihres kalendertäglichen Arbeitslosengeldes berechnen. Beachten Sie bitte, dass das angezeigte **Ergebnis** für Sie als **Orientierungswert** dient. Eventuell anzuwendende Sondervorschriften (z.B. Teilzeit, Erziehungsgeldbezug, unbillige Härte, Leistungsvorbezug) wurden nicht berücksichtigt. Das Ergebnis ist daher **rechtlich nicht bindend**.

Bitte nehmen Sie die erforderlichen Eintragungen vor.

2345,00	EUR	Tragen Sie hier Ihr durchschnittliches **monatliches Bruttoarbeitsentgelt der versicherungspflichtigen Beschäftigung**(Arbeitsentgelt sonstiger Versicherungspflichtverhältnisse z.B. Krankengeld-Bezug bleibt ausser Betracht) der letzten 12 Monate ein. Beachten Sie bitte die jeweils gültigen Beitragsbemessungsgrenzen. Format: XXXXX,XX (Betrag ohne Gliederungspunkte, ohne führende Null, ohne oder mit Nachkommastellen) Bsp: 1500,00
I/IV		Wählen Sie die **Lohnsteuerklasse** aus, die in Ihrer Lohnsteuerkarte eingetragen wurde.
JA		Haben Sie ein **Kind**, für das Sie oder Ihr Ehegatte Kindergeld erhalten?

[Berechnen]

78,17	EUR	Bruttoentgelt/tgl. (Bemessungsentgelt) (gerundet)
11,98	EUR	Lohnsteuer
0,65	EUR	Solidaritätszuschlag
16,42	EUR	Sozialversicherungsbeiträge (21%-Pauschale)
49,12	EUR	Nettoentgelt/tgl. (Leistungsentgelt) (gerundet)
32,91	EUR	(x60% / 67%)= **Arbeitslosengeld/kalendertäglich (Leistungssatz)** (gerundet)
987,30	EUR	(x30 Kalendertage)= **Arbeitslosengeld für volle Monate**

Jahr 2005

Wichtige Hinweise:

Bei den dargestellten Abzügen handelt es sich um Beträge, die ausschließlich zur Berechnung des pauschalierten Nettoentgeltes dienen. Sie werden nicht tatsächlich abgeführt.

IV Die Bedeutung der Steuerklasse

Die Höhe Ihres Alg richtet sich u. a. nach dem Leistungsentgelt. Die Höhe des Leistungsentgelts hängt stark von der Steuerklasse ab, die am 1.1. des Jahres, in dem Ihr Alg-Anspruch entstanden ist, in der Steuerkarte eingetragen ist (§ 133 Abs. 2 Satz 1 SGB III).

1 Berichtigung oder Änderung der Steuerklasse

Ist die Lohnsteuerkarte falsch ausgestellt oder treten später Änderungen in den Umständen ein, die für die Zuordnung zu einer bestimmten Steuerklasse maßgebend sind, so können und sollten Sie eine Änderung bei der Gemeindebehörde oder beim Finanzamt beantragen, wenn Sie dadurch in eine günstigere Steuerklasse kommen, z. B. wenn Sie als Alleinerziehende/r ein über 18-jähriges Kind haben, das noch oder wieder in Ausbildung ist. Gehören Sie eigentlich in eine ungünstigere Steuerklasse, sind Sie sogar verpflichtet, die Änderung zu veranlassen.

Jede Änderung der Steuerklasse während des Bezugs von Leistungen muss der AA mitgeteilt werden. Hierzu sind Sie nach § 60 Abs. 1 Nr. 2 SGB I verpflichtet. Die AA berücksichtigt die Änderung von dem Tag an, an dem erstmals die Voraussetzungen für die Änderung vorlagen (§ 133 Abs. 2 Satz 2 SGB III).

Änderungen der AA melden

2 Steuerklassenkombination von Ehegatten

Ehegatten haben die Möglichkeit, drei verschiedene Steuerklassenkombinationen zu wählen: III/V, IV/IV und V/III. Wichtig zu wissen ist, dass sich an der Höhe der Jahressteuerschuld durch die Wahl der Steuerklasse grundsätzlich nichts ändert. Wer wegen einer »falschen« Steuerklasse während des Jahres zuviel Lohnsteuer zahlt, erhält diesen Betrag beim Lohnsteuerjahresausgleich oder der Einkommensteuerveranlagung vollständig zurück. In steuerlicher Hinsicht beeinflusst die Steuerklassenkombination von Ehegatten somit nur die Höhe der vorläufigen Vorauszahlungen durch den Lohnsteuerabzug auf die erst später endgültig vom Finanzamt festgesetzte gemeinsame Jahressteuerschuld.

Eine völlig andere Bedeutung hat die Steuerklassenkombination bei den Leistungen der AA: Die AA setzt in der Regel aufgrund der eingetragenen Steuerklassen die Lohnersatzleistung Alg fest.
Eine Änderung der Steuerklassenkombination vor Beginn des Kalenderjahres und ein Wechsel während des Kalenderjahres (beides ist steuerrechtlich jeweils einmal zulässig) muss daher gut durchdacht werden. Ein Wechsel in eine ungünstige Steuerklasse, also von III nach IV oder V und von IV nach V, ist für den arbeitslosen Ehegatten regelmäßig nicht zu empfehlen, weil mit niedrigerem Alg verbunden.

Ein Steuerklassenwechsel i. S. des § 133 Abs. 3 SGB III liegt nur vor, wenn die Ehe bereits bei Beginn des Kalenderjahres, in dem der Anspruch auf Alg entstanden ist, geschlossen war. Die spätere Eheschließung führt zu einer Änderung der Steuerklasse i. S. des § 133 Abs. 2 Satz 2 SGB III. Die Eintragung neuer Steuerklassen wegen dauernden Getrenntlebens ist nach Meinung des BSG ein Steuerklassenwechsel nach § 133 Abs. 3 SGB III, keine Steuerklassenänderung (Urteil vom 28.11.2002 – B 7 AL 36/01 R, DB 2002, Heft 50, S. 2650).

Änderung vor Beginn des Jahres, in dem der Anspruch entsteht

Bei einer Änderung vor dem Beginn des Kalenderjahres, in dem erstmals der Anspruch auf Alg entsteht, geht die AA von der am 1. Januar gültigen (neuen) Steuerklassenkombination aus. Wenn also bereits am Ende des Jahres abzusehen ist, dass einer der Ehegatten im neuen Jahr arbeitslos wird, können die Ehegatten diesem vor Beginn des Jahres die Steuerklasse III eintragen lassen, um ein höheres Alg zu erhalten. Die Steuern, die der Ehegatte dadurch evtl. zuviel entrichtet, gibt es später vom Finanzamt zurück.

Änderung während des Jahres

Jeder spätere Wechsel, auch wenn er vor Eintritt der Arbeitslosigkeit oder zu Beginn eines neuen Jahres erfolgt, kann dagegen problematisch werden (§ 133 Abs. 3 Satz 3 i. V. m. Abs. 2 Satz 3 SGB III). Anders als nach dem AFG löst mit dem SGB III nicht mehr jeder Wechsel der Steuerklassenkombination während des Jahres oder während des Bezuges von Leistungen (was der AA immer zu melden ist) die so genannte Zweckmäßigkeitsprüfung der Steuerklassenkombination durch die AA aus.

Nur noch Zweckmäßigkeitsprüfung zulasten der Arbeitslosen!

Nur wenn sich **das Alg** bei Berücksichtigung der neuen Steuerklasse **erhöht**, bleibt es bei der Zweckmäßigkeitsprüfung (§ 133 Abs. 3 Satz 1 Nr. 1 SGB III). Der Steuerklassenwechsel wird ohne Zweckmäßigkeitsprüfung berücksichtigt, wenn sich aufgrund der neu eingetragenen Lohnsteuerklasse ein **geringeres Alg** ergibt als ohne den Steuerklassenwechsel (§ 133 Abs. 3 Satz 1 Nr. 2 SGB III).

Die AA muss sich nicht an die eingetragene Steuerklasse halten, wenn der Steuerklassenwechsel nicht zweckmäßig ist. Zweckmäßig ist der Lohnsteuerklassenwechsel, wenn er zum geringstmöglichen laufenden gemeinsamen Steuerabzug führt. Für § 133 Abs. 3 Satz 1 Nr. 1 SGB III reicht es aus, dass die neue Steuerklassenkombination zu einem geringeren gemeinsamen Lohnsteuerabzug führt; nicht erforderlich ist, dass es sich um den geringsten Steuerabzug handelt (BSG, Urteil vom 4.9.2001, B 7 AL 84/00 R – SozR 3–4300 § 137 Nr. 1). Dann muss die AA die tatsächlichen Steuerklassen nach dem Steuerklassenwechsel berücksichtigen. Wechseln die Ehegatten von V/III nach III/V zugunsten des Arbeitslosen, ist die gewählte Steuerklasse zu berücksichtigen, auch wenn IV/IV zum geringsten Steuerabzug geführt hätte (BSG, Urteil vom 27.7.2004 – B 7 AL 76/03 R).

Beziehen beide (Ehe-)Partner Alg, führt ein Steuerklassenwechsel während des Jahres immer dazu, dass zumindest ein Ehegatte weniger erhält (derjenige, der die »schlechtere« Steuerklasse bekommt), denn für ihn findet keine Zweckmäßigkeitsprüfung mehr statt (§ 133 Abs. 3 Satz 1 Nr. 2 SGB III). Ob der andere Ehegatte dagegen höhere Leistungen erhält, steht nicht von vornherein fest, sondern hängt davon ab, ob der Steuerklassenwechsel zweckmäßig war (§ 133 Abs. 3 Satz 1 Nr. 1 SGB III).

Das BSG hat die BA verpflichtet, eine neue Steuerklasssenkombination zu berücksichtigen, wenn beide Ehegatten arbeitslos sind und der Gesamtbetrag der Leistungen niedriger ist als das Alg, das sich für die Ehegatten ohne den Lohnsteuerklassenwechsel ergäbe. Das Gericht hat erhebliche verfassungsrechtliche Bedenken gegen § 133 Abs. 3 Satz 1 Nr. 2 SGB III geäußert, weil u.U. nur die ungünstige Steuerklasse, nicht die Steuerklassenkombination den Leistungsansprüchen zugrunde gelegt wird (Urteil vom 29.8.2002 – B 11 AL 89/01 R).

Die Zweckmäßigkeit der Steuerklassenkombination ermittelt die AA anhand der auf den folgenden Seiten abgedruckten Tabellen.
Die Tabelle geht vom Monatslohn des höher verdienenden Ehegatten aus (Spalte 1). Daneben wird jeweils der monatliche Arbeitslohn des geringer verdienenden Ehegatten (Spalten 2 und 3) angegeben, der bei einer Steuerklassenkombination III (für den höher Verdienenden) und V (für den geringer Verdienenden) nicht überschritten werden darf, wenn der geringste Lohnsteuerabzug erreicht werden soll.

Tabellen zur Steuerklassenwahl

Übersteigt der monatliche Arbeitslohn des geringer verdienenden Ehegatten den in Betracht kommenden Betrag, so führt die Steuerklassenkombination IV/IV für die Ehegatten zu einem geringeren oder zumindest nicht höheren Lohnsteuerabzug als die Steuerklassenkombination III/V.

Bei einem Arbeitnehmer-Ehepaar, beide rentenversicherungspflichtig, bezieht der höher verdienende Ehegatte einen Monatslohn (nach Abzug etwaiger Freibeträge) von 3.000 €. Wenn in diesem Falle der Monatslohn des geringer verdienenden Ehegatten nicht mehr als 2.000 € (siehe Spalte 2 der Tabelle I) beträgt, führt die Steuerklassenkombination III/V zur geringsten Lohnsteuer.
Würde der Monatslohn des geringer verdienenden Ehegatten 2.000 € übersteigen, so würde die Steuerklassenkombination IV/IV insgesamt zur geringsten Lohnsteuer führen.

Beispiel

Tabelle I
Steuerklassenwahl bei Ehegatten
Bei Rentenversicherungs**pflicht** des höher verdienenden Ehegatten (2005)

Monatlicher Arbeitslohn A* in €	Monatlicher Arbeitslohn B* in € bei ... des geringerverdienenden Ehegatten		Monatlicher Arbeitslohn A* in €	Monatlicher Arbeitslohn B* in € bei ... des geringerverdienenden Ehegatten	
	RV-Pflicht	RV-Freiheit		RV-Pflicht	RV-Freiheit
1	2	3	1	2	3
1.250	473	473	3.250	2.096	2.194
1.300	546	546	3.300	2.129	2.226
1.350	629	629	3.350	2.160	2.258
1.400	722	722	3.400	2.191	2.292
1.450	817	838	3.450	2.222	2.325
1.500	863	892	3.500	2.256	2.360
1.550	898	946	3.550	2.288	2.397
1.600	947	1.002	3.600	2.321	2.434
1.650	992	1.054	3.650	2.356	2.473
1.700	1.040	1.108	3.700	2.390	2.511
1.750	1.069	1.139	3.750	2.427	2.554
1.800	1.097	1.173	3.800	2.464	2.597
1.850	1.128	1.223	3.850	2.502	2.640
1.900	1.158	1.283	3.900	2.542	2.685
1.950	1.194	1.348	3.950	2.583	2.734
2.000	1.240	1.419	4.000	2.625	2.784
2.050	1.287	1.490	4.050	2.668	2.835
2.100	1.331	1.551	4.100	2.713	2.888
2.150	1.405	1.606	4.150	2.760	2.945
2.200	1.491	1.657	4.200	2.809	3.005
2.250	1.581	1.703	4.250	2.859	3.066
2.300	1.637	1.749	4.300	2.912	3.135
2.350	1.680	1.792	4.350	2.970	3.210
2.400	1.723	1.833	4.400	3.028	3.286
2.450	1.762	1.869	4.450	3.092	3.375
2.500	1.801	1.907	4.500	3.159	3.469
2.550	1.837	1.942	4.550	3.226	3.571
2.600	1.869	1.974	4.600	3.300	3.687
2.650	1.902	2.006	4.650	3.379	3.828
2.700	1.918	2.020	4.700	3.460	3.996
2.750	1.931	2.034	4.750	3.547	4.249
2.800	1.944	2.047	4.800	3.640	–
2.850	1.958	2.059	4.850	3.738	–
2.900	1.971	2.074	4.900	3.847	–
2.950	1.986	2.086	4.950	3.965	–
3.000	2.000	2.102	5.000	4.109	–
3.050	2.014	2.116	5.050	4.278	–
3.100	2.029	2.130	5.100	4.560	–
3.150	2.046	2.144	5.150	–	–
3.200	2.062	2.161	5.200	–	–

* Nach Abzug etwaiger Freibeträge.

Tabelle II
Steuerklassenwahl bei Ehegatten
Bei Rentenversicherungs**freiheit** des höher verdienenden Ehegatten (2005)

Monatlicher Arbeitslohn A* in €	Monatlicher Arbeitslohn B* in € bei ... des geringer-verdienenden Ehegatten		Monatlicher Arbeitslohn A* in €	Monatlicher Arbeitslohn B* in € bei ... des geringer-verdienenden Ehegatten	
	RV-Pflicht	RV-Freiheit		RV-Pflicht	RV-Freiheit
1	2	3	1	2	3
1.250	599	599	3.200	2.062	2.160
1.300	679	679	3.250	2.096	2.196
1.350	761	761	3.300	2.134	2.232
1.400	838	853	3.350	2.169	2.267
1.450	868	898	3.400	2.202	2.303
1.500	897	945	3.450	2.238	2.340
1.550	940	994	3.500	2.273	2.380
1.600	958	1.015	3.550	2.308	2.419
1.650	975	1.035	3.600	2.345	2.460
1.700	992	1.054	3.650	2.384	2.505
1.750	1.011	1.077	3.700	2.423	2.549
1.800	1.033	1.101	3.750	2.462	2.594
1.850	1.056	1.125	3.800	2.505	2.643
1.900	1.078	1.150	3.850	2.547	2.691
1.950	1.101	1.177	3.900	2.592	2.744
2.000	1.123	1.215	3.950	2.637	2.798
2.050	1.147	1.260	4.000	2.685	2.854
2.100	1.171	1.308	4.050	2.734	2.912
2.150	1.199	1.358	4.100	2.785	2.976
2.200	1.234	1.410	4.150	2.838	3.042
2.250	1.270	1.464	4.200	2.894	3.112
2.300	1.304	1.514	4.250	2.951	3.185
2.350	1.337	1.556	4.300	3.010	3.263
2.400	1.389	1.594	4.350	3.075	3.351
2.450	1.445	1.631	4.400	3.140	3.442
2.500	1.512	1.666	4.450	3.210	3.546
2.550	1.576	1.701	4.500	3.283	3.660
2.600	1.622	1.737	4.550	3.364	3.801
2.650	1.660	1.771	4.600	3.446	3.964
2.700	1.696	1.806	4.650	3.534	4.198
2.750	1.732	1.842	4.700	3.627	–
2.800	1.771	1.878	4.750	3.729	–
2.850	1.806	1.913	4.800	3.837	–
2.900	1.842	1.947	4.850	3.957	–
2.950	1.880	1.983	4.900	4.096	–
3.000	1.915	2.018	4.950	4.272	–
3.050	1.952	2.055	5.000	4.537	–
3.100	1.989	2.090	5.050	–	–
3.150	2.024	2.124	5.100	–	–

* Nach Abzug etwaiger Freibeträge.

Nachdem Sie mit der Tabelle umgehen können, wollen wir an einem Fall die möglichen Varianten, die bei einem Steuerklassenwechsel während des Jahres auftauchen, erklären.

Beispiel

Elfriede Wehrmich-Zunder und David Zunder sind Eheleute. David verdient monatlich brutto 1.800 €, Elfriede 1.300 €.

Variante 1

- David wird arbeitslos. Er hatte zu Beginn des Kalenderjahres die Steuerklasse III eingetragen, Elfriede die Steuerklasse V. Elfriede und David könnten ihre monatlichen Steuervorauszahlungen dadurch verringern, dass sie die Steuerklassen tauschen oder zumindest beide sich die Steuerklasse IV eintragen lassen. Aber: Dadurch bekommt David weniger Alg; denn er hätte höhere pauschalierte Abzüge, damit ein niedrigeres Leistungsentgelt und damit ein niedrigeres Alg. Die AA würde die Zweckmäßigkeit nicht prüfen.

Variante 2

- Anders liegt der Fall, wenn nicht David, sondern Elfriede arbeitslos wird. Wechselt hier David von Steuerklasse III in die (nun steuerlich ungünstigere) Steuerklasse IV, steigt Elfriedes Alg, da auch sie von der ungünstigen Steuerklasse V in die Steuerklasse IV wechselt. Das löst die Zweckmäßigkeitsprüfung durch die für Elfriede zuständige AA aus. Ein Blick in die Tabelle zur Steuerklassenwahl ergibt bei einem Arbeitslohn von 1.800 € für David folgendes Bild: Wenn in diesem Fall der Monatslohn von Elfriede nicht mehr als 1.097 € betrüge (Spalte 2 der Tabelle I), führte die Steuerkombination III/V zur geringsten Lohnsteuer. Da Elfriedes Einkommen 1.300 € beträgt, also 1.097 € übersteigt, stellt die Steuerklassenkombination IV/IV die günstigere dar. Die AA würde den Steuerklassenwechsel also akzeptieren (§ 133 Abs. 3 Satz 1 Nr. 1 SGB III). Hier ist der Wechsel arbeitslosenrechtlich vorteilhaft (wenn auch mit höheren Steuervorauszahlungen verbunden).

Variante 3

- Was würde in Abwandlung zu Variante 2 passieren, wenn der besser verdienende David von Steuerklasse III in V und die arbeitslose Elfriede kurz vor dem Alg-Bezug (also nach Beginn des Kalenderjahres) von Steuerklasse V in III wechseln würde? Da sie durch den Wechsel erheblich mehr Alg bekäme, prüft die AA die Zweckmäßigkeit der Steuerklassenkombination und kommt zu dem Ergebnis, dass die Steuerklasse III angesichts des niederen Verdienstes von Elfriede unzweckmäßig ist. Sie wird also auf keinen Fall ein höheres Alg gewähren, sondern Elfriede vielmehr so behandeln, als hätte sie die Lohnsteuerklasse nicht gewechselt.

Wäre jedoch die Lohnsteuerklassenkombination IV/IV zweckmäßiger, d. h. mit einem niedrigeren Steuerabzug verbunden als die bisherige Steuerklassenkombination, müsste sie zugrunde gelegt werden (BSG, Urteil vom 21.3.2002 – B 7 AL 46/01 R; Urteil vom 4.9.2001 – B 7 AL 84/00 R – SozR 3–4300 § 137 Nr. 1).

- Eine vierter Variante liegt vor, wenn David und Elfriede beide am Jahresanfang die Steuerklasse IV hatten. Wird Elfriede arbeitslos und wechselt David in Steuerklasse III, um die Steuervorauszahlung zu senken, führt dies bei Alg-Bezieherin Elfriede zu Steuerklasse V und damit zwangsläufig zu einem geringeren Leistungsanspruch (§ 133 Abs. 3 Satz 1 Nr. 2 SGB III), auch wenn die frühere Kombination zweckmäßig war! Das prüft die AA aber, da die Leistung sinkt, nicht. Vor dieser Falle, die sich mit dem SGB III aufgetan hat, kann nur gewarnt werden. Zur Kritik des § 133 Abs. 3 Satz 1 Nr. 2 SGB III vgl. Ulrich Sartorius, info also 2002, Heft 3, S. 103 und 2003, Heft 3, S. 99.

Variante 4

Vorsicht: Falle

- Beide, David und Elfriede sind arbeitslos und beziehen Alg, David nach der Steuerklasse III, Elfriede nach der Steuerklasse V. Wechseln sie jetzt die Steuerklassen und wählen IV/IV, bewilligt die AA David ohne Prüfung das niedrigere Alg. Für das Alg von Elfriede prüft sie die Zweckmäßigkeit des Steuerklassenwechsels. Bei zu berücksichtigendem Einkommen von (angenommen) 2.500 € (für David) und 1.200 € (für Elfriede) ist der Steuerklassenwechsel nicht zweckmäßig. Dennoch muss die AA den Steuerklassenwechsel eventuell auch bei Elfriede berücksichtigen. Sie muss prüfen, ob der Steuerklassenwechsel **für beide Ehegatten gemeinsam** zu einem niedrigeren Alg führt. Ist das der Fall, muss der Steuerklassenwechsel bei beiden Ehegatten berücksichtigt werden; andernfalls verbleibt es bei der bisherigen Steuerklasse (BSG, Urteil vom 29.8.2002 – B 11 AL 99/01 R, SozR 3–4300 § 137 Nr. 2).

Variante 5
Beide
beziehen Alg

Keine Rückforderung

Das BSG hat verfassungsrechtliche Bedenken gegen § 133 Abs. 3 Satz 1 Nr. 2 SGB III (vor 2005: § 137 Abs. 4 Satz 1 Nr. 2 SGB III) geäußert und diese vor allem auf den Schutz des Eigentums nach Art. 14 Abs. 1 GG, dem auch der Alg-Anspruch unterliegt, gestützt und auf die Verschlechterung gegenüber dem Rechtszustand nach dem AFG hingewiesen, der beim Steuerklassenwechsel immer die Berücksichtigung der zweckmäßigsten Steuerklassenkombination vorsah. Die Neuregelung im SGB III sei zur Verhinderung von Manipulationen, die als Ziel der Regelung in der Gesetzesbegründung genannt sei, ohnehin ungeeignet, weil vielfach der Wechsel von einer günstigeren Lohnsteuerklasse in eine ungünstigere erfolge und hierin keine Manipulation gesehen werden könne. § 133 Abs. 3 SGB III habe den Schutzzweck zugunsten von Ehepaaren, dem § 113 Abs. 2 AFG gedient habe, aufgegeben. § 133 Abs. 3 Satz 1 SGB III stelle die BA auch nicht von jeder Prüfung der Zweckmäßigkeit des Steuerklassenwechsels frei, sehe diese aber in unsystematischer, tendenziell gleichheitswidriger Weise vor, wenn Ehegatten eine Steuerklassenkombination wählten, die zu einem höheren Alg führen könne. Unter dem Aspekt der Verhältnismäßigkeit ergäben sich Bedenken auch aus dem Verhältnis von gesetzgeberischem Ziel (Vermeidung von Missbrauch bzw. Verwaltungsvereinfachung) und Tragweite des Eingriffs beim Versicherten. Dieser verliere faktisch – zusammen mit seinem Ehegatten – das Recht, die steuerlich sinnvolle Steuerklasse zu wählen auch dann, wenn vor Eintritt der Arbeitslosigkeit die zweckmäßigste Steuerklasse gewählt worden war. Bei der Beurteilung des Lohnsteuerklassenwechsels unter Ehegatten nach Eintritt der Arbeitslosigkeit bestehe ein Wertungswiderspruch zwischen Einkommensteuerrecht und Arbeitsförderungsrecht, weil im Einkommensteuerrecht der Lohnsteuerklassenwechsel, der allgemein dazu dient, die aktuelle Lohnsteuerbelastung möglichst nahe an der zu erwartenden Jahreslohnsteuer zu halten, für den Fall, dass bei einem Ehegatten Arbeitsentgelt völlig entfällt, besonders erleichtert ist. Wenn das Steuerrecht davon ausgehe, dass dem Ehegatten bei Eintritt von Arbeitslosigkeit ein Wechsel in die zweckmäßige Steuerklasse ermöglicht werden solle, müsse er nicht damit rechnen, dass er deswegen beim Alg in jedem Falle Nachteile hinzunehmen habe (Urteile vom 1.4.2004 – B 7 AL 36/03 R; B 7 AL 46/03 R; B 7 AL 52/03 R; Urteil vom 29.8.2002 – B 11 AL 87/01 R – SozR 3-4300 § 137 Nr. 3).

Die BA muss die Arbeitslosen drauf hinweisen, dass sie sich vor einem Lohnsteuerklassenwechsel von ihr beraten lassen sollen, um die arbeitslosenrechtlich schädlichen Folgen eines Lohnsteuerklassenwechsels zu vermeiden. Hierbei muss die BA verheiratete Arbeitslose auf die Rechtsfolgen des § 133 Abs. 3 SGB III hinweisen und vor einem Lohnsteuerklassewechsel ohne vorherige Beratung warnen. Der Hinweispflicht genügt sie nicht durch die Aushändigung eines Merkblatts mit einer Vielzahl von Informationen. Erst durch die konkrete, auf die Warnung folgende Beratung, die dem Versicherten als Laien deutlich macht, in welche leistungsrechtlichen Gefahren er sich im Arbeitsförderungsrecht bei einem steuerrechtlich sinnvollen Steuerklassenwechsel mit seinem Ehegatten begibt, wird der Arbeitslose überhaupt in die Lage versetzt, eine rationale Wahl (unter Abschätzung aller Rechtsfolgen) zu treffen. Nimmt er das Angebot nicht wahr, so geht dies zu seinen Lasten.

Die Verletzung der Hinweis- und Beratungspflicht kann zu einem sozialrechtlichen Herstellungsanspruch führen. Bei Verletzung der Hinweis- und Beratungspflicht kann der Versicherte so gestellt werden, als ob der Steuerklassenwechsel unterblieben wäre. Ist der Steuerklassenwechsel wegen Verletzung der Beratungspflicht unbeachtlich, ist auch die unterlassene Meldung der geänderten Steuerklasse unschädlich und führt nicht zur Rückforderung von Alg. In den Urteilen vom 1.4.2004 – B 7 AL 36/03 R; B 7 AL 46/03 R; B 7 AL 52/03 R und im Urteil vom 29.8.2002 – B 11 AL 87/01 R – SozR 3-4300 § 137 Nr. 3 hat das BSG deshalb einen Rückforderungsanspruch der BA verneint.

Allerdings setzt der Herstellungsanspruch voraus, dass die Pflichtverletzung der BA für den Steuerklassenwechsel ursächlich war. Rät ein Steuerberater zum Steuerklassenwechsel oder kennt der Arbeitslose die Auswirkung des Steuerklassenwechsels auf die Alg-Höhe, kann es an dieser Ursächlichkeit fehlen.

V Arbeitslosigkeit und Steuererklärung

Alg ist zwar steuerfrei (§ 3 Nr. 2 EStG), erhöht aber den auf die steuerpflichtigen Einkünfte desselben Kalenderjahres angewandten Steuersatz (so genannter Progressionsvorbehalt gemäß § 32b EStG). Die Leistung muss daher mit dem von der AA in der Entgeltbescheinigung ausgewiesenen Betrag in der Anlage N bei der Steuererklärung angegeben werden.

»Progressionsvorbehalt«

Sie können auch dann Werbungskosten steuerlich geltend machen, wenn Sie in dem betreffenden Jahr keine oder geringere Lohneinnahmen hatten. Es entstehen dann »negative Einkünfte«, die gegebenenfalls mit den positiven Einkünften Ihres Ehegatten oder im Wege des Verlustvor- oder Verlustrücktrages mit Ihren Einkünften aus anderen Jahren verrechnet werden. Das gleiche gilt auch für Verluste aus anderen Einkunftsarten, z. B. bei vermieteten Wohnungen.

Werbungskosten

In Ausnahmefällen kann es bei Ehegatten, von denen einer Alg bezogen hat und der andere steuerpflichtige Einkünfte hatte, günstiger sein, eine getrennte Veranlagung zu wählen, weil sich der Progressionsvorbehalt dann nur bei einem Ehegatten auswirkt. Dies erfordert eine sorgfältige Vergleichsrechnung. Meistens überwiegt der Splittingvorteil, der bei einer getrennten Veranlagung verlorengeht.

Getrennte Veranlagung?

VI Minderung des Alg bei verspäteter Arbeitsuchmeldung
§ 140 SGB III

Wer sich entgegen § 37b SGB III nicht frühzeitig arbeitsuchend meldet (→ S. 15), dem wird gemäß § 140 SGB III das Alg gekürzt.
Zu der Kürzung kommt es nur, soweit wegen der Arbeitslosigkeit, die sich aus dem bekannten Ende des Versicherungspflichtverhältnisses ergibt und auf die sich die Meldepflicht bezieht, ein Anspruch auf Alg entsteht. Die Kürzung kann auch für jeden Anspruch nur einmal eintreten; nach späteren Versicherungspflichtverhältnissen, die zu keinem neuen Anspruch führen, darf nicht gekürzt werden. Nur der Alg-Anspruch, der nach der Pflichtverletzung entsteht, wird gekürzt.

Die Höhe der Kürzung hängt ab von
- der Dauer der Verspätung und
- der Höhe des Bemessungsentgelts.

Die Kürzung richtet sich zunächst nach der Zahl der Tage, für die eine Arbeitsuchmeldung versäumt worden ist. Unklar ist, ob es sich nur um die Tage handelt, an denen eine Meldung möglich gewesen wäre, also nur die Tage, an denen die AA dienstbereit war, oder alle Kalendertage nach dem ersten versäumten Tag bis zur Meldung. § 140 SGB III spricht von der Minderung für jeden Tag der verspäteten Mel-

Verspätungstage

Bemessungs-entgelt

Für die Höhe des Kürzungsbetrages teilt § 140 SGB III die Arbeitslosen nach der Höhe des Bemessungsentgelts in drei Stufen ein:

3 Stufen

Bei Bemessungsentgelt pro Tag	Pro Tag verspäteter Meldung Kürzung um
bis 60 €	7 €
bis 100 €	35 €
über 100 €	50 €

Da die Kürzung auf 30 Tage begrenzt ist, kann sie höchstens 210 €, 1.050 € oder 1.500 € betragen.

Wie wird gekürzt?

Die Kürzung wird nicht pro Kalendertag vollzogen mit der Folge, dass bei der maximalen Meldeverspätung für 30 Tage das Alg gekürzt bzw. gar nicht ausgezahlt wird, sondern grundsätzlich wird in einem Betrag gekürzt. Die Kürzung darf aber nur die Hälfte des Leistungsanspruchs erfassen.

Kritik

Der Gesetzgeber schafft unverständliche Kürzungsklassen:

- Bei einem (Brutto-)Bemessungsentgelt von (täglich) 60 € erhält eine kinderlose Alg-Bezieherin mit Steuerklasse I als Alg ca. 22 € pro Tag. Die Kürzung um 7 € pro Verspätungstag nimmt ihr damit rund ein Drittel ihres Alg-Anspruchs.

- Hat dieselbe Alg-Bezieherin ein (Brutto-)Bemessungsentgelt von (täglich) 61 €, beträgt ihr Alg wenige Cent mehr. Der Kürzungsbetrag soll aber 35 € betragen!

Abgesehen von diesen, zu ungerechten Ergebnissen führenden »Bocksprüngen« kann man bezweifeln, ob der Gesetzgeber zu einer nicht linear ansteigenden Kürzung berechtigt ist, weil es sich um Ansprüche handelt, die durch die Zahlung differenzierter Beiträge erworben werden. Darüber hinaus fragt sich, ob der erstrebte Zweck, die frühzeitige Vermittlung, die Sanktion rechtfertigt, wenn die Vermittlung wegen fehlender Arbeitsplätze nicht aussichtsreich ist und tatsächlich die Leistungsbezugszeit ohne die Pflichtverletzung nicht verkürzt worden wäre (zur Kritik Ute Winkler, info also 2003, Heft 1, S. 4 f.).

Inzwischen haben sich zahlreiche Gerichte mit der Kürzungsbestimmung beschäftigt.

Die meisten Sozialgerichte verneinen eine Verletzung von § 37b SGB III, wenn der Arbeitslose aus Unkenntnis die frühzeitige Meldung unterlässt (SG Berlin, Urteil vom 26.3.2004 – S 58 AL 6603/03, info also 2004, Heft 3, S. 111; SG Freiburg, Urteile vom 15.4.2004 – S 9 AL 3989/03, und vom 2.7.2004 – S 3 AL 382/04, info also 2004, Heft 6, S. 253; SG Mannheim, Urteil vom 14.5.2004 – S 11 AL 3776/03, info also 2004, Heft 5, S. 221 (für den Fall der Arbeitsuchmeldung nach Krankengeldbezug); a A LSG Baden-Württemberg, Urteil vom 9.6.2004 – L 3 AL 1267/04, inzwischen beim BSG anhängig unter Az.: B 11 AL 47/04 R).

Bei **befristeten** Arbeitsverhältnissen ist die Frist zur Meldung für den Arbeitslosen aus der gesetzlichen Regelung nicht zu entnehmen. Das Gesetz legt nur fest, wann die Meldung frühestens erfolgen darf, aber nicht, bis wann sie erfolgen muss (SG Dortmund, Urteil vom 14.7.2004 – S 33 AL 169/04, info also 2004, Heft 6, S. 254; ebenso SG Aachen, Urteil vom 24.9.2004 – S 8 AL 81/04).

Das SG Frankfurt/Oder hat mit Beschluss vom 1.4.2004 – S 7 AL 42/04, info also 2005, Heft 1, dem Bundesverfassungsgericht die Frage vorgelegt, ob § 140 SGB III mit Art. 14 GG vereinbar ist. Das Gericht hat einen Verstoß gegen den Eigentumsschutz darin gesehen, dass der mit der Kürzung angestrebte Zweck, die frühzeitige Vermittlung in Arbeit, mit dem gewählten Mittel nicht erreicht werden könne, weil es an der wesentlichen Voraussetzung, nämlich den Beschäftigungsangeboten, fehle. Das gelte insbesondere für den Baubereich, in dem es im Herbst und Winter keine Stellenangebote gebe. Außerdem verstoße die Staffelung der Kürzungsbeträge gegen den Grundsatz der Verhältnismäßigkeit.

Von Kürzungen betroffene Alg-Bezieher sollten überlegen, ob sie gegen die Kürzung des Alg Widerspruch einlegen und gegebenenfalls klagen. Ein Muster für einen Widerspruch finden Sie → S. 556.

VII Was muss geändert werden?

1 Verschiebung des Bemessungszeitraums auch bei Minderverdienst wegen Pflege

Gemäß § 130 Abs. 2 Nr. 3 SGB III werden Zeiten bis zu zwei Jahren, in denen weniger verdient wurde, weil die Arbeitszeit wegen Kindererziehung verkürzt wurde, beim Bemessungszeitraum nicht berücksichtigt. Es ist nicht nachvollziehbar, warum Zeiten der Pflege nicht wie Kindererziehungszeiten behandelt werden. Das ist umso unverständlicher, als Pflegetätigkeiten im Rahmen eines freiwilligen sozialen Jahres gemäß § 130 Abs. 2 Nr. 2 SGB III privilegiert werden.

2 Streichung von § 133 Abs. 3 Satz 1 Nr. 2 SGB III

Anders als zu AFG-Zeiten ist ein Wechsel der Lohnsteuerkombination zwischen Ehegatten auch dann beachtlich, wenn er zwar steuerrechtlich unzweckmäßig ist, aber zu einem geringeren Alg führt. Angesichts des komplizierten Zusammenspiels von Steuer- und Arbeitslosenrecht, das kaum ein Arbeitsloser durchschaut, sollten die AA die Zweckmäßigkeit der Steuerklassenkombination nicht nur dann prüfen, wenn das Alg steigt, sondern auch, wenn es sinkt. Allein dies entspricht dem in jüngster Zeit betonten Grundsatz des »Förderns« der Arbeitslosen.

Das BSG hat in seinen Urteilen vom 1.4.2004 (B 7 AL 36/03 R, B 7 AL 46/83 R und B 7 AL 52/03 R) an den Gesetzgeber appelliert, die Vorschrift ganz zu streichen und bei der Berechnung des Alg nur noch die Steuerklasse zu berücksichtigen, die bei Beginn der Leistung maßgeblich war.

3 Streichung von §§ 37b, 140 SGB III

Es gibt keinen Beleg dafür, dass durch die Pflicht zur frühzeitigen Arbeitsuchmeldung freie Arbeitsplätze schneller besetzt worden sind. Daran wird sich angesichts der dramatisch zurückgegangenen Zahl offener Arbeitsplätze auch in naher Zukunft nicht ändern.

In der Praxis erntpuppte sich die frühzeitige Arbeitsuchmeldung als Arbeitsbeschaffungsmaßnahme, allerdings nicht für Arbeitslose, sondern für die Beschäftigten der AA (sie müssen die Arbeitslosen jetzt mindestens zweimal in Empfang nehmen und insbesondere kontrollieren, ob sie sich rechtzeitig arbeitsuchend gemeldet haben) und für Personal in Widerspruchstellen und bei Sozialgerichten (sie werden mit Widersprüchen und Klagen überschwemmt, was angesichts der überfallartigen Einführung der Regelung nicht verwundert).

Die rechtliche Regelung ist im Übrigen verunglückt:
§ 37b Satz 2 SGB III ist – wie inzwischen auch die Sozialgerichte urteilen – unverständlich.
§ 140 SGB III ist – insbesondere was der durch nichts gerechtfertigte »Bocksprung« (bei täglichem Bemessungsentgelt von 60 €: 7 € Kürzung / bei täglichem Bemessungsentgelt von 61 €: 35 € Kürzung) angeht – wohl kaum mit der Verfassung zu vereinbaren.

F ANRECHNUNG VON NEBENEINKOMMEN
§§ 141, 179 Abs. 3, 313, 329, 434j Abs. 6 SGB III

I **Einstieg** 188

II **Was ist anrechenbares Nebeneinkommen?** 189
  1. Welche Nebeneinkommen können nicht angerechnet werden? 189
  2. Wie ist das Nebeneinkommen zu »bereinigen«? 190
  2.1 Nebeneinkommen aus Arbeitnehmertätigkeit 190
  2.2 Nebeneinkommen aus selbstständiger Tätigkeit 192

III **Wie wird nach § 141 Abs. 1–3 SGB III angerechnet?** 194
  1. Wie wird neues Nebeneinkommen aus einer weniger als 15 Stunden wöchentlich umfassenden neuen Beschäftigung angerechnet? 194
  2. Wie wird fortgesetztes Nebeneinkommen aus einer geringfügigen Nebenbeschäftigung angerechnet? 195
  3. Wie wird fortgesetztes Nebeneinkommen aus einer Nebenbeschäftigung von weniger als 15 Stunden wöchentlich als Selbstständiger oder mithelfender Familienangehöriger angerechnet? 196
  4. Übergangsregelung 196

IV **Bei welchen Leistungen wird anders angerechnet?** 197
  1. Nebeneinkommen von Arbeitgeber oder Träger bei Weiterbildung mit Alg 197
  2. Maßnahme-Alg bei Trainings-/Eignungsfeststellungsmaßnahme 197
  3. Teil-Arbeitslosengeld 197
  4. Kurzarbeitergeld 198
  5. Berufsausbildungsbeihilfe 198
  6. Übergangsgeld/Ausbildungsgeld 198

V **Welche Folgen hat die verspätete Anrechnung von Nebeneinkommen?** 198

VI **Was muss geändert werden?** 199
  1. Abschaffung des § 141 Abs. 3 SGB III 199

F Anrechnung von Nebeneinkommen

I Einstieg

Um das Alg aufzubessern, suchen manche Arbeitslose eine neue Nebenbeschäftigung oder versuchen ihre schon bisher ausgeübte Nebenbeschäftigung aufzustocken. Sie interessiert, ob sich das lohnt oder nicht rechnet, weil die AA zuviel von dem Nebeneinkommen einkassiert.

Nur aus Erwerbseinkommen

Bei der Anrechnung von Nebeneinkommen nach § 141 Abs. 1–3 SGB III geht es nur um die Anrechnung von Nebeneinkommen, das auf persönlichem Arbeitseinsatz beruht (→ S. 189).

Nur bei Arbeitslosigkeit

Zu einer Anrechnung von Nebeneinkommen kann es nur kommen, wenn die Nebenbeschäftigung wöchentlich unter 15 Stunden bleibt; bei einer Nebenbeschäftigung von 15 und mehr Stunden pro Woche sind Sie nicht mehr arbeitslos, und damit entfällt der Leistungsanspruch.

Die AA versteht unter »Woche« nicht die Kalenderwoche (Montag bis Sonntag), sondern die Beschäftigungswoche, also die sieben Tage, beginnend mit dem ersten Tag der Beschäftigung. Findet David Zunder beispielsweise eine Nebenbeschäftigung für sechs Werktage à drei Stunden und liegen diese jeweils drei Stunden am Donnerstag, Freitag, Samstag, Montag, Dienstag, Mittwoch, so ist er in dieser Beschäftigungswoche wegen der in sie fallenden 18 Stunden nicht arbeitslos!

Die AA blickt durch

Der AA stehen viele Wege offen, Informationen über Nebenbeschäftigungen mit Nebeneinkommen zu erhalten. Näheres über diese Informationsquellen → S. 30.

Nachweis des Nebeneinkommens

Das Nebeneinkommen ist auf einem AA-Vordruck zu bescheinigen (§ 313 Abs. 1 Satz 2 SGB III). Diese Bescheinigung ist von jedem, der die Arbeitskraft eines Beziehers von Alg, BAB, Übg oder Ausbildungsgeld gegen Vergütung nutzt, auszustellen. Er muss dem Leistungsbezieher dabei Art und Dauer der Tätigkeit und die Höhe der Vergütung bescheinigen. Ständig gleichbleibendes sowie variables Nebeneinkommen, das den Freibetrag voraussichtlich nicht überschreitet, ist im 4-Monats-Rhythmus zu belegen. Im Übrigen ist variables Nebeneinkommen im Monatsrhythmus zu belegen.

Selbsteinschätzung bei Selbstständigen

Selbstständige müssen ihr Nebeneinkommen gleichfalls auf einem AA-Vordruck nachweisen. Die AA begnügt sich dabei zunächst mit einer Selbsteinschätzung des Selbstständigen.

Plausibilitätsprüfung

Beide Bescheinigungen überprüft die AA auf ihre Plausibilität. So fragt es z. B. bei sehr niedrigem Nebeneinkommen nach den Gründen für die niedrige Bezahlung. Bei Selbstständigen verlangt es bei Zweifeln an der Selbsteinschätzung Einkommensteuerbescheide früherer Jahre oder andere Belege. In zweifelhaften Fällen kann die AA das Nebeneinkommen schätzen (§ 329 SGB III) und unter Umständen einen vorläufigen Bescheid erlassen (§ 328 SGB III).

II Was ist anrechenbares Nebeneinkommen?

1 Welche Nebeneinkommen können nicht angerechnet werden?

Angerechnet wird nur Erwerbseinkommen, also nur Einkommen, das auf einem persönlichen Arbeitseinsatz beruht. Ob dieses Erwerbseinkommen aus einer Arbeitnehmertätigkeit oder aus selbstständiger Arbeit stammt, ist egal.
Auch einmalig gezahlte Arbeitsentgelte (z. B. ein Weihnachtsgeld aus der Nebenbeschäftigung), werden angerechnet.

Lohnsteuerfreie Nachtarbeitszuschläge gehören nach §§ 14, 17 SGB IV, §§ 1, 3 ArbeitsentgeltVO nicht zu dem nach § 141 SGB III als Nebeneinkommen zu berücksichtigenden Arbeitsentgelt (so SG Schleswig, Urteil vom 27.3.2003, info also 2003, Heft 5, S. 222–224).

Nicht angerechnet werden so genannte »mühelose Einkommen«, d. h. Einkünfte, die ohne Arbeitsleistung erzielt werden, z. B.
- Toto-/Lottogewinne,
- Einkünfte aus Kapitalvermögen (z. B. Zinsen, Miet- und Pachteinnahmen),
- Erbschaften und Schenkungen,
- Sozialleistungen (z. B. Renten, soweit sie nicht zum Ruhen des Alg-Anspruchs führen).

Nicht anrechenbar »mühelose Einkommen«

Nicht angerechnet werden (nach DA, RandNrn. 45 ff. zu § 141) weiter:
- Arbeitnehmer-Sparzulagen (§ 13 Abs. 3 des 5. VermBG),
- Erziehungsgeld,
- Entgelt in Höhe des Pflegegeldes nach dem SGB XI, das an die Pflegeperson weitergeleitet wird, wenn die Pflegetätigkeit nicht mit dem Ziel ausgeführt wird, daraus ein Einkommen zu erzielen, sondern in erster Linie zur Erfüllung sittlicher und moralischer Pflichten,
- Leistungen aus öffentlichen Mitteln im Rahmen des § 39 SGB VIII für die Betreuung eines Kindes in Vollzeitpflege,
- Karenzentschädigungen,
- Aufwandsentschädigungen mit folgenden Maßgaben:
  – Entschädigungen ehrenamtlicher Mitarbeiter von kommunalen Vertretungsorganen, auch hinsichtlich ihres steuerpflichtigen Teils (diese gelten wegen des besonderen Charakters dieser Tätigkeit nicht als Einnahmen aus der Verwertung der Arbeitskraft),
  – Aufwandsentschädigungen für nebenberufliche Tätigkeit z. B. als Übungsleiter, Ausbilder, Erzieher, Pfleger i. S. des § 3 Nr. 26 EStG (Abschnitt 17 LStR) bis zur Höhe von insgesamt 1848 € im Jahr; wird dieser Betrag überschritten, können die mit den nebenberuflichen Tätigkeiten in unmittelbarem wirtschaftlichen Zusammenhang stehenden Ausgaben gegebenenfalls als Betriebsausgaben oder Werbungskosten berücksichtigt werden (§ 3 Nr. 26 Satz 2 EStG),

- Aufwandsentschädigungen für ehrenamtliche Helfer des Bundesverbandes für den Selbstschutz,
- etwaige »Aufwandsentschädigungen« von Trägern von Trainingsmaßnahmen an Teilnehmer; diese erfolgen (nach DA, RandNr. 42 zu § 141) nicht wegen Verwertung der Arbeitskraft,
- Mehraufwandsentschädigungen, die Arbeitsuchende nach § 16 Abs. 3 SGB II im Rahmen gemeinnütziger und zusätzlicher Arbeitsgelegenheiten zusätzlich zu ergänzendem Alg II erhalten.

Deckungszeitraum

Nebeneinkommen kann nur angerechnet werden, soweit es während des Leistungsbezuges erarbeitet wird. Daher bleibt das Einkommen unberücksichtigt, das vor dem Beginn des Leistungsanspruchs oder während einer Zeit erarbeitet wurde, in der der Leistungsbezug unterbrochen war (z. B. während des Ruhens des Anspruchs wegen Urlaubsabgeltung gemäß § 143 SGB III oder Entziehung der Leistung gemäß § 66 SGB I).

Nicht Zuflusszeitpunkt

Das Nebeneinkommen muss nicht während des Leistungsbezuges dem Leistungsbezieher zugeflossen sein.

In bestimmten Fällen ist Nebeneinkommen auch dann anzurechnen, wenn es dem Leistungsbezieher tatsächlich nicht zufließt, aber ihm wirtschaftlich zugute kommt; z. B. wenn die Auszahlung wegen Pfändung oder Abtretung unterbleibt. Fließt Nebeneinkommen wegen Insolvenz des Arbeitgebers nicht zu, wird es nicht angerechnet.

2 Wie ist das Nebeneinkommen zu »bereinigen«?

Nur was an Nebeneinkommen wirklich in den Taschen des Leistungsempfängers landet, kann angerechnet werden. Dieser Zufluss gestaltet sich unterschiedlich, je nachdem, ob das Nebeneinkommen aus einer selbstständigen oder unselbstständigen Tätigkeit stammt.

2.1 Nebeneinkommen aus Arbeitnehmertätigkeit

Vor der Anrechnung von Nebeneinkommen aus Arbeitnehmertätigkeit sind abzuziehen:
- Die darauf entfallende Lohn- und Kirchensteuer und der Solidaritätszuschlag.

2. Lohnsteuerkarte

Die Anrechnung von Nebeneinkommen kann dadurch verringert werden, dass dem Arbeitgeber eine »zweite« Lohnsteuerkarte mit Klasse VI vorgelegt wird (gibt es bei der Gemeindeverwaltung). Das für die Anrechnung maßgebliche Nettoeinkommen sinkt auf diese Weise. Die zuviel abgezogene Lohnsteuer erhält man beim Lohnsteuerjahresausgleich vom Finanzamt zurück.

- Die Beiträge zur Sozialversicherung.
  Genauer: zur Renten-, Kranken- und Pflegeversicherung. Nicht die Beiträge zur Arbeitsförderung; denn gemäß § 27 Abs. 5 SGB III sind auch solche Personen versicherungsfrei, die während des Alg-Bezugs monatlich mehr als 400 € bei weniger als 15 Stunden pro Woche verdienen.

- Die Werbungskosten, insbesondere
  - Gewerkschaftsbeiträge,
  - Aufwendungen für Arbeitskleidung und Arbeitsmittel,
  - Fortbildungskosten, nicht aber Ausbildungskosten,
  - Fahrkosten zur Arbeitsstelle.

Nebenberuflich als Vertreter von Bausparkassen, Versicherungen u. Ä. Tätige sollten sich mit der Geltendmachung von Fahrkosten als Werbungskosten zurückhalten. Die AA schließt von den Fahrkosten auf die Fahrzeit; und da die Fahrzeit in den genannten Berufen zur Arbeitszeit zählt, ist die 15-Stunden-Grenze und damit das Ende der Arbeitslosigkeit schnell erreicht!

Die AA erkennt nicht den Arbeitnehmer-Pauschbetrag für Werbungskosten nach § 9 Abs. 1 EStG an. Die Werbungskosten müssen also einzeln geltend gemacht und belegt werden.

Werbungskosten können nur abgesetzt werden, wenn sie mit der Nebenbeschäftigung zusammenhängen. Das ergibt sich aus § 9 Abs. 1 Satz 2 EStG. Danach sind Werbungskosten bei der Einkunftsart abzuziehen, bei der sie erwachsen sind.

Identität

Beispiel

Elfriede Wehrmich, Dipl.-Sozialarbeiterin, verliert ihre Arbeit als Leiterin eines Jugendhauses. Sie hat einen Lehrauftrag an der Fachhochschule zum Thema »Erlebnispädagogik«.
Von ihrem dadurch erzielten Nebeneinkommen möchte sie folgende Werbungskosten abziehen:
- Beiträge für die Berufshaftpflichtversicherung,
- Kontoführungsgebühren,
- Kosten für die »Fortbildung« zur »Analytischen Kinder- und Jugendlichen-Psychotherapeutin«.

Zu Recht?

Die Beiträge zur Berufshaftpflichtversicherung kann sie nicht absetzen, da diese Versicherung zwar für die »gefahrgeneigte« Arbeit im Jugendhaus, nicht aber für den Lehrauftrag Sinn macht.

Kausalität?

Die Kontoführungsgebühren kann sie nur anteilig (im Verhältnis von Lehrauftragsvergütung zu sonstigen Überweisungen, z. B. für das Alg) absetzen.

Die Fortbildungskosten können nach Meinung des BSG nicht abgesetzt werden. Es fehle am Zusammenhang mit dem Lehrauftrag.

Außerdem sei zweifelhaft, ob es sich bei dem Therapeutinnen-Kurs lediglich um Fortbildung und nicht um eine (neue) Ausbildung handele (Näheres dazu BSG, Urteil vom 21.1.1999 – B 11 AL 58/98 R, a + b 1999, Heft 5, S. 153 ff.). Wir zweifeln, ob das zweite Argument des BSG noch richtig ist. Der Bundesfinanzhof, das höchste Steuergericht, hat inzwischen seine Rechtsprechung geändert:

»Aufwendungen für eine Umschulungsmaßnahme, die die Grundlage dafür bildet, von einer Berufs- oder Erwerbsart zu einer anderen überzuwechseln, können vorab entstandene Werbungskosten sein.« (Urteil vom 4.12.2002 – VI R 120/01.)

»Aufwendungen für ein berufsbegleitendes erstmaliges Hochschulstudium sind als Werbungskosten zu berücksichtigen, sofern sie beruflich veranlasst sind. Die Auffassung, wonach Ausgaben für ein Erststudium an einer Universität oder Fachhochschule stets der allgemeinen Lebensführung zuzuordnen und deshalb nur als Sonderausgaben begrenzt abziehbar sind, wird aufgegeben.« (Urteil vom 17.12.2002 – VI R 137/01.)

Nach Meinung des Bundesfinanzhofs können auch die Kosten eines Aufbaustudiums und die Kosten einer Promotion, nach Auffassung des Finanzgerichts Münster außerdem die Kosten eines studienbegleitenden Praktikums als vorweggenommene Werbungskosten anerkannt werden.

Außerdem muss die Pflicht der Arbeitslosen zur beruflichen Weiterbildung (vgl. § 2 Abs. 4 SGB III) nicht nur durch ein angemessenes Weiterbildungsangebot, sondern auch durch die Abzugsfähigkeit von selbst aufgebrachten Weiterbildungskosten bei der Anrechnung von Nebeneinkommen flankiert werden, unabhängig davon, ob die Weiterbildung im Zusammenhang mit der Nebenbeschäftigung steht oder nicht.

2.2 Nebeneinkommen aus selbstständiger Tätigkeit

Angerechnet wird Gewinn

Arbeitseinkommen ist nach § 15 SGB IV der nach den allgemeinen Gewinnermittlungsvorschriften des Einkommensteuerrechts ermittelte Gewinn aus einer selbstständigen Tätigkeit oder aus einem Gewerbebetrieb. Hierunter fallen auch Veräußerungsgewinne (§ 18 Abs. 3 i. V. m. § 16 Abs. 2 Satz 1 EStG), soweit sie sich auf ein Vermögen beziehen, das der selbstständigen Arbeit dient (so DA, RandNr. 20 zu § 141).

Der Gewinn aus den Einkünften aus selbstständiger Tätigkeit ist nach § 4 EStG durch Betriebsvermögensvergleich oder Überschussberechnung zu ermitteln. Gewinn ist der Unterschiedsbetrag zwischen dem Betriebsvermögen des laufenden und vergangenen Wirtschaftsjahres zuzüglich des Wertes der Entnahmen und vermindert um den Wert der Einlagen. Er wird durch die Bilanz dargestellt (so DA, RandNr. 23 zu § 141).

Von den Einkünften sind die im unmittelbaren Zusammenhang mit der Tätigkeit stehenden Betriebsausgaben nach § 4 Abs. 4 EStG abzusetzen. Hierzu gehören insbesondere (gegebenenfalls anteilige) Aufwendungen für Betriebsräume (Miete, Beleuchtung, Heizung, Reinigung), Aufwendungen für Hilfskräfte (Lohn, Arbeitgeberanteil der Sozialversicherungsbeiträge), Aufwendungen, die sonst als Werbungskosten (§ 9 EStG) von den Einkünften aus nicht selbstständiger Arbeit abgezogen werden, soweit sie bei der Ausübung der selbstständigen Tätigkeit entstanden sind, sowie Beiträge zu Berufsverbänden (so DA, RandNr. 24 zu § 141).

Betriebsausgaben

Werbungskosten

Werbungskosten sind gemäß § 9 Abs. 1 Satz 3 Nr. 7 EStG auch Absetzungen für Abnutzung und Substanzverringerung. Nach dem Steuerrecht können die Anschaffungen für abnutzbare Wirtschaftsgüter (z. B. PC) nur dann sofort in voller Höhe abgesetzt werden, wenn sie 410 € nicht übersteigen (§ 9 Abs. 1 Satz 3 Nr. 7 i. V. m. § 6 Abs. 2 Sätze 1 – 3 EStG). Bei größeren Aufwendungen ist steuerrechtlich pro Jahr nur der Teil der Anschaffungskosten abzugsfähig, der bei gleichmäßiger Verteilung dieser Kosten auf die Gesamtdauer der Nutzung auf ein Jahr entfällt (§ 7 Abs. 1 EStG).

Abschreibungen

Astrid Radüge (in: Gagel, SGB III Kommentar, RandNr. 65 zu § 141) hält diese Vorgehensweise im Rahmen von § 141 für nicht sachgerecht:

»Nebeneinkommen soll nur angerechnet werden, soweit es dem Arbeitslosen effektiv zur Verfügung steht. Anderenfalls wäre durch das Alg der Lebensunterhalt nicht mehr gesichert. Auch Aufwendungen größeren Umfangs für den Erwerb von abnutzbaren Wirtschaftsgütern sind deshalb sofort voll von dem Nebeneinkommen abzusetzen, bis sie durch das Nebeneinkommen ausgeglichen sind. Die Anwendung der steuerlichen Regelung über die Absetzung für Abnutzung oder Substanzverringerung (§ 7 EStG) ist aber dann sachgerecht, wenn die Aufwendungen bereits vor Beginn des Alg-Bezugs getätigt wurden. Damit wird der Tatsache Rechnung getragen, dass die erworbenen Arbeitsmittel usw. regelmäßig durch die weitere Nutzung im Rahmen der Nebentätigkeit einen Wertverlust erleiden. Dies gilt auch dann, wenn die Anschaffung zunächst aus privaten Gründen getätigt wurde und dann eine Umwidmung zur Einkunftserzielung erfolgte (BFH 14.2.1989 – IX R 109/84, BFHE 156, 417). Die abzusetzenden Aufwendungen sind dann aber um den Betrag zu kürzen, den der Betreffende bereits hätte absetzen können, wenn die Nutzung von Anfang an zum Zwecke der Einkunftserzielung erfolgt wäre.«

Mit Hartz III ist der Abzug von Betriebsausgaben erleichtert worden: Gemäß § 141 Abs. 1 Satz 2 SGB III werden Selbstständigen und mithelfenden Familienangehörigen pauschal 30 % der Betriebseinnahmen als Betriebsausgaben vom Nebeneinkommen abgezogen. Weisen Arbeitslose im Einzelfall höhere Betriebsausgaben nach, so kann sich das Nebeneinkommen auch um mehr als 30 % verringern.

30 %-Pauschale

194 F Anrechnung von Nebeneinkommen

Nicht absetzbar
Andere steuerrechtlich abzugsfähige Beträge, wie z. B. Sonderausgaben, Altersentlastungs- und Sonderfreibeträge, außergewöhnliche Belastungen und sonstige vom Einkommen abzuziehende Beträge mindern lediglich das zu versteuernde Einkommen. Im Rahmen von § 141 SGB III ist aber der Gewinn aus der selbstständigen Tätigkeit und nicht etwa das zu versteuernde Einkommen maßgebend (so DA, RandNr. 25 zu § 141).

Verlustausgleich?
Ein Verlustausgleich zwischen Einkommen aus Gewerbebetrieb, selbstständiger und unselbstständiger Arbeit ist zulässig.
Nicht anerkannt wird der Verlustausgleich mit »mühelosem Einkommen« (Einkommen aus Kapitalvermögen und aus Vermietung und Verpachtung) und der Verlustausgleich des Einkommens zwischen Ehegatten, da nur das vom Arbeitslosen erzielte Einkommen zu berücksichtigen ist (so DA, RandNr. 13 zu § 141).

15-Stunden-Grenze beachten
Abschließend noch einmal der Hinweis, der gerade für Selbstständige leistungserhaltend ist: Beachten Sie die 15-Stunden-Grenze!

Lehrkräfte
Bei Honorarkräften in Aus-, Fort- und Weiterbildung wird von der AA pro gehaltener Unterrichtsstunde eine zusätzliche Stunde für Vor- bzw. Nachbereitung angenommen.

Bescheinigt also der Honorargeber z. B. zehn Wochenstunden, wird die AA möglicherweise die Leistungen schon wegen Überschreitens der 15-Stunden-Grenze einstellen. Eine Einschätzung des Honorargebers zum zeitlichen Aufwand für eine Honorarstunde kann deshalb hilfreich sein, diese Schwierigkeit zu vermeiden.

III **Wie wird nach § 141 Abs. 1–3 SGB III angerechnet?**

Fallgruppe 1 1 **Wie wird neues Nebeneinkommen aus einer weniger als 15 Stunden wöchentlich umfassenden neuen Beschäftigung angerechnet?**
§ 141 Abs. 1 SGB III

165 €-Freibetrag
Leistungsbezieher können ohne Kürzung des Alg aus einer weniger als 15 Stunden wöchentlich umfassenden neuen Beschäftigung an bereinigtem Nebeneinkommen bis 165 € monatlich hinzuverdienen.

Bis Ende 2004 gab es neben dem Freibetrag von 165 € noch einen, die Bezieher eines hohen Alg begünstigenden 20%-Freibetrag. Dieser ist mit Hartz III abgeschafft worden.

Den 165 €-Freibetrag gibt es auch, wenn das neue Nebeneinkommen über der Geringfügigkeitsgrenze (400 €) liegt; denn gemäß § 27 Abs. 5 SGB III bleiben versicherungsfrei auch Personen, die neben ihrem Alg-Anspruch mehr als 400 € pro Monat verdienen. Die Nebenbeschäftigung darf nur die Grenze von 15 Stunden pro Woche nicht überschreiten.

Teilen Sie deshalb dem Arbeitgeber einer Nebenbeschäftigung, die mehr als 400 € einbringt, mit, dass Sie eine Leistung von der AA beziehen, d.h., dass kein Beitrag zur Arbeitsförderung abgeführt werden muss.

2 Wie wird fortgesetztes Nebeneinkommen aus einer geringfügigen Nebenbeschäftigung angerechnet?
§ 141 Abs. 2 SGB III

Fallgruppe 2

Haben Sie in den letzten 18 Monaten vor der Entstehung des Leistungsanspruches neben einem Versicherungspflichtverhältnis eine geringfügige Beschäftigung (→ S. 113) mindestens zwölf Monate lang ausgeübt, so bleibt dieses Nebeneinkommen bis zu dem Betrag anrechnungsfrei, der in den letzten zwölf Monaten vor der Entstehung des Anspruches aus einer geringfügigen Beschäftigung durchschnittlich auf den Monat entfällt.

Mit einfachen Worten: Ein fortgesetztes Nebeneinkommen aus einer geringfügigen Beschäftigung, also aus einer Nebenbeschäftigung bis 400 € brutto, können Sie ohne Kürzung ihrer Leistung behalten.

400 €-Freibetrag

Fortgesetztes Nebeneinkommen ist dabei jedes Nebeneinkommen, unabhängig davon, ob die Nebenbeschäftigung dieselbe ist oder gewechselt wird.

Auch bei Wechsel

David Zunder hat früher die FAZ-Sonntagszeitung für 390 € pro Monat (also im Rahmen der Geringfügigkeitsgrenze) ausgetragen; während des Leistungsbezuges wechselt er bei gleichen Bedingungen zu »Bild am Sonntag«.
Der Grund dafür, dass fortgesetztes, nicht erhöhtes Nebeneinkommen ungeschoren bleibt, ist auch beim Wechsel der Nebenbeschäftigung gegeben: Nebeneinkommen aus geringfügiger Beschäftigung erhöht nicht die Leistung, also soll es bei Wegfall der versicherungspflichtigen »Hauptbeschäftigung« die Leistung auch nicht kürzen.

Beispiel

Liegt das fortgesetzte Nebeneinkommen aus einer geringfügigen Nebenbeschäftigung unter dem für neues Nebeneinkommen geltenden Freibetrag von 165 € (→ S. 194), so kann bis zu dieser Freigrenze das fortgesetzte Nebeneinkommen durch zusätzliches neues Nebeneinkommen aufgestockt werden (§ 141 Abs. 2 2. Halbsatz SGB III).

Fallgruppe 3

3 **Wie wird fortgesetztes Nebeneinkommen aus einer Nebenbeschäftigung von weniger als 15 Stunden wöchentlich als Selbstständiger oder mithelfender Familienangehöriger angerechnet?**
§ 141 Abs. 3 SGB III

Höherer Freibetrag

Haben Sie in den letzten 18 Monaten vor der Entstehung des Alg-Anspruches neben einem Versicherungspflichtverhältnis eine selbstständige Tätigkeit oder eine Tätigkeit als mithelfender Familienangehöriger von weniger als 15 Stunden wöchentlich mindestens zwölf Monate lang ausgeübt, so bleibt dieses Nebeneinkommen bis zu dem Betrag anrechnungsfrei, der in den letzten zwölf Monaten vor der Entstehung des Anspruches durchschnittlich auf den Monat entfällt.

4 **Übergangsregelung**
§ 434j Abs. 6 SGB III

Ist ein Anspruch auf Alg vor dem 1.1.2005 entstanden, ist das Recht über die Anrechnung von Nebeneinkommen (§ 141 SGB III) in der vom 1.1.2005 an geltenden Fassung nur dann anzuwenden, wenn dies aufgrund einer Änderung der Verhältnisse erforderlich ist, die nach dem 31.12.2004 eingetreten ist und sich auf den Anrechnungsbetrag auswirkt.
Diese in § 437j Abs. 6 SGB III enthaltene Übergangsregelung ist zweischneidig. Sie bringt Vor- und Nachteile:

Vorteil

Vorteilhaft ist sie für alle Alg-Bezieher, die wegen des bis zum 31.12.2004 geltenden 20%-Freibetrags mit einem Nebeneinkommen von mehr als 165 € ins Jahr 2005 gehen.

Beispiel

David Zunder hatte 2004 einen Alg-Anspruch von 1.400 €. Nach § 141 Abs. 1 SGB III a. F. durfte er an »neuem« Nebeneinkommen 280 € (20 % von 1.400 €) anrechnungsfrei dazuverdienen. Solange sich sein Nebeneinkommen nicht verändert, darf er diesen Betrag auch ab 1.1.2005 neben dem Alg anrechnungsfrei hinzuverdienen, obwohl der 20%-Freibetrag abgeschafft ist.

David Zunder muss ab 1.1.2005 penibel darauf achten, dass sein Nebeneinkommen gleich bleibt. Verdient er nur 1 € mehr oder weniger, so »ändern sich die Verhältnisse«, und David Zunder wird auf den ab 1.1.2005 generell geltenden 165 €-Freibetrag runtergestuft.

Nachteil?

Von Nachteil könnte die Übergangsregelung sein für Alg-Bezieher, die ihr Nebeneinkommen aufgrund einer **selbstständigen Tätigkeit** erzielen. Diese können seit 1.1.2005 pauschal 30 % der Betriebseinnahmen als Betriebsausgaben vom Nebeneinkommen abziehen. Klebt man am Wortlaut von § 434j Abs. 6 SGB III, ist ihnen diese Wohltat versperrt. Allerdings fordert der Zweck der Vorschrift, die »Verwaltungspraktikabilität« (so BT-Drs. 15/1515, S. 112), die 30 %-Pauschale auch dann zu gewähren, wenn sich das Nebeneinkommen 2005 nicht verändert; andernfalls muss die AA – wie bis Ende 2004 – nachträglich am Jahresende das Nebeneinkommen im Einzelfall bereinigen; ein äußerst aufwändiges Verfahren, was dem Zweck der Einführung der 30 %-Pauschale widerspräche.

IV Bei welchen Leistungen wird anders angerechnet?

1 Nebeneinkommen von Arbeitgeber oder Träger bei Weiterbildung mit Alg
§ 141 Abs. 4 SGB III

Nebeneinkommen, das ein Bezieher von Alg bei beruflicher Weiterbildung
- von seinem Arbeitgeber oder dem Träger der Weiterbildung
- wegen der Weiterbildung oder
- aufgrund eines früheren oder bestehenden Arbeitsverhältnisses
- ohne Ausübung einer Beschäftigung

erhält, bleibt bis zu 400 € anrechnungsfrei.

400 €-Freibetrag

2 Maßnahme-Alg bei Trainings-/ Eignungsfeststellungsmaßnahme

Leistungen von Arbeitgebern, Praktikumsstellen, Maßnahmeträgern an Teilnehmer werden nicht auf das Alg angerechnet. Sie sind nicht gemäß § 141 SGB III zu berücksichtigen, weil sie grundsätzlich nicht auf einer Verwertung der Arbeitskraft beruhen (DA, RandNr. 42 zu § 141).

Keine Anrechnung

3 Teil-Arbeitslosengeld

Nicht ganz einfach ist die Anrechnung von Nebeneinkommen bei Teil-Alg.
Nicht um die Anrechnung von Nebeneinkommen geht es, wenn Sie von zwei versicherungspflichtigen Beschäftigungen eine verlieren. In diesem Fall gibt es Teil-Alg (→ S. 79).

Hatten Sie aber früher neben den zwei versicherungspflichtigen Beschäftigungen eine weitere nicht versicherungspflichtige Nebenbeschäftigung, so gilt Folgendes:

- Fortgesetztes Nebeneinkommen i. S. von § 141 Abs. 2 und 3 SGB III wird wie bei Voll-Alg nicht angerechnet, solange es ab Teil-Alg-Bezug nicht steigt.

Fallgruppen 1 und 2

Nehmen Sie mit dem Bezug von Teil-Alg eine neue Nebenbeschäftigung auf, müssen Sie Folgendes beachten:

Fallgruppe 3

- Bei neuem Nebeneinkommen erlischt der Teil-Alg Anspruch gemäß § 150 Abs. 2 Nr. 5a SGB III, wenn die Nebenbeschäftigung für mehr als zwei Wochen oder mit einer Arbeitszeit von mehr als fünf Stunden wöchentlich aufgenommen wird.

4 Kurzarbeitergeld

*Volle Berücksichtigung von **neuem** Nebeneinkommen*

Nebeneinkommen aus selbstständiger oder unselbstständiger Arbeit wird gemäß § 179 Abs. 3 SGB III voll berücksichtigt, wenn es während des Kug-Bezugs **neu** hinzuverdient wird.

Nicht berücksichtigt wird **fortgesetztes** Nebeneinkommen, das bereits vor dem Arbeitsausfall neben dem Lohn aus der Hauptbeschäftigung verdient worden ist.

5 Berufsausbildungsbeihilfe

Nebeneinkommen wird nach eigenen Regeln auf das Azubi-BAB angerechnet (→ S. 371).
Nebeneinkommen neben Maßnahme-BAB, das in Alg-Höhe gewährt wird (→ S. 375), wird wie Nebeneinkommen auf das Alg angerechnet (§ 74 Satz 2 SGB III).

6 Übergangsgeld/Ausbildungsgeld

Beim Übergangsgeld gelten Sonderregelungen zur Anrechnung von Nebeneinkommen (→ S. 438).
Die Anrechnung von Nebeneinkommen auf das Ausbildungsgeld wird in § 108 SGB III eigenständig geregelt.

V Welche Folgen hat die verspätete Anrechnung von Nebeneinkommen?

Verspätete Anrechnung

Insbesondere bei schwankendem Nebeneinkommen bewilligt die AA die Leistung zunächst ungekürzt. Das Nebeneinkommen wird dann erst nachträglich angerechnet.

Volle Anrechnung möglich

Dabei »kann« die AA gemäß § 333 Abs. 1 SGB III einen zurückliegenden Anrechnungsbetrag voll einbehalten, mit der Folge, dass zeitweise überhaupt keine Leistung gezahlt wird und dem Arbeitslosen (falls er zum Zeitpunkt der Anrechnung überhaupt noch einer Nebentätigkeit nachgeht) nur sein Nebeneinkommen zur Verfügung steht.

Ob ein zurückliegender Anrechnungsbetrag voll einbehalten wird, hat die AA jedoch nach pflichtgemäßem Ermessen zu entscheiden. Die AA hat mit Teilbeträgen aufzurechnen, wenn eine volle Einbehaltung eines zurückliegenden Anrechnungsbetrages aufgrund der wirtschaftlichen Verhältnisse des Arbeitslosen nicht vertretbar wäre. Eine volle Anrechnung des zurückliegenden Anrechnungsbetrages kommt zum Beispiel nicht infrage, wenn der Arbeitslose zum Zeitpunkt der Anrechnung keiner Nebenbeschäftigung mehr nachgeht und durch die Verrechnung völlig mittellos würde.

AA muss Ermessen ausüben

Keine volle Anrechnung bei mittellosen Arbeitslosen

Sie schützen sich vor zu starken Anrechnungen »auf einen Schlag«, wenn Sie spätestens bis zum 20. des Folgemonats die Nebeneinkommensbescheinigung vorlegen.

VI Was muss geändert werden?

1 Abschaffung des § 141 Abs. 3 SGB III

Nach § 141 Abs. 3 SGB III kann ein hohes Nebeneinkommen von z. B. 1.000 € neben dem Alg-Bezug ohne Anrechnung fortgeführt werden, wenn es aus einer der in § 141 Abs. 3 SGB III genannten Beschäftigung von unter 15 Stunden herrührt. Die Besserstellung von Selbstständigen und mithelfenden Familienangehörigen ist durch nichts gerechtfertigt. Sie sollte entfallen oder auf die abhängig Beschäftigten ausgeweitet werden.

G DAUER DES ARBEITSLOSENGELDES
§§ 127, 128, 147, 434j Abs. 3, 434l Abs. 1 und 2 SGB III

I Anspruchsdauer 200

    1   Auf und ab **200**
    2   Noch geltendes Recht **201**
    3   Zukünftiges Recht **203**
    4   Übergangsregelungen **203**

II Welche Zeiten werden bei der Berechnung der Anspruchsdauer berücksichtigt? 204

    1   Versicherungspflichtige Beschäftigungszeiten **204**
    2   Früher nicht verbrauchte alte Anspruchszeiten nach Zwischenbeschäftigung? **204**

III Wodurch vermindert sich die Anspruchsdauer? 206

    1   Bezug von Alg, Kranken-Alg **206**
    2   Sperrzeiten **207**
    3   Fehlende Mitwirkung und fehlende Arbeitsbereitschaft **208**
    4   Keine Minderung in sonstigen Fällen **208**

IV Erlöschen des Anspruchs 209

    1   Alg-Anspruch **209**
    2   Teil-Alg-Anspruch **209**

V Was muss geändert werden?

    1   Streichung des § 128 Abs. 1 Nr. 7 SGB III **210**

I Anspruchsdauer

1 Auf und ab

Geschichte

Bis 1983 konnten Arbeitslose höchstens zwölf Monate lang Alg beziehen. 1984 und 1985 stieg für Arbeitslose ab dem 49. Geburtstag die Anspruchsdauer auf bis zu 18 Monate. Seit 1987 konnten ab dem 54. Geburtstag bis zu 32 Monate Alg bezogen werden.

Diese großzügige Regelung wird mit dem »Gesetz zu Reformen am Arbeitsmarkt« vom 24.12.2003 zurückgenommen. In Zukunft gibt es Alg für höchstens 18 Monate, und solange auch nur, wenn der Arbeitslose im Zeitpunkt des Alg-Antrags mindestens 55 Jahre alt ist. Außerdem wurde durch das gleiche Gesetz die Verlängerungsrahmenfrist von vier Jahren auf ein Jahr gekürzt.

Kürzung der Verlängerungsrahmenfrist

Die Kürzungen greifen erst nach längeren Übergangsfristen. Diese erläutern wir unter 4.

Wegen der Übergangsfristen stellen wir noch den alten (→ unter 2) und schon den neuen Rechtszustand (→ unter 3) dar.

2 Noch geltendes Recht

Wie lange Sie Alg erhalten, hängt von zwei Faktoren ab:
- wie lange Sie vor dem Alg-Antrag innerhalb der Rahmenfrist versicherungspflichtig beschäftigt waren;
- wie alt Sie am Tag des Alg-Antrages sind.

Ob und wie lange Sie Alg bekommen, können Sie in der Tabelle auf der folgenden Seite ablesen: Die Tabelle zeigt, dass das Verhältnis von versicherungspflichtiger Beschäftigung zur Dauer des Alg-Anspruchs bis zur möglichen Höchstdauer zwei zu eins beträgt.

Rahmenfrist ist die Zeit, innerhalb der Sie – vom Tag des Alg-Antrags zurückgerechnet – die versicherungspflichtige Beschäftigungszeit zurückgelegt haben müssen.

Rahmenfrist

Beachten Sie dabei, dass Sie, um überhaupt Alg zu erhalten, innerhalb der letzten drei Jahre vor dem Tag der Antragstellung mindestens zwölf Monate versicherungspflichtig gearbeitet haben müssen.

Grundrahmenfrist: 3 Jahre

Erst wenn Sie diese Hürde genommen haben, können Sie durch versicherungspflichtige Beschäftigungen von mehr als zwölf Monaten innerhalb der verlängerten Rahmenfrist von sieben Jahren Ihren Alg-Anspruch über die Mindestbezugsdauer von sechs Monaten hinaus verlängern.

Verlängerungsrahmenfrist: 7 Jahre

Wenn Sie kurz vor dem 45., 47., 52. oder 57. Geburtstag arbeitslos werden und lange versicherungspflichtig beschäftigt waren und lange arbeitslos sein werden, so können Sie Ihren Alg-Anspruch erst am Geburtstag entstehen lassen. Das erlaubt der neue § 118 Abs. 2 SGB III. Danach können Sie bis zur Entscheidung der AA über den Alg-Anspruch bestimmen, dass Sie Alg erst zu einem späteren Zeitpunkt, z. B. erst ab Ihrem Geburtstag bekommen. Zwar gehen Ihnen dann die Tage bis zum Geburtstag verloren; dafür kann sich aber bei entsprechend langer versicherungspflichtiger Beschäftigungsdauer die Alg-Anspruchsdauer um bis zu sechs Monate verlängern!

Alg-Bezug erst ab Geburtstag kann sich lohnen

Sie müssen für die Zwischenzeit allerdings Ihren Krankenversicherungsschutz sicherstellen (→ S. 532).

Tabelle
Noch geltende Alg-Anspruchsdauer

Nach versicherungspflichtiger Beschäftigung von mindestens ... Monaten	innerhalb einer Rahmenfrist von ... Jahren	und ab dem ... Geburtstag	gibt es Alg für ... Monate
12	3		6
16	3 und 4		8
20	3 und 4		10
24	3 und 4		12
28	3 und 4	45.	14
32	3 und 4	45.	16
36	3 und 4	45.	18
40	3 und 4	47.	20
44	3 und 4	47.	22
48	3 und 4	52.	24
52	3 und 4	52.	26
56	3 und 4	57.	28
60	3 und 4	57.	30
64	3 und 4	57.	32

Sonderregelungen für Teil-Alg

12	2	altersunabhängig	6

Sonderegelungen für Saisonarbeiter

6	3	altersunabhängig	3
8	3	altersunabhängig	4

Sonderregelungen für Wehr- und Zivildienstpflichtige

6	3	altersunabhängig	3
8	3	altersunabhängig	4

3 Zukünftiges Recht

Wie sich in Zukunft die Verkürzung von Bezugsdauer und Verlängerungsrahmenfrist auswirken kann, zeigt folgende Tabelle:

Tabelle
Zukünftige Alg-Anspruchsdauer

Nach versicherungspflichtiger Beschäftigung von mindestens ... Monaten	innerhalb einer Rahmenfrist von ... Jahren	und ab dem ... Geburtstag	gibt es Alg für ... Monate
12	2		6
16	2 und 1		8
20	2 und 1		10
24	2 und 1		12
30	2 und 1	55.	15
36	2 und 1	55.	18

Sonderregelungen für Teil-Alg

12	2	altersunabhängig	6

Es gibt in Zukunft keine verkürzten Anwartschaftszeiten mehr für Saisonarbeiter, Wehr- und Zivildienstpflichtige.

Nicht geändert wird das Verhältnis von versicherungspflichtiger Beschäftigung und Alg-Anspruchsdauer: Es beträgt weiter zwei zu eins. Für Arbeitslose in der Nähe des 55. Geburtstags kann es sich lohnen, mit der Antragstellung bis zum Geburtstag zu warten (→ oben unter 2).

4 Übergangsregelungen

Die längere Bezugsdauer von bis zu 32 Monaten gilt für alle Arbeitslose, die spätestens vor Ablauf des 31.1.2006 Alg beantragt haben (§ 434l Abs. 1 SGB III).

Bezugsdauer

Insbesondere Arbeitnehmer, die bis dahin ihren 57. Geburtstag schon gefeiert haben und die befürchten müssen, als »altes Eisen« demnächst aus dem Betrieb gedrängt zu werden, sollten überlegen, ob sie sich nicht vor dem 31.1.2006 kündigen lassen. Allerdings bringt nur eine betriebs- oder personenbedingte Kündigung noch die vollen 32 Monate Alg. Bei freiwilligem oder verhaltensbedingtem Ausscheiden droht eine Sperrzeit. Diese Sperrzeit würde den Alg-Anspruch um ein Viertel verkürzen; statt 32 Monate gäbe es nur noch 24 Monate Alg.

Das wäre immer noch mehr als die dann geltende Höchstdauer von 18 Monaten.

Rest-Bezugsdauer

Weitergehend schont eine Übergangsregelung von sogar sechs Jahren aber diejenigen, die einen Alg-Anspruch angebrochen haben, dann wieder mindestens ein Jahr versicherungspflichtig arbeiten, dann erneut arbeitslos werden und erneut Alg beantragen (Näheres siehe unter II 2).

Wehr-/Zivildienstler, Saisonarbeiter

Die bisherige verkürzte Anwartschaftszeit für Wehr- und Zivildienst Leistende und für Saisonarbeiter gilt noch für Arbeitslose, die spätestens vor Ablauf des 31.1.2006 Alg beantragt haben (§ 434j Abs. 3 SGB III).

Verlängerungsrahmenfrist

Auf die siebenjährige Verlängerungsrahmenfrist können alle zurückgreifen, die vor Ablauf des 31.1.2006 Alg beantragt haben.

II Welche Zeiten werden bei der Berechnung der Anspruchsdauer berücksichtigt?

1 Versicherungspflichtige Beschäftigungszeiten

Was versicherungspflichtige Beschäftigungszeiten sind, finden Sie auf → S. 110.

2 Früher nicht verbrauchte alte Anspruchszeiten nach Zwischenbeschäftigung?

Viele Arbeitslose werden nach einer Zwischenbeschäftigung wieder arbeitslos. Was geschieht bei erneutem Alg-Antrag mit einer früher noch nicht verbrauchten Alg-Anspruchszeit? Zwei Fallgruppen müssen Sie unterscheiden:

Bei Zwischenbeschäftigung von mehr als 12 Monaten:

■ **Fallgruppe 1:** Sie arbeiten nach dem Ende des letzten Alg-Bezugs innerhalb der Rahmenfrist von drei Jahren mindestens zwölf Monate versicherungspflichtig, werden erneut arbeitslos und stellen einen neuen Alg-Antrag.

Addieren der Anspruchszeiten;

1. Grenze: 4-Jahres-Frist

In diesem Fall erwerben Sie einen neuen Alg-Anspruch von mindestens sechs Monaten. Zu dieser neuen Anspruchszeit wird die alte, früher nicht verbrauchte Anspruchszeit hinzugezählt, vorausgesetzt, es sind zwischen dem jetzigen Alg-Antragstag und dem vorhergehenden Alg-Antragstag noch nicht vier Jahre verstrichen.

Übergangsregelung

Statt der vier Jahre gelten für alle bis zum 31.1.2006 entstandenen Alg-Ansprüche sieben Jahre (§ 434l Abs. 1 SGB III).

II Welche Zeiten werden bei der Berechnung der Anspruchsdauer berücksichtigt?

Die nicht verbrauchte und die neue Anspruchszeit darf die bei einmaliger Arbeitslosigkeit erreichbare Höchstanspruchsdauer nicht überschreiten.

2. Grenze: Höchstanspruchsdauer

Bis 31.1.2010 bestimmt sich für ältere Arbeitslose die Höchstanspruchsdauer nicht nach der neuen Anspruchsdauer-Tabelle (→ S. 203); als Höchstdauer ist vielmehr mindestens die Restdauer des erloschenen Alg-Anspruchs zugrunde zu legen (§ 434l Abs. 2 SGB III).

Übergangsregelung

David Zunder hat 64 Monate versicherungspflichtig gearbeitet, als er am 1.5.2005 mit 57 Jahren arbeitslos wird und Alg beantragt. Am 1.1.2006 findet er wieder Arbeit. Nach erneutem Verlust der Arbeit zum 31.12.2006 beantragt er zum 1.1.2007 erneut Alg.

Beispiel

Alg-Anspruch für 64 Monate Arbeit, weil 57 Jahre alt	32 Monate
Alg-Bezug für 8 Monate	− 8 Monate
Nicht verbrauchter Rest-Alg-Anspruch	= 24 Monate
Alg-Anspruch für 12 Monate Arbeit	+ 6 Monate
Alg-Anspruch nach altem Recht	= ~~30 Monate~~
Alg-Anspruch nach neuem Recht	= ~~18 Monate~~
Alg-Anspruch wegen Übergangsregel	**24 Monate**

■ **Fallgruppe 2:** Sie arbeiten nach dem Ende des letzten Alg-Bezugstags innerhalb der Rahmenfrist von drei Jahren weniger als zwölf Monate versicherungspflichtig, werden erneut arbeitslos und stellen einen neuen Alg-Antrag. In diesem Fall erwerben Sie keinen neuen Alg-Anspruch; Sie können also nur den alten, noch nicht verbrauchten Alg-Anspruch ausschöpfen.

Bei Zwischenbeschäftigung von weniger als 12 Monaten: nur alte Anspruchszeit zählt

Auch hier muss bei älteren Arbeitslosen die Übergangsregelung (§ 434l Abs. 2 SGB III) entsprechend gelten: Sie können (nach unserer Meinung) bis 31.1.2010 ihre nach altem Recht erworbene, nicht verbrauchte Anspruchsdauer ausschöpfen, auch wenn diese länger ist als nach der neuen Anspruchsdauer-Tabelle (→ S. 203).

Übergangsregelung

III Wodurch vermindert sich die Anspruchsdauer?
§ 128 SGB III

1 Bezug von Alg, Kranken-Alg

Die Dauer des Anspruchs auf Alg vermindert sich um

Alg bei Arbeitslosigkeit
- die Zahl von Tagen, für die der Anspruch auf Alg bei Arbeitslosigkeit erfüllt worden ist;

Teil-Alg-Bezug
- jeweils einen Tag für jeweils zwei Tage, für die ein Anspruch auf Teil-Alg innerhalb der letzten zwei Jahre vor der Entstehung des Anspruchs erfüllt worden ist;

Alg bei Weiterbildung
- jeweils einen Tag für jeweils zwei Tage, für die ein Anspruch auf Alg bei beruflicher Weiterbildung erfüllt worden ist.

30-Tage-Grenze

Eine Umschulungsmaßnahme von zwei Jahren kann den Anspruch auf Alg eines unter 45-Jährigen verbrauchen (§ 128 Abs. 1 Nr. 8 SGB III). Allerdings verbleibt dem Arbeitslosen ein Anspruch von 30 Kalendertagen in jedem Fall (§ 128 Abs. 2 Satz 3 SGB III). Gemindert wird gemäß § 128 Abs. 2 Satz 4 SGB III nur die Restdauer eines früheren erloschenen Alg-Anspruchs. Nicht gemindert wird die Alg-Anspruchsdauer, die erst nach der Weiterbildungsmaßnahme durch eine neue Anwartschaft erworben wird (so BT-Drs. 15/25, S. 31).

Beispiel

David Zunder, 39 Jahre alt, zehn Jahre versicherungspflichtig beschäftigt, wurde zum 31.7.2004 arbeitslos. Er bezog ab 1.8.2004 Alg wegen Arbeitslosigkeit. Nach zehn Monaten erhält er vom 1.6.2005 bis 30.11.2005 eine Weiterbildung mit Alg wegen beruflicher Weiterbildung. Im Anschluss an die Weiterbildung findet er vom 1.12.2005 bis 30.11.2006 eine versicherungspflichtige Beschäftigung. Am 1.12.2006 beantragt er erneut Alg wegen Arbeitslosigkeit.

Alg-Anspruch aus 1. Beschäftigung		12 Monate
Alg-Bezug wegen Arbeitslosigkeit für 10 Monate	–	10 Monate
Restanspruchsdauer		2 Monate
Neuer Alg-Anspruch aus 2. Beschäftigung	+	6 Monate
Rest-Alg-Anspruch ohne Minderung		8 Monate
Minderung durch Alg wegen Weiterbildung (1/2 von 6)	–	3 Monate
Verbleibender Alg-Anspruch		**6 Monate**

Der verbleibende Alg-Anspruch beträgt sechs Monate und nicht fünf, weil nur die Restanspruchsdauer von zwei Monaten, nicht aber die neue Anspruchsdauer von sechs Monaten gemindert werden kann.

- die Anzahl von Tagen, für die Kranken-Alg gezahlt wird.

Kranken-Alg

Das Kranken-Alg lässt zugleich das Krankengeld ruhen (§ 49 Abs. 1 Nr. 3a SGB V) und kürzt dadurch den Alg-Anspruch und das Krankengeld, das für eine Arbeitsunfähigkeit, die auf ein und derselben Krankheit beruht, in einem Zeitraum von drei Jahren nur für 78 Wochen gezahlt wird (§ 48 Abs. 1 und 3 SGB V).

Die Zahlung von Krankengeld während der Arbeitslosigkeit hat dagegen keinen Einfluss auf den Alg-Anspruch. Anspruch auf Kranken-Alg besteht nur, wenn Sie unmittelbar vor Beginn der Arbeitsunfähigkeit Alg bezogen haben. Andernfalls muss die Krankenkasse Krankengeld zahlen. Das gilt auch dann, wenn ein Alg-Anspruch wegen einer Sperrzeit ruht; nach Ablauf dieser Ruhenszeiten muss die Krankenkasse bei fortbestehender Arbeitsunfähigkeit Krankengeld zahlen. Es hängt also von Zufälligkeiten ab, ob Ihre Arbeitsunfähigkeit zur Verminderung Ihres Alg-Anspruches führt. Wir haben deshalb gegen diese Bestimmung Bedenken, weil sie zu einer Verletzung des Gleichbehandlungsgrundsatzes führen kann. Auch wird Kranken-Alg im Laufe eines Jahres nicht nur einmal gezahlt, sondern bei jeder neuen Arbeitsunfähigkeit für je sechs Wochen, wenn unmittelbar vorher Alg gezahlt worden ist. Auf diese Weise kann das Kranken-Alg das Alg zu einem erheblichen Teil aufzehren.

Krankengeld vermindert Alg-Dauer nicht

2 Sperrzeiten

Sperrzeiten führen zu unterschiedlicher Minderung der Anspruchsdauer:

Sperrzeiten

- Bei einer Sperrzeit wegen Arbeitsaufgabe von weniger als zwölf Wochen, bei Sperrzeiten wegen Arbeitsablehnung, unzureichender Eigenbemühungen, Ablehnung oder Abbruches einer beruflichen Eingliederungsmaßnahme oder Meldeversäumnis vermindert sich die Alg-Anspruchsdauer um die Sperrzeittage.

Minderung um Sperrzeittage

- Bei einer Sperrzeit wegen Arbeitsaufgabe von zwölf Wochen vermindert sich die Alg-Anspruchsdauer um ein Viertel.
Diese »Viertel-Kürzung« wirkt sich erst bei einer (Rest-)Anspruchsdauer von mindestens 340 Tagen aus.

Minderung um 1/4 des Anspruchs

Bei einer Sperrzeit wegen Arbeitsaufgabe oder Abbruchs einer beruflichen Eingliederungsmaßnahme wird die Anspruchsdauer nicht vermindert, wenn der Sperrzeitanlass länger als ein Jahr vor Antragstellung liegt.

1-Jahres-Grenze

3 Fehlende Mitwirkung und fehlende Arbeitsbereitschaft

Die Alg-Anspruchsdauer wird vermindert um:
- Die Anzahl von Tagen, für die dem Arbeitslosen das Alg wegen fehlender Mitwirkung (§ 66 SGB I) versagt oder entzogen worden ist;

- die Anzahl von Tagen der Beschäftigungslosigkeit nach der Erfüllung der Voraussetzungen für den Anspruch auf Alg, an denen der Arbeitslose nicht arbeitsbereit ist, ohne für sein Verhalten einen wichtigen Grund zu haben (§ 128 Abs. 1 Nr. 7 SGB III).

4-Wochen-Grenze In diesen Fällen wird die Alg-Anspruchsdauer um höchstens vier Wochen vermindert.

Die Anforderungen an den »wichtigen Grund«, der ein Abmelden aus dem Leistungsbezug ohne Minderung der Alg-Anspruchsdauer erlaubt, dürfen nicht zu hoch geschraubt werden.

»Solange die Vermittlung weitgehend aussichtslos erscheint oder genügende andere Arbeitslose gleicher Qualifikation zur Verfügung stehen, ist den persönlichen Bedürfnissen des Arbeitslosen in größerem Umfang Rechnung zu tragen.« (So SG Berlin, Urteil vom 15.4.1991 – S 58 Ar 2397/90.)

Deshalb müssen als wichtige Gründe anerkannt werden:

Wichtige Gründe
- Gründe, die bei Beschäftigten unbezahlten Urlaub aus persönlichen Gründen, wie z. B. zum Besuch von Verwandten, rechtfertigen.
- Teilnahme an für den Arbeitslosen vorteilhaften Veranstaltungen, z. B. Bildungsreise oder eine Reise, die kostenlos oder besonders preisgünstig ist, oder eine Urlaubsreise mit berufstätigem (Ehe-)Partner.
- Teilnahme an religiösen, politischen, gewerkschaftlichen oder beruflichen Veranstaltungen längerer Dauer.
- Teilnahme an Ausbildungs-, Fortbildungs-, Förderungs- oder ähnlichen Maßnahmen, die den Teilnehmer zeitlich stark in Anspruch nehmen.
- Besuch und/oder Pflege kranker Angehöriger.
- Versuche, sich selbstständig zu machen.

Sollte die AA, anstatt froh über die Leistungsabmeldung zu sein, eine Minderung der Alg-Bezugsdauer verhängen, legen Sie Widerspruch ein und klagen Sie gegebenenfalls. Hilfen für Widerspruch und Klage bietet der Tipp von Hedi Vogel in: info also 1991, Heft 3, S. 152 f.

4 Keine Minderung in sonstigen Fällen

Abschließende Regelung Die Alg-Anspruchsdauer wird nur in den in § 128 SGB III, also in den oben unter 1 bis 3 behandelten Fällen, gemindert. Deshalb führt das Ruhen von Alg, solange es nicht wegen einer Sperrzeit ruht, sondern z. B. wegen der Anrechnung einer Entlassungsentschädigung, nicht zu einer Minderung.

IV Erlöschen des Anspruchs
§ 147 SGB III

1 Alg-Anspruch

Der Alg-Anspruch erlischt
- mit der Entstehung eines neuen Alg-Anspruchs: Was aber nicht bedeutet, dass der alte Anspruch bei der Dauer nicht mehr zählt (→ S. 204);

- bei Sperrzeiten von mindestens 21 Wochen; dabei werden zukünftig (gemäß § 147 Abs. 1 Nr. 2 SGB III) »auch Sperrzeiten berücksichtigt, die in einem Zeitraum von zwölf Monaten vor der Entstehung des Anspruchs eingetreten sind.« Diese Neuregelung bedeutet, dass zukünftig – anders als bisher – auch die (regelmäßig zwölf Wochen dauernde) Sperrzeit wegen Arbeitsaufgabe bei den 21 Wochen mitzählt.
Gemäß § 434j Abs. 3 SGB III gilt diese Verschlechterung noch nicht für Arbeitslose, die spätestens vor Ablauf des 31.1.2006 Alg beantragt haben. Bei ihnen zählt bis zu diesem Zeitpunkt die Sperrzeit wegen Arbeitsaufgabe also noch nicht bei den 21 Wochen mit.

Übergangs-regelung

- wenn seit seiner Entstehung vier Jahre verstrichen sind.

Beispiel

David Zunder beantragte am 1.11.2001 Alg. Von dem ihm zustehenden Alg von zwölf Monaten verbrauchte er vier Monate. Ab 1.3.2002 studiert er. Er beendet sein Studium zum 31.7.2005 und beantragt am 1.8.2005 erneut Alg. Er kann, da seit Entstehung des Alg-Anspruchs am 1.11.2001 noch keine vier Jahre verstrichen sind, seinen alten Alg-Anspruch »reaktivieren« und die restlichen acht Monate Alg in Anspruch nehmen – und zwar auch über das 4-Jahres-Fristende (1.11.2005) hinaus.
Hätte David Zunder vom 1.8.–31.10.2005 Alg bezogen und danach eine bis 30.11.2005 befristete Arbeit angetreten, könnte er bei erneuter Arbeitslosigkeit kein Alg mehr beziehen; denn am 1.12.2005 sind seit der Entstehung des Alg-Anspruchs (1.11.2001) mehr als vier Jahre verstrichen.

2 Teil-Alg-Anspruch

Der Anspruch auf Teil-Alg erlischt,
- wenn der Arbeitnehmer nach der Entstehung des Anspruchs eine Beschäftigung, selbstständige Tätigkeit oder Tätigkeit als mithelfender Familienangehöriger für mehr als zwei Wochen oder mit einer Arbeitszeit von mehr als fünf Stunden wöchentlich aufnimmt;

- wenn die Voraussetzungen für einen Anspruch auf Alg erfüllt sind;

- spätestens nach Ablauf eines Jahres seit Entstehung des Anspruchs.

V Was muss geändert werden?

1 Streichung des § 128 Abs. 1 Nr. 7 SGB III

Dass es bei Abmeldung aus dem Leistungsbezug kein Alg gibt, ist klar. Warum sich die Alg-Anspruchsdauer aber verringern soll um Tage, an denen ein Arbeitsloser der AA ohne Leistungsbezug den Rücken kehrt, leuchtet nur schwer ein; insbesondere, wenn man nach dem Zweck der Vorschrift fragt. Zweck von § 128 Abs. 1 Nr. 7 SGB III ist es, zu vermeiden, dass ein Arbeitsloser sich sanktionslos durch Abmeldung aus dem Leistungsbezug erfolgversprechenden Vermittlungsbemühungen entzieht (BT-Drs. 5/1274 zu § 110 Satz 1 Nr. 5 AFG). Angesichts eines Heeres arbeitsuchender Arbeitsloser, eines meist leergefegten Arbeitsmarktes und fehlender Vermittlungsmöglichkeiten seitens der AA geht der Zweck der Vorschrift ins Leere. Sie sollte deshalb ersatzlos gestrichen werden.

H BESCHÄFTIGUNG VON AUSLÄNDERN
§§ 4, 39 AufenthG; AufenthV; BeschV; BeschVerfV;
§ 284 SGB III;[*] § 4 Richtlinien ESF-BA-Programm

I **Das neue Verfahren** 214

II **Arbeitsmöglichkeiten für Ausländer, die sich erlaubt im Bundesgebiet aufhalten** 217

- 1 Sonderrechte aufgrund der Staatsangehörigkeit des Arbeitsuchenden **217**
- 1.1 Staatsangehörige aus EU-Staaten **217**
- 1.2 Die Familienangehörigen von EU-Staatsangehörigen **218**
- 1.3 Staatsangehörige der EU-Beitrittsstaaten **219**
- 1.4 Familienangehörige von freizügigkeitsberechtigten Staatsangehörigen der EU-Beitrittsstaaten **221**
- 1.5 Türkische Staatsangehörige, die nach dem Assoziationsabkommen EWG/Türkei aufenthaltsberechtigt sind **222**
- 1.6 Familienangehörige von türkischen Arbeitnehmern **224**
- 1.7 Bulgarische und rumänische Staatsangehörige **224**
- 1.8 Heimatlose Ausländer **225**
- 1.9 Deutsche Volkszugehörige **225**
- 2 Arbeitsmarktzugang nach dem Aufenthaltsstatus der Arbeitsuchenden **225**
- 2.1 Niederlassungserlaubnis **225**
- 2.2 Aufenthalt aus humanitären Gründen **225**
- 2.2.1 Anerkannte Asylberechtigte mit Aufenthaltserlaubnis **225**
- 2.2.2 Flüchtlinge mit Anerkennung nach der Genfer Konvention **226**
- 2.2.3 Flüchtlinge nach § 22 AufenthG **226**
- 2.2.4 EU-Flüchtlinge **226**
- 2.2.5 Flüchtlinge mit sonstigen humanitären Gründen **227**
- 2.3 Aufenthalt zum Zweck des Familiennachzugs **227**
- 2.3.1 Aufenthaltserlaubnis für Familienangehörige von Deutschen **227**
- 2.3.2 Eigenständige Aufenthaltserlaubnis nach Trennung **227**
- 2.3.3 Aufenthaltserlaubnis nach zwei Jahren Lebensgemeinschaft **228**

[*] Die Ausländer betreffenden Bestimmungen sind abgedruckt in: Arbeitslosenprojekt TuWas (Hrsg.), Arbeitslosenrecht. Die Gesetzessammlung für Arbeitslose, ihre Berater und Beraterinnen, 10. Auflage, Fachhochschulverlag, Stand: 1.1.2005.

2.3.4	Aufenthaltserlaubnis für Familienangehörige von Ausländern	**228**
2.3.5	Sonstige Familienangehörige	**228**
2.4	Aufenthaltserlaubnis zur Wiederkehr	**229**
2.5	Aufenthaltserlaubnis für ehemalige Deutsche	**229**
2.6	Aufenthalt zum Zweck der Ausbildung	**229**
2.6.1	Studenten	**229**
2.6.2	Studenten nach dem Abschluss ihres Studiums	**230**
2.7	Duldung	**230**
2.8	Asylbewerber	**231**
3	Beschäftigungserlaubnis für nicht privilegierte Ausländer	**231**
3.1	Beschäftigungserlaubnis nach der Art der Tätigkeit	**231**
3.1.1	Beschäftigung im Betrieb eines Familienangehörigen	**231**
3.1.2	Beschäftigungen, die nicht in erster Linie dem Erwerbseinkommen dienen	**231**
3.1.3	Weitere zustimmungsfreie Beschäftigungen	**231**
3.2	Zustimmung zur Beschäftigungserlaubnis ohne Arbeitsmarktprüfung	**232**
3.2.1	Personen mit längerem Aufenthalt oder längerer Erwerbstätigkeit	**232**
3.2.2	Jugendliche	**233**
3.2.3	Härtefälle	**233**
3.2.4	Verlängerung des Arbeitsverhältnisses	**234**
3.3	Beschäftigungserlaubnis nach Prüfung von Lage und Entwicklung des Arbeitsmarkts	**235**
3.3.1	Einzelfallprüfung	**235**
3.3.2	Pauschalprüfung	**236**
3.3.3	Weitere Voraussetzungen für die Zustimmung zu einer bestimmten Tätigkeit	**237**
4	Was geschieht mit den bisher nach §§ 284–286 SGB III erteilten Arbeitsgenehmigungen?	**237**
4.1	Arbeitsberechtigung	**237**
4.2	Arbeitserlaubnis	**238**

III Arbeitsmöglichkeiten für Ausländer, die zum Zweck der Erwerbstätigkeit einreisen wollen **238**

1	Angehörige bestimmter Staaten	**239**
2	Hoch Qualifizierte	**240**
3	Beschäftigungen aufgrund einer qualifizierten Ausbildung	**240**
3.1	Beschäftigungserlaubnis mit Arbeitsmarktprüfung	**231**
3.2	Beschäftigungserlaubnis ohne Arbeitsmarktprüfung	**243**

3.3	Beschäftigungserlaubnis ohne Zustimmung der AA	**243**
4	Beschäftigungen, bei denen es nicht auf die Qualifizierung ankommt	**244**
4.1	Vorübergehende Beschäftigungen auf der Grundlage von Absprachen der Arbeitsverwaltungen	**244**
4.2	Beschäftigungen, die ohne eine Arbeitsmarktprüfung erlaubt werden können	**246**
4.2.1	Au pair	**246**
4.2.2	Haushaltshilfen	**247**
4.2.3	Haushaltshilfen von entsandten Ausländern	**248**
4.2.4	Tätigkeiten im Bereich von Kultur und Unterhaltung	**248**
4.2.5	Berufspraktische Tätigkeiten für die Anerkennung eines ausländischen Berufsabschlusses	**248**
4.2.6	Fertighausmonteure	**248**
4.2.7	Längerfristig entsandte Beschäftigte	**249**
4.2.8	Grenzgänger	**249**
4.3	Beschäftigungen, die von der Ausländerbehörde ohne Einschaltung der AA erlaubt werden können	**250**
4.3.1	Grundsätze	**250**
4.3.2	Kulturelle und wissenschaftliche Darbietungen	**250**
4.3.3	Sportler	**251**
4.3.4	Sportveranstaltungen	**251**
4.3.5	Fotomodelle	**251**
4.3.6	Journalisten	**251**
4.3.7	Karitative und religiöse Beschäftigungen und Freiwilligendienste	**252**
4.3.8	Ferienbeschäftigungen	**252**
4.3.9	Entsandte Arbeitskräfte	**252**
4.3.10	Mitarbeiter von EU-Unternehmen	**252**
4.3.11	Schifffahrt und Luftverkehr	**253**
4.3.12	Straßen- und Schienenverkehr	**253**
4.4	Erwerbstätigkeiten, für die keine Genehmigungen erforderlich sind	**254**
4.4.1	Diplomatisches Personal	**254**
4.4.2	Die Angestellten von Personen im diplomatischen Dienst	**254**
4.4.3	Mitarbeiter von EU-Unternehmen	**254**
4.4.4	Flugpersonal	**255**
4.4.5	Seeleute	**255**
4.4.6	Kraftfahrer bei Transitfahrten	**255**
IV	**Spätaussiedler**	**255**
1	Neuregelungen	**255**
2	Sonstige Leistungen für Spätaussiedler?	**256**

H Beschäftigung von Ausländern

> V **Sprachkurse 257**
> 1 Integrationskurse für Spätaussiedler und Neu-Ausländer **257**
> 2 ESF-Sprachkurse für Alt-Einwanderer **259**
>
> VI **Vermittlung, Sanktionen, Rechtsmittel 259**
> 1 Vermittlung **259**
> 2 Sanktionen **260**
> 3 Rechtsmittel **260**

Vorbemerkung

Der Begriff Ausländer hat im allgemeinen Sprachgebrauch eine stigmatisierende Wirkung im Sinne von »nicht dazu gehörend« oder »kein vollwertiger Bürger dieses Landes«. Wenn wir den Begriff im Folgenden dennoch verwenden, so nehmen wir damit ausschließlich Bezug auf die gesetzliche Definition (§ 2 Abs. 1 AufenthG), nach der »Ausländer« eine Person nichtdeutscher Staatsangehörigkeit ist. Andere Begriffe wie »Migranten«, »Zuwanderer« usw. setzen an der Biographie von Menschen an und sind für alle Darstellungen von Lebensumständen vorzuziehen. Die Regeln über die Erwerbserlaubnis gelten aber für nichtdeutsche Staatsangehörige, es kann sich hierbei sowohl um faktische Inländer als auch um Personen handeln, die gar nicht in Deutschland leben und sich hier auch gar nicht niederlassen wollen. Um eine korrekte Abgrenzung des betroffenen Personenkreises vorzunehmen, sind wir auf den gesetzlichen Begriff »Ausländer« angewiesen.

I Das neue Verfahren

Wenn Sie keine deutsche Staatsangehörigkeit besitzen, dürfen Sie in Deutschland nur mit einer ausdrücklichen Erlaubnis arbeiten. Einige Gruppen von Ausländern sind von dieser Erlaubnispflicht befreit. Bislang mussten Sie für diese Arbeitsgenehmigung immer einen Antrag bei der AA stellen und bekamen – wenn dem Antrag stattgegeben wurde – je nach ihrer persönlichen Situation eine Arbeitserlaubnis oder Arbeitsberechtigung auf einem Formular, welches Sie dann beim Arbeitgeber vorlegen mussten.

Neu: Arbeitserlaubnis bei der Ausländerbehörde
Ab dem 1.1.12005 wird ein neues System der Erteilung von Beschäftigungserlaubnissen eingeführt.
Der Gang zur AA bleibt Ihnen erspart. Dafür müssen Sie jetzt die Beschäftigungserlaubnis bei der Ausländerbehörde beantragen.

Diese schaltet dann die zuständige AA ein und erfragt die Zustimmung zur Erteilung der Beschäftigungserlaubnis. Die AA bleibt auch weiterhin die Stelle, die in den genehmigungspflichtigen Fällen entscheidet, ob einem Ausländer eine Beschäftigung erlaubt wird und unter welchen Bedingungen dies geschieht. Sie erhalten aber einen Bescheid der Ausländerbehörde, die AA wird »nur« in einem verwaltungsinternen Verfahren eingeschaltet und ist nicht mehr Ihr direkter Ansprechpartner (§ 39 AufenthG).

Die Angehörigen der neuen EU-Staaten und deren Familienangehörige erhalten für eine erlaubte Beschäftigung eine Arbeitsgenehmigung-EU nach § 284 SGB III.
Ausgestellt wird die Erlaubnis von der AA gegenüber den Arbeitnehmern unmittelbar.
Diese Sonderregelung wurde erforderlich, weil die Staatsangehörigen der neuen EU-Staaten keinen Aufenthaltstitel benötigen, wenn sie in Deutschland arbeiten, wohl aber eine Arbeitsgenehmigung, da sie für eine Arbeitstätigkeit noch nicht freizügigkeitsberechtigt sind. Die »normale« Beschäftigungserlaubnis kann aber nur mit einem Aufenthaltstitel verbunden werden, also von der Ausländerbehörde nicht isoliert erteilt werden.

Ausnahme

Jeder Aufenthaltstitel muss nach der Neuregelung erkennen lassen, ob die Ausübung einer Erwerbstätigkeit erlaubt ist (§ 4 Abs. 2 Satz 2 AufenthG).
Im Pass aller Menschen ohne deutsche oder EU-Staatsangehörigkeit wird eingetragen, in welchem Umfang eine Erwerbstätigkeit erlaubt ist. Das kann bedeuten, dass der Arbeitgeber, die Arbeitsdauer und die Art der Tätigkeit aus dem Pass ersichtlich ist und damit auch sofort jeder öffentlichen und privaten Stelle bekannt wird, bei der der Pass vorgelegt werden muss. Wenn diese Eintragungen auch noch öfter geändert werden, wird nicht nur das Passdokument mit Eintragungen überfrachtet, der Mensch wird auch verpflichtet, seine gesamte berufliche Biografie überall zur Schau zu stellen. Es wird noch zu klären sein, ob dies datenschutzrechtlich zulässig ist.

Neu: Erwerbserlaubnis im Pass

Zuständig ist nach § 12 Beschäftigungsverfahrensverordnung (BeschVerfV) die AA, in deren Bezirk der Ort der Beschäftigung liegt, die Zuständigkeit kann aber für bestimmte Berufs- oder Personengruppen auch einer anderen Dienststelle übertragen werden.

Dieses Verfahren wird gepriesen als »Genehmigung aus einer Hand« oder »One-Stop-Government«. Ob sich das Arbeitsgenehmigungsverfahren dadurch wirklich vereinfachen wird, bleibt abzuwarten. Konnten die Arbeitsuchenden sich bislang eigenständig an die Genehmigungsstelle der AA wenden, läuft diese Einschaltung nun auf dem Dienstweg zwischen Ausländeramt und AA. Vermieden werden dadurch die leidigen Fälle, in denen die Betroffenen hin und her geschickt wurden, weil beide Behörden ihre Entscheidung von der Entscheidung der jeweils anderen abhängig machen wollten. Es bleibt

One-Stop-Government

aber fraglich, ob die Zusammenarbeit der Behörden schneller und reibungsloser ablaufen wird, als wenn die Arbeitsuchenden selbst die Genehmigung beantragten.

Bei einem zweistufigen Verfahren muss auch geklärt werden, auf welcher Stufe dem Anhörungsrecht der Arbeitsuchenden nach § 28 und § 66 Verwaltungsverfahrensgesetz (VwVerfG) Raum gegeben wird. Die Vorschrift garantiert jedem Betroffenen das Recht, die besonderen Aspekte des Einzelfalls und mögliche andere Entscheidungen darzustellen. Besonders sorgfältig müssen diese Rechte ausgestaltet werden, wenn die Gefahr besteht, dass Menschen in einem Verfahren strukturell benachteiligt sein könnten. Zumindest ein Teil der ausländischen Arbeitsuchenden beherrscht die deutsche Sprache nicht vollständig und kennt seine eigenen Rechte noch weniger als Deutsche; deshalb ist eine persönliche Anhörung im Verwaltungsverfahren besonders wichtig.

Persönliche Anhörung

Die Ausländerbehörde ist die federführende Behörde, die allein die Entscheidung trifft. Das bedeutet jedoch nicht, dass die AA, die nur in einem verwaltungsinternen Verfahren eingeschaltet wird, den Arbeitsuchenden keine Gelegenheit zur Anhörung bieten muss. Die Anhörung hat auf **der** Stufe des Verfahrens stattzufinden, auf der die materiell entscheidenden Fragen zu klären sind und daher die Stellungnahme der Betroffenen besonders wichtig ist (siehe Hufen, Fehler im Verwaltungsverfahren, 1998, RandNr. 186). Die Entscheidung der Ausländerbehörde hängt allein von der Zustimmung oder Ablehnung der AA ab. Die Ausländerbehörde hat keine Befugnis, von dieser Entscheidung abzuweichen; folglich kann die Anhörung sachgerecht nur bei der AA angesiedelt werden.

Wenn Sie besondere Umstände geltend machen wollen, die für die Entscheidung der AA wichtig sein könnten, sollten Sie darauf bestehen, diese direkt bei der AA vorzutragen.

Das Verfahren muss im Zusammenwirken von Ausländerbehörde und AA auch so ausgestaltet werden, dass die Entscheidung für die Arbeitsuchenden durchschaubar bleibt. Sie dürfen z. B. nicht von der Ausländerbehörde mit der Auskunft abgespeist werden, die AA habe das nun einmal so entschieden, die Gründe seien nicht bekannt. Entgegen der bisher üblichen Praxis ist die Ausländerbehörde verpflichtet, jede Entscheidung, die eine beantragte Beschäftigungserlaubnis versagt, nach § 39 VwVerfG mit schriftlichen Gründen zu versehen.

Fehlt die Begründung oder ist sie unverständlich, sollte diese angefordert werden. Teilt die Ausländerbehörde die Entscheidung nur mündlich mit, so kann natürlich auch eine schriftliche und begründete Entscheidung verlangt werden (§ 37 VwVerfG).

Die Zustimmung zu einer Beschäftigung wird für längstens drei Jahre erteilt.

Bei dem neuen Verfahren ist zwischen »Erwerbstätigkeit« und »Beschäftigung« zu unterscheiden.

Der Begriff der Erwerbstätigkeit umfasst jede auf die Erzielung von Erwerbseinkommen gerichtete Arbeit, selbstständige ebenso wie unselbstständig ausgeübte.
Beschäftigung ist hingegen »die nichtselbstständige Arbeit, insbesondere in einem Arbeitsverhältnis« (§ 7 SGB IV).

Unterscheide: Erwerbserlaubnis – Beschäftigungserlaubnis

In die Zuständigkeit der AA fällt ausschließlich die Zustimmung zur Ausübung einer Beschäftigung. Die Ausübung einer selbstständigen Tätigkeit kann nur durch die Ausländerbehörde genehmigt werden. Sagt das AufenthG: »Die Aufenthaltserlaubnis berechtigt zur Ausübung einer Erwerbstätigkeit«, so ist die Ausübung von abhängigen und selbstständigen Tätigkeiten uneingeschränkt erlaubt.

Für die Erwerbserlaubnis ist nach folgenden Gesichtspunkten zu unterscheiden:
- Arbeitsuchende, die sich bereits zu einem anderen Zweck in Deutschland aufhalten / Personen, die erstmals zum Arbeiten nach Deutschland kommen wollen. *Wer?*
- Arbeitsuchende, für die wegen ihrer Staatsangehörigkeit oder ihrem Aufenthaltsstatus privilegierende Sonderregelungen gelten / Personen, die eine Erlaubnis nur nach einer Prüfung des Arbeitsmarkts erhalten können. *Welcher Status?*
- Bestimmte Beschäftigungen, für die Sonderregelungen gelten / Beschäftigungen, die Ausländer nur ausüben dürfen, wenn für diese Stellen sonst keine Arbeitskräfte gefunden werden können. *Welche Arbeit?*

II Arbeitsmöglichkeiten für Ausländer, die sich erlaubt im Bundesgebiet aufhalten

Personen, die einen Aufenthaltstitel besitzen, der nicht zum Zweck der Erwerbsfähigkeit ausgestellt worden ist, können unter den folgenden Voraussetzungen in Deutschland arbeiten.

1 Sonderrechte aufgrund der Staatsangehörigkeit des Arbeitsuchenden

1.1 Staatsangehörige aus EU-Staaten[*]

Die Angehörigen der Mitgliedsstaaten der EU dürfen nach Art. 1 VO (EWG) Nr. 1612/68 in allen übrigen Mitgliedsstaaten eine Beschäftigung aufnehmen. Ob sie dabei auch ihren Wohnsitz in den anderen Staat verlegen oder nicht, spielt keine Rolle. Sie benötigen seit dem 1.1.2005 weder einen Aufenthaltstitel noch eine Erwerbserlaubnis.

Arbeitsaufnahme ohne Erlaubnis

---

[*] Mitglieder bis zum 31.4.2004, Malta und Zypern, EWR-Staaten und die Schweiz.

Die Angehörigen der Staaten des Europäischen Wirtschaftsraums werden nach Art. 28 EWR-Abkommen (vom 2.5.1992, BGBl II 1993, S. 267) ebenso wie EU-Staatsangehörige behandelt, wenn es um die Aufnahme einer Beschäftigung in EU-Staaten handelt. Betroffen sind Arbeitsuchende aus Island, Liechtenstein und Norwegen.

Auch den Schweizern ist durch ein Abkommen der EG, ihrer Mitgliedstaaten und der Schweizerischen Eidgenossenschaft vom 21.6.1999 (in der Bundesrepublik Gesetz vom 2.9.2001, BGBl I, S. 810) ab Juli 2004 der freie Zugang zu allen Beschäftigungen im Bereich der EU-Staaten eingeräumt worden.

1.2 Die Familienangehörigen von EU-Staatsangehörigen*

Familienangehörige nach EU-Recht sind:
- Ehegatten, auch wenn diese dauerhaft getrennt leben;
- Lebenspartner, wenn mit ihnen auf der Grundlage einer Rechtsvorschrift des Mitgliedsstaates eine eingetragene Partnerschaft eingegangen wurde;
- Kinder bis zum 21. Geburtstag;
- Verwandte in auf- und absteigender Linie, denen Unterhalt gewährt wird. Es kann sich um eigene oder um Verwandte des Ehegatten oder Lebenspartners handeln, z.B. erwachsenes Stiefkind im Studium, eigene Großmutter, Schwiegervater, wenn deren Lebensunterhalt finanziert wird oder auch nur ein Teil dieser Kosten übernommen wird.

Auch aus Nicht-EU-Staaten

Die eigene Staatsangehörigkeit der Familienangehörigen spielt keine Rolle. Das Familienmitglied mit EU-Staatsangehörigkeit muss aber im Bundesgebiet seinen ständigen Aufenthalt haben und die Freizügigkeit der Unionsbürger genießen. Dies gilt für alle Unionsbürger, wenn sie in Deutschland über genügend Existenzmittel und einen umfassenden Krankenversicherungsschutz für sich und ihre Angehörigen verfügen. Der Familiennachzug zu Studenten ist allerdings beschränkt auf Ehegatten, eingetragene Lebenspartner und Kinder, denen Unterhalt gewährt wird (Art. 7 Abs. 1 RL 2004/38/EG).

Zusammenleben muss nicht sein

Das neue Freizügigkeitsgesetz/EU verlangt in § 3 Abs. 1 weiterhin, dass auch eine gemeinsame Wohnung besteht. Diese Anforderung steht im Widerspruch zur Rechtsprechung des Europäischen Gerichtshofs (EuGH, Urteil Diatta, EuGHE 1985, 575). Familienangehörige von EU-Staatsangehörigen haben auch dann einen Anspruch auf unbeschränkte Erwerbstätigkeit, wenn sie nicht in einer gemeinsamen Wohnung zusammenleben.

Aufenthaltserlaubnis-EU

Familienangehörige von EU-Staatsangehörigen benötigen keine Erlaubnis für die Erwerbstätigkeit, sie benötigen aber nach § 5 Abs. 2 FreizüG/EU eine Aufenthaltserlaubnis-EU, wenn sie keine Unionsbürger oder ihnen Gleichgestellte sind.

Was aber geschieht, wenn die Familiengemeinschaft mit dem EU-Staatsangehörigen beendet wird?

Familiengemeinschaft mit EU-Staatsangehörigen

Nach § 2 Abs. 5 FreizüG/EU erhalten Familienangehörige in der Regel erst nach fünf Jahren ständigem rechtmäßigem Aufenthalt in Deutschland ein Bleiberecht und Kinder unter 16 Jahren nur, wenn sich ein Erziehungsberechtigter in Deutschland aufhält.

Die Verselbstständigung des Rechts der Familienangehörigen ist in der RL 2004/38/EG geregelt. Die Umsetzungsfrist läuft noch bis zum April 2006.
Die Richtlinie schreibt folgende Bleiberechte vor:
Nach dem Tod des Unionsbürgers gilt die Freizügigkeit für die Familienangehörigen fort, wenn sie sich zuvor mindestens ein Jahr in Deutschland (nach § 3 Abs. 3 Nr. 1 Freizügigkeitsgesetz/EU zwei Jahre) aufgehalten haben.
Nach einer Scheidung oder Aufhebung der eingetragenen Lebenspartnerschaft bleibt das Aufenthaltsrecht und damit auch der uneingeschränkte Zugang zu jeder Erwerbstätigkeit nach Art. 12 und 13 der RL 2004/38/EG erhalten, wenn

EU-Recht

- die Ehe oder Partnerschaft bis zur Einleitung des gerichtlichen Verfahrens mindestens drei Jahre bestanden hat, davon ein Jahr in Deutschland, oder
- dem Ehegatten oder Lebenspartner das Sorgerecht für Kinder des Unionsbürgers übertragen wurde, oder
- wenn ein Gericht das Recht zum persönlichen Umgang zugesprochen hat und das Gericht festgestellt hat, dass der Umgang nur in Deutschland möglich ist, oder
- wenn es aufgrund besonders schwieriger Umstände erforderlich ist. Diese Regelung ist vor allem auf Scheidungen und Aufhebungen der Lebenspartnerschaft nach vorangegangener häuslicher Gewalt gerichtet.

Kindern bleibt der Aufenthaltsstatus grundsätzlich erhalten, solange der Unionsbürger noch in Deutschland wohnt. In den sonstigen Fällen besteht bereits nach Art. 12 der VO/EWG 1612/68 Bleiberecht zur Teilnahme am allgemeinen Unterricht. Es kommt dabei weder auf die Staatsangehörigkeit des Kindes noch darauf an, ob der Unionsbürger noch in Deutschland lebt.

1.3 Staatsangehörige der EU-Beitrittsstaaten

Vorläufig ausgeschlossen von der Arbeitnehmerfreizügigkeit bleiben Staatsangehörige der neuen EU-Mitgliedstaaten, für die eine Beschränkung der Freizügigkeit vereinbart wurde.
Die Arbeitnehmerfreizügigkeit tritt erst nach einer Frist in Kraft. Die Regelung wird 2+3+2-Regelung genannt, weil die Freizügigkeit zunächst für zwei Jahre ausgesetzt ist, anschließend kann sie durch Mitteilung an die Europäische Kommission für weitere drei Jahre

Kein freier Zugang zum Arbeitsmarkt

ausgesetzt werden und durch begründete Mitteilung kann sie nochmals zwei Jahre ausgesetzt werden. Einige EU-Staaten, z. B. Irland und Großbritannien, haben die Arbeitnehmerfreizügigkeit für die Beitrittsstaaten sofort hergestellt, in Deutschland ist sie ausgesetzt. Freizügigkeitsberechtigt sind von den neuen EU-Staaten lediglich Malta und Zypern.

Die Angehörigen der neuen EU-Staaten Polen, Ungarn, Slowenien, Tschechische Republik, Slowakische Republik, Litauen, Lettland und Estland werden also als Arbeitnehmer denselben Regelungen unterworfen wie nicht EU-Staatsangehörige.

Vorrang vor anderen Ausländern

Begünstigt werden die Arbeitnehmer aus Beitrittsstaaten aber dadurch, dass bei der Arbeitsmarktprüfung nur zu prüfen ist, ob andere EU-Arbeitnehmer für die gewünschte Tätigkeit verfügbar sind, nicht aber, ob andere ausländische Arbeitnehmer, die eine unbeschränkte Beschäftigungserlaubnis besitzen, den Arbeitsplatz besetzen könnten.

Arbeitsuche

Sie haben so z. B. die Möglichkeit sich über das System EURES der Europäischen Union (http://www.europa.eu.int/eures) auf eine europaweite Stellenausschreibung zu bewerben.

Sie können sich auch ohne Visum nach Deutschland begeben, um sich hier eine Stelle zu suchen, höchstens drei Monate darf die Arbeitsuche dauern. Findet sich eine Stelle, für die kein EU-Bürger aus den alten EU-Staaten verfügbar ist, können sie hier in Deutschland eine Arbeitserlaubnis bei der AA beantragen.

Volle Freizügigkeit nach 12 Monaten Arbeit

Angehörige der neuen EU-Staaten, die bereits mehr als zwölf Monate am deutschen Arbeitsmarkt teilnehmen (oder am 1.5.2004 für mindestens zwölf Monate eine Arbeitsgenehmigung besaßen), genießen in Deutschland bereits die Arbeitnehmerfreizügigkeit der EU und brauchen die Arbeitserlaubnis an sich nicht mehr; sie dient allenfalls noch der Klarstellung bei Bewerbungen auf eine Arbeitsstelle. Die Beschäftigung von zwölf Monaten darf aber nicht in Saison-, Werkvertrags- oder Gastarbeitertätigkeiten bestanden haben.

Selbstständige Tätigkeit ohne Einschränkung

Auch Angehörige dieser Staaten, die noch keine Niederlassungsfreiheit genießen, haben das Recht, in Deutschland einer selbstständigen Tätigkeit nachzugehen. Auch wenn sie sich als Touristen oder Saisonarbeitnehmer hier aufhalten, können sie ein selbstständiges Gewerbe anmelden und zur Ausübung dieser Tätigkeit in Deutschland bleiben; das gilt auch für die Prostitution.

Die AA wird mit dieser Frage nicht befasst.
Die Ausländerbehörde verlangt
- die Anmeldung eines Wohnsitzes,
- den Abschluss einer Krankenversicherung und
- die Anmeldung oder Genehmigung des Gewerbes nach den hierfür bestehenden Vorschriften.

Für viele freiberufliche Tätigkeiten ist nur eine Betriebsnummer des Finanzamts erforderlich.

II Arbeitsmöglichkeiten für Ausländer, die sich erlaubt im Bundesgebiet aufhalten

In den ersten Monaten nach Beginn der selbstständigen Tätigkeit werden Nachweise über die Sicherung des Lebensunterhalts verlangt.

Lebensunterhalt muss gesichert sein

Daneben besteht die Möglichkeit, im Rahmen der Dienstleistungsfreiheit von einem Unternehmenssitz in einem der Beitrittsstaaten Dienstleistungen in Deutschland anzubieten. Dies geschieht z. B. durch ein Reinigungsunternehmen in Polen, welches Haushaltshilfen ins Bundesgebiet entsenden kann, die hier gegen Rechnung des polnischen Unternehmens tätig werden. Natürlich dürfen nur Tätigkeiten verrichtet werden, für die die Voraussetzungen der Berufsausübung bestehen. So darf ein Unternehmen häusliche Pflegekräfte nur vermitteln, wenn diese über eine anerkannte Pflegeausbildung verfügen.
Die Tätigkeit darf nur vorübergehend ausgeübt werden, nach EU-Recht bestehen aber keine festgelegten zeitlichen Grenzen.

Tätigkeiten als Mitarbeiter eines Unternehmens mit Sitz in einem EU-Staat

Die Bundesrepublik hat sich vorbehalten, in bestimmten Bereichen Einschränkungen für die Arbeitnehmer der Dienstleistungsunternehmen aus den Beitrittsstaaten vorzunehmen. Betroffen sind das Baugewerbe einschließlich aller Handwerksarbeiten, die in diesem Zusammenhang anfallen, die Gebäude- und Fahrzeugreinigung sowie Dienstleistungen, die in Ateliers für Textil-, Schmuck-, Möbel und ähnlichem Design erbrachten werden und Innendekorationsleistungen. Auch können Dienstleister vom deutschen Markt ausgeschlossen werden, die überwiegend für Unternehmen tätig werden. (NACE-Codes F 45.1–45.4, K 74.70, K 74.87). Nicht betroffen von diesem Ausschluss sind Ein-Mann/Frau-Unternehmen. Handwerker, die in Bereichen tätig werden wollen, in denen in Deutschland eine Meisterprüfung erforderlich ist, werden auch ohne vergleichbare Qualifikation zugelassen, wenn sie einen Betrieb führen, der in einem der EU-Staaten seit mindestens sechs Jahren besteht (EWG/EWR-Handwerk-Verordnung vom 4.8.1966, geändert durch Verordnung vom 22.6.2004).

Leiharbeitsunternehmen aus den Beitrittsstaaten ist es nicht gestattet, Leiharbeitnehmer nach Deutschland zu entsenden. Nach Auffassung des BMWA gleicht eine solche Tätigkeit stärker einer abhängigen Beschäftigung in Deutschland als der Erbringung einer Dienstleistung. Möglicherweise wird sich der EuGH noch mit dieser Frage beschäftigen müssen.

1.4 Familienangehörige von freizügigkeitsberechtigten Staatsangehörigen der EU-Beitrittsstaaten

Auch wenn der Angehörige des Beitrittsstaates selbst nicht zum Arbeitsmarkt zugelassen wurde, erwerben die Familienangehörigen (siehe zum Begriff der Familienangehörigen → S. 218) nach 18 Monaten rechtmäßigen Aufenthalts in Deutschland das Recht auf freien Zugang zum Arbeitsmarkt. Ab dem 2.5.2006 fällt auch diese Frist weg und die Freizügigkeit besteht unabhängig vom eigenen Auf-

Zugang zum Arbeitsmarkt nach 18 Monaten

enthalt, sobald der Ehegatte zwölf Monate in Deutschland gearbeitet hat. Für diesen Zugang benötigen Sie eine Erlaubnis, die von der Ausländerbehörde als Aufenthaltserlaubnis-EU ausgestellt und mit der uneingeschränkten Erwerbserlaubnis verbunden wird. Beide Genehmigungen dienen nur dazu, nach außen das Recht zum Aufenthalt und zur unbeschränkten Arbeitsaufnahme zu dokumentieren. Eine Arbeitsaufnahme ohne die eingetragene Erlaubnis ist keine illegale Tätigkeit.

Diese Ansprüche, die sich aus den Beitrittsakten ergeben, müssen noch in deutsches Recht umgesetzt werden. Arbeitsuchende können sich aber auch unmittelbar auf die Verträge berufen, wenn keine Regelung im deutschen Recht erfolgt.

1.5 Türkische Staatsangehörige, die nach dem Assoziationsabkommen EWG/Türkei aufenthaltsberechtigt sind

Nach Art. 6 des Beschlusses Nr. 1/80 des Assoziationsrats EWG-Türkei von 1981 haben türkische Staatsangehörige unter erleichterten Voraussetzungen Zugang zum Arbeitsmarkt und damit zugleich ein Aufenthaltsrecht.

- Nach einem Jahr ordnungsgemäßer Beschäftigung haben sie einen Anspruch darauf, das Arbeitsverhältnis bei demselben Arbeitgeber fortzusetzen.
- Nach drei Jahren ordnungsgemäßer Beschäftigung können sie den Arbeitgeber wechseln, wenn sie den gleichen Beruf ausüben und keine EU-Staatsangehörigen für den Arbeitsplatz zur Verfügung stehen.
- Nach vier Jahren ordnungsgemäßer Beschäftigung in Deutschland ist ihnen jede Beschäftigung im Bundesgebiet erlaubt. Zeiten des Mutterschutzes, kurzer Erkrankung oder Ausfällen wegen Arbeitsunfällen werden mitgerechnet, nicht aber der Elternurlaub. Andere Krankheitszeiten oder Zeiten unverschuldeter Arbeitslosigkeit führen nicht zum Erlöschen der bereits zurückgelegten Anspruchszeiten.

Was ist eine ordnungsgemäße Beschäftigung?
Der Beschäftigungsbegriff des EU-Rechts ist ein anderer als der, der in der Beschäftigungsverfahrensverordnung zu finden ist.

Europäischer Beschäftigungsbegriff

Die Beschäftigung muss legal sein. Zur Teilnahme am regulären Arbeitsmarkt gehört auch, dass ein rechtlich gesicherter, legaler Aufenthaltsstatus besteht. In der Regel wird hierzu ein Aufenthaltstitel vorliegen müssen. Es werden aber auch Zeiten angerechnet, in denen nur eine Duldung bestand oder ein Asylverfahren durchgeführt wurde, wenn das in dieser Zeit geführte Verwaltungsverfahren mit dem Ergebnis endet, dass sich der türkische Arbeitnehmer erlaubt im Bundesgebiet aufhält.

Ausbildung Praktikum Mini-Jobs

Es gibt keinen festgelegten Mindestumfang. Die EU-Rechtsprechung verlangt nur, dass es sich nicht um eine Tätigkeit von gänzlich untergeordneter Bedeutung (wie z. B zwei Stunden Babysitting wöchent-

II Arbeitsmöglichkeiten für Ausländer, die sich erlaubt im Bundesgebiet aufhalten

lich) handelt (EuGH, Slg. 1982, 1050). Es ist weder erforderlich, dass die Beschäftigung in vollem Umfang sozialversicherungspflichtig ist, noch dass mit dem Einkommen aus der Beschäftigung der Lebensunterhalt gesichert wird. Auch ein Ausbildungsverhältnis oder ein Praktikum mit einer Praktikumsvergütung stellt eine Teilnahme am Arbeitsmarkt dar.

Anders ist dies bei Studenten, die neben ihrem Studium einer Nebenbeschäftigung nachgehen. Sie werden nach der Rechtsprechung des EuGH dadurch nicht zu Arbeitnehmern (EuGH vom 26.2.1992, Slg. 1992, I-1027).
Nicht: Studenten

Maßnahmen zur Rehabilitation oder zur beruflichen Wiedereingliederung wurden vom EuGH nicht als Teilnahme am regulären Arbeitsmarkt betrachtet und führen nicht zu einer Arbeitnehmereigenschaft im Sinne des Art. 48 EWG-Vertrag (EuGH vom 3 1.5.1989, Slg. 1989, 1621).
Nicht: Reha

Aus der Rechtsprechung des Europäischen Gerichtshofs folgt, dass gemeinnützige und zusätzliche Arbeiten, bisher nach §§ 19, 20 BSHG, jetzt Arbeitsgelegenheiten (Ein-Euro-Jobs) nach § 2 Abs. 1 SGB II, keine Arbeitnehmereigenschaft begründen und deshalb nicht zu den Zeiten der ordnungsgemäßen Beschäftigung hinzugerechnet werden können.
Nicht: Ein-Euro-Jobs

Als Teilnahme am regulären Arbeitsmarkt gelten aber ABM und die Maßnahme »Arbeit statt Sozialhilfe«, da hier ein Arbeitsverhältnis mit einem üblichen Arbeitsentgelt besteht. Diese Zeiten werden also angerechnet (Huber, Handbuch des Ausländer- und Asylrechts, Teil B, S. 402, Art. 6 RandNr. 9).
Aber: ABM

Es kommt nicht darauf an, aus welchem Grund zunächst die Einreise nach Deutschland erlaubt wurde. Auch wenn die Ausländerbehörde den Aufenthalt zunächst zeitlich befristet hatte, zum Beispiel bei Spezialitätenköchen, entsteht nach Art. 6 Abs. 1 2. Spiegelstrich ARB 1/80 bereits nach drei Jahren legaler Beschäftigung ein Anspruch darauf, sich zur Arbeitsuche im Bundesgebiet aufzuhalten. Erlaubt werden muss aber zunächst nur eine Beschäftigung, für die keine Arbeitsuchenden aus der EU zur Verfügung stehen. Nach einem weiteren Jahr entfällt auch diese Einschränkung. Dann bestehen ein Aufenthaltsrecht und der Zugang zu jeder frei gewählten Tätigkeit. Es kommt nicht darauf an, dass der Lebensunterhalt gesichert ist.
Zur Ausübung derselben Beschäftigung benötigen türkische Arbeitnehmer, nachdem sie ein Jahr gearbeitet haben, keine Erlaubnis mehr.

Der Aufenthalt und die Erwerbstätigkeit sind zwar auch ohne besondere Genehmigung gestattet, dies muss jedoch durch die Ausstellung einer Aufenthaltserlaubnis nachgewiesen werden (§ 4 Abs. 5 AufenthG). Ein Verstoß dagegen ist eine Ordnungswidrigkeit (§ 98 Abs. 2 Nr. 1 AufenthG), die Straftatbestände des illegalen Aufenthalts oder der illegalen Beschäftigung werden nicht erfüllt.
Arbeit schafft Aufenthaltsrecht

1.6 Familienangehörige von türkischen Arbeitnehmern

Freien Zugang zum Arbeitsmarkt haben Familienangehörige (→ S. 218) von türkischen Arbeitnehmern unabhängig von ihrer eigenen Staatsangehörigkeit gemäß Art. 7 des Beschlusses 1/80 des Assoziationsrats EWG-Türkei

Nachgezogene Familienangehörige
- als nachgezogene Familienangehörige nach fünf Jahren Aufenthalt in Deutschland. In diesen Fällen muss die Aufenthaltserlaubnis erstmals zum Familiennachzug erteilt worden sein, kann danach aber auch als eigenständiger Aufenthaltstitel verlängert worden sein.

Die RL 2004/38/EG wird auch auf türkische Arbeitnehmer, soweit sie freizügigkeitsberechtigt sind, und ihre Familienangehörigen anzuwenden sein. In der Konsequenz wird den Ehegatten und Kindern spätestens nach dem Ablauf der Umsetzungsfrist im April 2006 ein Bleiberecht nach dem Tod des Arbeitnehmers oder nach einer Scheidung einzuräumen sein (siehe → S. 218).

Kinder mit deutschem Ausbildungsabschluss
- als Kinder (minderjährig oder volljährig) türkischer Arbeitnehmer, wenn sie in Deutschland eine Berufausbildung abgeschlossen haben und ein Elternteil mindestens drei Jahre legal gearbeitet hat. Das gilt z. B. nach einem erfolgreichen Studium, wenn das Kind eines Arbeitnehmers erstmals zum Studium nach Deutschland gekommen ist.

Auch die Familienangehörigen benötigen nur eine Aufenthaltserlaubnis nach § 4 Abs. 5 AufenthG und keine gesonderte Beschäftigungserlaubnis.

1.7 Bulgarische und rumänische Staatsangehörige

Selbstständige Tätigkeit
Nach den Beitrittsabkommen zur EU, die mit Bulgarien und Rumänien geschlossen wurden, haben Angehörige dieser Staaten das Recht zur Ausübung einer selbstständigen Tätigkeit und zur Gründung eines Unternehmens. Es muss sich hierbei um eine dauerhafte und ausschließliche Selbstständigkeit mit Niederlassung in Deutschland handeln. Der Ausländer muss dafür im Visumverfahren gegenüber der deutschen Auslandsvertretung in Bulgarien oder Rumänien Nachweise dafür erbringen, dass er imstande sein wird, diese selbstständige Erwerbstätigkeit erfolgreich, d. h. gewinnbringend auszuüben. Verlangt werden können insbesondere die Vorlage eines Businessplans, je nach Tätigkeit auch ausreichendes Gründungskapital oder Sprachkenntnisse. Auch die Ausübung der Prostitution kann eine zulässige selbstständige Tätigkeit sein.

Vorrang beim Zugang zum Arbeitsmarkt
Bei der Prüfung der AA, ob die Zustimmung zur Aufnahme einer bestimmten Beschäftigung erteilt wird, sind die Bewerber bulgarischer und rumänischer Staatsangehörigkeit nachrangig nach EU-Staatsangehörigen und vorrangig vor anderen Ausländern zu berücksichtigen. Diese Regelung aus den Beitrittsvereinbarungen sind aber noch nicht in die Regelung des § 39 Abs. 6 AufenthG aufgenommen worden, die nur die neuen EU-Staaten berücksichtigt.

1.8 Heimatlose Ausländer

Ausländer, die in der Nachkriegszeit in Deutschland dem Schutz der Vereinten Nationen unterstellt wurden, und deren direkte Nachkommen, die keine neue Staatsangehörigkeit erworben haben, sind Deutschen gleichgestellt und dürfen jede Erwerbstätigkeit ohne Erlaubnis ausüben.

Arbeitsaufnahme ohne Erlaubnis

1.9 Deutsche Volkszugehörige

Wer als Spätaussiedler einen Aufnahmebescheid erhalten hat, dem aber noch nicht die deutsche Staatsangehörigkeit zuerkannt wurde, kann nach § 33 BeschV die Zustimmung zu einer gewünschten Beschäftigung nach Prüfung der Arbeitsmarktlage erhalten. Durch Dienstanweisung kann die AA jedoch von einer individuellen Prüfung absehen.

Nur Aufnahmebescheid: Zustimmung der AA erforderlich

2 Arbeitsmarktzugang nach dem Aufenthaltsstatus der Arbeitsuchenden

2.1 Niederlassungserlaubnis

Die Niederlassungserlaubnis ist ein neuer Aufenthaltstitel, der ab dem 1.1.2005 erstmals vergeben wird. Dieser Titel ist zwingend mit der unbeschränkten Erlaubnis zur Erwerbstätigkeit verbunden (§ 9 Abs. 1 Satz 2 AufenthG). Für alle Personen, die bis zu diesem Zeitpunkt im Besitz einer unbefristeten Aufenthaltserlaubnis oder einer Aufenthaltsberechtigung sind, gilt ihre bisherige Aufenthaltsgenehmigung nach § 101 AufenthG als Niederlassungserlaubnis fort. Es ist nicht erforderlich, diese Genehmigungen sogleich umschreiben zu lassen, die alten Titel haben dieselbe Wirkung wie die Niederlassungserlaubnis.

Erwerbserlaubnis

Da eine Beschäftigung auch bisher ohne Arbeitsgenehmigung erlaubt war, treten Änderungen nur hinsichtlich der selbstständigen Tätigkeit ein. Die unbefristete Aufenthaltserlaubnis konnte mit dem Zusatz »selbstständige Tätigkeit nicht gestattet« versehen werden. Ab dem 1.1.2005 gilt diese Auflage nicht mehr.

2.2 Aufenthalt aus humanitären Gründen

2.2.1 Anerkannte Asylberechtigte mit Aufenthaltserlaubnis

Diese Aufenthaltserlaubnis erhalten nur Personen, die nach dem 1.1.2005 unanfechtbar als Asylberechtigte anerkannt werden. Die bislang anerkannten Asylberechtigten erhielten eine unbefristete Aufenthaltserlaubnis nach altem Recht, die nunmehr in eine Niederlassungserlaubnis umgewandelt wird.

Die neu erteilte Aufenthaltserlaubnis nach § 25 Abs. 1 AufenthG wird mit der unbeschränkten Erwerbserlaubnis verbunden.

2.2.2 Flüchtlinge mit Anerkennung nach der Genfer Konvention

Diese Aufenthaltserlaubnis erhalten Personen, bei denen die Flüchtlingseigenschaft durch einen unanfechtbaren Bescheid des Bundesamts festgestellt wurde. Die bislang als Flüchtlinge nach der Genfer Konvention (§ 51 Abs. 1 AuslG 1990) anerkannten Personen erhielten lediglich eine Aufenthaltsbefugnis. Die erteilten Aufenthaltsbefugnisse gelten fort als Aufenthaltserlaubnisse nach § 25 Abs. 2 AuslG, die mit der unbeschränkten Erwerbserlaubnis verbunden ist.

Neu: Auch Familienangehörige

Ehegatten und minderjährige Kinder von Flüchtlingen nach der Genfer Konvention erhalten nunmehr auf Antrag nach § 26 Abs. 4 AsylVerfG neue Fassung ebenfalls den Status eines Genfer-Konventions-Flüchtlings und damit die Aufenthaltserlaubnis nach § 25 Abs. 2 AufenthG und sind so auch zur uneingeschränkten Erwerbstätigkeit berechtigt. Diese Kinder waren bislang oft nur im Besitz einer Duldung, da sie nicht in die Anerkennung eines Elternteils einbezogen wurden.

Denselben Titel erhalten in der Regel heute volljährige Kinder, die zum Zeitpunkt der Asylantragstellung eines Elternteils noch minderjährig waren (§ 104 Abs. 4 AufenthG).

2.2.3 Flüchtlinge nach § 22 AufenthG

Erwerbserlaubnis

Der Inhaber einer Aufenthaltserlaubnis, der eine Aufnahmeerklärung nach § 22 AufenthG des Bundesministers des Inneren zur Wahrung politischer Interessen der Bundesrepublik zugrunde liegt, hat das Recht zur unbeschränkten Erwerbstätigkeit.

Berechtigt sind damit auch die Personen, die nach der bisherigen Regelung des § 33 AuslG 1990 nach Übernahme ins Bundesgebiet eine Aufenthaltsbefugnis erhielten. Es handelt sich um eine verschwindend geringe Anzahl von Personen.

2.2.4 EU-Flüchtlinge

EU-Recht

Flüchtlingen, denen aufgrund eines Beschlusses des Rates der Europäischen Union gemäß der Richtlinie 2001/55/EG vorübergehender Schutz gewährt wird und die auf dieser Grundlage eine Aufenthaltserlaubnis nach § 24 AufenthG erhalten, ist die selbstständige Erwerbstätigkeit nach § 24 Abs. 6 AufenthG zu erlauben. Bei der Aufnahme einer Beschäftigung werden diese Flüchtlinge nicht privilegiert, sondern unterliegen den allgemeinen Beschränkungen. Von dieser Regelung wurde bislang noch kein Gebrauch gemacht.

2.2.5 Flüchtlinge mit sonstigen humanitären Gründen

Allen übrigen Inhabern einer Aufenthaltserlaubnis aus humanitären Gründen werden nur Beschäftigungserlaubnisse für nicht privilegierte Ausländer (→ S. 231 ff.) erteilt.

Nur nach Prüfung des Arbeitsmarkts

2.3 Aufenthalt zum Zweck des Familiennachzugs

2.3.1 Aufenthaltserlaubnis für Familienangehörige von Deutschen

Dieser Aufenthaltstitel wird mit der unbeschränkten Erlaubnis zur Erwerbstätigkeit verbunden. Betroffen von dieser Regelung sind sowohl die Ehegatten von Deutschen (§ 28 AufenthG) als auch die Partner einer eingetragenen Lebenspartnerschaft (§ 27 Abs. 2 AufenthG), nicht aber die Partner in einer eheähnlichen Lebensgemeinschaft.

Erwerbserlaubnis

Wird die eheliche Lebensgemeinschaft vor Ablauf von zwei Jahren aufgelöst, entfällt mit dem Anspruch auf die Aufenthaltserlaubnis (in Härtefällen und bei Tod des Ehegatten oder Partners besteht ein Bleiberecht nach § 31 AufenthG) auch der Anspruch auf die Erlaubnis zur uneingeschränkten Erwerbstätigkeit.

Auch die Kinder von Deutschen und die Eltern von minderjährigen Deutschen mit einer Aufenthaltserlaubnis nach § 28 Abs. 1 Nrn. 2 und 3 AufenthG sind uneingeschränkt zur Ausübung einer Erwerbstätigkeit berechtigt. Das gilt zum Beispiel für ausländische Frauen, die im Bundesgebiet ein Kind gebären, für das ein deutscher Mann die Vaterschaft anerkannt hat.

2.3.2 Eigenständige Aufenthaltserlaubnis nach Trennung

Wie bislang schon gilt die Regelung, nach der dem zu einem Deutschen oder Ausländer nachgezogenen Ehegatten oder Lebenspartner (neu!) nach einer Trennung ein eigenständiges Aufenthaltsrecht eingeräumt wird, wenn

- die Lebensgemeinschaft zwei Jahre lang bei gleichzeitigem rechtmäßigen Aufenthalt im Bundesgebiet bestanden hat, oder
- der ausländische Bürger, zu dem nachgezogen wurde, während des Bestehens der ehelichen Lebensgemeinschaft verstorben ist, oder
- wenn dem nachgezogenen Ehegatten der weitere Aufenthalt zur Vermeidung einer besonderen Härte zu ermöglichen ist. Hierunter fallen vor allem Trennungen wegen häuslicher Gewalt, Kindesmissbrauchs oder vergleichbar unzumutbarer ehelicher Bedingungen. Auch hierunter fallen Rückkehrproblematiken, insbesondere, wenn wegen der Beendigung der Lebensgemeinschaft im Heimatland mit einer Gefährdung zu rechnen ist.

H Beschäftigung von Ausländern

Erwerbserlaubnis   Hier wird mit der Verlängerung der Aufenthaltserlaubnis auch die uneingeschränkte Erlaubnis zur Erwerbstätigkeit ausgesprochen, gerade um nach einer Trennung die Voraussetzungen für eine wirtschaftliche Verselbstständigung zu schaffen.

2.3.3 Aufenthaltserlaubnis nach zwei Jahren Lebensgemeinschaft

Erwerbserlaubnis   Nach zweijährigem Bestand der ehelichen oder partnerschaftlichen Lebensgemeinschaft bei gleichzeitigem rechtmäßigem Aufenthalt wird die Erlaubnis zur uneingeschränkten Erwerbstätigkeit selbst dann erteilt, wenn die Person, zu der nachgezogen wurde, keine Erlaubnis zur uneingeschränkten Erwerbstätigkeit besitzt. Diese Regelung war bereits in der alten Arbeitserlaubnisverordnung enthalten, um eine Gleichstellung mit den Personen zu erreichen, die nach einer Trennung in den Genuss der uneingeschränkten Arbeitsgenehmigung kamen.

2.3.4 Aufenthaltserlaubnis für Familienangehörige von Ausländern

Neu: Verbesserter Zugang zum Arbeitsmarkt   Wenn ausländischen Familienangehörigen eines hier lebenden Ausländers eine Aufenthaltserlaubnis zum Zweck des Familiennachzugs erteilt worden ist, **folgt ihr Recht, erwerbstätig zu sein, dem Recht des bereits hier lebenden Bürgers** (§ 29 Abs. 5 AufenthG). Hat dieser eine Niederlassungserlaubnis und ist damit uneingeschränkt berechtigt, erwerbstätig zu sein, so erhalten die nachgezogenen Familienangehörigen – Ehegatten, Lebenspartner und minderjährige Kinder – das gleiche Recht, erwerbstätig zu sein in Verbindung mit der ihnen erteilten Aufenthaltserlaubnis.

Dasselbe gilt, wenn der hier lebende Ausländer zwar noch keine Niederlassungserlaubnis hat, seine Aufenthaltserlaubnis aber mit der Erlaubnis zur uneingeschränkten Erwerbstätigkeit verbunden ist. Möglich ist dies zum Beispiel, wenn dem hier lebenden Bürger die Aufenthaltserlaubnis als Elternteil eines deutschen Kindes erteilt wurde, als ehemaligem Deutschem, als Asylberechtigtem usw.

2.3.5 Sonstige Familienangehörige

Für Ehegatten und Kinder
Nur nach Arbeitsmarktprüfung
- von Ausländern, die nur eine Beschäftigungserlaubnis für einen konkreten Arbeitsplatz haben, z. B. von Ausländern mit humanitärer Aufenthaltserlaubnis, Ausländern mit einer Aufenthaltserlaubnis für einen bestimmten Arbeitsplatz,
- von Studenten und
- von Selbstständigen

gelten die Regelungen zur Beschäftigungserlaubnis für nicht privilegierte Ausländer (siehe → S. 231 ff.).

2.4 Aufenthaltserlaubnis zur Wiederkehr

Wie schon im bisherigen Ausländerrecht besteht für bestimmte junge Ausländer, die nach langjährigem Aufenthalt als Kinder und Jugendliche im Bundesgebiet ihren Aufenthalt hier beendet haben, die Option zur Rückkehr (§ 37 AufenthG). Wird die Rückkehr zugelassen und eine Aufenthaltserlaubnis zu diesem Zweck erteilt, so ist damit auch ein Recht auf die uneingeschränkte Erwerbstätigkeit verbunden. Dasselbe gilt, wenn der junge Mensch bereits acht Jahre im Bundesgebiet lebt, mindestens 15 Jahre alt ist, sein Lebensunterhalt gesichert ist und keine Familiengemeinschaft mehr mit seinen Eltern besteht.

Erwerbserlaubnis

2.5 Aufenthaltserlaubnis für ehemalige Deutsche

Die Vorschrift über Aufenthaltstitel für ehemalige Deutsche wurde notwendig, da Kinder von Ausländern, die mit der Geburt Deutsche wurden (§ 4 Abs. 3 StAG), sich nach der Volljährigkeit für die deutsche oder die ausländische Staatsangehörigkeit entscheiden müssen. Entscheiden sie sich für die ausländische Staatsangehörigkeit, steht ihnen nach § 38 AufenthG in der Regel eine Niederlassungserlaubnis zu. Hat der junge Mensch aber nicht durchgängig in Deutschland gelebt und zum Zeitpunkt der Rückgabe der deutschen Staatsangehörigkeit noch keine fünf Jahre seinen gewöhnlichen Aufenthalt in Deutschland (mindestens aber ein Jahr), so erhält er eine Aufenthaltserlaubnis. Mit dieser ist das Recht zur unbeschränkten Erwerbstätigkeit verbunden.

Erwerbserlaubnis

2.6 Aufenthalt zum Zweck der Ausbildung

2.6.1 Studenten

Studenten, denen zum Zweck der Studienbewerbung oder des Studiums eine Aufenthaltserlaubnis nach § 16 AufenthG erteilt wurde, dürfen nach § 16 Abs. 3 AufenthG insgesamt 90 ganze Tage oder 180 halbe Tage im Jahr einer Beschäftigung nachgehen. Diese Regelung bezieht sich auf die reinen Arbeitstage. Ein Student könnte beispielsweise 40 Wochen lang jeweils zwei halbe Tage arbeiten und käme so auf 80 halbe Tage. Zusätzlich könnte er dann noch 50 ganze Tage = zehn Wochen in den Semesterferien arbeiten.
Studentische Nebentätigkeiten können Studenten darüber hinaus ohne Festlegung der Stundenzahl ausüben. Sie benötigen für diese Tätigkeiten keine gesonderte Erlaubnis. Die selbstständige Tätigkeit von Studenten ist in der Regel ausgeschlossen.

Studentenjobs

2.6.2 Studenten nach dem Abschluss ihres Studiums

Arbeitsuche

Studenten wird nach dem erfolgreichen Abschluss ihres Studiums ein Jahr Zeit eingeräumt, eine Arbeitsstelle zu finden (§ 16 AufenthG). Für eine Tätigkeit als hoch Qualifizierter (→ S. 240 ff.) können sie eine Niederlassungserlaubnis mit uneingeschränkter Erwerbserlaubnis erhalten. In den übrigen Fällen muss eine Arbeitsmarktprüfung wie bei nicht privilegierten Ausländern durchgeführt werden (→ S. 231 ff.).

2.7 Duldung

Ausländer, die nicht über einen rechtmäßigen Aufenthalt verfügen, deren Abschiebung jedoch ausgesetzt ist (Duldung) erhalten nur einen eingeschränkten Zugang zum Arbeitsmarkt:

Arbeitsverbot 1 Jahr
- Während des ersten Jahres des Aufenthalts besteht nach § 10 BeschVerfV ein Arbeitsverbot.

Arbeitsmarktprüfung
- Anschließend können sie eine Beschäftigungserlaubnis nur nach Prüfung der Lage und Entwicklung des Arbeitsmarkts (siehe → S. 235) erhalten.

Härtefall
- Die Zustimmung kann ohne Prüfung des Arbeitsmarkts nach § 7 BeschVerfV erfolgen, wenn die Versagung der Beschäftigungserlaubnis nach den besonderen Verhältnissen des Einzelfalls eine besondere Härte darstellen würde (siehe → S. 233).

Fortsetzung des Arbeitsverhältnisses
- Die Zustimmung zur Fortsetzung einer Beschäftigung kann nach § 6 BeschVerfV ohne Prüfung der Lage und Entwicklung des Arbeitsmarkts erteilt werden. Das gilt auch für die schon bestehenden Arbeitserlaubnisse, soweit nicht nach dem Ablauf der jetzigen Arbeitserlaubnis ein generelles Arbeitsverbot eintritt.

- Die Ausländerbehörde kann die Erlaubnis zur Beschäftigung für zustimmungsfreie Tätigkeiten erteilen (→ S. 243, 250 ff.).

Arbeitsverbot auf Dauer
- Ein zeitlich **unbeschränktes Arbeitsverbot** besteht für Personen, die
  – eingereist sind, um Leistungen nach dem AsylbLG zu erhalten. Dieser Vorwurf wird gegenüber Personen erhoben, die bereits bei der Einreise wussten, dass sie nicht abgeschoben werden können, es sei denn, sie hatten einen anerkannten Grund für die Einreise;
  – ein Verschulden daran trifft, dass sie nicht abgeschoben werden können. Dies gilt insbesondere bei einer Täuschung über die Identität oder die Staatsangehörigkeit oder bei sonstigen falschen Angaben, die die Abschiebung erschweren oder unmöglich machen.

2.8 Asylbewerber

Für Asylbewerber mit einer Aufenthaltsgestattung gelten dieselben Einschränkungen wie für geduldete Ausländer, mit Ausnahme des zeitlich unbefristeten Arbeitsverbots.

3 Beschäftigungserlaubnis für nicht privilegierte Ausländer

3.1 Beschäftigungserlaubnis nach der Art der Tätigkeit

Inhabern einer Aufenthaltserlaubnis, einer Duldung oder einer Aufenthaltsgestattung (Asylbewerber) können die folgenden Tätigkeiten ohne Einschaltung der AA erlaubt werden.

3.1.1 Beschäftigung im Betrieb eines Familienangehörigen

Personen, die in einem Betrieb ihres Ehegatten, Lebenspartners, Verwandten oder Verschwägerten ersten Grades eine Arbeit aufnehmen wollen, kann die Beschäftigungserlaubnis zu ihrem Aufenthaltstitel ohne Zustimmung der AA von der Ausländerbehörde erteilt werden, wenn sie mit dem Arbeitgeber in einem Haushalt leben.

Familienbetrieb

3.1.2 Beschäftigungen, die nicht in erster Linie dem Erwerbseinkommen dienen

Für Beschäftigungen, die vorwiegend der Heilung, Wiedereingewöhnung, sittlichen Besserung oder Erziehung dienen, kann die Beschäftigungserlaubnis ohne Zustimmung der AA erteilt werden.

Das gilt nur für Fälle, in denen es sich tatsächlich um eine Beschäftigung handelt, wie z. B. ABM-Maßnahmen und Praktika. Arbeitstherapien im Rahmen einer Hilfe in besonderen Lebenslagen nach §§ 67 ff. SGB XII, z. B. für Haftentlassene oder Ein-Euro-Jobs gelten nicht als Beschäftigung und sind daher erlaubnisfrei.

Praktika
ABM

3.1.3 Weitere zustimmungsfreie Beschäftigungen

Hier lebende Ausländer können in den folgenden Fällen unter denselben Bedingungen wie Arbeitsuchende aus dem Ausland die Beschäftigungserlaubnis von der Ausländerbehörde ohne Zustimmung der AA erhalten (siehe für die Einzelheiten → S. 243, 250 ff.):
- Praktikum im Rahmen der Schul- und Hochschulausbildung oder eines EU-Programms;
- Tätigkeit als hoch Qualifizierter (zum Begriff siehe → S. 240); Inhaber einer Aufenthaltserlaubnis erhalten dann eine Niederlassungserlaubnis;

- leitende Angestellte mit Prokura, als Vorstand eines Vereins, als Gesellschafter einer oHG oder vertretungsberechtigte Vertreter einer Personengesellschaft;
- wissenschaftliches oder technisches Personal an Hochschulen oder Forschungseinrichtungen, Lehrer an staatlichen oder staatlich anerkannten Schulen;
- für Tagesdarbietungen bis zu 15 Tagen im Jahr;
- als Berufssportler oder Trainer;
- als Fotomodelle o. Ä.;
- bei Freiwilligendiensten oder zu religiösen oder karitativen Zwecken;
- Beschäftigte bei internationalen Sportveranstaltungen.

3.2 Zustimmung zur Beschäftigungserlaubnis ohne Arbeitsmarktprüfung

3.2.1 Personen mit längerem Aufenthalt oder längerer Erwerbstätigkeit
(§ 9 BeschVerfV)

Nach einem längeren Aufenthalt wird die Zustimmung zur uneingeschränkten Beschäftigung Personen erteilt, die eine Aufenthaltserlaubnis besitzen. In § 9 BeschVerfV sind zwei mögliche Alternativen geregelt:

Voraussetzung: Aufenthaltserlaubnis nach 3 Jahren Arbeit

- Nach drei Jahren erlaubter versicherungspflichtiger Beschäftigung.
  Die Beschäftigungszeiten können auch zu Zeiten erfolgt sein, zu denen noch kein Aufenthaltstitel erteilt war, z. B. während des Asylverfahrens oder während der Zeit einer Duldung.
  Nicht angerechnet werden Zeiten eines früheren Aufenthalts, wenn in der Zeit der Abwesenheit der Lebensmittelpunkt in einem anderen Staat lag. Zeiten der Abwesenheit wegen der Ableistung des Wehrdienstes oder einer Erkrankung im Herkunftsland oder eines sonst vorübergehenden Auslandsaufenthalts schaden bei der Zusammenrechnung der fünf Jahre nicht.
  Nicht angerechnet werden auch Zeiten, in denen nur eine zeitlich begrenzte Beschäftigung erlaubt war oder einer zustimmungsfreien Beschäftigung (→ S. 243) nachgegangen wurde.

oder 4 Jahren Aufenthalt

- Nach vier Jahren ununterbrochenem erlaubtem oder geduldetem Aufenthalt in Deutschland, wenn zum Zeitpunkt der Antragstellung eine Aufenthaltserlaubnis erteilt ist. Als erlaubt gelten auch die Zeiten einer Aufenthaltsgestattung nach dem Asylverfahrensgesetz.
  Zeiten einer Aufenthaltserlaubnis zum Zweck des Studiums werden nur zur Hälfte und nur bis zu zwei Jahren angerechnet.

3.2.2 Jugendliche
§ 8 BeschVerfV

Menschen, die eine Aufenthaltserlaubnis besitzen und vor dem 18. Geburtstag eingereist sind, wird die Zustimmung ohne Arbeitsmarktprüfung und ohne Beschränkungen erteilt für
- eine anerkannte Berufsausbildung;
- eine Beschäftigung, wenn ein Schulabschluss in Deutschland erworben wurde;
- eine Beschäftigung nach Abschluss einer einjährigen schulischen Berufsvorbereitung;
- eine Beschäftigung nach erfolgreichem Abschluss einer berufsvorbereitenden Maßnahme der AA;
- eine Beschäftigung nach erfolgreichem Abschluss einer Berufsausbildungsvorbereitung nach dem Berufsbildungsgesetz, oder
- eine Beschäftigung, wenn sich der junge Mensch vor Erteilung der Zustimmung vier Jahre ununterbrochen rechtmäßig oder geduldet in Deutschland aufgehalten hat (siehe oben 3.2.1).

Voraussetzung: Aufenthaltserlaubnis für eine Ausbildung

nach Schulabschluss

nach Bildungsmaßnahme

Die Zustimmung wird uneingeschränkt für jede Beschäftigung erteilt.

3.2.3 Härtefälle
§ 7 BeschVerfV

Die Zustimmung kann Ausländern mit Aufenthaltserlaubnis, Duldung oder Aufenthaltsgestattung ohne Arbeitsmarktprüfung erteilt werden, »wenn deren Versagung unter Berücksichtigung der besonderen Verhältnisse des einzelnen Falles eine besondere Härte bedeuten würde«.

Auch für Geduldete und Asylbewerber

Der Begriff der »besonderen Härte« ist ein unbestimmter Rechtsbegriff, der erst durch eine umfangreiche Rechtsprechung zu § 1 Abs. 2 Nr. 1 Arbeitsgenehmigungsverordnung (zum 1.1.2005 außer Kraft getreten) Konturen bekommen hat. Gefordert wird hierzu vom BSG, dass persönliche Umstände vorliegen, die zu einer deutlichen Unterscheidung von der Situation führen, in der sich alle Ausländer befinden, die für eine Arbeitstätigkeit eine Erlaubnis benötigen. Es

»Besondere Härte«

> »müssen diese Verhältnisse von derartigem Gewicht sein, dass sie den Vorrang der deutschen und ihnen gleichgestellten ausländischen Arbeitnehmer zurücktreten lassen. Bei dieser Abwägung sind vor allem die Grundrechte und die in ihnen zum Ausdruck kommende Wertordnung zu beachten« (BSG, Urteil vom 8.6.1989, SozR 4100, § 19 Nr. 22).

Als Orientierung sollen hierbei die Gründe dienen, die nach dem Willen des Gesetzgebers zur Erteilung einer Beschäftigungserlaubnis ohne Arbeitsmarktprüfung führen.

H Beschäftigung von Ausländern

Beispiele

Eine Härte im Einzelfall wurde vor allem angenommen

- nach langjährigem Aufenthalt mit einer Duldung, wenn die Rückkehr ins Herkunftsland nicht zumutbar ist (BSG SozR 4100 § 19 Nr. 22);
- bei überlanger Dauer des Asylverfahrens, die dazu führt, dass nach langjährigem Aufenthalt noch kein freier Zugang zum Arbeitsmarkt besteht (SG Berlin, Urteil vom 8.2.2001 – S 63 AL 3134/01; SG Berlin, Urteil vom 5.3.2002 – S 56 AL 1440/01);
- nach 15-jährigem Aufenthalt ohne Möglichkeit, seinen Lebensunterhalt selbst zu verdienen (LSG NRW, Urteil vom 16.6.2003 – L 1 AL 2/02);
- bei allein Erziehenden mit Kindern, wenn keine andere Möglichkeit der Existenzsicherung besteht und die Familie nur in Deutschland zusammenleben kann (BSG SozR 4100 § 19 Nr. 9);
- bei Menschen mit einer Behinderung (BSG SozR 4100 § 103 Nr. 22);
- Durch einen Erlass der BA vom 8.1.2001 wird traumatisierten Flüchtlingen aus dem ehemaligen Jugoslawien eine Arbeitserlaubnis aus Härtefallgesichtspunkten erteilt.

Opfer von Menschenhandel

- Die Opfer von Menschenhandel erhalten eine unbeschränkte Beschäftigungserlaubnis, wenn sie als Zeuginnen oder, weil sie für Ermittlungen bedeutsam sind, in Deutschland bleiben. Für sie ergibt sich ein Rechtsanspruch auf Zugang zum Arbeitsmarkt aus der EU-»Richtlinie des Rates über die Erteilung kurzfristiger Aufenthaltstitel für Opfer der Beihilfe zur illegalen Einwanderung und des Menschenhandels, die mit den zuständigen Behörden kooperieren«, verabschiedet am 29.4.2004, die allerdings erst bis 2006 in nationales Recht umgesetzt werden muss.
Eine entsprechende Empfehlung enthält der RdErl. des BMWA vom 29.5.2001 (IIa 7–51/45).

Im Übrigen kann die Beschäftigungserlaubnis sowohl mit als auch ohne Beschränkungen auf den Arbeitsplatz, den Beruf, den Ort oder die Zeit erteilt werden.

3.2.4 Verlängerung des Arbeitsverhältnisses
§ 6 BeschVerfV

Keine Arbeitsmarktprüfung

Eine erneute Arbeitsmarktprüfung findet nicht statt, wenn die AA zuvor die Zustimmung zur Beschäftigungserlaubnis für mindestens ein Jahr erteilt hatte und der Arbeitnehmer das bestehende Arbeitsverhältnis fortsetzen will.
Das gilt nicht für Beschäftigungen, die von vorne herein einer zeitlichen Befristung unterliegen.

3.3 Beschäftigungserlaubnis nach Prüfung von Lage und Entwicklung des Arbeitsmarkts

Welche Beschäftigungen mit und ohne Arbeitsmarktprüfung erlaubt werden können, regeln die Rechtsverordnungen nach § 42 AufenthG. Das BMWA hat die Beschäftigungsverordnung in eine Beschäftigungsverordnung (BeschV) und eine Beschäftigungsverfahrensverordnung (BeschVerfV) aufgeteilt und damit zwischen denen unterschieden, die zuwandern wollen, um in Deutschland zu arbeiten, und denen, die sich bereits erlaubt in Deutschland aufhalten und eine Beschäftigung aufnehmen oder fortsetzen wollen.

Unterscheide BeschV – BeschVerfV

Die Zustimmung kann gemäß § 13 BeschVerfV und § 44 der BeschV beschränkt werden auf
- die berufliche Tätigkeit;
- den Arbeitgeber;
- den Bezirk der AA;
- eine bestimmte Lage und Verteilung der Arbeitszeit.

Beschränkung der Beschäftigungserlaubnis

Die Entscheidung setzt eine Prüfung der Arbeitsmarktlage nach § 39 AufenthG voraus. Für diese Prüfung stehen nach § 39 Abs. 2 AufenthG zwei alternative Verfahrensweisen zur Verfügung, entweder eine Einzelfallprüfung oder eine Pauschalprüfung:

3.3.1 Einzelfallprüfung

Vor Erteilung der Beschäftigungserlaubnis müssen wei Anforderungen erfüllt sein:

- Durch die Beschäftigung von Ausländern dürfen sich keine »nachteiligen Auswirkungen auf den Arbeitsmarkt, insbesondere hinsichtlich der Beschäftigungsstruktur, der Regionen und der Wirtschaftszweige ergeben«. Die Regelung, die auch im § 284 SGB III bis Ende 2004 enthalten war, zielt darauf, strukturelle Faktoren der Arbeitslosigkeit zu berücksichtigen, wenn die Beschäftigung von Ausländern diese Faktoren negativ beeinflussen könnte. Nachweisbar scheinen derartige Einflussnahmen allerdings nicht. Auch hat die AA nicht den Auftrag, Arbeitsplätze zu lenken. Die AA wird sich wie schon bisher auf diese Regelung berufen, um für bestimmte Wirtschaftszweige oder Berufsgruppen die Erteilung der Zustimmung zur Beschäftigung generell auszuschließen.

»Schwarze Listen«

- Es dürfen keine deutschen oder gleichgestellten Arbeitnehmer für den gewünschten Arbeitsplatz verfügbar sein. Gleichgestellte Arbeitnehmer sind Ausländer, denen die Arbeitsaufnahme unter den gleichen Voraussetzungen wie Deutschen erlaubt ist. Dazu gehören alle freizügigkeitsberechtigten EU- und EWR-Staatsangehörigen (Norwegen, Island und Liechtenstein) und ihre Familienangehörigen sowie sonstige Ausländer, denen die Aufnahme einer Beschäftigung

Rangfolge beim Zugang zum Arbeitsmarkt

uneingeschränkt erlaubt ist. Hinzu kommen nun nach § 39 Abs. 2 Nr. 1b) AufenthG auch die Angehörigen der neuen EU-Staaten, soweit sie noch nicht freizügigkeitsberechtigt sind, dennoch aber bei der Beschäftigungserlaubnis vorrangig zu berücksichtigen sind.

Ebenfalls aus dem § 284 SGB III übernommen wurde in § 39 Abs. 2 Satz 2 AufenthG die Regelung, nach der deutsche und bevorrechtigte Arbeitnehmer auch dann als verfügbar gelten, wenn sie nur mit Förderung durch die AA vermittelt werden können. Mit der Förderung sind vor allem Lohnzuschüsse an den Arbeitgeber gemeint.

Prüfungsverfahren

Um zu prüfen, ob für den gewünschten Arbeitsplatz Arbeitnehmer mit Vorrang zur Verfügung stehen, wird die Stelle von der AA vier Wochen lang ausgeschrieben. Dadurch, dass nach SGB II für alle Bezieher von Alg II grundsätzlich die Pflicht besteht, jede Arbeit anzunehmen, auch wenn sie unterbezahlt ist oder ein Umzug erforderlich ist, dürfte sich kaum noch ein erwünschter Arbeitsplatz finden lassen, für den keine Arbeitnehmer mit Vorrang aufzutreiben sind. Ausnahmen könnten nur gemacht werden, wenn sich ein Ausländer um einen Arbeitsplatz bewirbt, für den spezielle Anforderungen, z.B. hinsichtlich Sprache, Kenntnisse spezieller Fertigungstechniken, die in Deutschland unbekannt sind, oder religiöse Riten gestellt werden, sodass sich bundesweit keine anderen passenden Arbeitskräfte finden lassen. Der subjektive Wunsch des Arbeitgebers, gerade eine ganz bestimmte Person einstellen zu wollen, genügt hier nicht.
Neben der Rechtsverordnung des BMWA sind für die Prüfung auch interne Dienstanweisungen der BA ausschlaggebend.
Obwohl das Gesetz in seiner Formulierung ausschließlich an Arbeitsmarktgesichtspunkte anknüpft, wurden bislang durch Verwaltungsvorschriften bei bestimmten Gruppen von ausländischen Arbeitslosen auch die Verhältnisse im Einzelfall berücksichtigt. Hierzu gehören z.B. Schwerbehinderte nach einer Entlassung, Mütter nach dem Mutterschutz, ausländische Jugendliche bei Ableistungen eines freiwilligen sozialen Jahres usw.

3.3.2 Pauschalprüfung

Neu: Möglichkeit von Positivlisten

Die Regionaldirektionen können für einzelne Berufsgruppen oder Wirtschaftszweige feststellen, dass grundsätzlich eine Zustimmung zur Beschäftigung erteilt werden kann, weil es »arbeitsmarkt- und integrationspolitisch verantwortbar ist« (§ 39 Abs. 2 Nr. 2 AufenthG). Mit diesem neuen Instrument der Gruppenzulassung wird den Regionaldirektionen ein erheblicher Beurteilungsspielraum eingeräumt. Es können sich dadurch Verfahrensvereinfachungen ergeben. In Zeiten einer anziehenden Konjunktur kann es mit diesem Instrument aber auch gelingen, gezielt Ausländer in bestimmte Niedriglohnsektoren zu drängen und auf diese Weise langfristige Lohnabsenkungen zu erreichen.

Möglich ist nach dieser Regelung nur eine berufs- oder bereichsspezifische Öffnung des Arbeitsmarktes. Ein allgemeines Beschäftigungsverbot lässt sich nicht auf diese Regelung stützen. Der einzelne Arbeitslose behält den Anspruch auf Einzelfallprüfung, wenn er nicht unter eine solche Öffnungsklausel fällt.

3.3.3 Weitere Voraussetzungen für die Zustimmung zu einer bestimmten Tätigkeit

Die Zustimmung zur Beschäftigung darf nur erteilt werden, wenn »der Ausländer nicht zu ungünstigeren Bedingungen als vergleichbare deutsche Arbeitnehmer beschäftigt wird« (§ 39 Abs. 2 AufenthG). Mit dieser Regelung soll »soziales Dumping« verhindert werden. In den Vergleich sind sowohl die Bezahlung als auch alle weiteren Beschäftigungsbedingungen wie Urlaubsansprüche, Arbeitszeit und soziale Leistungen des Arbeitgebers einzubeziehen. Diese Anforderung muss aber dann ins Leere gehen, wenn in einem Sektor die Löhne generell abgesenkt werden oder wenn gar keine deutschen Arbeitnehmer in diesem Sektor zum Vergleich herangezogen werden können. Dies ist bei Saisonarbeiten heute bereits gegeben.
<small>*Verbot diskriminierender Arbeitsbedingungen*</small>

Nach § 40 Abs. 1 Nr. 2 AufenthG dürfen für Leiharbeitsverhältnisse grundsätzlich keine Zustimmungen zur Beschäftigung erteilt werden.
<small>*Verbot der Leiharbeit*</small>

Das Arbeitsverhältnis darf nicht durch eine unzulässige Arbeitsvermittlung oder Anwerbung zustande gekommen sein. Durch diese Regelungen sollen Arbeitsvermittlungen, die unzulässigerweise außerhalb des europäischen Rechtsraums erfolgen, vermieden werden. Ein schuldhafter Verstoß gegen das Schwarzarbeitsbekämpfungsgesetz kann ebenfalls zu einer Versagung der Zustimmung zur Beschäftigungserlaubnis führen, obwohl die Arbeitsmarktvoraussetzungen vorliegen.
<small>*Sonstige Ausschlussgründe*</small>

4 Was geschieht mit den bisher nach §§ 284–286 SGB III erteilten Arbeitsgenehmigungen?

4.1 Arbeitsberechtigung

Wem bis Ende 2004 von der AA eine Arbeitsberechtigung nach § 286 SGB III oder § 2 Arbeitsgenehmigungsverordnung erteilt wurde, wird nach § 105 Abs. 2 AufenthG **so behandelt, als habe die AA eine Zustimmung zur Aufnahme jeder Beschäftigung erteilt**. Es ist nicht nötig, die Ausländerbehörde aufzusuchen, um die Beschäftigungserlaubnis in den Pass eintragen zu lassen. Dies geschieht bei der nächsten Verlängerung des Aufenthaltstitels oder bei einer Umschreibung in einen neuen Pass.
Ungeklärt bleibt allerdings, ob diese Zustimmung auch unbefristet gilt, da § 13 Abs. 2 BeschVerfV generell von einer Befristung auf drei
<small>*Unbeschränkte Beschäftigungserlaubnis*</small>

Jahre ausgeht und die Übergangsregelung in § 105 AufenthG die unbefristete Gültigkeit nicht ausdrücklich erwähnt.
Wenn der Aufenthaltstitel seit dem 1.1.2005 mit einer unbeschränkten Erwerbserlaubnis verbunden ist (siehe die verschiedenen Titel → S. 225 ff.), wird die Arbeitsberechtigung überflüssig.

4.2 Arbeitserlaubnis

Wem bis Ende 2004 eine Arbeitserlaubnis erteilt wurde und wer gleichzeitig eine Aufenthaltserlaubnis, Aufenthaltsbefugnis oder Aufenthaltsgestattung besitzt, dessen Arbeitserlaubnis behält nach § 105 Abs. 1 AufenthG seine Gültigkeit, bis sie abgelaufen ist.

Beschäftigungserlaubnis für den konkreten Arbeitsplatz

Nach Ablauf muss die Ausländerbehörde aufgesucht werden, auch wenn der Aufenthaltstitel weiter gültig ist. Diese muss von der zuständigen AA die Zustimmung zur Verlängerung einholen. Wird eine Beschäftigung bei demselben Arbeitgeber fortgesetzt, für die bereits eine Arbeitserlaubnis von mindestens einem Jahr erteilt war, erteilt die AA die Zustimmung ohne Prüfung der Arbeitsmarktlage (§ 6 BeschVerfV).

oder mit der erteilten Beschränkung

Ein Anspruch auf Verlängerung besteht aber nicht, wenn die Erlaubnis von vorneherein nur für eine befristete Tätigkeit erteilt war, z.B. als Saisonarbeiter.

Nicht eindeutig geregelt ist die Frage, ob die Beschäftigung als erlaubt gilt, wenn die alte Arbeitserlaubnis abgelaufen ist, die AA aber die Zustimmung zu einer Beschäftigungserlaubnis noch nicht erteilt hat.

Weiterhelfen kann hier die Regelung in § 81 Abs. 4 AufenthG. Für die Aufenthaltstitel ist geregelt, dass während der Zeit der Bearbeitung eines Verlängerungsantrags der bisherige Aufenthaltstitel weiter gilt. Der Antrag auf Erteilung einer Beschäftigungserlaubnis ist zugleich ein Antrag auf Verlängerung des Aufenthaltstitels. Wenn Sie also vor Ablauf der alten Arbeitsgenehmigung einen Antrag auf die Beschäftigungserlaubnis gestellt haben, dürfen Sie bis zur Entscheidung weiterarbeiten. Die einer IT-Fachkraft erteilte befristete Arbeitserlaubnis gilt als unbefristete Zustimmung zum Aufenthaltstitel zur Ausübung einer Beschäftigung fort (§ 46 Abs. 2 BeschV).

III Arbeitsmöglichkeiten für Ausländer, die zum Zweck der Erwerbstätigkeit einreisen wollen

Ausländer, die in Deutschland arbeiten wollen, müssen grundsätzlich vor der Einreise ein Visum bei der deutschen Auslandsvertretung (Botschaft oder Konsulat) beantragen, welches als Zweck ausdrücklich eine ganz konkrete Beschäftigung angibt. Das Visum wird nur erteilt, wenn die gewünschte Beschäftigung unter eine der folgenden Regelungen fällt.

Für Beschäftigungen, die **keine qualifizierte Berufsausbildung** voraussetzen, gilt nach § 18 Abs. 3 AufenthG der bisherige Anwerbestopp weiter. Eine Zulassung zum Arbeitsmarkt ist nur möglich, wenn dies in der BeschV ausdrücklich zugelassen ist oder hierüber eine zwischenstaatliche Vereinbarung getroffen wurde.

Auch für Beschäftigungen **mit einer qualifizierten Berufsausbildung** darf eine Aufenthaltserlaubnis nur erteilt werden, wenn die Tätigkeit in der BeschV genannt ist und die AA (soweit erforderlich nach einer Arbeitsmarktprüfung nach § 39 AufenthG) zugestimmt hat oder die BeschV die Erteilung einer Aufenthaltserlaubnis ohne Zustimmung der AA erlaubt (§ 18 Abs. 2 AufenthG, §§ 2–16 BeschV). Auch die Angehörigen der EU-Beitrittsstaaten können sich auf qualifizierte Beschäftigungen bewerben und erhalten eine Arbeitserlaubnis-EU, wenn weder Deutsche noch sonstige Unionsbürger für die Tätigkeit zur Verfügung stehen. *Zustimmung der AA zu einer bestimmten Beschäftigung*

Soweit an der Beschäftigung eines Ausländers ein regionales, wirtschaftliches oder arbeitsmarktpolitisches Interesse besteht, kann die Ausländerbehörde im Einzelfall die Aufenthaltserlaubnis ohne Einschaltung der AA erteilen (§ 18 Abs. 4 AufenthG).

Nach § 25 BeschV wird eine mindestens dreijährige Ausbildung verlangt, für die ein Berufsabschlusszertifikat erteilt worden ist. Dieses Dokument muss der Ausländerbehörde oder der deutschen Auslandsvertretung im Herkunftsland vorgelegt werden. Normalerweise gehört dazu auch eine deutsche Übersetzung: Haben die deutschen Behörden Zweifel an der Richtigkeit, können sie eine beglaubigte Übersetzung verlangen.

Der Antrag muss immer auf einen konkreten Arbeitsplatz gerichtet sein (§ 18 Abs. 5 AufenthG). Der Auslandsvertretung muss ein Arbeitsvertrag oder eine Einstellungszusicherung vorgelegt werden.

Nach der BeschV können Beschäftigungserlaubnisse nach den folgenden Grundsätzen erteilt werden.

1 Angehörige bestimmter Staaten

Die Staatsangehörigen von **Andorra**, **Australien**, **Israel**, **Japan**, **Kanada**, **Monaco**, **Neuseeland**, **San Marino** und den **USA** können die Zustimmung zu einer Beschäftigung nach Prüfung der Arbeitsmarktlage erhalten. Für diese Personen gilt der Anwerbestopp nicht, sie können sich auch ohne qualifizierte Berufausbildung auf einen Arbeitsplatz bewerben (§ 34 BeschV). *Freie Einreise und Stellenbewerbung*

Staatsangehörige aus Australien, Israel, Japan, Kanada, Neuseeland und den USA können grundsätzlich visumfrei einreisen und sich hier auf eine Arbeitsstelle bewerben (§ 41 AufenthV). In diesen Fällen wird die AA voraussichtlich keine strenge Einzelfallprüfung vornehmen, sondern von einer allgemeinen arbeitsmarkt- und integrationspolitischen Unbedenklichkeit ausgehen.

2 Hoch Qualifizierte

Niederlassungserlaubnis sofort!

Die Niederlassungserlaubnis kann in Zukunft nicht nur durch langjährigen Aufenthalt und Erwerbstätigkeit »erarbeitet« werden, sondern in bestimmten Fällen auch direkt bei Übersiedlung in die Bundesrepublik erteilt werden.

Diese Möglichkeit besteht nach § 19 Abs. 2 AufenthG für
- Wissenschaftler mit besonderen fachlichen Kenntnissen;
- Lehrpersonen in herausgehobener Funktion oder wissenschaftlichen Mitarbeitern in herausgehobener Funktion;
- Spezialisten und leitende Angestellten mit besonderer Berufserfahrung, die ein Gehalt von mindestens dem Doppelten der Beitragsbemessungsgrenze der gesetzlichen Krankenversicherung (84.600 € für 2005) erhalten.

Die Ausländerbehörde entscheidet allein und ohne Zustimmung der AA über die Zuzugsgenehmigung mit Erteilung der Niederlassungserlaubnis (§ 3 BeschV).

3 Beschäftigungen aufgrund einer qualifizierten Ausbildung

3.1 Beschäftigungserlaubnis mit Arbeitsmarktprüfung

Genannt sind in der BeschV bestimmte Beschäftigungen, für die die Zustimmung zur Beschäftigung erteilt werden kann, wenn keine Arbeitskräfte mit Beschäftigungserlaubnis im Bundesgebiet zur Verfügung stehen (§ 39 AufenthG).

IT-Berufe

Sonstige Akademiker

- Akademiker, die eine Hochschul- oder Fachhochschulausbildung oder eine vergleichbare Qualifizierung abgeschlossen haben, wenn sie entweder einen Schwerpunkt auf dem Gebiet der Informations- oder Kommunikationstechnologie haben (ersetzt die IT-Arbeitsgenehmigungsverordnung) oder an ihrer Beschäftigung ein öffentliches Interesse besteht. In diesem Fall sind keine besonderen Fachkenntnisse mehr erforderlich (§ 27 BeschV).

Sprachlehrer

- Sprachlehrer, die an einer Schule unter der Aufsicht ihrer konsularischen Vertretung muttersprachlichen Unterricht erteilen, für die Dauer von **fünf Jahren**. Eine Verlängerung ist ausgeschlossen, zunächst muss für mindestens drei Jahre ins Herkunftsland zurückgekehrt werden, ehe eine neue Erlaubnis erteilt werden kann (§ 26 Abs. 1 BeschV).

Spezialitätenköche

- Spezialitätenköche für die Beschäftigung in einem Spezialitätenrestaurant für die Dauer von **fünf Jahren**. Eine Verlängerung ist ausgeschlossen, zunächst muss für mindestens drei Jahre ins Herkunftsland zurückgekehrt werden, ehe eine neue Erlaubnis erteilt werden kann (§ 26 Abs. 2 BeschV).

- Leitende Angestellte für eine Tätigkeit bei einem inländischen oder einem deutsch-ausländischen Gemeinschaftsunternehmen, welches auf der Grundlage zwischenstaatlicher Vereinbarungen gegründet wurde (§ 28 BeschV).

  Leitende Angestellte

- Spezialisten mit unternehmensspezifischen Spezialkenntnissen für eine Beschäftigung bei einem inländischen Unternehmen (§ 28 BeschV).

  »Spezialisten«

- Sozialarbeiter oder sonstige Fachkräfte für eine Beschäftigung bei einem Träger der sozialen Arbeit in der sozialen Arbeit mit ausländischen Arbeitnehmern und ihren Familien, wenn sie über ausreichend deutsche Sprachkenntnisse verfügen (§ 29 BeschV).

  Sozialarbeiter

- Pflegekräfte für eine Beschäftigung als Krankenschwester oder -pfleger, als Kinderkrankenschwester oder -pfleger oder als Altenpfleger oder -pflegerin auf der Grundlage einer Absprache zwischen der BA und der Arbeitsverwaltung des Herkunftslandes. Voraussetzung ist, dass sie über eine berufliche Qualifikation verfügen, aus einem europäischen Staat stammen und über ausreichend deutsche Sprachkenntnisse verfügen.
  Derzeit bestehen Absprachen mit **Slowenien** und **Kroatien**. Die Bewerber aus Slowenien haben als Angehörige eines EU-Staates Vorrang vor den kroatischen Bewerbern. Zugelassen werden können auch Bewerber aus den übrigen EU-Beitrittsstaaten.
  Erforderlich ist ein Abschluss in dem jeweiligen Fachbereich mit dem Abschluss der vierten Stufe. Die Sprachkenntnisse werden vom Konsulat oder von der AA geprüft, es reicht nicht, wenn dem Arbeitgeber die Sprachkenntnisse ausreichen.
  Kroatische Bewerber müssen bei ihrem örtlichen Arbeitsamt arbeitslos gemeldet sein. Damit soll vermieden werden, dass Pflegekräfte, die in Kroatien beschäftigt sind, dort abgeworben werden.
  Die Pflegekräfte müssen nach Tarif bezahlt werden und der Arbeitgeber hat eine angemessene Unterkunft sicherzustellen (nicht kostenlos). Der Arbeitsvertrag sollte eine Laufdauer von mindestens einem Jahr haben.
  Während des ersten Jahres der Beschäftigung muss das Anerkennungsverfahren zur examinierten Fachkraft nach dem deutschen Krankenpflegegesetz durchgeführt werden.
  Es besteht für **slowenische Arbeitsuchende** die Möglichkeit, zunächst nach Deutschland zu kommen und sich eine Stelle zu suchen, Das Verfahren muss dann jedoch über die Zentralstelle für Arbeitsvermittlung (ZAV, Internationaler Arbeitsmarkt 241.10, 53107 Bonn; E-Mail: bonn-zav.osteuropa@arbeitsagentur.de) erfolgen. Erteilt die AA eine Arbeitserlaubnis-EU nach § 284 Abs. 2 SGB III, ist für den Aufenthalt keine Aufenthaltserlaubnis erforderlich, es genügt die Registrierung bei den Meldebehörden.
  Slowenische Arbeitnehmer haben nach zwölf Monaten Beschäftigung ein uneingeschränktes Aufenthaltsrecht und benötigen keine Arbeitserlaubnis-EU mehr.

  Pflegekräfte

Kroatische Bewerber benötigen ein nationales Visum zum Zweck der Beschäftigung und können dann erst zur Arbeitsaufnahme einreisen.

»Gastarbeitnehmer«

- Gastarbeitnehmer sind Personen mit einer abgeschlossenen Berufsausbildung oder einer vergleichbaren Qualifizierung, die zur Erweiterung oder Vervollständigung ihrer sprachlichen oder beruflichen Fähigkeiten eine vorübergehende Berufstätigkeit in Deutschland ausüben wollen.

Beschäftigungen können ohne Arbeitsmarktprüfung bewilligt werden, wenn hierüber eine bilaterale Regierungsvereinbarung geschlossen worden ist (§ 40 BeschV).

Solche Vereinbarungen bestehen zurzeit mit **Albanien**, **Bulgarien**, **Estland**, **Lettland**, **Litauen**, **Polen**, **Rumänien**, **Russland**, der **Slowakischen Republik**, der **Tschechischen Republik** und **Ungarn**.

Gastarbeitnehmer werden schwerpunktmäßig in der Gastronomie und dem Tourismusgewerbe eingesetzt. Sie werden nicht nur unter dem Gesichtspunkt der Weiterbildung eingestellt, sondern auch zur Überbrückung eines Arbeitskräftemangels.

Die Bewerber müssen zwischen 18 und 40 Jahre alt sein und über »allgemein befriedigende Kenntnisse der deutschen Sprache« verfügen. Zur Feststellung der Kenntnisse werden in einigen Ländern Auswahlverfahren durchgeführt.

Bewerbungsverfahren

Im Übrigen müssen sich die Bewerber bei der Arbeitsverwaltung ihres Landes mit folgenden Unterlagen bewerben:
- Ausbildungszeugnis oder schriftlicher Nachweis über mindestens dreijährige Berufserfahrung im angestrebten Tätigkeitsbereich (mit beglaubigter deutscher Übersetzung);
- Lebenslauf in deutscher Sprache mit Angaben über die Ausbildung und über berufliche Kenntnisse und Erfahrungen;
- Arbeitszeugnisse/Kopien des Arbeitsbuches (mit beglaubigter deutscher Übersetzung);
- in der Regel ein polizeiliches Führungszeugnis;
- zwei Fotos neueren Datums;
- Sprachtestbogen eines anerkannten Dolmetschers oder Sprachinstituts und
- der Arbeitsvertrag oder die schriftliche Zusage eines Arbeitgebers, sofern vorhanden.

Innerhalb eines verfügbaren Kontingents (z. B. 100 für Bulgarien) entscheidet die Arbeitsverwaltung der Herkunftsländer und leitet die Unterlagen an die ZAV in Deutschland weiter. Soweit noch kein Arbeitgeber feststeht, bemüht sich die ZAV darum, einen geeigneten zu finden. Das Arbeitsverhältnis soll Fortbildungscharakter haben, deshalb müssen mindestens vier deutschsprachige Stammmitarbeiter auf einen Gastarbeiter vorhanden sein.

Es müssen Arbeitsverträge abgeschlossen werden mit den gleichen Arbeitsbedingungen wie für vergleichbare deutsche Arbeitnehmer. Die

Arbeitsverhältnisse unterliegen der normalen Sozialversicherungspflicht. Die Beschäftigung soll in der Regel **ein Jahr** dauern, höchstens jedoch 18 Monate.

Die deutsche Auslandsvertretung erteilt ein Visum (für die Staatsangehörigen der neuen EU-Staaten ist dies nicht erforderlich), wenn die ZAV (ZAV ZIHOGA, 53107 Bonn, Telefon (02 28) 7 13-12 25, Telefax (02 28) 7 13-11 22, E-Mail: bonn-zav.zihoga@arbeitsagentur.de) ihre Zustimmung erteilt hat. Die Zustimmung der Ausländerbehörde ist nicht erforderlich (§ 35 Nr. 1 AufenthV). Angehörige von Staaten ohne Visumpflicht können zur Arbeitsaufnahme ohne Visum einreisen.

3.2 Beschäftigungserlaubnis ohne Arbeitsmarktprüfung

- **Fachkräfte mit Hochschulabschluss**
  Fachkräfte, die eine Hochschul- oder Fachhochschulausbildung oder eine vergleichbare Qualifikation besitzen und die im Rahmen eines Personalaustauschs innerhalb eines international tätigen Unternehmens oder Konzerns in Deutschland arbeiten wollen, kann die Zustimmung zur Erteilung der Aufenthaltserlaubnis ohne Arbeitsmarktprüfung erteilt werden (§ 31 Nr. 1 BeschV). Die maximale Aufenthaltsdauer wurde von zwei auf drei Jahre verlängert und die bisher bestehende Wiedereinreisesperre von drei Jahren wurde aufgehoben.

  Fachkräfte in internationalen Unternehmen

- **Fachkräfte eines international tätigen Unternehmens**
  Fachkräfte eines international tätigen Unternehmens oder Konzerns mit unternehmensspezifischen Spezialkenntnissen in deutschen Unternehmensteilen kann die Zustimmung zur Aufenthaltserlaubnis ohne Arbeitsmarktprüfung erteilt werden, wenn diese Tätigkeit zur Vorbereitung von Projekten im Ausland zwingend erforderlich ist (§ 31 Nr. 2 BeschV). Es gilt eine Höchstdauer von **drei Jahren**.

3.3 Beschäftigungserlaubnis ohne Zustimmung der AA

Die Ausländerbehörde kann folgenden Personengruppen eine Aufenthaltserlaubnis zum Zweck der Beschäftigung erteilen, ohne die AA einzuschalten:

- **Führungskräfte (§ 4 BeschV)**
  Hierzu gehören:
  - Leitende Angestellte mit Generalvollmacht oder Prokura;
  - Vorstandsmitglieder von Vereinen und Stiftungen;
  - Gesellschafter einer oHG oder Geschäftsführer einer Gesellschaft;
  - leitende Angestellte eines internationalen Konzerns im Rahmen des Personalaustauschs, wenn sie Vorstands-, Direktions- oder Geschäftsleitungsmitglieder sind oder ihre leitende Position in sonstiger Weise von entscheidender Bedeutung für das Unternehmen ist.

  Führungspositionen

H Beschäftigung von Ausländern

Wissenschaftler und Lehrer

- **Wissenschaftler (§ 5 BeschV)**
  Hierzu gehören:
  – Wissenschaftliche Mitarbeiter von Hochschulen und Forschungsinstituten;
  – Gastwissenschaftler und sie begleitendes technisches Personal;
  – Lehrer an staatlichen oder staatlich anerkannten Schulen.
  Wissenschaftler, die auf Einladung einer deutschen öffentlichen Einrichtung in Deutschland tätig werden und überwiegend aus öffentlichen Mitteln finanziert werden, müssen für sich und ihre Familienangehörigen kein Visum für einen längerfristigen Aufenthalt beantragen. Sie können mit einem Schengenvisum oder – soweit dies zur Einreise nicht erforderlich ist – visumfrei einreisen und bei der zuständigen Ausländerbehörde eine Aufenthaltserlaubnis zum Zweck der Erwerbstätigkeit beantragen. Sie benötigen neben einem gültigen Pass auch einen Krankenversicherungsnachweis.

Mitarbeiter ausländischer Firmen für 3 Monate

- **Kaufmännische Tätigkeiten (§ 6 BeschV)**
  Hierzu gehören:
  – Personal eines ausländischen Arbeitgebers für maximal **drei Monate**, solange der Wohnsitz im Ausland beibehalten wird.

Praktikanten

- **Praktikanten (§ 2 BeschV)**
  Hierzu gehören:
  – Ausbildungspraktika während der Schulzeit oder des Studiums;
  – Praktika im Rahmen von EU-Programmen;
  – Praktika im Rahmen eines internationalen Austauschprogramms mit Zustimmung der AA;
  – Regierungspraktikanten.

4 Beschäftigungen, bei denen es nicht auf die Qualifizierung ankommt

4.1 Vorübergehende Beschäftigungen auf der Grundlage von Absprachen der Arbeitsverwaltungen

Saisonarbeiter

- Saisonbeschäftigte (§ 18 BeschV) können bis zu **vier Monate** im Jahr zu einer Beschäftigung mit einer Arbeitszeit von mindestens 30 Stunden wöchentlich zugelassen werden.
  Antragsberechtigt sind nur Betriebe der Land- und Forstwirtschaft sowie der Obst- und Gemüseverarbeitung, Sägewerke und Betriebe des Hotel- und Gaststättengewerbes.
  Absprachen bestehen zurzeit mit der **Tschechischen Republik**, der **Slowakischen Republik**, **Polen**, **Ungarn**, **Slowenien**, **Rumänien**, **Kroatien** und **Bulgarien** (nur für Berufe des Hotel- und Gaststättengewerbes).
  Die Anträge müssen über die Arbeitsverwaltung des Herkunftsstaates oder über die ZAV, Villemombler Str. 76, 53123 Bonn, E-Mail: bonn-zav@arbeitsagentur.de, Telefon (02 28) 7 13-13 29, Telefax (02 28) 7 13-2 70-11 11, gestellt werden.

Nach § 35 Nr. 2 AufenthV ist ein Visum unter Beteiligung der Ausländerbehörde nicht mehr erforderlich, wenn es sich um Tätigkeiten von höchstens **neun Monaten** in Deutschland handelt, die auf der Grundlage einer Absprache zwischen der BA und der Arbeitsverwaltung des Herkunftsstaates von der AA vermittelt wird.
Hat die AA also die Zustimmung zur Saisonarbeit erteilt und die Arbeitsverwaltung diese an den Arbeitsuchenden ausgehändigt, kann er visumfrei nach Deutschland einreisen.

Bis 9 Monate ohne Genehmigung der Ausländerbehörde

- Saisonarbeitnehmer aus den neuen EU-Staaten können die Zulassung zur Beschäftigung nicht nur vom Heimatland aus beantragen, sondern sich bis zu **drei Monaten** zur Arbeitsuche nach Deutschland begeben und selbst eine Saisonbeschäftigung suchen. Der Antrag auf Arbeitserlaubnis muss dann direkt bei der AA nach § 284 Abs. 2 SGB III gestellt werden. Der Antrag wird im Rahmen der Absprache als Teil des Kontingentes bearbeitet.
Sie benötigen keine Aufenthaltserlaubnis, solange die Saisontätigkeit durch die AA nach § 284 Abs. 2 SGB III genehmigt ist (§ 13 in Verbindung mit § 2 Abs. 4 FreizügG/EU). Sie müssen den Aufenthalt allerdings spätestens nach einem Monat bei der Ausländerbehörde anzeigen.
Es besteht eine Vorrangregelung für die Angehörigen der Beitrittsstaaten, die in nationales Recht umgesetzt wurde durch das »Gesetz über den Arbeitsmarktzugang im Rahmen der EU-Erweiterung« (BGBl I 2004, 602 ff.). Die Regelung in § 39 Abs. 6 AufenthG genügt der Anforderung des EU-Rechts nicht vollständig, da sie sich gerade nicht auf Personen ohne berufliche Qualifikation bezieht.

Saisonarbeiter aus den neuen EU-Staaten

Arbeitserlaubnis-EU

Rangfolge

Auch **Rumänien** und **Bulgarien** sind aufgrund der Beitrittsvereinbarungen (BT-Drucks. 12/7010, 9 ff., BT-Drucks. 12/7012, 9 ff.) vorrangig vor Drittstaatsangehörigen zu berücksichtigen.
Es bleiben noch die Arbeitnehmer aus **Kroatien**, die nur noch berücksichtigt werden dürfen, wenn keine ausreichenden Bewerbungen aus den anderen Staaten vorliegen.
In der Regel gilt der Grundsatz, dass ein Betrieb die gleiche Anzahl Arbeitskräfte aus dem Ausland einstellen kann wie im Vorjahr, es sei denn, es wird ein erweiterter Bedarf dargelegt. Ein Beispiel wäre die Umstellung eines konventionellen landwirtschaftlichen Betriebs auf ökologischen Landbau.

Eine Saisontätigkeit kann bis zu **zwei Monate** ohne Sozialabgaben des Arbeitnehmers (geringfügige Beschäftigung) ausgeübt werden, wenn die Arbeitnehmer diese Tätigkeit nicht berufsmäßig ausüben, d.h. im Herkunftsland nicht beschäftigt, selbstständig oder in einem völlig anderen Wirtschaftsbereich tätig sind. Sind die Saisonarbeitnehmer nicht selbst krankenversichert, muss der Arbeitgeber sie auf seine Kosten versichern oder er trägt das volle finanzielle Risiko im Krankheitsfall.
Bei Saisonbeschäftigungen über zwei Monaten besteht volle Sozialversicherungspflicht.

2 Monate sozialversicherungsfrei

Schausteller-gehilfen	▪ **Schaustellergehilfen** (§ 19 BeschV) können bis zu **neun Monaten** im Jahr zugelassen werden. Entsprechende Absprachen sind mit den Arbeitsverwaltungen derselben Staaten, ausgenommen Bulgarien, wie für Saisonarbeitskräfte getroffen worden. Vor der Erteilung der Zustimmung zur Beschäftigung muss hier eine Arbeitsmarktprüfung vorgenommen werden. Für die Staatsangehörigen der neuen EU-Staaten gelten dieselben Sonderregelungen wie für Saisonarbeitskräfte.
Werkvertrags-arbeitnehmer	▪ **Werkvertragsarbeitnehmer** (§ 39 BeschV) sind Ausländer, die bei einer Firma im Ausland sozialversicherungspflichtig beschäftigt sind und im Rahmen einer Kooperation mit einer deutschen Firma in Deutschland tätig werden. Voraussetzung für die Tätigkeit in Deutschland ist eine zwischenstaatliche Vereinbarung mit dem Herkunftsland. Deutschland hat derartige Vereinbarungen mit Polen, Estland, Lettland, Litauen, Tschechische Republik, Slowakische Republik, Slowenien, Ungarn, Bulgarien und Rumänien abgeschlossen. Relevant sind diese Abkommen vor allem für den Bausektor (da hier die Dienstleistungsfreiheit der neuen Unionsbürger eingeschränkt ist) und für die Staatsangehörigen von **Rumänien** und **Bulgarien**. Werkvertragsarbeitnehmer können maximal für **zwei Jahre** in Deutschland arbeiten. Im Baugewerbe müssen die dort geltenden Mindestlöhne gezahlt werden.

4.2 Beschäftigungen, die ohne eine Arbeitsmarktprüfung erlaubt werden können

4.2.1 Au pair
§ 20 BeschV

	Der Aufenthalt für eine Au-pair-Tätigkeit kann für **ein Jahr** erlaubt werden, wenn folgende Voraussetzungen erfüllt sind:
Alter Sprachkenntnisse	▪ Die/der Au pair ist zwischen 17 und 24 Jahre alt; ▪ es werden gute Grundkenntnisse der deutschen Sprache nachgewiesen;
deutschsprachige Familie	▪ sie soll in einer Familie mit Deutsch als Muttersprache beschäftigt werden, in der ein erwachsenes Familienmitglied die deutsche Staatsangehörigkeit hat; ▪ sie stammt nicht aus dem Heimatland der Gasteltern und ist nicht mit ihnen verwandt; ▪ sie wird erstmalig tätig;
höchstens 1 Jahr	▪ der Vertrag wird für mindestens sechs und höchstens zwölf Monate geschlossen und ▪ die übrigen Voraussetzungen einer Au-pair-Tätigkeit sind erfüllt: Krankenversicherungsschutz, Integration in die Familie, eigenes Zimmer, Bezahlung mindestens 205 € monatlich (ab dem 1.1.2006 260 €), Haushaltstätigkeit und Kinderbetreuung von nicht mehr als

fünf Stunden täglich, mindestens ein freier Tag und vier freie Abende, Freistellung für einen Sprachkurs und Einverständniserklärung der Eltern bei Minderjährigkeit.

Sowohl die hiesige Familie als auch die Interessenten aus dem Ausland können eine Vermittlungsagentur einschalten. Dies ist aber nicht zwingend erforderlich. Wird der Kontakt privat hergestellt, so wendet sich die Familie an die Ausländerbehörde ihres Kreises oder ihrer Stadt, legt dort den Au-pair-Vertrag, Unterlagen über die Größe der Wohnung und die eigenen Einkommensverhältnisse vor. Die Ausländerbehörde erteilt die Zustimmung zum Aufenthaltstitel gegenüber der deutschen Auslandsvertretung. Der Ausländer stellt einen Antrag bei der deutschen Auslandsvertretung seines Heimatlandes (EU-Staatsangehörige können den Antrag auch bei der Ausländerbehörde in Deutschland stellen), diese prüft die Sprachkenntnisse und erteilt ein Visum, wenn keine sonstigen Hindernisse (Ausweisungsgründe) vorliegen. Es kommt hier aber immer wieder zu Ablehnungen des Antrags, die nicht begründet werden müssen. Häufig ist es hilfreich, wenn die Familie zusätzlich unmittelbaren Kontakt mit der Auslandsvertretung aufnimmt, um die Gründe für den Wunsch, eine bestimmte Person als Au pair aufzunehmen, darzulegen.

Vermittlungsagentur oder privat organisiert

4.2.2 Haushaltshilfen
§ 21 BeschV

Die Zustimmung zur Beschäftigung wird hier im Rahmen einer Absprache der AA mit den Arbeitsverwaltungen der Heimatländer erteilt. Auch wenn diese Genehmigung Lage und Entwicklung des Arbeitsmarkts zu berücksichtigen hat, wird derzeit davon ausgegangen, dass für diese Tätigkeiten keine bevorrechtigten Arbeitsuchenden verfügbar sind.
Absprachen bestehen derzeit mit den **neuen EU-Staaten**.
Voraussetzung für die Erteilung ist:
- Im Haushalt der Arbeitgeber muss eine pflegebedürftige Person leben;
- es muss sich um eine versicherungspflichtige Vollzeitbeschäftigung handeln;
- die Dauer der Beschäftigung ist auf maximal **drei Jahre** beschränkt. Innerhalb dieser Zeit darf der Arbeitgeber gewechselt werden;
- der Arbeitsvertrag muss aber über eine hauswirtschaftliche Tätigkeit und nicht eine pflegerische Tätigkeit geschlossen werden.

Absprachen mit der Arbeitsverwaltung der neuen EU-Staaten

Pflegefall im Haushalt

Die Konstruktion dieser Beschäftigungsmöglichkeit lässt deutlich erkennen, dass es sich hier um eine verschämte Regelung zur Bekämpfung des Pflegenotstandes handelt.
Als Pflegekräfte dürften nur ausgebildete Fachkräfte zugelassen werden, die aber nicht ausreichend verfügbar sind. So wird eine Vollzeittätigkeit als Haushaltshilfe zugelassen, dies aber nur für Haushalte mit einem pflegebedürftigen Menschen.

4.2.3 Haushaltshilfen von entsandten Ausländern
§ 22 BeschV

Keine Sozialversicherungspflicht

Die Zustimmung wird hier im Einzelfall ohne Arbeitsmarktprüfung erteilt, wenn Personen für ein ausländisches Unternehmen im Bundesgebiet tätig werden und ihre Hausangestellte mitbringen. Voraussetzung ist, dass sich ein Kind unter 16 Jahren im Haushalt befindet.

Auffällig ist, dass es sich nicht um eine sozialversicherungspflichtige Tätigkeit handeln muss. Vorsicht sollte hier geboten sein, da sich gerade bei diesen Konstruktionen die Fälle ausbeuterischer Arbeitsbedingungen häufen, die den Tatbestand des Menschenhandels im Sinne der EU-Richtlinie vom 19.7.2002 (in Deutschland trotz Fristablaufs noch nicht umgesetzt) erfüllen.

4.2.4 Tätigkeiten im Bereich von Kultur und Unterhaltung
§ 23 BeschV

Für künstlerische und artistische Beschäftigung und für Hilfstätigkeiten sowie für ausländische Film- und Fernsehproduktionen oder Gastspiele, die länger als drei Monate dauern, kann die Zustimmung zur Beschäftigung durch die AA erteilt werden, soweit für diese Tätigkeiten keine Aufenthaltserlaubnis ohne Zustimmung der AA nach § 7 BeschV erteilt werden kann.

4.2.5 Berufspraktische Tätigkeiten für die Anerkennung eines ausländischen Berufsabschlusses
§ 24 BeschV

Hat ein Ausländer im Ausland einen Berufsabschluss erworben und benötigt für die Anerkennung dieses Abschlusses in Deutschland eine praktische Tätigkeit, so kann die Zustimmung zur Erteilung eines Aufenthaltstitels ohne Prüfung erteilt werden.

Ein Beispiel hierfür wäre eine Erzieherausbildung im Ausland. Für die Tätigkeit in Deutschland wäre eine staatliche Anerkennung erforderlich, für die ein Berufspraktikum abgeleistet werden müsste.

4.2.6 Fertighausmonteure
§ 35 BeschV

Beschäftigte bei einem Fertighaushersteller im Ausland, die für einen Zeitraum von maximal **neun Monaten** im Kalenderjahr zum Aufstellen, Montieren oder für Installationsarbeiten nach Deutschland entsandt werden, können die Zustimmung zu dieser Beschäftigung ohne Arbeitsmarktprüfung erhalten. Dies gilt nur, soweit sie nicht als Mitarbeiter eines in einem EU-Staat ansässigen Unternehmens ohne Aufenthaltserlaubnis hier tätig sein können.

4.2.7 Längerfristig entsandte Beschäftigte
§ 36 BeschV

Mitarbeiter eines im Ausland ansässigen Betriebs, die für einen längeren Zeitraum als drei Monate (für diesen Zeitraum bedarf es keiner Zustimmung) nach Deutschland entsandt werden, um

- entweder Maschinen, Anlagen oder EDV-Programme, die bei ihrem Arbeitgeber bestellt wurden, aufzustellen, zu montieren, zu warten oder zu reparieren, oder
- gebrauchte Anlagen zu demontieren, die in dem Staat wieder aufgebaut werden sollen, in dem der Arbeitgeber seinen Sitz hat,

können die Zustimmung zur Beschäftigungserlaubnis ohne Arbeitsmarktprüfung erhalten.

Die Zustimmung wird für die vorgesehene Dauer, maximal aber für **drei Jahre**, erteilt.

Dies gilt nur, soweit sie nicht als Mitarbeiter eines in einem EU-Staat ansässigen Unternehmens ohne Aufenthaltserlaubnis hier tätig sein können.

4.2.8 Grenzgänger
§ 37 BeschV

Bestimmte Personen, die ihre ständige Wohnung in Gebieten im Ausland haben, die unmittelbar an deutsches Gebiet angrenzen, können nach § 12 Abs. 1 AufenthV mit Zustimmung der AA eine Grenzgängerkarte erhalten. Die Regelung betrifft Ausländer, die keine EU-Staatsangehörigkeit haben.

Der Ausländer muss zunächst im Bundesgebiet gelebt und gearbeitet haben, dann aber seine Wohnung zusammen mit einem Ehegatten oder Lebenspartner, der Deutscher oder Unionsbürger ist, in einen Nachbarstaat verlegt haben.

Das gilt auch für Schweizer Staatsangehörige, die in § 12 Abs. 2 AufenthV ausdrücklich erwähnt werden, aber aufgrund des Abkommens von 1999 mit der Schweizerischen Eidgenossenschaft (Gesetz vom 2.9.2001, BGBl I, S. 810) seit Juli 2004 keinen Aufenthaltstitel und keine Arbeitserlaubnis mehr benötigen.

Schweizer Staatsangehörige werden in § 12 Abs. 2 AufenthV ausdrücklich erwähnt, benötigen aber aufgrund des Abkommens von 1999 mit der Schweizerischen Eidgenossenschaft (Gesetz vom 2.9.2001, BGBl I, S. 810) seit Juli 2004 keinen Aufenthaltstitel und keine Arbeitserlaubnis mehr.

4.3 Beschäftigungen, die von der Ausländerbehörde ohne Einschaltung der AA erlaubt werden können

4.3.1 Grundsätze

Gelten bis zu 3 Monaten nicht als Beschäftigung

Werden die folgenden Tätigkeiten für einen Zeitraum von nicht länger als **drei Monaten** innerhalb von zwölf Monaten ausgeübt, so gelten sie für Personen, die sich nur für diesen Zeitraum in Deutschland aufhalten, nicht als Beschäftigungen, für die eine Erlaubnis einzuholen ist. Sie können deshalb auch mit einem Schengenvisum oder – soweit dies nicht erforderlich ist – ohne einen Aufenthaltstitel ausgeübt werden (§ 17 Abs. 2 und 37 AufenthV).

Länger als 3 Monate

Sind nach den folgenden Regelungen längere Tätigkeiten zugelassen, kann die Ausländerbehörde die Beschäftigung erlauben, ohne zuvor die AA um Zustimmung zu ersuchen. Es handelt sich um eine Ermessensentscheidung nach § 18 AufenthG: Das wirtschaftliche, wissenschaftliche oder Forschungsinteresse des Unternehmens oder der Organisation, bei dem oder der der Ausländer beschäftigt wird, ist ebenso zu berücksichtigen wie eventuell entgegenstehende wirtschaftliche Interessen der Bundesrepublik.

Die allgemeinen Voraussetzungen für die Erteilung eines Aufenthaltstitels nach § 5 AufenthG müssen erfüllt sein. Insbesondere muss der Lebensunterhalt für den Beschäftigten und für die eventuell mitreisende Familie gesichert sein, die Identität und die Rückkehrberechtigung müssen geklärt sein, es darf kein Ausweisungsgrund vorliegen und der Aufenthalt des Ausländers darf auch im Übrigen nicht die Interessen der Bundesrepublik beeinträchtigen oder gefährden.

4.3.2 Kulturelle und wissenschaftliche Darbietungen
§ 7 Nrn. 1–3 BeschV

- Personen mit Wohnsitz im Ausland für kulturelle, wissenschaftliche oder sportliche Darbietungen für höchstens **drei Monate** innerhalb von zwölf Monaten; ebenso ihr Hilfspersonal;

- Personen, die bei Festspielen oder ähnlichen Ereignissen beschäftigt werden oder im Rahmen von Gastspielen oder Film- und Fernsehproduktionen von ausländischen Veranstaltern ins Bundesgebiet geschickt werden für höchstens **drei Monate** innerhalb von zwölf Monaten;

- Personen, die bei einzelnen Darbietungen auftreten für maximal **15 Tage** im Jahr.

4.3.3 Sportler
§ 7 Nr. 4 BeschV

Berufssportler oder Trainer zum Einsatz bei deutschen Vereinen oder vergleichbaren Organisationen, die mindestens 16 Jahre alt sind und ein Gehalt von derzeit mindestens 2.575 € in den alten Bundesländern und 2.175 € in den neuen Bundesländern (die Hälfte der Beitragsbemessungsgrenze der Rentenversicherung) erhalten. Der deutsche Spitzenverband der jeweiligen Sportart muss im Einvernehmen mit dem Deutschen Sportbund bestätigen, dass die Qualifikation für einen Berufssportler oder einen Trainer vorliegen.

4.3.4 Sportveranstaltungen
§ 12 BeschV

Beteiligten an internationalen Sportveranstaltungen, für die die Bundesregierung Durchführungsgarantien übernommen hat und die bei dem jeweiligen Organisationskomitee akkreditiert sind, kann ein Aufenthaltstitel zum Zweck der Beschäftigung bei der Vorbereitung, Teilnahme, Durchführung oder Nachbereitung ohne Zustimmung der AA erteilt werden. Genannt sind folgende Personen:
- Repräsentanten, Mitarbeiter und Beauftragte von Verbänden und Organisationen;
- Schiedsrichter und -assistenten;
- Spieler;
- bezahltes Personal der teilnehmenden Mannschaften;
- Vertreter der offiziellen Verbandspartner und offiziellen Lizenzpartner;
- Vertreter der Medien einschließlich des technischen Personals;
- Mitarbeiter der TV- und Medienpartner;
- sonstige Personen.

4.3.5 Fotomodelle
§ 7 Nr. 5 BeschV

Für eine Beschäftigung als Fotomodell, Werbetyp, Mannequin oder Dressman genügt es für die Erteilung des Aufenthaltstitels, dass der Arbeitgeber die Beschäftigung vor der Aufnahme der AA angezeigt hat.

4.3.6 Journalisten
§ 8 BeschV

Journalisten können ein Visum oder eine Aufenthaltserlaubnis erhalten, wenn ihr Arbeitgeber mit Sitz im Ausland vom Presse- und Informationsamt der Bundesrepublik anerkannt ist.

4.3.7 Karitative und religiöse Beschäftigungen und Freiwilligendienste
§ 9 BeschV

Für Beschäftigungen im Rahmen eines Freiwilligendienstes, der entweder gesetzlich geregelt ist, wie z.B. das freiwillige soziale Jahr oder die »Gedenkdiener in Österreich«, oder auf einem Programm der EU beruht, insbesondere der Europäische Freiwilligendienst, kann die Aufenthaltserlaubnis allein durch die Ausländerbehörde erteilt werden.

Das Gleiche gilt für Beschäftigungen aus karitativen und religiösen Gründen, wie der Dienst in einem Orden, als Diakonisse oder im Rahmen der religiösen Verkündung.

4.3.8 Ferienbeschäftigungen
§ 10 BeschV

Ausländische Schüler und Studenten können für maximal **drei Monate** innerhalb von zwölf Monaten eine Aufenthaltserlaubnis für einen Ferienjob bekommen, der durch die AA vermittelt wurde.

4.3.9 Entsandte Arbeitskräfte
§ 11 BeschV

Beschäftigte bei einer ausländischen Firma können für maximal **drei Monate** innerhalb von zwölf Monaten einen Aufenthaltstitel für Tätigkeiten in Deutschland erhalten, bei denen sie Anlagen montieren, EDV-Programme einrichten oder beides warten oder reparieren, in Maschinen o. Ä., die für das Ausland bestimmt sind, eingewiesen werden oder diese demontieren. Die Beschäftigung muss der AA vor ihrer Aufnahme angezeigt werden.

Das Gleiche gilt, allerdings ohne Anzeigepflicht, für Tätigkeiten auf Messen oder zur Teilnahme an Betriebslehrgängen im Rahmen von Exportlieferungs- oder Lizenzverträgen.

4.3.10 Mitarbeiter von EU-Unternehmen
§ 15 BeschV

Dienstleistungsfreiheit

Beschäftigte von Arbeitgebern, die ihren Sitz in einem EU-Staat (einschließlich der Beitrittsstaaten, siehe hierzu aber die Einschränkungen → S. 220) haben, fallen unter die Dienstleistungsfreiheit. Einen Aufenthaltstitel benötigen nur Angehörige von Drittstaaten, die ihren Wohnsitz nach Deutschland verlegen. Sie erhalten eine Aufenthaltserlaubnis zum Zweck der Beschäftigung
- bis zu **sechs Monaten**, wenn sie vorher schon sechs Monate bei dem Arbeitgeber beschäftigt waren;

bis zu **zwölf Monaten**, wenn sie vorher schon zwölf Monate beschäftigt waren.

Es ist sehr fraglich, ob diese Einschränkungen mit der Dienstleistungsfreiheit der EU nach Art. 49 ff. EGV vereinbar sind.

4.3.11 Schifffahrt und Luftverkehr
§ 14 BeschV

Die Ausländerbehörde kann einen Aufenthaltstitel ohne Zustimmung der AA erteilen, soweit es sich nicht um eine erlaubnisfreie Tätigkeit handelt für
- Besatzungsmitglieder im internationalen Schifffahrtsverkehr;
- Seelotsen;
- Besatzungsmitglieder von Binnenschiffen im grenzüberschreitenden Verkehr;
- Besatzungsmitglieder von Flugzeugen (nicht Piloten, Flugingenieure, Flugnavigatoren) von Luftfahrtunternehmen mit Sitz im Inland.

4.3.12 Straßen- und Schienenverkehr
§ 13 BeschV

Fahrzeugführern und sonstigem fahrenden Personal im grenzüberschreitenden Verkehr kann ein Aufenthaltstitel ohne Zustimmung der AA erteilt werden, wenn der Arbeitgeber seinen Sitz im Ausland hat und das Fahrzeug im Ausland zugelassen ist.
Auf die Staatsangehörigkeit des Arbeitnehmers kommt es nicht an.

Werden die Außengrenzen der EU oder des EWR überschritten, wird der Aufenthaltstitel nur benötigt, wenn der Aufenthalt im Bundesgebiet länger als drei Monate innerhalb von zwölf Monaten andauert. Beispielsweise kann ein Transportunternehmen mit Sitz in Albanien einen chinesischen Kraftfahrer einstellen, der Güter von Albanien nach Deutschland transportiert.

Ausnahmen:
- Im grenzüberschreitenden Linienverkehr mit Omnibussen kann das Fahrzeug auch im Inland zugelassen sein;
- im grenzüberschreitenden Schienenverkehr kommt es auf den Ort der Zulassung nicht an;
- Kraftfahrer, die schon vor dem 1.9.1993 im grenzüberschreitenden Güter- oder Personenverkehr tätig waren, können auch weiter ohne Genehmigung arbeiten, selbst wenn das Unternehmen, bei dem sie angestellt sind, seinen Sitz in Deutschland hat;
- türkische Unternehmen können ihre Mitarbeiter – unabhängig von der Staatsangehörigkeit – bis zu **drei Monate** auch dann erlaubnisfrei im grenzüberschreitenden Verkehr mit Deutschland einsetzen, wenn das Fahrzeug in Deutschland zugelassen ist.

Sonderregelungen für türkische Unternehmen

4.4 Erwerbstätigkeiten, für die keine Genehmigungen erforderlich sind

4.4.1 Diplomatisches Personal
§ 27 AufenthV

- Die Mitarbeiter von konsularischen Vertretungen, die einen Diplomatenstatus haben. Ebenso die Mitarbeiter internationaler Organisationen (z. B. offizielle Vertreter der UNO), die nach internationalen Verträgen von Einwanderungsbeschränkungen ausgenommen sind;

- Familienangehörige des diplomatischen Personals (§ 27 Nr. 4 AufenthV);

- die Familienangehörigen von Diplomaten sowie Familienangehörige des sonstigen Personals der diplomatischen Vertretung brauchen für die Ausübung einer Erwerbstätigkeit auch außerhalb des konsularischen Dienstes keine Genehmigung, wenn sie aus einem Staat kommen, in dem dieselbe Regelung für die Familienangehörigen von deutschem konsularischem Personal besteht.

4.4.2 Die Angestellten von Personen im diplomatischen Dienst
§ 27 Nr. 3 und 5 AufenthV

Im Bereich der diplomatischen Vertretungen darf das Hauspersonal, das Verwaltungspersonal und das technische Personal ohne Aufenthaltserlaubnis und damit auch ohne Genehmigung der Beschäftigung tätig sein, dasselbe gilt für das private Hauspersonal der Diplomaten, allerdings nur mit Zustimmung des Auswärtigen Amts (§ 27 Abs. 1 Nr. 1, Nr. 2, Nr. 3 AufenthV).

4.4.3 Mitarbeiter von EU-Unternehmen
§ 20 AufenthV

Dienstleistungsfreiheit

Für Mitarbeiter von Unternehmen aus den Mitgliedstaaten der EU (einschließlich der Beitrittsstaaten) dürfen im Rahmen der europäischen Dienstleistungsfreiheit uneingeschränkt im Bundesgebiet tätig werden, soweit sie ihren Wohnsitz im Ausland beibehalten. Die Mitarbeiter selbst müssen keine EU-Staatsangehörigkeit besitzen, sich aber erlaubt in dem Staat des Unternehmenssitzes aufhalten (EuGH vom 9.8.1994, EuGHE I 1994, 3803).

Im Bundesgebiet müssen weitere gesetzliche Vorschriften eingehalten werden, dazu gehört insbesondere die Zahlung des Mindestlohns im Baugewerbe nach dem Arbeitnehmerentsendegesetz.

4.4.4 Flugpersonal
§ 23 AufenthV

Inhaber von Flugbesatzungsausweisen benötigen weder Aufenthalts- noch Erwerbsgenehmigungen, wenn sie sich auf dem Flughafen, auf dem die Landung erfolgte, in Orten der unmittelbaren Umgebung oder auf dem Weg zu einem anderen Flughafen, an dem sie ihren Dienst aufnehmen, befinden. Der Bundesgrenzschutz kann Flugpersonal ohne Flugbesatzungsausweis einen Passierschein ausstellen.

4.4.5 Seeleute
§§ 24, 25 AufenthV

Ziviles Schiffspersonal (Kapitän, Besatzungsmitglieder oder an Bord beschäftigte Personen, die auf einer Besatzungsliste stehen) benötigen in den folgenden Fällen keine Aufenthalts- oder Erwerbsgenehmigungen:
- Lotsen;
- Inhaber eines deutschen Seefahrtsbuchs, soweit sie sich an Bord eines Schiffs unter deutscher Flagge oder im Bundesgebiet aufhalten und nach EU-Recht von der Visumpflicht befreit sind;
- andere Besatzungsmitglieder können für den Aufenthalt im Hafenort einen Passierschein des Bundesgrenzschutzes erhalten;
- Binnenschiffer auf ausländischen Schiffen mit den erforderlichen Registrierungen für Aufenthalte bis zu **drei Monaten** innerhalb von zwölf Monaten, solange sie sich an Bord, in der unmittelbaren Umgebung oder auf dem Weg zu ihrem Schiff befinden.

4.4.6 Kraftfahrer bei Transitfahrten
§ 17 Abs. 2 Satz 2 AufenthV

Kraftfahrer, die lediglich Güter oder Personen durch das Bundesgebiet hindurchbefördern, ohne dass hierbei das Transportfahrzeug gewechselt wird, benötigen keine Aufenthalts- oder Erwerbsgenehmigung.

IV Spätaussiedler

1 Neuregelung

Die besondere Eingliederungshilfe für Spätaussiedler ist durch das Vierte Gesetz über moderne Dienstleistungen am Arbeitsmarkt (BGBl I 2003 Nr. 66, S. 2954 ff.) zum 1.1.2005 ersatzlos gestrichen worden.

Eingliederungshilfe gestrichen

Alg II
Sozg

Die Leistungsberechtigten, die bislang Eingliederungshilfe nach §§ 418–421 SGB III bei Arbeitslosigkeit oder bei Teilnahme an einem Deutsch-Sprachlehrgang erhielten, werden nun wie alle übrigen Arbeitslosen ohne versicherungsrechtliche Ansprüche nach dem SGB III auf das Alg II sowie das Sozg nach dem SGB II verwiesen.

Allein stehende, volljährige Spätaussiedler erhalten jetzt den Regelsatz nach § 20 Abs. 2 SGB II in Höhe von 345 € (West) oder 331 € (Ost) zuzüglich der angemessenen Kosten der Unterkunft.
Bei zwei erwachsenen Familienmitgliedern (Ehegatten, Lebenspartnern oder Personen in eheähnlicher Lebensgemeinschaft) reduziert sich dieser Betrag auf 311 € (West) oder 280 € (Ost) pro Person. Kinder bis zum 14. Geburtstag erhalten 207 € (West) oder 199 € (Ost) und vom 14. bis zum 18. Geburtstag 276 € (West) oder 265 € (Ost), jeweils zuzüglich des angemessenen Teils der Kosten der Unterkunft.

Dasselbe gilt auch für Asylberechtigte und für Personen, die von der obersten Landesbehörde aus dem Ausland aufgenommen wurden.

Sprachkurse der AA abgeschafft

Mit dem Zuwanderungsgesetz (BGBl I 2004 Nr. 41, S. 1950 ff.) werden zum 1.1.2005 auch die Leistungen zur Sprachförderung nach dem SGB III für Spätaussiedler, ihre Ehegatten und Abkömmlinge sowie für Asylberechtigte und aus dem Ausland aufgenommene Personen gestrichen.
Wurde der Sprachkurs allerdings bereits im Jahre 2004 begonnen, so besteht der Anspruch auf Teilnahme bis zum geplanten Ende des Sprachkurses weiter. Auch werden Fahrkosten und Kosten der Kinderbetreuung weiter übernommen. Wie bisher können zusätzlich Leistungen zur Förderung der beruflichen Weiterbildung erbracht werden.

2 Sonstige Leistungen für Spätaussiedler?

- Erhalten geblieben sind die einmalige **Überbrückungshilfe** des Bundes und der Ausgleich der Kosten der Ansiedlung (§ 9 Abs. 2 Bundesvertriebenengesetz).
- Weiter erhalten Spätaussiedler, die vor dem 1.4.1956 geboren sind, eine pauschale **Eingliederungshilfe** von 2.045 €, und die vor dem 1.1.1946 geboren sind, von 3.068 € zum Ausgleich des erlittenen Unrechts (§ 9 Abs. 3 Bundesvertriebenengesetz).
- Weggefallen ist das **Einrichtungsdarlehen**.
- **Leistungen des Garantiefonds** für Spätaussiedler, Asylberechtigte und aufgenommene Personen (jüdische Angehörige der Staaten der ehemaligen Sowjetunion) können junge Menschen bis zum 27. Geburtstag zur beruflichen, sprachlichen oder sozialen Integration erhalten. Über diese Leistungen informiert das örtliche Sozialamt. Die Anträge müssen innerhalb von zwei Jahren nach der Einreise oder innerhalb von einem Jahr nach Asylanerkennung gestellt werden. Es besteht kein Anspruch auf Leistungen, es kommt darauf an, welche Angebote verfügbar sind.

- Solange Spätaussiedler noch keinen Antrag auf Leistungen nach dem SGB II gestellt haben, stehen ihnen nach § 11 Bundesvertriebenengesetz Leistungen bei Krankheit zu. Zuständig ist die örtliche AOK. Die Höhe dieser Leistungen entspricht der bei Alg II-Bezug.   *Krankenversicherung*
- Mit dem Antrag auf Alg II und Sozg kann eine Krankenkasse gewählt werden, bei der dann die Versicherung geführt wird.
- Zu den Integrationskusen → nächstes Kapitel.

V Sprachkurse

1 Integrationskurse für Spätaussiedler und Neu-Ausländer

Wer noch keinen Sprachkurs begonnen hat, **hat** nun einen **Anspruch** auf Teilnahme an einem Integrationskurs, der für Spätaussiedler und neu zugewanderte Ausländer gemeinsam durchgeführt wird (§ 9 Abs. 1 Bundesvertiebenengesetzes). Die Einzelheiten zur Durchführung dieser Kurse sind in der Integrationskursverordnung (IntV) geregelt.   *Muss-Leistung*

Zuständig für die Organisation, die Vorgaben für die Gestaltung und die Qualitätskontrolle ist das Bundesamt für Migration und Flüchtlinge (§ 9 Abs. 5 Bundesvertriebenengesetz).   *IntegrationskursVO*

Die Integrationskurse werden im Umfang von 630 Stunden durchgeführt, die sich auf einen Basissprachkurs mit 300 Stunden, einen Aufbausprachkurs mit ebenfalls 300 Stunden und einen Orientierungskurs mit 30 Stunden verteilen. Die beiden Sprachkurse werden jeweils in drei Kursabschnitte à 100 Unterrichtsstunden aufgeteilt. Es sollen mehrere Leistungsstufen angeboten werden. Der Teilnehmer kann nach Abschluss eines Kursabschnittes die Leistungsstufe wechseln. Die Gruppengröße darf 25 Personen nicht überschreiten (§ 14 IntV).   *Dauer*

Der Sprachkurs dauert bei ganztägiger Durchführung längstens sechs Monate.

Es sollen sowohl Ganztagskurse als auch berufsbegleitende Kurse angeboten werden. Die Träger sollen bei Bedarf auch Kinderbetreuung und sozialpädagogische Begleitung anbieten. Für diese Kosten sind aber die Länder zuständig. Hierzu liegen noch keine konkreten Konzepte vor.

Für die Kurse dürfen nur Lehrkräfte eingesetzt werden, die entweder ein abgeschlossenes Studium für Deutsch als Fremdsprache oder Deutsch als Zweitsprache nachweisen oder aber an einem Qualifizierungskurs des Bundesamts für Migration und Flüchtlinge teilgenommen haben (§ 15 IntV).   *Qualifizierte Lehrkräfte*

Das Bundesamt gibt die Lehrinhalte und Lernziele vor und regelt auch Qualitätskontrollen bei den einzelnen Trägern, die die Kurse durchführen. Das Bundesamt bildet Regionalstellen zur Wahrnehmung dieser Aufgaben.   *Qualitätskontrolle*

Freie Wahl des Anbieters	Die Teilnehmer sind im Grundsatz frei, einen Anbieter am Markt auszuwählen, bei dem sie den Kurs durchführen wollen. Auch ein Wechsel des Kursträgers nach Abschluss eines Kursabschnittes ist möglich (§ 14 Abs. 2 IntV).
Nicht für Schüler	Keinen Teilnahmeanspruch haben junge Menschen, die sich in einer schulischen Ausbildung befinden.
	Zusätzlich werden Integrationskurse für spezielle Zielgruppen eingerichtet. Vorgesehen sind nach § 13 IntV
Spezialkurse	■ Jugendintegrationskurse für junge Menschen bis zum 28. Geburtstag, die die deutsche Sprache für eine schulische oder berufliche Ausbildung benötigen;
	■ Eltern- bzw. Frauenintegrationskurse für Personen, die wegen familiärer Verpflichtungen oder aus kulturellen Gründen keinen allgemeinen Integrationskurs besuchen können. Gedacht ist hierbei auch an Frauen, die aufgrund ihrer kulturellen Herkunft nicht mit Männern gemeinsam an einem Kursus teilnehmen können;
	■ Integrationskurse mit Alphabetisierung werden für Personen zur Verfügung gestellt, die im Heimatland noch keine Schule besucht haben. Interessanterweise soll dieser Alphabetisierungskurs aber auch für Personen vorgesehen werden, die die lateinische Schrift nicht beherrschen. Der Erwerb der lateinischen Schrift ist sicherlich eine zusätzliche Anforderung, mit Alphabetisierung hat dies aber nichts zu tun.
Fahrkosten	Es ist durchaus damit zu rechnen, dass für die Teilnahme an den Kursen auch längere Fahrtzeiten in Kauf zu nehmen sind, da der Kreis der Teilnahmeberechtigten relativ klein ist.
	Bei weiteren Entfernungen werden die Fahrkosten übernommen.
Lehrgangskosten	Die Kurse sollen so durchgeführt werden, dass pro Teilnehmer und Stunde 2,05 € als kostendeckend angesetzt werden.
	Für Spätaussiedler sind die Integrationskurse grundsätzlich kostenfrei.
	Asylberechtigte und sonstige Ausländer müssen einen Kostenanteil von 1 € pro Unterrichtsstunde bezahlen. Vom Eigenanteil befreit werden die Bezieher von Alg II, Sozg oder Hilfe zum Lebensunterhalt nach dem SGB III.
Zertifikat	Der Integrationskurs wird mit einem Abschlusstest beendet, wobei der Inhalt der Sprachprüfung von den Kriterien des »Zertifikats Deutsch Stufe B 1« vorgegeben wird und der Inhalt des Orientierungskurses von dem jeweiligen Kursträger entwickelt wird. Wird das Niveau des Zertifikats Deutsch nicht erreicht, so wird das erreichte Abschlussniveau auf dem Zertifikat bescheinigt; es gibt keinen Anspruch auf Wiederholung des Kurses, wenn das Kursziel nicht erreicht wurde.
	Anders als sonstige Ausländer können Spätaussiedler nicht zur Teilnahme an den Kursen verpflichtet werden.

2 ESF-Sprachkurse für Alt-Einwanderer

»Personen mit Migrationshintergrund« können gemäß § 4 Richtlinien ESF-BA-Programm vom 22.12.2004 einen Sprachkurs erhalten, wenn
- sie Alg beziehen und
- ihnen berufsbezogene Deutschkenntnisse vermittelt werden.

Kann-Leistung

Vollzeitkurse können bis drei Monate, Teilzeitkurse bis zu sechs Monaten gefördert werden.

Dauer

Der Sprachkurs schließt die Verfügbarkeit des Alg-Beziehers nicht aus (§ 4 Abs. 4 Richtlinien i. V. m. § 120 Abs. 3 Nr. 2 SGB III).
Übernommen werden können gemäß § 4 Abs. 3 Richtlinien i. V. m. §§ 79 Abs. 2, 80, 81, 82, 83 SGB III die Weiterbildungskosten:
- Lehrgangskosten,
- Fahrkosten,
- Kosten für auswärtige Unterbringung und Vepflegung,
- Kinderbetreuungskosten.

Die BA wird Höchstbeträge festlegen.

VI Vermittlung, Sanktionen, Rechtsmittel

1 Vermittlung

Ausländern, denen die Erwerbstätigkeit oder Beschäftigung nicht unbeschränkt erlaubt ist, darf nach § 40 Abs. 1 Nr. 2 AufenthG keine Genehmigung für eine Beschäftigung bei einem Zeitarbeitsunternehmen erteilt werden. Damit kommt auch die Vermittlung an eine Personal-Service-Agentur nicht infrage, da auch sie dem Arbeitnehmerüberlassungsgesetz unterliegt.
Die AA darf nach § 39 Abs. 1 AufenthG keiner Beschäftigung zustimmen, wenn der ausländische Arbeitnehmer zu ungünstigeren Bedingungen beschäftigt werden soll als vergleichbare deutsche Arbeitnehmer. Hier kann ein Widerspruch zu den Zumutbarkeitsregelungen des § 121 SGB III entstehen. In dieser Regelung wird nur eine Beschäftigung für unzumutbar gehalten, die gegen gesetzliche, tarifliche oder in Betriebsvereinbarungen festgelegte Regelungen verstößt. Besteht keine tarifliche Bindung, würde in den meisten Bereichen nur eine Beschäftigung mit sittenwidriger Entlohnung gegen ein Gesetz verstoßen (§ 138 BGB und § 291 StGB). Damit sind nach § 121 SGB III durchaus auch Vermittlungen in unterbezahlte Tätigkeiten möglich (siehe hierzu im Einzelnen → S. 131).
Weil für derartige Tätigkeiten anderseits nach § 39 Abs. 1 AufenthG keine Zustimmung erteilt werden darf, kann es zu dem Widerspruch kommen, dass der Vermittler die Aufnahme einer Beschäftigung betreibt und die Ausländerbeschäftigungsabteilung hierzu die Zustimmung versagen muss.

2 Sanktionen

Wer eine Beschäftigung aufnimmt, ohne über die erforderliche Erlaubnis zu verfügen, begeht eine Ordnungswidrigkeit nach § 404 Abs. 2 Nr. 4 SGB III.
Wird die Arbeit von einem Ausländer aufgenommen, der sich nicht erlaubt in Deutschland aufhält, so wird auch der Straftatbestand des unerlaubten Aufenthalts nach § 95 Abs. 1 AufenthG erfüllt.
Wer nur im Besitz eines Touristenvisums ist oder wer sich für drei Monate erlaubnisfrei in Deutschland aufhält, erfüllt mit der Arbeitsaufnahme ebenfalls den Straftatbestand des unerlaubten Aufenthalts, weil das erteilte Visum nur für einen Aufenthalt ohne Arbeitsaufnahme gültig ist bzw. der Aufenthalt nur ohne Erwerbstätigkeit erlaubnisfrei ist.

3 Rechtsmittel

Gegen die Entscheidung der AA kann kein Rechtsmittel eingelegt werden, da es sich nur um eine verwaltungsinterne Mitwirkung gegenüber der Ausländerbehörde handelt.

Widerspruch nur gegen die Aufenthaltserlaubnis

Gegen die Entscheidung der Ausländerbehörde, die Aufenthaltserlaubnis mit einer eingeschränkten oder ohne Beschäftigungserlaubnis zu erteilen, kann Widerspruch eingelegt werden. Dieser Widerspruch richtet sich allein gegen die Erteilung der Aufenthaltserlaubnis in dieser Form.

Jetzt: Klage zum Verwaltungsgericht

Bleibt der Widerspruch erfolglos, so kann Klage eingereicht werden. Sie ist nicht mehr wie bisher an das Sozialgericht zu richten, sondern an das Verwaltungsgericht, welches für Ausländerangelegenheiten zuständig ist. Die Prüfung von Arbeitserlaubnisfragen stellen für die Verwaltungsrichter völliges Neuland dar. Es bleibt also abzuwarten, ob die bisherige Rechtsprechung, insbesondere zum Begriff des Härtefalls im Arbeitserlaubnisrecht, fortgeführt wird, oder ob die sehr restriktive Handhabung dieses Begriffs im Ausländerrecht auf die Beurteilung von Beschäftigungserlaubnissen abfärbt.

Ausnahme Sozialgericht

Bei Klagen gegen die Arbeitserlaubnis-EU, die ja weiterhin von der AA unmittelbar erteilt wird, bleibt das Sozialgericht zuständig.
Widerspruch und Klage haben nach § 84 Abs. 1 Nr. 3 AufenthG keine aufschiebende Wirkung. Es darf also nicht gearbeitet werden, solange um die Beschäftigungserlaubnis gestritten wird.
Widerruft die AA ihre Zustimmung zu einer Beschäftigung, so muss nach § 52 Abs. 2 AufenthG die Ausländerbehörde auch die Aufenthaltserlaubnis widerrufen, wenn diese zum Zweck der Erwerbstätigkeit erteilt worden war.
Wird allerdings ein Aufenthaltstitel nachträglich zurückgenommen oder widerrufen, so führen der Widerspruch und die Klage dazu, dass sich die Person vorläufig weiter im Bundesgebiet aufhalten kann und auch die Beschäftigung oder selbstständige Erwerbstätigkeit weiterführen kann.

I SPERRZEITEN
§§ 144, 128 Abs. 1 Nrn. 3–4, 147 Abs. 1 Nr. 2,
434j Abs. 3 SGB III

I Sperrzeiten – die wichtigste Strafe der AA **263**

II Fallgruppe Arbeitsplatzverlust **264**
- 1 Kündigung durch den Arbeitnehmer oder Aufhebungsvertrag? **264**
- 1.1 Wirksame Eigenkündigung **265**
- 1.2 Wirksamer Aufhebungsvertrag **265**
- 1.3 Ursächlich für Arbeitslosigkeit **267**
- 1.4 Vorsatz oder grobe Fahrlässigkeit **269**
- 2 Kündigung durch Arbeitgeber **269**
- 2.1 Vertragswidriges Verhalten **269**
- 2.2 Ursächlich für Arbeitslosigkeit **272**
- 2.3 Vorsatz oder grobe Fahrlässigkeit **273**
- 2.4 Sperrzeit und arbeitsgerichtlicher Vergleich **274**
- 3 Ohne wichtigen Grund **275**

III Fallgruppe Arbeitsablehnung, Vereitelung der Anbahnung oder Nichtantritt einer Arbeit **278**
- 1 Arbeitsablehnung, Vereitelung der Anbahnung bzw. Nichtantritt einer Arbeit **279**
- 2 Ursächlich für die Verlängerung der Arbeitslosigkeit **280**
- 3 Ausreichend beschriebenes Arbeitsangebot **281**
- 4 Zulässiges Arbeitsangebot **281**
- 5 Rechtsfolgenbelehrung **282**
- 6 Ohne wichtigen Grund **282**

IV Fallgruppe unzureichender Nachweis der Eigenbemühungen **283**

V Fallgruppe Weigerung, an einer beruflichen Eingliederungsmaßnahme teilzunehmen **284**
- 1 Was ist eine berufliche Eingliederungsmaßnahme? **284**
- 2 Zumutbare Eingliederungsmaßnahmen **285**
- 3 Schriftliche Zusage für die Förderung nötig **285**
- 4 Rechtsfolgenbelehrung **285**
- 5 Ohne wichtigen Grund **285**

VI Fallgruppe Abbruch einer / Ausschluss aus einer beruflichen Eingliederungsmaßnahme **286**
- 1 Abbruch **286**
- 2 Ausschluss **286**
- 3 Wichtiger Grund **286**

VII Fallgruppe Meldeversäumnis 287

1. Neuregelung 287
2. Allgemeine Meldepflicht 287
3. Zweck der Meldung 287
4. Vorladung, Form, Zeitpunkt und Kosten der Meldung 288
5. Keine Sperrzeit bei wichtigem Grund zum Fernbleiben 288
6. Keine Sperrzeit bei mangelnder Rechtsfolgenbelehrung 289

VIII Wer ist beweispflichtig? 289

IX Beginn und Dauer der Sperrzeit 291

1. Beginn 291
2. Dauer: Sperrzeit nach § 144 Abs. 1 Satz 2 Nr. 1 SGB III (Lösung des Arbeitsverhältnisses) 291
2.1 Regelsperrzeit: 12 Wochen 291
2.2 Herabsetzung auf 6 Wochen bei »besonderer Härte« 292
2.3 Herabsetzung auf 3 Wochen 293
3. Dauer der Sperrzeit nach § 144 Abs. 1 Satz 2 Nrn. 2–6 SGB III 293
3.1 3 Wochen 294
3.2 6 Wochen 294
3.3 12 Wochen 294
3.4 2 Wochen 296
3.5 1 Woche 296

X Rechtsfolgen der Sperrzeit 296

1. Ruhen des Alg-Anspruchs 296
2. Verkürzung der Alg-Bezugsdauer 296

XI Leistungsanspruch erlischt nach Sperrzeiten von insgesamt 21 Wochen 297

1. Was bedeutet Erlöschen des Anspruchs? 297
2. Voraussetzungen für das Erlöschen des Leistungsanspruchs 298
2.1 Sperrzeitanlass nach Entstehen des Leistungsanspruchs 298
2.2 Gesamtsperrzeitdauer 21 Wochen 299
2.3 Vor dem weiteren Sperrzeitanlass Rechtsfolgenbelehrung 299

XII Anhang: Wichtiger Grund von A–Z 300

I Sperrzeiten – die wichtigste Strafe der AA

Wer sich versicherungswidrig verhält, wird mit einer Sperrzeit bestraft. Im Jahr 2003 erließen die AA 423.800 Sperrzeitbescheide; das sind im Vergleich zu 2002 108.200 oder 34% mehr Sperrzeiten. »Der starke Zuwachs ist im Zusammenhang mit der strikten Anwendung des Prinzips ›Fördern und Fordern‹ zu sehen« (ANBA Sonder-Nr. vom 15.7.2004, Arbeitsmarkt 2003, S. 79). Wie »strikt« das Prinzip »Fördern« angewandt wird, belegt die gleiche Quelle: Die Förderung durch ABM ist 2003 um 26% oder 32.300, die Förderung durch berufliche Weiterbildung um 46% oder 210.000 zurückgegangen (ANBA, a. a. O., S. 99, 101).

Nach einer Untersuchung von Sperrzeiten und Säumniszeiten in Westdeutschland verhängt die BA gegen wenig Qualifizierte und Geringverdiener häufiger Sperrzeiten und Säumniszeiten als gegen Facharbeiter, Angestellte und gut verdienende Arbeitnehmer (ZAF 2004, S. 45 ff.). Die betroffenen Personen sind sicherlich nicht weniger arbeitsbereit als andere Arbeitnehmer. Wahrscheinlich werden Beendigungsgründe bei Qualifizierten und besser Verdienenden häufiger verschleiert, sie können sich gegenüber der BA auch besser vertreten; außerdem sind die Arbeitsangebote an gering Qualifizierte sehr oft schlecht bezahlt und die Beschäftigungen mit erheblichen Belastungen verbunden, wie sie in qualifizierten Berufen seltener vorkommen.

Sperrzeitbeute: kleine Leute

Während der Sperrzeit ruht der Alg-Anspruch; außerdem wird der Anspruch gekürzt. Mehrere Sperrzeiten können zum Verlust des Leistungsanspruchs führen. Das geschah im Jahr 2003 immerhin 12.000-mal.

Sperrzeitfolgen

Widersprüche gegen Sperrzeitbescheide sind überdurchschnittlich erfolgreich. Im Jahr 2001 lag die Erfolgsquote bei 40,2%. Deshalb raten wir, gegen jede Sperrzeit, durch die Sie sich ungerecht behandelt fühlen, Widerspruch einzulegen (ein Muster mit Musterbegründungen → S. 558); und wenn der Widerspruch nichts hilft, sollten Sie in aller Regel vor dem Sozialgericht gegen die Sperrzeit klagen. Die Klagen gegen Sperrzeitbescheide führten 2001 in 52,2% der Fälle zur Aufhebung oder Verkürzung der Sperrzeit (BT-Drs. 14/9884).

Widerspruch und Klage stellen Sperrzeiten infrage

Sperrzeiten werden in folgenden fünf Fällen verhängt:
- Hier verliert der Arbeitnehmer seinen Arbeitsplatz durch eigene Kündigung oder durch einen Aufhebungsvertrag oder aufgrund einer Kündigung durch den Arbeitgeber. Näheres unten II.

Fallgruppe 1 Arbeitsplatzverlust

- Hier verlängert der Arbeitslose die Arbeitslosigkeit, indem er eine von der AA angebotene Arbeit ablehnt oder die angebotene Arbeit nicht antritt oder die Anbahnung eines Arbeitsverhältnisses vereitelt (Näheres unten III → S. 278).

Fallgruppe 2 Arbeitsablehnung/ Nichtantritt

I Sperrzeiten

Fallgruppe 3 Mangelnde Eigenbemühungen
- Auch hier verlängert der Arbeitslose nach Meinung der BA die Arbeitslosigkeit, weil er die von ihr geforderten Eigenbemühungen nach § 119 Abs. 4 SGB III nicht nachweist (Näheres unten IV → S. 283);

Fallgrupp 4 Maßnahmeablehnung/-abbruch
- Weigert sich der Arbeitslose, an einer beruflichen Eingliederungsmaßnahme oder einer Maßnahme der Eignungsfeststellung teilzunehmen oder bricht er sie ab, so verbessert der Arbeitslose (nach Ansicht der AA) seine Vermittlungsaussichten nicht (Näheres unten V → S. 284 ff.).

Fallgruppe 5 Meldeversäumnis
- Die bisherige Säumniszeit nach § 145 hat der Gesetzgeber seit 2005 zu einer Sperrzeit gemacht. Sie tritt – wie bisher die Säumniszeit – ein, wenn der Arbeitslose der Aufforderung der AA, sich zu melden oder zu einer ärztlichen oder psychologischen Untersuchung zu erscheinen, nicht nachkommt (Näheres unten VI → S. 286).

Im Folgenden werden die verschiedenen Fallgruppen im Einzelnen dargestellt. Dabei sind Erläuterungen zum Arbeitsrecht erforderlich; denn die arbeitsvertraglichen Beziehungen zwischen Arbeitnehmern und Arbeitgebern bestimmen oft, ob eine Sperrzeit zulässig ist.

II Fallgruppe Arbeitsplatzverlust
§ 144 Abs. 1 Satz 2 Nr. 1 SGB III

Der Arbeitsplatz kann durch Eigenkündigung des Arbeitnehmers, durch einvernehmlichen Aufhebungsvertrag zwischen Arbeitgeber und Arbeitnehmer oder durch Kündigung des Arbeitgebers verloren gehen.

Die häufigsten Sperrzeitanlässe sind wohl die Eigenkündigung des Arbeitnehmers und die Zustimmung zu einem Aufhebungsvertrag.

1 Kündigung durch den Arbeitnehmer oder Aufhebungsvertrag?

Eine Sperrzeit ist nur zulässig,

Sperrzeit nur zulässig, ...
- wenn die Kündigung des Arbeitnehmers bzw. der Aufhebungsvertrag **ursächlich** für die Arbeitslosigkeit ist, **und**
- der Arbeitslose den Eintritt der Arbeitslosigkeit **vorsätzlich** oder **grob fahrlässig** herbeigeführt hat,
- **ohne** hierfür einen **wichtigen Grund** zu haben.

1.1 Wirksame Eigenkündigung

Gemäß § 623 BGB bedarf eine Kündigung der Schriftform, um wirksam zu sein. Das heißt gemäß § 126 BGB, dass die Kündigung »eigenhändig durch Namensunterschrift« vom Kündigenden unterschrieben sein muss.

Schriftform erforderlich

Die Kündigung betrifft jedoch nur die arbeitsrechtlichen Beziehungen. Das sozialrechtliche Beschäftigungsverhältnis kann formlos gelöst werden (vgl. Schweiger, NZS 2001, S. 519). Die Lösung des Beschäftigungsverhältnisses ist der Sperrzeitanlass; sie fällt zwar meistens mit der Beendigung des Arbeitsverhältnisses zusammen, das ist aber nicht zwingend.

Die Ablehnung eines mit einer Änderungskündigung verbundenen Angebots des Arbeitgebers zu schlechteren Arbeitsbedingungen ist keine Kündigung des Arbeitnehmers und führt nicht zu einer Sperrzeit (DA, RandNr. 8 zu § 144).

Keine Sperrzeit bei Ablehnung einer Änderungskündigung

1.2 Wirksamer Aufhebungsvertrag

Ein Aufhebungsvertrag zwischen Arbeitgeber und Arbeitnehmer bedeutet die einvernehmliche Beendigung des Arbeitsverhältnisses zu einem bestimmten Zeitpunkt.

Auch der Aufhebungsvertrag bedarf zu seiner Wirksamkeit gemäß § 623 BGB der Schriftform. Aber auch hier gilt, dass die Beendigung des Beschäftigungsverhältnisses zur Auslösung einer Sperrzeit genügt, weil Arbeitslosigkeit bereits bei Beendigung des Beschäftigungsverhältnisses eintritt, auch wenn der Arbeitsvertrag noch fortbesteht.

Schriftform

Weder die Hinnahme einer Kündigung durch den Arbeitnehmer noch der Abschluss eines Vergleichs im nachfolgenden Kündigungsschutzverfahren rechtfertigt die Annahme eines Aufhebungsvertrages (DA, RandNr. 27 zu § 144; Ute Winkler, info also 1997, S. 60, 62; Gagel/Vogt, Beendigung von Arbeitsverhältnissen, 1994, RandNr. 97; inzwischen klargestellt vom BSG, Urteil vom 25.4.2002 – B 11 AL 89/01 R, SozR 3–4100 § 119 Nr. 24). Meist ist in diesem Zeitpunkt die Arbeitslosigkeit auch schon eingetreten.
Stellt der Arbeitnehmer und/oder der Arbeitgeber im Kündigungsschutzprozess einen Auflösungsantrag nach §§ 9, 10 KSchG und löst das Arbeitsgericht dann das Arbeitsverhältnis durch Urteil auf, liegt ebenfalls kein Aufhebungsvertrag vor (Gagel/Vogt, ebenda, RandNr. 85). Näher zum arbeitsgerichtlichen Vergleich → S. 274.

Keine Sperrzeit bei Hinnahme von Kündigung/ arbeitsgerichtlichem Vergleich

In einer neuen Entscheidung hat das BSG jedoch Absprachen innerhalb der Frist für die Kündigungsschutzklage als Lösungstatbestand gewertet (Urteil vom 18.12.2003 – B 11 AL 35/03 R). Damit hat es

BSG zum »Abwicklungsvertrag«

dem Abwicklungsvertrag, der zur Vermeidung von Sperrzeiten als Alternative zum Aufhebungsvertrag entwickelt worden war, die Grundlage entzogen (Freckmann, BB 2004, S. 1564 ff.; Steinau/Steinbrück, ZIP 2004, S. 1486 ff.; Heuchemer/Insam, BB 2004, S. 1679 ff.; Kliemt, AuR 2004, S. 212; Boecken/Hümmerich, DB 2004, S. 2046; Kramer, AuR 2004, S. 402). Entscheidend ist jetzt bei der Arbeitgeberkündigung, ob die Abfindung bis zum Ablauf der Frist für die Kündigungsschutzklage (drei Wochen) angeboten worden ist und ob die Kündigung rechtswidrig war. Maßgeblich ist hierfür § 1 KSchG. Für die betriebsbedingte Kündigung kommt es darauf an, ob der Arbeitgeber bei der Entscheidung, welcher Arbeitnehmer den Betrieb verlassen soll, die richtige Sozialauswahl getroffen hat. Den Prüfungsmaßstab nennt § 1 Abs. 3 KSchG. Danach sind bei der Sozialauswahl die Dauer der Betriebszugehörigkeit, das Lebensalter, die Unterhaltspflichten und die Schwerbehinderung des Arbeitnehmers zu berücksichtigen. In die Prüfung sind Arbeitnehmer nicht einzubeziehen, deren Weiterbeschäftigung, insbesondere wegen ihrer Kenntnisse, Fähigkeiten und Leistungen oder zur Sicherung einer ausgewogenen Personalstruktur des Betriebes im berechtigten betrieblichen Interesse liegt.

Es bleibt also dabei, dass die bloße Hinnahme der Kündigung nicht zu einer Sperrzeit führen darf. Die Lösung des Arbeitsverhältnisses setzt ein positives Tun voraus – Kündigung oder Beteiligung am Aufhebungsvertrag; eine Lösung durch Unterlassen der Kündigungsschutzklage kann nur dann erheblich sein, wenn eine Rechtspflicht zum Handeln besteht. Die Kündigung des Arbeitgebers löst ohne Mitwirkung des Arbeitnehmers das Arbeitsverhältnis, er kann aber durch eine Kündigungsschutzklage das Wirksamwerden der Kündigung zunächst verhindern (Umkehrschluss aus § 7 KSchG). Eine ausdrückliche gesetzliche Regelung, der eine Rechtspflicht zur Abwendung der Folgen einer Kündigung durch Erhebung einer Kündigungsschutzklage entnommen werden könnte, ist im SGB III nicht enthalten. § 2 Abs. 4 und Abs. 5 SGB III stellt keine solche Verpflichtung auf, da nicht der Arbeitnehmer, sondern der Arbeitgeber das Arbeitsverhältnis beendet (so jetzt auch das BSG, Urteil vom 27.5.2003 – B 7 AL 4/02 R; a. A. Löwisch, NZA 1998 S. 729 f.; Eichenhofer, SGb 2000, S. 289). Eine Arbeitgeberkündigung führt nach der ausdrücklichen gesetzlichen Regelung nur dann zur Sperrzeit, wenn der Arbeitnehmer sie durch arbeitsvertragswidriges Verhalten veranlasst hat (vgl. LSG Baden-Württemberg, Urteil vom 18.3.1997 – L 1 Ar 189/96 und Urteil vom 3.5.1995 – L 5 Ar 474/94, Breith. 1996, S. 429). Die Beschränkung der Arbeitgeberkündigung als Sperrzeittatbestand auf verhaltensbedingte Kündigungen schließt eine so weitreichende Ausdehnung des § 144 Abs. 1 Satz 2 Nr. 1 SGB III auf Fälle unverschuldeter Kündigungen aus, gegen die sich der Arbeitnehmer nicht zur Wehr setzt. Im übrigen kann aus einer rechtswidrigen Kündigung ein wichtiger Grund zur Lösung des Arbeitsverhältnisses erwachsen. So hat der 11. Senat in der ungerechtfertigten Arbeitgeberkündigung einen wichtigen Grund für die Auflösung des Arbeitsverhältnisses gesehen, wenn die Kündigung die Beziehungen zwischen den Arbeitsvertragsparteien so zerrüttet hat, dass eine Fortsetzung nicht zumutbar ist (Urteil vom 23.3.1995 – 11 RAr 39/94). Das Fehlen des wichtigen Grundes wird sich dann gegen den Willen der Arbeitsvertragsparteien meist nicht feststellen lassen.

Ein Sperrzeittatbestand liegt nicht vor, wenn der Arbeitslose nach dem neuen § 1a KSchG auf eine Kündigungsschutzklage ganz bewusst verzichtet und stattdessen eine Entlassungsentschädigung in Anspruch nimmt. Voraussetzung ist auch hier eine betriebsbedingte Kündigung, in der der Arbeitgeber eine Entlassungsentschädigung anbietet, wenn der Arbeitnehmer keine Kündigungsschutzklage erhebt. Für diesen Fall sieht das Gesetz eine Entlassungsentschädigung in Höhe von 0,5 Monatsverdiensten pro Beschäftigungsjahr vor.
Die BA verhängt in diesem Fall keine Sperrzeit:

»In Fällen nicht offensichtlich rechtswidriger Kündigungen (...) kann (...) die Sachverhaltsermittlung wegen eines Sperrzeittatbestandes i. d. R. entfallen.« (BA-Rundbrief 134/2003, S. 2 f.)

1.3 Ursächlich für Arbeitslosigkeit

Die Kündigung des Arbeitnehmers bzw. der Aufhebungsvertrag müssen ursächlich für die Arbeitslosigkeit sein.
Wenn die Eigenkündigung bzw. der Aufhebungsvertrag einer sicher bevorstehenden personen- bzw. betriebsbedingten Kündigung lediglich zuvorkommen, sind sie zwar ursächlich für den Verlust des Arbeitsplatzes; die drohende Kündigung kann aber einen wichtigen Grund für das Verhalten des Arbeitnehmers darstellen.

Zuvorkommen einer personen-/ betriebsbedingten Kündigung

Im Betrieb von David Zunder munkelt man, dass der Betrieb stillgelegt werden soll. Schließlich verkündet der Arbeitgeber die Stilllegungspläne und bietet, um allen Rechtsstreitigkeiten aus dem Wege zu gehen, den Arbeitnehmern Aufhebungsverträge mit Abfindungszahlungen an. Er droht mit betriebsbedingten Kündigungen, bei denen keine Abfindungen gezahlt werden sollen. David Zunder lässt sich darauf ein.
Ist der Aufhebungsvertrag ein Anlass für eine Sperrzeit?

Beispiel

Nach unserer Auffassung nein, denn David Zunder braucht sich nicht auf einen Kündigungsrechtsstreit wegen einer bevorstehenden betriebsbedingten Kündigung einzulassen. Allerdings muss David Zunder bei der AA diesen Sachverhalt so schildern und notfalls Zeugen hierfür benennen können, falls der Arbeitgeber seine geäußerten Stilllegungspläne der AA gegenüber nicht bestätigen sollte. Daher empfiehlt es sich, bei einer derartigen Aufhebungsvereinbarung die Gründe für die Aufhebung in die Vereinbarung aufzunehmen, z. B.: »Das Arbeitsverhältnis endet wegen der bevorstehenden Betriebsstilllegung einvernehmlich am ...«

Keine Ursächlichkeit bei Befristung	Die Eigenkündigung bzw. der Aufhebungsvertrag sind weiterhin kein Sperrzeitanlass, wenn das Arbeitsverhältnis sowieso aufgrund einer Befristung geendet hätte.
Beispiel	David Zunder ist für drei Monate befristet zur Probe eingestellt, d.h., das Arbeitsverhältnis endet automatisch nach drei Monaten, ohne dass es einer Kündigung bedarf. David Zunder passt seinem Chef nicht, er hat keine Aussicht, dass er in dem Betrieb verbleibt. Daraufhin kündigt David Zunder selbst zum Ablauf der drei Monate und erreicht dadurch, dass im Zeugnis steht: »Das Arbeitsverhältnis endet auf eigenen Wunsch des Herrn Zunder.« Diese Formulierung ist für den beruflichen Werdegang von David Zunder besser, als wenn der neue Arbeitgeber aufgrund des Zeugnisses erkennt, dass das Probearbeitsverhältnis vom Arbeitgeber nicht fortgesetzt wurde, der Chef also unzufrieden war. Hier ist die Eigenkündigung nicht ursächlich für die Arbeitslosigkeit, also darf auch keine Sperrzeit verhängt werden.
Ursächlichkeit bei vorzeitiger Beendigung	Die Sperrzeitvoraussetzungen liegen auch vor, wenn das Arbeitsverhältnis aufgrund einer Eigenkündigung bzw. eines Aufhebungsvertrages früher endet, als es aufgrund der sicher angenommenen betriebsbedingten Kündigung oder aufgrund der Befristung geendet hätte.
Beispiel	Im vorletzten Beispiel schloss D. Zunder einen Aufhebungsvertrag zum 30.6. In Wirklichkeit wird der Betrieb aber erst zum 30.9. stillgelegt. In einem solchen Fall wird wohl das Merkmal der Ursächlichkeit zwischen Aufhebungsvereinbarung und Arbeitslosigkeit zu bejahen sein. Auch dürfte das Merkmal Vorsatz erfüllt sein. Der Arbeitslose hat für die Beendigung des Arbeitsverhältnisses zwar einen wichtigen Grund, der sich aber nicht auf den frühen Zeitpunkt bezieht. Liegt zwischen der tatsächlichen Beendigung und dem späteren betriebsbedingten Kündigungstermin oder dem Befristungsende nur ein Zeitraum bis zu sechs Wochen, gibt es nur eine dreiwöchige Sperrzeit (→ S. 293). Das BSG hat die Kausalität verneint, wenn die AA durch sofortige sachgerechte Vermittlung die Arbeitslosigkeit hätte vermeiden können (Urteil vom 28.6.1991 – 11 RAr 81/90, SGb 1992, S. 357 ff.).

Die Kündigung eines unbefristeten Arbeitsverhältnisses, um ein befristetes Arbeitsverhältnis mit günstigeren Bedingungen einzugehen, ist nicht »ursächlich« (richtiger: zurechenbar) für die Arbeitslosigkeit nach Auslaufen des zweiten Arbeitsvertrages, es sei denn, der Arbeitslose konnte nicht davon ausgehen, dass das Arbeitsverhältnis in eine unbefristete Beschäftigung übergehen werde (BSG, Urteil vom 26.10.2004 – B 7 AL 98/03 R; LSG Niedersachsen-Bremen, Urteil vom 29.10.2002 – L 7 AL 233/02; Hess LSG, Urteil vom 9.5.2001 – L 6 AL 1328/00; vgl. auch SG Fulda, Urteil vom 26.3.2003 – S1/AL 313/02, info also 2004, Heft 2, S. 71; SG Aurich, Urteil vom 9.9.2003 – S 5 AL 58/02, info also 2004, Heft 1; SG Reutlingen, Urteil vom 12.12.2002 – S 8 AL 1186/01, Die Rentenversicherung 2003, S. 34).

1.4 Vorsatz oder grobe Fahrlässigkeit

Der Arbeitslose muss den Eintritt der Arbeitslosigkeit vorsätzlich oder grob fahrlässig herbeigeführt haben. Arbeitslosigkeit i. S. des § 144 Abs. 1 Satz 1 Nr. 1 SGB III meint die Beschäftigungslosigkeit; es kommt nicht darauf an, ob der Arbeitslose eine versicherungspflichtige Beschäftigung sucht und ob er sich arbeitslos gemeldet hat (BSG, Urteil vom 25.4.2002 – B 11 AL 65/01, Breith. 2002, S. 759; Urteil vom 17.10.2002 – B 7 AL 16/02 R, a + b 2003, S. 56 mit Anmerkung von Hase).

Arbeitslosigkeit und Beschäftigungslosigkeit

Grobe Fahrlässigkeit liegt nur vor, wenn der Arbeitnehmer eine Sorgfaltspflichtverletzung ungewöhnlich hohen Ausmaßes, d. h. eine besonders grobe und subjektiv schlechthin unentschuldbare Leichtfertigkeit begeht (z. B. BSG, Urteil vom 25.8.1981 – 7 RAr 44/80). Die grobe Fahrlässigkeit muss sich auf die zu erwartende Arbeitslosigkeit beziehen.

Vorsatz oder grobe Fahrlässigkeit bei der Eigenkündigung bzw. beim Aufhebungsvertrag liegen nicht vor, wenn der Arbeitslose ernst zu nehmende Aussichten auf einen Anschlussarbeitsplatz hat, die sich dann aber zerschlagen.

2 Kündigung durch Arbeitgeber

Eine Arbeitgeberkündigung führt nur dann zu einer Sperrzeit,
1. wenn der Arbeitslose durch sein **vertragswidriges Verhalten** Anlass für die Kündigung gegeben hat, **und**
2. dieses Verhalten für die dann entstandene Arbeitslosigkeit auch **ursächlich** gewesen ist, **und**
3. der Arbeitslose durch sein vertragswidriges Verhalten den Eintritt der Arbeitslosigkeit **vorsätzlich** oder **grob fahrlässig** herbeigeführt hat,
4. **ohne** hierfür einen **wichtigen Grund** zu haben.

Sperrzeit nur zulässig, ...

2.1 Vertragswidriges Verhalten

Der Arbeitslose muss durch ein vertragswidriges Verhalten Anlass für die arbeitgeberseitige Kündigung gegeben haben.

Vertragswidriges Verhalten liegt vor, wenn Sie gegen den geltenden Arbeitsvertrag oder gegen gesetzliche/tarifvertragliche Pflichten oder gegen Pflichten aus einer Betriebsvereinbarung verstoßen.

Verstoß gegen Pflichten des Arbeitnehmers

Die Rechtsverletzung muss die Verpflichtungen aus dem Arbeitsvertrag betreffen. Das ist nicht schon immer dann der Fall, wenn sich Auswirkungen auf das Arbeitsverhältnis ergeben. So ist eine Straftat im privaten Bereich auch dann keine Verletzung arbeitsrechtlicher Pflichten, wenn der Arbeitgeber wegen der Untersuchungshaft das Arbeitsverhältnis kündigen darf.

Trunkenheit am Steuer

Ob Trunkenheit bei einer Privatfahrt bei einem Berufskraftfahrer ein Verstoß gegen arbeitsvertragliche Pflichten ist, ist umstritten (vgl. z. B. LSG Sachsen-Anhalt, Urteil vom 23.11.2000 – L 2 AL 22/99, info also 2001, Heft 4, S. 206). Das BSG stellt auf die Umstände des einzelnen Falles und die Ausgestaltung des Arbeitsverhältnisses ab. So hat das BSG mit Urteil vom 6.3.2003 – B 11 AL 69/02 R entschieden, dass der Führerscheinverlust nach einer privaten Trunkenheitsfahrt, der zu einer Arbeitgeberkündigung führt, bei einem Berufskraftfahrer die Voraussetzungen einer Sperrzeit erfüllen kann. Entscheidend für den Eintritt einer Sperrzeit ist nicht der Entzug der Fahrerlaubnis, sondern das zu dieser Maßnahme führende Verhalten des Betroffenen. Auch wenn das private Fehlverhalten eines Berufskraftfahrers im Straßenverkehr nicht zum Entzug der Fahrerlaubnis führt, kann dieses Anlass für eine verhaltensbedingte Kündigung sein, wenn das Vertrauen des Arbeitgebers auf die Zuverlässigkeit als Grundlage des Arbeitsvertrages nicht mehr gewährleistet ist, zumal Berufskraftfahrer die tatsächliche Sachherrschaft über Vermögensgegenstände von erheblichem Wert ausüben. Eine Sperrzeit tritt nicht ein, wenn der Arbeitslose alkoholkrank ist oder wenn er bei der Trunkenheitsfahrt schuldunfähig war. Dann ist die Kündigung personenbedingt und nicht verhaltensbedingt.

Verletzung von Vertragspflichten

Werden Arbeitsverhinderungen wiederholt und trotz Abmahnung nicht rechtzeitig gemeldet und nachgewiesen, kann eine Sperrzeit eintreten (LSG Rheinland-Pfalz, Urteil vom 28.11.2002 – L 1 AL 67/01; LSG Niedersachsen-Bremen, Urteil vom 26.2.2004 – L 8 AL 85/03; LSG Baden-Württemberg, Urteil vom 5.8.2003 – L 13 AL 2663/02).

Tritt ein Arbeitnehmer seinen Urlaub eigenmächtig ohne Erlaubnis des Arbeitgebers an, liegt ein vertragswidriges Verhalten vor (SG Reutlingen, Urteil vom 12.12.2002 – S 89 L 998/02, Die Rentenversicherung 2003, S. 32).
Bei einer Verdachtskündigung wird es auf die Verhältnisse des Einzelfalles ankommen, ob sich ein Verschulden i. S. d. § 144 Abs. 1 Satz 1 Nr. 1 SGB III feststellen lässt (vgl. LSG Baden-Württemberg, Urteil vom 2.2.2003 – L 39 L 3198/2; dort hatte sich der Arbeitnehmer der Geheimhaltung unterliegende Informationen verschaffen wollen).

Keine Sperrzeit bei unwirksamer Kündigung

Auch wenn sich der Arbeitslose vertragswidrig verhält, ist eine Sperrzeit unzulässig, wenn die Kündigung arbeitsrechtlich unwirksam ist.

Beispiel

Axel Sponti hat keine große Lust zum Arbeiten und kommt häufig zu spät. Darüber hinaus arbeitet er betont langsam und auch unachtsam, sodass es zu hohem Ausschuss in der Produktion kommt. Der Betriebsleiter Wachsam beobachtet dies seit geraumer Zeit, kündigt Axel Sponti fristlos, als Axel wieder einmal zu spät kommt und auch noch einen Maschinenstillstand verursacht.
Gibt es eine Sperrzeit?

Ja, aber nur, wenn Axel Sponti bereits vor dem letzten Vorfall wegen seines Zuspätkommens und seiner Schlechtleistung »abgemahnt« wurde. Regelmäßig muss der Arbeitnehmer vor einer Kündigung abgemahnt werden (BAG, Urteil vom 17.2.1994 – 2 AZR 616/93, BAGE 76, S. 35; BSG, Urteil vom 6.3.2003 – B 11 AL 69/02 R); Ausnahmen sind zulässig bei schweren Verstößen, die eine weitere Zusammenarbeit für den Arbeitgeber unzumutbar machen, und wenn davon auszugehen ist, dass die Abmahnung nicht zu einer Verhaltensänderung führt. Die fehlende Abmahnung hat außerdem zur Folge, dass die eingetretene Arbeitslosigkeit nicht grob fahrlässig verursacht ist, weil der Arbeitnehmer nicht mit einer Kündigung rechnen muss (BSG, Urteil vom 6.3.2003, a. a. O.; LSG Niedersachsen, Urteil vom 26.10.1999 – L 7 AL 73/98, NZS 2000, S. 314). Das gilt auch bei der Trunkenheitsfahrt.

Fehlende Abmahnung

Weitere formelle Gründe, die eine Kündigung unwirksam machen, sind:

- Der Arbeitgeber kündigt ohne Einhaltung der nach § 623 BGB erforderlichen Schriftform.

- Der Arbeitgeber hat vor Ausspruch der Kündigung den Betriebsrat nicht ordnungsgemäß nach § 102 BetriebsverfassungsG beteiligt.

Verstoß gegen besondere Kündigungsschutzvorschriften

- Der Arbeitgeber hat bei der beabsichtigten Kündigung eines Schwerbehinderten nicht die Zustimmung des Integrationsamtes nach § 89 SGB IX eingeholt (bei Schwangeren die Zustimmung der zuständigen Hauptfürsorgestelle nach § 9 MutterschutzG).

- Der Arbeitgeber hat bei der Kündigung eines Betriebsratsmitglieds die Zustimmung des Betriebsrates nicht eingeholt bzw. dessen verweigerte Zustimmung nicht durch das Arbeitsgericht ersetzen lassen (§ 15 KündigungsschutzG, § 103 BetriebsverfassungsG).

Es ist allerdings umstritten, ob die Formverstöße eine Sperrzeit verhindern können. Dagegen könnte sprechen, dass das Beschäftigungsverhältnis aufgrund der Kündigung, für die ein Verstoß gegen arbeitsvertragliche Pflichten ursächlich war, beendet worden und Arbeitslosigkeit eingetreten ist (so das BSG, Urteil vom 25.3.1987 – 7 RAr 95/85). Es empfiehlt sich deshalb, bei formellen Verstößen immer Kündigungsschutzklage zu erheben.

Besondere Kündigungsschutzvorschriften gibt es auch für Wahlbewerber/Wahlvorstände bei Betriebsratswahlen, für Jugendvertreter oder für Arbeitnehmer, die nach Tarifverträgen nicht mehr ordentlich oder nur unter bestimmten Voraussetzungen (z. B. nur gegen Zahlung einer Entlassungsentschädigung) kündbar sind. Nach den Durchführungsanweisungen der BA wird die AA in den genannten Fällen prüfen, ob sich hinter der Erklärung einer Kündigung ein Aufhebungsvertrag verbirgt, wenn der Arbeitnehmer sie klaglos hinnimmt.

| **Keine Sperrzeit bei personen-/betriebsbedingter Kündigung** | Sperrzeiten dürfen nicht verhängt werden in Fällen, in denen die Kündigung des Arbeitgebers »personenbedingt« oder »betriebsbedingt« ist. Hier ist ein vertragswidriges Verhalten des Arbeitnehmers nicht die Ursache für die Kündigung. |

Personenbedingte Kündigung: Beispiel 1

David Zunder war in den letzten Jahren schwer und häufig krank. Es ist mit weiteren Erkrankungen zu rechnen, und die krankheitsbedingten Fehlzeiten führen zu erheblichen betrieblichen Störungen. Ihm wurde deshalb fristgemäß gekündigt. Der Arbeitgeber gibt als Kündigungsgrund nur an: Fehlzeiten.
Darf die AA eine Sperrzeit verhängen?

Nein! Denn für die Krankheit kann David Zunder nichts.

Beispiel 2

David Zunder ist Lkw-Verkäufer. Sein Chef erwartet ganz große Umsätze, die David Zunder aber nicht erreicht. Er ist nicht die erhoffte Verkaufskanone. Wegen mangelnder Leistung wird ihm, nachdem auch eine Abmahnung nichts änderte, ordentlich gekündigt.
Gibt es eine Sperrzeit?

Wenn der mangelnde Verkaufserfolg damit zusammenhängt, dass David Zunder kein Verkaufstalent hat, dann mag zwar die Kündigung berechtigt sein. Eine Sperrzeit darf aber nicht verhängt werden, da die mangelnde Leistung personenbedingt ist.

Betriebsbedingte Kündigung: Beispiel 1

Durch den Einsatz von Computern fällt der Arbeitsplatz von David Zunder weg. Ihm wird daraufhin fristgemäß gekündigt.
Darf die AA eine Sperrzeit verhängen?

Nein! Dafür, dass der Arbeitsplatz wegrationalisiert wird, kann David Zunder nichts. Gleiches gilt bei Arbeitsmangel oder Stillegung des Betriebs oder eines Betriebsteils.

Beispiel 2

Nach Einführung eines neuen EDV-Programmes bricht im Büro von Elfriede Wehrmich der große Stress aus. Elfriede Wehrmich wird krank und erhält eine krankheitsbedingte Kündigung. Gibt der Arbeitgeber als Kündigungsgrund Krankheit an, wird die AA Elfriede Wehrmich zum AA-Arzt schicken und ihre Verfügbarkeit prüfen lassen. Hier wäre es viel günstiger, der Arbeitgeber gäbe als Kündigungsgrund »Rationalisierung« an.

2.2 Ursächlich für Arbeitslosigkeit

Das Verhalten des Arbeitnehmers, das zur Kündigung führt, muss auch für die dann entstandene Arbeitslosigkeit ursächlich sein, sonst ist eine Sperrzeit unzulässig. Das ist nur dann der Fall, wenn die Arbeitslosigkeit ausschließlich wegen des vertragswidrigen Verhaltens des Arbeitslosen eingetreten ist.

Haben oder hätten andere Gründe, die keine Sperrzeit auslösen können, auch zur Arbeitslosigkeit geführt, ist die Arbeitslosigkeit dem Arbeitnehmer u. U. nicht zurechenbar, an der Ursächlichkeit der Kündigungsgründe für die Arbeitslosigkeit ändert sich dadurch nichts; die mangelnde Zurechenbarkeit kann zur Bejahung eines wichtigen Grundes führen.

Mehrere Kündigungsgründe

Die Ursächlichkeit ist dann nicht gegeben, wenn das Arbeitsverhältnis gleichzeitig wegen der Befristung geendet hat.

bei befristetem Arbeitsverhältnis

David Zunder ist für drei Monate befristet zur Aushilfe eingestellt. Am letzten Tag der drei Monate macht David Zunder – verärgert über die schlechten Arbeitsbedingungen – seinen Mund auf und beschwert sich. Dabei kommt es zu einer lautstarken Auseinandersetzung mit dem Arbeitgeber, bei der David Zunder seinen Arbeitgeber auch beleidigt. Daraufhin kündigt ihm der Arbeitgeber fristlos und gibt als Beendigungsgrund in der Arbeitsbescheinigung an: »Beleidigung des Arbeitgebers«.
Gibt es eine Sperrzeit?

Beispiel 1

Nein, denn trotz der fristlosen Kündigung endete das Arbeitsverhältnis sowieso aufgrund der Befristung.

Das Arbeitsverhältnis mit Alfred Langfinger war an sich bis zum 30.11. befristet. Er wurde jedoch schon am 25.11. wegen Diebstahls entlassen. Er muss mit einer (verkürzten) Sperrzeit rechnen. Dies kann er nach Meinung des BSG auch nicht dadurch vermeiden, dass er sich erst am 1.12. (nach vertragsmäßigem Ende des Arbeitsverhältnisses) arbeitslos meldet (Urteile vom 5.8.1999 – B 7 AL 38/98 R, a+b 1999, S. 375 und – 14/99 R, BSGE 84, 225).
Liegt zwischen dem Verhalten des Arbeitslosen, das eine Sperrzeit auslösen würde (im letzten Beispiel am 25.11.), und dem Zeitpunkt, an dem das Arbeitsverhältnis ohnehin geendet hätte (im Beispiel 2 der 30.11.), ein Zeitraum bis zu sechs Wochen, dann droht nur eine auf drei Wochen verkürzte Sperrzeit; wäre das Arbeitsverhältnis innerhalb von zwölf Wochen nach dem Sperrzeitereignis beendet worden, beträgt die Sperrzeit nur sechs Wochen (→ S. 293).

Beispiel 2

2.3 Vorsatz oder grobe Fahrlässigkeit

> Der Arbeitslose muss den Eintritt der Arbeitslosigkeit vorsätzlich oder grob fahrlässig herbeigeführt haben.

Aus Bequemlichkeit kommt Axel Sponti regelmäßig trotz mehrfacher Abmahnung zu spät zur Arbeit. Da er davon ausgehen kann, dass die Kündigung zur Arbeitslosigkeit führen wird, ist die Arbeitslosigkeit grob fahrlässig verursacht, wenn keine Anschlussbeschäftigung in Sicht ist. Eine Sperrzeit wäre zulässig.

Beispiel

Grobe Fahrlässigkeit liegt z. B. **nicht** vor, wenn:
- der Arbeitnehmer ernst zu nehmende Aussichten auf einen Anschlussarbeitsplatz hat, die sich dann aber zerschlagen, oder

- dem Arbeitnehmer wegen eines Verhaltens gekündigt wird, dessen kündigungsrechtliche Einordnung umstritten ist. Bestehen hinsichtlich des Kündigungsgrundes unterschiedliche Auffassungen unter Juristen, dann ist die Sperrzeit unzulässig, selbst wenn die Kündigung letztendlich in einem arbeitsgerichtlichen Verfahren bestätigt werden sollte.

Beispiel

Das Betriebsratsmitglied Carlos Consequentos äußert sich öffentlich kritisch über seinen Arbeitgeber. Dieser kündigt ihm nach der Zustimmung durch die übrigen Betriebsratsmitglieder fristlos.

Die Frage, wie weit die Meinungsfreiheit für Arbeitnehmer reicht, ist arbeitsrechtlich höchst umstritten. Nehmen wir an, das Arbeitsgericht gibt dem gekündigten Betriebsratsmitglied recht. Im Berufungsverfahren gewinnt der Arbeitgeber. Die AA darf keine Sperrzeit verhängen, da für Carlos Consequentos der Ausgang des Prozesses und damit die Arbeitslosigkeit nicht eindeutig vorhersehbar waren.

2.4 Sperrzeit und arbeitsgerichtlicher Vergleich

Da fast alle Kündigungsschutzverfahren mit Abfindungsvergleichen enden, d. h., das Arbeitsverhältnis gegen Zahlung einer Entlassungsentschädigung beendet wird, sind einige Bemerkungen zu derartigen Vergleichen nötig. Häufig schlagen die Arbeitsgerichte derartige Abfindungsvergleiche vor, ohne dass der Sachverhalt bis ins letzte aufgeklärt wurde. Das kann dazu führen, dass die AA eine Sperrzeit verhängt und spätestens im sozialgerichtlichen Verfahren die Beendigungsgründe ermittelt werden müssen.

Klärung des Kündigungsgrundes bereits im Vergleich

Es empfiehlt sich daher, bereits im arbeitsgerichtlichen Verfahren, soweit möglich, den Beendigungsgrund festzuhalten.

Dabei reicht es allerdings nicht aus, dass der Kündigungsgrund pauschal benannt wird (z. B. »Das Arbeitsverhältnis endet aufgrund ordentlicher Kündigung vom 10.5. betriebsbedingt am 30.6.«), wenn sich aus dem Akteninhalt im Arbeitsgerichtsprozess keinerlei Hinweis auf derartige Gründe entnehmen lassen. Die AA sowie das Sozialgericht fordern regelmäßig bei Streitigkeiten über Sperrzeiten die Arbeitsgerichtsakte an. Es muss also im Arbeitsgerichtsprozess bereits darauf gedrungen werden, dass der Beendigungsgrund so gut wie möglich dokumentiert wird. Je nach Prozesschancen empfiehlt es sich, in der Verhandlung vor dem Arbeitsgericht z. B. folgende Erklärungen des Arbeitgebers zu protokollieren:

- Bei günstigen Prozesschancen: »Die gegenüber dem Kläger erhobenen Vorwürfe werden zurückgenommen/nicht mehr aufrechterhalten. Dem Kläger wurde vielmehr aus betrieblichen Gründen (Rationalisierungsmaßnahme usw. – so genau wie möglich angeben!) gekündigt.«

  Vergleichsvorschlag bei günstigen Prozesschancen

- Bei mittelmäßigen Prozesschancen: Ist der Arbeitgeber nicht bereit, seine Vorwürfe zurückzunehmen, bestanden aber weitere, nicht sperrzeitauslösende Kündigungsgründe, so sollte im Protokoll festgehalten werden: »Dem Kläger wäre auch aus personenbedingten Gründen (z. B. krankheitsbedingte Fehlzeiten/mangelnde Qualifikation) oder betriebsbedingten Kündigungsgründen (z. B. Stilllegung) gekündigt worden.«

  bei mittelmäßigen Prozesschancen

- Bei schlechten Prozesschancen: Hier wird der Arbeitgeber, wenn überhaupt, nur zu geringem Entgegenkommen hinsichtlich der Formulierung des Beendigungsgrundes bereit sein. Sofern nicht weitere Kündigungsgründe, die nicht sperrzeitauslösend sind, gegeben sind, kann es unter Umständen hilfreich sein, wenn beide Parteien des Kündigungsschutzprozesses einen Auflösungsantrag nach § 9 KSchG stellen. Dann kann als Beendigungsgrund benannt werden: »Das Arbeitsverhältnis endete aufgrund wechselseitig gestellter Auflösungsanträge am ...« (Zeitpunkt, zu dem das Arbeitsverhältnis aufgrund ordentlicher Kündigung beendet wurde).

  bei schlechten Prozesschancen

Die im arbeitsgerichtlichen Vergleich genannten Kündigungsgründe binden zwar weder die AA noch das Sozialgericht; beide müssen den Sachverhalt von Amts wegen aufklären. Enthält der Vergleich aber detaillierte Angaben zum Kündigungsgrund, so wird sich die AA wie auch das Sozialgericht in aller Regel daran halten, wenn keine Anhaltspunkte vorliegen, aus denen sich die Unrichtigkeit der Darstellung ergibt.

Probleme kann es geben, wenn die im Abfindungsvergleich genannten Kündigungsgründe von den in der Arbeitsbescheinigung vom Arbeitgeber aufgeführten Kündigungsgründen abweichen. Sollte der Arbeitgeber vor der AA oder dem SG auf seinen Angaben in der Arbeitsbescheinigung beharren, muss die AA bzw. das Sozialgericht den tatsächlichen Hergang ermitteln.

3 Ohne wichtigen Grund

Ein wichtiger Grund liegt vor, wenn dem Arbeitnehmer unter Berücksichtigung aller Umstände des Einzelfalles und unter Abwägung seiner Interessen mit den Interessen der Versichertengemeinschaft ein anderes Verhalten nicht zugemutet werden kann (ständige Rechtsprechung des BSG, z. B. Urteil vom 29.11.1989 – 7 RAr 86/88 – NZA 1990, S. 628 f.).

Der wichtige Grund muss die Beendigung des Beschäftigungsverhältnisses gerade zu diesem Zeitpunkt rechtfertigen (BSG, a. a. O.).

Der wichtige Grund

Als wichtige Gründe kommen berufliche, betriebliche und persönliche Gründe in Betracht; also auch gesundheitliche und familiäre Gründe können wichtig im Sinne des Sperrzeitrechts sein.

Der wichtige Grund ist nicht identisch mit dem wichtigen Grund bei der fristlosen Kündigung nach § 626 BGB. Eine Sperrzeit ist aber immer unzulässig, wenn der Arbeitnehmer für sein Verhalten einen Grund hat, der ihn arbeitsrechtlich zur fristlosen Kündigung berechtigt hätte. Da eine Sperrzeit nicht nur bei fristlosen Kündigungen verhängt werden kann, sondern auch bei fristgemäßen, müssen auch andere Gründe als wichtig i. S. des § 144 SGB III gelten können. Entscheidend ist, ob der Grund unter Abwägung der Belange beider Arbeitsvertragsparteien und nach verständigem Ermessen dem Arbeitslosen die Fortsetzung des Beschäftigungsverhältnisses unzumutbar macht.

Wichtiger Grund bei Unzumutbarkeit

Ein wichtiger Grund liegt immer vor, wenn die Beschäftigung unzumutbar ist oder gegen gesetzliche Bestimmungen (Arbeitsschutzregelungen usw.) verstößt. Der Arbeitslose muss sich allerdings zunächst um Beseitigung des wichtigen Grundes bemühen (vgl. BSG, Urteil vom 6.2.2003 – B 7 AL 72/01 R).

Wichtiger Grund bei Aufgabe einer Teilzeitarbeit neben Teil-Alg?

Gibt ein Teil-Alg-Bezieher die fortgeführte versicherungspflichtige Teilzeitarbeit auf mit dem Ziel, Voll-Alg zu erhalten, droht eine Sperrzeit. Nach DA, RandNr. 92 zu § 150 »ist das Herbeiführen eines Anspruchs auf Voll-Alg für sich allein kein wichtiger Grund zur Aufgabe einer versicherungspflichtigen Beschäftigung«. Das heißt, die AA wird in der Regel eine Sperrzeit verhängen. Wir meinen zu Unrecht. Näher zu diesem Streit Ulrich Stascheit, info also 2000, Heft 1, S. 35.

Schwerbehinderte Menschen

Hat ein schwerbehinderter Mensch das Beschäftigungsverhältnis durch Aufhebungsvertrag beendet, kann ein wichtiger Grund im Einzelfall angenommen werden, wenn

- der Aufhebungsvertrag ohne Einschaltung des Integrationsamtes geschlossen wurde und eine Zustimmung zur Kündigung nach § 89 SGB IX zu erwarten war, sofern durch den Aufhebungsvertrag das Beschäftigungsverhältnis zum Zeitpunkt der voraussichtlichen Wirksamkeit einer arbeitgeberseitigen Kündigung mit Zustimmung des Integrationsamtes beendet wurde (§§ 86, 88 Abs. 1 SGB IX) oder

- der Aufhebungsvertrag auf Anraten des Integrationsamtes geschlossen wurde (§ 87 Abs. 3 SGB IX), soweit nach der verständigen Bewertung des Arbeitslosen das Bestehen auf Weiterbeschäftigung letztlich doch eine Zustimmung des Integrationsamtes zur Kündigung oder erheblichen psychischen Druck im weiteren Verlauf des Beschäftigungsverhältnisses zur Folge gehabt hätte.

Die Drohung des Arbeitgebers mit einer rechtmäßigen ordentlichen Kündigung, für die der Arbeitnehmer keinen Anlass gegeben hat, kann für den Betroffenen ein wichtiger Grund zur einverständlichen Beendigung des Arbeitsverhältnisses sein, wenn bei dieser die für den Arbeitgeber geltende Kündigungsfrist beachtet wird. Gegen eine solche Kündigung kann sich der Betroffene nicht erfolgreich zu Wehr setzen. Voraussetzung ist, dass die Kündigung rechtmäßig ist, auf die subjektive Rechtsvorstellung des Versicherten kommt es nicht an, zumal diese als subjektive Tatsache kaum überprüfbar wäre. Einen wichtigen Grund für die Lösung des Beschäftigungsverhältnisses hat der Arbeitslose nur, wenn ihm die Hinnahme einer rechtmäßigen Arbeitgeberkündigung nicht zuzumuten war. Das Interesse an der Entlassungsentschädigung im Rahmen einer Vorruhestandsregelung reicht hierfür allein nicht aus. Die einverständliche Lösung des Beschäftigungsverhältnisses kann sich aber positiv auf die Eingliederungsmöglichkeiten des Arbeitslosen auswirken und damit der Solidargemeinschaft zugute kommen. Das kann das Abwarten der rechtmäßigen Kündigung für den Betroffenen unzumutbar machen. Das BSG hat in diesem Zusammenhang darauf hingewiesen, dass in Fällen einer rechtmäßigen Kündigung der Zweck der Sperrzeit und das verfassungsrechtliche Übermaßverbot, an dem alles staatliche Handeln zu messen ist, zu bedenken sind (BSG, Urteil vom 25.4.2002 – B 11 AL 65/ 01 R, Breith. 2002, S. 759; Urteil vom 17.10.2002 – B 7 AL 16/02 R, a + b 2003, S. 56).

Drohung mit rechtmäßiger Kündigung

Mit zwei Urteilen vom 17.10.2002 hat das BSG seine Rechtsprechung zur Anerkennung seines wichtigen Grundes wegen Umzugs zur Aufrechterhaltung einer eheähnlichen Gemeinschaft präzisiert. Danach hat der Partner/die Partnerin vor Kündigung des Arbeitsverhältnisses alle zumutbaren Anstrengungen zu unternehmen, um eine Arbeitslosigkeit zu vermeiden. Hierzu ist es notwendig, sich rechtzeitig an die AA mit der Bitte um Vermittlung zu wenden und sich eigenständig um Arbeit zu bemühen. Der 7. Senat des BSG hat eine Einschränkung der genannten Rechtsprechung auf Fälle vorsätzlicher oder grob fahrlässiger Verletzung der gesetzlich nicht normierten Obliegenheit, sich noch vor Eintritt der Arbeitslosigkeit um Arbeit zu bemühen, für notwendig gehalten (Urteil vom 27.5.2003 – B 7 AL 4/02 R – Breithaupt 2004, S. 848). Inzwischen sind durch § 144 Abs. 4 Satz 2 SGB III mangelnde Eigenbemühungen auch bereits vor Eintritt der Arbeitslosigkeit sperrzeitbewehrt. Weitere Anstrengungen zur Vermeidung von Arbeitslosigkeit können von Arbeitnehmern wohl nicht verlangt werden.

Eheähnliche Gemeinschaft

Voraussetzung für den wichtigen Grund bei Beendigung des Arbeitsverhältnisses zur Aufrechterhaltung einer eheähnlichen Gemeinschaft ist weiter, dass die bisherige Arbeitsstelle von der gemeinsamen neuen Wohnung nicht zumutbar erreicht werden kann. Endlich hat das BSG eingeräumt, dass § 137 Abs. 2a AFG = § 193 Abs. 2 SBG III bei der Auslegung des wichtigen Grundes zu berücksichtigen ist. Eine Entscheidung über das Vorliegen einer eheähnlichen Gemeinschaft kann nur anhand von Hilfstatsachen getroffen werden. Dazu gehört die Dauerhaftigkeit (in der Regel drei Jahre) und Kontinuität sowie eine bestehende Haushalts- und Wirtschaftsgemeinschaft und unter Umständen die Betreuung von Angehörigen. Ausnahmsweise kann eine eheähnliche Gemeinschaft anerkannt werden, wenn die Gemeinschaft noch keine drei Jahre besteht. Dabei ist die Dreijahresgrenze nicht im Sinne einer absoluten zeitlichen Mindestvoraussetzung zu verstehen. Es kommt vielmehr auf die Umstände des Einzelfalles an, die für eine dauerhafte Einstehensgemeinschaft der beiden Partner sprechen könnten (BSG, Urteile vom 17.10.2002 – B 7 AL 72/01 R und B 7 AL 96/00 R).

Das BSG erkennt weiterhin keinen wichtigen Grund an, wenn die Kündigung und der Umzug der Herstellung einer eheähnlichen Gemeinschaft dienen soll (Urteil vom 17.10.2002 – B 7 AL 96/00 R; ebenso LSG Nordrhein-Westfalen, Urteil vom 22.3.2001 – L 1 AL 78/00).

Mobbing

Ein wichtiger Grund kann Mobbing am Arbeitsplatz sein (BSG, Urteil vom 21.10.2003 – B 7 AL 92/02 R; SG Wiesbaden, Urteil vom 15.10.1998 – S 11 AL 499/98).
Dasselbe gilt für sexuelle Belästigungen.

Prostituierte

Eine Prostituierte beendet ihr Beschäftigungsverhältnis immer mit wichtigem Grund, wenn sie eine solche Beschäftigung nicht mehr ausüben will (DA, RandNr. 55a zu § 144).

Was alles ein wichtiger Grund sein kann, können Sie im Anhang: Wichtiger Grund von A – Z (→ S. 300 ff.) nachlesen.

III Fallgruppe Arbeitsablehnung, Vereitelung der Anbahnung oder Nichtantritt einer Arbeit
§ 144 Abs. 1 Satz 2 Nr. 2, Abs. 4 Satz 2 SGB III

Eine Sperrzeit erhalten Sie auch, wenn Sie trotz Rechtsfolgenbelehrung eine Ihnen von der AA unter Benennung des Arbeitgebers und der Art der Tätigkeit angebotene Arbeit nicht angenommen oder nicht angetreten haben.

Bisher führte die Ablehnung eines Arbeitsangebotes nur bei Arbeitslosen zu einer Sperrzeit; jetzt gilt die Regelung auch für Arbeitsuchende, die sich nach § 37b SGB III bei der AA melden müssen (§ 144 Abs. 4 Satz 2 SGB III).

Ein Sperrzeittatbestand liegt auch dann vor, wenn der Arbeitslose/Arbeitsuchende die Anbahnung eines solchen Beschäftigungsverhältnisses, insbesondere das Zustandekommen eines Vorstellungsgesprächs, durch sein Verhalten verhindert.

Eine Sperrzeit ist in solchen Fällen jedoch nur zulässig,

Sperrzeit nur zulässig, wenn ...

1. wenn der Arbeitslose/Arbeitsuchende ein **Arbeitsangebot** der AA **ablehnt** oder eine **angebotene Stelle nicht antritt** oder die **Anbahnung** des Beschäftigungsverhältnisses **verhindert und**
2. wenn hierdurch der Eintritt oder eine **Verlängerung der Arbeitslosigkeit verursacht** wird **und**
3. wenn das **Arbeitsangebot** seitens der AA **ausreichend beschrieben und**
4. wenn das Angebot insgesamt **zulässig** war **und**
5. wenn der Arbeitslose/Arbeitsuchende **über** die **Rechtsfolgen** der Arbeitsablehnung zuvor **belehrt** wurde **und**
6. wenn der Arbeitslose/Arbeitsuchende für die Ablehnung **keinen wichtigen Grund** hatte.

1 Arbeitsablehnung, Vereitelung der Anbahnung bzw. Nichtantritt einer Arbeit

Der Arbeitslose/Arbeitsuchende muss ein Arbeitsangebot der AA abgelehnt, eine angebotene Stelle nicht angetreten oder die Anbahnung des Beschäftigungsverhältnisses verhindert haben.

Ablehnung eines Arbeitsangebotes

Die Ablehnung eines Arbeitsangebotes kann in verschiedener Weise erfolgt sein, z. B. wenn Sie schon in der AA mitteilen, dass Sie die angebotene Arbeitsstelle ablehnen, oder keinerlei Versuch unternehmen, die Stelle zu bekommen. Ein einmaliger Versuch, den Arbeitgeber telefonisch zu erreichen, wird meist nicht als hinreichende Bemühung angesehen werden können (SG Reutlingen, Urteil vom 26.9.2002 – S 8 AL 2984/01). Oder wenn Sie sich nicht beim Arbeitgeber melden, das Bewerbungsgespräch bei dem infrage kommenden Arbeitgeber sausen lassen oder sich absichtlich so verhalten, dass der Arbeitgeber Sie nicht nimmt, z. B. wenn Sie sich als unzuverlässig darstellen (LSG Nordrhein-Westfalen, Urteil vom 4.9.2003 – L 12 AL 69/02). Vergessen gilt nicht. Auch wer sich nicht beim Arbeitgeber meldet, nimmt ein Arbeitsangebot nicht an (BSG, Urteil vom 15.7.2004 – B 11 AL 67/03 R; BayLSG, Urteil vom 29.1.2004 – L 10 AL 332/01). Allerdings müssen Sie sich gegenüber dem Arbeitgeber nicht besser machen, als Sie sind; auf negative Punkte dürfen Sie hinweisen (BSG, Urteil vom 9.12.2003 – B 7 AL 106/02 R; a. A. Ulrich Wenner, in: Soziale Sicherheit 2004, S. 68).

Der Arbeitslose/Arbeitsuchende darf sich nicht als ungeeignet darstellen (BSG, Beschluss vom 27.4.2004 – B 11 AL 43/04 B) und muss sich den zumutbaren Anforderungen an ein Bewerbungsverfahren unterziehen (Vorlage eines Lebenslaufs – LSG Nordrhein-Westfalen, Urteil vom 12.3.2003 – L 12 AL 159/02; Vorlage eines Bewerbungsbogens – LSG Baden-Württemberg, Urteil vom 31.1.2003 – L 8 AL 4710/01; Anfertigung einer Arbeitsprobe – BSG, Urteil vom 13.3.1997 – 11 RAr 25/96, SozR 3–4100 § 119 Nr. 11). Auch die Forderung untypischer Arbeitsbedingungen, z. B. Acht-Stunden-Tag für Fernfahrer (LSG Baden-Württemberg, Urteil vom 27.1.2004 – L 9 AL 45/03) kann eine Ablehnung sein.

Der Arbeitgeber trägt in das Vermittlungsformular (→ S. 38) den Grund für das Nichtzustandekommen eines Arbeitsverhältnisses ein. Entspricht dies nicht der Wirklichkeit, müssen Sie selbst schildern, wie das Vorstellungsgespräch verlief. Die AA muss dann ermitteln, welche Darstellung zutrifft. Dabei sind Fragen, die manchem Arbeitgeber nicht passen, z. B. ob ein Betriebsrat besteht, ob der Lohn der Tarifhöhe entspricht, zulässig und kein Sperrzeitgrund.

2 Ursächlich für die Verlängerung der Arbeitslosigkeit

Arbeitsablehnung bzw. Nichtantritt einer Arbeit müssen für eine tatsächliche Verlängerung der Arbeitslosigkeit ursächlich sein, sonst ist eine Sperrzeit unzulässig.

Beispiel

Elfriede Wehrmich lehnt am 15.8. ein Arbeitsangebot ab. Sie hätte zum 1.9. die Arbeit aufnehmen sollen. Nun findet sie zum 1.9. in einem anderen Betrieb Arbeit.
Sofern die AA eine Sperrzeit verhängt haben sollte, wäre diese nunmehr aufzuheben, da die Arbeitsablehnung nicht zu einer Verlängerung der Arbeitslosigkeit geführt hat. Dies gilt übrigens unserer Meinung nach auch, wenn Elfriede Wehrmich diese neue Arbeitsstelle ohne ihr Verschulden wieder verliert.

Beispiel

Elfriede Wehrmich lehnt am 23.4. ein Arbeitsangebot zum 1.5. ab. Die AA verhängt eine Sperrzeit, ohne zu prüfen, ob Elfriede Wehrmich überhaupt für eine Einstellung in Betracht kam. Die Sperrzeit nach § 144 Abs. 1 Satz 2 Nr. 2 ist zwar nicht davon abhängig, dass sie auch tatsächlich eingestellt worden wäre, ihre Weigerung also zu einer Verlängerung der Arbeitslosigkeit führen würde (BSG, Urteil vom 25.4.1991 – 11 RAr 99/90, SozR 3–4100 § 119a AFG Nr. 1). Kam sie für den Arbeitgeber aber für eine Einstellung von vornherein nicht infrage, hat ihr Verhalten die Arbeitslosigkeit nicht verlängert (so auch Voelzke, in: Kasseler Handbuch des Arbeitsförderungsrechtes, 2003, § 12 RandNr. 321). Eine Sperrzeit tritt nicht ein.

Ist ein Arbeitsvertrag zustande gekommen, treten Sie aber die Arbeit nicht an, so verlängern Sie hierdurch die Arbeitslosigkeit mit der Folge einer Sperrzeit. Kündigt der Arbeitgeber noch vor Arbeitsantritt zulässigerweise aus personen- oder betriebsbedingten Gründen oder kündigen Sie zulässigerweise mit wichtigem Grund noch vor Antritt der Arbeit, so darf keine Sperrzeit verhängt werden.

III Arbeitsablehnung, Vereitelung der Anbahnung oder Nichtantritt einer Arbeit

3 Ausreichend beschriebenes Arbeitsangebot

Das Arbeitsangebot muss ausreichend beschrieben sein. Wenn Sie von der AA eine Arbeit angeboten bekommen, muss die AA Ihnen mindestens den Namen, die Anschrift des Arbeitgebers und die Art der angebotenen Tätigkeit nennen.

Ein Arbeitsangebot »Tätigkeit: Facharbeiter in PSA; Anforderungen: Tätigkeit im Rahmen der PSA; Lohn/Gehalt: 8,70 €/Stunde« genügt nach Auffassung des SG Frankfurt am Main (Gerichtsbescheid vom 29.6.2004, Az.: S 2 AL 4316/03, info also 2005, Heft 1) nicht den Anforderungen eines ausreichend beschriebenen Arbeitsangebots. Der Arbeitslose – hier ein ausgebildeter Fernmeldemonteur – müsse sich aufgrund der Angaben im Angebot eine Vorstellung von der angebotenen Beschäftigung machen können, die es ihm ermögliche zu prüfen, ob er sie annehmen wolle oder nicht. Den Bestimmtheitsanforderungen genüge die vage Angabe »Facharbeiter in PSA« nicht. Diesen Angaben sei nicht zu entnehmen, welche Arbeitstätigkeiten er konkret an welchen Arbeitsorten verrichten solle. Insbesondere finde sich keine Eingrenzung des Einsatzfeldes. Auch das Angebot bei einer PSA müsse wie bei Zeitarbeitsfirmen die zu verrichtende Arbeitstätigkeit zumindest stichwortartig nach Berufsfeld und Qualität der zu verrichtenden Arbeit konkretisieren. Das SG Frankfurt am Main hob deshalb eine dreiwöchige Sperrzeit auf.

Beispiel

4 Zulässiges Arbeitsangebot

Das Arbeitsangebot muss nach den Vermittlungsvorschriften der AA zulässig sein (Näheres → S. 34). Lehnen Sie ein unzulässiges Angebot ab, darf keine Sperrzeit verhängt werden.
Das Arbeitsangebot muss auch zumutbar sein. Wann das der Fall ist, klären wir im Kapitel »Zumutbarkeit« → S. 118 ff. Nur ein zumutbares Arbeitsangebot kann eine Sperrzeit nach sich ziehen.

Früher hat die AA nur eine Sperrzeit verhängt, wenn sie einem Arbeitslosen an einem Tag gleichzeitig mehrere Arbeitsangebote gemacht und dieser alle Angebote abgelehnt hat. Diese Praxis hat sie aufgegeben; jetzt folgt jedem Angebot, das abgelehnt wird, eine Sperrzeit, wenn kein wichtiger Grund vorliegt.

Mehr als ein Arbeitsangebot

Bei Ablehnung eines zweiten Angebots soll (nach DA, RandNr. 35 zu § 144) eine weitere Sperrzeit eintreten können, auch wenn die AA die vorangegangene Sperrzeit noch nicht festgestellt hat.

Hat der Arbeitslose/Arbeitsuchende eine Beschäftigung abgelehnt, die der Arbeitgeber ihm unmittelbar angeboten hatte, und bietet ihm später die AA denselben Arbeitsplatz unter Belehrung über die Rechtsfolgen einer unberechtigten Ablehnung an, kann nach Meinung des BSG das Arbeitsangebot der AA trotz des vorausgegannen Stellenangebotes durch den Arbeitgeber Grundlage einer Sperrzeit sein, soweit die übrigen Voraussetzungen vorliegen. Die Ablehnung des Angebotes gegenüber dem Arbeitgeber ist nach Meinung des Gerichts für sich allein kein wichtiger Grund für die Weigerung, dem Vermittlungsvorschlag der AA zu folgen. Allerdings können sich aus Inhalt und Art der Verhandlungen zwischen Arbeitgeber und Arbeitslosen/Arbeitsuchenden besondere Umstände ergeben, die die Aufnahme der Beschäftigung unzumutbar macht (Urteil vom 3.5.2001 – B 11 AL 80/00 R, SozR 3-4100 § 119 Nr. 21).

5 Rechtsfolgenbelehrung

Der Arbeitslose/Arbeitsuchende muss über die Rechtsfolgen belehrt werden, bevor er sich zur Ablehnung oder zum Nichtantritt entscheidet. Aus der Rechtsfolgenbelehrung muss eindeutig hervorgehen, dass bei Ablehnung einer von der AA angebotenen bzw. beim Nichtantritt der Arbeitsstelle ohne wichtigen Grund eine Sperrzeit verhängt wird.

Konkret, vollständig, verständlich

Die Rechtsfolgenbelehrung muss daher konkret, vollständig und verständlich sein (BSG, Urteil vom 10.12.1981 – 7 RAr 24/81, SozR 4100 § 119 Nr. 18; LSG Nordrhein-Westfalen, Urteil vom 6.12.1999 – L 12 AL 42/99).

Weder genügt ein Hinweis in einem ausgehändigten Merkblatt, noch genügt es, wenn allgemein von Nachteilen die Rede ist. Sie muss auch auf besondere, im Arbeitsleben nicht allgemein übliche Anforderungen hinweisen.

In zeitlichem Zusammenhang

Außerdem muss die Rechtsfolgenbelehrung in zeitlichem Zusammenhang mit dem jeweilgen Arbeitsangebot stehen und vor der Ablehnung bzw. dem Nichtantritt erfolgen. Eine Belehrung nach Ablehnung reicht daher nicht aus. Es ist auch unschädlich, wenn der Arbeitslose/Arbeitsuchende die danach nochmals angebotene Stelle nicht annimmt, weil er sich bereits vorher gegenüber dem Arbeitgeber festgelegt hat (Voelzke, in: Kasseler Handbuch des Arbeitsförderungsrechtes, 2003, § 12 RandNr. 324).

6 Ohne wichtigen Grund

Der Arbeitslose darf für die Ablehnung bzw. den Nichtantritt der Arbeit keinen wichtigen Grund haben. Als wichtige Gründe kommen bei der Arbeitsablehnung alle persönlichen Gründe in Betracht, die über die Zumutbarkeitsregeln (→ S. 118 ff.) hinaus von der AA zu beachten sind.

Zum wichtigen Grund siehe → S. 275 und den Anhang: Wichtiger Grund von A–Z → S. 300 ff.

IV Fallgruppe unzureichender Nachweis der Eigenbemühungen
§ 144 Abs. 1 Satz 2 Nr. 3 SGB III

Mit dem »Dritten Gesetz für moderne Dienstleistungen am Arbeitsmarkt« ist der Sperrzeittatbestand des unzureichenden Nachweises von Eigenbemühungen nach § 119 Abs. 4 SGB III mit Wirkung vom 1.1.2005 neu in das Gesetz eingefügt worden. Die Sperrzeit betrifft nur Arbeitslose, nicht Arbeitsuchende.

Keine Eigenbemühungen sind erforderlich in Zeiten, in denen der Arbeitslose der Arbeitsvermittlung nicht zur Verfügung stehen muss, also insbesondere in Krankheitszeiten, während der er Alg nach §§ 125 oder 126 SGB III bezieht. Wegen der Einzelheiten zu den zumutbaren Eigenbemühungen siehe oben → S. 120.

Was dem Arbeitslosen an Eigenbemühungen abverlangt werden kann, wird sich in erster Linie aus der Eingliederungsvereinbarung ergeben. Diese muss konkrete Festlegungen enthalten, was der Arbeitslose tun muss, also z.B., wo er sich wie und wie häufig bewerben und welche anderen Anstrengungen er zur Verbesserung seiner Vermittlungschancen unternehmen muss. Es muss auch festgelegt sein, wie die Eigenbemühungen nachgewiesen werden müssen. Weiter gehören zu den Eingliederungsbemühungen die Bereitschaft, sich von Dritten vermitteln zu lassen, und die Arbeitsuche über SIS.

Die Sperrzeit setzt voraus, dass der Arbeitslose die von der AA geforderten Eigenbemühungen nicht nachweist. Die Pflicht zu Eigenbemühungen besteht in jedem Fall, solange Leistungen begehrt bzw. bezogen werden; konkret nachgewiesen werden, z.B. durch Vorlage von Bewerbungen, Anzeigen usw. müssen die Eigenbemühungen nur, wenn die AA den Arbeitslosen dazu auffordert. Hierbei muss die AA die erwarteten Bemühungen näher beschreiben, z.B. Zahl und Art der Bewerbungen, soweit nicht in der Eingliederungsvereinbarung festgelegt, Nutzung von SIS usw. und die Art des erwarteten Nachweises.

Der Nachweispflicht muss eine Rechtsfolgenbelehrung vorausgehen. Für den Arbeitslosen muss aus der Belehrung klar ersichtlich sein, was von ihm erwartet wird und welche Folgen es für ihn haben kann, wenn er diese Erwartungen nicht erfüllt. Der Arbeitslose muss mit der Anforderung der Nachweise über die Rechtsfolgen einer Sperrzeit belehrt werden. Die Belehrung muss den nachzuweisenden Eigenbemühungen vorausgehen. Jeder geforderte Nachweis setzt eine neue Belehrung voraus. Nicht zulässig ist es, den Arbeitslosen am Anfang der Arbeitslosigkeit in oder außerhalb der Eingliederungsvereinbarung über die Rechtsfolgen bei Verletzung von Nachweispflichten einmal zu belehren und dann den Nachweis wiederholt zu verlangen. Da § 144 Abs. 1 Satz 2 Nr. 3 dem früheren § 119 Abs. 5 SGB III in einen Sperrzeittatbestand umgewandelt hat, muss sich jedes Nachweisverlangen der AA auf einen zukünftigen Zeitraum beziehen und mit einer Rechtsfolgenbelehrung verbunden werden. Nur dann kann der Arbeitslose sein Verhalten danach einrichten.

Rechtsfolgenbelehrung

Neben Sperrzeit i.d.R. keine Aufhebung

Nach der Gesetzesbegründung soll mit der Neuregelung eine einheitliche Sanktion für versicherungswidriges Verhalten geschaffen werden. Deshalb ist es nicht zulässig, wegen des fehlenden Nachweises von Eigenbemühungen andere Sanktionen zu verhängen, z.B. die Bewilligung von Alg wegen fehlender Mitwirkung für die Vergangenheit aufzuheben. Die Aufhebung der Leistungsbewilligung ist nur rechtmäßig, wenn die Voraussetzungen nach § 45 SGB X vorliegen und sich nachweisen lässt, dass der Arbeitslose Eigenbemühungen nie beabsichtigte. Für die Zukunft kann die Bewilligung von Alg statt oder neben einer Sperrzeit nur aufgehoben werden, wenn sich aus dem Sperrzeittatbestand ergibt, dass der Arbeitslose Eigenbemühungen überhaupt ablehnt, nicht aber, weil der Nachweis fehlt.

V Fallgruppe Weigerung, an einer beruflichen Eingliederungsmaßnahme teilzunehmen
§ 144 Abs. 1 Satz 2 Nr. 4 SGB III

Weigern Sie sich, an einer beruflichen Eingliederungsmaßnahme, einer Maßnahme der Eignungsfeststellung oder einer Trainingsmaßnahme teilzunehmen, so droht Ihnen eine Sperrzeit.

Sperrzeit nur zulässig, ...

Die Verhängung einer Sperrzeit ist nur zulässig,

1. wenn die **Teilnahme** an einer beruflichen Eingliederungsmaßnahme, einer Trainingsmaßnahme oder einer Maßnahme der Eignungsfeststellung **verweigert** wird, **und**
2. wenn die Maßnahme **zumutbar** ist, **und**
3. wenn die Förderung der Maßnahme **schriftlich zugesagt** worden ist, **und**
4. wenn eine **Rechtsfolgenbelehrung** vor der Weigerung erteilt wurde, **und**
5. wenn **kein wichtiger Grund** für die Weigerung vorliegt.

1 Was ist eine berufliche Eingliederungsmaßnahme?

Als berufliche Eingliederungsmaßnahmen kommen in Betracht:
- Trainingsmaßnahmen (§§ 48–52 SGB III);
- Maßnahmen der Eignungsfeststellung (§ 49 Abs. 1 SGB III);
- Maßnahmen zur beruflichen Ausbildung (§§ 59–76 SGB III);
- Maßnahmen zur beruflichen Weiterbildung (§§ 77–87 SGB III);
- Maßnahmen zur Förderung der Teilhabe behinderter Menschen am Arbeitsleben (§§ 97–115 SGB III).

V Weigerung, an einer beruflichen Eingliederungsmaßnahme teilzunehmen

2 Zumutbare Eingliederungsmaßnahmen

Was Ihnen als Maßnahme zugemutet werden kann, haben wir im Kapitel Zumutbarkeit erläutert (→ S. 148 und → S. 149). Nicht zumutbar sind Maßnahmen, für die der Arbeitslose nicht geeignet ist oder an deren Kosten er sich beteiligen muss. Die BA hält eine Beteiligung bis zu 15 € monatlich für zumutbar.

3 Schriftliche Zusage für die Förderung nötig

Da die Bewilligung von Weiterbildungskosten nach §§ 79–83 SGB III dem Grunde und der Höhe nach im Ermessen der AA liegt, kommt eine Sperrzeit nur in Betracht, wenn vorher eine Bewilligung oder Zusage erfolgt ist, aus der der Arbeitslose ersehen kann, in welchem Umfang die AA die Weiterbildungskosten übernehmen wird. Die Bewilligung/Zusage bedarf wegen § 34 Abs. 1 Satz 1 SGB X der Schriftform (BSG, Urteil vom 16.10.1990 – RAr 65/89, SozR 3-4100 § 119 Nr. 4; so auch DBlRErl 112/90 vom 14.9.1990).

4 Rechtsfolgenbelehrung

Vor Ablehnung der Eingliederungsmaßnahme ist der Arbeitslose über die Rechtsfolgen umfassend zu belehren (Näheres → S. 282). Nach Meinung des BSG muss eine Rechtsfolgenbelehrung nach § 144 Abs. 1 Satz 2 Nr. 3 (jetzt Nr. 4) SGB III nicht den Hinweis darauf enthalten, dass die Trainingsmaßnahme wegen Aufnahme einer Beschäftigung abgebrochen werden darf; es hat offen gelassen, ob eine unterbliebene oder unrichtige Rechtsfolgenbelehrung zu § 144 Abs. 1 Satz 2 Nr. 4 (jetzt Nr. 5) SGB III überhaupt Einfluss auf den Eintritt einer Sperrzeit nach § 144 Abs. 1 Satz 2 Nr. 3 (jetzt Nr. 4) SGB III hat.
Das BSG hat zudem in einer videogestützten Bewerbertrainingsanlage keinen Verstoß gegen datenrechtliche Grundsätze gesehen; auch einen Verstoß gegen das allgemeine Persönlichkeitsrecht eines Bewerbers hat das Gericht im Hinblick auf die genannte Anlage verneint (Urteil vom 29.1.2003 – B 11 AL 33/02 R).

5 Ohne wichtigen Grund

Haben Sie einen wichtigen Grund, die Eingliederungsmaßnahme zu verweigern, so darf keine Sperrzeit verhängt werden. Was alles ein wichtiger Grund sein kann, können Sie im Kapitel Zumutbarkeit (→ S. 148 und → S. 149) und im Anhang: Wichtiger Grund von A – Z (→ S. 300 ff.) nachlesen.

VI Fallgruppe Abbruch einer / Ausschluss aus einer beruflichen Eingliederungsmaßnahme
§ 144 Abs. 1 Satz 2 Nr. 5 SGB III

1 Abbruch

Abgebrochen ist die Maßnahme, wenn der Teilnehmer nach anfänglichem Besuch kraft eigener Entscheidung nicht mehr teilnimmt. Noch kein Abbruch liegt vor, wenn er an einzelnen Tagen ohne Beendigungsabsicht nicht an der Maßnahme teilnimmt.

Auch der Abbruch einer/Ausschluss aus einer Trainingsmaßnahme kann zu einer Sperrzeit führen (vgl. § 144 Abs. 1 Satz 2 Nr. 5 i. V. m. Nr. 4 SGB III).

2 Ausschluss

Maßnahmewidriges Verhalten

Der Ausschluss kann durch die AA oder den Maßnahmeträger erfolgen. Vorraussetzung ist, dass der Teilnehmer sich maßnahmewidrig verhalten hat. Hierzu können häufiges Fehlen, Stören des Unterrichts, Trunkenheit, Drogenkonsum (LSG Rheinland-Pfalz, Urteil vom 4.9.2002 – L 1 AL 170/01, Die Rentenversicherung 2003, S. 33; Hess LSG, Urteil vom 22.10.1999 – L 10 AL 933/98) u. Ä. gehören.

Ein Abbruch der Maßnahme durch die AA ist nur wegen eines Verhaltens des Teilnehmers zulässig, das die Fortsetzung für den Träger oder die AA unzumutbar macht. Hierbei ist ein strenger Maßstab anzulegen; die Interessen des Teilnehmers an der Fortsetzung der Maßnahme sind zu berücksichtigen. Das Fehlverhalten muss dem Teilnehmer subjektiv vorwerfbar sein. Vor dem Abbruch ist der Teilnehmer in aller Regel abzumahnen und auf die möglichen Rechtsfolgen hinzuweisen (vgl. BSG, Urteil vom 16.9.1999 – B 7 AL 32/98 R, BSGE 84, 270). Unmittelbar vor der Entscheidung ist er anzuhören, weil der Abbruch wegen des Zeitablaufs später meist nicht mehr rückgängig gemacht werden kann.

3 Wichtiger Grund

Was alles ein wichtiger Grund sein kann, können Sie im Kapitel Zumutbarkeit (→ S. 148 und → S. 149) und im Anhang: Wichtiger Grund von A – Z (→ S. 300 ff.) nachlesen.

VII Fallgruppe Meldeversäumnis
§ 144 Abs. 1 Satz 2 Nr. 6 SGB III

1 Neuregelung

Mit dem »Dritten Gesetz für moderne Dienstleistungen am Arbeitsmarkt« ist mit Wirkung vom 1.1.2005 die Säumniszeit in eine Sperrzeit und das Meldeversäumnis in einen Sperrzeittatbestand umgewandelt worden. Die Säumniszeit ist damit ganz entfallen. Gegenüber dem bisherigen § 145 SGB III ist die Regelung vereinfacht worden.

2 Allgemeine Meldepflicht
§ 309 SGB III

Wenn Sie sich bei der AA arbeitslos gemeldet und Anspruch auf Alg haben, kann Sie die AA auffordern, sich zu melden oder zu einer ärztlichen oder psychologischen Untersuchung zu erscheinen (dazu näher → S. 36).
Nach § 309 Abs. 1 Satz 3 SGB III besteht eine Meldepflicht auch dann, wenn der Alg-Anspruch wegen einer Sperrzeit oder einer Entlassungsentschädigung ruht.

3 Zweck der Meldung

Die AA darf Sie nur vorladen, wenn es einen sachgerechten Zweck verfolgt. Es muss den Zweck schon in der Vorladung nennen. Die AA kann Sie vorladen zum Zwecke der
- Berufsberatung;
- Vermittlung in Ausbildung und Arbeit;
- Vorbereitung aktiver Arbeitsförderungsleistungen;
- Vorbereitung von Entscheidungen im Leistungsverfahren;
- Prüfung der Voraussetzungen für den Leistungsanspruch.

Meldezweck

Meldezweck kann auch eine gemeinschaftliche Informationsveranstaltung sein (LSG Sachsen-Anhalt, Urteil vom 24.1.2002 – L 2 AL 9/00 – info also 2002, Heft 3, S. 106).

Erscheint der Arbeitslose zur ärztlichen oder psychologischen Untersuchung, lehnt aber die Untersuchung selbst ab, tritt keine Säumniszeit ein. Die Rechtsfolgen richten sich vielmehr nach §§ 66, 67 SGB I. Kommen Sie durch die Ablehnung der Untersuchung Ihrer Mitwirkungspflicht nach § 62 SGB I nicht nach und wird dadurch die Aufklärung des Sachverhalts erschwert, kann Ihnen die AA die Leistung versagen oder eine bereits bewilligte Leistung entziehen. Vorher muss es Ihnen jedoch eine Frist setzen, d.h. erneut einen Termin zur Untersuchung festsetzen und Sie in der Ladung auf die drohenden Konsequenzen der Versagung oder Entziehung hinweisen. Holen Sie

Folgen bei Ablehnung einer Untersuchung

später die Mitwirkung nach, kann die AA die Leistungen nachträglich erbringen. Versagung und Entziehung sowie nachträgliche Bewilligung stehen im Ermessen der AA.

4 Vorladung, Form, Zeitpunkt und Kosten der Meldung

Die AA soll Sie grundsätzlich schriftlich vorladen; eine telefonische Vorladung ist aber auch möglich.
Die AA muss nachweisen, dass die Vorladung (rechtzeitig) bei Ihnen eingegangen ist. Geben Sie an, die Vorladung nicht erhalten zu haben, werden Sie zukünftig per Einwurf-Einschreiben vorgeladen.

Persönlich melden

Sie müssen persönlich in der AA erscheinen, es sei denn, die AA erlaubt Ihnen im Einzelfall, sich telefonisch zu melden.

Meldezeitpunkt

Sind Sie an einem bestimmten Tag für eine bestimmte Uhrzeit bestellt und versäumen Sie diesen Termin, so sind Sie Ihrer Meldepflicht gleichwohl nachgekommen, wenn Sie noch am gleichen Tag vorsprechen und der Zweck der Vorladung noch erfüllt werden kann (§ 309 Abs. 3 Satz 2 SGB III). Das Risiko, dass der Zweck der Vorladung nicht mehr erfüllt werden kann, tragen Sie.

Sind Sie am Meldetermin arbeitsunfähig, so müssen Sie sich am ersten Tag der Arbeitsfähigkeit melden, wenn die AA dies in der Meldeaufforderung bestimmt (§ 309 Abs. 3 Satz 3 SGB III).

Meldeort

Meldeort muss nicht die AA sein; es kann z. B. auch eine Meldung in den Räumen des Bildungsträgers verlangt werden.

Fahrkostenerstattung

Die AA kann auf Antrag die Fahrkosten ersetzen, die durch die Vorladung entstanden sind (§ 309 Abs. 4 SGB III).

5 Keine Sperrzeit bei wichtigem Grund zum Fernbleiben

Waren Sie durch einen **wichtigen Grund** daran gehindert, in der AA zu erscheinen, dann darf gegen Sie keine Säumniszeit verhängt werden. Ein wichtiger Säumnisgrund kann (nach DA 145.8 zu § 145) insbesondere sein:

Beispiele
- Vorstellung bei einem Arbeitgeber zu einem von diesem gewünschten Termin;
- Übernahme einer unaufschiebbaren, geringfügigen Nebenbeschäftigung, soweit dadurch die Verfügbarkeit nicht beeinträchtigt wird;
- Erledigung dringender, unaufschiebbarer persönlicher Angelegenheiten (z. B. Teilnahme an einer Trauerfeier, Hochzeit, einem Gerichtstermin);
- sonstige vom Meldepflichtigen nicht zu vertretende Gründe (z. B. unvorhersehbarer Ausfall von Verkehrsmitteln).

Auch andere Gründe, die üblicherweise eine Dienst-/Arbeitsbefreiung rechtfertigen, können ein wichtiger Grund sein.

6 Keine Sperrzeit bei mangelnder Rechtsfolgenbelehrung

Eine Sperrzeit darf nur verhängt werden, wenn Sie mit der Aufforderung, sich zu melden, belehrt worden sind, dass Ihnen bei Fernbleiben die Sperrzeit droht.
Diese Rechtsfolgenbelehrung muss nicht schriftlich erteilt werden. Auch eine telefonische Rechtsfolgenbelehrung reicht, vorausgesetzt, die AA kann sie beweisen. Hält sich der Arbeitslose ohne Kenntnis der AA nicht unter seiner Anschrift auf, so gilt die Rechtsfolgenbelehrung mit dem Zugang der Meldeaufforderung als erteilt (BSG, Urteil vom 25.4.1996 – 11 RAr 81/95, SozR 3–4100 § 120 AFG Nr. 1).

VIII Wer ist beweispflichtig?

Alle Voraussetzungen müssen gegeben sein, damit eine Sperrzeit zulässig ist.
Hierfür ist die AA grundsätzlich beweispflichtig (BSG, Urteil vom 26.11.1992 – 7 RAr 38/92, SozR 3–4100 § 119 Nr. 7).

Häufig geht die AA von den Angaben aus, die der Arbeitgeber in der Arbeitsbescheinigung macht. Diese Arbeitsbescheinigung muss der Arbeitgeber korrekt ausfüllen. Wenn Sie unserer Empfehlung folgen und die Arbeitsbescheinigung direkt dem Arbeitgeber aushändigen mit der Bitte, sie Ihnen sofort ausgefüllt zurückzugeben, so können Sie die Angaben des Arbeitgebers gleich überprüfen und eventuelle Fehler korrigieren lassen. Kreuzt der Arbeitgeber die Frage: »War vertragswidriges Verhalten des Arbeitnehmers Anlass für die Kündigung?« mit »nein« an, haben Sie keine Sperrzeit zu befürchten. Wird diese Frage mit Ja beantwortet, muss der Arbeitgeber den Kündigungsgrund stichwortartig angeben. Nun droht die Sperrzeit! Stimmen die Angaben nicht, versuchen Sie gleich, den Arbeitgeber dazu zu bewegen, die Angaben zu korrigieren. Gab es neben einem vertragswidrigen Verhalten andere Kündigungsgründe, die eine Sperrzeit nicht rechtfertigen, versuchen Sie, den Arbeitgeber dazu zu bringen, auch diese Kündigungsgründe aufzuführen. Gelingt dies, wird der Sachbearbeiter wegen mangelnder Kausalität von einer Sperrzeit absehen müssen.

Arbeitsbescheinigung

Können Sie die Arbeitsbescheinigung nicht sofort vom Arbeitgeber ausgefüllt zurückerhalten, bitten Sie den Sachbearbeiter in der AA, die Arbeitsbescheinigung einsehen zu dürfen. Sie haben nach § 25 SGB X ein Recht auf Akteneinsicht. Finden Sie in der Arbeitsbescheinigung unwahre oder unvollständige Angaben zum Grund für die Beendigung des Arbeitsverhältnisses, so berichtigen Sie diese. Dazu können Sie das AA-Formular »Stellungnahme des Arbeitslosen zur Beendigung des Beschäftigungsverhältnisses bei Kündigung durch den Arbeitgeber« nutzen.

Recht auf Einsicht in Arbeitsbescheinigung

Stellungnahme des Arbeitslosen

Amtsermittlung

Notfalls muss die AA den Sachverhalt selbst und von Amts wegen ermitteln. Hierzu ist sie nach den §§ 20, 24 SGB X verpflichtet. So muss die AA nicht nur Sie selbst anhören, es muss auch von Ihnen für Ihre Darstellung benannte Zeugen (z. B. Betriebsratsmitglieder/Arbeitskollegen) anhören. Die AA kann jedoch diese Aussagen nicht erzwingen. Auf keinen Fall darf die AA den Angaben des Arbeitgebers pauschal vertrauen und die Angaben des Arbeitslosen als Schutzbehauptung abtun.

Allerdings hat seit 2003 der Arbeitslose nach § 144 Abs. 1 Satz 3 SGB III die maßgeblichen Tatsachen darzulegen und nachzuweisen, die in seiner Sphäre oder in seinem Verantwortungsbereich liegen. Betroffen sind davon die Angelegenheiten, die den Privatbereich des Arbeitslosen betreffen, also in erster Linie familiäre und gesundheitliche Hindernisse, die die Zumutbarkeit beeinflussen. Trotz des Wortlauts führt die Vorschrift nicht zu einer Abkehr vom Amtsermittlungsprinzip des § 20 SGB X, sondern erhöht lediglich die Mitwirkungspflicht des Arbeitslosen und verteilt das Risiko der Beweislosigkeit in diesem Umfang neu. Das Amtsermittlungsprinzip wird also durch § 144 Abs. 1 Satz 3 SGB III nicht außer Kraft gesetzt; die Beweis-/Feststellungslast liegt auch nur insoweit bei dem Arbeitslosen, als die Tatsachen seine Sphäre und zwar ausschließlich betreffen und soweit er die Verantwortung dafür trägt, dass Beweise nicht oder nicht mehr möglich sind. Das gilt vor allem bei verspäteten Angaben über mögliche wichtige Gründe. Für diesen Fall hatte schon das BSG eine Feststellungslast des Arbeitslosen für angemessen gehalten (vgl. Urteil vom 26.11.1992 – 7 RAr 38/92, SozR 3–4200 § 119 Nr. 7; Urteil vom 25.4.2002 – B 11 AL 65/01 R, SozR 3–4300 § 144 Nr. 8 m. w. N.). Tatsachen, die der AA bekannt sind, muss sie auch ohne Vortrag des Arbeitslosen berücksichtigen. Bei diesem Verständnis werden verfassungsrechtliche Bedenken gegen die Neuregelung wohl nicht durchgreifen.

Beweislast bei
§ 44er-Bescheid

Auch wenn die BA weiterhin grundsätzlich die objektive Beweislast für die Tatsachen trägt, die den Eintritt einer Sperrzeit begründen, gilt das nicht mehr, wenn der Verwaltungsakt, der das Alg wegen des Eintritts einer Sperrzeit versagt oder entzogen hat, bestandskräftig geworden ist (§ 77 SGG) und die Voraussetzungen der Sperrzeit in einem Verfahren nach § 44 SGB X geprüft werden. Im Zugunstenverfahren kommt es auf das Tatbestandsmerkmal des sich als unrichtig erweisenden Sachverhalts an. Es geht also zulasten des Arbeitslosen, wenn das Vorliegen dieses Tatbestandmerkmals nicht festgestellt werden kann, nachdem die Sozialgerichte alle verfügbaren Beweise erhoben haben (BSG, Urteil vom 25.6.2002 – B 11 AL 3/02 R).

Formularmäßige
Begründung ist
rechtswidrig

Nach § 35 Abs. 1 SGB X ist die AA verpflichtet, den Sperrzeitbescheid detailliert zu begründen. Manche AA entziehen sich dieser Pflicht immer noch durch Formulare, die im Wesentlichen den Gesetzeswortlaut von § 144 SGB III wiederholen und auf denen der Sachbearbeiter nur noch Kreuzchen macht. Diese Praxis ist rechtswidrig (vgl. Hedi Vogel, info also 1986, Heft 3, S. 136 ff.).

IX Beginn und Dauer der Sperrzeit

1 Beginn
§ 144 Abs. 2 SGB III

Haben Sie Anlass für eine Sperrzeit gegeben, so beginnt die Sperrzeit einen Tag später.

Beispiel

Sie kündigen ohne wichtigen Grund zum 31.3. Dann beginnt die Sperrzeit am 1.4.
Die Sperrzeit beginnt ohne Rücksicht darauf zu laufen, ob Sie sich gleich arbeitslos melden oder erst später.

Beispiel

David Zunder lehnt am 15.4. in der AA eine angebotene Arbeit ab und Elfriede Wehrmich lässt mutwillig am 10.6. ein Vorstellungsgespräch platzen. Die Sperrzeit beginnt am 16.4. bzw. 11.6., auch wenn der vorgesehene Einstellungstermin erst später liegen sollte. Verhält sich der Arbeitslose passiv und meldet sich nicht beim Arbeitgeber, ohne das Angebot zunächst ausdrücklich abzulehnen, ist Sperrzeitereignis der Tag nach dem Arbeitsangebot, wenn er darin zur sofortigen oder umgehenden Kontaktaufnahme aufgefordert worden ist (DA, Rand-Nr. 80 zu § 144).

Tritt die Sperrzeit wegen der Arbeitsablehnung vor Beendigung des Beschäftigungsverhältnisses während der Arbeitsuchzeit nach § 37b SGB III ein, beginnt sie ebenfalls einen Tag nach der Ablehnung zu laufen, sodass sie sich u. U. nicht unmittelbar auswirkt, aber den Anspruch verkürzt.

Fällt der Beginn einer Sperrzeit in eine bereits laufende Sperrzeit, beginnt die zweite Sperrzeit erst im Anschluss an die erste Sperrzeit.

Beispiel

David Zunder gibt seinen Arbeitsplatz zum 31.3. ohne wichtigen Grund auf. Die AA setzt vom 1.4. bis 23.6. eine Sperrzeit fest. Am 10.4. bietet die AA David Zunder eine neue Beschäftigung an, die dieser zu Unrecht ablehnt. Hier beginnt die Sperrzeit nicht am 11.4., sondern erst am 24.6. Das gilt allerdings nur dann, wenn es sich nicht um eine Sperrzeit handelt, die zum Erlöschen des Anspruchs führt (→ S. 297).

2 Dauer: Sperrzeit nach § 144 Abs. 1 Satz 2 Nr. 1 SGB III (Lösung des Arbeitsverhältnisses)

2.1 Regelsperrzeit: 12 Wochen

Die Regelsperrzeit beträgt zwölf Wochen. Die Dauer der Regelsperrzeit verletzt nach Meinung des BSG nicht den Grundsatz der Verhältnismäßigkeit (zuletzt Urteil vom 4.9.2001 – B 7 AL 4/01 R).

2.2 Herabsetzung auf 6 Wochen bei »besonderer Härte«
§ 144 Abs. 3 Satz 2 Nr. 2b SGB III

6 Wochen — Bei »besonderer Härte« kann die Sperrzeit von zwölf Wochen auf sechs Wochen herabgesetzt werden. Immer ist die Sperrzeit auf sechs Wochen herabzusetzen, wenn das Arbeitsverhältnis auch ohne den Sperrzeitanlass innerhalb von zwölf Wochen geendet hätte.

»Besondere Härte« — Bei der »besonderen Härte« kommt es im Übrigen auf den Sperrzeit**anlass** an und nicht auf die sozialen Verhältnisse des Betroffenen.

Beispiel — David Zunder, Vater von vier Kindern, verliert seinen Arbeitsplatz aus eigenem Verschulden. Die AA verhängt deswegen eine zwölfwöchige Sperrzeit. David Zunder verlangt die Herabsetzung der Sperrzeit und begründet seinen Widerspruch damit, dass er nunmehr die Miete nicht mehr bezahlen könne und deshalb eine besondere Härte vorliege.
Da sich die Härte aus dem für den Eintritt der Sperrzeit maßgebenden Anlass ergeben muss, kommt es auf die soziale und wirtschaftliche Situation des Betroffenen nicht an. Hier wäre aber möglicherweise ein Antrag auf abgesenktes Alg II erfolgreich.

Eine Sperrzeit kann verkürzt werden, wenn eine zwölfwöchige Sperrzeit im Verhältnis zu dem Anlass besonders hart erscheint:

Beispiele
- Wenn der Arbeitgeber aus verhaltensbedingten Gründen gekündigt hat, weil:
  - der in die Schlägerei mit einem Arbeitskollegen verwickelte Arbeitnehmer von diesem erheblich provoziert wurde;
  - das ständige Zuspätkommen durch eine Ehekrise bedingt war.

- Wenn der Arbeitslose gekündigt hat, weil:
  - in einem Betrieb das Arbeitsklima ständig gespannt war;
  - ein Arbeitnehmer ständigen Schikanen ausgesetzt war, wenn die Schikanen – weil zum Mobbing ausartend – nicht schon als wichtiger Grund für die Kündigung anzuerkennen sind.

- Wenn der Arbeitslose irrtümlich einen wichtigen Grund annimmt; das gilt aber nur, wenn der Irrtum unverschuldet ist (vgl. BSG, Urteil vom 13.3.1997 – 11 RAr 25/96, SozR 3–4100 § 138 Nr. 10 und Urteil vom 5.6.1997 – 7 RAr 22/96, SozR 3–4100 § 144 Nr. 12); der Arbeitslose muss sich im Regelfall bei der AA erkundigen. Das LSG Hamburg schließt eine besondere Härte bei vermeidbarem Irrtum nicht generell aus, sondern hält eine Einzelfallprüfung für notwendig (Urteil vom 22.3.2001 – L 5 AL 75/00).

- Wenn das Vertrauensverhältnis zwischen Arbeitgeber und Arbeitnehmer zerstört ist (vgl. z. B. LSG Rheinland-Pfalz, Urteil vom 28.3.2002 – L 1 AL 57/91).

Wenn ein Sperrzeitbescheid in solchen Fällen nicht gänzlich unzulässig ist, müsste die AA die Sperrzeit wenigstens auf sechs Wochen herabsetzen.

Ob eine besondere Härte vorliegt, muss die AA bei jeder Sperrzeit prüfen. Leider geschieht das nicht immer. Manche AA prüfen erst dann eine Herabsetzung der Sperrzeit, wenn diese beantragt wird. Verlangen Sie in jedem Fall eine Herabsetzung. Am besten stellen Sie mit dem Widerspruch gegen die Sperrzeit hilfsweise immer den Antrag auf Herabsetzung.

Immer Antrag auf Herabsetzung stellen

Auch wenn Ihr Widerspruch gegen eine Sperrzeit von zwölf Wochen unter Umständen weniger erfolgreich sein mag, als Sie sich erhofften, so kommen in vielen Fällen vor dem Sozialgericht bei Sperrzeitfällen Vergleiche mit einer ermäßigten Sperrzeit von sechs Wochen zustande. Der Antrag nach § 144 Abs. 3 Satz 2 Nr. 2b SGB III hat also relativ gute Erfolgsaussichten.

Ein Muster für diesen Antrag finden Sie auf → S. 558.

2.3 Herabsetzung auf 3 Wochen
§ 144 Abs. 3 Satz 2 Nr. 1 SGB III

Die Sperrzeit beträgt drei Wochen, wenn das Arbeitsverhältnis innerhalb von sechs Wochen nach dem Ereignis, das die Sperrzeit begründete, ohne eine Sperrzeit geendet hätte.

Elfriede Wehrmich verliert am 1.6.2004 ihren Arbeitsplatz durch fristlose Kündigung des Arbeitgebers, nachdem sie diesen beleidigt hat. Zuvor war bereits eine ordentliche betriebsbedingte Kündigung zum 30.6.2004 ausgesprochen worden. Weil die Arbeitslosigkeit innerhalb von sechs Wochen nach dem Sperrzeitereignis (hier 1.6.2004) sowieso eingetreten wäre, nämlich bereits nach vier Wochen, darf die AA nur drei Wochen Sperrzeit verhängen.

Beispiel

Die BA verkürzt die Sperrzeit auch dann auf drei Wochen, wenn das Arbeitsverhältnis durch Aufhebungsvertrag zur Abwendung einer rechtmäßigen betriebsbedingten Kündigung beendet worden ist, der Arbeitnehmer dafür jedoch keinen wichtigen Grund hatte, weil ihm das Abwarten der Kündigung zuzumuten war (DA 10.2 Abs. 1 zu § 144).

3 Dauer der Sperrzeit nach
§ 144 Abs. 1 Satz 2 Nrn. 2, 4 und 5 SGB III

Für die Tatbestände der Nrn. 2, 4 und 5 gibt es seit 2003 nach § 144 Abs. 4 SGB III ein abgestuftes System der Sperrzeitdauer.

3.1   3 Wochen
§ 144 Abs. 4 Satz 1 Nr. 1a–c, Satz 2 SGB III

Arbeit oder Maßnahme bis 6 Wochen

- Die Sperrzeit beträgt drei Wochen, wenn der Arbeitslose eine berufliche Eingliederungsmaßnahme abgebrochen hat, die ohne den Sperrzeitanlass innerhalb von sechs Wochen geendet hätte.

- Dasselbe gilt, wenn der Arbeitslose eine bis zu sechs Wochen befristete Beschäftigung oder eine Eingliederungsmaßnahme von höchstens sechs Wochen abgelehnt hat.

1. Angebot / 1. Abbruch

- Die Sperrzeit beträgt auch nur drei Wochen, wenn eine Beschäftigung oder eine Maßnahme der beruflichen Eingliederung erstmals abgelehnt wird bzw. eine solche Maßnahme nach der Entstehung des Alg-Anspruchs erstmals abgebrochen wird.

3.2   6 Wochen
§ 144 Abs. 4 Satz 1 Nr. 2a–c, Satz 2 SGB III

Arbeit oder Maßnahme bis 12 Wochen

- Die Sperrzeit beträgt sechs Wochen, wenn der Arbeitslose eine berufliche Eingliederungsmaßnahme abgebrochen hat, die ohne den Sperrzeitanlass innerhalb von zwölf Wochen geendet hätte.

- Dasselbe gilt, wenn der Arbeitslose eine bis zu zwölf Wochen befristete Beschäftigung oder eine Eingliederungsmaßnahme von höchstens zwölf Wochen abgelehnt hat.

2. Angebot / 2. Abbruch

- Die Sperrzeit beträgt auch sechs Wochen, wenn eine Beschäftigung oder eine Maßnahme der beruflichen Eingliederung zum zweiten Mal abgelehnt wird bzw. eine solche Maßnahme nach der Entstehung des Alg-Anspruchs zum zweiten Mal abgebrochen wird. Das setzt aber voraus, dass die angebotene Beschäftigung oder Maßnahme bzw. die abgebrochene Maßnahme länger als sechs Wochen dauern sollte. Bei kürzeren Beschäftigungen oder Maßnahmen kommt es nach § 144 Abs. 4 Nr. 1a oder b SGB III nur zu einer Sperrzeit von drei Wochen. Ablehnung von Beschäftigung oder Maßnahme und Abbruch werden hierbei zusammengezählt. Wird zunächst eine Beschäftigung abgelehnt und dann eine Maßnahme abgebrochen, tritt eine Sperrzeit von sechs Wochen ein, weil es sich um den zweiten Verstoß handelt.

3.3   12 Wochen
§ 144 Abs. 4 Satz 1 Nr. 3, Satz 2 SGB III

3. Angebot / 3. Abbruch

- In allen übrigen Fällen tritt eine Sperrzeit von zwölf Wochen ein. Das gilt insbesondere bei der dritten Ablehnung von Arbeit bzw. einer Eingliederungsmaßnahme oder einem dritten Abbruch einer Eingliederungsmaßnahme. Dabei stehen Ablehnung von Arbeit oder Eingliederungsmaßnahmen und Abbruch von Maßnahmen gleichgewichtig nebeneinander. Die Sperrzeit von zwölf Wochen wird z. B. erreicht, wenn ein Arbeitsangebot und eine Eingliederungsmaßnahme abgelehnt und eine Eingliederungsmaßnahme abgebrochen werden.

Die Sperrzeit von zwölf Wochen tritt aber nur ein, wenn die angebotene Beschäftigung oder Maßnahme bzw. die abgebrochene Maßnahme länger als zwölf Wochen dauern sollte. Bei kürzeren Beschäftigungen oder Maßnahmen kommt es nach § 144 Abs. 4 Nr. 1a oder b und 2a oder b SGB III nur zu einer Sperrzeit von drei bzw. sechs Wochen. Frühere Ablehnungen und Abbrüche zählen nach der Entstehung eines neuen Anspruchs nicht mehr.

Arbeit oder Maßnahme von mehr als 12 Wochen

Für die Sperrzeiten der Nrn. 2, 4 und 5 von § 144 Abs. 1 Satz 2 SGB III entfällt seit 2003 die Möglichkeit, eine Sperrzeit mit der Begründung zu verkürzen, dass eine Sperrzeit von zwölf Wochen für den Arbeitslosen nach den für den Eintritt der Sperrzeit maßgebenden Tatsachen eine besondere Härte bedeuten würde. Die fehlende Härteklausel wird vielfach zu unbefriedigenden Lösungen führen und möglicherweise die Auslegung des wichtigen Grundes beeinflussen.

Keine besondere Härte mehr

Beträgt die Zeit der verschuldeten Arbeitslosigkeit weniger als drei Wochen, ist die Sperrzeit nach dem Wortlaut der gesetzlichen Regelung länger als der Sperrzeitanlass. Das ist mit dem Gleichheitsgrundsatz und dem Grundsatz der Verhältnismäßigkeit nicht vereinbar (vgl. Estelmann, VSSR 1997 S. 313–316). Das LSG Niedersachsen-Bremen hat eine Beschränkung der Sperrzeit auf die Zeit der tatsächlich verursachten Arbeitslosigkeit im Wege der »teleologischen Reduktion« für zulässig gehalten, wenn diese Arbeitslosigkeit weniger als drei Wochen umfasst (Urteil vom 27.2.2003 – L 8 AL 17/02). Das BSG hat inzwischen entschieden, dass die Sperrzeit von drei Wochen auch dann eintritt, wenn die verursachte Arbeitslosigkeit weniger als drei Wochen beträgt; das Ergebnis verstößt nach Meinung des Gerichts nicht gegen Verfassungsgrundsätze. Die gesetzliche Regelung sei eindeutig und sehe eine Sperrzeit von drei Wochen, nicht von längstens drei Wochen vor. Das Gesetz sei auch nicht einschränkend auszulegen. Sinn der Sperrzeitregelung sei, die Versichertengemeinschaft typisierend gegen Risikofälle zu schützen, deren Eintritt der Versicherte selbst zu vertreten habe; die Rechtsfolgen der Sperrzeit sollten den Arbeitnehmer an der Herbeiführung des Versicherungsfalles hindern, wenn hierfür kein wichtiger Grund vorliege. Der Gleichheitssatz werde dadurch nicht verletzt, weil der Gesetzgeber nicht verpflichtet sei, für jeden denkbaren Fall eine differenzierende Bestimmung vorzusehen. Bei der Regelung von Massenerscheinungen dürfe er zu Pauschalierungen greifen. Ein Verstoß gegen Art. 14 GG scheide aus, weil der Versicherte seinen Anspruch in der jeweiligen gesetzlichen Ausgestaltung erwerbe. Auch der Grundsatz der Verhältnismäßigkeit und das Übermaßverbot würden nicht verletzt (Urteil vom 5.2.2004 – B 11 AL 31/03 R).

Weniger als 3 Wochen?

3.4 2 Wochen
§ 144 Abs. 1 Satz 2 Nr. 3 SGB III

Die Sperrzeit wegen der Verletzung der Pflicht, Eigenbemühungen nachzuweisen, beträgt immer zwei Wochen. Die Sperrzeit kann nicht verkürzt werden. Sie verlängert sich auch nicht bei wiederholten Verstößen.

3.5 1 Woche
§ 144 Abs. 1 Satz 2 Nr. 6 SGB III

Die Sperrzeit wegen eines Meldeversäumnisses beträgt immer eine Woche. Auch diese Sperrzeit kann nicht verkürzt werden und verlängert sich auch nicht bei wiederholten Verstößen.

X Rechtsfolgen der Sperrzeit

1 Ruhen des Alg-Anspruchs
§ 144 Abs. 1 Satz 1 SGB III

Für die Dauer der Sperrzeit ruht der Anspruch auf Alg (§ 144 Abs. 1 Satz 1 SGB III).

2 Verkürzung der Alg-Bezugsdauer
§ 128 Abs. 1 Nr. 3 und 4 SGB III

Die Dauer des Alg-Bezugs verkürzt sich gemäß § 128 Abs. 1 Nr. 3 SGB III mindestens um die Dauer der Sperrzeit.

Verkürzung um 1/4

Eine zwölfwöchige Sperrzeit wegen des Verlustes des Arbeitsplatzes verkürzt den Alg-Anspruch nicht nur um die Dauer der Sperrzeit, sondern gemäß § 128 Abs. 1 Nr. 4 SGB III um mindestens ein Viertel des Alg-Anspruchs. Bei der höchsten Anwartschaftszeit von 32 Monaten führt daher eine Sperrzeit wegen Arbeitsplatzverlustes nicht nur zum Verlust des Alg-Anspruchs von zwölf Wochen, sondern zur Verkürzung der Alg-Anspruchsdauer um acht Monate anstelle von zwölf Wochen! Schon bei einer Anspruchsdauer von zwölf Monaten führt die Sperrzeit zu einer Verkürzung von 13 Wochen. Gegen die Verkürzung des Alg-Anspruchs über die Dauer der Sperrzeit hinaus bestehen verfassungsrechtliche Bedenken, insbesondere aus Art. 3 Abs. 1 GG (vgl. Ute Winkler, info also 1995, Heft 4, S. 201, 206 f.). Das BSG hält die Kürzung für verfassungsmäßig (Urteil vom 4.9.2001 – B 7 AL 4/01 R).

Beispiel

David Zunder wird selbstverschuldet am 1.4. arbeitslos, nachdem er einen Alg-Anspruch von zwölf Monaten (= 52 Wochen) erworben hat. Die AA verhängt eine zwölfwöchige Sperrzeit vom 1.4. bis 23.6. David

Zunder erhält nicht nur in dieser Zeit kein Alg. Die Anspruchsdauer verkürzt sich um 13 Wochen, von 52 Wochen auf 39 Wochen.

Die Sperrzeit läuft kalendermäßig ab, d.h., sie verkürzt den Anspruch auf Alg auch dann, wenn Sie während der Sperrzeit wieder eine Arbeit gefunden haben und ein Alg-Anspruch ohnehin nicht besteht.

Die Alg-Dauer wird jedoch nicht verkürzt, wenn das Ereignis, das die Sperrzeit begründet hat, bei der Arbeitslosmeldung nach dem Verlust des Arbeitsplatzes oder dem Abbruch einer bzw. Ausschluss aus einer Eingliederungsmaßnahme länger als ein Jahr zurückliegt (§ 128 Abs. 2 Satz 2 SGB III).

XI Leistungsanspruch erlischt nach Sperrzeiten von insgesamt 21 Wochen
§ 147 Abs. 1 Nr. 2 SGB III

1 Was bedeutet Erlöschen des Anspruchs?

Während bei einer einmaligen Sperrzeit das Alg nur für die Dauer der Sperrzeit gestrichen wird, erlischt der gesamte Anspruch auf Alg, wenn die AA mehrere Sperrzeiten von insgesamt 21 Wochen verhängen durfte. Das heißt, es bestehen dann so lange keine Ansprüche auf Leistungen der AA mehr, bis eine neue Alg-Anwartschaftszeit erworben wird. Hierfür zählen nur Zeiten einer Beschäftigung nach dem Erlöschen; frühere Zeiten, z.B. aus einer Zwischenbeschäftigung, zählen nicht mit. Sie gehen verloren.

Sperrzeiten von insgesamt 21 Wochen

Im Streit um die Frage, ob eine zweite oder weitere Sperrzeit zum Erlöschen des Leistungsanspruchs geführt hat, ist die Rechtmäßigkeit der vorherigen Sperrzeiten jedenfalls dann nach § 44 SGB X zu prüfen, wenn der Arbeitslose Gründe vorträgt, die gegen die Rechtmäßigkeit des früheren Bescheides sprechen. Eine Überprüfung des ersten Sperrzeitbescheides scheidet auch dann nicht aus, wenn inzwischen die Vier-Jahres-Frist nach § 44 Abs. 4 Satz 1 SGB X verstrichen ist. Der Arbeitslose ist bei Rechtswidrigkeit des früheren Bescheides so zu stellen, als sei er in der Vergangenheit richtig behandelt worden. Die Sozialgerichte haben die Rechtmäßigkeit des ersten Sperrzeitbescheides zu prüfen und darüber zu entscheiden, auch wenn die AA das nicht getan hat (BSG, Urteil vom 21.3.2002 – B 7 AL 44/01 R, SozR 3–4100 § 119 Nr. 23).

Prüfung aller Sperrzeiten

Elfriede Wehrmich wurde am 1.7. arbeitslos und hatte einen Anspruch auf 8 Monate = 240 Kalendertage Alg. Ab dem 1.7. bezieht sie Alg. Am 10.7. lehnt sie unberechtigterweise ein Arbeitsangebot ab und erhält eine Sperrzeit von drei Wochen vom 11.7. bis 1.8. Danach hatte sie noch einen Restanspruch auf Alg für 209 Kalendertage (240 Kalendertage – 10 Tage Alg-Bezug – 21 Tage Sperrzeit = 209 Kalendertage). Am

Beispiel

1.8. lehnt Elfriede Wehrmich erneut unberechtigterweise eine Arbeit ab und erhält eine zweite Sperrzeit von sechs Wochen; danach verbleiben ihr 167 Tage. Lehnt sie am 1.9. eine Eingliederungsmaßnahme ab oder bricht sie eine solche Maßnahme ab, tritt eine Sperrzeit von zwölf Wochen ein; diese führt zum Erlöschen des Restanspruchs von 167 Kalendertagen.

Nunmehr muss Elfriede Wehrmich zwölf Monate versicherungspflichtig arbeiten (Mindestanwartschaftszeit für Alg), bevor sie wieder Alg beziehen kann. Sie kann nun Alg II beantragen, das aber nach § 31 Abs. 4 Nr. 3a SGB II abgesenkt wird.

2 Voraussetzungen für das Erlöschen des Leistungsanspruchs

Nicht jede erneute Sperrzeit führt zum Erlöschen.

Leistungsanspruch erlischt, …

Der Leistungsanspruch erlischt nur, wenn der Arbeitslose

1. **nach Entstehen des Leistungsanspruchs** Anlass für den Eintritt von wenigstens zwei Sperrzeiten gegeben hat **und**

Neu

2. die Sperrzeiten nach der Entstehung des Anspruchs **insgesamt 21 Wochen betragen haben und**
3. er vor den weiteren Sperrzeitanlässen **über die Rechtsfolgen belehrt** worden ist.

2.1 Sperrzeitanlass nach Entstehen des Leistungsanspruchs

Sperrzeiten aus Anlass der ersten Arbeitslosigkeit scheiden bei der Berechnung der 21 Wochen aus, da der Sperrzeitanlass bei Verlust des Arbeitsplatzes **vor** der Entstehung des Alg-Anspruchs liegt; sie werden bei der Feststellung der Gesamtsperrzeit von 21 Wochen nicht mitgezählt.

Beispiel

Elfriede Wehrmich wird zum 30.6. verhaltensbedingt gekündigt; sie erhält eine Sperrzeit von zwölf Wochen. Wenn sie sich am 1.7. arbeitslos meldet, so liegt der Sperrzeitanlass wegen des Verlustes des Arbeitsplatzes vor dem 1.7. Lehnt Elfriede am 1.9. und am 2.10. eine Arbeit ab und erhält weitere Sperrzeiten von drei und sechs Wochen, verbleibt ihr dennoch der Restanspruch auf Alg.

Das ändert sich für Ansprüche, die ab 1.2.2006 entstehen (§ 434j Abs. 3 SGB III). Dann zählen nicht nur die Sperrzeiten wegen des Arbeitsplatzverlustes mit, sondern auch die Sperrzeiten wegen der Ablehnung von Arbeitsangeboten oder Eingliederungsmaßnahmen während der Arbeitsuchmeldung nach § 37b SGB III vor Eintritt der Arbeitslosigkeit.

Nimmt der Arbeitslose eine Zwischenbeschäftigung auf, die zu einer neuen Alg-Anwartschaft führt (also mindestens zwölf Monate versicherungspflichtige Beschäftigungszeit), sind frühere Sperrzeiten unbeachtlich.

Kein Erlöschen bei neuer Anwartschaftszeit

Führt die Zwischenbeschäftigung nicht zu einer neuen Anwartschaftszeit, zählt eine frühere Sperrzeit bei der Feststellung der Gesamtsperrzeit von 21 Wochen mit. Auch die Sperrzeit, die wegen Verlustes der Zwischenbeschäftigung eintritt, wird mitgezählt.

Wie im vorangegangenen Beispiel lehnt Elfriede Wehrmich am 1.9. eine von der AA angebotene Arbeit ab und erhält deswegen eine Sperrzeit von drei Wochen (2.9.–23.9.). Am 1.12. nimmt Elfriede Wehrmich eine Tätigkeit auf, die sie unverschuldet bereits am 30.12. wieder verliert. Am Tag der erneuten Arbeitslosmeldung (31.12.) hat Elfriede durch die Zwischenbeschäftigung keine neue Anwartschaft erworben, sodass die Sperrzeit vom 2.9. bis 23.9. als Sperrzeit i.S. des § 147 Abs. 1 Nr. 2 SGB III zählt. Lehnt Elfriede danach eine Arbeit und eine Eingliederungsmaßnahme ab und verursacht sie hierdurch eine Sperrzeit von sechs Wochen und eine weitere Sperrzeit von zwölf Wochen, erlischt ihr gesamter Restanspruch auf Alg.

Beispiel

Sperrzeiten bei Alg und Teil-Alg werden nicht zusammengerechnet.

2.2 Gesamtsperrzeitdauer 21 Wochen

Nach einem ersten Sperrzeitbescheid müssen nunmehr ein weiterer Sperrzeitanlass, bei gekürzten Sperrzeiten auch mehrere Sperrzeiten hinzukommen. Die Gesamtsperrzeitdauer muss 21 Wochen betragen.

2.3 Vor dem weiteren Sperrzeitanlass Rechtsfolgenbelehrung

Schließlich führen auch mehrere Sperrzeiten von insgesamt 21 Wochen, die nach Entstehen des Anspruchs auf Alg verhängt werden, nicht zum Erlöschen, wenn die AA keine ausreichende Rechtsfolgenbelehrung erteilt hat.

Bereits der erste Sperrzeitbescheid muss eine Rechtsfolgenbelehrung enthalten, die dem Arbeitslosen konkret vor Augen führt, welches tatsächliche Verhalten in Zukunft den Anspruch zum Erlöschen bringen kann; dem Arbeitslosen muss z.B. klar sein, dass er nach Wiederaufnahme einer Beschäftigung diese nicht ohne wichtigen Grund selbst aufgeben darf, wenn dies erneut und vorhersehbar seine Arbeitslosigkeit zur Folge haben würde, und er bei Nichtbeachtung dieses Hinweises wegen Eintritts einer erneuten Sperrzeit mit dem gänzlichen Fortfall seines Anspruchs rechnen muss (BSG, Urteil vom 13.5.1987 –

Wie muss die Rechtsfolgenbelehrung aussehen?

7 RAr 90/85, siehe auch Ute Winkler, info also 1988, Heft 1, S. 25).
Vor einer zweiten oder weiteren Sperrzeit wegen Ablehnung einer Beschäftigung oder einer beruflichen Eingliederungsmaßnahme muss die AA ausdrücklich über die Gefahr des Erlöschens der Ansprüche nach § 147 Abs. 1 Nr. 2 SGB III aufklären.

Wie die Belehrung nicht aussehen darf, sagt das SG Duisburg (Urteil vom 27.5. 1993 – S 68 Ar 79/92, info also 1993, Heft 4, S. 178).

Nach DA 144.35 zu § 144 kann bei Ablehnung eines anderen Angebots eine weitere Sperrzeit eintreten, auch wenn die vorangegangene Sperrzeit noch nicht festgestellt worden ist.

Tritt während des Bezuges von Alg eine zweite Sperrzeit ein, die zum Erlöschen des Anspruchs führt, setzt die tatsächliche Leistungseinstellung einen die Bewilligung aufhebenden Verwaltungsakt nach § 48 SGB X voraus; dieser muss den Zeitpunkt seiner Wirkung bestimmen. Der Aufhebungsbescheid wird nicht dadurch rechtswidrig, dass er einen späteren als den frühestmöglichen Zeitpunkt festsetzt. Hat sich der Sperrzeitgrund jedoch vor dem Bewilligungszeitpunkt ereignet, kommt eine Aufhebung der Bewilligung nur nach § 45 SGB X in Betracht (BSG, Urteil vom 21.3.2002 – B 7 AL 44/01 R, SozR 3–4100 § 119 Nr. 23).

XII Anhang: Wichtiger Grund von A – Z

Das folgende ABC macht deutlich, wie unterschiedlich der »wichtige Grund« im Sperrzeitrecht aussehen kann.

Auch wenn Ihr Fall auf den ersten Blick unter eines der Stichworte zu fallen scheint, müssen Sie doch stets genau prüfen, ob der entschiedene Sachverhalt mit Ihrem wirklich übereinstimmt. Und selbst wenn das zutrifft, kann das in Ihrer Sache zuständige Sozialgericht immer noch anders entscheiden als eines der im ABC aufgeführten Sozialgerichte!

Die Zusammenstellung listet unkommentiert Gerichtsentscheidungen auf, die einen wichtigen Grund bejaht oder verneint haben. Daraus ergibt sich naturgemäß ein etwas uneinheitliches Bild.

Abmahnung

1 Verletzt der Arbeitnehmer seine arbeitsvertraglichen Pflichten und kündigt deshalb der Arbeitgeber, ohne ihn vorher abzumahnen, hat der Arbeitslose die Arbeitslosigkeit nicht schuldhaft herbeigeführt, wenn eine Abmahnung vor der Kündigung arbeitsrechtlich erforderlich war. In diesem Fall musste er nicht mit einer Kündigung rechnen, sodass eine Sperrzeit nicht eintritt.

LSG Nordrhein-Westfalen, Urteil vom 26.10.1999 – L 7 AL 73/98, NZS 2000, Heft 6, S. 314–316.

Ältere Arbeitnehmer

2 In einem längere Zeit andauernden Zwang für den Arbeitgeber, seinen Personalbestand erheblich zu verringern, dabei aber die jüngeren Kräfte möglichst zu halten und trotzdem nicht allzu große soziale Härten für die von den Einsparungen Betroffenen zu verursachen, hat das BSG einen wichtigen Grund für die Aufgabe der Beschäftigung durch einen unkündbaren Arbeitnehmer gesehen, auch wenn dieser sich nicht auf einen eigenständigen wichtigen oder berechtigten Grund berufen kann.

BSG, Urteil vom 27.5.1964 – 7 RAr 30/63, SozR a. F. § 80 AVAVG Nr. 2 = Breith. 1964 S. 889 = ABA 1965 S. 48; ebenso Schleswig-Holsteinisches LSG, Urteil vom 27.6.1979 – L 1 Ar 96/78, RSpDienst 6400 §§ 100–133 AFG 77–81.

3 Diese Rechtsprechung hat das BSG inzwischen aufgegeben.

4 Muss der Arbeitgeber mit einer großen Zahl von Beschäftigten kurzfristig drastisch (ca. 25%) Personal abbauen und kann der örtliche Arbeitsmarkt die drohende Arbeitslosigkeit nicht auffangen, beendet ein Arbeitnehmer, der durch einen Aufhebungsvertrag einem Arbeitskollegen oder einer Kollegin die Entlassung und die Arbeitslosigkeit erspart, sein Arbeitsverhältnis mit wichtigem Grund.

BSG, Urteil vom 17.2.1981 – 7 RAr 90/79, SozR 4100 § 119 Nr. 14; Urteil vom 25.8.1981 – 7 RAr 53/80, SozSich 1981 S. 341 = DBIR Nr. 2730 zu § 119; Urteil vom 29.11.1989 – 7 RAr 86/88, SozR 4100 § 119 Nr. 36 = NZA 1990 S. 628 = DBIR Nr. 3578 zu § 119; Urteil vom 25.4.1990 – 7 RAr 16/89, DBIR Nr. 3649 zu § 119; Urteil vom 25.4.1990 – 7 RAr 84/88, SozSich 1991 S. 94; Urteil vom 13.3.1997 – 11 RAr 17/96.

5 Belastet das Ausscheiden aus dem Arbeitsverhältnis durch einen älteren Arbeitnehmer den örtlichen Arbeitsmarkt nicht übermäßig und wird auch kein psychischer Druck ausgeübt, ist der Aufhebungsvertrag sperrzeitrechtlich nicht gerechtfertigt.

BSG, Urteil vom 13.5.1987 – 7 RAr 38/86, NZA 1987 S. 717 = DBIR Nr. 3208 zu § 119.

6 Das BSG hat es nicht ausreichen lassen, dass der Aufhebungsvertrag mit einem jüngeren Arbeitnehmer dem Arbeitgeber die Weiterbeschäftigung eines älteren, weniger qualifizierten Kollegen ermöglicht.

BSG, Urteil vom 15.6.1988 – 7 RAr 3/87, SozSich 1989 S. 28.

7 Auch wenn ein älterer Arbeitnehmer für einen jüngeren ausscheidet, tritt eine Sperrzeit ein, soweit nicht besondere Umstände hinzukommen.

BSG, Urteil vom 13.8.1986 – 7 RAr 16/85, SozSich 1987 S. 189.

8 Kann ein älterer Arbeitnehmer nur noch unterqualifiziert beschäftigt werden und ist ihm dies nach der Dauer der Betriebszugehörigkeit nicht zumutbar, darf er ohne Sperrzeitfolge seine Beschäftigung aufgeben.

BSG, Urteil vom 13.8.1986 – 7 RAr 1/86, SozR 4100 § 119 Nr. 28 = NZA 1987 S. 180.

9 Ein wichtiger Grund für die Aufgabe einer Beschäftigung liegt vor, wenn auf den Arbeitnehmer durch Arbeitgeber, Betriebsrat und Kollegen, evtl. auch durch deren Familienangehörige, Druck ausgeübt wird und die Fortführung des Arbeitsverhältnisses dadurch unzumutbar wird.

BSG, Urteil vom 13.8.1986 – 7 RAr 16/85, SozSich 1987 S. 189; Urteil vom 13.5.1987 – 7 RAr 38/86, NZA 1987 S. 717 = DBIR Nr. 3277 zu § 119; Urteil vom 29.11.1989 – 7 RAr 86/88, SozR 4100 § 119 Nr. 36; Urteil vom 25.4.1990 – 7 RAr 16/89, DBIR Nr. 3649 zu § 119.

10 Ein wichtiger Grund für die Lösung des Beschäftigungsverhältnisses kann vorliegen, wenn einem langjährig beschäftigten Arbeitnehmer kurz vor dem 58. Lebensjahr eine außerordentliche betriebsbedingte Kündigung droht.

LSG Rheinland-Pfalz, Urteil vom 10.4.2002 – L 1 AL 88/01.

Änderungskündigung

11 Ein Arbeitnehmer ist nicht verpflichtet, sich auf eine Änderung seines Arbeitsvertrages einzulassen und z. B. in ein anderes Zweigwerk des Arbeitgebers zu wechseln

SG Koblenz, Urteil vom 27.8.1969 – S 4 Ar 127/68, SGb 1969 S. 473.

oder Gehaltseinbußen hinzunehmen.

LSG Nordrhein-Westfalen, Urteil vom 19.12.1968 – L 16 Ar 26/68, ABA 1969 S. 122; LSG Niedersachsen, Urteil vom 15.4.1969 – L 7 Ar 55/68, Breith. 1969 S. 704.

Alkohol

12 Liegt eine echte Alkoholerkrankung vor, tritt eine Sperrzeit nicht ein, wenn der Arbeitslose deshalb seine Beschäftigung verloren hat oder nicht eingestellt wird.

BSG, Urteil vom 6.3.2003 – B 11 AL 69/02 R; SG Hannover, Urteil vom 31.7.1985 – S 3 Ar 817/84, info also 1986 S. 73; SG Berlin, Urteil vom 25.11.1987 – S 60 Ar 2096/86, Breith. 1988 S. 333; SG Fulda, Urteil vom 19.12.1991 – S 1 c Ar 661/90.

Es ist zulässig, dass ein Berufskraftfahrer durch Arbeitsvertrag verpflichtet wird, bei privaten Fahrten keinen Alkohol zu trinken. Eine Pflichtverletzung kann u. U. zu einer Sperrzeit führen.

BSG vom 6.3.2003 – B 11 AL 69/02 R.

Arbeitsbedingungen

13 Verstoßen die Arbeitsbedingungen gegen gesetzliche oder tarifliche Vorschriften, darf die Beschäftigung ohne Sperrzeitgefahr beendet werden.

SG Darmstadt, Urteil vom 19.12.1988 – S 5 Ar 125/83; SG Hamburg, Urteil vom 22.10.1992 – 32 AR 113/91.

14 Ein Fernfahrer darf Arbeit verweigern, bei der ihm ein Verstoß gegen die Lenkzeitvorschriften abverlangt wird.

SG Osnabrück, Urteil vom 12.3.1979 – S 5 Ar 175/78.

15 Kein Arbeitnehmer muss eine untertarifliche Bezahlung hinnehmen, wenn der Tarifvertrag allgemeinverbindlich ist oder Tarifbindung besteht.

SG Münster, Urteil vom 13.1.1988 – S 3 Ar 42/86; SG Freiburg, Urteil vom 24.3.1988 – S 8 Ar 277/86.

16 Die Videoanlage zur Verhinderung von Diebstählen im Betrieb rechtfertigt nicht ohne weiteres die Beendigung des Arbeitsverhältnisses.

SG München, Urteil vom 15.5.1990 – S 40 Al 666/89, RDV 1992 S. 85.

Dasselbe gilt für eine videogestützte Bewerbertrainingsmaßnahme.

BSG, Urteil vom 29.1.2003 – B 11 AL 33/02 R.

Arbeitsgerichtlicher Vergleich

17 Der Vergleich vor dem Arbeitsgericht, mit dem das Arbeitsverhältnis beendet wird, rechtfertigt allein nicht die Aufgabe der Beschäftigung. Es kommt weiter auf die Gründe für die Kündigung des Arbeitgebers an, die Anlass des Prozesses war.

BSG, Urteil vom 23.3.1995 – 11 RAr 39/94; Hessisches LSG, Urteil vom 25.6.1975 – L 1 Ar 340/74, DBIR Nr. 2065 zu § 119; LSG Baden-Württemberg, Urteil vom 25.5.1983 – L 3 Ar 986/81; SG Berlin, Urteil vom 2.10.1985 – S 60 Ar 646/85, Breith. 1986 S. 348; a. A. SG Kiel, Urteil vom 7.6.1982 – S 3 AR 188/81, info also 1983 Heft 1 S. 44.

18 Dasselbe gilt, wenn nach einer betriebsbedingten Kündigung das Arbeitsverhältnis durch arbeitsgerichtlichen Vergleich endet.

SG Frankfurt am Main, Urteil vom 26.2.1992 – S 14 Ar 1747/88, AiB 1992 S. 471 = AuR 1992 S. 248.

19 Ein Vergleich kann wegen der unrechtmäßigen Arbeitgeberkündigung gerechtfertigt sein, wenn deshalb das Verhältnis zwischen Arbeitgeber und Arbeitnehmer so zerrüttet ist, dass keine gemeinsame Basis für die weitere Zusammenarbeit besteht.

BSG, Urteil vom 23.3.1995 – 11 RAr 39/94; SG Berlin, Urteil vom 17.9.1986 – S 60 Ar 906/86, Breith. 1987 S. 73.

20 Auch bei einem außergerichtlichen Vergleich entscheiden die ursprünglichen Kündigungsgründe über den Eintritt einer Sperrzeit.

BSG, Urteil vom 25.3.1987 – 7 RAr 95/85, DBIR Nr. 3272 zu § 119.

Aufhebungsvertrag

21 Das Unterlassen einer Kündigungsschutzklage allein stellt keine Vereinbarung mit dem Arbeitgeber über die Beendigung des Arbeitsverhältnisses dar.

BSG, Urteil vom 20.4.1977 – 7 RAr 81/75, DBlR Nr. 2226a zu § 119, ebenso LSG Rheinland-Pfalz, Urteil vom 18.3.1997 – L 1 Ar 189/96.

Daran hat das BSG Zweifel geäußert, wenn der Arbeitnehmer eine offensichtlich rechtswidrige Kündigung im Hinblick auf eine zugesagte finanzielle Vergünstigung hinnimmt.

BSG, Urteil vom 9.11.1995 – 11 RAr 27/95.

Auch Absprachen während der Frist zur Erhebung der Kündigungsschutzklage können zur Sperrzeit führen.

BSG, Urteil vom 18.11.2003 – B 11 AL 35/03 R.

22 Ein Aufhebungsvertrag wird mit wichtigem Grund geschlossen, wenn der Arbeitgeber zum selben Beendigungszeitpunkt betriebs- oder personenbedingt hätte kündigen dürfen; das gilt auch dann, wenn in dem Aufhebungsvertrag für den Arbeitnehmer eine Abfindung vereinbart wird.

LSG Essen, Urteil vom 27.6.2001 – L 12 AL 156/00; LSG Thüringen, Urteil vom 3.5.2001 – L 3 AL 537/00; LSG Celle, Urteil vom 28.6.2000 – L 8 AL 306/99; BSG, Urteil vom 12.4.1984 – 7 RAr 28/83, SozSich 1984 S. 388 = DBlR Nr. 2959 zu § 119; Hessisches LSG, Urteil vom 3.12.1986 – L 6 Ar 143/85, NZA 1987 S. 646; SG Hamburg, Urteil vom 1.6.1989 – 13 AR 820/88; SG Frankfurt am Main, Urteil vom 26.2.1992 – S 14 Ar 174/88, AuR 1992 S. 248 = AiB 1992 S. 471; SG Leipzig, Urteil vom 7.7.1993 – S 4 Al 607/92; ähnlich BSG, Urteil vom 27.5.1964 – 7 RAr 30/63, SozR a. F. § 80 AVAVG Nr. 2 = Breith. 1964 S. 889 = ABA 1965 S. 48 für die Eigenkündigung; a. A. LSG Celle, Urteil vom 27.3.2001 – L 7 AL 353/99.

Das BSG verlangt zusätzlich, dass dem Arbeitnehmer das Abwarten der Kündigung nicht zumutbar war, z. B. wegen Verschlechterung seiner Eingliederungschancen.

BSG, Urteil vom 25.4.2002 – B 11 AL 65/01 R, Breith. 2002, S. 759; Urteil vom 17.10.2002 – B 7 AL 16/02 R, a + b 2003, S. 56 mit Anm. von Hase.

23 Stellt ein Rationalisierungsschutzabkommen dem Arbeitnehmer die Weiterbeschäftigung bis zum Ablauf der Kündigungsfrist oder die vorzeitige Aufhebung des Arbeitsvertrages gegen eine Abfindung wahlweise frei, verursacht der Aufhebungsvertrag keine Sperrzeit (wahrscheinlich aber ein Ruhen nach § 143a SGB III), weil ein wichtiger Grund vorliegt.

Bayerisches LSG, Urteil vom 17.4.1980 – L 9 Al 167/78, AMBl BY 1981 B 2–4.

In einem ähnlich gelagerten Fall hat das SG Koblenz dagegen einen wichtigen Grund verneint.

SG Koblenz, Urteil vom 5.9.1972 – S 4 Ar 27/72, RSpDienst 6400 § 100 – 133 AFG Nr. 57.

24 Konnte dem Arbeitnehmer nicht gekündigt werden, kann die einvernehmliche Beendigung des Arbeitsverhältnisses mit wichtigem Grund geschehen, wenn sie dem Interesse des Betriebes dient und diesen konkurrenzfähig hält.

Schleswig-Holsteinisches LSG, Urteil vom 27.6.1979 – L 1 AR 96/78, RSpDienst 6400 §§ 100 – 133 AFG 77 – 81; ähnlich BSG, Urteil vom 27.5.1964 – 7 RAr 30/63, SozR a. F. § 80 AVAVG Nr. 2 = Breith. 1964 S. 889 = ABA 1965 S. 48 für die Eigenkündigung.

25 Ein Aufhebungsvertrag kann auch vorliegen, wenn der Arbeitgeber eine Kündigung ausspricht und diese mit vorher zugesagten finanziellen Vergünstigungen verbindet; auch Abwicklungsverträge können deshalb Aufhebungsvereinbarungen sein.

BSG, Urteil vom 9.11.1995 – 11 RAr 27/95.

26 Ein Aufhebungsvertrag ist anfechtbar, wenn der Arbeitnehmer durch die unberechtigte Drohung mit einer fristlosen Arbeitgeberkündigung zur Zustimmung veranlasst wird.

BAG, Urteil vom 21.3.1996 – 2 AZR 543/95.

Eine Sperrzeit kann bei Vorliegen von Anfechtungsgründen auch dann nicht eintreten, wenn es bei der Beendigung des Arbeitsverhältnisses bleibt. Dasselbe gilt für eine Arbeitnehmerkündigung nach der Androhung einer unberechtigten fristlosen Arbeitgeberkündigung.

BAG, Urteil vom 9.3.1996 – 2 AZR 644/94, NZA 1996 S. 875.

Auslandstätigkeit

27 Eine Arbeit im Ausland darf der Arbeitslose ablehnen

> LSG Niedersachsen, Urteil vom 26.2.1960 – L 7 Ar 210/57, Breith. 1960 S. 834 = ABA 1960 S. 190.

und eine einmal begonnene jedenfalls dann aufgeben, wenn die Lebensbedingungen in klimatischer, sozialer, politischer Hinsicht nicht den inländischen Verhältnissen entsprechen.

> SG Fulda, Urteil vom 15.3.1984 – S 3 c Ar 147/83 für den Irak während des Krieges zwischen dem Irak und Iran; ablehnend für Österreich: LSG Baden-Württemberg, Urteil vom 26.4.1961 – L 5 a Ar 2630/57, ABA 1962 S. 94 = Breith. 1962 S. 71.

Auswahl der AA bei Vermittlungsangebot

28 Ein nach seinen Bedingungen zumutbares Arbeitsangebot ist nicht deshalb unzumutbar, weil die AA die Beschäftigung auch einem anderen Arbeitslosen hätte anbieten können.

> Schleswig-Holsteinisches LSG, Urteil vom 25.11.1977 – L 1 Ar 58/77, DBIR Nr. 2307a AFG § 119.

Bekleidungsvorschriften

29 Bekleidungsvorschriften des Arbeitgebers, die berufstypisch oder jedenfalls nicht willkürlich sind, sind zumutbar und rechtfertigen nicht den Verlust oder die Ablehnung eines Arbeitsplatzes.

> LSG Baden-Württemberg, Urteil vom 24.4.1985 – L 3 Ar 1519/84; SG Fulda, Urteil vom 3.5.1995 – S 1 c Ar 146/91, info also 1995 S. 148.

Berufsausbildung

30 Die Aufgabe eines Ausbildungsverhältnisses geschieht nicht generell mit wichtigem Grund.

> BSG, Urteil vom 26.4.1989 – 7 RAr 70/88, SozR 4100 § 119 Nr. 35 = NZA 1990 S. 544 = DBIR Nr. 3521 § 119.

31 Ein wichtiger Grund ist anzuerkennen, wo das Grundrecht des Auszubildenden auf freie Wahl des Berufs nach Art. 12 GG in seinem Kernbereich berührt ist. Er darf sich gegen eine nicht sachgerechte oder für ihn ungeeignete Ausbildung wehren oder diese abbrechen; für die Ausbildungsentscheidung muss ein weiter Spielraum eingeräumt werden.

> BSG, Urteil vom 13.3.1990 – 11 RAr 69/88, SozR 3–4100 § 119 Nr. 2 = SGb 1990 S. 324 = NZA 1990 S. 256 = DBIR Nr. 3648a zu § 119; Urteil vom 4.7.1991 – 7 RAr 124/90, DBIR Nr. 3850a zu § 119; LSG Bremen, Urteil vom 5.3.1992 – L 5 Ar 36/89.

32 Innerhalb der Probezeit ist dem Auszubildenden erlaubt, die Ausbildung oder den Ausbildungsbetrieb zu wechseln.

> SG Bremen, Urteil vom 3.4.1989 – S 13 Ar 492/87.

33 Ein Ausbildungsverhältnis darf der Auszubildende auflösen, wenn das Vertrauensverhältnis zwischen ihm und dem Ausbildungsbetrieb zerstört ist.

> SG Bremen, Urteil vom 30.8.1989 – S 9 Ar 250/88.

Berufsschutz

34 Die Arbeitslosenversicherung sichert keinen allgemeinen Berufsschutz.

> BSG, Urteil vom 22.6.1977 – 7 RAr 131/75, SozR 4100 § 119 Nr. 3; Urteil vom 30.5.1978 – 7 RAr 32/77, SozR 4100 § 119 Nr. 4 = Breith. 1979 S. 561 = DBIR Nr. 2326 zu § 119 = BB 1978 S. 1364 = a + b 1979 S. 26.

Betriebsklima

35 Ist das Arbeitsklima vollkommen zerrüttet und die Arbeitnehmerin dabei in eine Außenseiterposition geraten, die ihr das Verbleiben am Arbeitsplatz psychisch unmöglich macht, kann ein wichtiger Grund für die Beendigung des Arbeitsverhältnisses vorliegen, wenn der Arbeitgeber keine Abhilfe schafft.

> SG Mannheim, Urteil vom 9.3.1994 – S 5 Ar 1827/93, info also 1994 S. 212.

Siehe auch Mobbing → S. 309.

Beweislast

36 Für das Fehlen des wichtigen Grundes trägt die AA die Beweis- bzw. Feststellungslast; dies gilt aber nicht, wenn der Arbeitslose die Feststellung durch verspätete Angaben unmöglich macht.

BSG, Urteil vom 28.11.1992 – 7 RAr 38/92, SozR 3-4100 § 119 Nr. 7 = Breith. 1993 S. 770 = DBIR Nr. 3999a zu § 119.

Neuerdings aber → S. 289.

Bildungsmaßnahme

37 Die Aufgabe einer Beschäftigung unter Beachtung der Kündigungsfrist, um eine Bildungsmaßnahme zu beginnen, ist gerechtfertigt, auch wenn zwischen dem Ende der Beschäftigung und dem Beginn der Maßnahme eine Zeit der Arbeitslosigkeit entsteht.

SG Kiel, Urteil vom 10.2.1993 – S 9 Ar 48/91, info also 1993 S. 173 = Breith. 1994 S. 65.

38 Eine Bildungsmaßnahme, die keine zusätzliche Befähigung vermittelt, ist unzumutbar und darf abgelehnt werden.

Hess LSG, Urteil vom 9.8.2000 – L 6 AL 166/00, info also 2001, S. 209; SG Darmstadt, Urteil vom 10.11.1987 – S 14 Ar 980/87; SG Gießen, Urteil vom 26.7.1989 – S 14 Ar 779/88; SG Fulda, Urteil vom 29.11.1989 – S 1 c Ar 202/88.

39 Für die Frage, ob eine Maßnahme abgebrochen ist, kommt es auf die tatsächliche Beendigung der Teilnahme, nicht auf den rechtlichen Fortbestand des Vertrages an.

LSG Rheinland-Pfalz, Urteil vom 29.7.1997 – L 1 Ar 171/96.

Ehe/Lebenspartnerschaft

40 Die Aufgabe einer Beschäftigung, um dem (Ehe-)Partner an einen neuen Arbeitsort zu folgen, führt nicht zur Sperrzeit.

BSG, Urteil vom 20.4.1977 – 7 RAr 112/75, SozR 4100 § 119 AFG Nr. 2.

Eheähnliche Gemeinschaft

41 Die Aufgabe einer Beschäftigung, um eine eheähnliche Gemeinschaft herzustellen oder fortzusetzen, ist gerechtfertigt, wenn die Beziehung die Kriterien des BVerfG erfüllt

BVerfG, Urteil vom 17.11.1992 – 1 BvL 8/87, BVerfGE 87 234, 264 = SozR 3-4100 § 137 AFG Nr. 3.

und seit drei Jahren bestanden hat.

BSG, Urteil vom 29.4.1998 – B 7 AL 56/97 R; ähnlich LSG Celle, Urteil vom 31.10.2000 – L 7 AL 52/00); LSG Essen, Urteil vom 15.6.2000 – L 1 AL 15/00).

Mit diesem Urteil hat das BSG seine langjährige gegenteilige Rechtsprechung aufgegeben.

Z. B. Urteil vom 12.11.1981 – 7 RAr 21/81, SozR 4100 § 119 Nr. 17; Urteil vom 27.9.1989 – 11 RAr 127/88, FamRZ 1990 S. 876 = a + b 1991 S. 121.

Inzwischen hält das BSG eine Dauer der Beziehung von drei Jahren nicht für unabdingbar, sondern stellt auf die Umstände des einzelnen Falles ab.

Urteile vom 17.10.2002 – B 7 AL 72/01 und 96/00 R.

Der 11. Senat hat sich allerdings kritisch und einschränkend geäußert.

11. Senat es BSG, Urteil vom 5.11.1998 – B 11 AL 5/98 R.

Ein wichtiger Grund liegt nicht vor, wenn die eheähnliche Gemeinschaft erst mit dem Ortswechsel begründet wird und die Beziehung zuvor nur neun Monate bestand.

BSG, Urteile vom 17.10.2002, a. a. O.; LSG Essen, Urteil vom 22.3.2001 – L 1 AL 78/00; SG Dortmund, Urteil vom 17.4.2003 – S 5 AL 172/02.

42 Ein wichtiger Grund kann, sofern die genannten Voraussetzungen nicht erfüllt sein sollten, immer vorliegen, wenn zu dem Wunsch zusammenzuleben, andere objektive Gründe treten.

Kinder:
Zwar hat das BSG in der Vergangenheit gemeinsame Kinder und deren Rechte gegenüber ihren Eltern nicht immer als wichtigen Grund zum Zusammenleben anerkannt,

BSG, Urteil vom 12.11.1981 – 7 RAr 21/81, SozR 4100 § 119 Nr. 17.

bei Berücksichtigung der Besonderheit des Einzelfalls können jedoch die Bedürfnisse von Kindern wichtige Gründe für eine Arbeitsaufgabe zum Zusammenleben der Eltern darstellen. Das SG Frankfurt am Main hat in der Betreuungsbedürftigkeit eines Kindes einen wichtigen Grund für einen Ortswechsel gesehen.

SG Frankfurt am Main, Urteil vom 29.4.1992 – S Ar 1212/88, info also 1993 S. 67; ebenso Hessisches LSG, Urteil vom 27.10.1980 – L 10/1 Ar 1000/79; SG Frankfurt am Main, Urteil vom 9.8.1984 – S 1 Ar 659/83, info also 1985, Heft 4 S. 38; SG München, Urteil vom 6.8.1986 – S 34 AI 518/85, info also 1987 S.76 = Breith. 1987 S. 879 = FamRZ 1987 S. 415; SG Darmstadt, Urteil vom 14.11.1988 – S 9 Ar 854/87.

Wohnung:
Dasselbe gilt, wenn die Miete nur von beiden Partnern gemeinsam aufgebracht werden kann

SG Berlin, Urteil vom 17.2.1993 – S 60 Ar 2266/92.

oder wenn der Partner über ein Haus verfügt.

SG Fulda, Urteil vom 10.7.1986 – S 1 c Ar 220/85.

Ehrenamt

43 Gibt ein Arbeitnehmer seine Arbeit auf, weil er zum Gemeindevertreter gewählt worden ist, darf keine Sperrzeit eintreten.

SG Detmold, Urteil vom 22.4.1959 – S 8 Ar 4/57, DVBl 1960 S. 331.

Fahrweg

44 Die Zumutbarkeit eines Arbeitsweges richtet sich nach der normalen Fahrzeit, nicht nach der durch Stauungen verlängerten Dauer.

SG Dortmund, Urteil vom 21.8.1992 – S 35 Ar 120/91.

45 Das Erreichen des Zentralortes eines AA-Bezirks ist für den Arbeitslosen zumutbar, wenn diese Entfernung in der Region üblicherweise zurückgelegt werden muss. Die Zeit zwischen dem Fahrtende und dem Maßnahmebeginn sowie zwischen dem Maßnahmeende und dem Antritt der Rückfahrt ist bei der Pendelzeit nicht zu berücksichtigen.

LSG Saarland, Urteil vom 10.7.1997 – L 6/1 Ar 76/95.

Faktisches Arbeitsverhältnis

46 Ein faktisches Arbeitsverhältnis darf ohne Sperrzeitfolge aufgegeben werden, wenn keine Einigung über die Arbeitsbedingungen erzielt werden kann.

SG Fulda, Urteil vom 23.1.1992 – S 1 c Ar 81/91, info also 1993 S. 172.

Fehlerhafte Beratung

47 Gegen einen Angestellten der BA, der auf deren Anregung im Interesse einer notwendigen Personaleinsparung einen unkündbaren Arbeitsplatz aufgibt, darf keine Sperrzeit verhängt werden.

BSG, Urteil vom 27.5.1964 – 7 RAr 30/63, SozR a. F. § 80 AVAVG Nr. 2 = Breith. 1964 S. 889 = ABA 1965 S. 48.

48 Erklärt ein öffentlicher Arbeitgeber dem Versicherten, er könne ohne Sperrzeitgefahr sein Arbeitsverhältnis einvernehmlich beenden, wird regelmäßig ein wichtiger Grund anzuerkennen sein, weil der Betroffene sein Verhalten sperrzeitrechtlich für erlaubt halten durfte.

SG Berlin, Urteil vom 7.4.1993 – S 53 Ar 2268/92.

49 Dagegen soll der fehlerhafte Hinweis eines Rechtsanwaltes, es trete keine Sperrzeit ein, wenn der Arbeitnehmer einen Aufhebungsvertrag schließt, obwohl er keine realistische Aussicht auf einen Anschlussarbeitsplatz hat, keinen wichtigen Grund darstellen; auch eine besondere Härte liegt nach Meinung des Gerichts nicht vor, wenn der Arbeitslose einen Schadensersatzanspruch gegen seinen Rechtsanwalt hat.

LSG Rheinland-Pfalz, Urteil vom 21.5.1996 – L 1 Ar 254/95.

Frauen

50 Eine Beschäftigung, die es einer Mutter unmöglich macht, ihr Kind zu stillen, darf abgelehnt werden.

SG Reutlingen, Urteil vom 18.7.1984 – S Ar 1901/84, info also 1985 Heft 4 S. 10; SG Dortmund, Urteil vom 18.2.1987 – S 13 Ar 298/86, Streit 1987 S. 93.

51 Eine Frau braucht eine Arbeit, bei der sie nachts gefährliche Wege zurücklegen muss, nicht anzunehmen.

SG Fulda, Urteil vom 21.4.1994 – S 1 c Ar 308/93.

Fußballtrainer

52 Besondere berufliche Verhältnisse und Branchenüblichkeit rechtfertigen nicht ohne weiteres die Auflösung eines Arbeitsverhältnisses ohne den Versuch, die Gründe für die Auflösung zu beseitigen.

LSG Rheinland-Pfalz, Urteil vom 11.2.1983 – L 6 Ar 64/82, Breith. 1983 S. 638; BSG, Urteil vom 12.4.1984 – 7 RAr 28/83, SozSich 1984 S. 388 = DBlR Nr. 2959 zu § 119.

Gesundheit

53 Befürchtet der Teilnehmer einer Bildungsmaßnahme gesundheitliche Beeinträchtigungen, muss er sich vor Abbruch der Maßnahme an die BA wenden, damit diese über die Berechtigung der Befürchtung Feststellungen treffen oder die Entscheidung eines Arztes über die Arbeitsfähigkeit des Teilnehmers einholen kann.

LSG Nordrhein-Westfalen, Urteil vom 19.9.1997 – L 13 Ar 35/95.

Gewissensgründe

54 Arbeit, die mit der Herstellung von Waffen verbunden ist, braucht der Arbeitslose nicht anzunehmen.

LSG Niedersachsen, Urteil vom 28.4.1981 – L 3 Ar 369/81; SG Reutlingen, Urteil vom 29.4.1983 – S 8 Ar 1433/82, info also 1983, Heft 1 S. 44; SG Frankfurt am Main, Urteil vom 22.9.1983 – S 1 Ar 541/83, NJW 1984 S. 943; BSG, Urteil vom 18.2.1987 – 7 RAr 72/85, SozR 4100 § 119 Nr. 30 = SGb 1987 S. 574 mit Anm. von Heuer = ZfSH/SGB 1988 S. 46.

55 Die Herstellung eines Katalogs für Rüstungsgüter hält das BSG dagegen für eine zumutbare Beschäftigung für einen Kriegsdienstverweigerer.

BSG, Urteil vom 23.6.1982 – 7 RAr 89/81, SozR 4100 § 119 Nr. 19 = Breith. 1983 S. 161 = DBlR Nr. 2791 zu § 119 = NJW 1983 S. 701 = a + b 1983 S. 250; BVerfG, Beschluss vom 13.6.1983 – 1 BvR 1239/82, SozR 4100 § 119 Nr. 22 = SGb 1984 S. 16 = DBlR Nr. 2922a zu § 119 = NJW 1984 S. 912 = a + b 1984 S. 378; anders SG Frankfurt am Main, Urteil vom 14.5.1985 – S 19 Ar 301/84.

Das BSG hat in dem genannten Fall die Voraussetzungen einer besonderen Härte bejaht.

56 Die Beschäftigung als Sekretärin in einem Rüstungsbetrieb soll einer Pazifistin zugemutet werden können.

Schleswig-Holsteinisches LSG, Urteil vom 21.10.1982 – L 1 Ar 64/81.

57 Ein Sinto muss nicht entgegen den ungeschriebenen Gesetzen seiner Sippe in einem Krankenhaus arbeiten.

BSG, Urteil vom 28.10.1987 – 7 RAr 8/86, SozSich 1988 S. 376.

Gleichgeschlechtliche Partner

58 Der Zuzug zum gleichgeschlechtlichen Partner ist ein wichtiger Grund für die Aufgabe einer Beschäftigung; hierbei war in der Vergangenheit zu berücksichtigen, dass die gleichgeschlechtlichen Partner nach derzeitigem Rechtszustand nicht heiraten konnten.

SG Detmold, Urteil vom 17.7.1996 – S 12 Ar 181/95, info also 1997 S. 9.

Heirat

59 Die Heirat eines geschiedenen Partners rechtfertigt auch bei einer Mitarbeiterin der kath. Kirche im Sinne eines wichtigen Grundes den Verlust des Arbeitsplatzes.

SG Münster, Urteil vom 10.5.1989 – S 12 Ar 187/86, NJW 1989 S. 2839 = Breith. 1989 S. 947.

Eine kurze Überschreitung des üblichen Heiratsurlaubs wegen einer Heirat im Ausland führt nicht zu einer Sperrzeit.

SG Frankfurt am Main, Urteil vom 8.11.1984 – S 1 Ar 620/80, NZA 1985 S. 472 = SGb 1985 S. 376.

Irrtum

60 Ein Irrtum über die Rechtsfolgen einer Lösung des Beschäftigungsverhältnisses kann nur dann zu einer Minderung der Sperrzeitdauer führen, wenn der Arbeitslose sich zuvor bei der AA erkundigt hat.

BSG, Urteil vom 13.3.1997 – 11 RAr 25/96, SozR 3–4100 § 119 AFG Nr. 11; Urteil vom 5.6.1977 – RAr 22/96, NZS 1998 S. 136 = Breith. 1998 S. 51.

Kenntnis vom wichtigen Grund

61 Ein objektiv vorhandener wichtiger Grund schließt eine Sperrzeit aus, auch wenn ihn der Arbeitslose bei Ablehnung oder Aufgabe einer Beschäftigung nicht kennt.

BSG, Urteil vom 9.5.1963 – 7 RAr 44/61, SozR a. F. § 80 AVAVG Nr. 1 = Breith. 1963 S. 1004 = ABA 1963 S. 175 = AP Nr. 4 zu § 78 AVAVG = BB 1963 S. 1299a; Urteil vom 20.3.1980 – 7 RAr 4/79, DBIR Nr. 2530 AFG § 119; LSG Rheinland-Pfalz, Urteil vom 27.4.1993 – L 1 Ar 58/92.

Kinder

62 Die Bedürfnisse von Kindern können wichtige Gründe für eine Arbeitsaufgabe darstellen. Das SG Frankfurt am Main hat in der Betreuungsbedürftigkeit eines Kindes einen wichtigen Grund für einen Ortswechsel und den Zuzug zu einem Partner oder einer Partnerin gesehen.

SG Frankfurt am Main, Urteil vom 29.4.1992 – S 14 Ar 1212/88, info also 1993 S. 67; ebenso LSG Rheinland-Pfalz, Urteil vom 22.9.1975 – L 1 Ar 7/75, Breith. 1976 S. 325 = RSpDienst 6400 §§ 100 – 133 AFG 20, LTI; Hessisches LSG, Urteil vom 27.10.1980 – L 10/1 Ar 1000/79; SG München, Urteil 6.8.1986 – S 34 Al 518/85, FamRZ 1987 S. 415 = info also 1987 S. 76 = Breith. 1987 S. 879; ähnlich SG Frankfurt am Main, Urteil vom 9.8.1984 – S 1 Ar 659/83, info also 1985 Heft 2 S. 38.

63 Beeinträchtigt eine Beschäftigung mit Auslandsfahrten die Besuchsmöglichkeiten des Kindes eines in Scheidung lebenden Arbeitslosen, soll das Arbeitsangebot dennoch zumutbar sein.

LSG für das Land Nordrhein-Westfalen, Urteil vom 21.2.1994 – L 12 Ar 139/93.

64 Eine Beschäftigung, die mit ständiger Ortsabwesenheit während der Werktage verbunden ist und die tägliche Betreuung und Erziehung eines Kindes wenigstens in den Abendstunden ausschließt, kann auch für den Vater unzumutbar sein.

SG Fulda, Urteil vom 9.3.1989 – S 1 c Ar 323/88.

Kirchenaustritt

65 Verliert ein Arbeitnehmer, der bei der katholischen Kirche beschäftigt ist, seinen Arbeitsplatz, weil er aus der (evangelischen) Kirche austritt, hat er für sein Verhalten einen wichtigen Grund.

SG Münster, Urteil vom 13.6.1989 – S 12 Ar 128/88, NZA 1990 S. 1000 = SozSich 1991 S. 128 = info also 1991 S. 88.

Kündigung/Beendigung nach Arbeitgeberkündigung

66 Die Beendigung des Arbeitsverhältnisses wegen einer vorangegangenen rechtswidrigen Kündigung des Arbeitgebers geschieht mit wichtigem Grund.

BSG, Urteil vom 23.3.1995 – 11 RAr 39/94; Bayerisches LSG, Urteil vom 6.3.1957 – AR 501/55, AMBl BY 1957 B 123 = Breith. 1957 S. 562 = WA 1957 S. 167 = ZfS 1958 S. 49; LSG Niedersachsen, Urteil vom 28.1.1972 – L 7 Ar 47/70, ABA 1972 S. 120 mit Anm. von Kühl; SG Freiburg, Urteil vom 14.5.1985 – 7 Ar 1547/84, SG Berlin, Urteil vom 17.9.1986 – S 60 Ar 906/86, Breith. 1987 S. 73.

67 Nach einer betriebsbedingten Kündigung darf das Arbeitsverhältnis vorzeitig beendet werden,

BSG, Urteil vom 17.4.1969 – 7 RAr 62/68, SozR a. F. § 80 AVAVG Nr. 6 = Breith. 1969 S. 890 = AP Nr. 1 zu § 80 AVAVG = BB 1969 S. 678.

aber nicht, wenn eine Kündigung nur droht,

BSG, Urteil vom 12.4.1984 – 7 RAr 28/83, SozSich 1984 S. 388 = DBIR Nr. 2959 zu § 119; Urteil vom 12.12.1984 – 7 RAr 49/84, SozR 4100 § 119 Nr. 24 = Breith. 1985 S. 696 = NZA 1986 S. 141 = DBIR Nr. 3038a zu § 119.

es sei denn, die Kündigung würde zu einem Nachteil für das berufliche Fortkommen führen. Eine Sperrzeit tritt in diesen Fällen auch dann nicht ein, wenn eine Abfindung für das vorzeitige Ausscheiden nach der Arbeitgeberkündigung vereinbart wird.

BSG, Urteil vom 25.4.2002 – B 11 AL 65/01 R, Breith. 2002, S. 759; siehe aber auch BSG, Urteil vom 18.12.2003 – B 11 AL 35/03 R; LSG Baden-Württemberg, Urteil vom 21.9.1994 – L 3 Ar 2130/93, info also 1995 S. 34.

Kündigungsschutzprozess

68 Während eines Kündigungsschutzprozesses kann eine Maßnahme der beruflichen Bildung abgelehnt werden.

SG Frankfurt am Main, Urteil vom 6.12.1989 – S 21 Ar 2385/87, info also 1990 S. 73.

69 Die Hinnahme einer rechtswidrigen Arbeitgeberkündigung führt nicht zu einer Sperrzeit; die fehlende Bereitschaft des Arbeitnehmers, sich gegen den Willen des Arbeitgebers weiterzubehaupten, ist kein Fehlverhalten gegenüber der Versichertengemeinschaft, das den Eintritt einer Sperrzeit rechtfertigt.

BSG, Urteil vom 20.4.1977 – 7 RAr 81/75, DBIR Nr. 2226a zu § 117; Urteil vom 12.4.1984 – 7 RAr 28/83, SozSich 1984 S. 388 = DBIR Nr. 2959 zu § 119; SG Münster, Urteil vom 29.2.1984 – S 5/3 Ar 64/82; SG Berlin, Urteil vom 17.9.1986 – S 60 Ar 906/86, Breith. 1987 S. 73; Hessisches LSG, Urteil vom 25.11.1994 – L 10 Ar 839/93, info also 1995 S. 146.

Das BSG hat diese Rechtsprechung für die Fälle als überprüfungsbedürftig bezeichnet, in denen der Arbeitnehmer eine offensichtlich rechtswidrige Kündigung im Hinblick auf eine zugesagte finanzielle Vergünstigung hinnimmt.

BSG, Urteil vom 9.11.1995 – 11 RAr 27/95.

Inzwischen hat es sich wieder der früheren Rechtsprechung angeschlossen, dass die Hinnahme der Kündigung kein Lösungssachverhalt ist.

BSG, Urteil vom 25.4.2002 – B 11 AL 89/01 R, SozR 3–4100 § 119 Nr. 24.

Leiharbeit

70 Das BSG hält die Vermittlung in ein Leiharbeitsverhältnis nicht generell für unzumutbar; die Zumutbarkeit muss im Einzelfall geprüft werden.

BSG, Urteil vom 8.11.2001 – B 11 AL 31/01 R, SozR 3–4300 § 144 Nr. 7.

Lohnwucher

71 Das Angebot einer Beschäftigung, für die ein wucherischer Lohn gezahlt werden soll, kann als unzumutbar abgelehnt werden.

SG Berlin, Urteil vom 18.1.2002 – S 58 AL 2003/01, info also 2002, S. 143.

Mobbing

72 Mobbing stellt einen wichtigen Grund regelmäßig nur dann dar, wenn der betroffene Arbeitnehmer dadurch Nachteile von einigem Gewicht erleidet.

BSG, Urteil vom 21.10.2003 – B 7 AL 92/02 R; SG Wiesbaden, Urteil vom 15.10.1998 – S 11 AL 499/98, info also 1999, S. 193.

Nichtraucher

73 Die Zusammenarbeit mit Kettenrauchern ist für einen Nichtraucher unzumutbar und die Beendigung des Arbeitsverhältnisses gerechtfertigt, wenn der Arbeitgeber keinen anderen Arbeitsplatz zur Verfügung stellt oder sonst Abhilfe schafft.

SG Hamburg, Urteil vom 14.1.1988 – 7 AR 272/87, info also 1988 S. 60; SG Freiburg, Urteil vom 25.4.1989 – S Ar 972/88; ähnlich SG Duisburg, Urteil vom 17.5.1993 – S 8 Ar 28/91, info also 1994 S. 130.

Personalreduzierung

74 In Fällen der Personalreduzierung ist ein wichtiger Grund i. S. v. § 119 Abs. 1 Satz 1 Nr. 1 AFG anzunehmen, wenn bei einem größeren Betrieb in einer krisenhaften Situation der Zwang zu einem drastisch und kurzfristig durchzuführenden Personalabbau besteht, um den Betrieb und damit auch die Arbeitsplätze zu erhalten, und die drohende Arbeitslosigkeit der freigesetzten Arbeitnehmer durch den örtlichen Arbeitsmarkt nicht ohne weiteres aufgefangen werden kann (hier Reduzierung des Personalstandes als Teilvoraussetzung für eine Betriebsübernahme).
Ferner müssen Anhaltspunkte dafür vorliegen, dass der Arbeitnehmer durch sein vorzeitiges Ausscheiden aus dem Betrieb einem anderen Mitarbeiter die Entlassung und damit die Arbeitslosigkeit erspart.

BSG, Urteil vom 13.3.1997 – 11 RAr 17/96; LSG Baden-Württemberg, Urteil vom 31.7.1997 – L 12 Ar 105/97; LSG Hamburg, Urteil vom 22.3.2001 – L 5 AL 75/00.

Probearbeit

75 Wenn die Anfertigung eines Probestücks der Feststellung der Eignung eines Arbeitnehmers dient, kann er die Aufforderung des Arbeitgebers nicht ohne Gefahr einer Sperrzeit ablehnen.

BSG, Urteil vom 13.3.1997 – 11 RAr 25/96, SozR 3-4100 § 119 AFG Nr. 11.

Probezeit

76 Kündigt der Arbeitnehmer während der Probezeit, soll das jedenfalls dann mit wichtigem Grund geschehen, wenn es sich um eine selbstgesuchte Arbeit handelt.

SG Schleswig, Urteil vom 16.2.1988 – S 1 Ar 132/87, Breith. 1988 S. 682.

Religion

77 Samstagsarbeit kann für einen Siebenten-Tags-Adventisten unzumutbar sein.

LSG Rheinland-Pfalz, Urteil vom 21.9.1979 – L 6 Ar 39/79, RSpDienst 6400 §§ 100 – 133 AFG 91 – 94; LSG Bremen, Urteil vom 11.10.1979 – L 5 Ar 51/78, RSpDienst 6400 §§ 100 – 133 AFG 115 – 118; BSG, Urteil vom 10.12.1980 – 7 RAr 93/79, SozR 4100 § 119 Nr. 13 = DBIR Nr. 2574a zu § 119 = NJW 1981 S. 1526; SG Berlin, Urteil vom 25.1. 1989 – S 60 Ar 76/88, Breith. 1990 S. 338.

78 Arbeit am Sonntag ist für einen Katholiken zumutbar, die Ablehnung beruht nicht auf wichtigem Grund.

LSG Rheinland-Pfalz, Urteil vom 30.3.1993 – L 1 Ar 48/91.

Das ist nach dem Urteil des BSG zur Samstagsarbeit für einen Siebenten-Tags-Adventisten wohl unzutreffend.

Schwangerschaft

79 Ist eine Beschäftigung wegen einer fortgeschrittenen Schwangerschaft nicht zumutbar, darf die Arbeitnehmerin sie ohne Auswirkungen auf ihren Anspruch auf Arbeitslosengeld aufgeben.

LSG Baden-Württemberg, Urteil vom 20.6.1958 – 4a Ar 174/57, SozSich 1959 RsprNr 970.

U. U. muss sie sich umsetzen lassen.

BAG, Urteil vom 31.3.1969 – 3 AZR 300/68, DBIR Nr. 1512a zu § 11 MuSchG.

Sucharbeitslosigkeit

80 Ein Arbeitnehmer darf seine Beschäftigung nicht aufgeben, um sich eine neue Arbeit zu suchen.

BSG, Urteil vom 28.6.1990 – 7 RAr 124/89, DBIR Nr. 3650a.

Tarifbindung

81 Die Gewerkschaftszugehörigkeit eines Arbeitslosen berechtigt nicht zur Ablehnung einer Beschäftigung bei einem nicht tarifgebundenen Arbeitgeber.

BSG, Urteil vom 21.7.1981 – 7 RAr 1/80, DBIR Nr. 2729a AFG § 119.

Trainingsmaßnahme

82 Die Ablehnung einer Trainingsmaßnahme führt nur dann zu einer Sperrzeit, wenn die Maßnahme geeignet ist, dem Arbeitslosen die notwendigen Kenntnisse und Fähigkeiten zu vermitteln, um eine Arbeitsaufnahme oder einen erfolgreichen Abschluss einer beruflichen Aus- oder Weiterbildungsmaßnahme erheblich zu erleichtern.

Hess LSG, Urteil vom 9.8.2000 – L 6 AL 166/00, info also 2001, S. 209.

Überforderung

83 Das Angebot einer Arbeit, die den Arbeitslosen objektiv überfordert, ist rechtswidrig und führt nicht zur Sperrzeit.

BSG, Urteil vom 30.11.1973 – 7 RAr 43/73, DBIR Nr. 1790a § 119; Urteil vom 22.6.1977 – 7 RAr 131/75, SozR 4100 § 119 Nr. 3 = DBIR Nr. 2209a zu § 119; Urteil vom 9.12.1982 – 7 RAr 31/82, SozR 4100 § 119 Nr. 21 = Breith. 1983 S. 542 = DBIR Nr. 2814 zu § 119; LSG Rheinl.-Pfalz, Urteil vom 27.4.1993 – L 1 Ar 58/92; SG Leipzig, Urteil vom 29.4.1994 – S 4 Al 236/92; SG Schleswig, Urteil vom 16.2.1988 – S 1 Ar 132/87, Breith. 1988 S. 682; SG Speyer, Urteil vom 21.9.1979 – S 1 Ar 111/79, SozSich 1980 S. 191.

Umzug

84 Im Einzelfall kann ein Umzug eine Kündigung rechtfertigen, wenn die Wohnverhältnisse unzumutbar sind.

SG Frankfurt am Main, Urteil vom 1.12.1992 – S 19/23 Ar 1401/91, info also 1993 S. 69.

85 Die Aufgabe einer Beschäftigung, um dem (Ehe-)Partner an einen neuen Arbeitsort zu folgen, führt nicht zu einer Sperrzeit (siehe auch Ehe/eheähnliche Gemeinschaft → S. 305).

LSG Baden-Württemberg, Urteil vom 27.10.1955 – IV a Ar 3626/54, SozEntsch 8 § 93 Nr. 10; Bayerisches LSG, Urteil vom 21.10.1955 – L 4 Ar 177/54, AMBl BY 1956 B 88; BSG, Urteil vom 20.4.1977 – 7 RAr 112/76, SozR 4100 § 119 Nr. 2 = Breith. 1978 S. 74 = DBlR Nr. 2193a zu § 119.

86 Der Zuzug zum Zweck der Heirat ist nur dann gerechtfertigt, wenn die Aufgabe der Beschäftigung zum gewählten Zeitpunkt notwendig war, um die eheliche Lebensgemeinschaft ab dem beabsichtigten Heiratstermin herzustellen.

BSG, Urteil vom 29.11.1988 – 11/7 RAr 91/87, SozR 4100 § 119 Nr. 34 = SGb 1989 S. 478 = DBlR Nr. 3493 zu § 119 = NZA 1989 S. 616 = NJW 1989 S. 1628; LSG Rheinland-Pfalz, Urteil vom 22.11.1994 – L 1 Ar 129/93; a. A. SG Reutlingen, Urteil vom 28.11.1986 – S 8 Ar 2372/84, NZA 1987 S. 792.

Das gilt aber nicht, wenn zwischen den Ehewilligen eine eheähnliche Gemeinschaft von dreijähriger Dauer besteht.

BSG, Urteil vom 29.4.1998 – B 7 AL 56/97 R.

Der Umzug zur Herstellung der eheähnlichen Gemeinschaft ist nicht schützenswert.

BSG, Urteil vom 17.10.2002 – B 7 AL 96/00 R; LSG Nordrhein-Westfalen, Urteil vom 22.3.2001 – L 1 AL 78/00.

Untersuchungshaft

87 Ob eine Untersuchungshaft einen wichtigen Grund für die Beendigung des Arbeitsverhältnisses darstellt, richtet sich nach den Gründen der Inhaftierung.

LSG Niedersachsen, Urteil vom 26.10.1960 – L 7 Ar 135/59, Breith. 1962 S. 246.

Tatsächlich kommt es jedoch darauf an, ob die Tat eine Verletzung arbeitsvertraglicher Verpflichtungen darstellt. Die Untersuchungshaft selbst führt nur zu einer personenbedingten Kündigung.

Unterwertige Beschäftigung

88 Eine unterwertige Beschäftigung darf nicht ohne weiteres aufgegeben werden.

BSG, Urteil vom 9.12.1982 – 7 RAr 31/82, SozR 4100 § 119 AFG Nr. 21.

Verlust des erlernten Berufs

89 Wenn noch realistische Chancen bestehen, im erlernten Beruf eine Beschäftigung zu finden, kann eine Umschulung in einen neuen Beruf abgelehnt werden.

Bayerisches LSG, Urteil vom 21.6.1990 – L 9 Al 55/89.

90 Dasselbe gilt für eine Vermittlung in eine berufsfremde oder -ferne Beschäftigung.

Schleswig-Holsteinisches LSG, Urteil vom 9.1.1976 – L 1 Ar 6/74, Breith. 1977 S. 164.

Vermittlungswunsch

91 Ein sachgerechter Vermittlungswunsch kann ein Arbeitsangebot für einen anderen Beruf zeitweise unzumutbar machen.

BSG, Urteil vom 22.6.1977 – 7 RAr 131/75, SozR 4100 § 119 Nr. 3 = DBlR 2209a zu § 119; Urteil vom 19.6.1979 – 7 RAr 43/78, SozR 4100 § 119 Nr. 9 = Breith. 1980 S. 147 = DBlR Nr. 2495a zu § 119; LSG Schleswig-Holstein, Urteil vom 9.1.1976 – L 1 Ar 6/74, Breith. 1977 S. 164.

92 Die Verletzung von Grundsätzen der Arbeitsvermittlung macht das Arbeitsangebot immer unzumutbar.

BSG, Urteil vom 30.11.1973 – 7 RAr 43/73, DBlR Nr. 1790a zu § 119; Bayerisches LSG, Urteil vom 2.8.1961 – L 4 Ar 26/59, Breith. 1962 S. 62 = ABA 1962 S. 70 = AMBl BY 1962 B 3.

Versuch zur Beseitigung des wichtigen Grundes

93 Regelmäßig muss der Arbeitnehmer versuchen, den wichtigen Grund zu beseitigen, bevor er das Arbeitsverhältnis auflöst; das gilt jedenfalls dann, wenn der Versuch nicht von vornherein aussichtslos ist.

BSG, Urteil vom 6.2.2003 – 7 AL 72/01; BSG, Urteil vom 9.5.1963 – 7 RAr 44/61, SozR a. F. § 80 AVAVG Nr. 1 = Breith. 1963 S. 1004 = ABA 1963 S. 175 = AP Nr. 4 zu § 78 = BB 1963 S. 1299; Hessisches LSG, Urteil vom 19.9.1962 – L 6 Ar 7/62, Breith. 1963 S. 534 = SozSich RsprNr 1520.

Vorruhestand

94 Die einvernehmliche Beendigung des Arbeitsverhältnisses im Zusammenhang mit einer Vorruhestandsvereinbarung führt zu einer Sperrzeit.

SG Karlsruhe, Urteil vom 25.5.2004 – Sg AL 2/03; LSG Bremen, Urteil vom 25.2.1998 – L 5 Ar 41/96, AiB 1998, S. 419; LSG Berlin, Urteil vom 24.10.1997 – L 10 Ar 58/96.

Vorstellungstermin

95 Das Verschieben des Vorstellungstermins im Hinblick auf das arbeitsgerichtliche Kündigungsschutzverfahren geschieht nicht mit wichtigem Grund.

LSG München, Urteil vom 3.2.2000 – L 9 AL 269/97.

Wichtiger Grund nach § 626 BGB

96 Liegt arbeitsrechtlich ein wichtiger Grund für eine außerordentliche Kündigung des Arbeitnehmers vor, tritt keine Sperrzeit ein;

BSG, Urteil vom 17.7.1964 – 7 RAr 4/64, SozR a. F. § 80 AVAVG Nr. 3 = BSGE 21 S. 205.

der wichtige Grund im Sinne des § 119 AFG ist aber nicht auf den wichtigen Grund nach § 626 BGB beschränkt. Auch andere Gründe können das Arbeitsverhältnis für den Arbeitnehmer unzumutbar machen.

BSG, Urteil vom 26.8.1965 – 7 RAr 32/64, SozR a. F. § 80 AVAVG Nr. 5.

Zeitpunkt

97 Der wichtige Grund muss im Zeitpunkt der Auflösung des Arbeitsverhältnisses vorliegen.

BSG, Urteil vom 20.4.1977 – 7 RAr 112/75; Urteil vom 12.11.1981 – 7 RAr 21/81, SozR 4100 § 119 Nr. 2 und 17.

Zumutbarkeit

98 Die Ablehnung eines unzumutbaren Arbeitsverhältnisses erfolgt immer mit wichtigem Grund.

BSG, Urteil vom 26.8.1965 – 7 RAr 32/64, SozR a. F. § 80 AVAVG Nr. 5.

99 Arbeit, die die Ausübung der bisher überwiegenden Tätigkeit wesentlich erschweren oder die weitere berufliche Entwicklung schwer beeinträchtigen würde, darf abgelehnt werden.

BSG, Urteil vom 3.6.1975 – 7 RAr 81/74, DBIR Nr. 1945a zu § 101; Urteil vom 22.6.1977 – 7 RAr 131/75, SozR 4100 § 119 Nr. 3.

100 Personen, die auf die Fingerfertigkeit der Hände angewiesen sind, dürfen grobe Arbeit ablehnen.

LSG Niedersachsen, Urteil vom 26.2.1960 – L 7 Ar 35/59, Breith. 1960 S. 923 = ABA 1960 S. 215.

J RUHEN VON LEISTUNGEN, INSBESONDERE BEI ENTLASSUNGSENTSCHÄDIGUNGEN
§§ 142, 143, 143a, 146, 180 SGB III

I Die wichtigsten Ruhensgründe 314

II Ruhen bei Entlassungsentschädigung 314
- 1 Was ist eine Entlassungsentschädigung? 314
- 2 Wann ruht der Alg-Anspruch wegen einer Entlassungsentschädigung? 317
- 2.1 Nur bei Nichteinhaltung der Kündigungsfrist 317
- 2.2 Welche Kündigungsfristen müssen eingehalten werden? 317
- 3 Was heißt: der Alg-Anspruch ruht? 319
- 4 Wie lange ruht der Alg-Anspruch? 322
- 5 Gleichwohlgewährung 324
- 6 Überzahlung 325
- 7 Keine Beiträge auf Entlassungsentschädigungen 325
- 8 Steuern auf Entlassungsentschädigungen 325

III Ruhen in sonstigen Fällen 326
- 1 Ruhen bei Anspruch auf Arbeitsentgelt 326
- 2 Ruhen bei Urlaubsabgeltung 327
- 3 Ruhen bei Sozialleistungen 327
- 4 Ruhen bei unterlassenen Anträgen auf Rente oder Reha 327
- 5 Ruhen bei Arbeitskämpfen 328

IV Welche Folgen hat das Ruhen? 328
- 1 Hinausschieben des Anspruchs 328
- 2 Minderung des Anspruchs? 328
- 3 Auswirkungen auf die Kranken-, Pflege- und Rentenversicherung 329

V Zusammentreffen mehrerer Ruhenszeiträume 329

VI Was muss geändert werden? 330
- 1 Ruhenszeit wegen Urlaubsabgeltung muss Versicherungszeit werden 330
- 2 Die »Fünftelregel« muss klar geregelt werden 330

I Die wichtigsten Ruhensgründe
§§ 142–146 SGB III

Neben der Sperrzeit und der Säumniszeit sind die wichtigsten Ruhensgründe:
- die Zahlung einer Entlassungsentschädigung ohne Einhaltung der Kündigungsfrist (§ 143a SGB III),
- die Zahlung von Arbeitsentgelt (§ 143 Abs. 1 SGB III),
- die Zahlung einer Urlaubsabgeltung (§ 143 Abs. 2 SGB III),
- die Zahlung von Sozialleistungen (§ 142 SGB III),
- Ruhen bei Arbeitskämpfen (§ 146 SGB III).

II Ruhen bei Entlassungsentschädigung
§ 143a SGB III

1 Was ist eine Entlassungsentschädigung?

Eine Entlassungsentschädigung ist jede geldwerte Zuwendung, die ein Arbeitnehmer »wegen der Beendigung« seines Arbeitsverhältnisses erhält.
Ein Rechtsanspruch auf eine Entlassungsentschädigung besteht, wenn diese
- zwischen Arbeitnehmer und Arbeitgeber in einem Aufhebungsvertrag vereinbart oder
- in einem gerichtlichen Vergleich festgelegt oder
- in einem Interessenausgleich bzw. Sozialplan zwischen dem Betriebsrat und dem Arbeitgeber durch Betriebsvereinbarung (§§ 112, 112a BetrVG) geregelt oder
- im Rahmen eines Nachteilsausgleiches nach § 113 BetrVG vom Arbeitsgericht zugesprochen oder
- vom Arbeitsgericht nach §§ 9, 10 KSchG festgesetzt wird oder
- dem Arbeitnehmer gemäß § 1a KSchG zusteht, nachdem er gegen eine betriebsbedingte Kündigung keine Kündigungsschutzklage erhoben hat.

Was versteht die BA alles unter Entlassungsentschädigung?

Entlassungsentschädigung ist nach Meinung der BA – ohne Rücksicht auf die Bezeichnung – auch eine Arbeitgeberleistung,
- die in Teilbeträgen (z. B. Monatsraten) gezahlt wird, unabhängig davon, ob im Zeitraum der Gewährung der Entlassungsentschädigung ein Leistungsanspruch besteht oder nicht;
- die zu einem späteren Zeitpunkt fällig ist oder wird (z. B. erst bei Rentenbeginn);
- deren Höhe der Leistung noch unbestimmt ist, weil sie z. B. von der Dauer der Arbeitslosigkeit oder von der Höhe des Alg oder sonstigem Einkommen abhängig ist (so genannte Aufstockungsbeträge);
- der eine (andere) Zweckbestimmung bzw. Rechtsgrundlage gegeben ist;

- die in einem Verzicht des Arbeitgebers auf Forderungen gegen den Arbeitnehmer besteht;
- die wegen vorzeitiger Beendigung des Arbeitsverhältnisses nach Betriebsübergang (§ 613a BGB) vom neuen Betriebsinhaber gezahlt wird;
- die nicht vom Arbeitgeber selbst, sondern von einem Dritten (z.B. einer betrieblichen Versorgungseinrichtung) erbracht wird;
- die als zeitlich vorgezogene Betriebsrente gezahlt wird;
- die in Form einer vom Arbeitgeber abgeschlossenen »Abfindungsversicherung« für den Fall der Arbeitslosigkeit oder der Beendigung des Beschäftigungsverhältnisses beansprucht werden kann;
- die als Treueprämie, Weihnachtsgeld, Tantieme, Gewinnanteil u.Ä. für Zeiten **nach** der Beendigung des Beschäftigungsverhältnisses gezahlt werden.
- Entlassungsentschädigung ist auch das Übergangsgeld nach BAT und die Übergangsbeihilfe nach baugewerblichen Tarifverträgen.
- Werden während des Beschäftigungsverhältnisses bestehende Vergünstigungen (z.B. die unentgeltliche Nutzung einer Werkswohnung oder deren Anmietung weit unter Mietwert, die Nutzung eines Dienstwagens) weiter gewährt, so ist ihr Wert nach Meinung der BA als Entlassungsentschädigung anzurechnen, wenn sie wegen der Beendigung des Arbeitsverhältnisses gewährt werden. Das kann man aber (mit Hanau, RdA 1998, S. 297) bestreiten; denn die Sachbezüge werden häufig **nicht wegen**, sondern vielmehr **trotz** Beendigung des Arbeitsverhältnisses weiter überlassen. Dasselbe Problem stellt sich bei der Anrechnung von Zeiten nach Beendigung des Arbeitsverhältnisses auf betriebliche Versorgungsrechte; auch sie erfolgt nicht wegen, sondern trotz der Beendigung des Arbeitsverhältnisses.
- Zu den Entlassungsentschädigungen gehören auch Schadensersatzansprüche nach § 628 Abs. 2 BGB wegen einer Kündigung des Arbeitnehmers, die der Arbeitgeber verschuldet hat (BSG, Urteil vom 13. Mai 1990 – 11 RAr 69/89, SozR 3–4100 § 117 Nr. 2).
- Auch eine als Darlehen bezeichnete Leistung, die der Arbeitslose nicht zurückzahlen muss bzw. deren Rückzahlung der Arbeitgeber übernimmt, kann eine Entlassungsentschädigung sein (BSG, Urteil vom 3.3.1993 – 11 RAr 57/92, EWiR 1993, S. 1145 m. Anm. Steinmeyer).

Hintergrund der Ruhensbestimmung des § 143a SGB III ist die Vermutung des Gesetzgebers, dass sich in der Entlassungsentschädigung Arbeitsentgelt verbirgt, wenn das Arbeitsverhältnis vorzeitig beendet worden ist. Dennoch kommt es nicht darauf an, ob der Arbeitslose während der Zeit zwischen dem tatsächlichen Ende des Arbeitsverhältnisses und dem fristgerechten Ende einen Arbeitsentgeltanspruch tatsächlich hätte haben können. Auch wenn ein Anspruch bei einer Fortsetzung des Arbeitsverhältnisses nicht bestanden hätte, z.B. wegen Arbeitsunfähigkeit nach Erschöpfung des Krankengeldanspruchs, führt die Zahlung einer Entlassungsentschädigung zum Ruhen des Alg-Anspruchs (BSG, Urteil vom 20.1.2000 – B 7 AL 48/99 R, Breithaupt 2000, Heft 5, S. 482 ff.).

Keine Entlassungsentschädigung

Auch nach Meinung der BA (RandNr. 19 zu § 143a) sind keine Entlassungsentschädigungen:

- Erfindervergütungen;
- rückständiger Arbeitslohn;
- die Urlaubsabgeltung (aber Vorsicht, sie führt zum Ruhen nach § 143 Abs. 2 SGB III; → S. 327), nicht aber der Schadensersatzanspruch wegen eines durch Verschulden des Arbeitgebers untergegangenen Urlaubsanspruchs (BSG, Urteil vom 21.6.2001 – B 7 AL 62/00 R, SozR 3–4100 § 117 Nr. 24);
- anteilige einmalige Leistungen, soweit sie als so genanntes aufgestautes Arbeitsentgelt anzusehen sind;
- **bis zur Beendigung des Beschäftigungsverhältnisses** angefallene Treueprämien, ausgeschüttete Gewinnanteile, Jubiläumsgelder u. Ä.;
- »klassische« Betriebsrenten, die nicht im Hinblick auf das Ende des Beschäftigungsverhältnisses vorzeitig, sondern ab dem Erreichen des vorgesehenen Alters ausgezahlt werden;
- Karenzentschädigungen wegen eines vertraglichen Wettbewerbsverbots;
- Ansprüche auf Geldleistungen aufgrund regelmäßigen Abzugs vom Bruttolohn (z. B. betriebliche Altersversorgung im Umfang der eigenen Beitragsleistung);
- Wertguthaben nach § 7 Abs. 1a SGB IV, das wegen vorzeitiger Beendigung des Arbeitsverhältnisses ausgezahlt wird;
- öffentliche Strukturhilfen. Anhaltspunkte dafür sind für die BA der öffentlich-rechtliche Charakter der Leistung, ihre Festsetzung durch Zuwendungsbescheid und ihre Finanzierung aus öffentlichen Kassen (z. B. das Anpassungsgeld an entlassene Bergleute).

Da das Alg bei vorzeitiger Beendigung des Arbeitsverhältnisses ohne Rücksicht auf die Bezeichnung der gezahlten Leistung ruht, bleibt nur der folgende vom Gesetzgeber eröffnete Ausweg:

Ausweg: Entschädigung zum Ausgleich von Rentenminderung

Ausgenommen von der Anrechnung sind gemäß § 143a Abs. 1 Satz 6 SGB III Leistungen, die ein Arbeitgeber erbringt, um die Rentenminderung (3,6 % pro Jahr) auszugleichen, die bei vorzeitiger Inanspruchnahme von Rente wegen Alters eintritt. Nach § 187a SGB VI kann die Rentenminderung durch Zuzahlung vermieden werden. Zum Ausgleich dafür darf der Arbeitgeber Arbeitnehmern, die mindestens 55 Jahre alt waren, ohne Anrechnung auf das Alg eine Entschädigung unmittelbar an den Rentenversicherungsträger zahlen.

Dasselbe gilt gemäß § 143a Abs. 1 Satz 7 SGB III, soweit der Arbeitslose einer berufsständigen Versorgungseinrichtung angehört; damit sind nur solche Einrichtungen gemeint, die an die Stelle der gesetzlichen Rentenversicherung treten (§ 6 Abs. 1 Nr. 1 SGB VI), nicht aber Betriebsrentensysteme.

Höhe

Die Höchstsumme, die zum Ausgleich der Rentenminderung anerkannt wird, ist der Rentenauskunft nach § 109 SGB VI zu entnehmen.

2 Wann ruht der Alg-Anspruch wegen einer Entlassungsentschädigung?

2.1 Nur bei Nichteinhaltung der Kündigungsfrist

Der Anspruch auf Alg ruht nur, wenn das Arbeitsverhältnis beendet wurde, ohne dass eine Frist eingehalten wurde, die der fristgemäßen Kündigung durch den Arbeitgeber entspricht.
Die vom Arbeitgeber einzuhaltende ordentliche Kündigungsfrist wird bei der Ruhensregelung also auch dann zugrunde gelegt, wenn das Arbeitsverhältnis vom Arbeitnehmer gekündigt wurde und dessen Kündigungsfrist kürzer ist.

Für die Ruhensregelung ist es gleichgültig, ob das Arbeitsverhältnis in beiderseitigem Einvernehmen (z. B. durch einen Aufhebungsvertrag) beendet oder dem Arbeitnehmer vom Arbeitgeber gekündigt wurde. Maßgeblich für ein Ruhen des Anspruches ist die Zeit zwischen Kündigung oder Tag des Aufhebungsvertrags und dem Ende des Arbeitsverhältnisses. Ist diese Zeit kürzer als die einer fristgemäßen Kündigung durch den Arbeitgeber, kommt es zu einem Ruhen des Anspruches.

Ein Betriebsübergang nach § 613a BGB mit anschließendem Aufhebungsvertrag ohne Einhaltung der ordentlichen Kündigungsfrist steht dem Ruhen nach § 143a SGB III nicht entgegen (BSG, Urteil vom 29.8.1991 – 7 RAr 68/90, info also 1992, Heft 2, S. 96).

2.2 Welche Kündigungsfristen müssen eingehalten werden?

Der Anspruch auf Alg ruht, wenn die Kündigungsfrist nicht eingehalten ist.
Welches sind die Kündigungsfristen? Hierbei sind vier Fallgruppen zu unterscheiden:

- Die fristgemäße Kündigung durch den Arbeitgeber ist in § 622 BGB festgelegt. Welche Fristen gelten, können Sie den folgenden Tabellen entnehmen.

  Fallgruppe 1: Ordentlich Kündbare

- Arbeitnehmer, für die eine fristgemäße Kündigung durch den Arbeitgeber zeitweise ausgeschlossen ist, z. B. für
  - Frauen während der Schwangerschaft (§ 9 MutterschutzG),
  - Schwerbehinderte Menschen (§ 85 SGB IX),
  - Betriebsräte (§ 15 KündigungsschutzG),
  - befristete Beschäftigte (die nur dann der ordentlichen Kündigung unterliegen, wenn dies einzelvertraglich oder im anwendbaren Tarifvertrag vereinbart ist (§ 15 Abs. 3 TzBfG),

  werden gemäß § 143a Abs. 1 Satz 3 Nr. 2 SGB III wie Arbeitnehmer behandelt, bei denen die allgemeinen Kündigungsfristen gelten (siehe oben Fallgruppe 1).

  Fallgruppe 2: Zeitweise Unkündbare

Schaubilder
Kündigungsfristen

Normale Kündigungsfrist	
Kündigungsfrist während der Probezeit (bis 6 Monate)	2 Wochen
Grundkündigungsfrist	4 Wochen (also 28 Tage und nicht 1 Monat) zum 15. des Monats oder zum Monatsende

Abgekürzte Kündigungsfrist kraft Tarifvertrag*	
– der Frist während der Probezeit	ja
– der Grundkündigungsfrist	ja
– der verlängerten Fristen	ja

* Die tarifvertraglichen Abweichungen gelten zwischen nicht tarifgebundenen Arbeitgebern und Arbeitnehmern, wenn ihre Anwendung zwischen ihnen einzelvertraglich vereinbart ist.

Verlängerte Kündigungsfristen (für Arbeitgeberkündigung)	Betriebszugehörigkeit	Monate zum Monatsende
Berechnung der Betriebszugehörigkeit ab dem 25. Lebensjahr	2 Jahre	1
	5 Jahre	2
	8 Jahre	3
	10 Jahre	4
	12 Jahre	5
	15 Jahre	6
	20 Jahre	7

Abgekürzte Grundkündigungsfrist kraft Einzelarbeitsvertrag	
– bei Aushilfen bis 3 Monate	ja
– in Betrieben mit nicht mehr als 20 Arbeitnehmern	ja, mindestens aber 4 Wochen

Fallgruppe 3:
Absolut
Unkündbare

■ Bei Arbeitnehmern, bei denen eine fristgemäße Kündigung dauernd ausgeschlossen ist, d.h., die nach einem gültigen Tarifvertrag aufgrund ihres Alters und der Dauer der Betriebszugehörigkeit unkündbar sind (so z. B. nach § 4 Abs. 4 Manteltarifvertrag für die Beschäftigten in der Metallindustrie Südbaden Beschäftigte ab 53 Jahren nach dreijähriger Betriebszugehörigkeit), geht § 143a Abs. 1 Satz 3 Nr. 1 SGB III von einer fiktiven Kündigungsfrist von 18 Monaten aus.

- Bei Arbeitnehmern, die an sich unkündbar sind, die aber gleichwohl nach Tarif- oder Einzelvertrag ihren Arbeitsplatz gegen Zahlung einer Entlassungsentschädigung verlieren, legt § 143a Abs. 1 Satz 4 SGB III eine Kündigungsfrist von zwölf Monaten zugrunde. Diese Kündigungsfrist gilt auch, wenn z. B. ein Sozialplan oder ein Rationalisierungsschutzabkommen eine kürzere Kündigungsfrist vorsieht.

Fallgruppe 4: Relativ Unkündbare

Nicht die Jahresfrist gemäß § 143a Abs. 1 Satz 4 SGB III, sondern die ordentliche Kündigungsfrist gilt, wenn

- ein Tarifvertrag die ordentliche Kündigung älterer Arbeitnehmer nur nach Abschluss eines Sozialplans zulässt, das Arbeitsverhältnis aber beispielsweise nach einer Teilbetriebsstilllegung außerordentlich mit einer Auslauffrist gekündigt werden kann (BSG, Urteil vom 29.1.2001 – B 7 AL 62/99 R; AiB 2001, Heft 9, S. 560);

- ein Tarifvertrag für eine bestimmte Zeit betriebsbedingte Kündigungen ausschließt, gleichzeitig aber bei Aufhebungsverträgen, bei denen die Kündigungsfrist eingehalten wird, eine Abfindung vorsieht. Diese Mischung aus Fallgruppe 2 und 4 führt nach Meinung des BSG (Urteil vom 15.12.1999, Az.: B 11 AL 29/99 R, aib 2001, Heft 4, S. 249 f.) nicht zum Ruhen gemäß § 143a Abs. 1 Satz 4 SGB III. Allerdings droht ein Ruhen wegen Sperrzeit;

- der in einem Flächentarifvertrag verankerte Alterskündigungsschutz rückwirkend durch einen Zusatztarifvertrag für einen bestimmten Betrieb aufgehoben wird, was nach neuer Rechtsprechung des BAG möglich ist (LSG Baden-Württemberg, Urteil vom 24.1.2002, AiB 2002, Heft 12, S. 784 ff.).

3   Was heißt: der Alg-Anspruch ruht?

Ruhen bedeutet, dass für einen bestimmten Zeitraum Alg nicht gezahlt wird.

Durch das Ruhen wird der Alg-Anspruch nicht gekürzt; die Zahlung von Alg verzögert sich nur um den Ruhenszeitraum.
Der Arbeitslose muss in diesem Zeitraum von der Entlassungsentschädigung leben.

Allerdings führt die Entlassungsentschädigung nicht in voller Höhe zum Ruhen; die Entlassungsentschädigung wird vielmehr nur zu einem bestimmten Prozentsatz »angerechnet«. Je höher der anrechenbare Prozentsatz, desto länger ruht der Alg-Bezug.

Wie hoch der anrechenbare Prozentsatz ist, richtet sich

Maßstab: Lebensalter
- nach dem Lebensalter des Arbeitnehmers zum Zeitpunkt der Beendigung des Arbeitsverhältnisses; und

und Betriebszugehörigkeit
- nach der Dauer der jeweiligen Betriebs- oder Unternehmenszugehörigkeit.

Wieviel Prozent der Entlassungsentschädigung angerechnet werden kann, lässt sich folgender Tabelle entnehmen:

Anrechnungsfähig ist die Bruttoentschädigung ohne Berücksichtigung der Steuerfreibeträge. Kompensationsleistungen zum Ausgleich von Rentenminderungen an den Rentenversicherungsträger nach § 187a Abs. 1 SGB VI (→ S. 316) sind von vornherein von dem anrechnungsfähigen Entlassungsentschädigungsbetrag abzuziehen.

Tabelle
Anrechenbarer Teil der Entlassungsentschädigung

Betriebs- oder Unternehmenszugehörigkeit	Lebensalter zum Zeitpunkt der Beendigung des Arbeitsverhältnisses in Jahren					
	bis 40	ab 40	ab 45	ab 50	ab 55	ab 60
weniger als 5 Jahre	60 %	55 %	50 %	45 %	40 %	35 %
5 und mehr Jahre	55 %	50 %	45 %	40 %	35 %	30 %
10 und mehr Jahre	50 %	45 %	40 %	35 %	30 %	25 %
15 und mehr Jahre	45 %	40 %	35 %	30 %	25 %	25 %
20 und mehr Jahre	40 %	35 %	30 %	25 %	25 %	25 %
25 und mehr Jahre	35 %	30 %	25 %	25 %	25 %	25 %
30 und mehr Jahre	–	–	25 %	25 %	25 %	25 %

Beispiel

David Zunder scheidet ohne Einhalten der Kündigungsfrist aus. Er ist bei seinem Ausscheiden aus dem Betrieb, dem er 17 Jahre angehörte, 43 Jahre alt. Er erhält eine Entlassungsentschädigung von 10.230 €.

Laut Tabelle werden ihm 40 % seiner Entlassungsentschädigung von 10.230 €, also 4.092 €, angerechnet.

Der Ruhenszeitraum ergibt sich daraus, dass der zu berücksichtigende Teil der Entlassungsentschädigung durch den kalendertäglichen Brutto-Tagesverdienst geteilt wird. Hierbei legt die AA für jeden Monat pauschal 30 Kalendertage zugrunde.

Das Ergebnis gibt die Anzahl von Kalendertagen an, an denen der Anspruch auf Alg ruht.

Der Brutto-Tagesverdienst wird berechnet, indem die Vergütung der letzten vom Arbeitgeber abgerechneten Entgeltabrechnungszeiträume von 52 Wochen durch die Anzahl der Kalendertage, die diesen Abrechnungen zugrunde liegen, geteilt wird. Unberücksichtigt bleiben Arbeitsentgeltkürzungen infolge von Krankheit, Kurzarbeit, Arbeitsausfall oder Arbeitsversäumnis.

David Zunder hatte in den letzten zwölf Monaten vor Beendigung seines Arbeitsverhältnisses einen Bruttoverdienst von jeweils 1.410 €.
Der Brutto-Tagesverdienst berechnet sich aus:
12 x 1.410 € = 16.920 € : 360 Tage = 47 € pro Tag.

Die Anzahl der Tage, an denen der Anspruch ruht, ergibt sich aus der Teilung der anzurechnenden Entlassungsentschädigung, in unserem Fall 4.092 €, durch den Brutto-Tagesverdienst:
4.092 € : 47 € pro Tag = 87,06 Kalendertage.
Da nur volle Kalendertage zählen, ruht der Anspruch auf Alg in diesem Beispiel für 87 Tage.

Setzen Sie in die Kästchen Ihre persönlichen Zahlen ein und folgen Sie den genannten Rechenregeln:

Berechnungsschema

Gezahlte Entlassungsentschädigung	☐ €		Brutto-Arbeitsentgelt der letzten Beschäftigungszeit (12 Monate)	☐ €
	:			:
	100 x		Kalendertage der letzten Beschäftigungszeit (12 Monate)	☐ Tage
zu berücksichtigender %-Anteil gemäß vorstehender Tabelle	☐ %			=
	=		Brutto-Tagesverdienst	☐ €/Tag
zu berücksichtigender Anteil in €	☐ €			
	:			
Brutto-Tagesverdienst	☐ € pro Tag ←			
	=			
nach dieser Zeit gilt die Entlassungentschädigung als verbraucht	☐ Tage → abrunden		☐	**volle Tage Ruhenszeit**

4 Wie lange ruht der Alg-Anspruch?

Der Ruhenszeitraum

Führt die Entlassungsentschädigung wegen Nichteinhaltung der ordentlichen oder fiktiven Kündigungsfrist zum Ruhen des Anspruchs, dann beginnt der Ruhenszeitraum am Tag nach dem letzten Tag des Arbeitsverhältnisses und endet

Grenze A
- spätestens an dem Tag, an dem das Arbeitsverhältnis bei fristgerechter Kündigung durch den Arbeitgeber geendet hätte, oder

Grenze B
- spätestens an dem Tag, an dem ein zeitlich befristetes Arbeitsverhältnis ohnehin geendet hätte, oder

Grenze C
- bereits früher, wenn die Entlassungsentschädigung als verbraucht gilt, jedoch

Grenze D
- spätestens zwölf Monate nach der gewollten Beendigung des Arbeitsverhältnisses, jedenfalls

Grenze E
- an dem Tag, an dem eine außerordentliche Kündigung des Arbeitgebers möglich gewesen wäre.

Die AA hat die für den Arbeitslosen günstigste Grenze zugrunde zu legen.

Grenze A

Ende der ordentlichen oder fiktiven Kündigungsfrist: In diesem Fall endet der Ruhenszeitraum mit Ablauf des Zeitraumes, der einer vom Arbeitgeber einzuhaltenden ordentlichen Kündigungsfrist entspricht. Die Kündigungsfristen beginnen jeweils mit dem Zugang der Kündigung bzw. mit dem Tag des Aufhebungsvertrages.

Beispiel

Die Angestellte Elfriede Wehrmich erhält am 15.9. eine Kündigung, die als »ordentliche Kündigung zum 30.9.« bezeichnet ist, obwohl die ordentliche Kündigungsfrist von drei Monaten zum Monatsende nicht eingehalten ist. Gleichzeitig erhält sie eine hohe Entlassungsentschädigung; sie meldet sich am 1.10. arbeitslos und beantragt Alg. Nimmt Elfriede Wehrmich die Kündigung hin, ohne vor dem Arbeitsgericht eine Kündigungsschutzklage zu erheben, wird die Kündigung zum 30.9. wirksam und Elfriede Wehrmich nach dem 30.9. arbeitslos. Erhält sie ab 1.10. Alg? – Nein, da der Anspruch auf Alg für die Zeit ab der vom Arbeitgeber »gewollten« Beendigung des Arbeitsverhältnisses (30.9.) bis zum Ende des Zeitraumes, der der ordentlichen Kündigungsfrist entspricht (31.12.), ruht.

Grenze B

Ende des zeitlich befristeten Arbeitsverhältnisses: In diesem Fall endet der Ruhenszeitraum spätestens an dem Tage, an dem ein zeitlich befristetes Arbeitsverhältnis ohnehin geendet hätte.

Grenze C

Die Entlassungsentschädigung gilt als verbraucht: In diesem Fall endet der Ruhenszeitraum, wenn der Prozentsatz der Entlassungsentschädigung durch »Anrechnung« als verbraucht gilt.
Wann die Entlassungsentschädigung als verbraucht gilt → S. 319.

Härteklausel nach zwölf Monaten: Hier endet der Ruhenszeitraum spätestens zwölf Monate nach der gewollten Beendigung des Arbeitsverhältnisses. Die Zwölf-Monats-Frist in § 143a Abs. 2 Satz 1 SGB III mildert die Härten für die, deren ordentliche vertragliche Kündigungsfrist länger als zwölf Monate dauert, und für die mit einer fiktiven 18-Monats-Kündigungsfrist.

Grenze D

Elfriede Wehrmich ist nicht mehr ordentlich kündbar. Ihr Arbeitgeber möchte aber die Belegschaft verkleinern und dann profitabel den Betrieb veräußern. Deshalb bietet er Aufhebungsverträge an. Am 15.12.2004 unterzeichnete Elfriede Wehrmich einen Aufhebungsvertrag zum 31.12.2004 gegen Zahlung einer Entlassungsentschädigung.

Beispiel

Die fiktive Kündigungsfrist von 18 Monaten würde vom 16.12.2004 bis zum 15.6.2006 reichen, d. h., der Alg-Anspruch von Elfriede Wehrmich würde diese ganze Zeit ruhen. Da die Zwölf-Monats-Frist aber vorher abläuft, nämlich am 31.12.2005 (zwölf Monate nach der gewollten Beendigung des Arbeitsverhältnisses zum 31.12.2004), hat Elfriede Wehrmich einen Alg-Anspruch ab dem 1.1.2006. Im Jahr 2005 muss sie von der Entlassungsentschädigung leben, es sei denn, der anrechenbare Teil der Entlassungsentschädigung ist vorher (rechnerisch) verbraucht (→ S. 319).

Außerordentliche Kündigung: Das Ruhen endet spätestens an dem Tag, an dem der Arbeitgeber das Arbeitsverhältnis aus wichtigem Grund ohne Einhaltung einer Kündigungsfrist hätte kündigen können (§ 143a Abs. 2 Satz 2 Nr. 3 SGB III).

Grenze E

Der Grundgedanke dieser Ausnahmevorschrift ist, dass eine Entlassungsentschädigung, die vom Arbeitgeber gezahlt wird, obwohl ein Grund für eine fristlose Kündigung gegeben ist, keine verschleierten Vergütungsbestandteile für die Zeit nach dem fristlosen Kündigungsgrund enthält. Daher kommen nur solche fristlosen Kündigungsgründe in Betracht, die vor dem Abschluss des Abfindungsvergleiches liegen. Das Vorliegen eines derartigen fristlosen Kündigungsgrundes muss die AA bzw. das SG von Amts wegen prüfen, auch wenn keine fristlose Kündigung ausgesprochen worden ist. Es reicht, wenn der Arbeitgeber ein Recht zur fristlosen Kündigung gehabt hätte.

David Zunder erhält eine betriebsbedingte Kündigung zum 31.12. In der Güteverhandlung vor dem Arbeitsgericht am 15.9. beleidigt David Zunder aus Verärgerung seinen Arbeitgeber grob. Noch in der gleichen Verhandlung schließen die Parteien einen Vergleich mit einer vorzeitigen Beendigung zum 15.9. Der Arbeitgeber, dem es wichtig ist, dass der Kündigungsschutzprozess möglichst schnell beendet wird, zahlt deshalb trotz der Beleidigung eine Entlassungsentschädigung. Da die ordentliche Kündigungsfrist nicht eingehalten ist, würde die Entlassungsentschädigung nach § 143a Abs. 1 SGB III zum Ruhen des Alg-Anspruchs führen. Da der Arbeitgeber aber am 15.9. einen

Beispiel

Grund zur fristlosen Kündigung hatte, kommt es nicht zum Ruhen. Allerdings muss David Zunder damit rechnen, dass die AA eine Sperrzeit verhängt.

Diese Grenze gilt nur bei arbeitgeberseitiger außerordentlicher Kündigung, also nicht, wenn der Arbeitnehmer berechtigt ist, fristlos zu kündigen (BSG, Urteil vom 29.8.1991 – 7 RAr 130/90, info also 1992, Heft 3, S. 151).

5 Gleichwohlgewährung

Ist die Entlassungsentschädigung noch nicht ausgezahlt, hat die AA Alg im Wege der Gleichwohlgewährung zu zahlen (§ 143a Abs. 4 SGB III). Der Anspruch gegen den Arbeitgeber geht gemäß § 115 SGB X auf die AA über. Hat der Arbeitgeber die Entlassungsentschädigung trotz des Rechtsüberganges mit befreiender Wirkung an den Arbeitslosen gezahlt, muss dieser der AA den übergegangenen Betrag erstatten.

Die BA kann die Auszahlung des Arbeitgebers an den Arbeitslosen genehmigen; dann ist gleichfalls der Arbeitslose nach § 143a Abs. 4 SGB III erstattungspflichtig (BSG, Urteil vom 24.6.1999 – B 11 AL 7/99 R, SozR 3–4100 § 117 Nr. 18; BSG, Urteil vom 22.10.1998 – B 7 AL 106/97 R, BSGE 83, S. 82).

Erhält der Arbeitslose nur einen Teil der ihm zustehenden Entlassungsentschädigung, entsteht in diesem Umfang ein Erstattungsanspruch der BA (BSG, Urteil vom 8.2.2001 – B 11 AL 59/00).

Die Alg-Bewilligung im Wege der Gleichwohlgewährung erfolgt nicht unter Vorbehalt, sondern endgültig und verbraucht zunächst den Alg-Anspruch. Die Gewährung bleibt auch dann rechtmäßig, wenn der Arbeitslose später doch noch das Arbeitsentgelt erhält oder dieses an die AA gezahlt wird. Soweit die AA Ersatz für das gezahlte Alg erhält (durch Zahlung des Arbeitgebers auf übergegangene Arbeitsentgeltansprüche oder durch Insolvenzgeld), entfällt die Minderung der Anspruchsdauer. Das BSG hält sie für verpflichtet, im Interesse des Arbeitnehmers die übergegangenen Arbeitsentgeltansprüche geltend zu machen (BSG, Urteil vom 11.6.1987 – 7 RAr 16/86, SozR 4100 § 117 Nr. 18; BSG, Urteil vom 29.11.1988 – 11/7 RAr 79/87, SozR 4100 § 117 Nr. 23); u. U. bleibt es deshalb beim Verbrauch des Alg-Anspruchs durch die Gleichwohlgewährung, weil sich die AA nicht um die Beitreibung der Forderung gegen den Arbeitgeber bemüht.

Da der Alg-Anspruch auch im Falle der Gleichwohlgewährung bei Vorliegen aller Voraussetzungen endgültig entsteht, bleibt er hinsichtlich aller Folgen (Dauer, Höhe) maßgeblich, bis er verbraucht oder ein neuer entstanden ist. Er wird nicht nachträglich neu berechnet, auch wenn das für den Arbeitslosen günstiger wäre.

6 Überzahlung

Bewilligt die AA ungekürztes Alg, obwohl der Anspruch nach § 143a Abs. 1 SGB III teilweise geruht hat und die Entlassungsentschädigung bereits ausgezahlt worden ist, muss die Überzahlung nach § 45 SGB X, nicht nach § 143a Abs. 4 Satz 2 SGB III rückgängig gemacht werden (BSG, Urteile vom 3.3.1993 – 11 RAr 49/92 und 52/92, SozR 3–4100 § 117 Nrn. 9 und 10).

Rückforderung

7 Keine Beiträge auf Entlassungsentschädigungen

Entlassungsentschädigungen, die für den Wegfall künftiger Verdienstmöglichkeiten durch den Verlust des Arbeitsplatzes gezahlt werden, können zeitlich nicht der früheren Beschäftigung zugeordnet werden. Sie sind dadurch kein Arbeitsentgelt und nicht beitragspflichtig in der Sozialversicherung.

Wird dagegen anlässlich einer einvernehmlichen Beendigung des Arbeitsverhältnisses oder seiner arbeitsgerichtlichen Auflösung im Kündigungsschutzprozess rückständiges Gehalt gezahlt, so unterliegt dieses auch dann der Beitragspflicht in der Sozialversicherung, wenn die Zahlung von den Beteiligten als Entlassungsentschädigung bezeichnet wird. Diese »Entlassungsentschädigungen« sind auch steuerlich nicht privilegiert.

8 Steuern auf Entlassungsentschädigungen

Seit 1999 werden Entlassungsentschädigungen stärker besteuert. Die Freibeträge wurden um ein Drittel abgesenkt. Seit 2004 sind sie erneut, und zwar um 12 % gesenkt worden. Sie betragen gemäß § 3 Nr. 9 EStG nur noch:

Freibeträge gesenkt

Alter	Betriebszugehörigkeit	Freibetrag
	Grundfreibetrag	7.200 €
ab 50 Jahren	ab 15 Jahren	9.000 €
ab 55 Jahren	ab 20 Jahren	10.800 €

Der den Freibetrag übersteigende Betrag wurde bis 1999 mit dem halbierten Steuersatz versteuert. Diese Steuervergünstigung wurde gestrichen.

Nicht mehr halbierter Steuersatz

Stattdessen wird gemäß § 34 Abs. 1 EStG der steuerpflichtige Teil rechnerisch auf fünf Jahre verteilt. Damit soll der Progressionssprung etwas abgemildert werden.

Nur noch Fünftelregel

Die Berechnung der Einkommenssteuer beim Zusammentreffen von Progressionsvorbehalt und »Fünftelregel« ist eine Wissenschaft für sich. Sie ist im Einzelnen so umstritten, dass wir hier nur auf Fachleute der »Fünftelregelung« verweisen können (zuletzt Leonid Korezkij, BB 2004, Heft 4, S. 194 f.; Theodor Siegel, BB 2004, Heft 17, S. 914–920).

Auf »Zusammenballung« achten

Voraussetzung für den Steuervorteil nach der »Fünftelregel« ist, dass die steuerpflichtige Entschädigungsleistung i. S. von § 24 EStG »zusammengeballt« in einem Veranlagungszeitraum zufließt. Die in der Praxis nicht selten gebräuchliche Aufteilung der Entlassungsentschädigung in Raten und deren Verteilung auf mehrere Jahre ist daher steuerschädlich, sofern die Freibeträge des § 3 Nr. 9 EStG überschritten werden (BFH, Urteil vom 24.1.2001 – XI R 43/99).
Unschädlich ist das Aufteilen der Entschädigung in den steuerfreien und den steuerpflichtigen Teil und deren Verteilung auf unterschiedliche Veranlagungszeiträume.

Am ehesten scheint man über die »Fünftelregel« Steuer sparen zu können, wenn man die vollständige Auszahlung der Entlassungsentschädigung in das nächste Kalenderjahr verlagert, in dem der Arbeitnehmer nur Alg »verdient«.

Der Arbeitgeber ist verpflichtet, die Entlassungsentschädigung nach § 39b Abs. 3 Satz 9 EStG als begünstigste Entschädigung im Sinne des § 34 EStG zu behandeln und somit die Fünftelregel anzuwenden. Damit das Finanzamt die steuerpflichtige Abfindung erkennt, sollte der Arbeitgeber in Zeile 10 der Lohnsteuerbescheinigung das entsprechend vermerken. Zur Sicherheit sollten Abgefundene die ermäßigte Besteuerung in der Einkommensteuererklärung beantragen.

Denken Sie daran: In den Genuss der Steuervergünstigung kommen Sie nur, wenn die Auflösung des Arbeitsverhältnisses »vom Arbeitgeber veranlasst oder gerichtlich ausgesprochen« worden ist (§ 3 Nr. 9 EStG). Scheiden Sie freiwillig aus – z. B. weil Sie die Entlassungsentschädigung kassieren wollen – droht Ihnen nicht nur der zeitweise Verlust des Alg wegen Sperrzeit, sondern auch der Verlust der Steuervergünstigung.

III Ruhen in sonstigen Fällen

1 Ruhen bei Anspruch auf Arbeitsentgelt
§ 143 Abs. 1 SGB III

Sofern Sie für Zeiten, in denen Sie sich arbeitslos gemeldet haben, Anspruch auf Arbeitsvergütung haben (z. B. weil das Arbeitsgericht feststellt, dass Ihnen zu Unrecht gekündigt worden ist), ruht Ihr Alg-Anspruch.

Nicht zum Arbeitsentgelt, das zum Ruhen des Anspruchs auf Alg gemäß § 143 Abs. 1 SGB III führen kann, gehören:
Einmalige Leistungen (wie Weihnachtsgeld, 13. Monatsgehalt, Jubiläumszuwendungen, zusätzliches Urlaubsgeld); Aufwandsentschädigungen/Spesen; Entlassungsentschädigungen aus einer betrieblichen Altersversorgung; Gehaltsansprüche für Zeiten, für die kein Alg gezahlt wurde.

Leistungen, die nicht zum Ruhen führen

Die AA ist zur Vorleistung verpflichtet, solange Sie das Arbeitsentgelt tatsächlich nicht erhalten (§ 143 Abs. 3 Satz 1 SGB III).

2 Ruhen bei Urlaubsabgeltung
§ 143 Abs. 2 SGB III

Der Anspruch auf Alg ruht auch, wenn der Arbeitslose aus der Zeit seines letzten Beschäftigungsverhältnisses noch einen Anspruch auf Urlaubsabgeltung hat: Der Anspruch auf Alg ruht für die Zeit, für die der noch zustehende Urlaub abgegolten wird. Das gilt nicht für einen Schadensersatzanspruch, der zum Ausgleich für einen untergegangenen Urlaubsabgeltungsanspruch zu zahlen ist (BSG, Urteil vom 21.6.2001 – B 7 AL 62/00 R).
Da Urlaubsabgeltungszeiten nicht Anwartschaftszeiten sind, empfehlen wir, dass mit dem Arbeitgeber eine Verlängerung des Arbeitsverhältnisses um die Zeit, für die Urlaubsabgeltung gezahlt werden kann, vereinbart wird.
Die Verlängerung des Arbeitsverhältnisses um die Zeit des abzugeltenden Urlaubs sichert den Arbeitslosen auch besser, wenn er während dieser Zeit krank wird (→ S. 538).

3 Ruhen bei Sozialleistungen
§ 142 SGB III

Der Anspruch auf Alg ruht auch, sofern andere Sozialleistungen – z. B. Krankengeld, Renten – gezahlt werden.

4 Ruhen bei unterlassenen Anträgen auf Rente oder Reha

In vier Fällen kann der Anspruch auf Alg ruhen, wenn trotz Aufforderung der AA der Alg-Bezieher keinen Antrag auf Rente oder Reha-Maßnahme stellt:
- Im Rahmen der Nahtlosigkeit, § 125 Abs. 2 SGB III (→ S. 90).
- Bei Alg-Beziehern ab 58 Jahren, die 17 Wochen im Jahr von der AA nicht behelligt werden wollen, § 428 Abs. 2 SGB III (→ S. 92).
- Bei Beziehern einer Rente wegen teilweiser Erwerbsminderung neben Alg-Bezug, die eine Rente wegen voller Erwerbsminderung beantragen könnten, § 142 Abs. 1 Satz 2 und 3 SGB III.

5 Ruhen bei Arbeitskämpfen
§§ 146, 174 SGB III

Wird ein Arbeitnehmer durch Beteiligung an einem inländischen Arbeitskampf arbeitslos, so ruht der Anspruch auf Alg bis zum Ende des Arbeitskampfes (§ 146 Abs. 2 SGB III). Sollten infolgedessen Arbeitnehmer von Zuliefer- oder Abnehmerbetrieben ebenso wie mittelbar betroffene Arbeitnehmer zeitweilig arbeitslos werden, so erhalten diese kein Alg. Es kommt hierbei nicht darauf an, ob die Arbeitskampfmaßnahme zulässig oder rechtswidrig war; erfasst werden Streiks, wilde Streiks und Aussperrungen. Voraussetzung ist allerdings, dass

- der Beschäftigungsbetrieb dem räumlichen und fachlichen Geltungsbereich des umkämpften Tarifvertrages angehört (§ 146 Abs. 3 Satz 1 Nr. 1 SGB III) oder

- in einem anderen räumlichen Geltungsbereich des Tarifvertrages, bei dem der Betrieb fachlich zuzuordnen ist, eine Forderung erhoben wird, die einer Hauptforderung des Arbeitskampfes nach Art und Umfang gleich ist, ohne mit ihr übereinstimmen zu müssen, und das Ergebnis des Arbeitskampfes aller Voraussicht nach in dem nicht umkämpften Tarifgebiet übernommen wird (§ 146 Abs. 3 Satz 1 Nr. 2 SGB III).

In Härtefällen kann der Verwaltungsrat bestimmten Gruppen von Arbeitnehmern Alg gewähren (§ 146 Abs. 4 SGB III).
Die Ruhensregelung nach § 146 SGB III gilt gemäß § 174 SGB III für Kurzarbeitergeld entsprechend.

Das BVerfG hat die Verfassungsmäßigkeit des inhaltsgleichen § 116 AFG festgestellt (Urteil vom 4.7.1995 – 1 BvL 2/86). Immerhin hat das BSG sich im Urteil vom 4.10.1994 (– 7 Kl Ar 1/93, BSGE 75, S. 97) um eine einschränkende Auslegung bemüht.

IV Welche Folgen hat das Ruhen?

1 Hinausschieben des Anspruchs

Das Ruhen des Anspruches schiebt den Beginn der Alg-Zahlung für eine bestimmte Zeit hinaus oder unterbricht ihn.

2 Minderung des Anspruchs?

Ruhenszeiten mindern den Anspruch auf Alg nur, soweit dies gesetzlich vorgeschrieben ist.

Keine Minderung des Anspruchs

Ruhenszeiten nach § 142 SGB III (Anspruch auf andere Sozialleistungen), § 143 SGB III (Anspruch auf Arbeitsentgelt und Urlaubsabgeltung), § 143a SGB III (Erhalt von Entlassungsentschädigungen ohne Einhaltung der Kündigungsfrist) und § 146 SGB III (Arbeitskämpfe) mindern nicht die Anspruchsdauer. In diesen Fällen wird der Alg-Bezug also nur hinausgeschoben. Wer allerdings vor dem Verbrauch seines Alg-Anspruchs wieder Arbeit findet, verliert durch das Hinausschieben kostbares Alg.

Dagegen wird die Anspruchsdauer gemindert wegen Ruhens bei Sperrzeiten, und zwar regelmäßig um die Anzahl der Sperrzeittage (§ 128 Abs. 1 Nr. 3 SGB III).

Minderung des Anspruchs bei Sperrzeiten

Bei einer ungekürzten Sperrzeit wegen des Verlustes des Arbeitsplatzes tritt eine Minderung um ein Viertel der Anspruchsdauer ein, zurzeit bei der noch möglichen Höchstbezugsdauer von 32 Monaten also acht Monate (§ 128 Abs. 1 Nr. 4 SGB III)!

3 Auswirkungen auf die Kranken-, Pflege- und Rentenversicherung

Während der Ruhezeiten sind Sie grundsätzlich nicht über die AA kranken- und pflegeversichert. Ausnahmen gelten nur für das Ruhen während einer Urlaubsabgeltung und der Sperrzeit. Wegen der Einzelheiten verweisen wir auf → S. 532, → S. 538 und → S. 545. Die Ruhezeiten sind auch keine Beitragszeiten in der gesetzlichen Rentenversicherung, sondern meist nur geringerwertige Anrechnungszeiten; u. U. werden sie rentenrechtlich gar nicht berücksichtigt. Insoweit verweisen wir auf → S. 547.

V Zusammentreffen mehrerer Ruhenszeiträume

Treffen mehrere Ruhenszeiträume zusammen, muss geprüft werden, ob diese hintereinandergeschaltet werden oder ob die Ruhenszeiträume sich überlappen. Dies hängt davon ab, warum das Ruhen eintritt.

Die meisten Ruhezeiten beginnen kalendermäßig jeweils mit dem Tag, der Anknüpfungspunkt für den Eintritt des Ruhens ist. Mehrere Ruhenszeiträume können sich daher überlappen.

Überlappen

Auch Elfriede Wehrmich verliert ihren Arbeitsplatz wegen einer ordentlichen verhaltensbedingten Kündigung zum 30.6. Allerdings hat sich ihr Arbeitgeber verrechnet. Nach dem einschlägigen Tarifvertrag hätte das Arbeitsverhältnis nur zum 31.7. ordentlich gekündigt werden können. Vor dem Arbeitsgericht einigen sich Elfriede Wehrmich und ihr Arbeitgeber auf die Beendigung zum 30.6. und auf Zahlung einer Abfindung in Höhe eines Monatsgehalts von 1.600 €. Die

Beispiel zum Ruhen wegen Sperrzeiten

AA, bei der sich Elfriede Wehrmich am 1.7. arbeitslos meldet und Alg beantragt, verhängt eine Sperrzeit von zwölf Wochen. Ab wann erhält Elfriede Wehrmich Alg?

Die Sperrzeit reicht vom 1.7. bis zum 22.9. Wegen Nichteinhaltung der ordentlichen Kündigungsfrist und Zahlung einer Entlassungsentschädigung kommt es außerdem zum Ruhen des Alg-Anspruchs für die Dauer der ordentlichen Kündigungsfrist bis zum 31.7. Der Ruhenszeitraum nach § 144 SGB III und der Ruhenszeitraum nach § 143a SGB III laufen kalendermäßig ab und überlappen sich folglich. Ab dem 23.9. erhält Elfriede Wehrmich Alg.

Hintereinander-schalten Sperrzeiten

Treffen zwei oder mehrere Ruhenszeiträume aufgrund von Sperrzeiten zusammen, werden die Ruhenszeiträume hintereinander geschaltet; denn die Sperrzeit beginnt mit dem Tag nach dem Ereignis, das die Sperrzeit begründet, oder, wenn dieser Tag in eine Sperrzeit fällt, mit dem Ende dieser Sperrzeit (§ 144 Abs. 2 Satz 1 SGB III).

Beispiel zum Ruhen wegen Sperrzeit

David Zunder verliert seinen Arbeitsplatz wegen einer ordentlichen verhaltensbedingten Kündigung zum 30.6. Am 1.7. meldet er sich arbeitslos und beantragt Alg. Die AA verhängt eine Sperrzeit von zwölf Wochen, die zum Ruhen des Alg-Anspruchs vom 1.7. bis 22.9. führt. Am 5.7. lehnt David Zunder eine ihm von der AA angebotene Arbeit ab. Die nunmehr verhängte zweite Sperrzeit von drei Wochen beginnt nicht schon mit dem 6.7., sondern erst am 23.9.

VI Was muss geändert werden?

1 Ruhenszeit wegen Urlaubsabgeltung muss Versicherungszeit werden

Wenn die Urlaubsabgeltung zum Ruhen des Alg-Anspruchs führt, weil die Urlaubsabgeltung wie Arbeitsentgelt gewertet wird, dann muss die Ruhenszeit als Versicherungszeit behandelt werden. Auf jeden Fall muss der Gesetzgeber während der Ruhenszeit wegen Urlaubsabgeltung den Krankenversicherungsschutz ab dem ersten Tag des Ruhens sicherstellen, weil es anders als bei der Sperrzeit wegen der Urlaubsabgeltung meist nur für einige Tage zum Ruhen kommt. Zur misslungenen Neuregelung vgl. → S. 551.

2 Die »Fünftelregel« muss klar geregelt werden

Die Berechnung der Einkommenssteuer ist beim Zusammentreffen von »Fünftelregel« und Progressionsvorbehalt höchst umstritten. Der Gesetzgeber sollte den Streit durch eine klare Regelung beenden.

K KURZARBEITERGELD (Kug)
§§ 169–182, 216b SGB III

I »Verbleibe-Kug« (herkömmliches Kug) 331
    1 Was ist Kurzarbeit, was ist Kug? 331
    2 Wann ist Kurzarbeit zulässig? 332
    3 Welche Betriebe können Kug erhalten? 332
    4 Welcher Arbeitsausfall kann durch Kug ausgeglichen werden? 332
    4.1 Wirtschaftliche Gründe oder unabwendbares Ereignis 333
    4.2 Vorübergehender Arbeitsausfall 333
    4.3 Nicht vermeidbarer Arbeitsausfall 333
    4.4 Mindestumfang des Arbeitsausfalls 334
    5 Welche Arbeitnehmer können Kug erhalten? 334

II »Vertreibe-Kug« (Transfer-Kug) 335
    1 Unterschiede: »Verbleibe-Kug« und »Vertreibe-Kug« 335
    2 Die Voraussetzungen im Einzelnen 336
    3 Exkurs: Die »Transfergesellschaft« 338

III Höhe 342

IV Dauer 345

V Sozialversicherung bei Kug 345
    1 Weiterversicherung 345
    2 Was passiert bei Krankheit? 346

VI Anzeige und Antrag 346

VII Steuerliche Behandlung des Kug 347

I »Verbleibe-Kug« (herkömmliches Kug)
§§ 169–182 SGB III

1 Was ist Kurzarbeit, was ist Kug?

Kurzarbeit ist Teilarbeitslosigkeit wegen Arbeitsausfalls. Der Verdienstausfall wegen des Arbeitsausfalls kann durch Kug zum Teil ausgeglichen werden. Durch Kurzarbeit mit Kug können Arbeitnehmer vor Vollarbeitslosigkeit bewahrt und dem Arbeitgeber eingearbeitete Arbeitnehmer erhalten werden.

2 Wann ist Kurzarbeit zulässig?

Arbeitgeber kann Kurzarbeit nicht einseitig anordnen

Ein Arbeitgeber kann Kurzarbeit (mit Ausnahme der Zulassung durch die BA bei Massenentlassungen (§ 19 KSchG)) nicht einseitig einführen, sondern nur aufgrund einer
- Einzelvereinbarung zwischen Arbeitgeber und Arbeitnehmer; oder
- im Einzelarbeitsvertrag schon vorhandenen Kurzarbeitsklausel; oder
- Änderungskündigung durch den Arbeitgeber.
Hierbei ist das Mitbestimmungsrecht des Betriebsrates (§ 87 Abs. 1 Nr. 3 BetrVG) zu beachten, ansonsten ist die Verkürzung der Arbeitszeit rechtlich unwirksam; oder
- tarifvertraglichen Regelung; oder
- Betriebsvereinbarung zwischen Arbeitgeber und Betriebsrat.

Hat ein Betrieb keinen Betriebsrat, so muss der Arbeitgeber mit jedem einzelnen Beschäftigten Kurzarbeit vereinbaren. Stattdessen kann der Arbeitgeber aber auch eine betriebsbedingte Änderungskündigung aussprechen. In diesem Fall muss er bis zum Ablauf der Kündigungsfrist den vollen Lohn weiterbezahlen. Gegen die Änderungskündigung kann Kündigungsschutzklage gemäß § 2 KSchG erhoben werden.

3 Welche Betriebe können Kug erhalten?
§ 171 SGB III

Betriebliche Voraussetzungen

Nicht nur gewerbliche Betriebe, auch Betriebe, die kulturellen oder sozialen Zwecken dienen, können Kug erhalten; auch für einzelne Betriebsabteilungen gibt es Kug. Selbst für Heimarbeitsbetriebe kommt Kug infrage (§ 176 SGB III). Die Größe des Betriebes spielt keine Rolle; ein Arbeitnehmer genügt.

Kein Kug

Kug können nicht erhalten:
- Haushalte,
- Betriebe ohne regelmäßige Arbeitszeit,
- Theater-, Konzert-, Kino- und Schaustellerbetriebe (§ 172 Abs. 2 Nr. 3 SGB III).

Insg statt Kug

Kein Kug gibt es grundsätzlich bei Insolvenz des Betriebes; in diesem Fall muss rechtzeitig Insolvenzgeld beantragt werden.

4 Welcher Arbeitsausfall kann durch Kug ausgeglichen werden?
§ 170 SGB III

Erheblicher Arbeitsausfall

Nur bei erheblichem Arbeitsausfall kann es Kug geben. Erheblich ist ein Arbeitsausfall nur, wenn vier Voraussetzungen erfüllt sind.

4.1 Wirtschaftliche Gründe oder unabwendbares Ereignis

Der Arbeitsausfall muss auf wirtschaftlichen Gründen oder einem unabwendbaren Ereignis beruhen.
Ein Arbeitsausfall beruht auch auf wirtschaftlichen Gründen, wenn er durch eine Veränderung der betrieblichen Strukturen (z. B. durch Automatisierung) verursacht wird, die durch die allgemeine wirtschaftliche Entwicklung bedingt ist. Aus wirtschaftlichen Gründen kann auch eine Einrichtung der sozialen Arbeit zur Kurzarbeit gezwungen sein, z. B. wegen sinkender Zuschüsse oder Kirchensteuereinnahmen.

Wirtschaftliche Gründe

Ein unabwendbares Ereignis liegt (nach der nur beispielhaften Aufzählung in § 170 Abs. 3 SGB III) insbesondere vor, wenn ein Arbeitsausfall auf ungewöhnlichen, dem üblichen Witterungsverlauf nicht entsprechenden Witterungsgründen beruht oder durch behördliche oder behördlich anerkannte Maßnahmen verursacht ist, die vom Arbeitgeber nicht zu vertreten sind. Auch BSE- und ähnliche »Krisen« werden als unabwendbares Ereignis gewertet.

Unabwendbares Ereignis

4.2 Vorübergehender Arbeitsausfall

Der Arbeitsausfall darf in der Regel (zur Ausnahme »Transfer-Kug« → S. 335) nur vorübergehend sein. Vorübergehend ist ein Arbeitsausfall, wenn er voraussichtlich nicht deutlich länger als die Kug-Höchstbezugsdauer (→ S. 345) anhält. Vorübergehend sind in der Regel nur konjunkturell bedingte Arbeitsausfälle, nicht dagegen strukturell bedingte.

Grundsätzlich nur vorübergehend

4.3 Nicht vermeidbarer Arbeitsausfall

Nach § 170 Abs. 4 SGB III »ist ein Arbeitsausfall nicht vermeidbar, wenn in einem Betrieb alle zumutbaren Vorkehrungen getroffen wurden, um den Eintritt des Arbeitsausfalls zu verhindern. Als vermeidbar gilt insbesondere ein Arbeitsausfall, der
- überwiegend branchenüblich, betriebsüblich oder saisonbedingt ist oder ausschließlich auf betriebsorganisatorischen Gründen beruht, oder
- bei Gewährung von bezahltem Erholungsurlaub ganz oder teilweise verhindert werden kann, soweit vorrangige Urlaubswünsche der Arbeitnehmer der Urlaubsgewährung nicht entgegenstehen, oder
- bei der Nutzung von im Betrieb zulässigen Arbeitszeitschwankungen ganz oder teilweise vermieden werden kann.

Die Auflösung eines Arbeitszeitguthabens kann vom Arbeitnehmer nicht verlangt werden, soweit es
- ausschließlich für eine vorzeitige Freistellung eines Arbeitnehmers vor einer altersbedingten Beendigung des Arbeitsverhältnisses oder

Auflösung von Arbeitszeitguthaben

- bei Regelung in einem Tarifvertrag oder aufgrund eines Tarifvertrags in einer Betriebsvereinbarung zum Zwecke der Qualifizierung bestimmt ist, oder
- zur Finanzierung einer Winterausfallgeld-Vorausleistung angespart worden ist, oder
- den Umfang von 10% der ohne Mehrarbeit geschuldeten Jahresarbeitszeit eines Arbeitnehmers übersteigt oder
- länger als ein Jahr unverändert bestanden hat.

In einem Betrieb, in dem eine Vereinbarung über Arbeitszeitschwankungen gilt, nach der mindestens 10% der ohne Mehrarbeit geschuldeten Jahresarbeitszeit für einen unterschiedlichen Arbeitsanfall eingesetzt werden, gilt ein Arbeitsausfall, der im Rahmen dieser Arbeitszeitschwankungen nicht mehr ausgeglichen werden kann, als nicht vermeidbar.
Betriebsräte und Gewerkschaften müssen sich demnach bei Betriebsvereinbarungen und Tarifverträgen, die neue Wege bei der Schaffung von Arbeitszeitkonten gehen, über deren Auswirkungen auf das Kug genau im Klaren sein.

4.4 Mindestumfang des Arbeitsausfalls

Wenn mindestens 33% der Arbeitnehmer mindestens 10% weniger verdienen

In einem (Kug-)Anspruchszeitraum (= Kalendermonat) muss mindestens ein Drittel der tatsächlich beschäftigten Arbeitnehmer des Betriebs bzw. der Betriebsabteilung mehr als 10% weniger verdienen; bei der Ermittlung des Drittels brauchen gemäß § 170 Abs. 1 Nr. 4 2. Halbsatz SGB III Auszubildende nicht mitgezählt zu werden. Heimarbeiter müssen einen Verdienstausfall von wenigstens 20% haben.

5 Welche Arbeitnehmer können Kug erhalten?
§ 172 SGB III

Kug können Arbeitnehmer erhalten, die nach dem Beginn des Arbeitsausfalls beim Arbeitgeber versicherungspflichtig beschäftigt sind. Voraussetzung für den Bezug von Kug ist nicht die Erfüllung einer Anwartschaftszeit.

Kein Kug

Kein Kug gibt es
- in der Regel für Auszubildende in den ersten sechs Wochen der Kurzarbeit; denn gemäß § 12 Abs. 1 Nr. 2a BBiG ist die Ausbildungsvergütung sechs Wochen lang fortzuzahlen. Nach Ablauf von sechs Wochen ist der Auszubildende Kug-berechtigt, wenn die Unterbrechung der Ausbildung wirklich **unvermeidbar** ist;
- wenn das Arbeitsverhältnis durch Aufhebungsvertrag aufgelöst oder gekündigt ist. Hierbei genügt auch die Kündigung des Arbeitnehmers (BSG, Urteil vom 21.11.2002 – B 11 AL 17/02 R). Das gilt nicht, wenn
  – Kündigungsschutzklage erhoben ist;
  – »Transfer-Kug« bezogen wird;

- wenn weiter ein Anspruch auf Arbeitsentgelt besteht. Das ist insbesondere der Fall, wenn ein Arbeitgeber einseitig (also ohne die Zustimmung des Betriebsrats oder gegebenenfalls der Arbeitnehmer) Kurzarbeit angeordnet hat. In diesem Fall behalten die Arbeitnehmer den vollen Lohnanspruch;
- wenn und solange der Kug-Bezieher bei einer Vermittlung nicht in der von der AA verlangten und gebotenen Weise mitwirkt. Arbeitnehmer, die von einem **erheblichen** Arbeitsausfall mit Entgeltausfall betroffen sind, sind in die Vermittlungsbemühungen der AA einzubeziehen. Bei Ablehnung einer angebotenen Arbeit droht eine Kug-Sperrzeit. Diese in § 172 Abs. 3 SGB III ausgestoßene Drohung macht nur beim »Transfer-Kug« (s. unten) Sinn, nicht dagegen beim herkömmlichen Kug; denn beim »Transfer-Kug« kann mit dem dauerhaften Erhalt des Arbeitsplatzes nicht gerechnet werden, deshalb muss ein neuer Arbeitsplatz gesucht werden. Dagegen soll beim herkömmlichen Kug der Arbeitsplatz gerade erhalten werden.

II »Vertreibe-Kug« (Transfer-Kug)
§ 216b SGB III

1 Unterschiede: »Verbleibe-Kug« und »Vertreibe-Kug«

Schon bisher gab es neben dem herkömmlichen Kug eine Sonderform, das so genannte »Struktur-Kug«. Dieses »Struktur-Kug« wurde umstrukturiert und heißt seit 2004 »Transfer-Kug«; »Transfer-Kug« deshalb, weil es – wie das frühere »Struktur-Kug« – dazu dient, überflüssig gewordene oder gemachte Arbeitnehmer ohne Entlassung in ein neues Arbeitsverhältnis zu überführen, zu »transferieren«. Der Grund für diesen »Transfer« muss – anders noch als beim früheren »Struktur-Kug« – keine Strukturkrise mehr sein; es genügt jeder betriebliche Rekonstruierungsprozess, egal ob Ursache eine Struktur- oder Konjunkturkrise ist oder ob einfach nur der Profit gesteigert werden soll.

Wenn deshalb der Begriff »Struktur-Kug« abgeschafft worden ist, macht es zukünftig keinen Sinn mehr, das herkömmliche Kug weiter als »Konjunktur-Kug« zu bezeichnen. Wir verwenden stattdessen für das herkömmliche Kug den Begriff »Verbleibe-Kug«. Damit wird der Hauptunterschied zum »Transfer-Kug« deutlich: Das »Verbleibe-Kug« soll das Verbleiben im alten Betrieb sichern, das »Transfer-Kug« das Vertreiben aus dem alten Betrieb durch Transfer in eine »Transfergesellschaft« abfedern.

»Verbleibe-Kug« beim Bleiben – »Transfer-Kug« beim Vertreiben

Dieser grundlegende Unterschied kommt jetzt auch dadurch zum Ausdruck, dass das »Transfer-Kug« anders als noch das alte »Struktur-Kug« nicht mehr unter § 175 SGB III im Abschnitt »Kurzarbeitergeld«, sondern unter § 216b SGB III im Abschnitt »Transferleistungen« geregelt wird.

Schaubild
Unterschiede »Verbleibe-Kug« – »Vertreibe-Kug«

	»Verbleibe-Kug« (§§ 169 ff. SGB III)	»Vertreibe-Kug« (§ 216b SGB III)
1	Ziel: Verbleiben des Arbeitnehmers im Betrieb	Ziel: Vertreiben des Arbeitnehmers aus dem Betrieb
2	Vorübergehender Arbeitsausfall	Dauerhafter Arbeitsausfall
3	Aufgrund wirtschaftlicher Gründe oder unabwendbaren Ereignisses	Aufgrund wirtschaftlicher Gründe. Diese gelten regelmäßig als unabwendbar.
4	Mindestumfang des Arbeitsausfalls	Kein Mindestumfang des Arbeitsausfalls (mehr)
5		(Zeitlich befristete) Beschäftigung in »Transfergesellschaft«
6		Nach vorgeschaltetem Profiling
7		Vermittlungsvorschläge (Muss) und Qualifizierung (Kann) durch »Transfergesellschaft«
8		Berichtspflicht über Eingliederungserfolg durch »Transfergesellschaft«
9	Muss-Leistung	Muss-Leistung
10	Bis 30.6.2005: bis 15 Monate Ab 1.7.2005: bis 12 Monate	Bis zwölf Monate

2 Die Voraussetzungen im Einzelnen

Auch Kleinbetriebe

- »Transfer-Kug« können auch Arbeitnehmer bei Arbeitsausfall in Kleinbetrieben erhalten (§ 216b Abs. 2 i. V. m. § 216a Abs. 1 Satz 3 SGB III).

Nicht: öffentlicher Dienst

Von der Förderung ausgeschlossen sind Arbeitnehmer des öffentlichen Dienstes mit Ausnahme der Beschäftigten von Unternehmen, die in selbstständiger Rechtsform erwerbswirtschaftlich betrieben werden (§ 216b Abs. 7 i. V. m. § 216a Abs. 3 Satz 3 SGB III).

Dauerhaft weniger Arbeitsplätze

- Der Arbeitsausfall muss dauerhaft sein. Das ist der Fall, wenn der Betrieb in Zukunft weniger Arbeitskräfte braucht.

Jede Betriebsänderung ...

- Als Grund für den Arbeitsausfall genügt jede »Personalanpassungsmaßnahme aufgrund einer Betriebsänderung«. Warum der Betrieb geändert wird, ist egal: »Auf das bisherige Merkmal der Strukturkrise, die eine Betriebsänderung nach sich ziehen musste, wird künftig verzichtet« (so die Begründung, BT-Drs. 15/1515, S. 92).
Der Arbeitsausfall muss – entgegen dem Wortlaut § 216b Abs. 1 Nr. 1 SGB III – auch nicht nachprüfbar »unvermeidbar« sein. Denn – so die

dreiste Begründung, BT-Drs. 15/1515, S. 92 – »regelmäßig wird ein Arbeitsausfall unvermeidbar sein«. Wäre es da nicht ehrlicher, die Voraussetzung »unvermeidbar« aus dem Gesetz zu streichen?

... ist unvermeidbar

- Anders als beim »Verbleibe-Kug« und beim früheren »Struktur-Kug« muss beim »Transfer-Kug« der Arbeitsausfall nicht mehr eine erhebliche Anzahl von Arbeitnehmern treffen.

auch bei nicht erheblichem Arbeitsausfall

- Wie beim alten »Struktur-Kug« **müssen** die mit »Transfer-Kug« Geförderten in eine »betriebsorganisatorisch eigenständige Einheit« übergeleitet und dort versicherungspflichtig beschäftigt werden. In der Regel dient eine so genannte »Transfergesellschaft« (→ unter 7) als Auffangbecken und neuer Arbeitgeber.

Versicherungspflichtige Beschäftigung in »Transfergesellschaft«

- Vor Übergang in eine »Transfergesellschaft« **muss** der potenzielle »Transfer-Kug«-Bezieher eine Maßnahme zur Feststellung seiner Eingliederungsaussichten durchlaufen. Dieses »Profiling« soll Arbeitnehmern, die leicht zu vermitteln sind, den Umweg über die »Transfergesellschaft« ersparen und bei Arbeitnehmern mit Vermittlungsdefiziten die Qualifizierung in der »Transfergesellschaft« vorbereiten.

Vorgeschaltetes Profiling

- Die »Transfergesellschaft« **muss** sich durch Unterbreitung von Vermittlungsvorschlägen um die Vermittlung der Beschäftigten noch während des Bezugs von »Transfer-Kug« kümmern.

Vermittlungsvorrang

- Die »Transfergesellschaft« **soll** »Maßnahmen zur Verbesserung der Eingliederungsaussichten« anbieten; und zwar – nach Streichung des alten § 177 Abs. 1 Satz 4 SGB III – ab dem ersten Tag und nicht erst ab dem siebten Monat. Zu den »Maßnahmen zur Verbesserung der Eingliederungsaussichten« gehören auch »Probebeschäftigungen« von bis zu sechs Monaten bei einem anderen Arbeitgeber zum Zwecke der Qualifizierung.

Qualifizierung

Qualifizierung bedeutet dabei nicht nur die Weiterbildung für eine abhängige Beschäftigung. Denkbar ist auch die Vorbereitung einer Existenzgründung.

Existenzgründung

Insbesondere wenn externe Experten Weiterbildung betreiben und Existenzgründung begleiten, entstehen nicht unerhebliche Kosten. »Transfergesellschaften« können versuchen, einen Teil dieser Kosten aus Mitteln des Europäischen Sozialfonds (ESF) zu erhalten.

Kosten der Qualifizierung

ESF-Mittel?

Grundlage für die **Weiterbildungskosten** ist § 5 Abs. 1 Richtlinien ESF-BA-Programm vom 22.12.2004:

»Soweit für Bezieher von Transferkurzarbeitergeld nach § 216b SGB III, insbesondere aus kleinen und mittleren Unternehmen, berufliche Qualifizierungsmaßnahmen durchgeführt werden, können notwendige Lehrgangskosten in entsprechender Anwendung von § 80 SGB III erstattet werden. Darüber hinaus kann je Teilnehmer eine Fahrkostenpauschale von 3 € je Unterrichtstag gewährt werden, soweit Fahrkosten tatsächlich anfallen und der Arbeitgeber die Berechnung und Auszahlung übernimmt.«

Voraussetzung für die Erstattung ist gemäß § 5 Abs. 3, dass der Arbeitgeber sich »bei der Durchführung der beruflichen Qualifizierungsmaßnahmen (...) angemessen beteiligt«.
Grundlage für **begleitende ESF-Hilfen für Existenzgründer** ist § 2 der Richtlinien. Näheres hierzu → S. 496.

Ansprechpartner für ESF-Fragen finden Sie im Kapitel T → S. 509.

Kein »Zwischenlagern« zwecks Qualifizierung
■ Das »Zwischenlagern« von Arbeitnehmern in einer »Transfergesellschaft«, um Qualifizierungen im Interesse des alten Betriebs mit Mitteln des »Transfer-Kug« zu erreichen, **ist** ausgeschlossen.

Berichtspflicht
■ Halbjährlich **muss** die »Transfergesellschaft« die AA informieren über:
  – die Struktur der »Transfergesellschaft«,

Erfolg?
  – Zahl und Alter der »Transfer-Kug«-Bezieher,
  – Erfolge bei der Eingliederung der »Transfer-Kug«-Bezieher.

Muss-Leistung
Liegen alle Voraussetzungen vor, besteht ein Rechtsanspruch auf das »Transfer-Kug« (§ 3 Abs. 5 SGB III).

Kombipackungen?
Kommt eine Förderung nach dem ESF-BA-Programm infrage, lehnt die BA eine an sich neben »Transfer-Kug« mögliche Förderung der beruflichen Weiterbildung nach §§ 77 ff. SGB III ab. Damit dürfte auch eine kombinierte Inanspruchnahme von ESF- und SGB III Weiterbildungsmitteln durch die »Transfergesellschaft« ausscheiden.

Die Gewährung von »Transfer-Kug« an Arbeitnehmer, die sich in einer von der AA nach § 216a SGB III geförderten Transfermaßnahme (→ S. 471) befinden, ist nicht möglich; denn gemäß § 216a Abs. 4 SGB III sind »während der Teilnahme an Transfermaßnahmen andere Leistungen der aktiven Arbeitsförderung mit gleichartiger Zielsetzung ausgeschlossen«.

Förderketten?
»Transfer-Kug« ist möglich, wenn die Arbeitnehmer nach oder vor der Transfermaßnahme in eine »Transfergesellschaft« eintreten.

3 Exkurs: Die »Transfergesellschaft«[*]

Die Tarifparteien der Chemischen Industrie schufen 1997 den Begriff »Transfer-Sozialplan« in Abgrenzung zum reinen »Abfindungssozialplan«. Das Ziel eines Transfer-Sozialplans besteht darin, die Beschäftigten aus einem Beschäftigungsverhältnis, das wirtschaftlich nicht mehr tragfähig ist, in ein neues Beschäftigungsverhältnis mit Zukunftsperspektive zu transferieren.

Die ersten, früher so genannten »Beschäftigungs- und Qualifizierungsgesellschaften« wurden als Tochtergesellschaften der Unternehmen oder Konzernspitzen gegründet, die einen Personalabbau planten.

Wie entsteht eine »Transfergesellschaft«?

Zunehmend werden früher gegründete Transfergesellschaften bei späteren Personalabbaumaßnahmen desselben Unternehmens oder bei anderen Unternehmen, vorzugsweise in derselben Region, tätig. Dadurch können bereits vorliegende Erfahrungen genutzt werden; man spart den zeitlichen, organisatorischen und finanziellen Aufwand für eine Neugründung und kann rascher tätig werden.

Der »Transfer« der Arbeitnehmer lässt sich in zwei Phasen unterteilen:
– Ausgliederung aus dem bisherigen Unternehmen,
– Eingliederung in neue Beschäftigung bei der Transfergesellschaft.

2 Phasen

■ Die zur Kündigung vorgesehenen Arbeitnehmer gehen »freiwillig« in die »Transfergesellschaft« über. Das alte Arbeitsverhältnis endet durch Aufhebungsvertrag, und zeitgleich wird ein befristetes Beschäftigungsverhältnis mit der »Transfergesellschaft« begründet (so genannter »dreiseitiger Vertrag« zwischen Arbeitnehmer, altem Arbeitgeber und »Transfergesellschaft«).

Ausgliederung

■ Die »Transfergesellschaft« fungiert als vorübergehender Ersatzarbeitgeber für die entlassenen Arbeitnehmer. Sie hat regelmäßig keine eigene Produktion. Die Ausgliederungsfunktion der »Transfergesellschaft« besteht darin, eine andernfalls notwendige betriebsbedingte Kündigung zu verwandeln in eine zweistufige Passage:
– Wechsel des Arbeitgebers,
– Auslaufen eines befristeten Beschäftigungsverhältnisses.

■ Die Personalkosten der übergetretenen Arbeitnehmer in der »Transfergesellschaft« werden in der Regel öffentlich bezuschusst, meistens durch Transfer-Kurzarbeitergeld nach § 216b SGB III, in Einzelfällen – vor allem im Falle der Insolvenz des Unternehmens – durch Transfermaßnahmen nach § 216a SGB III.

■ Dementsprechend bestimmen die Arbeitsverträge der übergehenden Arbeitnehmer in der Regel, dass sie in der »Transfergesellschaft« auf der Basis von »Kurzarbeit Null« beschäftigt und entlohnt werden, gegebenenfalls mit Aufstockung des Kurzarbeitergeldes auf einen bestimmten Prozentsatz des bisherigen Nettoent-

---

* (Bis auf inzwischen eingetretene, von uns eingearbeitete Änderungen) mit freundlicher Genehmigung des IAB entnommen aus:
Johannes Kirsch/Matthias Knuth/Sirikit Krone/Gernot Mühge (Wissenschaftszentrum Nordrhein-Westfalen, Institut Arbeit und Technik): Ein Instrument mit vielen Gesichtern, Zweiter Zwischenbericht der Begleitforschung zu den Zuschüssen zu Sozialplanmaßnahmen nach §§ 254 ff. SGB III, IAB Werkstattbericht, Diskussionsbeiträge des IAB, Nr. 7 vom 18.7.2000, S. 17–19.

gelts. Wenn nicht Kurzarbeit die Finanzierungsbasis ist, werden meistens Vereinbarungen über abgesenkte Entgelte getroffen, weil die Transferphase sonst für den Arbeitgeber zu teuer wird.

- Das abgebende Unternehmen trägt zu den Personalkosten der Übergetretenen und den Verwaltungskosten der »Transfergesellschaft« durch Übertragung von Finanzmitteln bei, die andernfalls als Personalkosten während der Kündigungsfrist angefallen wären.

Remanenzkosten

- Sofern sich die in die »Transfergesellschaft« Übergetretenen in »Kurzarbeit Null« befinden, hat sich für die an die »Transfergesellschaft« mindestens zu übertragenden Mittel der Begriff »Remanenzkosten« eingebürgert. Remanenzkosten sind die Personalkosten, die auch bei vollständigem Arbeitsausfall vom Unternehmen zu tragen sind: Arbeitgeber-Brutto-Entgeltkosten für die Tage, an denen sowieso nicht gearbeitet worden wäre (Feier- und Urlaubstage), sowie 80 % der andernfalls von Arbeitgeber und Arbeitnehmer zu entrichtenden Beiträge zur Kranken-, Pflege- und Rentenversicherung. Je nach Urlaubsanspruch und Lage von Feiertagen machen die Remanenzkosten um 40 % der Personalkosten ohne Arbeitsausfall aus.
Die Bezahlung von Feier- und Urlaubstagen einschließlich der darauf entfallenden Sozialversicherungsbeiträge obliegt in jedem Fall dem Arbeitgeber – gegebenenfalls also der »Transfergesellschaft«, die vom ursprünglichen Arbeitgeber in die Lage versetzt werden muss, diese Kosten zu tragen.

Eingliederung

- Der arbeitsmarktpolitische Erfolgsmaßstab für »Transfergesellschaften« ist die erreichte Wiedereingliederung. Die übergetretenen Arbeitnehmer sollten an Maßnahmen zur Qualifizierung und beruflichen Neuorientierung teilnehmen und bei der Arbeitssuche unterstützt werden. Für Kurzarbeiter können zu diesem Zweck Zuschüsse zu den Maßnahmekosten aus dem ESF-BA-Programm beantragt werden.

- Die »Transfergesellschaft« muss nicht alle Angebote selbst durchführen. Im Gegenteil: Ein differenziertes, hochwertiges Förderangebot wird nur in Kooperation mit Weiterbildungsträgern und Outplacement-Beratern zu realisieren sein. Voraussetzung für ein vielfältiges, den individuellen Problemlagen gerecht werdendes Angebot ist eine ausreichende Finanzierung.

Vorteile für die Arbeitnehmer

- Für die vom Arbeitsplatzverlust Betroffenen besteht der hauptsächliche Anreiz zum »freiwilligen« Übertritt in eine »Transfergesellschaft« in der Regel darin, dass das angebotene befristete Beschäftigungsverhältnis länger dauert als die individuelle Kündigungsfrist. Sie haben also mehr Zeit zur Arbeitssuche, erhalten im Idealfall hierfür kompetente Vorbereitung und Unterstützung, und sie können im ungünstigsten Fall den Eintritt in Arbeitslosigkeit hinauszögern.

- Da die angebotene Beschäftigungszeit in der »Transfergesellschaft« in der Regel für alle gleich ist, enthält das Modell »Transfergesellschaft« ein kollektives Moment. Das erhöht seine Attraktivität für Gewerkschaften und Betriebsräte, zumal von den »Transfergesellschaften« in der Regel akzeptiert wird, dass die Betriebsräte der abgebenden Unternehmen noch gewisse Interessenvertretungsfunktionen für die Übergetretenen übernehmen.

- Dadurch, dass die Entlassungen durch »freiwilligen« Austritt erfolgen, werden betriebsbedingte Kündigungen vermieden. Eine gerichtliche Überprüfung der Kündigungsgründe oder der Auswahl der zu Entlassenden findet folglich nicht statt. Arbeitnehmer und Öffentlichkeit nehmen die Ankündigung eines »sozialverträglichen« Personalabbaus, bei dem auf betriebsbedingte Kündigungen verzichtet wird, als kleineres Übel positiv auf. *(Vorteile für die Arbeitgeber)*

- Der Prozess des Personalabbaus kann entsprechend den betrieblichen Interessen präziser gesteuert werden. Dies wird häufig auch durch entsprechende Anreizstrukturen des Sozialplans unterstützt, z. B. eine Erhöhung der Abfindung, wenn der Übergang in die »Transfergesellschaft« genau zum gewünschten Zeitpunkt erfolgt.

- Die Austritte können trotz individuell unterschiedlicher Kündigungsfristen synchronisiert werden. Kündigungsfristen brauchen nicht abgewartet zu werden, bereits gekündigte und entsprechend demotivierte Arbeitnehmer stören nicht das Betriebsklima. Die rasche Senkung der Personalstände wird von den Aktienmärkten und von potenziellen Erwerbern von Betriebsteilen positiv aufgenommen. Letztere werden davon befreit, im Falle des Kaufs »überzähliges« Personal übernehmen zu müssen.
Bei drohender oder bereits eingetretener Insolvenz kann das die einzige Möglichkeit sein, wenigstens einen Kernbestand von Arbeitsplätzen zu retten.
Werden das in der Transfergesellschaft »zwischengelagerte« Personal (oder Teile davon) und die Betriebsmittel auf eine Auffanggesellschft/einen Investor übertragen, dann tritt die Auffanggesellschaft/der Investor möglicherweise gemäß § 613a BGB in die Rechte und Pflichten aus den Arbeitsverhältnissen ein. Diese Form des Betriebsübergangs wird zunehmend dadurch verhindert, dass in dem Aufhebungsvertrag mit dem alten (insolventen) Arbeitgeber das endgültige Ausscheiden aller Arbeitnehmer vereinbart wird, ohne eine Beschäftigung bei der Auffanggesellschaft/dem Investor in Aussicht zu stellen. Auch wenn die Auffanggesellschaft/der Investor sich später aus der Transfergesellschaft eine »Wunschbelegschaft« (meist dazu noch zu schlechteren Arbeitsbedingungen) herauspickt, soll kein Betriebsübergang mehr vorliegen. Näher zu dem Problemkreis Mark Lembke, BB 2004, Heft 14, S. 773 ff. unter Hinweis auf die Rechtsprechung des BAG, insbesondere das Urteil vom 10.12.1998, AP Nr. 185 zu § 613a BGB. Sehr kritisch zu diesem Urteil das LAG Bremen, Urteil vom 26.8.2004, ZIP 2004, Heft 51–52, S. 2452 ff.: *(Betriebsübergang nach § 613a BGB?)*

»Wie der zu entscheidende Fall mit nicht zu überbietender Deutlichkeit zeigt, werden durch die genannte Entscheidung [des BAG] Veräußerer und Erwerber angehalten, Umgehungsstrategien zu entwickeln (...).«

Das LAG Bremen hält deshalb die aufgrund der BAG-Rechtsprechung entwickelte Vertragsgestaltung wegen Umgehung des § 613a BGB für nichtig.

III Höhe
§§ 178, 179, 182 Nr. 1, 216b Abs. 10 SGB III

60 % oder 67 % der Lohneinbuße

Das Kug beträgt 60 % (mit einem Kind 67 %) der so genannten Nettoentgeltdifferenz im Anspruchszeitraum. Nettoentgeltdifferenz bedeutet die Nettolohneinbuße infolge des Arbeitsausfalls. Die Nettoentgeltdifferenz entspricht dem Unterschiedsbetrag zwischen

Nettoentgeltdifferenz von Soll- und Istentgelt

- dem pauschalierten Nettoentgelt aus dem so genannten Sollentgelt und
- dem pauschalierten Nettoentgelt aus dem so genannten Istentgelt.

Sollentgelt

Sollentgelt ist das Bruttoarbeitsentgelt, das der Arbeitnehmer ohne den Arbeitsausfall im Kalendermonat verdient hätte. Dabei wird das für Mehrarbeit (also für Arbeit über die regelmäßige Betriebsarbeitszeit hinaus) erzielbare Entgelt nicht berücksichtigt.

Istentgelt

Istentgelt ist das in dem Anspruchszeitraum tatsächlich erzielte Bruttoarbeitsentgelt des Arbeitnehmers zuzüglich aller ihm zustehenden Entgeltanteile. Durch § 179 Abs. 1 Satz 3 SGB III wird klargestellt, dass auch dem Arbeitnehmer nur zustehende, tatsächlich aber nicht gezahlte Entgeltanteile, wie z. B. nicht gezahlte Mehrarbeitszuschläge, bei der Festsetzung des Istentgelts zu berücksichtigen sind (so die Begründung zu § 179 Abs. 1 Satz 3 SGB III).

Bei der Ermittlung von Sollentgelt und Istentgelt bleibt einmalig gezahltes Arbeitsentgelt (z. B. Weihnachtsgeld oder Urlaubsgeld) außer Betracht (§ 179 Abs. 1 Satz 4 SGB III).

Volle Berücksichtigung von neuem Nebeneinkommen

Nebeneinkommen aus selbstständiger oder unselbstständiger Arbeit, das während des Kug-Bezugs **neu** hinzuverdient wird, erhöht das Istentgelt.
Nicht berücksichtigt wird **fortgesetztes** Nebeneinkommen, das bereits vor dem Arbeitsausfall neben dem Lohn aus der Hauptbeschäftigung verdient worden ist.

Kug-Berechnung

Um im Einzelfall das Kug zu erhalten, müssen Sie
- zunächst das monatliche Brutto-Sollentgelt
- und das monatliche Brutto-Istentgelt

feststellen. Nun müsste an sich aus dem Brutto-Sollentgelt und dem Brutto-Istentgelt das pauschalierte Netto-Sollentgelt und das pauschalierte Netto-Istentgelt berechnet, dann die Nettoentgeltdifferenz gebildet und daraus das 60% oder 67% Kug berechnet werden.

Die Kug-Berechnungstabelle der BA vereinfacht aber das Verfahren. Diese Tabelle weist keine Kug-Auszahlungsbeträge, sondern so genannte »Rechnerische Leistungssätze« nach den pauschalierten monatlichen Nettoentgelten aus.
Zum besseren Verständnis der Berechnungsweise drucken wir einen Auszug aus der Kug-Berechnungstabelle 2005 ab (s. nächste Seite).

Kug-Berechnungstabelle

Sie suchen in der linken Spalte der Kug-Berechnungstabelle die Zeile mit dem Betrag, der dem Brutto-Sollentgelt entspricht.

1. Schritt

Sie suchen dann erneut in der linken Spalte den Betrag, der dem Brutto-Istentgelt entspricht.

2. Schritt

Sie suchen in der Kug-Berechnungstabelle unter der Lohnsteuerklasse und neben dem Leistungssatz (1, 2) das dem Bruttoarbeitsentgelt entsprechende pauschalierte Nettoarbeitsentgelt, den so genannten »Rechnerischen Leistungssatz« für das Brutto-Sollentgelt und das Brutto-Istentgelt.

3. Schritt

Sie ziehen den rechnerischen Istentgelt-Leistungssatz vom rechnerischen Sollentgelt-Leistungssatz ab. Die Differenz ist Ihr Kug.

4. Schritt

David Zunder hat Lohnsteuerklasse III und für ein Kind zu sorgen (= Leistungssatz 1).

Beispiel

Sollentgelt = 2.500 €	Rechnerischer Leistungssatz =	1.232,02 €
Istentgelt = 1.250 €	Rechnerischer Leistungssatz =	− 666,92 €
	Kurzarbeitergeld (Kug)	**565,10 €**

Ändern sich während des laufenden Kalenderjahres die Eintragungen auf der Lohnsteuerkarte zugunsten des Arbeitnehmers oder könnte er 67% statt 60% Kug erhalten, also vom Leistungssatz 2 zum Leistungssatz 1 aufsteigen, so kann der höhere Leistungsbetrag ab Beginn des Kalendermonats gewährt werden, in dem die Änderung wirksam geworden ist, soweit dieser noch nicht abgerechnet wurde (Hinweise der BA zum Antragsverfahren Kug Nr. 12.3).

Schlecht bezahlte Alleinverdiener mit Kindern sollten – insbesondere bei stark reduzierter, länger dauernder Kurzarbeit – sofort aufstockend Alg II/Sozg beantragen.

Vermochte auch zwischenzeitliche Kurzarbeit die volle Arbeitslosigkeit nicht zu verhindern, so fragt sich, wie das Alg nach Kug-Bezug zu bemessen ist. Nach § 131 Abs. 3 Nr. 1 SGB III ist Bemessungsentgelt das Arbeitsentgelt, das der Arbeitslose ohne den Arbeitsausfall und ohne Mehrarbeit erzielt hätte, also das Soll-Entgelt.

Alg nach Kug

Tabelle
Rechnerische Leistungssätze nach den pauschalierten monatlichen Nettoentgelten
(Auszug)[*]

Bruttoarbeitsentgelt von Euro	bis Euro	Leistungssatz	Lohnsteuerklasse I/IV	II	III	V	VI
			Euro/monatlich				
10,00	29,99	1	10,59	10,59	10,59	10,59	8,30
		2	9,48	9,48	9,48	9,48	7,43
30,00	49,99	1	21,17	21,17	21,17	21,17	16,59
		2	18,96	18,96	18,96	18,96	14,86
50,00	69,99	1	31,76	31,76	31,76	31,76	24,83
		2	28,44	28,44	28,44	28,44	22,24
70,00	89,99	1	42,34	42,34	42,34	42,01	34,30
		2	37,92	37,92	37,92	37,62	30,72
⋮	⋮	⋮	⋮	⋮	⋮	⋮	⋮
1.230,00	1.249,99	1	617,87	632,83	656,33	458,66	439,57
		2	553,31	566,71	587,76	410,74	393,65
1.250,00	1.269,99	1	625,61	640,85	666,92	464,18	445,21
		2	560,24	573,89	597,24	415,68	398,69
1.270,00	1.289,99	1	633,28	648,86	677,50	469,81	450,85
		2	567,12	581,07	606,72	420,73	403,75
⋮	⋮	⋮	⋮	⋮	⋮	⋮	⋮
2.470,00	2.489,99	1	1.030,63	1.053,85	1.224,45	782,47	759,68
		2	922,96	943,75	1.096,52	700,72	680,31
2.490,00	2.509,99	1	1.036,98	1.060,25	1.232,02	787,11	764,38
		2	928,64	949,48	1.103,30	704,87	684,52
2.510,00	2.529,99	1	1.043,38	1.066,71	1.239,70	791,75	769,01
		2	934,37	955,27	1.110,18	709,03	688,67
⋮	⋮	⋮	⋮	⋮	⋮	⋮	⋮
4.390,00	4.409,99	1	1.574,07	1.605,17	1.864,05	1.228,71	1.205,98
		2	1.409,62	1.437,47	1.669,30	1.100,34	1.079,98
Beitragsbemessungsgrenze neue Bundesländer							
4.410,00	4.429,99	1	1.579,00	1.610,22	1.870,63	1.233,36	1.210,62
		2	1.414,03	1.441,99	1.675,19	1.104,50	1.084,13
⋮	⋮	⋮	⋮	⋮	⋮	⋮	⋮
5.190,00	und mehr	1	1.765,66	1.798,06	2.120,44	1.414,65	1.391,92
		2	1.581,19	1.610,20	1.898,90	1.266,85	1.246,49
Beitragsbemessungsgrenze alte Bundesländer							

[*] Die Tabelle zur Berechnung des Kug ist vollständig abgedruckt in: Arbeitslosenprojekt TuWas (Hrsg.), Arbeitslosenrecht. Die Gesetzessammlung für Arbeitslose, ihre Berater und Beraterinnen, 10. Auflage, Fachhochschulverlag, Stand: 1.1.2005.

IV Dauer
§§ 177, 182 Nr. 3, 216b Abs. 8 und Abs. 10 SGB III

Kug wird für den Arbeitsausfall während der Bezugsfrist geleistet. Die Bezugsfrist beginnt für den Betrieb einheitlich für alle Kurzarbeiter mit Beginn des Kalendermonats, für den erstmals Kug bezahlt wird.

- Das »Verbleibe-Kug« gibt es regelmäßig längstens sechs Monate. Die Bezugsfrist für das »Verbleibe-Kug« ist durch die »Erste VO zur Änderung der VO über die Bezugsfrist für das Kurzarbeitergeld« vom 22.12.2003 verlängert worden, und zwar:
  – in der Zeit vom 1.1.2004 bis 30.6.2005 auf 15 Monate;
  – in der Zeit vom 1.7.2005 bis 30.6.2006 auf zwölf Monate.   »Verbleibe-Kug«

- »Transfer-Kug« kann es bis zu zwölf Monaten geben. Eine Verlängerung der »Transfer-Kug«-Bezugsdauer durch Rechtsverordnung ist nicht (mehr) möglich (§ 216b Abs. 10 SGB III).   »Vertreibe-Kug«

Wird Kug innerhalb der Bezugsfrist mindestens einen Monat nicht gezahlt, verlängert sich die Bezugsfrist um die nicht mit Kug belegte Zeit. Gibt es weniger als einen Monat kein Kug, so verkürzt sich die Bezugsfrist entsprechend. Das gilt aber nicht, wenn bei weiterlaufendem Kug an bestimmten Tagen voll, dafür an anderen aber nicht gearbeitet wird. Eine solche Verteilung der Kurzarbeit ist zulässig.   Hinausschieben der Bezugsfrist

Wird nach Ablauf der Bezugsfrist drei Monate lang kein Kug bezogen (die drei Monate können auch durch Betriebsferien ausgefüllt werden), kann erneut Kug beantragt werden.   Neue Bezugsfrist

Für Arbeitnehmer, die bis zum Jahresende 2003 mit dem Bezug von (altem) Struktur-Kug gemäß § 175 SGB III begonnen haben, bleibt gemäß § 422 Abs. 1 SGB III die vor dem 1. Januar 2004 bestehende Rechtslage maßgeblich, also auch die bis dahin verlängerte 24-monatige Höchstbezugsfrist. § 434j Abs. 11 SGB III bestimmt, dass – abweichend von § 422 Abs. 2 SGB III – in den Altfällen auch über die Verlängerung des Bezuges von (altem) Struktur-Kug nach der alten Rechtslage zu entscheiden ist (so BT-Drs. 15/1515, S. 112).   Übergangsregelung

V Sozialversicherung bei Kug

1 Weiterversicherung

Während des Bezugs von Kug besteht die Versicherungspflicht in der Arbeitslosen-, Renten- und Krankenversicherung fort (§§ 24 Abs. 3, 27 Abs. 2 Satz 2 Nr. 2 SGB III, § 1 Satz 1 Nr. 1 SGB VI, § 192 Abs. 1 Nr. 4 SGB V). Die Pflegeversicherung bleibt unberührt (§ 20 Abs. 1 Nr. 1 SGB XI).   Versicherungspflicht

346 K Kurzarbeitergeld (Kug)

Arbeitgeber trägt Beiträge für Kug ganz

Der Kurzarbeiter braucht für sein Kug keinen Beitrag zur Kranken-, Pflege- und Rentenversicherung zu zahlen. Die Versicherungsbeiträge trägt der Arbeitgeber allein (§ 249 Abs. 2 Nr. 3 SGB V, §§ 58 Abs. 1, 57 Abs. 1 SGB XI, §§ 168 Abs. 1 Nr. 1a, 163 Abs. 6 SGB VI). Das Gleiche gilt für die Beitragszuschüsse bei freiwilliger Versicherung (§ 257 SGB V, § 61 SGB XI).
Der Beitragsbemessung werden 80% der Nettoentgeltdifferenz (→ S. 342) zugrunde gelegt (§ 232a Abs. 2 SGB V).

für »Kurzlohn« nur zur Hälfte

Dagegen bleibt für den tatsächlich noch erzielten Lohn, den so genannten »Kurzlohn«, alles beim Alten. Hierfür trägt der Kurzarbeiter die Hälfte der Versicherungsbeiträge.

2 Was passiert bei Krankheit?

Krankheitsbeginn vor Kug-Bezug

Ein Arbeitnehmer, der arbeitsunfähig erkrankt, bevor in seinem Betrieb die Voraussetzungen für Kug erfüllt sind, erhält – solange Anspruch auf Lohnfortzahlung im Krankheitsfall besteht – neben dem Lohn für die nicht ausgefallene Arbeit Krankengeld in Kug-Höhe (§ 47b Abs. 4 SGB V). Beim Istentgelt wird der Kranke dabei so gestellt, als ob er gesund wäre.

Erkrankung während Kug-Bezugs

Erkrankt ein Kurzarbeiter arbeitsunfähig während des Kug-Bezugs, dann erhält er in den ersten sechs Wochen Kug als »Kranken-Kug« neben dem fortgezahlten Lohn für die nicht ausgefallene Arbeit. Das stellt § 172 Abs. 1a SGB III klar.
Danach erhält er von der Krankenkasse Krankengeld, berechnet nach dem regelmäßigen Arbeitsentgelt, das zuletzt vor Eintritt des Arbeitsausfalls erzielt wurde (§ 47b Abs. 3 SGB V).

VI Anzeige und Antrag
§§ 173, 216a Abs. 5, 323 ff. SGB III

Anzeige durch Arbeitgeber oder Betriebsrat

Der Arbeitsausfall kann nur vom Arbeitgeber oder vom Betriebsrat angezeigt werden. Dafür gibt es einen Vordruck. Zeigt allein der Arbeitgeber an, muss er eine Stellungnahme des Betriebsrats beifügen.
Bei »Transfer-Kug« muss der Arbeitsausfall der AA angezeigt werden, in deren Bezirk der personalabgebende Betrieb (und nicht die »Transfergesellschaft«) seinen Sitz hat.

Antrag

Zusätzlich zur Anzeige ist das Kug mit dem dafür vorgesehenen Vordruck zu beantragen.

Ausschlussfrist: 3 Monate

Der Antrag ist innerhalb einer Ausschlussfrist von drei Monaten zu stellen. Die Drei-Monats-Frist beginnt mit dem Ablauf des Anspruchszeitraums, für den das Kug beantragt wird.

Manche Arbeitgeber haben kein Interesse an Kurzarbeit mit Kug. Stattdessen scheinen ihnen Entlassungen (z. B. über betriebsbedingte Kündigungen) profitabler. Besteht in einem solchen Unternehmen ein Betriebsrat, so kann er gemäß §§ 80 Abs. 1 Nr. 1, 87 Abs. 1 Nr. 3 BetrVG i.V.m § 173 Abs. 1, § 323 Abs. 2 Satz 1 SGB III Kug beantragen. Eine Stellungnahme des Arbeitgebers braucht der Betriebsrat nicht. Besteht kein Betriebsrat, so sollten die Arbeitnehmer dennoch Kug beantragen.

Was tun, falls Arbeitgeber Kug nicht beantragt?

Antrag durch Betriebsrat

Nach Bieback (in: Gagel, SGB III, RandNr. 92 zu § 169) haben Arbeitnehmer ausnahmsweise ein Antragsrecht, wenn es an einem Interesse des Arbeitgebers fehlt, Kug zu beantragen, insbesondere bei einem Interessenwiderspruch bei Kurzarbeit als mittelbarer Folge eines Arbeitskampfes und der oft gegen den Willen des Arbeitgebers zu leistenden Vorauszahlungen gemäß § 174 Abs. 3 SGB III. Verneint man ein eigenes Antragsrecht, bleibt den einzelnen Arbeitnehmern nur die Hoffnung, vor dem Arbeitsgericht die Betriebsbedingtheit einer Kündigung durch den Hinweis auf die Möglichkeit von Kurzarbeit mit Kug bestreiten zu können. Hierbei können sie sich auf § 2 Abs. 2 Nr. 2 SGB III stützen.

Antrag durch Arbeitnehmer?

Besteht ein Kug-Anspruch, überweist die AA die Kug-Gesamt-Summe monatlich an den Arbeitgeber, der sie an jeden einzelnen Kurzarbeiter verteilen muss. Die AA kann verlangen, dass die Kug-Bezieher den Erhalt des Kug quittieren.

Auszahlung

VII Steuerliche Behandlung des Kug

Das Kug ist gemäß § 3 Nr. 2 EStG lohnsteuerfrei. Hat ein unbeschränkt Steuerpflichtiger Kug bezogen, so ist gemäß § 32b Abs. 1 EStG auf das nach § 32a Abs. 1 EStG zu versteuernde Einkommen ein besonderer Steuersatz in Höhe der bezogenen Leistungen nach Abzug des Arbeitnehmerpauschbetrages (§ 9 a EStG) anzuwenden (Progressionsvorbehalt). Der Progressionsvorbehalt wird ausschließlich vom Finanzamt im Rahmen der Antragsveranlagung (§ 46 Abs. 2 Nr. 8 EStG) oder bei der Einkommensteuerveranlagung (§ 46 Abs. 2 Nr. 1 bis 7 EStG) berücksichtigt.

Progressionsvorbehalt

Der Arbeitgeber hat das ausgezahlte Kug im Lohnkonto einzutragen. Bei Beendigung des Dienstverhältnisses oder am Ende des Kalenderjahres hat der Arbeitgeber auf der Lohnsteuerkarte bzw. Lohnsteuerbescheinigung des Arbeitnehmers u. a. das ausgezahlte Kug zu bescheinigen (Hinweise der BA zum Antragsverfahren Kug Nrn. 17.0 und 17.1).

Pflichten des Arbeitgebers nach § 41 EStG

L INSOLVENZGELD (Insg)

§§ 116 Nr. 5, 183–189a, 208, 314, 316, 320 Abs. 2, 324 Abs. 3, 327 Abs. 3, 358–362, 404 Abs. 2 Nr. 1, 430 Abs. 5 SGB III

I   Was ist Insg und wer kann Insg erhalten?   348

II Wann gibt es Insg?   349

III Für welchen Zeitraum gibt es Insg?   350

IV Wann muss Insg spätestens beantragt werden?   352

V   Was umfasst Insg?   355

VI Tipps für Arbeitnehmer vor und nach der Insolvenz   358

I   Was ist Insg und wer kann Insg erhalten?
§§ 116 Nr. 5, 183 Abs. 1, 3 SGB III

Was ist Insg?

Immer häufiger gehen Unternehmen pleite, feiner ausgedrückt: sie werden insolvent (zahlungsunfähig). Für die Arbeitnehmer dieser Firmen bedeutet das nicht nur den Verlust des Arbeitsplatzes. Regelmäßig schuldet der insolvente Unternehmer den Arbeitnehmern auch noch Lohn für zum Teil monatelange Arbeit. Dieser Lohn ist meist unwiederbringlich verloren.

Hier kann das Insg helfen. Bei rechtzeitig gestelltem Antrag ersetzt die AA für eine gewisse Zeit den rückständigen Lohn, genauer: den Nettolohn und die rückständigen Beiträge zur Sozialversicherung.

Wer kann Insg erhalten?

Anspruch auf Insg kann jeder pleitegeschädigte Arbeitnehmer geltend machen. Er muss nicht versicherungspflichtig beschäftigt sein; so haben beispielsweise jobbende Studenten ohne Rücksicht auf den Umfang und die Dauer der Beschäftigung Anspruch auf Insg. Sie müssen aber als Arbeitnehmer, nicht als Selbstständige gearbeitet haben. Anspruch auf Insg hat auch der Erbe des verstorbenen Arbeitnehmers.

Der Arbeitnehmer muss in der BRD beschäftigt sein. Ist dies der Fall, gibt es Insg auch bei einem ausländischen Insolvenzereignis (§ 183 Abs. 1 Satz 2 SGB III). Zu den in der BRD beschäftigten Arbeitnehmern gehören auch vorübergehend ins Ausland entsandte Arbeitnehmer, wenn sie der deutschen Sozialversicherung unterliegen (§ 4 SGB IV).

II Wann gibt es Insg?
§ 183 Abs. 1 SGB III

Insg gibt es nur, wenn Sie bei einem so genannten Insolvenzereignis noch Ansprüche auf Arbeitsentgelt haben.

Insolvenzereignis kann gemäß § 183 SGB III sein:
- Die Eröffnung des Insolvenzverfahrens über das Vermögen des Arbeitgebers (§§ 27, 315 ff. InsO) (**nicht** die Anordnung der vorläufigen Insolvenzverwaltung gemäß §§ 21 Abs. 2 Nr. 1, 22 InsO);
- die Abweisung des Antrages auf Eröffnung des Insolvenzverfahrens mangels Masse (§ 26 InsO);
- die vollständige Beendigung der Betriebstätigkeit im Inland, wenn ein Antrag auf Eröffnung des Insolvenzverfahrens nicht gestellt worden ist und ein Insolvenzverfahren offensichtlich mangels Masse nicht in Betracht kommt.

Insolvenzereignisse

Auch für den Fall, dass ein Insolvenzplan beantragt wird, gibt es Insg (Art. 93 EGInsO).
Diese Festlegungen des Insolvenzereignisses steht nicht im Widerspruch zu Art. 3, 4 der 2002 neu gefassten Richtlinie 2002/74 EG (so zu Recht Susanne Peters-Lange, ZIP 2003, Heft 41, S. 1877–1879).

Kein Insolvenzfall liegt vor, wenn zwar der Betrieb geschlossen wird, sich aber nicht feststellen lässt, dass ein Insolvenzverfahren mangels Masse ausscheidet. Ist der Arbeitgeber zahlungsunwillig, aber nicht feststellbar zahlungsunfähig, kommt die AA nicht für das ausstehende Arbeitsentgelt auf. Ist der Arbeitnehmer also einem betrügerischen Arbeitgeber aufgesessen, geht er leer aus. Insbesondere in den neuen Bundesländern firmieren Firmen unter erfundenen Namen in kurzfristig angemieteten Büros oder nur »im Briefkasten« und verschwinden spurlos. Wenn keine Entscheidung des Insolvenzgerichts vorliegt, muss die AA die Voraussetzungen der Betriebseinstellung nach § 183 Abs. 1 Satz 1 Nr. 3 SGB III und insbesondere die wirtschaftlichen Verhältnisse des Betriebes prüfen. Für den Insolvenzfall genügt es, wenn für einen unvoreingenommenen Betrachter alle äußeren Tatsachen für die Masseunzulänglichkeit sprechen (BSG, Urteil vom 4.3.1999 – B 11/10 AL 3/98 R, DBIR 4500 24 AFG/§ 141e). Diesen Grundsatz hat das BSG bei der Prüfung, ob der Arbeitnehmer die Antragsfrist des § 141e AFG (§ 324 Abs. 3 SGB III) gewahrt hat, für angemessen gehalten. Dieselbe Definition des Begriffs der Offensichtlichkeit muss auch der Prüfung der Anspruchsvoraussetzungen zugrunde gelegt werden. Häufig steht in diesen Fällen fest, dass die Firma verschuldet und Vermögen nicht vorhanden ist. Wenn aber der Arbeitgeber verschwunden ist, lässt sich nicht feststellen, ob er Vermögenswerte beiseite geschafft hat oder aus anderen Gründen nicht pleite ist. Ist der Arbeitgeber eine juristische Person, meist eine GmbH, und ist der Geschäftsführer verschwunden, ist es lebensfremd anzunehmen, er habe zugunsten der Gesellschaft Vermögen hinter-

Kein Insg bei Betrügern?

zogen. Bei einer Einzelfirma sind dagegen der Inhaber des möglicherweise beiseite geschafften Vermögens und der Arbeitgeber ebenso wie deren Interessen identisch. Bei einer GmbH kommt es auf die Wirtschaftsverhältnisse der Gesellschafter nicht an, sondern lediglich auf die Zahlungsunfähigkeit der Gesellschaft selbst (LSG Sachsen-Anhalt, Urteil vom 15.12.2004 – L 2 AL 133/03; ähnlich LSG Brandenburg, Urteil vom 28.6.2000 – L 8 AL 42/99). Ist der Arbeitgeber, der Sie nicht bezahlt hat, eine GmbH, sollten Sie sich deshalb nicht mit der Behauptung der AA, es lasse sich nicht feststellen, ob der Arbeitgeber zahlungsunwillig oder zahlungsunfähig sei, abspeisen lassen.

Arbeitet der Betrieb nach der Pleite weiter, gibt es Insg bei erneuter Zahlungsunfähigkeit nur, wenn die Insolvenz zunächst beendet und der Arbeitgeber wieder zahlungsfähig war. Die Durchführung eines Insolvenzplanverfahrens ist kein Beleg dafür, dass der Arbeitgeber wirtschaftlich wieder auf eigenen Beinen steht (BSG, Urteil vom 21.11.2002 – B 11 AL 35/02 R). Bei fortbestehender Zahlungsunfähigkeit kann kein neues Insolvenzereignis im Sinne des § 183 Abs. 1 Satz 1 SGB III eintreten.

III Für welchen Zeitraum gibt es Insg?
§ 183 Abs. 1, 2 SGB III

Nur für 3 Monate

Insg gibt es höchstens für drei Monate, in denen kein Arbeitsentgelt gezahlt wurde.
Welche Entgeltausfälle in den dreimonatigen Insg-Zeitraum fallen, wird vom Zeitpunkt der Beendigung des Arbeitsverhältnisses beeinflusst. Folgende Fälle sind zu unterscheiden:

Arbeit endet mit Insolvenzereignis

- Das Arbeitsverhältnis endet mit dem Insolvenzereignis: Der Insg-Zeitraum umfasst die letzten drei Monate vor dem Insolvenzereignis. Dabei wird taggenau gerechnet. Der Tag des Insolvenzereignisses zählt nicht mit. Wird z. B. das Insolvenzverfahren am 1.3.2004 eröffnet, erstreckt sich der Schutz auf die Zeit zurück bis einschließlich 1.12.2003.

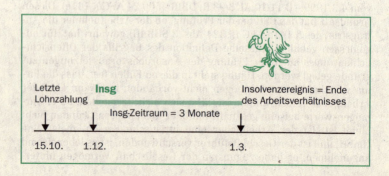

Bei Freistellung von der Arbeit schon vor Ende des Arbeitsverhältnisses beginnt der Insg-Zeitraum nicht mit dem letzten Arbeitstag, sondern mit dem letzten Tag des Arbeitsverhältnisses.

- Das Arbeitsverhältnis endet schon vor dem Insolvenzereignis: Der Insg-Zeitraum umfasst die letzten drei Monate des Arbeitsverhältnisses, gleichgültig welche Zeit zwischen dem Ende des Arbeitsverhältnisses und dem Insolvenzereignis liegt.

Arbeit endet vor Insolvenzereignis

- Das Arbeitsverhältnis endet erst nach dem Insolvenzereignis:
  - Wussten Sie von dem Insolvenzereignis, so können Sie für den Lohnausfall nach dem Insolvenzereignis kein Insg erhalten.
  - Wussten Sie nichts von dem Insolvenzereignis, dann tritt an die Stelle des Insolvenzereignisses die Kenntnis vom Insolvenzereignis. Sie können dann für die letzten drei Monate vor der Kenntnis vom Insolvenzereignis Insg erhalten, vorausgesetzt, Sie haben tatsächlich gearbeitet oder bezahlten Urlaub genommen.
    Zur Frist für den Insg-Antrag in diesem Fall → S. 353.

Arbeit endet nach Insolvenzereignis

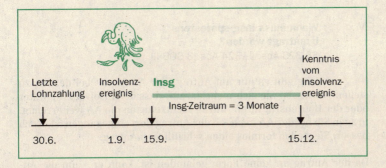

- Haben Sie ohne Kenntnis der Pleite begonnen zu arbeiten, können auch Sie bis zur Kenntnis, höchstens aber für drei Monate Insg erhalten.

Der geschützte dreimonatige Insg-Zeitraum ist besonders in folgenden drei Fällen gefährdet:

Urlaub nehmen

- Noch bestehender Urlaub muss in den drei Monaten genommen werden; denn der Urlaubsabgeltungsanspruch (für nicht rechtzeitig genommenen Urlaub) ist nicht Insg-geschützt. Nehmen Sie den Urlaub im Insg-Zeitraum, ist neben dem Urlaubsentgelt (Weiterzahlung des Entgelts während des Urlaubs) auch ein etwaiges Urlaubsgeld (Zusatzleistung für Urlaubskosten) Insg-geschützt. Zu Einzelheiten → S. 356).

tarifliche Ausschlussfrist beachten

- Insg geht verloren, wenn wegen einer tariflichen Ausschlussfrist der Lohnanspruch »verfallen« ist. Die Ausschlussfristen sind meist kurz. So muss z. B. nach dem Bundesrahmentarifvertrag für Angestellte im Garten-, Landschafts- und Sportplatzbau ein Gehaltsanspruch innerhalb von zwei Monaten nach Fälligkeit schriftlich beim Arbeitgeber oder beim Insolvenzverwalter geltend gemacht werden. Wer die Ausschlussfrist verstreichen lässt, verliert nicht nur seinen Lohnanspruch; er riskiert auch den Verlust (eines Teils) des Insg-Anspruchs, wenn die AA die tarifliche Ausschlussfrist kennt.

richtig zählen

- Da es für die Berechnung der geschützten Zeit nicht auf den Zahltag ankommt, sondern auf die Zeit, in der das Arbeitsentgelt erarbeitet wurde, ist, wenn bei Fälligkeit des Arbeitsentgelts am Monatsende das Geld ausbleibt, bereits ein Insg-geschützter Monat verstrichen.

Erbringt der Arbeitgeber nach Ablauf des Insg-Zeitraums Leistungen auf ausstehendes Arbeitsentgelt, ist die Zahlung vorrangig Ansprüchen zuzurechnen, die vor dem Insg-Zeitraum liegen (BSG, Urteil vom 15.6.2002 – B 11 AL 90/01 R, SozR 3–4100 § 141b Nr. 24).

IV Wann muss Insg spätestens beantragt werden?
§§ 323 Abs. 1, 324 Abs. 3 SGB III

Antrag

Insg gibt es nur auf Antrag. Der Antrag ist bei der AA zu stellen. Verlassen Sie sich nicht darauf, dass der Insolvenzverwalter oder der Betriebsrat Ihren Antrag rechtzeitig an die AA weiterreicht. Fragen Sie bei der AA nach, ob der Antrag dort eingegangen ist. Noch besser: Sie stellen formlos einen schriftlichen Antrag.

Insg-Antragsformular

Da der Antrag an keine Form gebunden ist, kann er – um die Antragsfrist zu wahren – auch telefonisch gestellt werden. Sicherer ist es aber, den Antrag schriftlich – am besten mit dem Insg-Antragsvordruck nebst Anlage zum Insg-Antrag – zu stellen. Die Benutzung dieser Formulare kann die AA verlangen (§ 60 Abs. 2 SGB I).

Fügen Sie dem Antrag alle das Arbeitsverhältnis konkretisierenden Unterlagen (wie Arbeits-, Tarifvertrag, Betriebsvereinbarungen, Lohn- und Gehaltsabrechnungen) bei; Sie ersparen so zeitraubende Rückfragen der AA und beschleunigen die Auszahlung des Insg.

Mit der Beantragung des Insg gehen die Arbeitsentgeltansprüche, die den Anspruch auf Insg begründen, auf die BA über (§ 187 SGB III).

Den Antrag müssen Sie innerhalb von zwei Monaten seit dem Insolvenzereignis stellen. Diese Antragsfrist von zwei Monaten beginnt mit dem Tag nach dem Insolvenzereignis zu laufen.
Die Antragsfrist widerspricht nicht europäischem Gemeinschaftsrecht (EuGH, Urteil vom 18.9.2003, ZIP 2003, Heft 47, S. 2173–2175).

Antragsfrist:
2 Monate

Haben Sie in Unkenntnis des Insolvenzereignisses weitergearbeitet, verschiebt sich nicht nur der Insg-Zeitraum (→ S. 351); auch die Antragsfrist kann erst vom Zeitpunkt der Kenntnisnahme an laufen (Ilka Hünecke, in: Gagel, SGB III RandNr. 28 zu § 328, unter Hinweis auf BSG, 27.8.1998, SozR 3–4100 § 141e Nr. 3).

Informieren Sie die AA, wenn Sie sich arbeitslos melden, dass der Arbeitgeber Ihnen seit Monaten den Lohn nicht gezahlt hat. Die AA muss Sie dann beraten und Ihnen sagen, dass und wann Sie einen Antrag auf Insg stellen können bzw. auf den drohenden Rechtsverlust hinweisen. Tut sie das nicht, kann ein verspäteter Antrag auf Insg im Wege des sozialrechtlichen Herstellungsanspruchs als rechtzeitig behandelt werden.

Es ist für insolvenzgeschädigte Arbeitnehmer regelmäßig schwer festzustellen, wann das Insolvenzereignis eintritt. Besonders schwer ist dies für Arbeitnehmer, die gekündigt haben und weggezogen sind. Sie laufen schnell Gefahr, die Zwei-Monats-Frist zu versäumen. Dagegen können Sie sich schützen, wenn Sie **vorsorglich** einen Insg-Antrag stellen. Lassen Sie sich nicht abwimmeln.

Waren Sie aus Gründen, für die Sie nichts konnten, während des Laufs der zweimonatigen Antragsfrist verhindert, den Antrag zu stellen, so können Sie den Antrag innerhalb einer Nachfrist von zwei Monaten nachholen. Ein Grund kann z.B. längere schwere Krankheit sein. Haben Sie sich nicht intensiv um die Durchsetzung Ihrer Ansprüche gegenüber dem Arbeitgeber gekümmert, wird Ihnen die Nachfrist nicht gewährt.
Die Nachfrist beginnt mit dem Wegfall des Hindernisses (also z.B. mit dem Ende der längeren schweren Krankheit). Die Nachfrist von zwei Monaten wird nicht eingeräumt, wenn Sie noch in der zweimonatigen Antragsfrist fähig werden, den Insg-Antrag zu stellen. Dann müssen Sie ihn bis Ende der Antragsfrist stellen.

Nachfrist:
2 Monate
z.B. bei
unverschuldeter
Unkenntnis

Haben Sie in Unkenntnis des Insolvenzereignisses die Arbeit aufgenommen, so beginnt die Zwei-Monats-Frist erst mit der positiven Kenntnis vom Insolvenzereignis (so BSG, Urteil vom 27.8.1998 – B 10 AL 7/97 R, SozR 3-4100 § 141e Nr. 3).

Insg-Bescheinigung

Der Antrag wird erst bearbeitet, wenn eine vom Insolvenzverwalter bzw. vom Arbeitgeber (bei Abweisung des Antrags mangels Masse oder Betriebseinstellung) ausgestellte Bescheinigung vorliegt. In dieser Bescheinigung sind für den Insg-Zeitraum der noch ausstehende Lohn, die Lohnabzüge und etwaige Pfändungen, Verpfändungen oder Abtretungen des Lohns anzugeben (§ 314 SGB III). Der Arbeitgeber, der Insg-Antragsteller und die Mitarbeiter der Personalabteilung müssen hierbei mitwirken (§ 316 Abs. 2 SGB III).

Wenn der Insolvenzverwalter nicht erreichbar ist oder schlampig arbeitet, müssen Sie selbst tätig werden und andere Beweismittel beibringen – wie z. B. Lohnabrechnungen oder Gehaltsstreifen der vorangegangenen Monate. Besonders geeignet sind Auskünfte von Kolleg(inn)en aus der Lohnbuchhaltung oder von Betriebsratsmitgliedern. Diese müssen eine wahrheitsgemäße Erklärung abgeben. Gibt es keine derartigen Beweismittel, so schätzt die AA den bisherigen Verdienst.

Vorschuss gemäß § 186 SGB III

Um die Zeit bis zur Entscheidung über Ihren Insg-Antrag finanziell durchzustehen, können Sie gemäß § 186 SGB III einen »Antrag auf Zahlung eines Vorschusses« stellen.

Voraussetzung für diesen Vorschuss ist
- die vorläufige Eröffnung des Insolvenzverfahrens durch das Amtsgericht und
- die rechtliche Beendigung des Arbeitsverhältnisses. Überlegen Sie deshalb sehr genau, ob Sie gegen einen insolventen Arbeitgeber Kündigungsschutzklage erheben.

In unproblematischen Fällen zahlt die AA bis zu 100% des Ihnen zustehenden Insg als Vorschuss. Lassen Sie sich nicht durch den Hinweis im Insg-Merkblatt der AA, »Vorschussanträge können die Bearbeitung der Anträge auf Insolvenzgeld verzögern«, abschrecken. Die AA soll über den Vorschuss innerhalb eines Monats entscheiden, wenn die Höhe des ausgefallenen Lohnes feststeht. Im übrigen verstößt die Drohung, die Auszahlung des vollen Insg verzögere sich, wenn Sie einen Insg-Vorschuss beantragen, gegen § 17 Abs. 1 Nr. 1 SGB I. Danach hat die AA dafür zu sorgen, »dass jeder Berechtigte die ihm zustehenden Leistungen (…) schnell erhält«.

Vorschuss gemäß § 42 SGB I

Neben dem Vorschuss nach § 186 SGB III gibt es auch die Möglichkeit des Vorschusses nach § 42 SGB I, wenn das Insolvenzereignis feststeht. Einen solchen Vorschuss gibt es nur auf Antrag, während über den Vorschuss nach § 186 SGB III von Amts wegen entschieden werden muss.

vorläufige Gewährung

Neben dem Vorschuss nach § 186 SGB III gibt es auch die Möglichkeit, gemäß § 328 Abs. 1 Satz 1 Nr. 3 SGB III das Insg vorläufig zu gewähren. Die vorläufige Entscheidung muss beantragt werden (§ 328 Abs. 2 SGB III).

V   Was umfasst Insg?

Das Insg ersetzt alle durch die Insolvenz ausgefallenen Nettobezüge, soweit sie dem dreimonatigen Insg-Zeitraum zuzurechnen sind.

Insg = Nettovergütung

Da das ausgezahlte Insg der **Netto**-Vergütung entspricht, brauchen Sie vom Insg keine Steuern zu bezahlen (§ 3 Nr. 2 EStG). Es wird jedoch bei der Ermittlung des Steuersatzes berücksichtigt, dem Ihr übriges steuerpflichtiges Einkommen unterliegt (Progressionsvorbehalt gemäß § 32b Abs. 1 Nr. 1a EStG).

Nicht verlangen kann der Arbeitnehmer vom Insolvenzverwalter oder Arbeitgeber den Teil des Bruttolohns, der als Lohnsteuer abzuführen wäre. Mit dem Insg-Antrag geht nach Auffassung des Bundesarbeitsgerichts gemäß § 187 SGB III nicht nur der Nettolohnanspruch auf die BA über, sondern auch die im Bruttolohn enthaltene Lohnsteuer. Dass dem Arbeitnehmer damit die Möglichkeit genommen wird, im Rahmen des Lohnsteuerjahresausgleichs Steuern zurückzuerhalten, sei vom Gesetzgeber gewollt und hinzunehmen.

Allerdings kritisiert das Bundesarbeitsgericht die rechtswidrige Praxis der Finanzämter und AA, die Lohnsteuer nicht gegen den Insolvenzverwalter geltend zu machen (BAG, Urteil vom 11.2.1998 – 5 AZR 159/97, AiB 1998, Heft 12, S.713 – 715). Der vor dem BAG unterlegene Arbeitnehmer hatte daraufhin von der BA verlangt, die Differenz zwischen Brutto- und Nettolohn zur Insolvenztabelle anzumelden oder den Differenzbetrag an ihn abzutreten. Das BSG (Urteil vom 20.6.2001 – B 11 AL 97/00 R, SozR 3–4100 § 141m Nr. 3) hat die entsprechende Klage abgewiesen mit der Begründung, der Arbeitnehmer würde andernfalls mehr erhalten, als ihm bei Zahlungsfähigkeit des Arbeitgebers zustünde.

Das Insg umfasst (nach Hess, GK-SGB III, RandNr. 92 zu § 183) u. a.: Lohn (Zeit-, Akkord-, Prämienlohn, Überstundenvergütungen, Sonn- und Feiertags- sowie Nachtarbeitszuschläge), Provisionen (Gewinnanteile, Umsatzbeteiligungen), Deputate und andere Naturalbezüge wie beispielsweise freie Kost, Gratifikationen, Lohnfortzahlung im Krankheitsfalle, Gefahren-, Wege- und Schmutzzulagen, Auslösungen, Kostgelder, vermögenswirksame Leistungen, Urlaubsentgelte, Urlaubsgelder, Jubiläumszuwendungen, Zuschüsse zum Krankengeld, zum Mutterschaftsgeld und zur freiwilligen Krankenversicherung, Beiträge des Arbeitgebers zur Zukunftssicherung des Arbeitnehmers, Reisespesen, Kilometergelder für die Benutzung des eigenen Pkw bei Geschäftsfahrten.

Nach § 184 Abs. 1 Nr. 1 SGB III umfasst das Insg **nicht** Ansprüche wegen der Beendigung des Arbeitsverhältnisses; insbesondere Ansprüche auf Entlassungsentschädigung sollen durch das Insg nicht abgedeckt sein.

Entlassungs-entschädigungen

Wir zweifeln, ob das nicht im Widerspruch zu Art. 3 der seit dem 8.10.2002 geltenden Richtlinie 2002/74 EG steht. Danach

»treffen die Mitgliedstaaten die erforderlichen Maßnahmen, damit (...) Garantieeinrichtungen die Befriedigung der nicht erfüllten Ansprüche der Arbeitnehmer aus Arbeitsverträgen und Arbeitsverhältnissen sicherstellen, einschließlich, sofern dies nach ihrem innerstaatlichen Recht vorgesehen ist, einer Abfindung bei Beendigung des Arbeitsverhältnisses«.

Entlassungsentschädigungen sind u. a. nach § 9 KSchG und nach § 1a KSchG gesetzlich vorgesehen. Sie müssten deshalb auch – entsprechend europäischem Gemeinschaftsrecht – vom Insg erfasst werden.

Arbeitszeitkonto Wird Mehrarbeit auf einem Zeitkonto gespeichert, kann die Bezahlung für die angesammelten Arbeitsstunden dann als Insg verlangt werden, soweit die Vorarbeit während des Insg-Zeitraums geleistet worden ist. Insg aus dem Arbeitszeitkonto ist auch zu zahlen, soweit die Vergütung für die Vorarbeit zum Ausgleich von ausgefallenen Arbeitsstunden im Insg-Zeitraum verwendet werden sollte (BSG, Urteil vom 25.6.2002 – B 11 AL 90/01 R, SozR 3–4100 § 141b Nr. 24).

Seit 1.7.2004 sind Arbeitgeber für den Fall, dass ein Anspruch auf Insg nicht besteht, zur Insolvenzsicherung von Arbeitszeitguthaben gemäß § 7d SGB II verpflichtet. Betriebsräte sollten die Einhaltung der Verpflichtung kontrollieren.

Streit entsteht immer wieder über die Frage, in welchem Umfang das Urlaubsentgelt, die Urlaubsabgeltung, ein 13. Monatsgehalt und eine Provision vom Insg gedeckt werden.

Urlaubsentgelt Tritt das Insolvenzereignis während des Urlaubs ein, so ist Insg in Höhe des Netto-Urlaubsentgelts anteilig für die Urlaubstage vor dem Insolvenzereignis bzw. vor der Kenntnis vom Insolvenzereignis zu zahlen.

Nicht (mehr) Urlaubsabgeltung Anders als zu AFG-Zeiten wird die Urlaubsabgeltung nicht mehr abgedeckt (§ 184 Abs. 1 Nr. 1 SGB III – BSG, Urteil vom 20.2.2002 – B 11 AL 71/01 R, SozR 3–4300 § 184 Nr. 1). Deshalb sollten Sie bei Pleitennähe Ihren Urlaub möglichst frühzeitig nehmen.

Alexander Gagel (in: ZIP 2000, Heft 6, S. 257) kritisiert, dass Urlaubsabgeltungsansprüche nicht mehr insolvenzgeldgesichert sind. Er vertritt mit guten Gründen die Auffassung, dass jedenfalls die tariflichen Urlaubsabgeltungen als gesichert anzusehen seien, die unabhängig von der Möglichkeit bestehen, den Urlaub »nachzuholen«. Für sie komme Insg in Betracht, wenn und soweit bei Rückrechnung der Tage des abgegoltenen Urlaubs ab Ende des Arbeitsverhältnisses dieser in den Insolvenzgeldzeitraum fällt.

13. Monatsgehalt Beim 13. Monatsgehalt sind drei Fallgestaltungen möglich: Zwölftelung, alles oder nichts.

- Sieht ein Arbeits- oder Tarifvertrag bei vorzeitigem Ausscheiden vor, dass das 13. Monatsgehalt nur anteilig gezahlt wird (aufgestautes Arbeitsentgelt), so erhalten Sie Insg auch nur anteilsmäßig für den Insg-Zeitraum, d. h. in der Regel 3/12. *anteilig*

- Wird das 13. Monatsgehalt unabhängig von der Verweildauer im Betrieb zu einem bestimmten Stichtag gezahlt, so erhalten Sie das volle 13. Monatsgehalt, wenn der Stichtag in den Insg-Zeitraum fällt. *alles*

- Bei Stichtagvereinbarung erhalten Sie über Insg nichts vom 13. Monatsgehalt, wenn der Stichtag außerhalb des Insg-Zeitraums liegt. *nichts*

Für zusätzliches Urlaubsgeld gilt im Grundsatz dasselbe wie beim 13. Monatsgehalt. Wird das Urlaubsgeld nur für tatsächlich genommenen Urlaub gezahlt, wird vom Insg nur das Urlaubsgeld abgedeckt, das auf Urlaubstage im Drei-Monats-Zeitraum fällt. *Urlaubsgeld*

Gewarnt werden muss vor dem nachträglichen Verschieben von Einmalleistungen in den Insg-Zeitraum. Das BSG (Urteil vom 18.3.2004, ZIP 2004, Heft 29, S. 1376–1379) hat klargestellt, dass von Insolvenz bedrohte Unternehmen Einmalleistungen nicht – auch nicht durch Betriebsvereinbarung – in den Insg-Zeitraum verschieben dürfen. Eine solche Manipulation zulasten der Insg-Umlageverpflichteten sei sittenwidrig. Ebenso im Ergebnis das LSG Essen (Urteil vom 8.4.2004, ZIP 2004, Heft 50, S. 2397): Eine Betriebsvereinbarung, die die Fälligkeit von Weihnachtsgeld in das neue Jahr (und damit in den Insg-Zeitraum) verschiebt, ist unwirksam. *Keine Schiebung*

Auch eine wegen der Insolvenz nicht gezahlte Provision kann über Insg ersetzt werden, wenn die Provision im dreimonatigen Insg-Zeitraum erarbeitet worden ist. Ist nichts anderes vereinbart, dann ist eine Provision regelmäßig mit Abschluss des Geschäfts, d. h., wenn »der Auftrag hereingebracht ist«, erarbeitet. Fällt der Abschluss in den dreimonatigen Insg-Zeitraum, dann ist die **Netto**-Provision als Insg zu bezahlen. Um die verdienten Provisionen nachweisen zu können, empfehlen wir, jede provisionsfähige Abrechnung zu kopieren. *Provision*

Bis 2003 wurde über das Insg das volle Nettoarbeitsentgelt im Ausfallzeitraum erstattet. Seit 2004 wird es zulasten gut Verdienender durch die Beitragsbemessungsgrenze (2005 in den alten Bundesländern 5.200 €, in den neuen Bundesländern 4.400 €) gedeckelt (§ 185 Abs. 1 SGB III). *Deckelung*

Diese Grenze gilt auch dann, wenn in einem Monat neben dem laufenden Arbeitsentgelt einmalig zu zahlendes Arbeitsentgelt zu berücksichtigen ist (so jedenfalls BA-Rundbrief 136/2003, S. 3).

Für das Insg entrichtet die AA die Beiträge zur Renten-, Kranken-, Pflege- und Arbeitslosenversicherung (§ 208 SGB III). *Sozialversicherungsbeiträge*

VI Tipps für Arbeitnehmer vor und nach der Insolvenz

Aktiv werden, sich nicht vertrösten lassen

- Zahlt der Arbeitgeber keinen Lohn mehr, müssen Sie und Ihr Betriebsrat sofort handeln. Lassen Sie sich auf keinen Fall durch irgendwelche Versprechungen des Arbeitgebers hinhalten. Versuchen Sie herauszufinden, ob der Arbeitgeber nur vorübergehend oder dauernd zahlungsunfähig ist.

u. U. Kug-Antrag

- Eine vorübergehende Zahlungsunfähigkeit kann unter Umständen durch einen Antrag des Betriebsrats auf Kurzarbeitergeld überbrückt werden (→ S. 331).

Vorsorglich Insg-Antrag

- Bei Anzeichen dauernder Zahlungsunfähigkeit sollten Sie vorsorglich Insg beantragen. Lassen Sie sich in der AA nicht abwimmeln. Falls Sie kein Insg-Antragsformular zur Hand haben, können Sie diesen Antrag auch formlos stellen und das Antragsformular nachreichen.

Es riecht nach Insolvenz, wenn ...

Es riecht nach Insolvenz, wenn
- die Gehälter schleppend oder überhaupt nicht gezahlt werden;
- Rechnungen sehr spät oder überhaupt nicht beglichen werden;
- schon länger Stellen offen bleiben, deren Besetzung notwendig wäre;
- überfällige Investitionen ausbleiben;
- Führungskräfte den Betrieb verlassen.

Antrag auf Eröffnung des Insolvenzverfahrens?

- Bei Anzeichen dauernder Zahlungsunfähigkeit könnten Sie oder besser der Betriebsrat erwägen, einen Antrag auf Eröffnung des Insolvenzverfahrens zu stellen. Das könnte Klarheit über die Zahlungsfähigkeit des Arbeitgebers und über das Insolvenzereignis schaffen. Wenn hohe Lohnrückstände bestehen, machen Sie oder der Betriebsrat sich durch einen solchen Antrag gegenüber dem Arbeitgeber selbst dann nicht schadensersatzpflichtig, wenn der Arbeitgeber anbietet, die offenen Löhne durch ein in Aussicht gestelltes Darlehen zu begleichen (OLG Celle, Urteil vom 27.2.1998 – 4 U 130/97, AiB 1998, Heft 11, S. 659 f.).

Aber: der Antrag auf Eröffnung des Insolvenzverfahrens kostet Geld; falls das Amtsgericht einen Gutachter einschaltet, sogar viel Geld. Diese Kosten des Verfahrens erhalten Sie über das Insg nicht erstattet. Wir halten diese Praxis für juristisch fragwürdig; umso mehr, als die Krankenkassen als Einzugsstellen der Beiträge ihre Verfahrenskosten von der AA zurückbekommen! (DA, RandNr. 6 zu § 208.)

- Je nach der finanziellen Lage des Arbeitgebers bleiben Ihnen als Arbeitnehmer zwei Möglichkeiten:

Weiterarbeiten?

- Sie arbeiten bis zum Insolvenzereignis – höchstens drei Monate! – ohne Lohn weiter. Das setzt voraus, dass Sie genug Rücklagen haben, um diese Zeit ohne Lohn durchzustehen und das Insg abzuwarten zu können. Diese Möglichkeit empfehlen wir nur, wenn todsicher ist, dass der Arbeitgeber pleite geht; denn nur dann entsteht ein Anspruch auf Insg. Die dreimonatige Weiterarbeit im Insg-Zeitraum hat den Vorteil, dass diese Zeit als Alg-Anwartschaftszeit zählt und Sie die Alg-Bezugsdauer um drei Monate schonen. Das zahlt sich aus, wenn Sie nach dem Insolvenzereignis keine neue Arbeit finden und deshalb auf Alg angewiesen sind.

- Ist nicht sicher, dass der Arbeitgeber pleite geht, müssen Sie möglichst bald Ihre Arbeit einstellen. Grundsätzlich dürfen Sie die Arbeit einstellen – die Juristen sprechen hier von »Zurückbehaltungsrecht« –, wenn der Arbeitgeber den Lohn nicht zahlt. Das BAG lässt eine Arbeitseinstellung aber erst dann zu, wenn der Lohnrückstand mehr als geringfügig ist, sich die Lohnzahlung nicht nur kurzfristig verzögert, dem Arbeitgeber nicht ein unverhältnismäßig hoher Schaden entsteht und der Lohnanspruch nicht auf andere Weise (dazu zählt **nicht** das Insg) gesichert ist.

Arbeit einstellen?

Ein Arbeitgeber, der mit einem Teil des Lohns für Mai im Rückstand ist, hat Mitte Juli noch immer nicht den Ende Juni fälligen Juni-Lohn gezahlt. Das Bundesarbeitsgericht hat in diesem Fall ein Zurückbehaltungsrecht bejaht.

Beispiel

Die Einstellung der Arbeit müssen Sie dem Arbeitgeber ausdrücklich, am besten schriftlich in folgender Form erklären:

> »Ich/wir werde(n) aufgrund des mir/uns vorenthaltenen Lohnes am ......, ... Uhr mein/unser Zurückbehaltungsrecht nach §§ 273 Abs. 1, 298 und 615 BGB ausüben.«

Üben Sie berechtigt das Zurückbehaltungsrecht aus, kann Ihnen der Arbeitgeber deshalb nicht kündigen.
Spätestens, wenn Sie nach berechtigter »Zurückhaltung« Ihrer Arbeitskraft zu Hause bleiben, sollten Sie sich nach einem neuen Arbeitsplatz umsehen. Es ist besser, sich aus einem noch bestehenden Arbeitsverhältnis heraus zu bewerben als aus der Arbeitslosigkeit.

- Da durch die Arbeitseinstellung das Arbeitsverhältnis nicht beendet wird, können Sie auch nach der Arbeitseinstellung weiter Lohn verlangen. Da aber unsicher ist, ob Sie ihn je erhalten, sollten Sie sich sofort nach der Arbeitseinstellung persönlich arbeitslos melden und Alg beantragen.

Nach Arbeitseinstellung: sofort persönlich arbeitslos melden und Alg beantragen

»Das gilt unabhängig davon, ob Ihr Arbeitsverhältnis gekündigt, Insolvenzantrag gestellt oder das Insolvenzverfahren bereits eröffnet worden ist. Wenn Ihr Arbeitsverhältnis ohne Arbeitsleistung und ohne Lohnzahlung fortbesteht, können Sie trotzdem Alg beziehen.« (So ausdrücklich das Merkblatt »Insolvenzgeld« der BA, S. 4.)

- Möglicherweise wird Alg für den gleichen Zeitraum gewährt, für den das Insg zusteht. In diesem Fall wird das Alg auf das Insg angerechnet. Gleichzeitig werden die verrechneten Anspruchstage der Dauer des Alg-Anspruches gutgeschrieben.

- Die Arbeitseinstellung in Form der Geltendmachung des Zurückbehaltungsrechts beendet nicht das Arbeitsverhältnis. Sie ersetzt also nicht die (nach § 623 BGB schriftliche) Kündigung. Spätestens nach drei Monaten ohne Lohn müssen Sie neben dem Zurückbehaltungsrecht die (fristlose) Kündigung aussprechen; denn erst mit der Kündigung wird das Arbeitsverhältnis beendet und damit der dreimonatige Insg-Zeitraum begrenzt.

Tarifliche Ausschlussfristen beachten

- Machen Sie Lohnrückstände schriftlich beim Arbeitgeber geltend und erheben Sie nach Ablehnung durch den Arbeitgeber Klage oder, falls keine Ablehnung erfolgt, nach weiteren vier Wochen seit der schriftlichen Geltendmachung Lohnklage beim Arbeitsgericht, um eventuelle tarifliche Ausschlussfristen einzuhalten. Versäumen Sie nämlich eine Ausschlussfrist, dann verlieren Sie auch die Möglichkeit, Insg zu erhalten.

Ein Nachteil: Auch wenn Sie wahrscheinlich die Zahlungsklage gewinnen; Ihren Lohn bekommen Sie vom (wahrscheinlich) insolventen Arbeitgeber dennoch nicht. Obendrein müssen Sie noch Ihren Rechtsanwalt bezahlen. Deshalb: Wenn Sie nicht rechtsschutzversichert sind, erheben Sie die Zahlungsklage ohne Rechtsanwalt über die Rechtsantragstelle des Arbeitsgerichts.

Vermögenswirksame Leistungen

- Haben Sie mit dem Arbeitgeber vereinbart, dass dieser vermögenswirksame Leistungen von Ihrem Lohn einbehält und an die Bausparkasse bzw. Bank abführt, überprüfen Sie sofort, ob die einbehaltenen Beträge auch tatsächlich abgeführt wurden. Für den Drei-Monats-Zeitraum sind die vermögenswirksamen Leistungen durch Insg abgesichert. Sie können vom Arbeitgeber, bei einer GmbH auch vom Geschäftsführer persönlich die Zahlung der vermögenswirksamen Leistungen verlangen, zumal die Nichtabführung von einbehaltenen vermögenswirksamen Leistungen strafrechtlich als Unterschlagung gewertet werden kann.

Krankenkasse übernimmt Lohnfortzahlung

- Werden Sie als Arbeitnehmer eines insolventen Arbeitgebers arbeitsunfähig krank, so muss die Krankenkasse die Lohnfortzahlung übernehmen.

Bei Lohnpfändung

- Haben Sie Lohnpfändungen oder den Lohn abgetreten, sollten Sie den Gläubiger bitten, auch einen Insg-Antrag zu stellen. Am besten, Sie besorgen bei der AA den Vordruck Insg für Dritte (Insg 2) und händigen diesen dem Gläubiger aus. Ohne dessen Antrag kann die AA nichts an den Gläubiger zahlen; das Insg bleibt bei der AA und Ihre Schulden gegenüber dem Gläubiger verringern sich nicht. Für den nicht abgetretenen und nicht gepfändeten Teil müssen Sie

Insg selbst beantragen. Bis zur Pfändungsgrenze kann Arbeitsentgelt nicht wirksam abgetreten werden (§ 400 BGB).

- Wird der Arbeitgeber noch vor der Insolvenz wieder für kurze Zeit »flüssig« und bietet er »Abschlagszahlungen« auf Lohnrückstände an, so achten Sie darauf, dass die Abschlagszahlungen nicht die jüngsten Lohnrückstände abdecken, sondern ältere Lohnrückstände. Leistet der Arbeitgeber nach Ablauf des Insg-Zeitraumes Zahlungen auf Arbeitsentgelt, so werden damit vorrangig Ansprüche getilgt, die vor dem Insg-Zeitraum liegen (BSG, Urteil vom 25.6.2002, ZIP 2004, Heft 3, S. 135 ff., unter Hinweis auf Art. 4 Abs. 2 der RL 80/987 EWG vom 20.10.1980). Insoweit gilt das Bestimmungsrecht des § 366 BGB für den Arbeitgeber nicht.

Abschlagszahlungen

- Häufig versuchen Arbeitnehmer, den Betrieb durch weitgehende Zugeständnisse zu retten. Sie verzichten auf Entgelt, stunden es oder flexibilisieren die Arbeitszeit (unbezahlte Stunden jetzt, bezahlte Freizeit später). Solches Entgegenkommen zögert die Insolvenz häufig nur hinaus. Zudem führt es nicht selten zu arbeitslosenrechtlichen Nachteilen:

Vorsicht bei Zugeständnissen

  – Verzichten Sie nie auf Entgelt; weder in Form einer direkten Lohnkürzung noch in Form endgültig unbezahlter Arbeitsstunden. Geht der Betrieb – wie nicht selten – trotz Ihres Verzichts Bankrott, kann das Entgelt, auf das Sie verzichtet haben,
  1. nicht über das Insg hereingeholt werden;
  2. nicht der Bemessung des Alg zugrunde gelegt werden.

Nie auf Lohn verzichten!

  Haben Sie Arbeitsentgelt gestundet und geht der Betrieb dennoch Bankrott, so umfasst das Insg auch das während des Insg-Zeitraums erarbeitete, gestundete Entgelt (so Gagel, BB 2000, Heft 14, S. 719, unter Hinweis auf Urteile des BSG).
  Stunden Sie »Stichtagsgeld« ohne Entgeltcharakter, (z. B. eine am 1.12. fällige Jahressonderzahlung für Betriebstreue ohne Rücksicht auf tatsächliche Arbeitsleistung) und geht der Betrieb später dennoch pleite, dann ist das gesamte »Stichtagsgeld« verloren, wenn der ursprüngliche Stichtag nicht mehr vom Insg-Zeitraum erfasst wird (BSG, Urteil vom 2.11.2000 – B 11 AL 87/99 R).

Insg trotz Stundung

  Gestundetes und vom Arbeitgeber wegen der Insolvenz nicht nachgezahltes Entgelt fällt bei der Bemessung des Alg regelmäßig unter den Tisch. Das ist umso ärgerlicher, als auch von dem gestundeten Teil Beiträge bezahlt werden mussten; daran ändert der endgültige Verlust des Anspruchs nichts (BSG, Urteil vom 30.8.1994 – 12 RK 59/92, SozR 3–2200 Nr. 5 zu § 385).
  Gemäß § 131 Abs. 1 Satz 1 SGB III ist beitragspflichtiges Entgelt bei der Alg-Bemessung nur zu berücksichtigen, wenn es »erzielt« worden ist. »Erzielt« ist gemäß § 131 Abs. 1 Satz 2 SGB III zugeflossenes Arbeitsentgelt, auf das der Arbeitslose beim Ausscheiden aus dem Beschäftigungsverhältnis einen Anspruch hat.

Alg-Kürzung wegen Stundung

Gestundetes Arbeitsentgelt hat der Arbeitnehmer in der Regel aber nicht zu beanspruchen. Es sei denn, es wurde vereinbart, dass mit dem Ausscheiden der gesamte gestundete Betrag fällig wird. Dann muss das gestundete Arbeitsentgelt bei der Bemessung des Alg berücksichtigt werden; denn gemäß § 131 Abs. 1 Satz 2 SGB III gilt Arbeitsentgelt, auf das ein Anspruch besteht, als »erzielt«, wenn es nur wegen Zahlungsunfähigkeit des Arbeitgebers nicht zugeflossen ist.

Welche Folgen hat unbezahltes Vorausarbeiten?

– Manche Arbeitnehmer versuchen den Betrieb dadurch zu retten, dass sie zum Ausgleich für zunächst nicht bezahlte Arbeitsstunden sich auf später in Aussicht gestellte bezahlte Freizeit vertrösten lassen (flexible Arbeitszeit). Sie häufen damit ein »Wertguthaben« i. S. § 7 Abs. 1a SGB IV an. Entsprechend der bisherigen BA-Praxis ist dieses »Wertguthaben« durch den mit dem Job-AQTIV-Gesetz eingefügten Satz 4 des § 183 Abs. 1 SGB III geschützt: Danach »gilt der aufgrund der schriftlichen (Freistellungs-)Vereinbarung zur Bestreitung des Lebensunterhalts im jeweiligen Zeitraum bestimmte Betrag als Arbeitsentgelt«, das über Insg abgedeckt werden kann. Über die Bemessung des Alg in diesen Fällen (→ S. 160).

Zusammenfassung

> Der wohlgemeinte Lohnverzicht
> lohnt sich für's Insolvenzgeld nicht.
> Der Lohnverzicht wird nicht vergessen,
> zum Dank wird's Alg herabbemessen.
> Lohn zu stunden/Flexiarbeit
> stoppen Insolvenzen kaum,
> Insg steht auch nur bereit
> für die Zeit im Insg-Zeitraum.

Nach der Pleite Arbeit meide

■ Arbeiten Sie nach dem Insolvenzereignis nie auch nur eine Stunde ohne Lohn.

Vorsicht vor Kündigungsschutzklage

■ Bevor Sie **Kündigungsschutzklage** erheben, sollten Sie prüfen, ob das für das Insg zweckmäßig ist (zur etwa notwendig werdenden **Zahlungsklage** → S. 360). Ist Ihr Arbeitgeber pleite und haben Sie noch Lohnforderungen für wenigstens drei Monate gegen ihn, kann es günstiger sein, eine Kündigung hinzunehmen, damit die unbezahlten Monate möglichst die letzten des Arbeitsverhältnisses vor dem Insolvenzereignis sind. Verlängert sich das Arbeitsverhältnis in eine Zeit des Alg-Bezugs oder einer neuen Beschäftigung, wird das Insg gekürzt und die früheren Monate bleiben unbezahlt. Das sollten Sie mit dem Insg-Sachbearbeiter der AA vorher beraten.

2-Monats-Frist für Antragstellung

■ Halten Sie unbedingt die 2-Monats-Frist für die Insg-Antragstellung ein. Ist der Arbeitgeber bereits zwei Monate mit der Lohnzahlung im Verzug, sei es, dass Sie ohne Lohn weitergearbeitet haben, sei es, dass Sie das Zurückbehaltungsrecht ausgeübt haben, so sollten Sie vorsorglich bei der AA einen Insg-Antrag stellen. Ist der Arbeitgeber (noch) nicht pleite, schadet der Antrag nicht.

- Stellen Sie fest, dass der Betrieb veräußert werden soll, haben Sie die Möglichkeit, Ihre rückständigen Löhne, die nicht vom Insg abgesichert sind, beim Erwerber des Betriebes geltend zu machen, sofern ein Betriebsübergang vorliegt. Informieren Sie in diesem Fall die AA. Im Rahmen einer Betriebsveräußerung kann ein Wiedereinstellungsanspruch des Arbeitnehmers entstehen, wenn es trotz einer ursprünglich vorgesehenen Stilllegung des Betriebes und einer infolgedessen wirksam ausgesprochenen Kündigung aus betriebsbedingten Gründen nachträglich zu einem Betriebsübergang und damit zur Fortführung des Betriebes oder der Entstehung einer anderen Weiterbeschäftigungsmöglichkeit für den Arbeitnehmer kommt. Allerdings besteht kein Wiedereinstellungsanspruch des insolvenzbedingt gekündigten Arbeitnehmers, wenn der Betrieb nach Ablauf der Kündigungsfrist übergeht (BAG, Urteil vom 13.5.2004, ZIP 2004, Heft 34, S. 1610; Franz-Ludwig Danko, Jens Cramer, BB 2004, BB-Spezial 4/2004, S. 9 ff., 15 f.).

Betriebsübergang

- Machen Sie alle Ansprüche, die nicht über das Insg abgedeckt sind (Urlaubsabgeltung, Zinsen, alles, was vor dem Insg-Zeitraum verdient wurde, insbesondere nicht gedecktes 13. Monatsgehalt und Urlaubsgeld) beim Insolvenzverwalter geltend. Beachten Sie hierbei die vom Amtsgericht festgesetzten Anmeldetermine. So erhalten Sie die Chance, wenigstens einen kleinen Teil des Verlustes auszugleichen.

Ansprüche an Insolvenzverwalter

- Zum Zwecke der Sanierung kann der vorläufige Insolvenzverwalter nach Zustimmung der AA die Gehälter schon vor der endgültigen Entscheidung des Amtsgerichts durch eine Bank gegen Abtretung der Insg-Ansprüche vorfinanzieren lassen (§ 188 SGB III). Nicht selten wird dadurch die Fortführung des Betriebs gesichert. Da die Vorfinanzierung die Insolvenzmasse Zinsen kostet, wird der vorläufige Insolvenzverwalter regelmäßig nur die Gehälter der Arbeitnehmer vorfinanzieren lassen, die er für die Fortführung des Betriebs noch braucht. Oder die Arbeitnehmer müssen einen Abschlag von bis zu 10% hinnehmen, erhalten also nur 90% ihrer ursprünglichen Insg-Forderung ausgezahlt. Die vorfinanzierende Bank will schließlich auch leben.

Vorfinanzierung des Lohns gegen Insg-Abtretung

Wer – insbesondere als Insolvenzverwalter – mehr zur komplizierten Beteiligung der BA am Insolvenzgeschehen wissen will, sollte den Beitrag von Peter Hase, a+b 2000, Heft 11, S. 320–323 lesen.

- Wer sich über die jüngere Entwicklungen beim Insg detailliert informieren will, sei auf den Aufsatz von Hans-Dieter Braun und Erwin Wierzioch in ZIP 2003, Heft 44, S. 2001 – 2009 verwiesen.

M BERUFLICHE AUSBILDUNG – BERUFSAUSBILDUNGSBEIHILFE (BAB)
§§ 59–76 SGB III

I Was wird gefördert? 364

II Wer wird gefördert? 366
1. Personenkreis **366**
2. Eignung und Zweckmäßigkeit **366**

III Bedürftigkeitsprüfung nur bei Azubi-BAB 367
1. Der Bedarf **367**
1.1 Der Bedarf für den Lebensunterhalt bei Berufsausbildung **367**
1.2 Der Bedarf für den Lebensunterhalt bei berufsvorbereitenden Bildungsmaßnahmen **368**
1.3 Der Bedarf für die Ausbildung **369**
2. Anrechnung von Einkommen nur noch bei Azubi-BAB **370**
2.1 Welches Einkommen wird angerechnet? **370**
2.2 Einkommen des BAB-Empfängers **371**
2.3 Einkommen der Eltern **372**
2.4 Einkommen des (Ehe-)Partners **373**
2.5 Was ist, wenn Rabeneltern den Unterhalt verweigern? **374**
2.6 Keine Anrechnung von Eltern-, Ehepartner-/Lebenspartnereinkommen bei BAB für Arbeitslose mit höherem Alg-Anspruch **375**

IV Antrag/Bewilligungszeitraum/Auszahlung 376

V Was muss geändert werden? 376
1. Azubi-BAB auch für »Nesthocker«! **376**

I   Was wird gefördert?

Was ist BAB? BAB ist ein Zuschuss der AA, um Auszubildende finanziell bei einer Berufsausbildung oder einer berufsvorbereitenden Maßnahme zu unterstützen. Was das BAföG für Studenten, ist die BAB für Auszubildende.

Auch im Ausland BAB kann auch geleistet werden, wenn die Ausbildung oder Maßnahme (teilweise) im Ausland stattfindet; Einzelheiten sind in § 62 SGB III geregelt.

BAB für eine berufliche Ausbildung (Azubi-BAB)

Gefördert wird eine berufliche Ausbildung in einem staatlich anerkannten Ausbildungsberuf, wenn der dafür erforderliche Berufsausbildungsvertrag abgeschlossen ist (Azubi-BAB). Gleichgültig ist es, ob die Ausbildung betrieblich oder außerbetrieblich erfolgt; auch die Teilnahme an einem Berufsgrundbildungsjahr (BGJ) wird gefördert, aber nur, wenn es in kooperativer Form (also mit Berufsausbildungsvertrag) durchgeführt wird.

Dauer

Azubi-BAB gibt es für die Dauer der beruflichen Ausbildung. Auch für die Zeit des Berufsschulunterrichts in Blockform wird BAB unverändert weitergezahlt (§ 73 Abs. 1a SGB III).

BAB für berufsvorbereitende Bildungsmaßnahmen (Maßnahme-BAB)

Gefördert werden außerdem berufsvorbereitende Bildungsmaßnahmen (Maßnahme-BAB): Das sind Lehrgänge, die die AA vermittelt und in denen man die Fähigkeiten erwerben soll, die man für den Berufsanfang gebrauchen kann oder die junge Leute befähigen sollen, eine Ausbildungsstelle anzunehmen.

Seit 2004 sind berufsvorbereitende Bildungsmaßnahmen auch förderungsfähig, wenn sie

- auf den nachträglichen Erwerb des Hauptschulabschlusses vorbereiten;
- mit einem versicherungspflichtigen Betriebspraktikum (§ 235b SGB III → S. 380) verbunden werden.

Schon seit 2003 ist eine eigenständige Berufsausbildungsvorbereitung im Berufsbildungsgesetz verankert (→ S. 381). Auch diese ist mit BAB förderungsfähig.

Dauer

Maßnahme-BAB gibt es für die Dauer der berufsvorbereitenden Maßnahme.
Mit dem so genannten seit 2004 geltenden »Neuen Fachkonzept« der BA zu berufsvorbereitenden Bildungsmaßnahmen ist die Dauer z. T. drastisch verkürzt worden (zur Kritik am »Neuen Fachkonzept« vgl. Suitbert Cechura, in: SOZIAL EXTRA 2004, Heft 7/8, S. 49–51).

Die Förderung wird eingestellt mit dem Tage, an dem die Abschlussprüfung bestanden bzw. die Maßmahme bendet wurde.

Fehlzeiten

Bei Fehlzeiten wird BAB nur in folgenden Fällen weitergezahlt (§ 73 Abs. 2 SGB III):
- bei Krankheit für drei Monate;
- bei Schwangerschaft oder nach einer Entbindung während einer beruflichen Ausbildung, solange nach dem MutterschutzG Anspruch auf Fortzahlung der Ausbildungsvergütung oder Anspruch auf Mutterschaftsgeld besteht;
- bei Schwangerschaft oder nach einer Entbindung während einer berufsvorbereitenden Maßnahme, wenn diese nicht länger als 14 Wochen (bei Mehrlingsgeburten 18 Wochen) unterbrochen wird;

- bei Fernbleiben von der beruflichen Ausbildung aus sonstigem wichtigen Grund, wenn die Ausbildungsvergütung oder an deren Stelle eine Ersatzleistung (z. B. Krankengeld nach § 45 SGB V an eine Azubi mit krankem Kind) weitergezahlt wird;
- bei Fernbleiben von der berufsvorbereitenden Maßnahme aus sonstigem wichtigen Grund.

Wird aus diesen oder anderen Gründen die vorgeschriebene Ausbildungszeit verlängert, so führt dies zu einer entsprechenden Verlängerung der BAB.

Wofür gibt es keine BAB?

BAB wird nicht geleistet:
- für eine schulische Ausbildung (z. B. Krankenpfleger(in), Physiotherapeut(in),
- nach einer erfolgreich abgeschlossenen beruflichen Erstausbildung gleich welcher Art (betrieblich, überbetrieblich, schulisch), mit einer vorgeschriebenen Ausbildungszeit von mindestens zwei Jahren.

Stets Zuschuss

Wenn es BAB gibt, wird sie immer als (nicht rückzahlbarer) Zuschuss gezahlt.

II Wer wird gefördert?

1 Personenkreis

Gefördert werden:
- Deutsche;
- Ausländer, sofern sie in § 63 SGB III (in der Fassung des Art. 9 ZuwanderungsG vom 30.7.2004) aufgeführt sind. Wegen Einzelheiten fragen Sie die zuständige AA.

Nicht gefördert werden

Kein Azubi-BAB gibt es für Auszubildende, die im elterlichen Haushalt wohnen (§ 64 Abs. 1 Satz 1 Nr. 1 SGB III). Dagegen hat das BSG erhebliche verfassungsrechtliche Bedenken geäußert (Urteil vom 2.6.2004 – B 7 AL 38/03 R). Das LSG Sachsen-Anhalt hat im Wege der verfassungskonformen Auslegung entschieden, dass BAB während des auswärtigen Blockschulunterrichts gezahlt werden muss, auch wenn der Azubi während der betrieblichen Ausbildung bei den Eltern wohnt (Urteil vom 26.5.2004 – L 2 AL 48/02, Revision ist anhängig unter Az.: B 7 AL 52/04 R).

2 Eignung und Zweckmäßigkeit

Die AA prüft die Eignung des Auszubildenden nicht nach, sofern der Ausbildungsvertrag in das Ausbildungsverzeichnis der zuständigen Industrie- und Handelskammer bzw. Handwerkskammer eingetragen ist.

Bei berufsvorbereitenden Bildungsmaßnahmen wird nur gefördert, wenn die Maßnahme zur Vorbereitung auf eine Berufsausbildung oder zur beruflichen Eingliederung erforderlich ist und die Fähigkeiten des Antragstellers erwarten lassen, dass er das Ziel der Maßnahme erreicht.

III Bedürftigkeitsprüfung nur bei Azubi-BAB

Azubi-BAB erhält nur, wer bedürftig ist. Die Bedürftigkeit bemisst sich
- nach dem »Bedarf« und
- nach dem Einkommen
  - des Auszubildenden,
  - der Eltern und,
  - bei verheirateten BAB-Empfängern, des (nicht dauernd getrennt lebenden) (Ehe-)Partners.

Als (Ehe-)Partner, dessen Einkommen auf die Azubi-BAB angerechnet werden kann, zählt bei der BAB nur der Ehegatte bzw. der eingetragene Lebenspartner. Das Einkommen eines Partners einer eheähnlichen Gemeinschaft darf nicht berücksichtigt werden. Hätte der Gesetzgeber dies bei der BAB gewollt, hätte er in § 71 Abs. 1 SGB III die Partner einer eheähnlichen Gemeinschaft ausdrücklich nennen müssen.

Maßnahme-BAB ist dagegen nicht bedürftigkeitsabhängig (§ 71 Abs. 4 SGB III).

1 Der Bedarf

Bei der Berechnung der BAB geht die AA davon aus, dass jeder BAB-Empfänger bestimmte Geldbeträge für seinen Lebensunterhalt, für seine Ausbildung und für Taschengeld braucht. Die Bedarfssätze orientieren sich am Bundesausbildungsförderungsgesetz (BAföG).

1.1 Der Bedarf für den Lebensunterhalt bei Berufsausbildung

Der Bedarf für den Lebensunterhalt unterscheidet sich nur nach Art der Unterbringung.

Er beträgt bei der Azubi-BAB gemäß § 65 SGB III i. V. m. § 13 BAföG pro Monat (Pauschbeträge seit 2002):

Azubi-BAB

Schaubild
Bedarf bei Azubi-BAB

Unterbringung	Bedarf	
	bis 18. Geburtstag	ab 18. Geburtstag
bei Eltern(teil)	nichts[1]	
nicht bei Eltern(teil)	falls notwendig[2] Grundbedarf 443 €	falls gewollt[3] Grundbedarf 443 €
auswärts zur Miete[4]	zuzüglich die nachgewiesene Miete und Nebenkosten, soweit sie 133 € monatlich übersteigen, höchstens jedoch 64 € monatlich	
im Wohnheim oder Internat mit Verpflegung	die Werte der SachbezugsVO für Verpflegung und Unterbringung oder Wohnung sowie ein Taschengeld von 80 €	
beim Ausbildenden mit Verpflegung	die amtlich festgesetzten Kosten für die Unterbringung und Verpflegung sowie ein Taschengeld von 80 €	

[1] Behinderte Menschen erhalten – anders als nicht-behinderte – Azubi-BAB auch, wenn sie zu Hause wohnen; in diesem Fall beträgt der allgemeine Bedarf 270 €; für verheiratete behinderte Menschen und für behinderte Menschen ab dem 21. Geburtstag erhöht sich der Bedarf auf 360 € (§ 101 Abs. 3 SGB III).

[2] »Falls notwendig« bedeutet, dass die Entfernung zur Ausbildungsstätte zu groß ist (mehr als eine Stunde Fahrzeit) oder der BAB-Empfänger in den Stand der Ehe/Lebenspartnerschaft getreten wurde oder bereits selbst ein Kind hat oder ihm aus schwerwiegenden sozialen Gründen das Wohnen bei den Eltern nicht zugemutet werden kann.

[3] »Falls er will« bedeutet, dass unabhängig von der Fahrzeit die Unterbringung gewählt werden kann.

[4] Lebt der Auszubildende mit einem (Ehe-)Partner, der selbst Einkommen hat, zusammen zur Miete, wird ein Zusatzbedarf nur angesetzt, wenn dessen Einkommen den Freibetrag nach § 25 Abs. 1 Nr. 2 BAföG (960 €) nicht erreicht (DA, RandNr. 1.4 zu § 65).

Bei einer betrieblichen Ausbildung im Ausland, die nach § 62 Abs. 2 SGB III förderungsfähig ist, wird der Bedarf aufgestockt; Einzelheiten sind in § 65 Abs. 4 SGB III geregelt.

1.2 Der Bedarf für den Lebensunterhalt bei berufsvorbereitenden Bildungsmaßnahmen

Auch der Bedarf für den Lebensunterhalt bei der Maßnahme – BAB unterscheidet sich nur nach Art der Unterbringung. Gemäß § 66 SGB III i. V. m. § 12 BAföG gelten seit 2002 folgende monatliche Pauschbeträge.

Schaubild
Bedarf bei berufsvorbereitender Bildungsmaßnahme

Unterbringung	Bedarf
bei den Eltern (teil)	Grundbedarf 192 €
anderweitig untergebracht	Grundbedarf 348 € zuzüglich die nachgewiesene Miete und Nebenkosten, soweit sie 52 € übersteigen, höchstens jedoch 64 € monatlich.
im Wohnheim oder Internat	die amtlich festgesetzten Kosten für die Unterbringung und Verpflegung sowie ein Taschengeld von 80 €

Maßnahme-BAB

Die hier genannten Bedarfssätze sind, da es keine Bedürftigkeitsprüfung gibt, bei der Maßnahme-BAB gleichzeitig die BAB-Auszahlungssätze für den Lebensunterhalt.

1.3 Der Bedarf für die Ausbildung

Zusätzlich zum Bedarf für den Lebensunterhalt tritt nach §§ 67 – 69 SGB III der mit der Ausbildung entstehende Bedarf für:

- Arbeitskleidung (falls erforderlich und nicht gestellt) monatlich pauschal 11 €;   Arbeitskleidung
- unter gewissen Voraussetzungen Fernunterrichtsgebühren bis monatlich 16 €;   Fernunterrichtsgebühren
- Lehrgangskosten bei berufsvorbereitenden Bildungsmaßnahmen in voller Höhe;   Lehrgangskosten
- Lernmittel bei berufsvorbereitenden Bildungsmaßnahmen monatlich 8 €;   Lernmittel
- Fahrkosten in pauschalierter Höhe (2004: bis zu 476 €) zwischen Unterkunft und Ausbildungsstätte bzw. Berufsschule; bei Förderung im Ausland gelten die in § 67 Abs. 1a SGB III aufgeführten Sonderregeln;   Fahrkosten
- Kosten einer Heimfahrt pro Monat zu den Eltern bzw. zur eigenen Familie bei auswärtiger Unterbringung oder einer Fahrt eines Angehörigen zu Ihnen. Die Kosten für Pendelfahrten können gemäß § 67 Abs. 2 Satz 3 SGB III i. V. m. § 82 SGB III nur bis zu einer bestimmten Obergrenze (2004: 476 € monatlich) übernommen werden;   Heimfahrt
- Beiträge zur Kranken- und Pflegeversicherung bei berufsvorbereitenden Bildungsmaßnahmen, soweit diese nicht anderweitig sichergestellt sind;   Kranken-/Pflegeversicherung
- Kosten für Kinderbetreuung in Höhe von 130 € je Kind;   Kinderbetreuung
- sonstige unvermeidbare Ausbildungskosten auf besonderen Antrag.   Sonstige Kosten

2 Anrechnung von Einkommen nur noch bei Azubi-BAB

Die Bedarfssätze für Lebensunterhalt und Ausbildung sind

Auszahlungsbetrag
- bei der **Maßnahme-BAB** der Betrag, der ausgezahlt wird, weil gemäß § 71 Abs. 4 SGB III hier Einkommen nicht angerechnet wird;

Berechnungsgrundlage
- bei der **Azubi-BAB** nur die Berechnungsgrundlage. Was Ihnen davon als Azubi-BAB tatsächlich ausgezahlt wird, hängt ab von der Höhe
  - Ihres Einkommens;
  - des Einkommens Ihrer Eltern (nicht von Stief- und Pflegeeltern);
  - des Einkommens Ihres (nicht dauernd getrennt lebenden) (Ehe-) Partners.

Anders als beim BAföG wird Vermögen bei BAB nicht angerechnet.

2.1 Welches Einkommen wird angerechnet?

Die Einkommensanrechnung richtet sich nach den §§ 11 Abs. 4, 21–25 BAföG – mit einigen Abweichungen, die in § 71 SGB III festgelegt sind. Angerechnet werden danach die Einkünfte des Auszubildenden sowie diejenigen seiner Eltern und seines (nicht dauernd getrennt lebenden) (Ehe-)Partners. Einkommen bleibt in Höhe bestimmter Freibeträge anrechnungsfrei.

Grundlage sind die positiven Einkünfte im Sinne des Einkommensteuerrechts; ein Verlustausgleich – z. B. mit Verlusten aus Gewerbebetrieb – ist aber nicht möglich.

Das Kindergeld zählt nach Streichung von § 21 Abs. 3 Satz 1 Nr. 3 BAföG nicht mehr zum Einkommen der Eltern. Praktisch bedeutet das eine Erhöhung der Einkommensfreibeträge.

Vom Bruttoeinkommen sind die Steuern und die mit festen Prozentsätzen und Höchstbeträgen pauschalierten Beiträge zur Sozialversicherung abzuziehen.

Für die Eltern und gegebenenfalls den (Ehe-) Partner werden dafür die Angaben aus dem **vorletzten Kalenderjahr** benötigt (in der Regel anhand des Steuerbescheids). Ist das aktuelle Einkommen voraussichtlich wesentlich niedriger als das regelmäßig der Einkommensanrechnung zugrunde liegende (z. B. wenn ein Elternteil arbeitslos wird oder in den Ruhestand tritt), wird **auf Antrag** des Auszubildenden das aktuelle Einkommen angerechnet (§ 24 Abs. 3 BAföG). Dann wird Ausbildungsförderung unter dem Vorbehalt der Rückforderung geleistet. Die endgültige Leistungsberechnung erfolgt später.

Zeigt sich bei der endgültigen Leistungsberechnung, dass das Einkommen höher war als in der Einkommensprognose angegeben, ergibt sich ein Rückzahlungsanspruch gegen den Auszubildenden (§ 20 Abs. 1 Satz 1 Nr. 4 BAföG).

Ob ein Aktualisierungsantrag gestellt wird, will also gut überlegt sein. Zumal eine einmal beantragte Aktualisierung nicht rückgängig gemacht werden kann, wenn z.B. wider Erwarten das Elterneinkommen im Bewilligungszeitraum steigt.

Für den Auszubildenden selbst werden die bei Antragstellung **aktuellen** Einkünfte (also insbesondere die Ausbildungsvergütung, abzüglich der Werbungskostenpauschale) zugrunde gelegt.

2.2 Einkommen des BAB-Empfängers

Von Ihrem eigenen Einkommen bleiben folgende Beträge anrechnungsfrei:

Freibeträge (pro Monat)	
Für Sie selbst von Ihrer Ausbildungsvergütung	52,– €
Für Sie selbst von anderen Einkünften	112,– €
Von Waisenbezügen	153,– €
Anders als beim BAföG werden Leistungen Dritter, welche die BAB aufstocken sollen, nicht angerechnet	
Für Ihren (Ehe-)Partner[1,2]	480,– €
Für jedes Ihrer Kinder[1,2,3] je	435,– €
Zur Vermeidung unbilliger Härten (z.B. bei Behinderung eines Familienmitglieds) auf besonderen Antrag bis zu	205,– €

[1] Den Freibetrag gibt es nicht, wenn der (Ehe-)Partner oder das Kind selbst mit BAB oder BAföG förderfähig ist.
[2] Der Freibetrag vermindert sich um das Einkommen des (Ehe-)Partners und der Kinder sowie um sonstige für deren Unterhalt vorgesehene Mittel.
[3] Die Freibeträge für Ihre Kinder können nur einmal – bei Ihnen oder bei Ihrem (Ehe-)Partner – geltend gemacht werden.

Ihr nach Abzug der Freibeträge verbleibendes Einkommen wird voll vom Azubi-BAB-Bedarf für den Lebensunterhalt abgezogen.

Beispiel

Der Azubi Axel Sponti (19 Jahre, unverheiratet und ohne Kind, nicht mehr bei den Eltern wohnend, Miete 230 €, keine Fahrkosten) erhält nach Abzug von Steuern, Versicherung und Werbungskosten 242 € Ausbildungsvergütung netto. Davon wird der Freibetrag von 52 € abgezogen. Die verbleibenden 190 € werden voll auf die Azubi-BAB von 507 € (443 € zuzüglich 64 € als höchstmöglicher Mietzuschuss,

→ S. 368) angerechnet. Er erhält daher Azubi-BAB für den Lebensunterhalt in Höhe von 317 € monatlich ausgezahlt (soweit sich dieser Betrag durch Anrechnung von Einkommen der Eltern nicht weiter verringert → Fortführung des Beispiels auf der folgenden Seite).

2.3 Einkommen der Eltern

Vom Einkommen Ihrer Eltern bleiben vollständig anrechnungsfrei (Freibeträge 1):

Vollständig anrechnungsfrei (Freibeträge 1)

Vollständig anrechnungsfrei (Freibeträge 1)	
Vom Einkommen der miteinander verheirateten Eltern, wenn sie nicht dauernd getrennt leben	1.440,– €
Vom Einkommen jedes Elternteils in sonstigen Fällen (z. B. bei Getrenntleben oder nach Scheidung)	960,– €
Für den nicht in Eltern-Kind-Beziehung zum Auszubildenden stehenden (Ehe-)Partner des Elternteils (z. B. Stiefmutter) **zusätzlich**	480,– €
Für Kinder der Eltern/des Elternteils (also Geschwister) sowie für weitere Personen, denen die Eltern/der Elternteil unterhaltsverpflichtet ist (z. B. Oma; auch Lebenspartner gemäß §§ 2, 12 PartG) **zusätzlich je**	435,– €
Diesen Freibetrag gibt es nicht, wenn das Kind oder der Unterhaltsberechtigte selbst BAB oder BAföG erhalten kann	
Wenn Ihre Vermittlung in eine geeignete Berufsausbildung nur bei Unterbringung außerhalb des Haushalts Ihrer Eltern oder eines Elternteils möglich ist, **zusätzlich**	510,– €
Zur Vermeidung unbilliger Härten (z. B. bei Behinderung eines Familienmitglieds) auf besonderen Antrag	ohne Festlegung

Vom verbleibenden Einkommen Ihrer Eltern bleiben teilweise anrechnungsfrei (Freibeträge 2):

Teilweise anrechnungsfrei (Freibeträge 2)

Teilweise anrechnungsfrei (Freibeträge 2)	
für Ihre Eltern	50 %
für jedes Kind, für das der obige Kinderfreibetrag gewährt wird, je	5 %

Das nach Abzug aller Freibeträge verbleibende Einkommen wird vom Azubi-BAB-Bedarf für den Lebensunterhalt abgezogen.

III Bedürftigkeitsprüfung nur bei Azubi-BAB 373

Axel Sponti (aus dem vorhergehenden Beispiel) hat Eltern, die zusammenleben, und eine sechsjährige Schwester. Sein Vater bezieht ein Einkommen (netto, abzüglich Werbungskosten) von 2.095 €. Die Mutter ist Hausfrau.
Erhält Axel Sponti Azubi-BAB?

Beispiel

Freibeträge 1	
für die Eltern	1.440,– €
für die sechsjährige Schwester	+ 435,– €
ergibt zusammen	1.875,– €
Vom Einkommen der Eltern (2.095,– €) verbleiben nach Abzug der Freibeträge 1	**220,– €**

Freibeträge 2	
für die Eltern 50 %	110,– €
für die Schwester 5 %	+ 11,– €
ergibt zusammen	121,– €
Anrechenbares Einkommen der Eltern nach Abzug der Freibeträge 1 und 2 (220,– € – 121,– €)	**99,– €**

Ergebnis	
Axel Sponti erhält als monatliche Azubi-BAB ausgezahlt:	
Bedarf für den Lebensunterhalt	507,– €
Anrechenbares Einkommen von Axel	– 190,– €
Anrechenbares Einkommen der Eltern	– 99,– €
Auszahlungsbetrag Azubi-BAB	**218,– €**

Einkommen der Eltern bleibt gemäß § 71 Abs. 5 Satz 1 SGB III außer Betracht, wenn ihr Aufenthaltsort nicht bekannt ist oder sie rechtlich oder tatsächlich gehindert sind, im Inland Unterhalt zu leisten.

2.4 Einkommen des (Ehe-)Partners

Ist der Azubi verheiratet oder eine eingetragene Lebenspartnerschaft eingegangen, so kann der (Ehe-)Partner – solange er nicht dauernd getrennt vom Azubi lebt – folgende Freibeträge von seinem Einkommen absetzen:

Vollständig anrechnungsfrei (Freibeträge 1)

Vollständig anrechnungsfrei (Freibeträge 1)	
für den nicht dauernd getrennt lebenden (Ehe-)Partner	960,- €
für jedes Kind und jede Person, die gegenüber dem (Ehe-)Partner unterhaltsberechtigt ist, zusätzlich je	435,- €
Diesen Freibetrag gibt es nicht, wenn das Kind oder der Unterhaltsberechtigte selbst BAB oder BAföG erhalten können	
zur Vermeidung unbilliger Härten (z. B. bei Behinderung eines Familienmitglieds) auf besonderen Antrag	ohne Festlegung

Vom verbleibenden Einkommen Ihres (Ehe-)Partners bleiben teilweise anrechnungsfrei (Freibeträge 2):

Teilweise anrechnungsfrei (Freibeträge 2)

Teilweise anrechnungsfrei (Freibeträge 2)	
für Ihren (Ehe-)Partner	50 %
für jedes Kind, für das der obige Kinderfreibetrag gewährt wird, je	5 %

Das nach Abzug aller Freibeträge verbleibende Einkommen Ihres (Ehe-)Partners wird vom Azubi-BAB-Bedarf für den Lebensunterhalt abgezogen.

Mehrere förderfähige Auszubildende

Ist Einkommen des (Ehe-)Partners, der Eltern oder eines Elternteils außer auf den Bedarf des Antragstellers auch auf den anderer Auszubildender anzurechnen, die BAB oder BAföG erhalten können, so wird es gemäß § 71 Abs. 2 Satz 1 SGB III i. V. m. § 11 Abs. 4 BAföG zu gleichen Teilen angerechnet. Verbleibt danach bei der anteiligen Anrechnung des Einkommens auf den Bedarfssatz eines Auszubildenden noch ein Rest an anrechenbarem Einkommen, so wird dieser endgültig nicht angerechnet und braucht nicht mehr (wie früher) in einem zweiten oder weiteren Berechnungsschritt dem auf den anderen Bedarfssatz anzurechnenden Einkommen hinzugerechnet zu werden.

Im BIZ (Berufsinformationszentrum der AA) können Sie mithilfe eines Computerprogramms überschlägig Ihre BAB berechnen.

2.5 Was ist, wenn Rabeneltern den Unterhalt verweigern?
§ 73 SGB III

Wenn Einkommen der Eltern auf Ihre BAB anzurechnen ist, dann geht das Gesetz davon aus, dass dieser Anrechnungsbetrag Ihnen von den Eltern ergänzend zu der ausgezahlten BAB als Unterhalt geleistet wird.

Falls Ihre Eltern sich weigern sollten, diesen Unterhalt zu zahlen oder die erforderlichen Auskünfte für die Einkommensanrechnung zu erteilen, und falls dadurch Ihre Ausbildung gefährdet wird, so leistet die AA Ihnen den Betrag voraus.

Vorausleistung der AA

Die AA leistet nicht voraus, wenn Sie (egal, wie alt) noch unverheiratet sind und Ihre Eltern zwar Unterhalt leisten wollen und können, aber anstelle einer monatlichen Geldleistung in Höhe des elterlichen Anrechnungsbetrags dies z. B. nur in Form von Unterkunft und Verpflegung im elterlichen Haushalt tun wollen; dazu sind die Eltern aufgrund des elterlichen Unterhaltsbestimmungsrechts (§ 1612 Abs. 2 BGB) berechtigt; dieses Recht soll durch die AA nicht unterlaufen werden. Gegen die Eltern können Sie das Familiengericht anrufen, falls Sie durch diese Art der Unterhaltsgewährung z. B. eine geeignete Berufsausbildung nicht antreten können, da diese nur bei auswärtiger Wohnungnahme erreichbar ist; dass Sie nicht mehr bei den Eltern wohnen wollen, reicht nicht.

Nicht bei Naturalunterhalt

Die AA kann den Auszubildenden nicht darauf verweisen, sich das Kindergeld unmittelbar auszahlen zu lassen und insoweit das BAB verweigern. Diese (bis 2001 bestehende) Möglichkeit ist entfallen, weil das Kindergeld nicht mehr auf die BAB angerechnet wird.

Kein Verweis mehr auf das Kindergeld

Leistet die AA BAB ohne Anrechnung des (nicht geleisteten) Unterhalts voraus, dann geht Ihr Unterhaltsanspruch – zusammen mit dem unterhaltsrechtlichen Auskunftsanspruch – auf die AA über. Die AA kann diese Ansprüche dann gegen die Rabeneltern (auch gerichtlich) geltend machen. Es kann mit Zustimmung des BAB-Beziehers den übergegangenen Unterhaltsanspruch auf den BAB-Bezieher rückübertragen und sich den geltend gemachten Unterhaltsanspruch abtreten lassen. Dieser Weg erspart der AA die eigene Prozessführung.

2.6 Keine Anrechnung von Eltern-, Ehepartner-/Lebenspartnereinkommen bei BAB für Arbeitslose mit höherem Alg-Anspruch
§ 74 SGB III

Wenn Sie arbeitslos gemeldet sind und bei Beginn der berufsvorbereitenden Maßnahme ansonsten einen Anspruch auf Alg gehabt hätten, der **höher** ist als der bei BAB zugrunde zu legende Bedarf für den Lebensunterhalt, erhalten Sie BAB in Höhe des Alg.

BAB in Höhe von Alg

In diesem Falle wird Ihr Einkommen aus einer neben der berufsvorbereitenden Maßnahme ausgeübten Beschäftigung in gleicher Weise angerechnet wie beim Alg.

Einkommen der Eltern, des Ehegatten bzw. Lebenspartners wird nicht angerechnet.

IV Antrag/Bewilligungszeitraum/Auszahlung

Antrag

BAB muss man beantragen. Den Antragsvordruck und ein Informationsblatt gibt es bei der AA; im Internet bietet die AA Informationen unter http://www.arbeitsamt.de/hst/services/lis/bab/index.html.

Die BAB kann zwar nach Beginn der Ausbildung oder berufsfördernden Maßnahme beantragt werden, sie wird aber rückwirkend nur ab dem 1. des Monats gezahlt, in dem sie beantragt worden ist.

Beispiel

David Zunder beginnt am 1.9. eine Ausbildung. Zufällig erfährt er am 25.10. durch einen Sozialarbeiter im Jugendhaus, dass es BAB gibt. Beantragt er am 27.10. BAB, erhält er BAB ab 1.10.

Der Antragsteller muss innerhalb von drei Monaten alle nötigen Unterlagen und Bescheinigungen der AA übergeben haben. Braucht er dazu länger als drei Monate, bekommt er BAB in der Regel erst ab dem Tag, an dem alle Unterlagen der AA vorliegen, sofern er selbst die Verspätung zu vertreten hat.

Wenn die Eltern bei der Antragstellung nicht mitwirken sollten, → S. 374.

Bewilligungszeitraum

Der Bewilligungszeitraum (nicht zu verwechseln mit der Förderungsdauer) beträgt
- bei Azubi-BAB 18 Monate,
- bei Maßnahme-BAB zwölf Monate.

Auszahlung

Monatliche Förderungsbeträge der Berufsausbildungsbeihilfe, die nicht volle Euro ergeben, sind bei Restbeträgen bis zu 0,49 € abzurunden und von 0,50 € an aufzurunden. Nicht geleistet werden monatliche Förderungsbeträge unter 10 €.

V Was muss geändert werden?

1 Azubi-BAB auch für »Nesthocker«!

Kein Azubi-BAB erhalten nach § 64 Abs. 1 Satz 1 Nr. 1 SGB III Auszubildende, die zu Hause wohnen. Nach Auffassung von Renate Jaeger verstößt der Ausschluss von Azubi-BAB bei Auszubildenden, die zu Hause wohnen, gegen das Gleichheitsgebot, ist mittelbar frauendiskriminierend und belastet die Familie über Gebühr (vgl. info also 1993, Heft 4, S. 167 ff.). Als Renate Jäger ihren Aufsatz schrieb, war sie Richterin am BSG. Inzwischen entscheidet sie am BVerfG. Ein richterlicher Vorlagebeschluss oder eine Verfassungsbeschwerde an das BVerfG erscheint nicht aussichtslos. Umso mehr, als inzwischen auch das BSG (Urteil vom 2.6.2004 – B 7 AL 38/03 R) und das LSG Sachsen-Anhalt (Urteil vom 26.5.2004 – L 2 AL 48/02) verfassungsrechtliche Bedenken geäußert haben.

N WEITERE FÖRDERMÖGLICHKEITEN FÜR JUNGE MENSCHEN

I Förderungen nach dem SGB III 377
- 1 Leistungen an Träger 377
- 1.1 Ausbildungsbegleitende Hilfen (abH) 377
- 1.2 Übergangshilfen 378
- 1.3 Berufsausbildung in einer außerbetrieblichen Einrichtung 378
- 1.4 Beschäftigung begleitende Eingliederungshilfen 379
- 1.5 Aktivierungshilfen 379
- 2 Leistungen an Arbeitgeber 380
- 2.1 Zuschüsse zur Ausbildungsvergütung für Azubis mit ausbildungsbegleitenden Hilfen (abH) 380
- 2.2 Zuschüsse zur Ausbildungsvergütung behinderter und schwerbehinderter Menschen 380
- 2.3 Erstattung der Praktikumsvergütung 380
- 3 Leistungen an Arbeitgeber/Träger 381
- 3.1 Sozialpädagogische Begleitung bei Berufsausbildungsvorbereitung nach dem BBiG 381
- 4 Mobilitätshilfen für Auszubildende 383
- 5 Abgrenzung der Leistungen nach dem SGB III und nach dem Kinder- und Jugendhilfegesetz (SGB VIII) 383

II Sonderprogramm Einstiegsqualifizierung Jugendlicher (EQJ) 384

III Programme der Länder zur Förderung der beruflichen Ausbildung und Integration 388

I Förderungen nach dem SGB III

1 Leistungen an Träger

1.1 Ausbildungsbegleitende Hilfen (abH)
§§ 3 Abs. 3 Nr. 1, 241 Abs. 1 SGB III

Die AA kann lernbeeinträchtigten oder sozial benachteiligten Auszubildenden abH anbieten, wenn ohne solche Unterstützung eine betriebliche Berufsausbildung nicht begonnen, fortgesetzt oder erfolgreich beendet werden kann. Die abH gibt es nur **neben** einer im Übrigen normalen betrieblichen Ausbildung im Rahmen eines Berufsausbildungsvertrages.

Für wen?

Welche Hilfen? Gefördert wird:
- Stützunterricht zum Abbau von Sprach- und Bildungsdefiziten;
- Nachhilfe in Fachpraxis und Fachtheorie;
- sozialpädagogische Hilfen, z. B. durch
  - Einzelfallhilfe in Krisensituationen,
  - Freizeitangebote,
  - Schaffung von Lernsituationen, die an den Kenntnissen und Fähigkeiten des Auszubildenden anknüpfen und Erfolgserlebnisse ermöglichen,
  - Hilfen zur Entwicklung sozialer und sprachlicher Handlungskompetenz.

Falls es in einer Ausbildung Probleme gibt: Bevor es »kracht«, unbedingt mit dem Ausbildungsberater der Kammer und der Berufsberatung der AA Kontakt aufnehmen und gezielt nach abH fragen!
Der Träger der abH (in der Regel ein Bildungsträger) erhält dafür von der AA die notwendigen Personal-, Sach- und Verwaltungskosten erstattet (§§ 240, 245 SGB III). Der Arbeitgeber, der seine Auszubildenden für derartige abH während der betrieblichen Ausbildungszeit freistellt, erhält von der AA die Ausbildungsvergütung (einschließlich des Arbeitgeberanteils zur Gesamtsozialversicherung) ersetzt, die dem Zeitanteil der abH entspricht (→ S. 380).

1.2 Übergangshilfen
§§ 3 Abs. 3 Nr. 1, 241 Abs. 3 SGB III

Außerhalb einer betrieblichen oder außerbetrieblichen Ausbildung sind Maßnahmen förderungsfähig, die abH
- nach einem Abbruch einer Ausbildung in einem Betrieb oder einer außerbetrieblichen Einrichtung bis zur Aufnahme einer weiteren Ausbildung oder
- nach erfolgreicher Beendigung einer Ausbildung zur Begründung oder Festigung eines Arbeitsverhältnisses

fortsetzen und für die weitere Ausbildung oder die Begründung oder Festigung eines Arbeitsverhältnisses erforderlich sind.
Gefördert wird höchstens sechs Monate.
Für Abbrecher gibt es nur einmal Übergangshilfen.

1.3 Berufsausbildung in einer außerbetrieblichen Einrichtung
§§ 3 Abs. 3 Nr. 2, 241 Abs. 2 SGB III

Soweit für Lernbeeinträchtigte und sozial Benachteiligte eine Berufsausbildung im Betrieb auch mit abH nicht vermittelt werden kann und sie nach Erfüllung ihrer allgemeinbildenden Vollzeitschulpflicht an einer berufsvorbereitenden Maßnahme von mindestens sechs Monaten Dauer teilgenommen haben, kann ihre Berufausbildung i. S. des BBiG in einer außerbetrieblichen Einrichtung von der AA

für ein Jahr gefördert werden. Danach ist eine Weiterförderung in der außerbetrieblichen Einrichtung nur möglich, solange eine Vermittlung in eine betriebliche Ausbildungsstelle auch mit abH nicht gelingt. Wenn die betriebliche Ausbildung innerhalb von drei Monaten nach dem Übergang nicht fortgeführt werden kann, ist die weitere Teilnahme an der außerbetrieblichen Ausbildungsmaßnahme möglich.
Weitere Voraussetzung der Förderung ist, dass der Anteil betrieblicher Praktikaphasen sechs Monate je Ausbildungsjahr nicht überschreitet.

Die AA erstattet dann dem Träger der außerbetrieblichen Einrichtung die erforderlichen Personal-, Sach- und Verwaltungskosten sowie Zuschüsse zur monatlichen Ausbildungsvergütung bis höchstens 282 € (nach dem ersten Lehrjahr 296 €) und zusätzlich dessen Anteil zum Gesamtsozialversicherungsbeitrag und den Unfallversicherungsbeitrag (§§ 244, 245, 105 Abs. 1 Nr. 1 SGB III). *Leistungen*

1.4 Beschäftigung begleitende Eingliederungshilfen
§§ 3 Abs. 3 Nr. 2, 246a–d

Das Wort »Eingliederungshilfen« macht deutlich, dass der Start in einen Betrieb gefördert wird, um so die dauerhafte berufliche Eingliederung zu verbessern.
Die »Starthilfe« gibt es höchstens sechs Monate.

Die Förderung zielt auf jüngere Arbeitnehmer, die wegen der in ihrer Person liegenden Gründen ohne die Förderung ein Arbeitsverhältnis nicht begründen oder festigen können. *Zielgruppe*

Förderungsfähig sind Maßnahmen, die die betriebliche Eingliederung unterstützen und über betriebsübliche Inhalte hinausgehen. Hierzu gehören Maßnahmen *Förderungsfähige Maßnahmen*
- zum Abbau von Sprach- und Bildungsdefiziten,
- zur Förderung der Fachpraxis und Fachtheorie und
- zur sozialpädagogischen Begleitung.

Trägern können die angemessenen Aufwendungen für das zur Durchführung der Maßnahme eingesetzte erforderliche Fachpersonal sowie das insoweit erforderliche Leitungs- und Verwaltungspersonal sowie die angemessenen Sach- und Verwaltungskosten erstattet werden. *Leistungen*

1.5 Aktivierungshilfen
§§ 3 Abs. 3 Nr. 2, 240 Nr. 2, 241 Abs. 3a, 243 Abs. 2 SGB III

Über Aktivierungshilfen sollen Jugendliche erreicht werden, die vorhandene Angebote zur Ausbildung, Qualifizierung und Beschäftigung nicht, noch nicht oder nicht mehr annehmen und erst mit niederschwelligen Angeboten an die berufliche Eingliederung *Zielgruppe* herangeführt werden sollen. Es sollen Jugendliche insbesondere an ihren Treffpunkten aufgesucht und zu einer beruflichen Qualifizierung motiviert werden.

Halbe-Halbe-Regel

Gefördert wird diese »aufsuchende Sozialarbeit« nur, wenn sich ein anderer Träger zu mindestens 50 % an der Finanzierung beteiligt. In der Regel kommt als Kofinanzierer der Träger der Jugendhilfe infrage (§ 9 Abs. 3 SGB III, §§ 13, 81 SGB VIII).

2 Leistungen an Arbeitgeber

2.1 Zuschüsse zur Ausbildungsvergütung für Azubis mit ausbildungsbegleitenden Hilfen (abH)
§§ 3 Abs. 2 Nr. 3, 235 SGB III

Arbeitgeber können für die berufliche Ausbildung von Auszubildenden durch Zuschüsse zur Ausbildungsvergütung gefördert werden, soweit von der AA geförderte abH (→ S. 377) während der betrieblichen Ausbildungszeit durchgeführt oder durch Abschnitte der Berufsausbildung in einer außerbetrieblichen Einrichtung (→ S. 378) ergänzt werden und die Ausbildungsvergütung weitergezahlt wird.

Die Zuschüsse können in Höhe des Betrages erbracht werden, der sich als anteilige Ausbildungsvergütung einschließlich des darauf entfallenden Arbeitgeberanteils am Gesamtsozialversicherungsbeitrag errechnet.
Der Zuschuss wird selten beansprucht; der Verwaltungsaufwand für die Berechnung des für die kurze Zeit der Freistellung (in der Regel vier bis sechs Stunden pro Woche) anfallenden Betrags schreckt die meisten Betriebe vor Antragstellung zurück.

2.2 Zuschüsse zur Ausbildungsvergütung behinderter und schwerbehinderter Menschen

Wir verweisen auf → S. 444.

2.3 Erstattung der Praktikumsvergütung
§§ 3 Abs. 3 Nr. 4, 235b SGB III

192 €

Arbeitgebern kann die AA die Praktikumsvergütung bis zu 192 € und den darauf entfallenden Gesamtversicherungsbeitrag erstatten. Die 192 € entsprechen dem Bedarf für zu Hause wohnende Teilnehmer an berufsvorbereitenden Bildungsmaßnahmen. Ist der Auszubildende auswärts untergebracht, »kann aufstockend Berufsausbildungsbeihilfe nach dem Bedarf für auswärts untergebrachte Teilnehmer gezahlt werden« (so BT-Drs. 14/6944 zu § 235b SGB III). Zu der demnach möglichen Zuschusshöhe → S. 369.

Förderungsbedürftig sind Auszubildende, die die AA für noch ausbildungsgeeignet hält. *Zielgruppe*
Förderungsfähig sind Betriebspraktika, die berufs- oder berufsbereichbezogene fachliche sowie soziale Kompetenzen vermitteln, die einen Übergang in eine Berufsausbildung erleichtern. *Inhalte*

Der Träger hat die sozialpädagogische Begleitung der Auszubildenden auch im Betrieb sicherzustellen. *Sozialpädagogische Begleitung*
Das Praktikum muss mit einer berufsvorbereitenden Bildungsmaßnahme in Teilzeit verbunden sein (§ 61 Abs. 3 SGB III).

Das Praktikum soll mindestens 50 % (so BT-Drs. 14/6944 zu § 235b SGB III), aber nicht mehr als 60 % (so § 61 Abs. 3 Satz 4 SGB III) der gesamten berufsvorbereitenden Bildungsmaßnahme beanspruchen. *Anteile*
Der Arbeitgeber ist verpflichtet, mit dem Auszubildenden einen Praktikumsvertrag abzuschließen und eine Praktikumsvergütung von im Regelfall 192 € monatlich zu zahlen.
Der Auszubildende ist für die Dauer der ergänzenden Berufsvorbereitung vom Betrieb freizustellen.
Die Auszahlung der Leistungen kann durch den Träger der berufsvorbereitenden Bildungsmaßnahme erfolgen. Das erleichtert der AA die Erstattung, wenn ein Träger verschiedene Praktikabetriebe eingeschaltet hat.

3 Leistungen an Arbeitgeber/Träger

3.1 Sozialpädagogische Begleitung bei Berufsausbildungsvorbereitung nach dem BBiG
§ 421m SGB III; §§ 1 Abs. 1, 1a, 50–52 BBiG

Mit Art. 9 des Zweiten Gesetzes für moderne Dienstleistungen am Arbeitsmarkt ist seit 2003 eine eigenständige Berufsausbildungsvorbereitung im Berufsbildungsgesetz verankert. Nach der Gesetzesbegründung (BT-Drs. 15/26, S. 29–30), der wir im Weiteren meist wörtlich folgen, soll durch die Aufnahme in das Berufsbildungsgesetz die Bedeutung ausbildungsvorbereitender Bildungsmaßnahmen hervorgehoben werden. *Berufsausbildungsvorbereitung*

Zielgruppe sind Jugendliche und junge Menschen, deren Entwicklung eine reguläre Berufsausbildung noch nicht ermöglicht, z. B. Personen mit schwachem oder fehlendem Hauptschul- oder vergleichbarem Abschluss bei Beendigung der allgemeinen Schulpflicht, Jugendliche, für die Hilfe zur Erziehung im Sinne des Kinder- und Jugendhilfegesetzes geleistet wird, ehemals drogenabhängige Jugendliche oder junge Strafgefangene, jugendliche Spätaussiedler oder ausländische Jugendliche mit Sprachdefiziten. *Zielgruppe*

Diese Personengruppen sollen an eine Ausbildung in einem anerkannten Ausbildungsberuf oder an eine gleichwertige Berufsausbildung *Ziel* außerhalb des BBiG (z. B. in den Heil- und Gesundheitsberufen) herangeführt werden.

Abgrenzungen Die Berufsausbildungsvorbereitung ist keine Berufsausbildung im Sinne des BBiG. Die Berufsausbildungsvorbereitung nach dem BBiG ist begrenzter als die Berufsvorbereitung im Sinne des SGB III, da berufsvorbereitende Bildungsmaßnahmen nach den §§ 61 ff. SGB III neben der Vorbereitung auf die Aufnahme einer Ausbildung auch der beruflichen Eingliederung dienen können.

Inhalte Die Berufsausbildungsvorbereitung muss sich an den Bedürfnissen der Zielgruppe orientieren. Im Vordergrund steht die Vermittlung von Grundlagen für den Erwerb beruflicher Handlungsfähigkeit: neben dem Erlernen fachspezifischer Fähigkeiten auch eine Verbesserung der bildungsmäßigen Voraussetzungen (wie etwa das Nachholen des Hauptschulabschlusses) und eine Verstärkung sozialer Kompetenzen (Teamfähigkeit, Kommunikationsfähigkeit).

Sozialpädagogische Betreuung Alle Maßnahmen müssen gemäß § 50 Abs. 2 Satz 1 BBiG durch umfassende sozialpädagogische Betreuung und Unterstützung begleitet werden.

Die Vermittlung von Grundlagen für den Erwerb beruflicher Handlungsfähigkeit kann insbesondere durch inhaltlich und zeitlich abgegrenzte Lerneinheiten erfolgen, die aus den Inhalten anerkannter **Qualifizierungsbausteine** Ausbildungsberufe oder einer gleichwertigen Berufsausbildung entwickelt werden (Qualifizierungsbausteine).

Bescheinigung Über die erworbenen Grundlagen beruflicher Handlungsfähigkeit stellt der Anbieter der Berufsausbildungsvorbereitung eine Bescheinigung aus. Das Nähere regelt das Bundesministerium für Bildung und Forschung in einer VO mit dem einprägsamen Titel »Berufsausbildungsvorbereitungs-Bescheinigungsverordnung« (vom 16.7.2003). Bei so nachgewiesenem erfolgreichem Erwerb ausbildungsbezogener Qualifikationen soll eine anschließende Berufsausbildung gemäß § 29 Abs. 2 BBiG verkürzt werden. Hierbei sollen die AA mit den Kammern und den Trägern der Berufsvorbereitung zusammenarbeiten.

Träger: auch Betriebe Anbieter der Berufsausbildungsvorbereitung können Träger und/oder (abweichend von der Förderung nach dem SGB III) Betriebe sein. Während Personen, die an öffentlich geförderten Maßnahmen bei Bildungsträgern teilnehmen, zu den AA in der Regel in einem öffentlich-rechtlichen Leistungsverhältnis stehen, schließen die Parteien einer betrieblichen Berufsausbildungsvorbereitung einen Qualifizierungsvertrag ab. Dieser Vertrag ist als anderes Vertragsverhältnis im Sinne des § 19 BBiG zu werten. Dadurch kommen die Schutzvorschriften der §§ 3 bis 18 BBiG auch Teilnehmern an ausbildungsvorbereitenden Maßnahmen in Betrieben zugute.

Förderung der sozialpädagogischen Begleitung Da auch Betriebe für die sozialpädagogische Begleitung nach § 50 Abs. 2 Satz 1 BBiG garantieren müssen, dazu aber personell und finanziell häufig nicht in der Lage sind, kann die AA seit 2004 gemäß

§ 421m SGB III die Kosten für die notwendige sozialpädagogische Begleitung übernehmen. Das Nähere soll in einer AO geregelt werden.

Soweit die Berufsausbildungsvorbereitung nach § 61 SGB III als berufsvorbereitende Bildungsmaßnahme gefördert wird, scheidet eine Förderung nach § 421m SGB III aus.

Keine Kombipackung

4 Mobilitätshilfen für Auszubildende

Ausbildungsuchende können gemäß § 53 Abs. 3 SGB III einige Mobilitätshilfen (Umzugskostenhilfe, Reisekostenbeihilfe) beantragen, wenn sie bei der AA als Bewerber um eine berufliche Ausbildungsstelle gemeldet sind. Näheres zu diesen Beihilfen → S. 60.

5 Abgrenzung der Leistungen nach dem SGB III und nach dem Kinder- und Jugendhilfegesetz (SGB VIII)

Nach § 13 Abs. 1 SGB VIII können Träger der Jugendhilfe jungen Menschen sozialpädagogische Hilfen anbieten, um insbesondere ihre berufliche Ausbildung, Eingliederung und soziale Integration zu fördern. Auch sozialpädagogisch begleitete Ausbildungs- und Beschäftigungsmaßnahmen können Träger der Jugendhilfe anbieten; allerdings gemäß § 13 Abs. 2 SGB VIII nur, »soweit die Ausbildung (…) nicht durch Maßnahmen und Programme anderer Träger und Organisationen sichergestellt wird«.
Die Leistungen der Jugendhilfe sind nach § 10 Abs. 1 SGB VIII nachrangig gegenüber den Leistungen nach dem SGB III.

Vorrang von Leistungen nach dem SGB III

Die BA konkretisiert die Abgrenzung wie folgt:

- »Jugendliche, für die Hilfe zur Erziehung oder Eingliederungshilfe für seelisch behinderte Kinder und Jugendliche nach dem SGB VIII geleistet worden ist oder wird, können nach dem SGB III gefördert werden, wenn sie voraussichtlich in der Lage sein werden, die Anforderungen der regulären Maßnahmen nach §§ 60, 61 SGB III zu erfüllen.
- Wenn aufgrund gravierender Probleme im Bereich der Erziehung bereits eine hohe Wahrscheinlichkeit dafür besteht, dass der Abschluss einer nach dem SGB III geförderten berufsvorbereitenden Maßnahme oder Ausbildung von dem Jugendlichen nicht erreicht werden kann, sondern eine Ausbildung in einer speziellen Erziehungseinrichtung angezeigt ist, kann eine Förderung nach dem SGB III nicht erfolgen.
- Allein die Tatsache der Unterbringung in einem Erziehungsheim oder in einer sonstigen Form des betreuten Wohnens bewirkt keine Förderungsverpflichtung der Jugendhilfe für die Kosten, die für die Teilnahme an der berufsvorbereitenden Maßnahme oder Ausbildung entstehen. Die Verpflichtung des Jugendhilfeträgers, während der Maßnahme weiterhin die Aufwendungen für betreutes Wohnen (§§ 27, 34, 41 SGB VIII) zu übernehmen, wird dadurch nicht berührt« (DA 1.3 zu § 23 SGB III).

N Weitere Fördermöglichkeiten für junge Menschen

II Sonderprogramm Einstiegsqualifizierung Jugendlicher (EQJ)
EQJ-Richtlinie vom 28.7.2004[*]

Wer?

Über das EQJ-Programm soll jungen Menschen ohne Ausbildungsplatz eine Brücke in Richtung auf eine Berufsausbildung gebaut werden.

Gefördert werden

1. Ausbildungsbewerber mit aus individuellen Gründen eingeschränkten Vermittlungsperspektiven, die auch nach den bundesweiten Nachvermittlungsaktionen keinen Ausbildungsplatz haben und
2. Jugendliche, die noch nicht in vollem Maße über die erforderliche Ausbildungsbefähigung verfügen,

soweit sie zu Beginn der Förderung noch nicht 25 Jahre alt sind.

Junge Frauen, jugendliche Ausländer und Aussiedler, behinderte und schwerbehinderte Jugendliche sowie benachteiligte Jugendliche im Sinne von § 50 Abs. 1 BBiG sind angemessen zu berücksichtigen, soweit nicht der individuelle Förderbedarf eine außerbetriebliche Qualifizierung erfordert.

Durch wen?

Die EQ muss in einem Betrieb erfolgen. Auch private gemeinnützige Träger kommen infrage, soweit sie die EQ als betrieblicher Arbeitgeber durchführen. Als EQ werden auch vergleichbare Berufseinstiegsangebote der Wirtschaft in der Berufsausbildungsvorbereitung für lernbeeinträchtigte und sozial benachteiligte Jugendliche im Sinne des § 50 Abs. 1 BBiG gefördert.

Wie?

Die EQ zielt auf die Vermittlung und Vertiefung von Grundlagen für den Erwerb beruflicher Handlungsfähigkeit. Die zu vermittelnden Kenntnisse und Fähigkeiten bereiten auf einen anerkannten Ausbildungsberuf im Sinne der §§ 25 Abs. 1 BBiG und 25 Abs. 1 Satz 1 HwO vor. Soweit die EQ als Berufsausbildungsvorbereitung nach dem BerufsbildungsG durchgeführt wird, gelten die §§ 50 bis 52 BBiG.

Die EQ steht allen Tätigkeitsfeldern in Anlehnung an staatlich anerkannte Ausbildungsberufe offen. Die EQ soll über Qualifizierungsbausteine erfolgen. Qualifizierungsbausteine sind nach § 51 Abs. 1 BBiG »inhaltlich und zeitlich abgegrenzte Lerneinheiten (...), die aus den Inhalten anerkannter Ausbildungsberufe (...) entwickelt werden«.

Über die erfolgreich durchgeführte EQ, denkbar über einzelne erfolgreiche gemeisterte Qualifizierungsbausteine, stellt die Kammer – nach Rücksprache mit dem Betrieb – ein Zertifikat aus.

Bei anschließender Ausbildung kann die Ausbildungszeit um bis zu sechs Monate verkürzt werden.

Kosten

Die Betriebe tragen die Sach- und Personalkosten der EQ.

---

[*] Die Richtlinie zur Durchführung des Sonderprogramms Einstiegsqualifizierung Jugendlicher (EQJ-Programm-Richtlinie – EQJR) ist abgedruckt in: Arbeitslosenprojekt TuWas (Hrsg.), Arbeitslosenrecht. Die Gesetzessammlung für Arbeitslose, ihre Berater und Beraterinnen, 10. Auflage, Fachhochschulverlag, Stand: 1.1.2005.

Die AA erstattet dem EQ-Arbeitgeber als Zuschuss des Bundes zum Unterhalt des Jugendlichen die Vergütung der EQ bis zu einer Höhe von 192 € monatlich zuzüglich eines pauschalierten Anteils am Gesamtsozialversicherungsbeitrag in Höhe von 102 €. Die Leistungen werden auch für die Zeit des Berufsschulunterrichts erbracht, soweit Berufsschulpflicht noch besteht. Den Zuschuss (wohl in voller Höhe) gibt es auch, wenn die EQ wegen der Erziehung eigener Kinder oder der Pflege von Familienangehörigen in Teilzeitform von mindestens 20 Wochenstunden durchgeführt wird.
Während der EQ besteht Versicherungspflicht in der gesetzlichen Kranken-, Pflege-, Renten- und Arbeitslosenversicherung sowie in der gesetzlichen Unfallversicherung.

Für EQ-geförderte junge Menschen gelten nach Art. 2 Abs. 3 EQJ-Ri i. V. m. § 19 BBiG die §§ 3–18 BBiG entsprechend. Es muss insbesondere ein schriftlicher Vertrag über die EQ geschlossen werden. Dieser ist der nach dem BBiG zuständigen Stelle anzuzeigen. *EQ-Vertrag*

Die Förderung wird für die im EQ-Vertrag vereinbarte Dauer von sechs bis höchstens zwölf Monaten bewilligt. Die Förderdauer für denselben Jugendlichen darf insgesamt zwölf Monate nicht überschreiten. Die Förderung endet im Regelfall spätestens am Ende des jeweiligen Monats, der dem Beginn des folgenden Ausbildungsjahres vorangeht, also regelmäßig am 30. September. Damit soll der Anschluss einer normalen Berufsausbildung möglich bleiben. *Dauer*

Förderungen werden letztmalig am 31.12.2006 bewilligt, die EQ-Förderung läuft also spätestens am 31.12.2007 aus. Bis dahin stehen an Fördermitteln 270 Millionen Euro bereit.
Die Wirtschaft hat zugesagt, in den Jahren 2004 bis 2007 pro Jahr 25.000 EQJ-Plätze zur Verfügung zu stellen.

Über EQJ werden nicht gefördert junge Menschen, die *Ausschlüsse*
- bereits eine EQ bei dem Antrag stellenden Betrieb oder in einem anderen Betrieb des Unternehmens durchlaufen haben, oder in einem Betrieb des Unternehmens oder eines verbundenen Unternehmens in den letzten drei Jahren vor Beginn der EQ versicherungspflichtig beschäftigt waren;
- im Betrieb der Eltern oder des Ehegatten qualifiziert werden wollen;
- eine Maßnahme eines vergleichbaren Programms ohne wichtigen Grund ablehnen oder abbrechen.

Die EQ ist keine berufsvorbereitende Bildungsmaßnahme nach dem SGB III. Es kann also z. B. keine (ergänzende) BAB (→ S. 364 ff.) beantragt werden. Leistungen nach diesem Programm werden nicht erbracht, soweit der Betrieb für Jugendliche, für die er Leistungen beantragt, vergleichbare Leistungen aus öffentlichen Mitteln, insbesondere nach Programmen des Bundes, der Länder (siehe nächstes Kapitel) und der Kommunen erhält. Auch die Förderung von Maßnahmen aus ESF-Mitteln dürfte eine Förderung nach dem EQJ-Programm ausschließen. *Kombipackungen?*

Vertrag über eine Einstiegsqualifizierung

Zwischen

....

Qualifizierender Betrieb

und

....

zu Qualifizierender

wird gemäß Art. 2 Abs. 3 EQJ-Ri i. V. m. §§ 19, 3–18 BBiG
nachstehender Vertrag über eine **Einstiegsqualifizierung**
zum Ausbildungsberuf (Berufsbezeichnung)
geschlossen

§ 1

Die Einstiegsqualifizierung dauert ...... Monate.
Sie beginnt am .... und endet am ....

§ 2

Die Probezeit beträgt ...... Monate.[*]

§ 3

Die regelmäßige tägliche Qualifizierungszeit beträgt ...... Stunden.

§ 4

Der zu Qualifizierende erhält eine Vergütung von .... €.

§ 5

Vom qualifizierenden Betrieb wird der Gesamtsozialversicherungsbeitrag abgeführt.

§ 6

Der zu Qualifizierende erhält Urlaub nach den im Betrieb geltenden Bestimmungen. Danach besteht ein Urlaubsanspruch von ..... Werktagen.

---

[*] Die Probezeit soll höchstens zwei Monate betragen und ist je nach Dauer der Einstiegsqualifizierung zu bemessen.

§ 7

Der qualifizierende Betrieb vermittelt im Rahmen der Einstiegsqualifizierung folgende Qualifizierungsbausteine ...
Eine Beschreibung der Qualifizierungsbausteine liegt als Anlage bei.

§ 8

Der zu Qualifizierende wird sich bemühen, die Fertigkeiten und Kenntnisse zu erwerben, die erforderlich sind, um das Qualifizierungsziel zu erreichen. Er verpflichtet sich zu lernen und an den Qualifizierungsphasen sowie betrieblichen Leistungsfeststellungsverfahren teilzunehmen.

§ 9

Der qualifizierende Betrieb beantragt bei der zuständigen Handwerkskammer/IHK – sofern mindestens ein Qualifizierungsbaustein erfolgreich abgeschlossen wurde – die Ausstellung eines Zertifikats über die Einstiegsqualifizierung.
Für jeden erfolgreich abgeschlossenen Qualifizierungsbaustein erhält der zu Qualifizierende ein betriebliches Zeugnis.

§ 10

Der zu Qualifizierende verpflichtet sich, über die während der Einstiegsqualifizierung erlangten betriebsspezifischen Kenntnisse Stillschweigen zu bewahren.

§ 11

Eine Zweitschrift dieses Vertrages wird der zuständigen Handwerkskammer/IHK zugesandt.

....
Ort, Datum

....
Qualifizierender Betrieb   zu Qualifizierender

Verfahren

Betriebe melden EQ-Plätze ihrer IHK oder Handwerkskammer. Diese bzw. die AA bieten die gemeldeten EQ-Plätze jungen Menschen ohne Ausbildungsplatz an.
Die jungen Menschen bewerben sich daraufhin bei dem Betrieb. Der Betrieb schließt den EQ-Vertrag unter der Bedingung, dass er die EQ-Förderung erhält.

Kann-Leistung

Der Betrieb beantragt die EQ-Förderung bei der AA, in deren Bezirk der Betrieb liegt. Die AA bewilligt die Leistung nach pflichtgemäßem Ermessen. Die Leistungen werden im Rahmen der veranschlagten und verfügbaren Haushaltsmittel erbracht. Ein Rechtsanspruch auf die Leistung besteht nicht.
Die EQ-Leistungen werden monatlich ausgezahlt.

III Programme der Länder zur Förderung der beruflichen Ausbildung und Integration[*]

Förderung	Baden-Württemberg	Bayern	Berlin	Brandenburg	Bremen	Hamburg	Hessen	Mecklenburg-Vorpommern	Niedersachsen	Nordrhein-Westfalen	Rheinland-Pfalz	Saarland	Sachsen	Sachsen-Anhalt	Schlesw.-Holstein	Thüringen
1 Zusätzliche (außer-)betriebliche, erstmalige, neu geschaffene oder Ausbildung über Bedarf; Existenzgründer			X	X	X		X	X				X	X	X	X	
2 Ausbildung nach Insolvenz/ Stilllegung; Übernahme aus/in BüE	X	X					X					X		X	X	X
3 Ausbildung im Verbund	X		X	X	X	X	X	X	X			X	X	X		X
4 Ausbildung in besonderen Berufen									X							
5 Ausbildung besonderer Personengruppen		X	X		X	X				X		X		X	X	
6 Sonstige Förderung	X	X	X	X			X			X	X			X	X	X
7 Mobilitätshilfen an Jugendliche		X														

[*] ibv Nr. 8 vom 14.4.2004, S. 93–94.

Antragsstellen

Baden-Württemberg

2) 3) 6)
Landesgewerbeamt
Baden-Württemberg
Willi-Bleicher-Str. 19
70174 Stuttgart
www.lgabw.de

Bayern

5) 6)
Landesamt für Versorgung
und Familienförderung
Hegelstr. 2
95440 Bayreuth

6)
Landesanstalt für
Aufbaufinanzierung (LfA)
Förderbank Bayern
Königinstr. 17
80539 München
www.lfa.de

7)
Agenturen für Arbeit

Berlin

1) 2) 3) 5) 6)
Senatsverwaltung für
Arbeit, Soziales und Frauen
Storkower Str. 134
10407 Berlin

Brandenburg

3) 5) 6)
Landesagentur für
Struktur und Arbeit (LASA)
Brandenburg GmbH
Wetzlaer Str. 54
14482 Potsdam
www.lasa-brandenburg.de

1) 6)
Landesamt für Soziales
und Versorgung (LASV)
Wenbergstr. 10
03050 Cottbus

6)
Landesamt für
Verbraucherschutz
und Landwirtschaft
Frankfurt (Oder)
Zuständige Stelle für
berufliche Bildung
Dorfstr. 1
14513 Teltow/OT Ruhlsdorf

6)
Ministeium für Bildung,
Jugend und Sport
Steinstr. 104–106
14480 Potsdam

6)
Landesjugendamt
Brandenburg

6)
Zuständiges Amt für
Flurneuordnung und
ländliche Entwicklung

Bremen

1)
WfG
Bremer Wirtschafts-
förderung GmbH
Hanseatenhof 8
28195 Bremen
www.wfg-bremen.de

BIS
Bremerhavener Gesellschaft
für Investitionsförderung
und Stadtentwicklung mbH
Am Alten Hafen 118
27568 Bremerhaven
www.bis-bremerhaven.de

3)
Bremer Arbeit GmbH
Faulenstr. 69
28195 Bremen
www.bremerarbeit.de

Bremerhavener
Arbeit GmbH
Friedrich-Ebert-Str. 6
27570 Bremerhaven

Hamburg

3) 5)
Freie und Hansestadt Hamburg
Behörde für Bildung und Sport
Amt für Berufliche Bildung
und Weiterbildung
Hamburger Str. 131
22083 Hamburg

Hessen

1) 2) 3) 5) 6)
Regierungspräsidium Kassel
Steinweg 6
34117 Kassel
www.rp-kassel.de

1) 2) 5)
Hessisches Ministerium
für Wirtschaft, Verkehr
und Landesentwicklung
Kaiser-Friedrich-Ring 75
65185 Wiesbaden
www.wirtschaft-hessen.de

3) 5)
InvestitionsBank Hessen AG
ESF-Consult-Hessen
Abraham-Lincoln-Str. 38–42
65189 Wiesbaden
www.esf-hessen.de

5) 6)
Agenturen für Arbeit

Mecklenburg-Vorpommern

1) 3)
Landesförderinstitut
Mecklenburg-Vorpommern
Werkstr. 213
19061 Schwerin
www.lfi-mv.de

Niedersachsen

3) 4)
Bezirksregierungen

6)
Jugendbüros

Nordrhein-Westfalen

3) 5) 6)
Bezirksregierungen

Rheinland-Pfalz

1) 3) 6)
über die Kammer an die
Investitions- und Strukturbank
Rheinland-Pfalz (ISB) GmbH
Holzhofstr. 4
55116 Mainz
www.isb.rlp.de

6)
Über Hausbank an ISB

Saarland

1) 2) 3)
Ministerium für Wirtschaft
Am Stadtgraben 6–8
66111 Saarbrücken

5)
Ministerium für Frauen, Arbeit,
Gesundheit und Soziales
Franz-Josef-Röder-Str. 23
66117 Saarbrücken

Sachsen

1) 3) 6)
Regierungspräsidium

Sachsen-Anhalt

1) 2) 3) 5) 6)
Regierungspräsidium

6)
BBJ Consult AG
Niederlassung Schönebeck
Geschw.-Scholl-Str. 43
39218 Schönebeck

BBJ Consult AG
Niederlassung Halle
Große Brauhausstr. 5–6
06108 Halle

Schleswig-Holstein

1) 2) 5) 6)
Beratungs- und Beschäftigungs-
stelle (BSH) mbH
Memellandstr. 2
24357 Neumünster
http://bsh.sh

6)
Ministerium für Wirtschaft,
Arbeit und Verkehr
Düsternbrooker Weg 94
24105 Kiel

5)
Agenturen für Arbeit

5)
Über Ministerium für Justiz,
Frauen, Jugend und Familie
Legienstraße
24103 Kiel an BSH

6)
Jugendbüros

Thüringen

2) 3) 6)
Gesellschaft für Arbeits-
und Wirtschaftsförderung
(GFAW) mbH
Dalbergsweg 6
99084 Erfurt

6)
Ministerium für Wirtschaft
und Infrastruktur
Max-Reger-Str. 4–8
99096 Erfurt

O **BERUFLICHE WEITERBILDUNG**
§§ 77–87, 124a, 229–233, 235c, 318,
337 Abs. 3 Satz 3, 417, 421e, 434d Abs. 1,
434j Abs. 8 SGB III; § 3 Richtlinien ESF-BA-Programm;
Anerkennungs- und Zulassungsverordnung –
Weiterbildung (AZWV)

I **Allgemeines 392**

    1   Ziel **392**
    2   Antrag **393**
    3   Formen der Weiterbildung **393**
    4   Dauer beruflicher Weiterbildung **394**

II **Voraussetzungen für die Teilnahme an beruflicher Weiterbildung 395**

    1   »Kann-Leistung« beim Vorliegen von 3 Voraussetzungen **395**
    2   Notwendigkeit der Weiterbildung **395**
    3   Beratung vor Maßnahmebeginn **397**

III **Bildungsgutschein 397**

IV **Voraussetzungen für den Bezug von Alg bei beruflicher Weiterbildung 399**

    1   Grundvoraussetzungen **399**
    2   Teilnahme an der Maßnahme **400**
    3   Arbeitslosigkeit nach Maßnahmeende **401**

V **Weiterbildungskosten 401**

VI **Organisation des Weiterbildungsmarktes 404**

    1   Zulassung von Weiterbildungsträgern und Weiterbildungsmaßnahmen **404**
    1.1   Zulassung von Weiterbildungsträgern **404**
    1.1.1   Leistungsfähigkeit **404**
    1.1.2   Eingliederungsfähigkeit **405**
    1.1.3   Lehrfähigkeit der Weiterbildner **405**
    1.1.4   Fähigkeit zur Qualitätssicherung **406**
    1.2   Zulassung von Weiterbildungsmaßnahmen **407**
    1.3   Kosten der Zulassungen **410**
    2   Anerkennung von Zertifizierungsstellen **410**

VII **Unterhaltsgeld nach den Richtlinien ESF-BA-Programm 410**

VIII **Krankheit, Kranken- und Pflegeversicherung 411**

> IX **Erweiterte Weiterbildung nach dem Job-AQTIV-Gesetz 412**
> 1 Stärkung der präventiven, betriebsnahen Weiterbildung **412**
> 2 Weiterbildungskosten für Arbeitgeber/ältere Arbeitnehmer **412**
> 3 Lohnkostenzuschüsse **413**
> 3.1 für demnächst Arbeitslose bei Freistellung für Weiterbildung **413**
> 3.2 für Arbeitnehmer ohne Berufsabschluss **413**
> 3.3 für Vertretungskräfte bei Jobrotation wegen Weiterbildung **413**
> 4 Übernahme der Kosten von beauftragten Trägern von Jobrotationprojekten zur Förderung der Weiterbildung **415**

I Allgemeines

1 Ziel

Ziel beruflicher Weiterbildung[*] ist es,
- Arbeitslosigkeit zu beenden, oder
- den Arbeitsplatz zu sichern, z. B. durch Anpassung der beruflichen Qualifikation an die technische Entwicklung, oder
- einen fehlenden Berufsabschluss auszugleichen.

In Weiterbildungsmaßnahmen sollen sowohl theoretische als auch praktische Kenntnisse vermittelt werden. Es wird entweder auf bereits vorhandenem beruflichem Wissen aufgebaut, oder es erfolgt eine völlige berufliche Neuorientierung.

Leistungen: Alg und Weiterbildungskosten

Teilnehmer an Bildungsmaßnahmen erhalten unter Umständen eine Lohnersatzleistung. Das war bisher das so genannte Unterhaltsgeld (Uhg). An dessen Stelle ist seit dem 1.1.2005 das Alg bei beruflicher Weiterbildung getreten. Außerdem können Weiterbildungskosten, die im Zusammenhang mit der Bildungsmaßnahme stehen, von der AA übernommen werden.

---

[*] Wir behandeln hier nicht die Förderung zum Erwerb des »Meisters«. Vgl. dazu AufstiegsfortbildungsförderungsG (AFBG), abgedruckt in: Arbeitslosenprojekt TuWas (Hrsg.), Arbeitslosenrecht. Die Gesetzessammlung für Arbeitslose, ihre Berater und Beraterinnen, 10. Auflage, Fachhochschulverlag, Stand: 1.1.2005.

2 Antrag

Leistungen der beruflichen Weiterbildung müssen beantragt werden (§ 324 Abs. 1 SGB III). Der Antrag muss rechtzeitig **vor** Beginn der Maßnahme gestellt werden. Eine rückwirkende Leistungsgewährung ist nur in Ausnahmefällen zur Vermeidung unbilliger Härten möglich.

Ein Antrag ist formlos möglich. Er liegt auch vor, wenn Sie etwa mündlich einen Bildungsgutschein verlangen (→ S. 397). Allerdings sollten Sie, um zeitnah die Ihnen zustehenden Leistungen erhalten zu können, rechtzeitig vor Beginn der Maßnahme die Antragsformulare der AA zurückgeben.

Zuständig für die Ausgabe und Entgegennahme der Antragsvordrucke ist Ihre Wohnort-AA.

3 Formen der Weiterbildung

Berufliche Weiterbildung kann stattfinden kann als:

- Ganztagsunterricht, d. h., Sie sind »hauptberuflich« Weiterbildungsteilnehmer und haben an mindestens fünf Tagen in der Regel 35 Zeitstunden, in Ausnahmefällen mindestens 25 Stunden Unterricht pro Woche.

Formen

- Teilzeitunterricht, d. h., Sie haben mindestens zwölf Zeitstunden Weiterbildungsunterricht pro Woche.

- Maßnahme, die betriebliche Vor- und Zwischenpraktika enthält, deren Dauer in Prüfungsbestimmungen festgelegt ist oder die die Eingliederungsaussichten des Teilnehmers verbessert.

- Fernunterricht, wenn der Fernunterricht in ausreichendem Umfang durch Nahunterricht ergänzt wird.

- Selbstlernmaßnahme unter Einsatz geeigneter Selbstlernprogramme und Medien, wenn diese Maßnahme in ausreichendem Umfang durch Nahunterricht oder mediengestützte Kommunikation ergänzt und regelmäßige Erfolgskontrollen durchgeführt wird.

- Weiterbildung an einer Hochschule, wenn nicht überwiegend Wissen vermittelt wird, das den berufsqualifizierenden Studiengängen an Hochschulen entspricht (§ 85 Abs. 4 Nr. 1 SGB III).

- Weiterbildungsmaßnahme im Ausland. Diese Möglichkeit kommt insbesondere Antragstellern in Grenzgebieten zugute. Die Teilnahme an einer im Ausland stattfindenden Maßnahme oder an einem dort durchgeführten Maßnahmeteil kann aber nur dann gefördert

Maßnahme im Ausland

werden, wenn die Weiterbildung im Ausland für das Erreichen des Bildungszieles besonders dienlich ist. Davon ist jedenfalls auszugehen, falls der Bildungsabschluss nur im Ausland erreicht werden kann, die Durchführung aufgrund gesetzlicher Vorgaben im Ausland vorgeschrieben ist oder die Maßnahme im Ausland für die Teilnehmer wesentlich günstiger zu erreichen ist. Nicht privilegiert sind nach den Vorstellungen des Gesetzgebers im Ausland durchgeführte Sprachkurse, auch wenn sie sich beruflich positiv auswirken (BT-Drs. 14/6944, S. 35).

4 Dauer beruflicher Weiterbildung

Die Dauer der Maßnahme muss angemessen sein (§ 85 Abs. 1 Nr. 4 SGB III). Dies ist dann der Fall, wenn sie sich auf den für das Erreichen des Bildungsziels erforderlichen Umfang beschränkt § 85 Abs. 2 Satz 1 SGB III). Als Orientierungsrahmen verwendet die BA eine Übersicht über die bundesdurchschnittliche bildungszielbezogene Maßnahmedauer. Eine Mindestdauer ist nicht festgelegt.

Die Dauer einer Vollzeitmaßnahme, die zu einem Abschluss in einem allgemein anerkannten Ausbildungsberuf führt, muss gegenüber einer entsprechenden Berufsausbildung grundsätzlich um mindestens ein Drittel der Ausbildungszeit verkürzt sein (§ 85 Abs. 2 Satz 2 SGB III).

Ausnahme

Nach § 85 Abs. 2 Satz 3 SGB III kann, wenn – wie z. B. in Pflegeberufen – eine Verkürzung der Ausbildungszeit um mindestens ein Drittel aufgrund bundes- oder landesrechtlicher Regelungen ausgeschlossen ist, eine Maßnahme bis zu zwei Dritteln gefördert werden. Damit ist die Förderung bei einer dreijährigen Weiterbildung für zwei Jahre möglich.

Weitere Voraussetzung für die Förderung ist allerdings, dass bereits zu Beginn der Maßnahme die Finanzierung für die gesamte Dauer der Maßnahme gesichert ist. Für bis zum 31.12.2004 begonnene Vollzeitmaßnahmen gilt diese Einschränkung indes nicht (§ 434d Abs. 1 SGB III). Für diese Übergangszeit ist somit der Förderung für die gesamte Dauer der Weiterbildung durch die BA sichergestellt. Weiterbildungen, die ab 1.1.2005 begonnen haben, können dagegen nur noch zweijährig gefördert werden. Dies trifft vor allem Weiterbildungsmaßnahmen in den Gesundheitsfachberufen (Pflegefachkräfte), in denen eine generelle Verkürzung der Ausbildung auf zwei Jahre nicht möglich ist.

Kündbarkeit

Da die Maßnahme dem Teilnehmer angemessene Teilnahmebedingungen bieten muss, muss die Teilnahme an einer beruflichen Bildungsmaßnahme mit einer Frist von höchstens sechs Wochen, erstmals zum Ende der ersten drei Monate, sodann jeweils zum Ende der nächsten drei Monate, ohne Angabe von Gründen kündbar sein. Sofern eine Maßnahme in Abschnitten, die kürzer als drei Monate sind, angeboten wird, muss eine Kündigung zum Ende eines jeden Abschnittes möglich sein (vgl. den früheren § 3 Abs. 2 Satz 2 A FbW). Für den Fall, dass die Maßnahme nicht gefördert wird, muss der Träger dem Teilnehmer ein Rücktrittsrecht einräumen; Kosten dürfen hierbei nicht entstehen.

II Voraussetzungen für die Teilnahme an beruflicher Weiterbildung

1 »Kann-Leistung« bei Vorliegen von 3 Voraussetzungen

Verwechseln Sie bitte nicht die Voraussetzungen für die Teilnahme an einer Weiterbildungsmaßnahme mit den Voraussetzungen für den Bezug von Alg bei beruflicher Weiterbildung (→ S. 399).

Um überhaupt an einer Weiterbildungsmaßnahme teilnehmen zu können, müssen Sie die folgenden Voraussetzungen erfüllen (§ 77 SBG III):
1. Die Weiterbildung muss für Sie notwendig sein.
2. Sie müssen von der AA beraten worden sein, bevor Sie die Maßnahme beginnen.
3. Maßnahme und Träger der Maßnahme müssen zugelassen sein (→ S. 404).

Auch wenn diese Voraussetzungen erfüllt werden, kann die AA die Leistung noch versagen. Die Förderung der beruflichen Weiterbildung ist nur eine »Kann-Leistung«. Der Antragsteller hat keinen Rechtsanspruch auf Förderung, sondern nur einen Anspruch auf fehlerfreie Ermessensausübung. Die AA darf aber nicht allein unter Hinweis auf fehlende Haushaltsmittel Leistungen ablehnen; dies wäre ermessensfehlerhaft und deshalb rechtswidrig. Die AA muss für eine gleichmäßige Verteilung der Mittel im Haushaltsjahr sorgen. Allerdings kann sie bei knappen Mitteln oder einer veränderten Arbeitsmarktlage bestimmte Gruppen von Arbeitslosen bevorzugen. Bei der Abwägung hat sie ihrer besonderen Förderungspflicht gegenüber Frauen (§ 8 SGB III) und besonders förderungsbedürftigen Personengruppen (§ 11 Abs. 2 Satz 1 Nr. 3 SGB III) nachzukommen.

Kann-Leistung

2 Notwendigkeit der Weiterbildung

Die Weiterbildung muss notwendig sein, um Arbeitnehmer
- bei bestehender Arbeitslosigkeit beruflich einzugliedern;
- vor drohender Arbeitslosigkeit (z. B. ein befristetes Arbeitsverhältnis läuft aus, eine Kündigung ist schon ausgesprochen, ein Insolvenzverfahren ist bereits eröffnet) zu bewahren.

Nicht notwendig ist die Teilnahme für Arbeitslose und von Arbeitslosigkeit bedrohte Arbeitnehmer, wenn ihnen in absehbarer Zeit ein qualifizierter Arbeitsplatz vermittelt werden kann.

Eine Weiterbildung ist grundsätzlich notwendig, wenn der Arbeitnehmer

Ausbildung fehlt
- nicht über einen Berufsabschluss verfügt, für den eine Ausbildungsdauer von mindestens zwei Jahren festgelegt ist;

Ausbildung vergilbt
- zwar über einen Berufsabschluss verfügt, aber aufgrund einer mehr als vier Jahre ausgeübten Beschäftigung in an- oder ungelernter Tätigkeit eine entsprechende Beschäftigung voraussichtlich nicht mehr ausüben kann.

Im Einzelfall kann die Notwendigkeit einer konkreten Weiterbildung auch fehlen, wenn diese nicht zweckmäßig ist, z. B. weil der Arbeitnehmer für ein bestimmtes Bildungsziel nicht geeignet ist.

Arbeitnehmer ohne Berufsabschluss
Arbeitnehmer ohne Berufsabschluss kommen ohne Rücksicht darauf, ob sie arbeitslos oder von Arbeitslosigkeit bedroht sind und die Weiterbildung deshalb an sich notwendig ist, für die Weiterbildungsförderung grundsätzlich nur in Betracht, wenn sie drei Jahre beruflich tätig gewesen sind (§ 77 Abs. 2 Satz 2 SGB III). Ist dies nicht der Fall, so können diese Arbeitnehmer aber nach den Vorschriften über die Förderung der Berufsausbildung gefördert werden (→ S. 364).

Der Begriff der beruflichen Tätigkeit ist sehr weit gefasst. Neben versicherungspflichtigen Beschäftigungen zählen auch dazu: Zeiten einer nicht abgeschlossenen Berufsausbildung, des Wehr- und Zivildienstes und einer Hausfrauen-, Hausmanntätigkeit (vgl. den früheren § 1 Abs. 4 A FbW), weiter berufsvorbereitende Maßnahmen, Studium, Tätigkeit als Selbstständige, im Ausland oder als Beamte. Die Tätigkeiten müssen nicht innerhalb eines bestimmten Zeitraumes nachgewiesen werden und müssen nicht zusammenhängen. Es werden auch Teilzeitbeschäftigungen berücksichtigt. Während des Besuchs allgemeinbildender Schulen kann jedoch eine berufliche Tätigkeit, die Berufserfahrung von einigem Gewicht begründet, nicht zurückgelegt werden (BSG, Urteil vom 23.5.1990 – 9b/11 RAr 97/88, SozR 3–4100 § 42 Nr. 1).

Werden trotz dieses weiten Verständnisses des Begriffs der beruflichen Tätigkeit die erforderlichen drei Jahre nicht erreicht, so sind Arbeitnehmer ohne Berufsabschluss ausnahmsweise durch Weiterbildungsmaßnahmen förderbar, wenn eine Berufsausbildung oder berufsvorbereitende Maßnahme aus in der Person des Arbeitnehmers liegenden Gründen nicht möglich oder nicht zumutbar ist. Was derartige »personenbedingte« Gründe sein können, sagt der Gesetzgeber nicht. Ein Beispiel könnte die Betreuung von Kindern sein, die eine reguläre (Vollzeit-)Ausbildung oder eine berufsvorbereitende Maßnahme ausschließt.

Erneute Teilnahme, Wiederholungen
Seit 2003 gelten für erneute oder wiederholte Weiterbildungsmaßnahmen keine besonderen Beschränkungen mehr. Der Arbeitnehmer muss aber wieder die (neu zu prüfenden) allgemeinen Voraussetzun-

gen erfüllen, also insbesondere die Notwendigkeit der Weiterbildung und – besonders wichtig – die Beratung durch die AA vor Beginn der neuen Teilnahme.

3 Beratung vor Maßnahmebeginn

Die Beratungspflicht der AA **vor** Beginn der Maßnahme soll gewährleisten, dass der Arbeitnehmer für eine konkrete Weiterbildung geeignet ist, und er nach der Maßnahme voraussichtlich eine dem Maßnahmeziel entsprechende Beschäftigung finden kann. Manchmal schließt sich an eine erste Beratung eine Untersuchung durch den ärztlichen oder psychologischen Dienst der AA an.

Vor der Maßnahme

III Bildungsgutschein

Sind die Voraussetzungen für eine Förderung der Weiterbildung erfüllt, so hat der Arbeitnehmer einen Anspruch auf Ausstellung eines Bildungsgutscheines. In ihm bescheinigt die AA das Vorliegen der Förderungsvoraussetzungen. So steht es wenigstens in § 77 Abs. 3 SGB III. Bestimmte Gruppen von Arbeitslosen, die an sich die Voraussetzungen für einen Bildungsgutschein erfüllen, wird in der AA-Praxis allerdings der Bildungsgutschein durch interne, so genannte »Ermessungslenkende Weisungen« zeitweise oder auf Dauer versagt:

»Die Ausgabe von Bildungsgutscheinen für Bildungsziele mit Umschulung an einer außerbetrieblichen Einrichtung kann grundsätzlich [erst] dann erfolgen, wenn der Antragsteller sich 6 Monate ab individueller Bekanntgabe dieser Regelung vergeblich um einen betrieblichen Umschulungsplatz bemüht hat, d. h. nachweislich keinen entsprechenden Betrieb finden konnte.«

Beispiele für rechtswidrige Vorenthaltungen von Bildungsgutscheinen

Die an sich ureigene Aufgabe des AA, für Weiterbildungsplätze zu sorgen, wird – ohne gesetzliche Grundlage – dem Arbeitslosen aufgebürdet mit der Folge, dass die vom Gesetzgeber gewollte unverzügliche Eingliederung um sechs Monate verschoben wird.

»Bei Antragstellern über 45 Jahre erfolgt die Ausgabe von Bildungsgutscheinen grundsätzlich [nur] dann, wenn das Erreichen des über FbW geförderten Bildungsziels Voraussetzung für einen Vertragsabschluss mit einem Betrieb, d. h. für einen konkret nachgewiesenen Arbeitsplatz ist.«

Hier wird – wiederum ohne gesetzliche Grundlage und plump altersdiskriminierend – von den Arbeitslosen der Nachweis eines festen künftigen Arbeitsplatzes verlangt.

Die inhaltliche Ausgestaltung des (erteilten) Bildungsgutscheines steht im pflichtgemäßen Ermessen der AA, allerdings nur in eingeschränktem Umfang: Die AA darf den Bildungsgutschein lediglich zeitlich befristen sowie regional und auf bestimmte Bildungsziele beschränken. Damit soll vor allem verhindert werden, dass Arbeitnehmer Bildungsmaßnahmen auswählen, für die sie nach Ausbildung und beruflichem Werdegang nicht geeignet sind (BT-Drs. 15/25, S. 29).

Rechtsnatur

Rechtlich handelt es sich bei dem Bildungsgutschein um einen – der Zusage (§ 34 SGB X) entsprechenden – feststellenden Verwaltungsakt. Er stellt zugunsten des Arbeitnehmers verbindlich fest, dass die Voraussetzungen für die Förderung einer Weiterbildung vorliegen (BT-Drs. 15/25, S. 29).

Solange dieser Bescheid Bestand hat, kann der Arbeitnehmer die sich aus ihm ergebenden Rechte geltend machen, auch wenn etwa die Notwendigkeit der Weiterbildung zwischenzeitlich anders zu beurteilen und die Voraussetzungen für die Förderung deshalb weggefallen sind.

Mit dem Bildungsgutschein in der Hand haben Sie im Rahmen des Bildungsziels das Recht, unter den zugelassenen Bildungsträgern frei zu wählen. Allerdings regelmäßig nur einen Träger im Tagespendelbereich (→ S. 141).

Achten Sie auf eine im Bildungsgutschein bestimmte Gültigkeitsdauer, weil Sie innerhalb dieser mit der Maßnahme beginnen müssen. Andernfalls verfällt der Bildungsgutschein. Die Gültigkeit endet in der Regel nach drei Monaten; bei ausreichendem Bildungsangebot kann sie auf einen Monat begrenzt werden (BA-Rundbrief 57/2003, S. 1). Übereilen Sie aber auch nichts. Finden Sie während der Gültigkeitsdauer keine Ihnen wirklich geeignet erscheinende Maßnahme, so ist nicht alles verloren. Liegen – wie in der Regel – die Fördervoraussetzungen weiter vor, so haben Sie Anspruch auf Ausstellung eines neuen Gutscheines.

Einen neuen Gutschein können Sie vor allem dann verlangen, wenn die von Ihnen gewählte Weiterbildung mangels ausreichender Teilnehmerzahl vom Bildungsträger abgesagt wird.

Haben Sie einen Bildungsträger ausgewählt, so hat dieser der AA den Bildungsgutschein vor Beginn der Maßnahme vorzulegen. Andernfalls verliert er seine Gültigkeit. Der Träger kann bei rechtzeitiger Vorlage direkt die bei ihm unmittelbar anfallenden Weiterbildungskosten mit der AA abrechnen.

Unter Umständen können Sie auch verpflichtet sein, von dem Bildungsgutschein in Ihrer Hand Gebrauch zu machen. Insbesondere, wenn in der Eingliederungsvereinbarung ein Bildungsgutschein vereinbart ist. Sie sind dann zur Mitwirkung verpflichtet. Ein Anspruch auf Alg bei Arbeitslosigkeit kann entfallen oder das Alg II gekürzt werden, wenn Sie den Gutschein nicht einlösen. Allerdings dürfte dafür Voraussetzung sein, dass die Eingliederungsvereinbarung so konkret gefasst war, dass Klarheit bestand, welches aktive Verhalten zu welchem Zeitpunkt von Ihnen erwartet wird. Dazu gehört vor allem die Aufklärung darüber, welche Bildungsmaßnahme und welcher Bildungsträger für Sie in Betracht kommen.

Lehnen Sie schon die Annahme eines Bildungsgutscheins ab, so darf keine Sperrzeit verhängt werden. Die AA wird dann aber die Verfügbarkeit sehr genau prüfen.

IV Voraussetzungen für den Bezug von Alg bei beruflicher Weiterbildung

Wer die allgemeinen Voraussetzungen für die Förderung der beruflichen Weiterbildung erfüllt, kann Alg bei beruflicher Weiterbildung erhalten.

1 Grundvoraussetzungen

Die Anspruchsvoraussetzungen für das Alg bei beruflicher Weiterbildung ergeben sich seit 2005 aus § 124a Abs. 1 SGB III: Teilnehmer an einer nach § 77 SGB III geförderten beruflichen Weiterbildung müssen

- die Alg-Anwartschaftszeit erfüllen und
- sich arbeitslos gemeldet haben.

Nur auf die Voraussetzung der Arbeitslosigkeit (Verfügbarkeit) wird verzichtet, weil sie sich ja in der Weiterbildung befinden.

Damit auch Arbeitnehmer, die zuvor nicht arbeitslos waren und daher keine Veranlassung zu einer Arbeitslosmeldung hatten, das Alg bei beruflicher Weiterbildung beziehen können, trifft § 124a Abs. 2 SGB III Sonderregelungen für Arbeitnehmer, die unmittelbar aus einem Beschäftigungsverhältnis in eine Maßnahme der beruflichen Weiterbildung wechseln. Bei diesen Personen gelten die Voraussetzungen eines Anspruchs auf Alg bei Arbeitslosigkeit als erfüllt, wenn sie

- bei Eintritt in die Maßnahme einen Anspruch auf Alg bei Arbeitslosigkeit hätten, der weder ausgeschöpft noch erloschen ist,
- die Anwartschaftszeit im Falle von Arbeitslosigkeit am Tage des Eintritts in die Maßnahme der beruflichen Weiterbildung erfüllt hätten; zur Berechnung der Rahmenfrist gilt der Tag des Eintritts in die Maßnahme als Tag der Arbeitslosmeldung.

Werden die Anwartschaftszeit für das Alg bei beruflicher Weiterbildung nicht erfüllt, kann ESF-Uhg als Leistung zum Lebensunterhalt infrage kommen (→ S. 410).

2 Teilnahme an der Maßnahme

Alg bei beruflicher Weiterbildung setzt die Teilnahme an einer berufliche Bildungsmaßnahme voraus. Bis 2004 entfiel der Anspruch auf Leistungen (damals noch das Uhg) grundsätzlich für jeden Tag, an dem der Teilnehmer dem Unterricht ferngeblieben ist. Ausnahmen bestanden nur in bestimmten Fällen, insbesondere bei Vorliegen eines wichtigen Grundes und in unterrichtsfreien Zeiten. Mit der Zusammenführung von Alg und Uhg zu einer einheitlichen Versicherungsleistung bei Arbeitslosigkeit und bei beruflicher Weiterbildung sind die früheren Ausnahmen (§ 155 SGB III) aufgehoben worden.

Das bedeutet aber nicht, dass nunmehr stets der Leistungsanspruch bei Nichtteilnahme entfällt. Die Gesetzesmaterialien beweisen das Gegenteil. Seit 1.1.2005 ist für die gesamte Zeit der Weiterbildung, d.h. vom ersten Tag der Teilnahme (in der Regel der planmäßig vorgesehene Beginn des Unterrichts) bis zum letzten Tag der Maßnahme (in der Regel der Tag der planmäßigen Beendigung) Alg bei beruflicher Weiterbildung zu zahlen (vgl. BT-Drs. 15/1515 zu Art. 1 zu Nr. 86). Lediglich im Falle der vorzeitigen (endgültigen) Beendigung der Maßnahme ist man nicht mehr Teilnehmer und hat mangels Teilnahme keinen Anspruch mehr.

Dabei spricht trotz des Wortlauts des § 77 Abs. 1 Satz 2 SGB III viel dafür, als Tag der Beendigung nicht stets denjenigen anzusehen, an dem der letzte Unterricht stattfindet, sondern – sofern die Maßnahme mit einer Prüfung abschließt – den Tag der letzten Prüfung. Denn für die Zeit zwischen dem Tag des letzten Unterrichts und der Prüfung wird man realistischerweise nicht erwarten können, dass der Absolvent der Maßnahme sich intensiv auf Beschäftigungssuche begibt, um die Voraussetzungen für das Alg bei Arbeitslosigkeit zu erfüllen. Ansonsten wäre der nahtlose Übergang von der Leistung Alg bei beruflicher Weiterbildung zu Alg bei Arbeitslosigkeit, den der Gesetzgeber mit der Zusammenführung von Alg und Uhg auch bezweckt hat (vgl. BT-Drs. 15/1515 zu Art. 1 zu Nr. 62), nicht gewährleistet.

Leistungen sind mithin grundsätzlich ohne Rücksicht darauf zu zahlen, ob der Teilnehmer an einzelnen Tagen am Unterricht teilnimmt oder nicht. Eine Aufhebung der Leistungsbewilligung oder gar eine Rückforderung seitens der AA ist auch bei Fehlzeiten ausgeschlossen (BT-Drs. 15/1515 zu Art. 1 zu Nr. 86).

Sie sollten jedoch beachten, dass der Träger der Maßnahme nach § 318 Abs. 2 Satz 2 SGB III verpflichtet ist, der AA alle Fehlzeiten zu melden, damit auch während der Maßnahme geprüft werden kann, ob eine erfolgreiche Teilnahme bis zum Maßnahmeende erwartet werden kann. Ist diese Erwartung nicht mehr gerechtfertigt, kann die AA die Leistungen einstellen und entziehen, sofern nicht die Voraussetzungen für die Zahlung von Alg bei Arbeitslosigkeit vorliegen.

Da das Alg bei beruflicher Weiterbildung grundsätzlich wie das Alg bei Arbeitslosigkeit zu behandeln ist, gilt für Teilnehmer an Weiterbildungsmaßnahmen bei Arbeitsunfähigkeit § 126 SGB III. Danach ist das Alg regelmäßig für bis zu sechs Wochen weiterzuzahlen; auch die Weiterbildungskosten, soweit sie bei Krankheit weiter anfallen, werden gezahlt. Wird die Maßnahme vor Ablauf dieser Frist krankheitsbedingt (endgültig) abgebrochen und dauert die Arbeitsunfähigkeit über den Abbruch hinaus fort, endet auch der Anspruch auf Alg bei beruflicher Weiterbildung, weil eine Weiterbildung dann nicht mehr vorliegt (§ 77 Abs. 1 Satz 2 SGB III). Zu einer Leistungsaufhebung wird es aber dennoch nicht kommen, wenn nach der Beendigung der Maßnahme innerhalb der sechs Wochen die Voraussetzungen für die Zahlung von Alg bei Arbeitslosigkeit gegeben sind. Auf jeden Fall sollten Sie sich, sobald Sie wieder arbeitsfähig sind, umgehend bei der AA melden.

Arbeitsunfähigkeit

3 Arbeitslosigkeit nach Maßnahmeende

Mit der Abschaffung des so genannten Anschluss-Uhg bleibt Absolventen von Weiterbildungsmaßnahmen für den Fall der Arbeitslosigkeit nach Beendigung der Weiterbildungsmaßnahme allenfalls ein möglicherweise noch bestehender (Rest-)Anspruch auf Alg wegen Arbeitslosigkeit. Dabei ist die Kürzung der Arbeitslosigkeits-Alg-Bezugsdauer durch den Bezug von Alg bei beruflicher Weiterbildung zu berücksichtigen. Da – bis auf eine Restdauer von 30 Kalendertagen – der Bezug von Alg bei beruflicher Weiterbildung auf die Anspruchsdauer des Alg zur Hälfte angerechnet wird (§ 128 Abs. 1 Nr. 8 SGB III), verkürzt sich für je zwei Tage Alg bei beruflicher Weiterbildung die Bezugsdauer des Alg um je einen Tag. Wer also etwa bei Beginn der Maßnahme noch einen Anspruch auf Alg für zwölf Monate hatte, verliert davon sechs Monate, wenn er zwölf Monate an einer Maßnahme mit Alg teilgenommen hat.

Weiterbildungs-Alg-Bezugszeit verkürzt Arbeitslosigkeits-Alg-Bezugsdauer

V Weiterbildungskosten
§§ 77, 79 – 83, 421e SGB III

Weiterbildungskosten sind die Kosten, die Ihnen unmittelbar durch die Teilnahme an der Weiterbildungsmaßnahme entstehen. Sie können von der AA grundsätzlich nur übernommen werden, wenn die allgemeinen Förderungsvoraussetzungen (→ S. 395) für die Teilnahme an der Maßnahme erfüllt sind.

Ermessens-Leistung

Die Ermessensleistung wird zur Soll-Leistung, wenn Berufsrückkehrerinnen ohne Erfüllung der Vorbeschäftigungszeit Weiterbildungskosten beantragen. Das verlangt der auf Drängen des Deutschen Bundestags (vgl. BT-Drs. 15/1728, S. 13) 2004 eingefügte § 8b SGB III.

Soll-Leistung

Danach

»sollen Berufsrückkehrerinnen die zu ihrer Rückkehr in die Erwerbstätigkeit notwendigen Leistungen der aktiven Arbeitsförderung (...) erhalten. Hierzu gehören insbesondere (...) die Förderung der beruflichen Weiterbildung durch Übernahme der Weiterbildungskosten.«

Die Ermessensleistung kann in einem weiteren Fall zur Soll-Leistung werden: Nach § 421e SGB III

»soll die AA bei der Prüfung der Förderung nach § 77 Abs. 1 Satz 2 SGB III (also bei der Frage nach der Übernahme von Weiterbildungskosten) berücksichtigen, dass ein Antragsteller innerhalb eines Jahres vor dem Antrag Arbeitslosengeld bezogen hat und einen Anspruch auf Arbeitslosengeld II nach dem Zweiten Buch nicht hat, weil er nicht bedürftig ist«.

Soweit Weiterbildungskosten unmittelbar beim Träger der Maßnahme entstehen (z.B. Lehrgangs-, Prüfungsgebühren), kann die AA die zu übernehmenden Kosten direkt an den Träger auszahlen (§ 79 Abs. 2 SGB III). War dies der Fall, so hat ausschließlich der Maßnahmeträger die Leistungen zu erstatten, wenn sich später herausstellt, dass Kosten zu Unrecht übernommen und die Bewilligungsentscheidung deswegen aufgehoben worden ist.

Was sind Weiterbildungskosten?

Zu den Weiterbildungskosten gehören die
- Lehrgangskosten und Kosten für die Eignungsfeststellung,
- Fahrkosten,
- Kosten für auswärtige Unterbringung und Verpflegung und
- Kosten für die Kinderbetreuung.

Lehrgangskosten

Lehrgangskosten sind die Lehrgangsgebühren, die Kosten für erforderliche Lernmittel, Arbeitskleidung, Prüfungsstücke und die Prüfungsgebühren für gesetzlich vorgesehene oder allgemein anerkannte Zwischen- und Abschlussprüfungen. Prüfungsgebühren, die der Maßnahmeträger lediglich intern vorgesehen hat, können nicht als Lehrgangskosten übernommen werden.

Teilnehmer, die vorzeitig wegen der Arbeitsaufnahme aus der Maßnahme ausscheiden, erleiden bei den Lehrgangskosten dann keine Nachteile, wenn das Arbeitsverhältnis durch Vermittlung des Maßnahmeträger zustande gekommen und eine Nachbesetzung des frei gewordenen Platzes in der Maßnahme nicht möglich ist. Unter diesen Voraussetzungen können die Lehrgangskosten auch für die Zeit vom Ausscheiden bis zum planmäßigen Ende der Maßnahme übernommen werden.

Eignungsfeststellung

Auch die Kosten für eine Eignungsfeststellung können übernommen werden. Eignungsuntersuchungen kommen vor allem in Gesundheitsberufen, Verkehrsberufen und im Hotel- und Gaststättengewerbe vor.

Als Fahrkosten ist gemäß § 81 Abs. 2 SGB III n. F.

Fahrkosten

»für jeden Tag, an dem der Teilnehmer die Bildungsstätte aufsucht, eine Entfernungspauschale für jeden vollen Kilometer der Entfernung zwischen Wohnung und Bildungsstätte von 0,36 € für die ersten zehn Kilometer und 0,40 € für jeden weiteren Kilometer anzusetzen. Zur Abgeltung der Aufwendungen für die An- und Abreise bei einer erforderlichen auswärtigen Unterbringung sowie für eine Familienheimfahrt ist eine Entfernungspauschale von 0,40 € für jeden vollen Kilometer der Entfernung zwischen dem Ort des eigenen Hausstands und dem Ort der Weiterbildung anzusetzen. Für die Bestimmung der Entfernung ist die kürzester Straßenverbindung maßgebend.«

Die Kosten für Pendelfahrten können nur bis zu der Höhe übernommen werden, bis zu der Fahrkosten bei auswärtiger Unterbringung und Verpflegung von der AA zu leisten wären. Die Höchstgrenze liegt zur Zeit bei 476 €.

Bei einer erforderlichen auswärtigen Unterbringung ist gemäß § 82 SGB III für die Unterbringung je Tag ein Betrag in Höhe von 31 € zu zahlen, je Kalendermonat jedoch höchstens ein Betrag in Höhe von 340 €. Für die Verpflegung ist pro Tag je ein Betrag in Höhe von 18 € zu gewähren, je Kalendermonat aber höchstens ein Betrag in Höhe von 136 €. Der monatliche maximale Gesamtbetrag für Unterkunft und Verpflegung beträgt somit 476 €.

Kosten bei auswärtiger Unterbringung und Verpflegung

Als Kinderbetreuungskosten werden gemäß § 83 SGB III pauschal 130 € monatlich je aufsichtsbedürftiges Kind übernommen. In welcher Höhe tatsächlich Betreuungskosten anfallen, überprüft die AA nicht mehr. Als aufsichtsbedürftig erkennt die BA regelmäßig Kinder bis zum 15. Geburtstag an.

Kinderbetreuungskosten

Soweit die Weiterbildungskosten nicht vollständig oder annähernd vollständig erstattet werden, ist die Ablehnung einer Maßnahme regelmäßig durch einen wichtigen Grund i.S.d. § 144 Abs. 1 Satz 1 Nr. 3 SGB III gerechtfertigt, sodass eine Sperrzeit nicht eintritt. Da der Arbeitslose vor einer Entscheidung über seine Teilnahme an der Maßnahme wissen muss, in welchem Umfang er mit einer Kostenerstattung rechnen kann und Zusagen für die AA nach § 34 Abs. 1 Satz 1 SGB X nur in schriftlicher Form wirksam sind, kommt eine Sperrzeit nach § 144 Abs. 1 Satz 2 Nr. 4 SGB III nur in Betracht, wenn das Angebot einer Weiterbildungsmaßnahme mit einer schriftlichen Entscheidung über den Umfang der Übernahme der Weiterbildungskosten oder einer entsprechenden schriftlichen Zusage verbunden ist.

Ohne Übernahme der Weiterbildungskosten keine Sperrzeit

VI Organisation des Weiterbildungsmarktes
Anerkennungs- und Zulassungsverordnung – Weiterbildung (AZWV)

1 Zulassung von Weiterbildungsträgern und Weiterbildungsmaßnahmen

Gemäß §§ 84, 85 SGB III wird eine Weiterbildung nur gefördert, wenn

2 Zulassungen
- der Weiterbildungsträger **und**
- die Weiterbildungsmaßnahme

zugelassen ist.

Das Nähere regelt die »Verordnung über das Verfahren zur Anerkennung von fachkundigen Stellen sowie zur Zulassung von Trägern und Maßnahmen der beruflichen Weiterbildung nach dem Dritten Sozialgesetzbuch (Anerkennungs- und Zulassungsverordnung – Weiterbildung – AZWV) vom 16.6.2004.[*]

1.1 Zulassung von Weiterbildungsträgern

Zugelassen werden Träger und Maßnahme in der Regel durch so genannte Zertifizierungsstellen → S. 400.

1.1.1 Leistungsfähigkeit

Finanzielle und fachliche Leistungsfähigkeit

§ 84 Nr. 1 SGB III fordert von Trägern Leistungsfähigkeit. Nach § 8 Abs. 1 AZWV muss der Träger insbesondere finanziell und fachlich leistungsfähig sein. Um das beurteilen zu können, muss der Träger der Zertifizierungsstelle u. a. folgende Angaben machen:
- Zum aktuellen Angebot an Bildungsmaßnahmen; sollen Maßnahmen durchgeführt werden, die auf Berufsabschlüsse in anerkannten Ausbildungsberufen oder bundes- oder landesrechtlich geregelten Berufen vorbereiten, ist eine Bestätigung der zuständigen Stelle oder der zuständigen Aufsichtsbehörde über die Eignung der Ausbildungsstätte vorzulegen;
- zur Einrichtung und Gestaltung der Unterrichtsräume;
- zur Eignungsfeststellung;
- zur Beratung vor und während der Durchführung;
- zu den Methoden und den Materialien bei der Vermittlung von Kenntnissen;

---

[*] Die AZWV ist abgedruckt in: Arbeitslosenprojekt TuWas (Hrsg.), Arbeitslosenrecht. Die Gesetzessammlung für Arbeitslose, ihre Berater und Beraterinnen, 10. Auflage, Fachhochschulverlag, Stand: 1.1.2005.

- zu den vertraglichen Vereinbarungen mit den Teilnehmerinnen und Teilnehmern;
- zum verwendeten Werbematerial und
- zur Zuverlässigkeit des für den Träger Verantwortlichen. Er darf insbesondere nicht vorbestraft sein.

1.1.2 Eingliederungsfähigkeit

§ 84 Nr. 2 SGB III fordert die Fähigkeit des Trägers, »durch eigene Vermittlungsbemühungen die Eingliederung der Teilnehmer zu unterstützen«. Damit die Zertifizierungsagentur diese Voraussetzung prüfen kann, muss der Träger gemäß § 8 Abs. 2 AZWV Angaben machen
- zur Zusammenarbeit mit Betrieben und Berufsverbänden;
- zur Teilnahme an Arbeitsmarktkonferenzen;
- zur Zusammenarbeit mit der AA;
- zum Erfassen und zur Auswertung aktueller arbeitsmarktrelevanter Daten;
- zu dem für diese Teilaufgabe eingesetzten fachlich qualifizierten Personal;
- zur Vereinbarung von Unternehmenszielen über die Vermittlung von Teilnehmerinnen und Teilnehmern;
- zu den arbeitsmarktlichen Ergebnissen bei bereits abgeschlossenen Maßnahmen, insbesondere zur Eingliederung von Teilnehmerinnen und Teilnehmern und zu den Bemühungen zur Vermittlung und
- zu Bewertungen von abgeschlossenen Maßnahmen durch Teilnehmerinnen und Teilnehmer und Betriebe im Hinblick auf arbeitsmarktliche Verwertbarkeit.

1.1.3 Lehrfähigkeit der Weiterbildner

Nach § 84 Nr. 3 SGB III müssen Aus- und Fortbildung sowie Berufserfahrung des Leiters und der Lehrkräfte eine erfolgreiche berufliche Weiterbildung erwarten lassen. Der Träger muss deshalb der Zertifizierungsstelle gemäß § 8 Abs. 3 AZWV Angaben machen zu
- der allgemeinen fachlichen und pädagogischen Eignung sowie der Berufserfahrung der Beratungs- und Lehrkräfte; Lebensläufe, die genaue Angaben über die Person, die Ausbildung und den beruflichen Werdegang enthalten, sind beizufügen;
- praktischen Erfahrungen im Fachgebiet;
- methodisch-didaktischen Qualifikationen;
- Erfahrungen in der Erwachsenenbildung;
- regelmäßigen fachlichen und pädagogischen Weiterbildungen der Lehrkräfte und
- Teilnehmerbefragungen zu den Lehrkräften.

1.1.4 Fähigkeit zur Qualitätssicherung

Nach § 84 Nr. 4 SGB III muss der Träger die Qualität sichern. Ein Qualitätssicherungssystem liegt nach § 8 Abs. 4 AZWV vor, wenn ein den anerkannten Regeln der Technik entsprechendes systematisches Instrument zur Qualitätssicherung und Qualitätsentwicklung dokumentiert, wirksam angewendet und dessen Wirksamkeit ständig verbessert wird. Der Träger muss insbesondere dokumentieren

- ein kundenorientierten Leitbild;
- die Berücksichtigung arbeitsmarktlicher Entwicklungen bei Konzeption und Durchführung von Bildungsmaßnahmen;
- die Art und Weise der Festlegung von Unternehmenszielen sowie Lehr- und Lernzielen, Methoden einschließlich der Methoden der Bewertung des Eingliederungserfolgs;
- die Methoden zur Förderung der individuellen Lernprozesse;
- eine regelmäßige Evaluierung der angebotenen Maßnahmen mittels anerkannter Methoden;
- die Unternehmensorganisation und -führung;
- die Durchführung von eigenen Prüfungen zur Funktionsweise des Unternehmens;
- die Bereitschaft zur Zusammenarbeit mit externen Fachkräften zur Qualitätsentwicklung und
- die Zielvereinbarungen, der Messung des Grads der Zielerreichung und der Steuerung fortlaufender Optimierungsprozesse auf der Grundlage erhobener Kennzahlen oder Indikatoren.

Das BMWA hat die Standards zur Qualitätssicherung in der Begründung zu § 8 AZWV (S. 12) näher beschrieben:

»Art und Weise des konkreten Qualitätsmanagementsystems können in Einzelpunkten abweichen bzw. bei unterschiedlichen Bildungsträgern in ihrer Methodik unterschiedlich stark ausgeprägt sein. Zu den Grundpfeilern eines anerkannten Systems zur Qualitätssicherung gehört jedoch, dass standardisierte und allgemein anerkannte Methoden, wie z.B. im Bereich der Zertifizierung nach DIN EN ISO 9000, 9001:2000, des Modells der European Foundation for Quality Management (EFQM) oder der ›Lernerorientierten Qualitätstestierung‹ Anwendungen finden. Hierzu gehört an erster Stelle die Einführung eines Leitbildes zur Kundenorientierung, die auch im Bereich des Qualitätsmanagements nach DIN ISO und EFQM zum Grundsatz eines umfassenden Qualitätsmanagements zählt und von der sich weitere Maßnahmen zwangsläufig ableiten. Der Kundenbegriff ist dabei im Vergleich zum Qualitätsmanagement in anderen Bereichen deutlich weiter und vielfältiger zu interpretieren. Kunden sind nicht lediglich die jeweiligen Weiterbildungsteilnehmer, sondern auch die Unternehmen und der in Betracht kommende Arbeitsmarkt, für den qualifiziert wird. Die Zertifizierungsstelle muss anhand der Dokumentation des Qualitätsmanagements und ihrer Prüfung feststellen, ob die Dokumentation und die tatsächliche Anwendung der gewählten Methoden einschließlich der Auswertung und Messung der Prozesse und des Grads der Zielerreichung sowie der daraus abgeleiteten Verbesserungsprozesse geeignet sind, Sicherung und Steigerung der Qualität zu gewährleisten. Die Zertifizierungsstelle muss daher insbesondere prüfen, ob ein wirksames Qualitätsmanagement eingeführt, aufrecht erhalten und auch tatsächlich angewendet wird.«

1.2 Zulassung von Weiterbildungsmaßnahmen

§ 9 der AZWV beschreibt die in § 85 SGB III aufgeführten Zulassungsvoraussetzungen. Der Träger muss insbesondere darlegen, dass

- die Lehrgangsziele, Dauer und Inhalte jeweils auf die Lernvoraussetzungen der erwarteten Zielgruppe und das Bildungsziel hin konzipiert und die räumliche, personelle und technische Ausstattung die Umsetzung der Lernziele gewährleistet sind;
- durch Vertragsabschluss mit den Teilnehmerinnen und Teilnehmern angemessene Bedingungen insbesondere über Rücktritts-, Kündigungsrechte und Ferienregelungen vereinbart werden;
- die Maßnahmen in arbeitsmarktrelevante und regionale Entwicklungen eingebunden sind, sodass eine Eingliederung der Teilnehmerinnen und Teilnehmer erreicht werden kann.
»Die Darstellung der arbeitsmarktlichen Relevanz der Maßnahme soll sich an der Dokumentation des prognostizierten Bedarfs, offener Stellen, aktuellen Arbeitsmarktuntersuchungen und insbesondere konkreten Unternehmensbedarfsaussagen orientieren.« (Begründung zu § 9 AZWV, S. 12)
- die Lehrorganisation auf einen möglichst erfolgreichen Abschluss aller Teilnehmerinnen und Teilnehmer hinwirkt;
- die Maßnahmen auf einen geregelten, einen anderen oder auf einen Teil eines Abschlusses vorbereiten;
- ein Zeugnis über den erreichten Abschluss und den Inhalt des vermittelten Lehrstoffs erteilt wird.
Neben dem Zeugnis für den Teilnehmer muss der Träger der AA unverzüglich eine Beurteilung von Leistung und Verhalten jedes Teilnehmers liefern (§ 318 Abs. 2 SGB III). Wir halten diese Regelung aus Datenschutzgründen für unzulässig (→ S. 53).
- die Kostensätze den Grundsätzen der Wirtschaftlichkeit und Sparsamkeit entsprechen und sachgerecht ermittelt werden sowie unter Berücksichtigung der für das jeweilige Bildungsziel von der BA jährlich ermittelten durchschnittlichen Kostensätze angemessen sind;
- die Dauer der Maßnahmen auf den notwendigen Umfang begrenzt wird und
- im erforderlichen Umfang notwendige praktische Lernphasen integriert werden.

Der Träger entscheidet, ob er die Zulassung jeder einzelnen Maßnahme beantragt oder ob er die Prüfung einer Referenzauswahl beantragt. Diesen Fall regelt § 9 Abs. 2 Satz 1 AZWV. Danach »prüft die

Referenz-Auswahl

Zertifizierungsstelle auf Antrag des Bildungsträgers eine durch sie bestimmte Referenz-Auswahl von Bildungsmaßnahmen, die in einem angemessenen Verhältnis zur Zahl der Maßnahmen des Trägers stehen, für die er die Zulassung beantragt«. Diese schwer verständliche Regelung versucht die Begründung zu § 9 Abs. 2 AZWV (S. 13) verständlich zu machen:

> »Die Referenz-Auswahl obliegt allein der Zertifizierungsstelle. Dem Bildungsträger ist es verwehrt, auf die Auswahl Einfluss zu nehmen. Die Auswahl hat in qualitativer wie quantitativer Hinsicht in einem angemessenen Verhältnis zu den Maßnahmen zu stehen, für die die Zulassung beantragt wird. Dies setzt z. B. voraus, dass bei beantragter Zulassung von länger dauernden Weiterbildungsmaßnahmen auch mindestens eine länger dauernde Maßnahme in der Referenz-Auswahl enthalten ist. Bereiten die Bildungsmaßnahmen, für die die Zulassung beantragt wird, auf Bildungsziele in unterschiedlichen Wirtschaftszweigen vor, muss die Auswahl zumindest jeweils eine Maßnahme in dem entsprechenden Wirtschaftszweig enthalten. Nach § 9 Abs. 2 Satz 2 AZWV ist eine Zulassung aller Maßnahmen, für die die Zulassung beantragt worden ist, nur dann möglich, wenn die Zulassungsvoraussetzungen für alle in der Referenz-Auswahl enthaltenen und danach geprüften Maßnahmen tatsächlich erfüllt waren. Auch nur in diesen Fällen ist die Aufnahme sämtlicher Bildungsangebote des Bildungsträgers, für die die Zulassung beantragt worden ist, in Datenbanken über förderungsfähige Weiterbildungen zulässig. Bereits bei einer in der Referenz-Auswahl enthaltenen Maßnahme, für die die Zulassungsvoraussetzungen nach Feststellung der Zertifizierungsstelle nicht erfüllt waren, scheidet die Zulassung des Gesamtangebots nach diesem vereinfachten Verfahren aus. Gravierende Mängel bei einer begutachteten Maßnahme können auch nicht durch qualitativ besonders positiv bewertete Angebote ausgeglichen werden. In diesem Falle kann die Zulassung nur für jeweils getrennt geprüfte Maßnahmen erteilt werden. Die Zulassung kann nur für Weiterbildungsmaßnahmen erteilt werden, die zum Zeitpunkt der Prüfung und Antragsstellung angeboten werden. Für ein nach Zulassung erweitertes Maßnahmeangebot ist nach § 9 Abs. 2 Satz 4 AZWV eine erneute Zulassung erforderlich. Hierbei kann entweder die Prüfung des gesamten hinzugekommenen Maßnahmeangebots oder erneut eine Referenz-Auswahl beantragt werden. Das Erfordernis der erneuten Begutachtung von neu angebotenen Maßnahmen betrifft nicht Folgemaßnahmen während der Geltungsdauer der Zulassung des Trägers.«

Schon dieser kurze Auszug aus der 19-seitigen Begründung zur AZWV lässt Zweifel aufkommen, ob die mit Hartz versprochene Entbürokratisierung der Arbeitsförderung wirklich eingehalten wird.

Verbindung von Träger- und Maßnahmezulassung

Die Träger können die Trägerzulassung zusammen mit der Zulassung ihrer Maßnahmen beantragen. Das bietet sich an, weil sich die Voraussetzungen beider Zulassungen »in Teilen zwangsläufig überschneiden, beispielsweise ist ohne ausreichende tatsächliche Leistungsfähigkeit des Bildungsträgers auch eine sachgerechte Ausgestaltung der Weiterbildungsmaßnahmen nicht möglich. Insoweit sind erneute Erhebungen bei der Maßnahmeprüfung durch die Zertifizierungsstellen nicht mehr erforderlich.« (Begründung, S. 12)

Zu Überschneidungen kommt es insbesondere bei der Prüfung des Eingliederungserfolges. Dieser wird im Gesetz sowohl bei den Anforderungen an den Träger (§ 84 Nr. 2 SGB III i. V. m. insbesondere § 8 Abs. 2 Satz 2 Nrn. 6 und 7 AZWV) als auch bei den Anforderungen an die Maßnahmen (§ 85 Abs. 1 Satz 1 Nr. 1 SGB III i. V. m. § 9 Abs. 1 Satz 1 Nr. 2 AZWV) verlangt. Das ist der neuralgische Punkt, an dem die (weitere) Zulassung häufig scheitert.

Eingliederungserfolg

Fordert doch die BA (Rundbriefe 102/2002, 57/2003), dass 70% der Teilnehmer innerhalb von sechs Monaten nach Ende der Maßnahme ihre Arbeitslosigkeit beenden. Nach der Eingliederungsbilanz 2002 waren von 100 Absolventen 37,5 sechs Monate nach Maßnahmeende voll sozialversicherungspflichtig beschäftigt; 17,6 »darüber hinaus nicht arbeitslos« (was immer das heißen mag); 44,9 arbeitslos. Angesichts der anhaltend schlechten Arbeitsmarktlage sind die 70 % von den meisten Bildungsträgern nicht zu schaffen. Deshalb sterben reihenweise Bildungsträger und ihre Angebote. Das ist politisch gewollt. Das dadurch frei werdende Geld wird u. a. für das Betreiben der Totgeburt PSA gebraucht.

70%-Eingliederungsquote

Der Träger kann zwischen den anerkannten Zertifizierungsstellen wählen. Er hat auch die Möglichkeit, die Trägerzulassung bei einer Zertifizierungsstelle, die Maßnahmezulassung bei einer anderen Zertifizierungsstelle zu beantragen (§ 9 Abs. 3 AZWV).
Noch nicht völlig geklärt sind die rechtlichen Schritte, die ein Träger gegen eine Ablehnung der Zulassung ergreifen kann. Die AZWV sieht in § 2 Nr. 7 »ein Verfahren zur Prüfung von Beschwerden« vor.

> »Im Rahmen dieses Beschwerdemanagements soll sichergestellt werden, dass bei einem Konfliktfall zunächst intern in der Zertifizierungsstelle eine Überprüfung stattfindet und der Bildungsträger eine Mitteilung erhält, die für ihn verständlich die Entscheidung der Zertifizierungsstelle erläutert. Die Zertifizierungsstelle muss Regeln und Verfahren für die Bearbeitung von Einsprüchen und Beschwerden über das Zertifizierungsverfahren einrichten. Dieses Verfahren muss sicherstellen, dass Einsprüche und Beschwerden in einer unvoreingenommenen Weise untersucht werden.« (Begründung, a. a. O., S. 6)

Zweck der Zulassung von Träger und Maßnahme ist die Verbesserung des Weiterbildungsangebots. Durch die Zulassung ist die AA nicht aus ihrer Pflicht aus § 86 SGB III zur Qualitätsprüfung entlassen. Die AA muss Hinweisen (z. B. aus dem Kreis der Teilnehmer) auf Mängel des Trägers/von Maßnahmen »entschieden nachgehen« (Begründung zur AZWV, S. 13).

1.3 Kosten der Zulassungen

Der Aufwand für die Zulassung der Träger und die Zulassung von Maßnahmen ist beträchtlich. Insbesondere das System zur Qualitätssicherung verursacht hohe Kosten. Zu den Kosten bemerkt das BMWA:

> »Der Deutsche Bundestag hat mit seiner Entschließung auf Bundestagsdrucksache 15/98 gefordert, sicherzustellen, dass Zertifizierungskosten nicht auf die Teilnehmer verlagert werden. Im Regelfall werden die den Trägern entstehenden Kosten in die Kalkulation von Weiterbildungskosten einfließen, die bei Förderung der Weiterbildung durch die Agenturen für Arbeit übernommen werden.« (Begründung zur AZWV, S. 13, 19)

Angesichts des immensen Kostendrucks der konkurrierenden Weiterbildungsträger kann das nur funktionieren, wenn die BA in ihren (gemäß § 9 Abs. 1 Satz 1 Nr. 6 AZWV) »zu ermittelnden durchschnittlichen Kostensätzen« einen nicht unerheblichen Posten für Zulassungskosten der Träger aufnimmt. Andernfalls werden diese Kosten auf die Träger, insbesondere zulasten der Gehälter der dort Beschäftigten verlagert.

2 Anerkennung von Zertifizierungsstellen

Die Zertifizierungsstelle (= fachkundige Stelle i. S. §§ 84, 85 SGB III) hat Träger und Maßnahme zuzulassen. Ihrerseits müssen die Zertifizierungsstellen anerkannt werden. Für diese Anerkennung ist die BA als »Anerkennungsstelle« zuständig. Die Anerkennungsstelle wird durch einen »Anerkennungsbeirat« und durch »Sachverständige« unterstützt. Einzelheiten des Anerkennungsverfahrens sind in den §§ 1–6, 12–15 AZWV geregelt.

Bei der BA wird es (demnächst) ein Verzeichnis der Zertifizierungsstellen geben.

Übergangsregelungen
Für bis zum 31.12.2005 beginnende Maßnahmen nehmen die innerhalb der BA zuständigen Stellen die Aufgaben von fachkundigen Stellen weiterhin wahr, soweit nicht Zertifizierungsstellen nach der AZWV tätig werden. Eine Referenz-Auswahl (→ S. 407) ist in diesen Fällen nicht möglich. Die von den AA vor dem 1.7.2004 erteilten Zulassungen von Trägern und Maßnahmen bleiben unberührt.

VII Unterhaltsgeld nach den Richtlinien ESF-BA-Programm

Die AA kann auch aus Mitteln des Europäischen Sozialfonds (ESF) die berufliche Qualifizierung fördern. Grundlage sind die »Richtlinien für aus Mitteln des ESF mitfinanzierte zusätzliche arbeitsmarktpolitische Maßnahmen im Bereich des Bundes« (ESF-BA-Programm) vom 22.12.2004.[*]

Danach können gefördert werden:

Gefördert werden können mit ESF-Uhg gemäß § 3 Abs. 1 Richtlinien Teilnehmer/Teilnehmerinnen an Maßnahmen der beruflichen Weiterbildung, wenn
- die drei Voraussetzungen für die Teilnahme an beruflicher Weiterbildung vorliegen (→ S. 395) und
- kein Alg wegen Nichterfüllung der Anwartschaft
  oder
  kein Übergangsgeld für behinderte Menschen
  oder
  kein Alg II
  gezahlt wird und
- die Teilnehmer/Teilnehmerinnen durch Übernahme der Maßnahmekosten (→ S. 401) gefördert werden.

Berufsrückkehrerinnen haben einen Rechtsanspruch auf ESF-Uhg (§ 3 Abs. 1 Satz 2 Richtlinien).

Das ESF-Uhg ist seit 2005 drastisch gesenkt worden. Es beträgt in den alten Bundesländern monatlich nur noch 345 €, in den neuen Bundesländern monatlich nur noch 331 €. Der Wohn- und nicht der Maßnahmeort entscheidet über die Höhe.

Höhe

VIII Krankheit, Kranken- und Pflegeversicherung

Weiterzubildende sind mit dem Bezug von Alg bei beruflicher Weiterbildung kranken- und pflegeversichert. Die AA übernimmt bei einer Weiterbildungsmaßnahme ohne Alg nicht die Beiträge zur Kranken- und Pflegeversicherung.

Bei Alg: versichert

Falls Sie befürchten müssen, dass Ihr Antrag auf Zahlung von Alg abgelehnt wird, und Sie nicht sonst krankenversichert sind, müssen Sie sich sofort um eine freiwillige Krankenversicherung kümmern. Näheres → S. 532.

Sollten Sie während der Teilnahme an der Maßnahme krank werden, melden Sie dies sofort Ihrem Maßnahmeträger und der AA. Die AA zahlt in dieser Zeit weiter Alg und die Weiterbildungskosten, soweit sie während der Krankheit anfallen. Erst nach Ablauf von sechs Wochen besteht kein Anspruch mehr auf Leistungen der AA. Dann zahlt die Krankenkasse Krankengeld; dieses entspricht im Regelfall der Höhe des Alg.

Krankheit

---

* Die Richtlinien sind abgedruckt in: Arbeitslosenprojekt TuWas (Hrsg.), Arbeitslosenrecht. Die Gesetzessammlung für Arbeitslose, ihre Berater und Beraterinnen, 10. Auflage, Fachhochschulverlag, Stand: 1.1.2005.

Zur Fortzahlung des Alg bei Arbeitsunfähigkeit und vorzeitiger Beendigung der Maßnahme → S. 401.

ESF-Uhg

Kranken- und Pflegeversicherung

Für Bezieher eines ESF-Uhg, deren Schutz im Krankheits- oder Pflegefall nicht anderweitig sichergestellt ist, können gemäß § 3 Abs. 2 Richtlinien ESF-BA-Programm die Beiträge für eine freiwillige Krankenversicherung sowie für eine Pflegeversicherung bei einem Träger der gesetzlichen Kranken- und sozialen Pflegeversicherung übernommen werden. In begründeten Einzelfällen können die Kosten für eine entsprechende private Kranken- und Pflegeversicherung übernommen werden, wenn durch den Träger der gesetzlichen Kranken- und sozialen Pflegeversicherung ein Versicherungsschutz nicht gewährleistet werden kann.

IX Erweiterte Weiterbildung nach dem Job-AQTIV-Gesetz
§§ 229–233, 235c, 417 SGB III

1 Stärkung der präventiven, betriebsnahen Weiterbildung

Zu den Zielen des Job-AQTIV-Gesetzes (das überraschende »Q« steht ja für Qualifizieren) gehört die Intensivierung der Weiterbildung. Verstärkt gefördert werden soll die präventive Weiterbildung in (noch) bestehenden Arbeitsverhältnissen. Um die Weiterbildung (noch) Beschäftigter zu fördern, können Unternehmer, die Arbeitnehmer weiterbilden, Weiterbildungskosten und Lohnkostenzuschüsse erhalten.

2 Weiterbildungskosten für Arbeitgeber/ältere Arbeitnehmer

Durch § 417 Abs. 1 SGB III sollen Unternehmen motiviert werden, ältere Arbeitnehmer, die bei der Qualifizierung bisher nur gering beteiligt sind, weiterzubilden. Ziel ist es, Ältere länger im Erwerbsleben zu halten.

Die AA übernimmt für die Unternehmer die vollen Weiterbildungskosten, wenn
- der Arbeitnehmer über 50 Jahre alt ist und
- das Unternehmen weniger als 100 Arbeitnehmer hat und
- das Arbeitsverhältnis weiterbesteht und das Arbeitsentgelt während der Weiterbildung weitergezahlt wird und
- die Weiterbildung außerhalb des Betriebes stattfindet und nicht nur arbeitsplatzbezogen ist; gefördert wird deshalb z.B. nicht eine kurzfristige Einweisungsschulung infolge technischer Umstellung im Betrieb.

Auslaufmodell?

Die Weiterbildungskosten gibt es (voraussichtlich) nur noch, wenn die Qualifizierung bis zum 31.12.2005 beginnt.

3 Lohnkostenzuschüsse

3.1 für demnächst Arbeitslose bei Freistellung für Weiterbildung

Nach § 417 Abs. 2 SGB III kann die AA einen Lohnkostenzuschuss zahlen, wenn ein Arbeitgeber von Arbeitslosigkeit bedrohte Arbeitnehmer unter Fortzahlung des Arbeitsentgelts für eine mit der AA abgestimmte Weiterbildungsmaßnahme freistellt.

Der Zuschuss kann bis zu Höhe des Betrages erbracht werden, der sich als anteiliges Arbeitsentgelt einschließlich des darauf entfallenden Arbeitgeberanteils am Gesamtsozialversicherungsbeitrag für Zeiten ohne Arbeitsleistung während der Teilnahme an der Maßnahme errechnet.   *Höhe*

Den Zuschuss gibt es (voraussichtlich) nur noch, wenn die Maßnahme bis zum 31.12.2005 beginnt.   *Auslaufmodell?*

3.2 für Arbeitnehmer ohne Berufsabschluss

Die Nachqualifizierung von formal nicht qualifizierten Arbeitnehmern unterbleibt häufig, weil das Nachholen eines Berufsabschlusses die Aufgabe des bestehenden Arbeitsverhältnisses voraussetzt. § 235c SGB III schafft einen Anreiz für Arbeitgeber, einen weiterbildungsbereiten Arbeitnehmer für eine Weiterbildung freizustellen. Arbeitgebern, die Beschäftigten ohne Berufsabschluss im Rahmen des bestehenden Arbeitsverhältnisses das Nachholen eines Abschlusses ermöglichen, können die auf die Zeit ohne Arbeitsleistung entfallenden Lohnkosten ganz oder teilweise erstattet werden. Erstattet wird auch der auf den Lohnkostenzuschuss entfallende pauschalierte Arbeitgeberanteil am Gesamtsozialversicherungsbeitrag. Bei der Bemessung der Zuschusshöhe ist das Interesse des Arbeitgebers an der Nachqualifizierung des Arbeitnehmers zu berücksichtigen (BT-Drs. 14/6944, S. 41).

Höhe

3.3 für Vertretungskräfte bei Jobrotation wegen Weiterbildung

Durch Jobrotation können im günstigsten Fall zwei Fliegen mit einer Klappe geschlagen werden: *Jobrotation*

- Beschäftigte werden freigestellt, um sich weiterzubilden;
- Arbeitslose erhalten eine Eingliederungschance, wenn sie den Arbeitnehmer in Weiterbildung vertreten und dabei praktische Arbeitserfahrungen erwerben.

Dieses Modell wird durch Zuschüsse der AA für die Einstellung einer bisher arbeitslosen Vertretungskraft gefördert. Geregelt ist dieser Einstellungszuschuss in den §§ 229–232 SGB III.   *Einstellungszuschuss*

Was heißt »Vertretung«?

Nach der Gesetzesbegründung ist es

»nicht erforderlich, dass die neue Einstellung synchron zur weiterbildungsbedingten Abwesenheit des Stammarbeitnehmers erfolgt. So kann es sinnvoll sein, den Vertreter bereits einige Zeit vor Beginn der Weiterbildungsmaßnahme einzustellen, damit der Stammarbeitnehmer die Einarbeitung des Vertreters übernehmen kann. Die Förderung kommt auch infrage, wenn der Stammarbeitnehmer normalerweise teilzeitbeschäftigt ist oder die berufliche Weiterbildungsmaßnahme in Teilzeit besucht. Unabhängig davon, wie der Stammarbeitnehmer beschäftigt ist, kann die Vertretung auch in Form einer Teilzeitbeschäftigung erfolgen oder es kann eine Stelle mit mehreren teilzeitbeschäftigten Vertretern besetzt werden. Für die Förderung wird nicht vorausgesetzt, dass der Arbeitslose unmittelbar den Arbeitnehmer ersetzt, der sich in beruflicher Weiterbildung befindet. Auch wenn dieser betriebsintern vertreten wird, aber für den betriebsinternen Vertreter ein Arbeitsloser eingestellt wird, kann eine Förderung erfolgen. (...) Auch hängt die Förderung nicht davon ab, dass der Stammarbeitnehmer nach Beendigung der beruflichen Weiterbildungsmaßnahme über einen bestimmten Zeitraum bei dem Arbeitgeber weiterbeschäftigt wird, der die Förderung erhalten hat. So kann der Arbeitnehmer die berufliche Weiterbildungsmaßnahme gerade zur Vorbereitung seiner eigenen Selbstständigkeit nutzen wollen« (BT-Drs. 14/6944, S. 40).

Auch an Entleiher

Auch Entleiher können einen Zuschuss für das an den Verleiher zu zahlende Entgelt erhalten, vorausgesetzt, der Verleiher hat einen zuvor Arbeitslosen eingestellt, um ihn im Rahmen von Jobrotation zu verleihen (§ 229 Satz 2 SGB III). Der Verleiher selbst kann keinen Zuschuss erhalten, da er keinen Arbeitnehmer zur Weiterbildung freistellt.

Arbeitsrechtliche Stellung des Vertreters

Durch § 231 Abs. 1 SGB III wird klargestellt, dass die Einstellung eines Arbeitslosen als Vertreter einen sachlichen Grund für den Abschluss eines befristeten Arbeitsverhältnisses darstellt. Der Arbeitgeber ist also nicht verpflichtet, den Vertreter dauerhaft einzustellen.
Ist der Vertreter ein Leiharbeitnehmer, gilt § 231 Abs. 1 SGB III nicht, da kein Arbeitsverhältnis zwischen dem Arbeitgeber (Entleiher) und dem Vertreter (Leiharbeitnehmer) besteht. Für das Arbeitsverhältnis zwischen Verleiher und Leiharbeitnehmer gelten die Regelungen des Arbeitnehmerüberlassungsgesetzes (so BT-Drs. 14/6944, S. 40).

Nur die Arbeitnehmer in Weiterbildung, nicht die Vertreter, zählen, wenn es (wie z. B. bei der Anwendung des Kündigungsschutzes) auf die Zahl der Beschäftigten ankommt (§ 231 Abs. 2 SGB III).

Höhe

Der Einstellungszuschuss wird gemäß § 230 SGB III für die Dauer der Beschäftigung des Vertreters in Höhe von mindestens 50 % und höchstens 100 % des berücksichtigungsfähigen Arbeitsentgelts geleistet. Bis zu welcher Höhe das Arbeitsentgelt berücksichtigungsfähig ist → S. 478. Die AA soll bei der Höhe des Zuschusses die Höhe der Aufwendungen, die der Arbeitgeber für die berufliche Weiterbildung des Stammarbeitnehmers tätigt, berücksichtigen.

»Dabei wird davon ausgegangen, dass der Arbeitgeber im Regelfall das Gehalt des Stammarbeitnehmers weiter bezahlt oder Freizeitkonten eingesetzt werden. Allerdings schließt die bloße Freistellung ohne Gehaltszahlung die Förderung nicht grundsätzlich aus. Dies gilt insbesondere dann, wenn die Weiterbildung der Vorbereitung der Selbstständigkeit des Stammarbeitnehmers dient. In diesen Fällen sollte die Förderung in der Regel 50% nicht überschreiten. Im Übrigen sind Kriterien für die Höhe des Zuschusses die Qualifikation des Vertreters und seine Förderungsbedürftigkeit. Von der Möglichkeit einer 100%igen Förderung sollte nur in Ausnahmefällen Gebrauch gemacht werden, wenn besondere Umstände dies rechtfertigen.« (BT-Drs. 14/6944, S. 40.)

Im Fall des Verleihs beträgt der Zuschuss 50% des vom Entleiher an den Verleiher zu zahlenden Entgelts.

Die Höchstförderungsdauer beträgt ein Jahr. Dabei ist auf die Zeit abzustellen, die der Vertreter ununterbrochen bei ein und demselben Arbeitgeber beschäftigt wird, unabhängig davon, ob er einen oder mehrere Stammarbeitnehmer vertritt. — Dauer

Eine Verbindung mit anderen Förderungsmaßnahmen, insbesondere mit Maßnahmen zur Förderung der beruflichen Weiterbildung selbst, ist zulässig (BT-Drs., a. a. O.). — Kombipackung?

4 Übernahme der Kosten von beauftragten Trägern von Jobrotationsprojekten zur Förderung der Weiterbildung

»Die Erfahrungen im Rahmen der Modellprojekte mit Jobrotation haben gezeigt, dass es notwendig sein kann, die Planung und Durchführung sowohl der beruflichen Weiterbildungsmaßnahme als auch die Auswahl des Vertreters sowie seine unter Umständen erforderliche Vorbereitung aus einer Hand zu organisieren. Auch kann es zweckmäßig sein, Arbeitgeber umfassend über die Förderung der beruflichen Weiterbildung durch Vertretung zu informieren und Verbindungen mit anderen Förderinstrumenten herzustellen. Zur Vorbereitung der Vertretung kann es auch erforderlich sein, eine Vorqualifizierung des Vertreters durchzuführen. (BT-Drs., a. a. O.) — Ziel

§ 232 SGB III sieht deshalb vor, dass die AA Dritte mit der Vorbereitung und Gestaltung der beruflichen Weiterbildung durch Vertretung beauftragen und durch Zuschüsse fördern kann. Die Förderung umfasst Zuschüsse zu den unmittelbar im Zusammenhang mit der Vorbereitung und Gestaltung der beruflichen Weiterbildung durch Vertretung anfallenden Kosten. Die Zuschüsse können bis zur Höhe der angemessenen Aufwendungen für das zur Aufgabenwahrnehmung erforderliche Personal sowie das insoweit erforderliche Leitungs- und Verwaltungspersonal sowie die angemessenen Sach- und Verwaltungskosten gewährt werden. — Umfang der Zuschüsse

P TEILHABE BEHINDERTER MENSCHEN AM ARBEITSLEBEN – ÜBERGANGSGELD
§§ 19, 22 Abs. 2, 97–115, 160–162, 235a, 236–239, 248–251 SGB III; §§ 1 ff., 33–54, 80–84, 101–115, 132–144 SGB IX

I **Ziel und begünstigter Personenkreis** 417

II **Klärung der Zuständigkeit** 418

III **Die Leistungen zur Teilhabe am Arbeitsleben** 420
    1 Überblick 420
    2 Allgemeine Leistungen 421
    3 Besondere Leistungen 422

IV **Allgemeine Leistungsvoraussetzungen** 424
    1 Antrag 424
    2 »Reha-Selbsthilfe« 424
    3 Leistungsfähigkeit, Eignung, Neigung 425
    4 Leistungsdauer 426
    5 Wiederholungen 427

V **Besondere Leistungsvoraussetzungen für den Bezug von Übergangsgeld (Übg)** 427
    1 Versicherungsrechtliche Voraussetzungen 427
    1.1 Zeiten eines Versicherungspflichtverhältnisses 428
    1.2 Anspruch auf Alg oder Alhi 428
    1.3 Rahmenfrist 429
    1.4 Ausnahmen 429
    2 Sonstige Voraussetzungen 430
    2.1 Durchführung einer qualifizierten Bildungsmaßnahme 430
    2.2 Teilnahme an der Maßnahme 431
    2.2.1 Krankheitsbedingte Nichtteilnahme 432
    2.2.2 Zwischenübergangsgeld 432
    2.2.3 Anschluss-Übg bei Arbeitslosigkeit 434
    2.3 Teilzeitmaßnahmen 435

VI **Höhe des Übg** 435
    1 Übg – in Prozent 435
    2 Bemessung nach der Berechnungsgrundlage 436
    3 Bemessung in Sonderfällen 437
    4 Jährliche Anpassung des Übg 438
    5 Nebenbeschäftigungen und Anrechnung von Nebeneinkommen 438

I Ziel und begünstigter Personenkreis

VII	**Ausbildungsgeld** 440	
VIII	**Teilnahmekosten und sonstige Hilfen** 440	
IX	**Leistungen als Teil eines »Persönlichen Budgets«** 443	
X	**Fördermöglichkeiten für Arbeitgeber** 444	
	1 Zuschüsse zur Ausbildungsvergütung 444	
	2 Zuschüsse zur Ausbildungsvergütung schwerbehinderter Menschen 444	
	3 Eingliederungszuschüsse zur Übernahme schwerbehinderter Menschen nach Aus- oder Weiterbildung 445	
	4 Eingliederungszuschüsse für besonders betroffene schwerbehinderte Menschen 445	
	5 Arbeitshilfen für behinderte Menschen 445	
	6 Kostenübernahme bei Probebeschäftigung behinderter Menschen 445	
XI	**Integrationsfachdienste** 446	
XII	**Integrationsprojekte** 450	

I Ziel und begünstigter Personenkreis

Wer behindert ist, soll soweit wie möglich ebenso erwerbs- und konkurrenzfähig werden wie ein nicht behinderter Mensch. Leistungen zur beruflichen Eingliederung oder – wie es in neuerem Sprachgebrauch heißt – zur Teilhabe am Arbeitsleben behinderter Menschen haben dementsprechend zum Ziel, »ihre Erwerbsfähigkeit zu erhalten, zu bessern, herzustellen oder wiederherzustellen und ihre Teilhabe am Arbeitsleben zu sichern« (§ 97 Abs. 1 SGB III).

Ziel: Teilhabe am Arbeitsleben

Die Hilfen zur Teilhabe am Arbeitsleben behinderter Menschen sind regelmäßig eine »Kann-Leistung« (§ 97 Abs. 1 SGB III). Der behinderte Mensch hat daher grundsätzlich nur einen Anspruch auf fehlerfreie Ermessensausübung.

Grundsätzlich nur noch Kann-Leistung

Eine Ausnahme besteht lediglich für solche behinderte Menschen, bei denen wegen Art oder Schwere der Behinderung oder der Sicherung der Teilhabe am Arbeitsleben die Teilnahme an einer Maßnahme, die auf die besonderen Bedürfnisse behinderter Menschen ausgerichtet ist, unerlässlich ist. Vor allem behinderte Menschen, die in Berufsförderungswerken aus- oder weitergebildet werden, haben einen Rechts-

Ausnahmsweise Muss-Leistung

anspruch auf die besonderen Leistungen zur Teilhabe am Arbeitsleben (→ S. 422). Desgleichen haben behinderte Menschen einen Rechtsanspruch, wenn die allgemeinen Leistungen wegen Art oder Schwere der Behinderung nicht ausreichen (§ 102 Abs. 1 SGB III). Für diese Personenkreise, die auf eine gezielte Förderung angewiesen sind, ist der BA – abgesehen von der Entscheidung über Darlehen oder Zuschüsse an Arbeitgeber – kein Ermessen eingeräumt.

Da der Anspruch nur auf die »erforderlichen« Leistungen gerichtet ist, erhält keine Förderung, wer trotz einer Behinderung am Arbeitsleben teilhaben kann; etwa indem er eine andere behinderungsgerechte Arbeitsstelle innerhalb angemessener Zeit findet. Im Einzelfall kann schon als Hilfe eine Arbeitsvermittlung durch die AA ausreichen. Ist dies nicht der Fall, ist dem behinderten Menschen auch ein neues Tätigkeitsfeld durch Weiterbildung zu erschließen.

Behinderte Menschen

Zum begünstigten Personenkreis der behinderten Menschen zählen nach § 19 Abs. 1 SGB III alle Personen, deren Aussichten, am Arbeitsleben teilzuhaben oder weiter teilzuhaben, wegen Art oder Schwere ihrer Behinderung im Sinne von § 2 Abs. 1 SGB IX nicht nur vorübergehend wesentlich gemindert sind und die deshalb Hilfen zur Teilhabe am Arbeitsleben benötigen.

Behinderung

Behinderungen in diesem Sinne sind Abweichungen der körperlichen Funktion, der geistigen Fähigkeit oder seelischen Gesundheit, wenn diese Abweichungen mit hoher Wahrscheinlichkeit länger als sechs Monate von dem für das Lebensalter typischen Zustand bestehen und daher die Teilhabe am Leben in der Gesellschaft beeinträchtigt ist. Begünstigt werden auch lernbehinderte Menschen. Vorübergehende Erkrankungen, also solche, von denen zu erwarten ist, dass sie in absehbarer Zeit abgeklungen sind, begründen demnach keine Behinderung.

Drohende Behinderung

Leistungen zur Teilhabe am Arbeitsleben kommen auch infrage, wenn eine Beeinträchtigung der beruflichen Sicherheit durch den Eintritt einer Behinderung mit hoher Wahrscheinlichkeit zu erwarten ist (§ 19 Abs. 2 SGB III). Ob dies der Fall ist oder ob eine Behinderung bereits vorliegt, wird die AA in der Regel durch medizinische Gutachten festzustellen haben.

II Klärung der Zuständigkeit

Zuständigkeit anderer Rehaträger

Für zahlreiche behinderte Menschen darf die AA Leistungen zur Teilhabe am Arbeitsleben nicht erbringen. Dies ist der Fall, wenn ein anderer Rehabilitationsträger i. S. des SGB IX zuständig ist. Nur Eingliederungszuschüsse für besonders betroffene schwerbehinderte Menschen (§ 219 SGB III) und Zuschüsse zur Ausbildungsvergütung schwerbehinderter Menschen (§ 235a SGB III) können von der BA auch bei anderweitiger Zuständigkeit gezahlt werden (§ 22 Abs. 2 SGB III).

Solche andere Rehabilitationsträger, die die Leistungspflicht der BA begrenzen, sind insbesondere die Rentenversicherungsträger, die zuständig sind für Personen, die die rentenversicherungsrechtlichen Voraussetzungen für Leistungen zur Teilhabe am Arbeitsleben erfüllen.

Die BA darf deshalb keine Leistungen gewähren, wenn der behinderte Mensch die Wartezeit von 15 Jahren erfüllt hat oder eine Rente wegen verminderter Erwerbsfähigkeit bezieht oder ohne Leistungen zur Teilhabe am Arbeitsleben beziehen könnte oder wenn Leistungen zur Teilhabe am Arbeitsleben im Anschluss an medizinische Leistungen der Rentenversicherungsträger erforderlich sind (§ 11 SGB VI).

Unzuständigkeit der BA

Leistungen zur Förderung der beruflichen Eingliederung darf die BA auch nicht gewähren, wenn die Behinderung auf einem Arbeitsunfall oder einer Berufskrankheit beruht, weil dann grundsätzlich die gesetzliche Unfallversicherung über die Berufsgenossenschaften für die Förderung der Teilhabe am Arbeitsleben zuständig ist (§ 26 SGB VII). Schließlich ist die Leistungspflicht der BA ausgeschlossen, wenn die Behinderung auf einer Wehrdienstbeschädigung, auf einem vorsätzlichen, rechtswidrigen tätlichen Angriff i. S. des Opferentschädigungsgesetzes beruht, auf einen Impfschaden zurückzuführen ist oder Anspruch auf Leistungen der Kriegsopferfürsorge besteht.

Nach § 38 SGB IX hat die BA auf Anforderung eines anderen Rehabilitationsträgers vor der Einleitung rehabilitativer Maßnahmen zu Notwendigkeit, Art und Umfang von Leistungen zur Teilhabe am Arbeitsleben unter Berücksichtigung arbeitsmarktlicher Zweckmäßigkeit gutachterlich Stellung zu nehmen; dies setzt einen Erstvorschlag des anfordernden Trägers nicht voraus. Die Vorschläge der BA haben heute nur noch Empfehlungscharakter, wodurch aufwändige Einigungsverfahren in Streitfällen entbehrlich werden (BT-Drs. 13/8994, S. 90).

Beteiligung der BA

Wenn behinderte Menschen bei der AA einen Antrag auf Leistungen zur Teilhabe gestellt haben, muss die Zuständigkeit wie folgt geklärt werden: Nach § 14 Abs. 1 Satz 1 SGB IX hat die BA als erstangegangener Rehabilitationsträger binnen zwei Wochen seit Eingang des Antrags eine Entscheidung über ihre Zuständigkeit zu treffen. Hält sie ihre Zuständigkeit für gegeben, dann muss sie den Rehabilitationsbedarf innerhalb von drei Wochen feststellen, wenn die Feststellung ohne Gutachten möglich ist. Ist ein Gutachten erforderlich, so ist über den Rehabilitationsbedarf binnen zwei Wochen nach Vorliegen des Gutachtens zu entscheiden (§ 14 Abs. 2 SGB IX). Die Leistungspflicht der BA ist in diesem Fall positiver Entscheidung keine vorläufige, sondern eine endgültige. Die Leistungspflicht der BA ist auch dann eine endgültige, wenn die Zwei-Wochen-Frist abgelaufen ist, ohne dass der Antrag an einen anderen Rehabilitationsträger weitergeleitet wurde. Auch bei nachträglicher Feststellung der Unzuständigkeit ist eine Weiterleitung des Antrags nicht mehr möglich.

Zuständigkeitsklärung

Eile ohne Weile

Wer langsam mahlt, zahlt

Stellt die BA ihre Unzuständigkeit fest, hat sie das Verfahren an denjenigen Träger unverzüglich abzugeben, der nach ihrer Auffassung zuständig ist (§ 14 Abs. 1 Satz 2 SGB IX). Diesem Träger obliegt dann die eigenverantwortliche Aufgabenwahrnehmung. Für ihn ist die Abgabe des Verfahrens verbindlich, weil der Gesetzgeber weitere Verzögerungen durch neuerliche Ermittlungen zur Zuständigkeit vermeiden will. Ein Antrag auf Leistungen zur Teilhabe darf also grundsätzlich nur einmal an einen anderen Träger weitergeleitet werden. Für den Fall, dass der BA von einem seine Zuständigkeit verneinenden Rehabilitationsträger ein Antrag zugeleitet worden ist, bedeutet das, dass sie keine Feststellungen zur Zuständigkeit mehr zu treffen hat. Die BA hat dann Leistungen zu erbringen.

Wird der Antrag bei der BA gestellt, darf diese nicht zunächst den Rentenversicherungsträger einschalten, um feststellen zu lassen, ob ohne die Leistungen zur Teilhabe Rente wegen verminderter Erwerbsfähigkeit zu leisten wäre (§ 14 Abs. 1 Satz 4 SGB IX). Die BA hat dem behinderten Menschen zunächst die Leistungen zu erbringen.

Kann weder eine positive noch eine negative Feststellung der Zuständigkeit getroffen werden, weil vorab die Ursache der Behinderung zu klären ist und dies innerhalb der Zwei-Wochen-Frist nicht möglich ist, so hat eine Abgabe an den für zuständig gehaltenen Rehabilitationsträger zu erfolgen, der Leistungen ohne Rücksicht auf die Ursache zu erbringen hat (§ 14 Abs. 1 Satz 3 SGB IX). Dies kann, da die gesetzliche Krankenversicherung nur medizinische Leistungen zur Rehabilitation erbringt und die Zuständigkeit anderer Rehabilitationsträger von der Ursache der Behinderung abhängig ist, im Grunde neben der BA nur ein Rentenversicherungsträger sein.

Es kann vorkommen, dass im Einzelfall die Zeiträume des § 14 SGB IX zu lang sind. In einem solchen Fall kann das Integrationsamt Leistungen zur Teilhabe am Arbeitsleben, also auch solche, die zur Erlangung oder Sicherung eines Arbeitsplatzes unverzüglich erforderlich sind, vorläufig erbringen (§ 102 Abs. 6 SGB IX).

III Die Leistungen zur Teilhabe am Arbeitsleben

1 Überblick

Nicht von BA: Leistungen zur medizinischen Rehabilitation und zur Teilhabe am Leben in der Gemeinschaft

Für Leistungen zur medizinischen Rehabilitation und zur Teilhabe am Leben in der Gemeinschaft sind andere Rehabilitationsträger, insbesondere die Träger der gesetzlichen Krankenversicherung, der Rentenversicherung, der Unfallversicherung und der Jugend- und Sozialhilfe zuständig. Dazu gehören regelmäßig alle Hilfen, die die Voraussetzungen für das Erlernen oder die Anwendung beruflicher Fähigkeiten erst herstellen oder bessern sollen. Sie sind unmittelbar auf die Beseitigung (Heilung) oder Besserung der Behinderung gerichtet oder sollen einer Verschlimmerung vorbeugen.

Abgrenzungsschwierigkeiten treten oft bei berufsvorbereitenden Maßnahmen auf. Hier bedarf es der Prüfung, ob die Maßnahme ihr Schwergewicht in der sozialen oder medizinischen Betreuung und in der Persönlichkeitsbildung hat oder ob sie auf eine Erwerbstätigkeit zielt, mithin der beruflichen Eingliederung dient. Letzteres kann selbst bei Maßnahmen im Eingangsverfahren einer Werkstatt für behinderte Menschen der Fall sein, wenn die Maßnahme für eine Beschäftigung im Arbeitsbereich dieser Werkstatt fit machen soll.

Bereits mit der Einleitung einer medizinischen Rehabilitationsmaßnahme hat der hierfür zuständige Träger zu prüfen, ob und gegebenenfalls welche berufsfördernden Maßnahmen im Einzelfall durchzuführen sind. Diese Verpflichtung setzt sich bis zum Abschluss der medizinischen Maßnahme fort (vgl. § 11 SGB IX).

Das SGB III unterscheidet zwischen den allgemeinen und den besonderen Leistungen zur Teilhabe am Arbeitsleben. Die allgemeinen Leistungen sind die Regelleistungen. Die besonderen Leistungen dürfen nur erbracht werden, wenn nicht bereits durch die allgemeinen Leistungen eine berufliche Eingliederung erreicht werden kann (§ 98 Abs. 2 SGB III). Auf die besonderen Leistungen werden viele behinderte Menschen deshalb nicht zurückgreifen können.

Nachrangigkeit der besonderen Leistungen

2 Allgemeine Leistungen

Zu den allgemeinen Leistungen zur beruflichen Eingliederung zählen gemäß § 100 SGB III die
- Unterstützung der Beratung und Vermittlung,
- Verbesserung der Aussichten auf Teilhabe am Arbeitsleben,
- Förderung der Aufnahme einer Beschäftigung,
- Förderung der Aufnahme einer selbstständigen Tätigkeit,
- Förderung der Berufsausbildung,
- Förderung der beruflichen Weiterbildung.

Katalog der allgemeinen Leistungen

Diese Leistungen richten sich grundsätzlich nach den Voraussetzungen, nach denen sie auch von nicht behinderten Menschen beansprucht werden können; insoweit sind behinderte Menschen also nicht besser gestellt. So müssen auch sie etwa die allgemeinen Förderungsvoraussetzungen des § 77 SGB III erfüllen, wenn sie an einer Maßnahme der beruflichen Weiterbildung teilnehmen wollen. Als den Lebensunterhalt sicherstellende Leistung kommt regelmäßig (Ausnahmen siehe unten) nur das Alg bei beruflicher Weiterbildung und nicht das günstigere Übergangsgeld (Übg) in Betracht.

Förderung wie nicht behinderte Menschen

In einigen Bereichen bestehen zugunsten behinderter Menschen jedoch Erleichterungen:

Förderung erleichtert

- So können die Mobilitätshilfen (→ S. 60) abweichend vom Regelfall auch erbracht werden, wenn der behinderte Mensch nicht arbeitslos oder von Arbeitslosigkeit bedroht ist. Es genügt, dass durch Mobilitätshilfen seine dauerhafte Eingliederung erreicht werden kann (§ 101 Abs. 1 SGB III).

- Eine berufliche Weiterbildung kann – anders als bei nicht behinderten Menschen – auch dann gefördert werden, wenn der behinderte Mensch nicht arbeitslos oder von Arbeitslosigkeit bedroht ist, als Arbeitnehmer ohne Berufsabschluss noch keine drei Jahre beruflich tätig war oder zur Teilhabe am Arbeitsleben länger gefördert werden muss als ein nicht behinderter Mensch (§ 101 Abs. 5 SGB III).

- Eine erneute Förderung ist möglich, sofern dies zur Teilhabe am Arbeitsleben notwendig erscheint (§ 101 Abs. 4 SGB III).

- Während für nicht behinderte Menschen berufsvorbereitende Bildungsmaßnahmen, die den Schulgesetzen der Länder unterliegen, grundsätzlich nicht förderungsfähig sind (§ 61 Abs. 1 Nr. 1 SGB III), können behinderte Menschen nach § 101 Abs. 5 Satz 2 SGB III auch in einer schulischen Ausbildung gefördert werden, wenn dies für die Weiterbildung erforderlich ist.

- Außerdem können auch berufliche Aus- und Weiterbildungen gefördert werden, die im Rahmen des BBiG oder der HandwerksO, aber abweichend von den Ausbildungsordnungen für staatlich anerkannte Ausbildungsberufe oder in Sonderformen für behinderte Menschen durchgeführt werden (§ 101 Abs. 2 Satz 1 SGB III).

3 Besondere Leistungen

Die besonderen Leistungen zur Teilhabe am Arbeitsleben, auf die behinderte Menschen einen Rechtsanspruch haben (→ S. 417), umfassen

Katalog der besonderen Leistungen
- das Übergangsgeld (Übg),
- das Ausbildungsgeld,
- die Übernahme der Teilnahmekosten für eine Maßnahme.

Rechtsanspruch
Behinderte Menschen haben unter den in § 102 SGB III genannten Voraussetzungen einen Rechtsanspruch auf besondere Leistungen. Anstelle der allgemeinen sind gemäß § 102 Abs. 1 Satz 1 SGB III die besonderen Leistungen vor allem dann zu erbringen, wenn Art und Schwere der Behinderung oder die Sicherung der Teilhabe am Arbeitsleben die Teilnahme an einer Maßnahme unerlässlich machen. Allerdings ist nicht die Teilnahme an einer beliebigen Maßnahme ausreichend, vielmehr muss es sich um eine Maßnahme in einer besonderen Einrichtung für behinderte Menschen oder zumindest um eine Maßnahme handeln, die auf die besonderen Bedürfnisse behinderter Menschen ausgerichtet ist. Letzteres ist nicht bereits dann ausgeschlossen, wenn die Maßnahme auch nicht behinderten Menschen offensteht. Zu Recht hat daher das SG Hamburg (Urteil vom 30.1.1996 – 12 AR 1437/95, info also 1996, Heft 3, S. 127) die Verweisung einer Hörbehinderten auf die (geringeren) für nicht behinderte Menschen vorgesehenen Leistungen im Falle einer betrieblichen Aus-

bildung verworfen, bei der der Ausbildungsbetrieb auf die Hörbehinderung besondere Rücksicht genommen hatte.

Bei behinderten Menschen, die an Maßnahmen in besonderen Einrichtungen für behinderte Menschen teilnehmen, steht gemäß § 102 Abs. 1 Satz 2 SGB III der Förderung nicht entgegen, dass die Aus- oder Weiterbildung außerhalb des BBiG und der HandwerksO erfolgt. Es sind also in den besonderen Einrichtungen besondere Formen der Aus- und Weiterbildung, auch in schulischer Form, möglich, ohne dass dies förderungsschädlich wäre (vgl. BT-Drs. 13/8994, S. 76). Diese Regelungen betonen den Grundsatz der Einheitlichkeit des Rehabilitationsverfahrens (§ 12 Abs. 1 Nr. 1 SGB IX) und sollen sicherstellen, dass die BA die gesamte (schulische und nichtschulische) Ausbildung in einem Berufsförderungswerk fördern kann.

Maßnahmen in besonderen Einrichtungen

Besondere Leistungen können gemäß § 102 Abs. 2 SGB III auch für die Teilnahme an Maßnahmen in Werkstätten für behinderte Menschen zu erbringen sein:

Maßnahmen in Werkstätten für behinderte Menschen

- Im Eingangsverfahren der Werkstatt gilt dies unter der Voraussetzung, dass die Leistungen erforderlich sind, um festzustellen, ob die Werkstatt die geeignete Einrichtung für die Teilhabe des behinderten Menschen am Arbeitsleben ist, sowie welche Bereiche der Werkstatt und welche Leistungen zur Teilhabe am Arbeitsleben für den behinderten Menschen in Betracht kommen. Leistungen können hier nur bis zu drei Monaten erbracht werden.

- Im Berufsbildungsbereich können Leistungen erbracht werden, wenn die Leistungen erforderlich sind, um die Leistungsfähigkeit oder Erwerbsfähigkeit des behinderten Menschen zu fördern und erwartet werden kann, dass der behinderte Mensch nach der Teilnahme an diesen Leistungen in der Lage ist, ein Mindestmaß wirtschaftlich verwertbarer Arbeitsleistung zu erbringen. In diesem Fall kann bis zur Dauer von zwei Jahren geleistet werden; über ein Jahr hinaus nur, wenn – was vor Ablauf des ersten Jahres durch eine fachliche Stellungnahme festzustellen ist – die Leistungsfähigkeit des behinderten Menschen weiterentwickelt oder wiedergewonnen werden kann. Kann der status quo nicht mehr verändert werden, so enden die besonderen Leistungen also spätestens nach einem Jahr.

Die besonderen Leistungen dürfen nur in Verbindung mit einer Maßnahme zur Teilhabe am Arbeitsleben gewährt werden. Deshalb kann auch das Übg nicht isoliert für sich erbracht werden, sondern nur im funktionalen Zusammenhang mit einer Maßnahme zur Teilhabe am Arbeitsleben.

Das BSG hat wiederholt entschieden (zuletzt Urteil vom 25.3.2003, SozR 4–4300 § 110 Nr. 1), dass ein Gericht die Voraussetzungen für eine besondere Leistung nicht mehr nachzuprüfen braucht, wenn ein Rehabilitationsträger bindend die Voraussetzungen bejaht hat.

IV Allgemeine Leistungsvoraussetzungen

1 Antrag

Leistung nur auf Antrag

Alle allgemeinen und besonderen Leistungen zur Eingliederung werden nur auf Antrag gewährt. Der Antrag ist nach § 324 Abs. 1 SGB III regelmäßig vor Beginn der Teilnahme an der Maßnahme zu stellen; wird er später gestellt, so ist die Leistung rückwirkend längstens vom Beginn des Monats der Antragstellung an zu gewähren. Diese Vergünstigung gilt jedoch nur für Berufsausbildungsbeihilfe und Ausbildungsgeld, nicht aber für andere Leistungen (§§ 324 Abs. 2, 325 Abs. 1 SGB III).

Wer demnach eine Maßnahme zur Teilhabe am Arbeitsleben beginnt, einen Förderungsantrag jedoch erst nachträglich stellt, dem stehen für die Zeit bis zur Beantragung keine Leistungen zu.
Nur in begründeten Ausnahmen ist zur Vermeidung unbilliger Härten eine rückwirkende Leistungsgewährung möglich (§ 324 Abs. 1 Satz 2 SGB III).

Antrag auch formlos

Für den Antrag ist eine bestimmte Form nicht vorgeschrieben. Er kann auch mündlich und ohne Verwendung des von der AA vorgesehenen Antragsvordrucks gestellt werden.

2 »Reha-Selbsthilfe«

Wenn auch der behinderte Mensch gehalten ist, die zur Teilhabe am Arbeitsleben erforderlichen Leistungen zu beantragen, so ist er doch nicht verpflichtet, mit dem Beginn der Maßnahme so lange zu warten, bis die AA eine Entscheidung über die Förderung getroffen hat. Dem behinderten Menschen, der nach Antragstellung seine Rehabilitation zunächst ohne Zutun der AA selbst betreibt, kann daraus unter bestimmten Voraussetzungen kein Nachteil erwachsen. Zu diesen Voraussetzungen einer zulässigen Reha-Selbsthilfe gehören nach § 15 SGB IX:

- Die AA kann über den Antrag nicht innerhalb von drei Wochen entscheiden,

- diesen Umstand hat es dem behinderten Menschen nicht unter Darlegung der Gründe rechtzeitig mitgeteilt oder die Gründe vermögen die Verzögerung nicht zu rechtfertigen,

- Sie haben daraufhin der AA eine angemessene Frist gesetzt und dabei erklärt, dass Sie sich nach Ablauf der Frist die erforderliche Leistung selbst beschaffen.

Sind diese Voraussetzungen erfüllt, ist die BA verpflichtet, dem behinderten Menschen die getroffenen Aufwendungen zu erstatten. Diese

Verpflichtung wird allerdings durch die Grundsätze der Wirtschaftlichkeit und der Sparsamkeit begrenzt, die die AA auf jeden Fall zu beachten hat. Die Aufwendungen sollten sich deshalb unbedingt auf das Notwendige beschränken.

Eine Erstattungspflicht zugunsten des behinderten Menschen besteht zudem in den Fällen, in denen eine Leistung nicht rechtzeitig erbracht werden kann, die unaufschiebbar ist oder in denen die BA eine Leistung zu Unrecht abgelehnt hat.

Bedenken Sie, dass Sie bei einer »Reha-Selbsthilfe« ein erhebliches Risiko eingehen. So kommt etwa im Falle eines unbegründeten Leistungsantrags die Gewährung von Übg nicht in Betracht. Sie können die AA nicht dadurch zur Leistung zwingen, dass Sie die AA vor vollendete Tatsachen stellen.

3 Leistungsfähigkeit, Eignung, Neigung

Vorrangiges Kriterium für die Auswahl der im Einzelfall von der AA zu gewährenden berufsfördernden Leistungen ist die Leistungsfähigkeit des behinderten Menschen. Fehlt es an ihr, darf die AA diese Leistungen nicht erbringen.

Auswahlkriterien:

Leistungsfähigkeit

Die Leistungsfähigkeit ist jedoch nicht allein ausschlaggebend. Bei mehreren in Betracht kommenden Leistungen zur Teilhabe am Arbeitsleben, für die der behinderte Mensch leistungsfähig ist, ist zu prüfen, welche Leistung nach Eignung, Neigung, bisheriger beruflicher Tätigkeit des Behinderten sowie Lage und Entwicklung des Arbeitsmarktes am besten passt (vgl. § 97 Abs. 2 SGB III). Mehr noch als im Bereich der beruflichen Förderung nicht behinderter Menschen wird es bei der Eingliederung behinderter Menschen erforderlich sein, Leistungsfähigkeit, Eignung und Neigung unter Einschaltung des ärztlichen und/oder psychologischen Dienstes der AA zu beurteilen; dabei wird sehr oft von dem Instrument des Eignungstests Gebrauch gemacht. Im Einzelfall kann zur Feststellung geeigneter Maßnahmen auch eine Abklärung der beruflichen Eignung oder eine Arbeitserprobung sinnvoll sein.

Eignung, Neigung, bisherige berufliche Tätigkeit, Arbeitsmarkt

Nicht selten mangelt es an der Eignung. Das Eingliederungsziel ist die Herstellung der vollen Erwerbsfähigkeit. Die berufliche Eingliederung soll den behinderten Menschen nicht nur befähigen, eine konkrete behindertengerechte Beschäftigung in dem von ihm gewünschten Beruf zu finden. Er soll auch in die Lage versetzt werden, die erlernten Kenntnisse und Fertigkeiten auf dem gesamten Berufsfeld, welches durch die Maßnahme zur Teilhabe eröffnet wird, uneingeschränkt zu verwerten. Einer Einschränkung dieses umfassenden Ziels auf einen Teilbereich beruflicher Beschäftigungsmöglichkeiten braucht die AA nur zuzustimmen, wenn überhaupt kein Berufsfeld vorhanden ist, auf dem alle Beschäftigungen vom behinderten Menschen risikolos aufgenommen werden könnten. Dieser hat deshalb grundsätzlich keinen Anspruch auf Rehabilitation zu einem Beruf, in dem er in Teilen des Berufsfeldes nicht einsetzbar sein wird (BSG, Urteil vom 18.5.2000 – B 11 AL 107/99 R).

Beispiel

Wer etwa seinen Beruf als Kindergärtnerin aus gesundheitlichen Gründen (psychosomatische Beschwerden infolge dauernden Kinderlärms) aufgeben musste, kann nicht als Maßnahme zur Teilhabe am Arbeitsleben die Weiterbildung zur Heilpädagogin beanspruchen, auch wenn diese Maßnahme den Zugang zu lärmfreien Tätigkeiten (etwa in der Altenpflege oder Erwachsenenbildung) ermöglicht. Denn zum Berufsfeld einer Heilpädagogin gehört auch die Betreuung von Kindern in integrativen Einrichtungen, womit die erneute gesundheitliche Gefährdung verbunden wäre.

Wünsche

Wegen der grundrechtlich geschützten Berufsfreiheit (Art. 12 Abs. 1 GG) kommt der Neigung des behinderten Menschen besondere Bedeutung zu. Einem bestimmten Berufswunsch hat die AA jedenfalls so lange Rechnung zu tragen, als nicht zu erwarten ist, dass der behinderte Mensch für die von ihm angestrebte Maßnahme und die letztlich beabsichtigte berufliche Tätigkeit ungeeignet ist, oder eine Aufnahme dieser Tätigkeit nach Abschluss der Maßnahme im Hinblick auf den für ihn erreichbaren allgemeinen Arbeitsmarkt oder in einer Werkstatt für behinderte Menschen ebenfalls nicht erwartet werden kann. Bei mehreren objektiv gleichwertigen Leistungen ist davon auszugehen, dass der Betroffene regelmäßig besser als die AA weiß, welche Leistung seinen Bedürfnissen am ehesten gerecht wird (vgl. BSG, Urteil vom 3.11.1999 – B 3 KR 16/99 R, SozR 3–1200 § 33 Nr. 1).

Den besonderen Stellenwert der Neigung verdeutlicht § 9 Abs. 1 SGB IX. Danach ist bei den Leistungen zur Teilhabe den berechtigten Wünschen des Leistungsberechtigten zu entsprechen. Nimmt die AA keine Rücksicht auf Wünsche des behinderten Menschen, so hat sie die Nichtbeachtung durch Bescheid, der gerichtlich überprüft werden kann, zu begründen (§ 9 Abs. 2 Satz 3 SGB IX).

4 Leistungsdauer

Eine strikte zeitliche Obergrenze sieht das SGB III nicht vor. Die Leistungsdauer ist nach § 99 i. V. m. § 85 Abs. 2 SGB III allein von der Angemessenheit der Maßnahmedauer abhängig (→ S. 394). Diese Voraussetzung wird von der AA vor Beginn der Maßnahme geprüft.

2 Jahre

In der Praxis beträgt in Übereinstimmung mit § 37 Abs. 2 SGB IX die Förderdauer in der Regel zwei Jahre. Nur in Ausnahmefällen, wenn es zur Teilhabe am Arbeitsleben des behinderten Menschen erforderlich ist (§ 101 Abs. 5 Satz 1 Nr. 3 und Abs. 4 SGB III), wird länger gefördert. Für in Teilzeit erbrachte Leistungen zur Teilhabe gelten regelmäßig längere Fristen.

5 Wiederholungen

Die Rehabilitation ist erst abgeschlossen, wenn ihr Ziel, die dauerhafte Eingliederung in Arbeit und Beruf, erreicht ist. Dementsprechend erlaubt § 101 Abs. 4 SGB III eine wiederholte berufliche Weiterbildung, wenn der behinderte Mensch der erneuten Förderung bedarf, um am Arbeitsleben teilzuhaben oder weiter teilzuhaben.

Leistungen wiederholt möglich

Die Wiederholung einer Ausbildung wird gefördert, wenn Art oder Schwere der Behinderung es erfordern und ohne die Förderung eine dauerhafte Teilhabe am Arbeitsleben nicht erreicht werden kann. Allerdings kann es etwa nach einer wiederholt abgebrochenen Bildungsmaßnahme im Einzelfall an der Eignung des behinderte Menschen fehlen, sodass daran eine erneute Förderung der gleichen oder vergleichbaren Maßnahme scheitern kann.

V Besondere Leistungsvoraussetzungen für den Bezug von Übergangsgeld (Übg)

Die für die berufliche Rehabilitation behinderter Menschen wichtigste Leistung ist das Übg. Es soll während einer beruflichen Bildungsmaßnahme deren Lebensunterhalt sichern. Da das Übg zu den besonderen Leistungen gehört, besteht bei Vorliegen der Leistungsvoraussetzungen auf die Zahlung ein Rechtsanspruch (→ S. 400).

Muss-Leistung

Um Übg zu erhalten, müssen nicht nur die allgemeinen Leistungsvoraussetzungen erfüllt sein, der Antragsteller zum begünstigten Personenkreis gehören und die Zuständigkeit der BA gegeben sein; er muss darüber hinaus auch die besonderen versicherungsrechtlichen und sonstigen Voraussetzungen für den Bezug des Übg erfüllen (§ 160 Satz 1 SGB III).

1 Versicherungsrechtliche Voraussetzungen

Der behinderte Mensch muss die Vorbeschäftigungszeit erfüllt haben. Er muss innerhalb der letzten drei Jahre vor Beginn der Maßnahme (Rahmenfrist) entweder

Vorbeschäftigungszeit

- mindestens zwölf Monate in einem Versicherungsverhältnis gestanden haben oder

- die Voraussetzung für einen Anspruch auf Alg oder Alhi erfüllt und Leistungen beantragt haben (§ 161 Abs. 1 SGB III).

Ausnahmsweise bedarf es dieser Voraussetzungen nicht, wenn der behinderte Mensch bereits über bestimmte Ausbildungsabschlüsse verfügt (§ 162 Satz 1 SGB III).

1.1 Zeiten eines Versicherungspflichtverhältnisses

Das Vorliegen eines Versicherungspflichtverhältnisses richtet sich – wie beim Anspruch auf Alg bei Arbeitslosigkeit (§ 123 SGB III) – nach § 24 SGB III. Welche Zeiten hier in Betracht kommen, können Sie auf → S. 110 nachlesen.

Beschäftigungs- und gleichgestellte Zeiten

Zeiten einer Beschäftigung brauchen nicht lückenlos zu sein. Versicherungspflichtig sind nicht nur Beschäftigungszeiten; andere Tatbestände begründen ebenfalls ein Versicherungspflichtverhältnis. Für behinderte Menschen besonders bedeutsam ist die Gleichstellung nach § 26 Abs. 2 SGB III.

Diese Vorschrift erfasst den Bezug von Krankengeld, Versorgungskrankengeld, Verletztengeld, Übg (etwa für der beruflichen Rehabilitation vorausgegangene medizinische Rehabilitationsmaßnahmen) oder Krankentagegeld eines privaten Krankenversicherungsunternehmens.

Wer also aus gesundheitlichen Gründen eine Beschäftigung nicht ausüben kann, wird häufig die Vorbeschäftigungszeit für das Übg durch den Bezug einer der genannten Sozialleistungen erwerben können.

1.2 Anspruch auf Alg oder Alhi

Alg oder Alhi

Kann der behinderte Mensch kein Versicherungspflichtverhältnis geltend machen, so genügt es nach § 161 Abs. 1 Nr. 2 SGB III auch, wenn der Behinderte die Voraussetzungen für einen Anspruch auf Alg oder Alhi erfüllt und diese Leistungen beantragt hat. Dem Anspruch auf Alg bzw. Alhi steht der Anspruch auf Arbeitslosenbeihilfe bzw. Alhi nach dem SoldatenversorgungsG gleich (BSG, Urteil vom 1.9.1994 – 7 RAr 106/93, SozR 3–4100 § 59 Nr. 7).

Für wenigstens 1 Tag

Für den Erwerb der Übg-Anwartschaft reicht es aus, wenn innerhalb der 3-Jahres-Frist eine dieser Leistungen bezogen wurde, auch wenn es lediglich für einen Tag war.

Ein Anspruch auf Alg oder Alhi wird auch dann angenommen, wenn dem behinderten Menschen diese Leistung tatsächlich vor Maßnahmebeginn zuerkannt worden ist und der entsprechende Bewilligungsbescheid nicht rückwirkend wegen fehlender Rechtmäßigkeit aufgehoben worden ist.

Solange eine solche Aufhebung nicht erfolgt ist, kann auch ein rechtswidriger Bezug der Leistung die Voraussetzungen für den Erwerb des Anspruchs auf Übg erfüllen.

1.3 Rahmenfrist

Die Rahmenfrist für das Übg beträgt grundsätzlich drei Jahre. Maßgebend für die Fristberechnung ist der Zeitpunkt des Antritts der Maßnahme.

3 Jahre

Die dreijährige Rahmenfrist verlängert sich gemäß § 161 Abs. 2 Satz 2 SGB III um die Dauer einer Beschäftigung im Ausland, die für die weitere Berufsausübung oder einen beruflichen Aufstieg nützlich und üblich ist. In diesem Fall kann die Verlängerung bis zu zwei Jahre betragen. Leicht übersehen wird, dass die Verlängerungszeit, also die Beschäftigungszeit im Ausland, an die »normale« Rahmenfrist heranreichen muss. Sie muss sich demnach bis zu dem Drei-Jahres-Zeitraum oder, falls eine Mehrfachanrechnung wegen weiterer Auslandsbeschäftigungen angestrebt wird, bis zu dem bereits verlängerten Zeitraum erstrecken. Dies ist jedenfalls dann der Fall, wenn sich die Verlängerungszeiten mit der – gegebenenfalls verlängerten – Rahmenfrist zumindest teilweise decken.

Verlängerung der Rahmenfrist bei Auslandsbeschäftigung

Keine Rahmenfrist gilt gemäß § 161 Abs. 2 Satz 1 SGB III für behinderte Berufsrückkehrerinnen im Sinne des § 20 SGB III. § 161 Abs. 2 Satz 1 lässt nur die Rahmenfrist von drei Jahren entfallen. Die übrigen versicherungsrechtlichen Voraussetzungen des § 161 Abs. 1 SGB III müssen auf jeden Fall erfüllt sein. Ohne Fixierung an einen zeitlichen Rahmen müssen also in früherer Zeit entweder 12-monatige Versicherungspflichtverhältnisse oder gleichgestellte Zeiten oder ein Anspruch auf Alg oder Alhi vorliegen.

Keine Rahmenfrist für Berufsrückkehrer

1.4 Ausnahmen

Für bestimmte Personengruppen sieht das Gesetz Übg auch dann vor, wenn die versicherungsrechtlichen Voraussetzungen nach § 161 SGB III nicht erfüllt sind. Es sind dies zunächst solche behinderte Menschen, die innerhalb des letzten Jahres vor Beginn der Teilnahme an der Maßnahme einen Berufsausbildungsabschluss aufgrund einer Zulassung zur Prüfung nach § 40 Abs. 3 BBiG oder § 37 Abs. 3 HandwerksO erworben haben (§ 162 Satz 1 Nr. 1 SGB III).

Qualifizierter Ausbildungsabschluss

Das Gleiche gilt für behinderte Menschen, deren Prüfungszeugnis aufgrund einer Rechtsverordnung nach § 43 Abs. 1 BBiG oder nach § 40 Abs. 1 HandwerksO dem Zeugnis über das Bestehen der Abschlussprüfung in einem nach dem BBiG oder der HandwerksO anerkannten Ausbildungsberuf gleichgestellt worden ist (§ 162 Satz 1 Nr. 2 SGB III). Begünstigt werden dadurch behinderte Menschen, die nicht als Auszubildende versicherungspflichtig beschäftigt waren, die aber – gleichwertig – in einer berufsbildenden Schule oder einer überbetrieblichen Einrichtung ausgebildet worden sind.

Nach Zeugniserwerb: sofort arbeitslos melden Wir empfehlen, nach Erwerb solcher Zeugnisse Arbeitslosen sich sogleich bei der AA arbeitslos zu melden, und zwar auch dann, wenn kein Alg zu erwarten ist. Nach § 162 Satz 2 SGB III verlängert sich nämlich der Zeitraum von einem Jahr (vor Beginn der Maßnahme) um Zeiten, in denen der Antragsteller nach dem Erwerb des Prüfungszeugnisses bei der AA arbeitslos gemeldet war.

ESF-Uhg Behinderte Menschen, die nicht die versicherungsrechtlichen Voraussetzungen für ein Übg erfüllen, können aus ESF-Mitteln Uhg erhalten (→ S. 412).

2 Sonstige Voraussetzungen

Neben den versicherungsrechtlichen Voraussetzungen setzt der Bezug von Übg voraus:
- die Durchführung einer qualifizierten Bildungsmaßnahme;
- grundsätzlich die Teilnahme des behinderten Menschen an einer solchen Maßnahme;
- die Verhinderung des behinderten Menschen an einer ganztägigen Erwerbstätigkeit.

2.1 Durchführung einer qualifizierten Bildungsmaßnahme

Berufliche Bildung Grundvoraussetzung des Übg-Anspruchs ist eine qualifizierte berufliche Bildungsmaßnahme.
Erforderlich ist gemäß § 102 SGB III die Teilnahme in einer besonderen Einrichtung für behinderte Menschen oder an einer behindertenspezifischen Maßnahme. Unter dieser Voraussetzung ist insbesondere die Teilnahme an einer Weiterbildungsmaßnahme (§ 77 SGB III) durch Übg zu fördern.

Weiterbildung, Berufsausbildung und Berufsvorbereitung Gleichgestellt den Maßnahmen der beruflichen Weiterbildung sind Maßnahmen der Berufsausbildung und der Berufsvorbereitung, also solche, die darauf gerichtet sind, dem behinderten Menschen einen ersten beruflichen Bildungsabschluss oder eine erste Ausbildung zu verschaffen. Anders als für nicht behinderte Menschen, denen im Falle einer beruflichen Ausbildung lediglich eine bedürftigkeitsabhängige (vgl. § 59 Nr. 3 SGB III) Berufsausbildungsbeihilfe (Azubi-BAB) gezahlt werden kann, können behinderte Menschen auch dann Übg erhalten, wenn sie nicht bedürftig sind oder wenn sie im Haushalt der Eltern untergebracht sind und die Ausbildungsstätte von deren Wohnung aus erreichen können. Eine wegen der Behinderung erforderliche Grundausbildung (etwa die blindentechnische Grundausbildung oder Kurse in Gebärdensprache) zählen dabei zur Berufsvorbereitung.

Schließlich kann es Übg auch für Maßnahmen der Berufsfindung (Abklärung der beruflichen Eignung) und der Arbeitserprobung geben, allerdings nur, wenn wegen der Teilnahme kein oder nur ein geringes Arbeitsentgelt erzielt wird (§ 45 Abs. 3 SGB IX) oder bei bestehendem Arbeitsverhältnis das Entgelt zumindest teilweise entfällt. Hieran fehlt es etwa, wenn der behinderte Mensch während der Maßnahme schon aufgrund einer Arbeitsunfähigkeit kein Arbeitentgelt erzielen kann.

Berufsfindung und Arbeitserprobung

Hat der behinderte Mensch einen Anspruch auf Alg bei Arbeitslosigkeit, so ist dieses während der Berufsfindung oder Arbeitserprobung weiter zu zahlen; mangelnde Verfügbarkeit kann ihm insoweit nicht entgegen gehalten werden (vgl. § 120 Abs. 1 SGB III).

Alle beruflichen Bildungsmaßnahmen müssen die jeweiligen gesetzlichen Anforderungen (Berufsausbildungen: §§ 60, 61 SGB III, Weiterbildungen: § 85 SGB III) erfüllen. Sie müssen vor allem nach Dauer, Gestaltung des Lehrplans, Unterrichtsmethode, Ausbildung und Berufserfahrung des Leiters und der Lehrkräfte eine erfolgreiche berufliche Bildung erwarten lassen. Außerdem müssen die Maßnahmen behindertengerecht sein, damit die Teilhabe am Arbeitsleben erreicht werden kann.

Anforderungen an die Maßnahmen

Fernunterrichtsmaßnahmen werden grundsätzlich nicht durch Zahlung von Übg gefördert. Hier kann allenfalls Alg bei beruflicher Weiterbildung nach den Regelungen über die allgemeine Förderung der beruflichen Weiterbildung in Betracht kommen. Eine seltene Ausnahme ist nach § 102 Abs. 1 Satz 1 Nr. 2 SGB III möglich, wenn Art und Schwere der Behinderung weitere Leistungen erfordern.

2.2 Teilnahme an der Maßnahme

Wie der Anspruch auf Alg bei beruflicher Weiterbildung setzt auch der Anspruch auf Übg die Teilnahme an einer Bildungsmaßnahme voraus. Nach bisherigem Recht entfiel das Übg nach § 155 i.V.m. § 99 SGB III grundsätzlich für jeden Tag, an dem der Teilnehmer dem Unterricht ferngeblieben ist. Mit der Streichung des § 155 SGB III im Zuge der Zusammenführung von Alg und Uhg zu einer einheitlichen Versicherungsleistung bei Arbeitslosigkeit und bei beruflicher Weiterbildung ist auch für die Weiterbildung behinderter Menschen seit dem 1.1.2005 davon auszugehen, dass für die gesamte Zeit der Weiterbildung, d.h. vom ersten Tag der Teilnahme (in der Regel der planmäßig vorgesehene Beginn des Unterrichts) bis zum letzten Tag der Maßnahme (in der Regel der Tag der planmäßigen Beendigung bzw. der abschließenden Prüfung) Übg zu zahlen ist. Lediglich im Falle der vorzeitigen (endgültigen) Beendigung der Maßnahme ist man nicht mehr Teilnehmer und hat mangels Teilnahme keinen Anspruch mehr.

Tatsächliche Teilnahme

Übg ist mithin grundsätzlich ohne Rücksicht darauf zu zahlen, ob der behinderte Mensch an einzelnen Tagen am Unterricht teilnimmt oder nicht. Eine Aufhebung der Leistungsbewilligung oder gar eine Rückforderung seitens der AA ist bei Fehlzeiten ausgeschlossen.

Bedenken Sie aber, dass der Träger der Maßnahme verpflichtet ist, der AA alle Fehlzeiten zu melden, damit auch während der Maßnahme geprüft werden kann, ob eine erfolgreiche Teilnahme bis zum Ende der Maßnahme erwartet werden kann (§ 318 Abs. 2 Satz 2 SGB III). Ist diese Erwartung nicht mehr gerechtfertigt, kann die AA die Leistungen einstellen und entziehen. In diesem Fall sollten Sie sich umgehend arbeitslos melden.

2.2.1 Krankheitsbedingte Nichtteilnahme

Weiterzahlung bis zu 6 Wochen

Die krankheitsbedingte Nichtteilnahme ist in § 51 Abs. 3 SGB IX besonders geregelt. Danach wird das Übg bis zu sechs Wochen weiter gewährt, wenn Leistungsempfänger Leistungen zur Teilhabe am Arbeitsleben allein aus gesundheitlichen Gründen nicht mehr, aber voraussichtlich wieder in Anspruch nehmen können. Geregelt wird in dieser Vorschrift also nur die krankheitsbedingte Unterbrechung der Maßnahme; handelt es sich um einen Maßnahmeabbruch, so kann das Übg nicht weitergezahlt werden. Andere als gesundheitliche Gründe führen nicht zur Weiterzahlung; in solchen Fällen müssen, um weiter Übg beziehen zu können, die Gründe so wichtig sein, dass von einer weiteren Teilnahme ausgegangen werden kann.

Das Übg wird längstens für die Dauer von sechs Wochen weitergezahlt. Die Frist beginnt mit dem ersten Tag der Unterbrechung aus gesundheitlichen Gründen und endet
- mit dem Ende der Erkrankung oder
- mit dem Ablauf der Sechs-Wochen-Frist oder
- mit einem vorzeitigen Abbruch der Maßnahme oder
- mit einem planmäßigen Ende der Maßnahme vor Ablauf der sechs Wochen.

2.2.2 Zwischenübergangsgeld

Überbrückt Zeit zwischen Maßnahmen

Das Zwischen-Übg ist der wichtigste Fall, in dem Übg ohne Teilnahme an einer Maßnahme gezahlt wird. § 51 Abs. 1 SGB IX regelt das Zwischen-Übg wie folgt:

»(1) Sind nach Abschluss von Leistungen (...) zur Teilhabe am Arbeitsleben weitere Leistungen zur Teilhabe am Arbeitsleben erforderlich, während derer dem Grunde nach Anspruch auf Übergangsgeld besteht, und können diese aus Gründen, die die Leistungsempfänger nicht zu vertreten haben, nicht unmittelbar anschließend durchgeführt werden, werden das Verletztengeld, das Versorgungskrankengeld oder das Übergangsgeld für diese Zeit weitergezahlt, wenn

V Besondere Leistungsvoraussetzungen für den Bezug von Übergangsgeld (Übg)

1. die Leistungsempfänger arbeitsunfähig sind und keinen Anspruch auf Krankengeld mehr haben oder
2. ihnen eine zumutbare Beschäftigung aus Gründen, die sie nicht zu vertreten haben, nicht vermittelt werden kann.«

Wenn im Anschluss an eine medizinische Rehabilitationsmaßnahme (etwa ein Heilverfahren) nicht sogleich mit der Maßnahme zur Teilhabe am Arbeitsleben begonnen werden kann, ist der bisherige Rehabilitationsträger (Krankenkasse, Rentenversicherungsträger oder Berufsgenossenschaft) und nicht die BA zuständig.

Zuständigkeit anderer Rehabilitationsträger?

Zwischen-Übg kann zunächst nur verlangt werden, wenn nach Abschluss einer Maßnahme zur Teilhabe am Arbeitsleben eine weitere erforderlich ist. Ein vor Ende der Maßnahme erfolgter Abbruch stellt keinen Abschluss dar. Auch wenn der Abbruch unverschuldet ist, muss kein Übg weitergezahlt werden. Die Erforderlichkeit ist grundsätzlich zum Zeitpunkt des Abschlusses der ersten Maßnahme festzustellen. Kein Zwischen-Übg ist zu zahlen, wenn erst nach Abschluss der ersten Maßnahme – etwa wegen einer neu hinzugetretenen Behinderung oder einer veränderten Arbeitsmarktlage – eine (weitere) Maßnahme zur Teilnahme notwendig wird.

Erforderlichkeit einer weiteren Maßnahme

Eine weitere Maßnahme zur Teilhabe am Arbeitsleben ist regelmäßig stets dann erforderlich, wenn sie bei Abschluss der ersten Maßnahme als Bestandteil eines Gesamtplans (§ 10 SGB IX) festgelegt ist. Liegt ein Gesamtplan nicht vor, so ist sie auch dann erforderlich, wenn sie zu diesem Zeitpunkt objektiv zur Erreichung des Ziels der Teilhabe am Arbeitsleben notwendig ist. Dabei braucht noch nicht festzustehen, welche konkrete Maßnahme in Betracht kommt. Auch setzt der Bezug von Zwischen-Übg nicht voraus, dass dem Behinderten jedenfalls auch während der weiteren Maßnahme Übg zusteht.

Ein Anspruch auf Zwischen-Übg ist nur gegeben, wenn eine weitere Maßnahme zur Teilhabe am Arbeitsleben, die grundsätzlich den Anspruch auf Übg begründen kann, notwendig ist. Geht es lediglich um die spätere Gewährung etwa einer Mobilitätshilfe (§ 53 SGB III) oder einer Hilfe zum Erwerb eines behinderungsgerechten Kfz, so ist kein Zwischen-Übg zu zahlen.

Zwischen-Übg ist auch dann nicht zu zahlen, wenn der nahtlose Übergang vom behinderten Menschen verhindert wird, z. B. weil er ein Angebot einer berufsfördernden Maßnahme in größerer, aber noch zumutbarer Entfernung zu seinem Wohnort abgelehnt hat (§ 51 Abs. 2 SGB IX). Erst mit der tatsächlichen Teilnahme an der Maßnahme kann erneut ein Anspruch auf Übg gemäß § 160 SGB III erworben werden.

Kein Zwischen-Übg bei vom Behinderten zu vertretender Verzögerung

Kein Anspruch auf Zwischen-Übg besteht, wenn dem behinderten Menschen Krankengeld, Versorgungskrankengeld oder Verletztengeld zusteht. Dagegen lässt der tatsächliche, wenn auch unberechtigte Bezug von Alg bei Arbeitslosigkeit den Anspruch auf Zwischen-Übg unberührt.

Krankengeld schließt Zwischen-Übg aus

Umgehend arbeitslos melden!

Die im Falle der Arbeitslosigkeit erforderliche Arbeitslosmeldung sollte umgehend nach Abschluss der Maßnahme erfolgen. Die Verwaltungspraxis der BA lässt es noch genügen, wenn die Meldung innerhalb von sieben Tagen nach Maßnahmeende erfolgt. Bei späterer Meldung erkennt die AA den Anspruch auf Zwischen-Übg erst ab dem Tage der Arbeitslosmeldung an.

Nichtvermittelbarkeit einer zumutbaren Beschäftigung

Schließlich muss Zwischen-Übg nur gezahlt werden, wenn und solange dem behinderten Menschen eine zumutbare Beschäftigung nicht vermittelt werden kann. Kann die AA eine zumutbare Beschäftigung vermitteln, lehnt der behinderte Mensch die Aufnahme der Beschäftigung ab, sodass er seinen Lebensunterhalt nicht durch Arbeitsentgelt bestreiten kann, entfällt der Anspruch auf Zwischen-Übg. Dieser entfällt allerdings erst mit dem Zeitpunkt, zu dem das Arbeitsverhältnis, auf das sich das Vermittlungsangebot der AA bezieht, beginnt oder – bei Ablehnung der Beschäftigung – beginnen würde. Dagegen entfällt der Anspruch nicht, wenn der behinderte Mensch in der Zeit nach Abschluss einer Maßnahme zur Vorbereitung auf die folgende ein unentgeltliches Praktikum ableistet.

Dauer der Zwischenzeit ohne Belang

Ohne Bedeutung ist der Zeitraum zwischen den berufsfördernden Maßnahmen. Zwischen-Übg ist so lange zu zahlen, wie die AA eine zumutbare Beschäftigung nicht konkret anbietet.

2.2.3 Anschluss-Übg bei Arbeitslosigkeit

Übg nach Abschluss der Maßnahme für bis zu 3 Monaten

Ist der behinderte Mensch im Anschluss an eine abgeschlossene Leistung zur Teilhabe am Arbeitsleben arbeitslos, so wird Übg gemäß § 51 Abs. 4 SGB IX während der Arbeitslosigkeit bis zu drei Monaten weiter gewährt, wenn er sich bei der AA arbeitslos gemeldet hat und einen Anspruch auf Alg von mindestens drei Monaten nicht geltend machen kann.

Sofort arbeitslos melden!

Die BA geht davon aus, dass man sich unmittelbar nach Beendigung der Maßnahme persönlich bei der AA arbeitslos melden muss. Werde das versäumt, so entfalle ein Anspruch auf Anschluss-Übg. Diese Auffassung erscheint jedoch zu engherzig. Dem Gesetzeszweck genügt es, den Fortzahlungsanspruch mit dem Zeitpunkt der Arbeitslosmeldung entstehen zu lassen. Melden Sie sich allerdings erst später arbeitslos, wird dadurch der Drei-Monats-Zeitraum nicht hinausgeschoben, da es sich bei diesem Zeitraum um eine starre Frist handelt, die mit dem ersten Tag der Arbeitslosigkeit nach Maßnahmeende beginnt und kalendermäßig abläuft. Günstiger können Sie dann stehen, wenn Sie von der AA vor Beginn der Arbeitslosigkeit nicht auf die Bedeutung der Arbeitslosmeldung für das Anschluss-Übg hingewiesen worden sind. Die AA muss Sie dann im Wege des sozialrechtlichen Herstellungsanspruchs so stellen, als sei die Arbeitslosmeldung unmittelbar nach Maßnahmeende erfolgt (BSG, Urteil vom 11.5.2000 – B 7 AL 54/99 R, SozR 3–4300 § 156 Nr. 1).

Das Anschluss-Übg kommt nur nach Abschluss der Maßnahme infrage. Das BSG hat zu der vergleichbaren Vorschrift des § 1241e Abs. 3 RVO (jetzt § 25 Abs. 3 SGB VI) die nicht sehr überzeugende Auffassung vertreten, dass das Übg nur weiterzuzahlen sei, wenn die Maßnahme erfolgreich, im Falle einer Prüfung demnach mit deren Bestehen, abgeschlossen worden ist. Davon geht für das SGB III auch die BA aus, die sogar dann, wenn eine Abschlussprüfung nicht vorgesehen ist, es für geboten hält, dass die zuständige Abteilung der AA den erfolgreichen Abschluss der Maßnahme bestätigt.

Dem Schutzcharakter der Regelung über das Anschluss-Übg bei Arbeitslosigkeit entspricht es eher, als abgeschlossen jede planmäßig bis zu Ende geführte Maßnahme anzusehen, gleichgültig, ob sie mit oder ohne Erfolg beendet worden ist.

2.3 Teilzeitmaßnahmen

Der Anspruch auf Übg ist nur davon abhängig, dass wegen der Teilnahme an der Maßnahme eine ganztätige Erwerbstätigkeit nicht ausgeübt werden kann. Übg kann daher auch zu zahlen sein, wenn der behinderte Mensch lediglich eine Teilzeitmaßnahme besucht, welche die Verrichtung einer Vollzeitarbeit nicht zulässt. Weitere Voraussetzungen, etwa die Unzumutbarkeit der Teilnahme an einer Vollzeitmaßnahme oder die Ausübung einer Teilzeitbeschäftigung, werden vom Gesetz nicht verlangt. Allerdings muss auch die Teilzeitmaßnahme den allgemeinen Maßstäben genügen, also insbesondere eine erfolgreiche berufliche Bildung erwarten lassen.

VI Höhe des Übg

1 Übg – in Prozent

Das Übg beträgt gemäß § 46 Abs. 1 Satz 3 Nr. 2 SGB IX während der Maßnahme grundsätzlich 68% der Berechnungsgrundlage. Das Übg beträgt gemäß § 46 Abs. 1 Satz 3 Nr. 1 SGB IX 75% der Berechnungsgrundlage in drei Fällen:

Übg: 68% 75%

- Der behinderte Mensch hat mindestens ein Kind im Sinne § 129 Nr. 1 SGB III (→ S. 155);

- der behinderte Mensch ist pflegebedürftig, und sein (Ehe-)Partner, mit dem er in häuslicher Gemeinschaft lebt, kann wegen der Pflege des behinderten Menschen keine Erwerbstätigkeit ausüben;

- der (Ehe-)Partner des behinderten Menschen, mit dem dieser in häuslicher Gemeinschaft lebt, ist pflegebedürftig und hat keinen Anspruch auf Leistungen der Pflegeversicherung.

2 Bemessung nach der Berechnungsgrundlage

Regelentgelt

Berechnungsgrundlage sind 80% des erzielten regelmäßigen Arbeitsentgelts, soweit es der Beitragsberechnung unterliegt (Regelentgelt), höchstens jedoch das Nettoarbeitsentgelt (§ 46 Abs. 1 Satz 1 SGB IX). Bei der Ermittlung des Regelentgelts ist von dem vom behinderten Menschen im Bemessungszeitraum erzielten Arbeitsentgelt auszugehen, wobei Einmalzahlungen nicht zu berücksichtigen sind. Diese werden erst bei der Berechnung des Nettoarbeitsentgelts durch Kumulierung in Ansatz gebracht (§ 46 Abs. 2 i. V. m. § 47 Abs. 1 SGB IX). Näheres hierzu im Beispiel auf der nächsten Seite.

Für behinderte Menschen, die vor Maßnahmebeginn Kurzarbeitergeld oder Winterausfallgeld bezogen haben, ist das regelmäßige Arbeitsentgelt maßgebend, das zuletzt vor dem Arbeitsausfall erzielt worden ist.

Bemessungszeitraum

Der Bemessungszeitraum umfasst den letzten vor Beginn der Maßnahme abgerechneten Entgeltabrechnungszeitraum; er muss mindestens vier Wochen betragen. Der Bemessungszeitraum ändert sich nicht, wenn nach einer Bildungsmaßnahme eine Zwischenbeschäftigung vor Durchführung einer weiteren Maßnahme liegt. Das vor der ersten Maßnahme erzielte Regelentgelt bleibt also auch dann maßgebend, wenn der Behinderte in der Zwischenbeschäftigung ein zu einem höheren Regelentgelt führendes Arbeitsentgelt erzielt hat (BSG, Urteil vom 26.7. 1994 – RAr 45/93, SozR 3–4100 § 59 Nr. 6).

Arbeitsentgelt nach Stunden

Bei behinderten Menschen, deren Arbeitsentgelt nach Stunden berechnet worden ist, ist das maßgebende Arbeitsentgelt durch die Zahl der Stunden zu teilen, für die es gezahlt wurde. Das Ergebnis ist mit der Zahl der regelmäßigen wöchentlichen Arbeitsstunden zu vervielfachen und durch sieben zu teilen (§ 47 Abs. 1 Satz 1 und 2 SGB IX). Die Zahl der regelmäßigen wöchentlichen Arbeitsstunden ist nach dem Inhalt des Arbeitsvertrages, gegebenenfalls in Verbindung mit einer Betriebsvereinbarung oder einem Tarifvertrag, festzustellen. Zu diesen regelmäßigen Arbeitsstunden gehören auch Mehrarbeitszeiten, wenn sie während der letzten drei Monate bzw. 13 Wochen des Arbeitsverhältnisses regelmäßig angefallen sind.

Arbeitsentgelt nach Monaten oder anderen Einheiten

Bei behinderten Menschen, deren Arbeitsentgelt nicht nach Stunden, sondern nach Monaten oder anderen Einheiten gezahlt wird, die eine Berechnung nach § 47 Abs. 1 Satz 1 und 2 SGB IX nicht zulassen, muss eine Umrechnung des kalendertäglichen Regelentgelts erfolgen: Der 30. Teil des im letzten vor Maßnahmebeginn abgerechneten Kalendermonat erzielten (um einmalig gezahltes Arbeitsentgelt verminderten) Arbeitsentgelts gilt als Regelentgelt.

Nach § 46 Abs. 2 SGB IX wird für die Berechnung des Nettoarbeitsentgelts der sich aus dem kalendertäglichen Hinzurechnungsbetrag ergebende Anteil am Nettoarbeitsentgelt mit dem Vomhundertsatz angesetzt, der sich aus dem Verhältnis des kalendertäglichen Regelentgeltbetrages zu dem sich aus diesem Regelentgeltbetrag ergebenden Nettoarbeitsentgelt ergibt. Auf diesem Wege werden Einmalzahlungen zum Nettoarbeitsentgelt hinzugerechnet (kumuliert). Das kalendertägliche Übg darf das sich aus dem Arbeitsentgelt ergebende kalendertägliche Nettoarbeitsentgelt nicht übersteigen. Der Sinngehalt dieser Regelung erschließt sich am ehesten an folgendem Beispiel:

Beispiel

Monatliches Arbeitsentgelt (brutto) im Bemessungszeitraum	3.000,– €
Nettoarbeitsentgelt	2.100,– €
Einmalzahlungen	7.200,– €
Regelentgelt (3000 : 30)	100,– E
Brutto-Hinzurechnungsbetrag (7200 : 360)	+ 20,– €
Kumuliertes Regelentgelt	= 120,– €
80 % des kumulierten Regelentgelts	96,– €
Nettoarbeitsentgelt (2100 : 30)	70,– €
Netto-Hinzurechnungsbetrag ([70 : 100] x 20)	+ 14,– €
Kumuliertes Nettoarbeitsentgelt	= 84,– €
Übg (z. B. 68 % von 84 €)	**57,12 €**

Der behinderte Mensch hat Anspruch auf das errechnete Übg von 57,12 €, da es das regelmäßige Nettoarbeitsentgelt (70 €) nicht übersteigt.

3 Bemessung in Sonderfällen

Ausnahmsweise scheidet eine Berechnung des Übg nach dem Regelentgelt in folgenden Fällen aus:
- Der letzte Tag des Bemessungszeitraums liegt zu Beginn der Maßnahme länger als drei Jahre zurück;
- es ist kein Arbeitsentgelt oder Arbeitseinkommen erzielt worden;
- die »normale« Berechnung nach den §§ 46, 47 SGB IX führt zu einem geringeren Betrag.

In diesen Fällen beträgt gemäß § 48 SGB IX die Berechnungsgrundlage 65 % des auf ein Jahr bezogenen tariflichen Arbeitsentgelts, das für den Wohnsitz oder für den gewöhnlichen Aufenthaltsort des Behinderten gilt; besteht keine tarifliche Regelung, so ist das ortsübliche Arbeitsentgelt entscheidend. Maßgebend ist das Arbeitsentgelt im letzten

Kalendermonat vor Maßnahmebeginn für diejenige Beschäftigung, für die der behinderte Mensch nach seinen beruflichen Fähigkeiten und seinem Lebensalter, aber ohne die Behinderung, in Betracht käme. Von dem hiernach festgestellten Jahresbetrag (Monatsentgelt x 12) sind 65 % zu nehmen. Dieser Betrag ist durch 360 zu teilen. Davon erhalten die Behinderten entweder 75 % oder 68 % als Übg.

- Ein behinderter Mensch, der bereits Übg, Verletztengeld, Krankengeld oder Versorgungskrankengeld bezogen hat und im Anschluss daran an einer Maßnahme zur Teilhabe am Arbeitsleben teilnimmt, erhält das Übg unter Berücksichtigung des bisher zugrunde gelegten Arbeitsentgelts (§ 49 SGB IX).

Zwischen-Übg

Bedeutsam ist diese Regelung für das Zwischen-Übg. Es ist selbst dann nach demselben – bisher zugrunde gelegten – Arbeitsentgelt zu berechnen, wenn nach der ersten Maßnahme zwischenzeitlich aus einer Beschäftigung Arbeitsentgelt erzielt worden ist.

Anschluss-Übg:

67 %
60 %

Die Leistungssätze für das Anschluss-Übg entsprechen den Alg-Sätzen. Wem während der Maßnahme ein Satz von 75 % zustand, hat nach der Maßnahme nur noch Anspruch auf 67 %. Bei den übrigen behinderten Menschen beträgt das Anschluss-Übg 60 % (§ 51 Abs. 4 Satz 2 SGB IX).

Übg in Alg-Höhe

Besteht bei Teilnahme an einer Maßnahme, für die die allgemeinen Leistungen erbracht werden, kein Anspruch auf Alg bei beruflicher Weiterbildung, erhalten die behinderten Menschen Übg in Höhe des Alg, wenn sie bei Teilnahme an einer Maßnahme, für die die besonderen Leistungen erbracht werden, Übg erhalten würden (§ 160 Satz 3 SGB III).

4 Jährliche Anpassung des Übg

Wenn seit dem Ende des Bemessungszeitraumes (Stichtag) ein Jahr verstrichen ist und immer noch Anspruch auf Übg besteht, dann wird die der Leistung zugrunde liegende Berechnungsgrundlage an die allgemeine Lohnentwicklung angepasst (§ 50 SGB IX). Eine »Negativanpassung«, also eine Herabsetzung des Übg, ist ausgeschlossen (§ 50 Abs. 2 SGB IX i. V. m. § 68 Abs. 6 SGB VI).

5 Nebenbeschäftigungen und Anrechnung von Nebeneinkommen
§ 52 SGB IX

Zulässigkeit von Nebenbeschäftigungen

Auch während des Bezugs von Übg können behinderte Menschen einer Nebenbeschäftigung nachgehen und daraus Einkommen beziehen. Es ist lediglich zu beachten, dass kein Anspruch auf Weitergewährung des Übg bei Arbeitslosigkeit (§ 51 Abs. 4 SGB IX) besteht, wenn die Tätigkeit die 15-Stunden-Grenze erreicht (dann liegt keine Arbeitslosigkeit mehr vor).

Wird während des Übg-Bezugs an den behinderten Menschen Arbeitsentgelt gezahlt, so wird das Übg um das – gegebenenfalls noch um einmalig gezahltes Arbeitsentgelt verminderte – Nettoarbeitsentgelt (→ S. 190) gekürzt, wenn dieses während des Bezugs von Übg erarbeitet worden ist. Nachzahlungen, die der behinderte Mensch aus früheren Arbeitsverhältnissen erhält, kürzen das Übg nicht. Leistungen des Arbeitgebers zum Übg werden angerechnet, soweit sie zusammen mit dem Übg das vor Beginn der Maßnahme erzielte Nettoarbeitsentgelt übersteigen.

Anrechnung von Nebeneinkommen: aus abhängiger Arbeit

Erzielt der behinderte Mensch durch eine selbstständige Tätigkeit während des Bezugs von Übg Einkommen (→ S. 192), so wird das Übg um 80 % des erzielten Nettonebeneinkommens gekürzt.

aus selbstständiger Tätigkeit

Einkommen, das dem behinderten Menschen unabhängig von einer abhängigen oder selbstständigen Tätigkeit zufließt, z. B. Zinsen, Dividenden, Miete, Pacht, bleibt anrechnungsfrei.

»müheloses« Einkommen

Das Übg ist ferner zu kürzen um

- Renten wegen verminderter Erwerbsfähigkeit oder Verletztenrenten, wenn sich die Minderung der Erwerbsfähigkeit auf die Höhe der Berechnungsgrundlage für das Übg nicht ausgewirkt hat. Eine Anrechnung erfolgt also nicht, wenn das Übg nach einem neben der Rente bezogenen Arbeitsentgelt berechnet worden ist. Anrechnungsfrei bleiben einkommensunabhängige Renten, wie Grundrenten nach dem BVG, aber auch Betriebsrenten oder Renten aus privaten Versicherungsverträgen;

Renten

- Renten wegen verminderter Erwerbsfähigkeit, die aus demselben Anlass wie die berufsfördernden Rehabilitationsmaßnahmen gezahlt werden, wenn durch die Anrechnung eine unbillige Doppelleistung vermieden wird;

- Renten wegen Alters, die bei Berechnung des Übg aus einem Teilarbeitsentgelt nicht berücksichtigt worden sind;

- Verletztengeld aus der gesetzlichen Unfallversicherung;

- Geldleistungen, die von einer anderen öffentlich-rechtlichen Stelle im Zusammenhang mit einer Leistung zur medizinischen Rehabilitation oder zur Teilhabe am Arbeitsleben erbracht werden.

VII Ausbildungsgeld
§§ 104 ff. SGB III

Ausbildungsgeld, falls kein Übg

Steht dem behinderten Menschen, weil die versicherungs- oder leistungsrechtlichen Voraussetzungen nicht erfüllt sind, ein Anspruch auf Übg nicht zu, so ist damit noch nicht entschieden, dass ihm aus Anlass der Teilnahme an einer Maßnahme keinerlei Förderungsleistungen zur Sicherung seines Lebensunterhalts zu zahlen sind.

Höhe

Teilnehmer an einer Berufsausbildung oder berufsvorbereitenden Bildungsmaßnahmen einschließlich einer Grundausbildung haben gegenüber nicht behinderten Auszubildenden unter erleichterten Voraussetzungen Anspruch auf ein im Wesentlichen der Berufsausbildungsbeihilfe (→ S. 367) entsprechendes Ausbildungsgeld. Das Gleiche gilt für behinderte Menschen, die an Maßnahmen im Eingangsverfahren oder Berufsbildungsbereich einer Werkstatt für behinderte Menschen teilnehmen.

Die Höhe des Ausbildungsgeldes richtet sich vor allem nach der Art der Maßnahme, dem Familienstand des behinderten Menschen, der Art seiner Unterbringung (innerhalb oder außerhalb des elterlichen Haushalts, im Wohnheim) und seinem Alter (vgl. dazu die Einzelzeiten in §§ 105 bis 107 SGB III).

Anrechnung von Nebeneinkommen?

Einkommen wird ähnlich wie bei Berufsausbildungsbeihilfe angerechnet; allerdings sind die Freibeträge höher und werden für das Einkommen des behinderten Menschen, der Eltern und des Ehe- oder Lebenspartners in unterschiedlicher Höhe festgelegt. Das Einkommen des Ehe- oder Lebenspartners ist bis 1.630 € monatlich anrechnungsfrei (zu Einzelheiten vgl. § 108 SGB III).

Nicht angerechnet wird das Einkommen jedoch in Maßnahmen im Eingangsverfahren oder im Berufsbildungsbereich einer Werkstatt für behinderte Menschen und in berufsvorbereitenden Bildungsmaßnahmen.

Kranken-Ausbildungsgeld

Bei Unterbrechung der Teilnahme aus gesundheitlichen Gründen wird das Ausbildungsgeld bis zum Ende des dritten vollen Kalendermonats, längstens jedoch bis zum planmäßigen Ende der Bildungsmaßnahme gezahlt (§ 104 Abs. 2 i. V. m. § 73 Abs. 2 SGB III).

VIII Teilnahmekosten und sonstige Hilfen

Teilnahmekosten sind die Kosten, die dem behinderten Menschen unmittelbar durch die Teilnahme an der Maßnahme entstehen. Die Teilnahmekosten bestimmen sich nach dem SGB IX. Diese Regelungen sind jedoch nicht abschließend. Entstehen dem behinderten Menschen weitere Aufwendungen, die wegen Art und Schwere der Behinderung unvermeidbar sind, sind auch diese zu übernehmen (§ 109 Abs. 1 Satz 2 SGB III).

Gemäß § 33 SGB IX können insbesondere folgende Kosten von der AA übernommen werden:

- Erforderliche Lehrgangskosten einschließlich der Prüfungsgebühren;

  Katalog der Teilnahmekosten

- erforderliche Lernmittel (Sachbücher, technische Kleingeräte o. Ä.);

- erforderliche Arbeitsausrüstung (z. B. Schutzbekleidung, Handschuhe, Schutzhelme);

- erforderliche Kosten für Unterkunft und Verpflegung. Voraussetzung für die Kostenübernahme ist, dass für die Durchführung der Maßnahme eine Unterbringung außerhalb des eigenen oder des elterlichen Haushalts wegen Art oder Schwere der Behinderung oder zur Sicherung des Erfolges der Teilhabe notwendig ist. Auch Kosten für »Sonderfälle der Unterkunft und Verpflegung« (§ 109 Abs. 1 Satz 2 SGB III) sind erstattungsfähig;

- Reisekosten (§ 53 SGB IX); darunter fallen die im Zusammenhang mit der Durchführung einer Maßnahme erforderlichen Fahr-, Verpflegungs- und Übernachtungskosten. Kosten für Pendelfahrten (Fahrten zwischen Wohnung und Bildungsstätte) werden nur bis zur Höhe des Betrages übernommen, der unter Berücksichtigung von Art und Schwere der Behinderung bei zumutbarer auswärtiger Unterbringung und Verpflegung zu leisten wäre. Die Rechtsprechung des BSG (Urteil vom 25.3.2003, SozR 4–4300 § 110 Nr. 1), die diese Beschränkung für behinderte Menschen nach altem Recht nicht gelten ließ, ist damit hinfällig geworden.
  Zu den Reisekosten gehören auch die Kosten für besondere Beförderungsmittel oder eine Begleitperson, wenn dies wegen der Behinderung notwendig ist, und für Kinder, deren Mitnahme an den Maßnahmeort erforderlich ist, weil ihre anderweitige Betreuung nicht sichergestellt ist, sowie für den erforderlichen Gepäcktransport. Während einer Maßnahme werden Reisekosten auch für im Regelfall zwei Familienheimfahrten je Monat übernommen. An deren Stelle können die Kosten auch für Fahrten von Angehörigen des behinderten Menschen zu dessen Aufenthaltsort übernommen werden.
  Als Fahrkosten ist für jeden Tag der Teilnahme an der Maßnahme eine Entfernungspauschale von 0,36 € für jeden der ersten 10 km und 0,40 € für jeden weiteren Kilometer anzusetzen. Bei auswärtiger Unterbringung ist für die An- und Abreise sowie für Familienheimfahrten eine Entfernungspauschale von 0,40 € für jeden vollen Kilometer der Entfernung zwischen dem eigenen Hausstand des behinderten Menschen und dem Ort der Maßnahme anzusetzen. Für die Bestimmung der Entfernungen ist stets die kürzeste Straßenverbindung maßgebend;

- Kosten einer Haushaltshilfe (§ 54 Abs. 1 und 2 SGB IX). Die Übernahme der Kosten erfolgt, wenn dem behinderten Menschen wegen der Teilnahme an der Maßnahme die Weiterführung des Haushalts nicht möglich ist, eine andere im Haushalt lebende Person den Haushalt nicht weiterführen kann und im Haushalt ein Kind lebt, das bei Beginn der Haushaltshilfe das zwölfte Lebensjahr noch nicht vollendet hat oder das selbst behindert und auf Hilfe angewiesen ist. Der Maßnahmeteilnehmer kann anstelle der Haushaltshilfe die Übernahme der Kosten für die Mitnahme oder eine anderweitige Unterbringung des Kindes bis zur Höhe der Kosten, die sonst für die Haushaltshilfe aufzubringen wären, verlangen, wenn die Unterbringung und Betreuung des Kindes in der genannten Weise sichergestellt ist;

- Kosten für die Betreuung der Kinder des behinderten Menschen, wenn die Kosten durch die Teilnahme an der Maßnahme unvermeidbar entstehen (§ 54 Abs. 3 SGB IX). Diese Voraussetzung ist dann nicht erfüllt, wenn bereits ein Anspruch auf Haushaltshilfe besteht. Die Kostenübernahme ist auf den Betrag von 130 € monatlich je Kind beschränkt. Auch in Härtefällen kann über diesen Betrag grundsätzlich nicht hinausgegangen werden. Es erfolgt lediglich eine Dynamisierung des Höchstbetrages entsprechend der Veränderung der jährlichen Bezugsgröße nach § 18 Abs. 1 SGB IV, d. h. entsprechend der Veränderung der Durchschnittsentgelte der gesetzlichen Rentenversicherung.

Sonstige Hilfen Als sonstige Hilfen kommen nach § 33 Abs. 8 SGB IX für behinderte Menschen in Betracht:

- Kraftfahrzeughilfe nach der Kraftfahrzeughilfe-VO. Die Hilfe umfasst Leistungen zur Anschaffung eines Kfz, für eine behinderungsbedingte Zusatzausstattung und zur Erlangung einer Fahrerlaubnis. Voraussetzung ist, dass der behinderte Mensch infolge seiner Behinderung dauerhaft auf die Benutzung eines Kfz angewiesen ist, um seinen Arbeits- oder Ausbildungsort oder den Ort einer Bildungsmaßnahme zu erreichen. Ob er auch ohne Behinderung auf ein Kfz angewiesen wäre, ist ohne Bedeutung (BSG, Urteil vom 21.3.2001 – B 5 RJ 8/00 R, SozSich 2002, S. 105). Die Höhe der Hilfe zur Anschaffung eines Kfz ist einkommensabhängig;

- unvermeidbarer Verdienstausfall des behinderten Menschen oder einer erforderlichen Begleitperson wegen An- und Abreisen zu Bildungsmaßnahmen oder wegen Fahrten zur persönlichen Vorstellung bei einem Arbeitgeber, einem Bildungsträger oder einer Einrichtung für behinderte Menschen;

- Übernahme der Kosten für eine notwendige Arbeitsassistenz für schwerbehinderte Menschen. Diese Hife ist für die Dauer von bis zu drei Jahren möglich und wird in Abstimmung durch das Integrationsamt durchgeführt;

- Kostenübernahme für technische Arbeitshilfen;

- angemessene Übernahme von Kosten für Beschaffung, Ausstattung und Erhaltung einer behinderungsgerechten Wohnung (Wohnkosten). Neben einer Kraftfahrzeughilfe können Wohnkosten lediglich dann erbracht werden, wenn die berufliche Eingliederung nur durch beide Leistungen erreicht oder gesichert werden kann.

IX   Leistungen als Teil eines »Persönlichen Budgets«

Nach § 103 Satz 2 SGB III können »die Leistungen« auch als Teil eines (gegebenenfalls auch trägerübergreifenden) »Persönlichen Budgets« erbracht werden. Entsprechende Vorschriften gelten mittlerweile für alle Rehabilitationsträger. Durch sie soll dem behinderten Menschen ein möglichst selbstbestimmtes Leben in eigener Verantwortung ermöglicht werden. Wird von ihm ein entsprechender Antrag gestellt, ist auch die BA als Rehabilitationsträger gehalten, individuell den monatlichen Bedarf des behinderten Menschen festzustellen. Bei der Ausführung des »Persönlichen Budgets« sind nach Maßgabe des festgestellten Bedarfs auch die Integrationsämter beteiligt (§ 17 Abs. 2 Sätze 1 bis 3 SGB IX).

Die Leistungen, die als Teil eines trägerübergreifenden »Persönlichen Budgets« erbracht werden können, müssen budgetfähig sein. Das sind nur solche Leistungen, die sich auf alltägliche, regelmäßig wiederkehrende und »regiefähige« Bedarfssituationen beziehen und als Geldleistungen oder durch Gutscheine erbracht werden können (§ 17 Abs. 2 Satz 4 SGB IX).
Hauptanwendungsbereich dieser Form der Leistungserbringung sind damit Bedarfe an medizinischen und Leistungen der häuslichen Pflege, Hilfen zum Wohnen, ambulante Eingliederungshilfen, für die nicht die BA zuständig ist. In deren Zuständigkeitsbereich fallen Leistungen, die unmittelbar der Erlangung oder Sicherung eines Arbeitsplatzes dienen, also in erster Linie die sonstigen Hilfen im Sinne des § 33 Abs. 8 SGB IX (→ S. 442).

Da die Leistungsform des »Persönlichen Budgets« noch Neuland ist, hat sie der Gesetzgeber bis zum 31.12.2007 als Modellvorhaben bestimmt. Dies dürfte auch der Grund sein, weshalb der BA vorerst noch eingeräumt ist, über das »Persönliche Budget« nach ihrem Ermessen zu entscheiden. Auch für behinderte Menschen hat es nicht nur Vorteile, weil er möglicherweise mit einer Vielfalt von Angeboten konfrontiert ist und nicht überschaut, ob er mit der Inanspruchnahme der »normalen« Leistung oder mit einem »Persönlichen Budget« besser fährt.
Hier sollte er sich besonders intensiv beraten lassen, weil er, hat die AA erst einmal ein »Persönliches Budget« zuerkannt, an diese Entscheidung für Dauer von sechs Monaten gebunden ist (§ 17 Abs. 6 SGB IX).

X Fördermöglichkeiten für Arbeitgeber

1 Zuschüsse zur Ausbildungsvergütung
§ 236 SGB III

Ist eine Aus- oder Weiterbildung anders nicht zu erreichen, können Arbeitgeber für die betriebliche Aus- oder Weiterbildung von behinderten Menschen in Ausbildungsberufen durch Zuschüsse zur Ausbildungsvergütung gefördert werden. Der Antrag auf Förderung sollte zur Vermeidung von Rechtsverlusten möglichst vor Abschluss des Ausbildungsvertrages gestellt werden. Nur wenn eine unbillige Härte vorliegt, kann die AA eine spätere Antragstellung zulassen (§ 324 Abs. 1 Satz 1 SGB III).

Höhe

Die Zuschüsse sollen regelmäßig 60 % der monatlichen Ausbildungsvergütung für das letzte Ausbildungsjahr nicht übersteigen. Nur in Ausnahmefällen können Zuschüsse bis zur Höhe der Ausbildungsvergütung für das letzte Ausbildungsjahr gewährt werden.

2 Zuschüsse zur Ausbildungsvergütung schwerbehinderter Menschen
§ 235a Abs. 1, 2 SGB III

Für die betriebliche Aus- oder Weiterbildung von schwerbehinderten Menschen können Arbeitgeber durch Zuschüsse zur Ausbildungsvergütung oder zu einer vergleichbaren Vergütung gefördert werden, wenn die Aus- oder Weiterbildung sonst nicht zu erreichen ist. Diese Förderung ist nicht mehr auf Ausbildungsberufe beschränkt. Die BA geht von einer sonst nicht zu erreichenden Aus- oder Weiterbildung aus, wenn der schwerbehinderte Mensch aufgrund seiner Behinderung in seiner Wettbewerbsfähigkeit gegenüber nicht behinderten Menschen eingeschränkt ist (RdErl. 56/2000 vom 29.9.2000). Diese Voraussetzung dürfte regelmäßig von jedem schwerbehinderten Menschen erfüllt werden.

Die Förderung setzt nicht einen Alg-Anspruch voraus. Sie ist auch nicht auf besonders betroffene schwerbehinderte Menschen beschränkt (so unter Kritik an der Praxis einiger AA ausdrücklich die BA [BA-Rundbrief 53/2003]).

Auch für diese Zuschüsse ist auf eine rechtzeitige Antragstellung zu achten.

Höhe

Die Zuschüsse sollen regelmäßig 80 % der monatlichen Ausbildungsvergütung für das letzte Ausbildungsjahr oder der vergleichbaren Vergütung (einschließlich des darauf entfallenden Arbeitgeberanteils am Gesamtsozialversicherungsbeitrag) nicht übersteigen. Ausnahmsweise können Zuschüsse bis zur vollen Höhe der Ausbildungsvergütung für das letzte Ausbildungsjahr gewährt werden.

3 Eingliederungszuschüsse zur Übernahme schwerbehinderter Menschen nach Aus- oder Weiterbildung
§ 235a Abs. 3 SGB III

Werden schwerbehinderte Menschen im Anschluss an eine abgeschlossene Aus- oder Weiterbildung durch den ausbildenden oder einen anderen Arbeitgeber in ein Arbeitsverhältnis übernommen, so kommen weitere Förderungsleistungen in Betracht. Die AA kann einen Eingliederungszuschuss in Höhe von bis zu 70% des berücksichtigungsfähigen Arbeitsentgelts (→ S. 478) gewähren. *Höhe*

Der Zuschuss wird für die Dauer von einem Jahr erbracht, sofern schon während der Aus- oder Weiterbildung Zuschüsse zur Ausbildungsvergütung schwerbehinderter Menschen nach § 235a SGB III gewährt wurden. Sind keine solchen Ausbildungszuschüsse gewährt worden, so ist der Eingliederungszuschuss nicht auf ein Jahr begrenzt.

4 Eingliederungszuschüsse für besonders betroffene schwerbehinderte Menschen

Zu dieser Förderungsmöglichkeit → S. 476.

5 Arbeitshilfen für behinderte Menschen
§ 237 SGB III

Ist dies zur dauerhaften beruflichen Eingliederung behinderter Menschen erforderlich, so können Arbeitgebern Zuschüsse für eine behindertengerechte Ausgestaltung von Ausbildungs- oder Arbeitsplätzen gewährt werden. Diese Förderung entfällt, wenn der Arbeitgeber nach § 81 Abs. 4 SGB IX zur behindertengerechten Ausgestaltung der Ausbildungs- oder Arbeitsplätze verpflichtet ist.

6 Kostenübernahme bei Probebeschäftigung behinderter Menschen
§ 238 SGB III

Die AA kann Arbeitgebern auch die Kosten für eine befristete Probebeschäftigung behinderter Menschen erstatten. Voraussetzung ist, dass dadurch die Möglichkeit einer beruflichen Eingliederung verbessert wird oder eine vollständige und dauerhafte berufliche Eingliederung zu erreichen ist. Die Förderung ist auf eine Probebeschäftigung bis zu drei Monaten begrenzt.

XI Integrationsfachdienste (IFD)
§§ 109–115 SGB IX

Zielsetzung und Aufgaben

Die IFD sollen die AA, aber auch die Integrationsämter und anderen Reha-Träger bei der Teilhabe schwerbehinderter Menschen am Arbeitsleben unterstützen sowie Arbeitgeber und Verwaltungen informieren und beraten. Darüber hinaus sollen sie dazu beitragen, dass schwerbehinderte Menschen den Übergang sowohl aus Werkstätten für behinderte Menschen als auch aus den Schulen in den allgemeinen Arbeitsmarkt schaffen. Die IFD müssen Fachkräfte haben, die über geeignete berufliche Qualifikationen, psychosoziale oder arbeitspädagogische Zusatzqualifikationen und ausreichende Berufserfahrungen verfügen (§ 112 Abs. 1 SGB IX).

Die IFD haben vor allem folgende Aufgaben (§ 110 Abs. 2 SGB IX):

- Die Bewertung und Einschätzung der Fähigkeiten der zugewiesenen schwerbehinderten Menschen sowie die Erstellung individueller Fähigkeits-, Leistungs- und Interessenprofile zur Vorbereitung auf den allgemeinen Arbeitsmarkt;
- die Unterstützung der BA bei der Berufsorientierung und Berufsberatung in den Schulen in Bezug auf jeden einzelnen Jugendlichen;
- die Begleitung der betrieblichen Ausbildung schwerbehinderter, insbesondere seelisch und lernbehinderter Jugendlicher;
- die Erschließung geeigneter Arbeitsplätze auf dem allgemeinen Arbeitsmarkt;
- die Vorbereitung der schwerbehinderten Menschen auf die vorgesehenen Arbeitsplätze;
- die Begleitung der schwerbehinderten Menschen am konkreten Arbeitsplatz;
- die Information und Beratung der Mitarbeiter im Betrieb oder in der Dienststelle über Art und Auswirkungen der Behinderung und über entsprechende Verhaltensregeln;
- die Durchführung einer Nachbetreuung, Krisenintervention oder psychosozialen Betreuung sowie
- das Bereithalten als Ansprechpartner für die Arbeitgeber;
- die Unterstützung der schwerbehinderten Menschen bei der Klärung der benötigten Leistungen und bei der Beantragung von Leistungen.

Unterschiedliche Fachdienste

IFD werden oft auf bestimmte Personengruppen ausgerichtet. Wichtig ist auch die Unterscheidung zwischen dem IFD für die Arbeitsvermittlung von schwerbehinderten Menschen und dem begleitenden Fachdienst, der die Betreuung von schwerbehinderten Menschen, die im Arbeitsprozess Probleme haben, sicherstellt.

Fachdienste für psychisch behinderte Menschen

Der IFD begleitet Menschen, die im Arbeitsleben oder unmittelbar vor der Arbeitsaufnahme stehen und an einer seelischen Erkrankung leiden. Der Fachdienst kann bei allen betrieblichen Problemen, die aus einer psychischen Erkrankung entstehen, in Anspruch genommen werden, z. B.

- bei Problemen am Arbeitsplatz bei der Bewältigung der Arbeit oder im Umgang mit den Kollegen oder Vorgesetzten,
- bei Leistungsschwankungen,
- bei Unter- beziehungsweise Überforderung,
- bei Umsetzungen an einen anderen Arbeitsplatz,
- nach längerer Erkrankung und anstehender Rückkehr an den Arbeitsplatz,
- bei Fehlzeiten und Kommunikationsproblemen,
- zur Unterstützung bei Arbeits- und Belastungsproben,
- bei drohender oder bereits eingetretener Kündigung.

Dieser Fachdienst betreut nicht nur die Betroffenen selbst; auch das betriebliche Umfeld – Arbeitgeber, Vorgesetzte, Kollegen, Schwerbehindertenvertretung, Betriebsrat – wird imüber den Umgang mit dem behinderten Menschen entsprechend beraten. Wenn eine behinderungsgerechte Arbeitsplatzausstattung notwendig ist, erörtert der Fachdienst sie zusammen mit Sachbearbeitern des Integrationsamtes oder der zuständigen örtlichen Fürsorgestelle und dem Technischen Dienst die technischen Fragen und finanziellen Fördermöglichkeiten.

Fachdienste für hörbehinderte und gehörlose Menschen

Der Fachdienst berät und betreut Betroffene z. B. bei
- Verständigungsproblemen,
- der Auswahl technischer Hilfsmittel,
- persönlichen Problemen, sofern sich diese auf einen Arbeitsplatz auswirken,
- Schwierigkeiten mit der Arbeit,
- Fragen zu Fortbildungsmöglichkeiten,
- der Suche nach einer geeigneten Beschäftigung.

Arbeitgeber, Vorgesetzte, Kollegen und betriebliche Helfer werden beraten z. B. bei
- Fragen zur Hörbehinderung,
- der Arbeitsplatzgestaltung,
- Einsatz technischer Hilfsmittel,
- Fragen zum Umgang mit Hörbehinderten,
- der Lösung von Konfliktfällen.

Um die Kommunikation am Arbeitsplatz besonders während der Einarbeitungsphase, bei arbeitstechnischen Umstellungen oder bei Fortbildungen zu gewährleisten, wird der Einsatz von Gebärdensprachendolmetschern organisiert und finanziert.

Fachdienst für sehbehinderte und blinde Menschen

Dieser Fachdienst berät arbeitslose und berufstätige blinde und sehbehinderte Menschen sowie das betriebliche Umfeld bei allen Problemen und Fragen, die mit dem Arbeitsplatz zusammenhängen. Beratungsbedarf besteht z. B. bei
- Überforderung und Isolation am Arbeitsplatz,
- Mobilitätsproblemen,
- Einschätzung der Leistungsfähigkeit,

- mangelndem Verständnis, fehlender Aufklärung über die Behinderung,
- Umgang mit Behörden,
- technischer Ausstattung des Arbeitsplatzes und finanzielle Hilfen,
- drohendem Arbeitsplatzverlust.

Viele sehbehinderte Menschen melden sich bei der Beratungsstelle, wenn Sie merken, dass ihre Sehkraft nachlässt. Sie möchten sich z. B. informieren, wie der Arbeitsplatz ausgestattet werden kann, damit sie auch weiterhin mit ihrer Arbeit zurechtkommen. Oder sie brauchen Informationen, welche beruflichen Rehabilitations- oder Fördermaßnahmen möglich sind, um den Arbeitsplatz zu erhalten. Dabei finden viele Beratungen bei den Ratsuchenden zu Hause statt. Das Beratungsangebot richtet sich an die Betroffenen, deren Arbeitgeber, Vorgesetzte, Kollegen und betriebliche Helfer. Eingeschaltet sind je nach Problem die AA, die zuständige örtliche Fürsorgestelle und der Technische Beratungsdienst des Integrationsamtes.

Fachdienst für geistig und körperlich behinderte Menschen

Ziel des Fachdienstes ist es, geistig und körperlich behinderte Menschen in Arbeits- und Ausbildungsplätze in der freien Wirtschaft zu vermitteln. Dies geschieht in enger Zusammenarbeit mit den örtlichen Fürsorgestellen, mit der AA, mit Schulen, Eltern und Werkstätten für behinderte Menschen. Die Arbeit der Fachberater beginnt bereits in den Abgangsklassen der Schulen. Erfahrungen haben gezeigt, dass Menschen mit diesen Behinderungen hochmotiviert und zuverlässig arbeiten, wenn sie von ihnen geforderte Arbeitsgänge mit entsprechender Hilfestellung verstanden und eingeübt haben.

Zielgruppe sind einerseits Arbeitgeber, die Arbeitsplätze zur Verfügung stellen, und andererseits Jugendliche, die in der Lage sind, den Übergang von der Sonderschule oder der Werkstatt für behinderte Menschen in das allgemeine Arbeitsleben zu schaffen.

Der Fachdienst spricht Betriebe an, um geeignete Praktikums-, Arbeits- und Ausbildungsplätze zu finden. Er vermittelt in Zusammenarbeit mit der AA ausgesuchte Sonderschulabgänger, die dafür geeignet sind und begleitet die Einarbeitungsphase so lange und intensiv wie nötig.

Der Fachdienst begleitet auch langfristig behinderte Menschen z. B.
- beim Übergang der Sonderschule in Arbeitsleben,
- im beruflichen Praktikum,
- bei der Abstimmung von Eingliederungsschritten beim Training von Arbeitsabläufen und entsprechenden Tätigkeiten,
- beim Knüpfen von Kontakten im Betrieb,
- bei der Lösung sozialer und persönlicher Probleme, soweit es den Arbeitsplatz berührt,
- bei Mobilitätsfragen.

Der Fachdienst berät Arbeitgeber z. B.
- bei der Abstimmung von Arbeitsplatzanforderungen mit den Fähigkeiten des behinderten Menschen,

- bei der Auswahl technischer Hilfsmittel am Arbeitsplatz,
- während der Durchführung eines Arbeitstrainings,
- im Umgang mit behinderten Menschen,
- bei der Lösung von Konfliktfällen.

Die IFD werden aufgrund eines Verwaltungsauftrages tätig. Erteilt eine AA einen solchen Auftrag, bleibt sie dennoch für die Durchführung der ihr obliegenden gesetzlichen Aufgabe der beruflichen Eingliederung schwerbehinderter Menschen verantwortlich (§ 111 Abs. 1 SGB IX). Die AA legt in Abstimmung mit dem IFD Art, Umfang und Dauer des im Einzelfall notwendigen Einsatzes des Dienstes sowie die Vergütung fest (§ 111 Abs. 2 SGB IX). Die erste Zuweisung soll in der Regel mindestens sechs Monate dauern (BA Rundbrief 30/2002, S. 2). Eine Verlängerung ist möglich.

Verfahren

Zwar stehen die IFD allen schwerbehinderten Menschen offen, diese können auch von sich aus bei der AA beantragen, einem Dienst zugewiesen zu werden. Jedoch trifft letztlich die AA die Auswahl der schwerbehinderten Menschen, die dem IFD zur Teilhabe am Arbeitsleben vorgeschlagen werden sollen. Allerdings hat es diese Auswahl nach pflichtgemäßem Ermessen zu treffen; sie kann auch sozialgerichtlich überprüft werden. In jedem Fall müssen schwerbehinderte Menschen, die durch einen IFD beruflich eingegliedert werden sollen, hierzu ihr Einverständnis erteilen.

Erweist es sich im Einzelfall, dass eine Teilhabe des schwerbehinderten Menschen am Arbeitsleben unmöglich ist (etwa wegen Überforderung seitens des IFD), so kann die AA die Beauftragung für diesen Fall rückgängig machen und einen anderen schwerbehinderten Menschen zuweisen.

Betreuung und Vermittlung werden wie folgt vergütet:

Vergütung

»Im Bereich der Berufsbegleitung beträgt die Kostenerstattung im ersten Monat 500 €. Ab dem zweiten Beauftragungsmonat wird eine Pauschale in Höhe von 250 € pro Monat vergütet. Bei einer mehr als fünfmonatigen Beauftragung beträgt die Vergütungspauschale ab dem ersten Monat 250 €. Für den Bereich Vermittlung wird ein monatlicher Grundbetrag in Höhe von 180 € vergütet. Bei Abschluss eines Arbeitsvertrages und Aufnahme der Beschäftigung wird zusätzlich eine einmalige Erfolgsprämie in Höhe von 500 € gezahlt. Nach erfolgreichem Ablauf der Probezeit wird eine Wiedereingliederungsprämie in Höhe von einmalig 700 € gezahlt. Für die isolierte Inanspruchnahme besonderer Leistungen, z.B. Einholen einer Stellungnahme bei speziellen Behinderungsarten wie Schwerhörigkeit, Blindheit pp., gilt eine Vergütung von 180 € als vereinbart, sofern nicht im Einzelfall vor Inanspruchnahme eine abweichende Regelung getroffen wird. Die vereinbarte Vergütung wird zum Ende des Beauftragungszeitraumes fällig. Sofern Umsatzsteuerpflicht nachgewiesen ist, gelten die vorstehenden Beträge als Nettobeträge« (§ 15 Abs. 3 der »Gemeinsamen Empfehlung ›Integrationsfachdienste‹« [Entwurf, Stand: 8.9.2004]).

XII Integrationsprojekte
§§ 132–135 SGB IX

Was sind Integrationsprojekte?

Besonders betroffenen Schwerbehinderten gibt der allgemeine Arbeitsmarkt nur eingeschränkte Chancen auf berufliche Eingliederung. Als Alternative zur Arbeitslosigkeit bleibt für viele oft nur die Werkstatt für behinderte Menschen. Um auch diesem Personenkreis Beschäftigungsangebote zu Bedingungen arbeitsrechtlicher und tariflicher Normalität zu eröffnen, fördert das Integrationsamt den Aufbau und den Betrieb spezieller Unternehmen, deren wesentlicher Zweck darin besteht, Arbeitsplätze für schwerbehinderte Menschen in einem besonders sozialen Rahmen zu schaffen. Integrationsprojekte sind ein spezielles Angebot, um die Teilhabe schwerbehinderter Menschen am Arbeitsleben zu verbessern. Sie sind Teil des allgemeinen Arbeitsmarktes, haben zugleich aber auch eine Brückenfunktion in diesen hinein. Damit sich solche Unternehmen auf Dauer am Markt behaupten können, müssen Sie auf wirtschaftlich und organisatorisch tragfähigen Betriebskonzepten basieren. Sie können wie jeder andere Handwerks-, Handels- und Industriebetrieb die üblichen Zuschüsse z. B. nach dem SBG III beantragen.

Mit der Novellierung des Schwerbehindertengesetzes im Jahre 2000 und der Einführung des SGB IX im Jahre 2001 hat der Gesetzgeber die Förderung erweitert. Integrationsprojekte können Leistungen für Aufbau, Erweiterung, Modernisierung und Ausstattung einschließlich einer betriebswirtschaftlichen Beratung und eines besonderen Aufwands erhalten. Dieser gesetzlich definierte Leistungskatalog schließt jedoch eine allgemeine Subventionierung der Betriebskosten wie etwa bei Werkstätten für behinderte Menschen generell aus.
Integrationsfirmen sind zumeist kleinere Unternehmen, die marktorientiert produzieren oder Dienstleistungen erbringen.
Gleichzeitig schaffen sie über ein Vielfaches Ihrer Pflichtquote hinaus Arbeitsplätze für schwerbehinderte Menschen mit branchenüblicher oder ortsüblicher Entlohnung. Integrationsfirmen operieren zumeist als Nonprofitunternehmen, sind aber dennoch Betriebe, die im Wettbewerb stehen und reguläre Arbeitsverhältnisse eingehen. Anders als andere Instrumente der Arbeitsmarktpolitik, die eine wirtschaftliche Betätigung nicht oder nur eingeschränkt erlauben, nehmen Integrationsfirmen am allgemeinen Wirtschaftsleben teil.

Durch die alltägliche Zusammenarbeit von behinderten und nichtbehinderten Menschen findet der Integrationsgedanke eine praktische Verwirklichung. Integrationsprojekte zählen zwar zum allgemeinen Arbeitsmarkt, grenzen sich aber dadurch von anderen Arbeitgebern ab, dass sie einen Auftrag erfüllen, der die rein wirtschaftliche Betätigung am Markt übersteigt: sie beschäftigen in erheblichen Umfang schwerbehinderte Menschen, deren Teilhabe an einer sonstigen Beschäftigung auf dem allgemeinen Arbeitsmarkt auf besondere Schwierigkeiten stößt. Diese Schwierigkeiten sind bedingt durch die Art und Schwere der Behinderung oder sonstige Umstände und lassen sich voraussichtlich trotz Ausschöpfens aller Fördermöglichkeiten und des Einsatzes von Integrationsfachdiensten nicht vollständig beseitigen.

Der Unternehmenszweck der Beschäftigung besonders betroffener schwerbehinderter Menschen und die Förderung ihrer beruflichen und damit gesellschaftlichen Teilhabe steht damit im Vordergrund und unterscheidet solche Unternehmen von anderen, bei denen die Gewinnerzielung das unternehmerische Handeln bestimmt.

Die rechtlichen Grundlagen für die Förderung von Integrationsprojekten ergeben sich aus den §§ 132–135 SGB IX. Nähere Regelungen finden sich darüber hinaus in den »Vorläufigen Empfehlungen der Bundesarbeitsgemeinschaft der Integrationsämter und Hauptfürsorgestellen«.

Weitere Informationen erhält man unter www.integrationsaemter.de. Ebenfalls sind auf dieser Internetseite sämtliche Adressen der Integrationsämter in Deutschland zu finden.

Integrationsprojekte werden unterschieden nach
- Integrationsunternehmen,
- Integrationsbetrieben,
- Integrationsabteilungen.

Formen von Integrationsprojekten

Integrationsunternehmen sind auf Dauer angelegte, rechtlich und wirtschaftlich selbstständige Organisationen mit erwerbswirtschaftlicher Zielsetzung.

Bewirtschaftung von Cafeterias, Kantinen und Mensen, Reinigungsdienstleistungen, Wäschereibetriebe, Industriedienstleistungen für einfache Tätigkeiten u. Ä.

Beispiele

Als Rechtsform kommen in Betracht:
- Einzelkaufleute,
- Personen- und Kapitalgesellschaften,
- Stiftungen, gemeinnützige GmbH.

Die Rechtsform eines eingetragenen Vereins (e. V.) ist mit einer erwerbswirtschaftlichen Unternehmensfunktion unvereinbar und kommt damit als Trägerschaft für ein Integrationsunternehmen nicht in Betracht.

Unternehmensinterne **Integrationsbetriebe oder -abteilungen** sind rechtlich unselbstständige Organisationsformen innerhalb eines Unternehmens, die jedoch die gleiche Zielrichtung wie Integrationsunternehmen verfolgen.

Integrationsprojekte bieten schwerbehinderten Menschen
- sozialversicherungspflichtige Beschäftigung mit tariflicher oder ortsüblicher Vergütung auf Arbeitsplätzen i. S. von § 73 Abs. 1 SBG IX,
- arbeitsbegleitende Betreuung,
- Möglichkeiten der beruflichen Weiterbildung.

Aufgaben der Integrationsprojekte

- Unterstützung bei der Vermittlung in eine sonstige Beschäftigung auf dem allgemeinen Arbeitsmarkt,
- geeignete Maßnahmen zur Vorbereitung auf eine Beschäftigung in einem Integrationsunternehmen.

Bei einem Integrationsprojekt ist sicherzustellen, dass eine arbeitsbegleitende Betreuung für die beschäftigen schwerbehinderten Menschen erfolgt. Diese kann durch eine entsprechende Fachkraft mit psychosozialer oder entsprechender Qualifikation oder MitarbeiterInnen mit entsprechender Doppelqualifikation geleistet werden. Art und Organisation der arbeitsbegleitenden Betreuung sind dabei dem Integrationsamt nachzuweisen.

Zielgruppen

Insbesondere folgende Gruppen schwerbehinderter Menschen sollen in den Integrationsprojekten eine Beschäftigung finden:
- schwerbehinderte Menschen mit geistiger oder psychischer Behinderung oder mit schwerer Körper-, Sinnes- und Mehrfachbehinderung,
- schwerbehinderte Menschen aus Werkstätten für behinderte Menschen oder psychiatrischen Einrichtungen zur Vorbereitung auf den allgemeinen Arbeitsmarkt,
- schwerbehinderte Schulabgänger zur Vorbereitung auf den allgemeinen Arbeitsmarkt.

Neben diesen Zielgruppen schwerbehinderter Menschen müssen nicht behinderte Menschen beschäftigt werden und können auch sonstige schwerbehinderte Menschen Aufnahme finden.

Für Integrationsunternehmen gilt:
- mindestens 25 % aller Stellen müssen mit Angehörigen der oben genannten Zielgruppen besetzt sein,
- der Anteil aller beschäftigten schwerbehinderten Menschen soll 50 % nicht übersteigen.

Für Integrationsbetriebe und -abteilungen gelten diese Beschäftigungsquoten nicht. Gleichwohl sollen auch diese Integrationsprojekte schwerbehinderte Menschen aus den Zielgruppen beschäftigen. Deutlich über der gesetzlichen Pflichtquote nach § 71 SGB IX liegende Beschäftigungsquoten sind Fördervoraussetzung.

Die finanzielle Förderung

Integrationsprojekte werden zum einen gefördert durch einmalige Leistungen wie etwa Investitionshilfen und Zuschüsse zu einer betriebswirtschaftlichen Gründungsberatung, zum anderen durch laufende Leistungen zur Unterstützung der besonderen Aufwendungen, die bei der Beschäftigung des Personenkreises erforderlich sind. Grundsätzlich unterliegt die Förderung von Integrationsprojekten durch das Integrationsamt dem Nachranggrundsatz. Die Träger sind deshalb auch gehalten, andere Fördermittel zu erschließen. Bei der Förderung von Integrationsunternehmen handelt es sich um eine Projektförderung. Die individuellen Leistungen an Arbeitgeber nach

§ 102 Abs. 3 Nr. 2 SGB IX zur behindertengerechten Einrichtung von Arbeitsplätzen sind in der Regel darin enthalten. Nichtsdestotrotz können Integrationsunternehmen auf Grundlage des § 102 Abs. 3 Nr. 2 SGB IX in Verbindung mit § 26 SchwbAV (Schwerbehinderten-Ausgleichsabgabe-Verordnung) Leistungen zur behindertengerechten Einrichtung von einzelnen Arbeits- und Ausbildungsplätzen erhalten.

Förderfähig sind Aufbau, Erweiterung, Modernisierung und Ausstattung. Unter Aufbau und Erweiterung fällt die Förderung von Bau- und Sachinvestitionen einschließlich Architektenleistungen. Nicht förderbar sind dagegen Grunderwerbskosten oder Personal- und Kreditfinanzierungskosten, die Miete für Gewerberäume und andere Anlaufkosten. Modernisierung und Ausstattung betreffen insbesondere Maschinen, Gerätschaften oder Büroausstattung. Reine Ersatzbeschaffungen sind nicht förderbar.

Investitionshilfen

Als Art der Zuwendung kommen Zuschüsse, Darlehen und Zinszuschüsse zur Verbilligung von Fremdmitteln in Betracht. Art und Höhe der Förderung richten sich in erster Linie nach dem Anteil der schwerbehinderten Menschen an der Gesamtbeschäftigtenzahl. Daneben findet auch die wirtschaftliche Situation des Projektes und des Betreibers Berücksichtigung.

Bei der Bemessung der Förderhöhe gelten für die Zuschüsse folgende Richtgrößen:
- Pro neu geschaffenem Arbeitsplatz eines schwerbehinderten Menschen 80 % der notwendigen Kosten, höchstens aber bis zu 30.000 € als Zuschuss,
- zur Sicherung eines bestehenden Arbeitsplatzes eines schwerbehinderten Menschen bis zu 20.000 € als Zuschuss.

Die Förderung erfolgt zu höchstens 80 % der entstehenden Kosten. 20 % der investiven Kosten sollen als Eigenanteil nachgewiesen sein. Die genannten Beträge sind Richtwerte und werden fall- und branchenabhängig festgesetzt.

Gewährte Darlehen sollen nach § 15 Abs. 2 SchwbAV mit jährlich 10 % getilgt werden, wobei das Jahr der Auszahlung und das darauffolgende Jahr tilgungsfrei sein können. Von einer Verzinsung kann abgesehen werden.

Integrationsunternehmen stellt das Integrationsamt Mittel zur betriebswirtschaftlichen Beratung zur Verfügung. Hierbei handelt es sich um eine nachrangige Förderung; zunächst sind die regulären Fördermittel für Existenzgründer in Anspruch zu nehmen. Die Förderung der Gründungsberatung ist erst nach Vorlage eines vorläufigen und aussagekräftigen Exposees möglich, das über eine unverbindliche Ideenskizze hinausgeht und welches Umrisse eines konkreten Businessplanes erkennen lässt. Beratungsgegenstände sind insbesondere die Unterstützung bei der weiteren Unternehmensplanung und dem Controlling sowie bei Investitionsentscheidungen, Kalkulationen und Liquiditätsplanungen und -kontrollen.

Zuschuss zur betriebswirtschaftlichen Beratung

Zuschuss zur Abgeltung des besonderen Aufwands

Nach § 134 SGB IX können Integrationsunternehmen finanzielle Mittel für den so genannten besonderen Aufwand erhalten. Hierbei handelt es sich um einen über die typischen Kosten branchen- und größengleicher Unternehmen hinausgehenden Aufwand, der auf die Beschäftigung besonders betroffener schwerbehinderter Menschen sowie auf die Verfolgung qualifizierender und rehabilitativer Ziele zurückzuführen ist und der die Wettbewerbsfähigkeit des Integrationsunternehmens im Vergleich mit anderen Unternehmen des allgemeinen Marktes beeinträchtigt.

Hierzu zählen insbesondere:
- eine überdurchschnittlich aufwändige arbeitsbegleitende Unterstützung,
- eine zeitweise oder dauerhafte psychosoziale Betreuung am Arbeitsplatz,
- ein Vorhalten spezieller Betriebsstrukturen und -prozesse.

Die Förderung erfolgt in Form von Pauschalen pro Beschäftigten aus der Zielgruppe.

Zuschuss zur Abgeltung von Minderleistung gemäß § 27 SchwbAV

Bei Zugehörigen der Zielgruppe wird unterstellt, dass deren Leistungen unterhalb der geforderten Normalleistung liegt. Zum Ausgleich für diese Minderleistung erfolgt eine pauschale Förderung:
- 30 % des Arbeitgeberbruttos nach vorherigem Abzug von Lohnkostenzuschüssen Dritter (so genanntes bereinigtes Arbeitgeberbrutto),
- bei Teilzeitbeschäftigten (15–30 Stunden wöchentlich) kann zuvor das Arbeitgeberbrutto mit dem Faktor 1,25 multipliziert werden, falls die Teilzeitbeschäftigung wegen der Behinderung erforderlich ist und erhöhter Betreuungsaufwand vorliegt.

Diese Fördermodalitäten gelten analog für Auszubildende.

Verfahren

Für Integrationsunternehmen ist das Integrationsamt zuständig, in dessen Zuständigkeitsbereich der Ort der zu fördernden Arbeitsplätze liegt. Leistungen werden frühestens vom Monat der Antragstellung erbracht. Laufende Leistungen werden in der Regel halbjährlich gegen Vorlage entsprechender Nachweise ausgezahlt. Integrationsprojekte haben dem Integrationsamt die zweckentsprechende Verwendung der Geldleistungen durch Verwendungsnachweise nach Vorgabe des Integrationsamtes zu belegen.

Zur Sicherung der investiven Leistungen dienen:
- Bankbürgschaften,
- Sicherungsübereignungsverträge sowie
- Grundschulden.

Eine Kombination zwischen Bankbürgschaft und Sicherungsübereignung ist möglich. Ferner werden an die geförderten Arbeitsplätze Bindungsfristen geknüpft. Auch eine regelmäßige betriebswirtschaftliche Beratung kann zur Auflage gemacht werden.

Q MASSNAHMEN ZUR SCHAFFUNG UND ERHALTUNG VON ARBEITSPLÄTZEN

I **Arbeitsbeschaffungsmaßnahmen (ABM)** 456
   1. Neuregelung seit 2004 456
   2. Was ist eine ABM? 456
   3. Welche Maßnahmen welcher Träger sind förderungsfähig? 457
   4. Welche Arbeitslosen sind förderungsfähig? 459
   5. Wie hoch ist der pauschalierte ABM-Zuschuss? 460
   6. Wie lange kann eine Maßnahme gefördert und ein Arbeitsloser zugewiesen werden? 461
   7. Teilnehmerbeurteilung 462
   8. Verfahren und Bescheide 463
   9. Arbeitnehmer 2. Klasse 466
   9.1 Keine Versicherungspflicht (mehr) in der Arbeitslosenversicherung 466
   9.2 Niedrige Bezahlung 466
   9.3 Befristung 467
   9.4 Beteiligungsrechte 467
   10. Kombipackungen und Förderketten? 468
   11. Arbeitslosigkeit nach ABM 469

II **Beschäftigung schaffende Infrastrukturförderung (BsI)** 469

III **Zuschüsse für Transfermaßnahmen** 471
   1. Voraussetzungen 471
   2. Pflicht zu Transfermaßnahmen? 474

IV **Eingliederungszuschüsse (EZ)** 476
   1. Was ist und für wen gibt es einen EZ? 476
   2. Höhe und Dauer des EZ 477
   3. Förderregeln 479

V **Freie Förderung** 480
   1. Gesetzeszweck 480
   2. Es war einmal ... 481

VI **Darlehen für Arbeits- und Ausbildungsplätze** 481

I Arbeitsbeschaffungsmaßnahmen (ABM)
§§ 260 ff. SGB III

1 Neuregelung seit 2004

Durch das »Dritte Gesetz für moderne Dienstleistungen am Arbeitsmarkt« ist die ABM einschneidend umgestaltet worden. Die sieben wichtigsten Änderungen seien hier vorneweg benannt:

- Abschaffung des individuellen zugunsten des pauschalierten Zuschusses.

- Abschaffung der Versicherungspflicht zur Arbeitslosen-Versicherung für Beschäftigte in ABM.

- Verkürzung der ABM bei Übernahmegarantie von drei auf zwei Jahre.

- Verkürzung der Förderung für Arbeitslose ab dem 55. Geburtstag von 60 auf 36 Monate.

- Förderung von ABM nur noch vorrangig in Regionen mit überdurchschnittlicher Arbeitslosigkeit.

- Verzicht auf Erfordernis der Verbesserung der Eingliederungsaussichten.

- Verzicht auf 20%igen Qualifizierungs-/Praktikumsanteil.

2 Was ist eine ABM?

Eine ABM entsteht durch eine Vereinbarung zwischen der AA und einem Arbeitgeber als Träger einer förderungsfähigen Maßnahme. Der Arbeitgeber verpflichtet sich, einen förderungsbedürftigen Arbeitslosen für eine befristete Dauer einzustellen; die AA verpflichtet sich, dem Arbeitgeber einen Teil des Arbeitsentgelts zu erstatten.

Nicht mehr: Verbesserung der Eingliederungsaussichten

»Durch ABM soll erreicht werden, dass die Beschäftigungsfähigkeit der arbeitslosen Arbeitnehmer erhalten bleibt oder wieder erreicht wird. Auf das bisherige Ziel, dass die Eingliederungsaussichten verbessert werden sollen, wird verzichtet, weil es in dieser Allgemeinheit nicht erfüllbar ist ...« (So die Begründung, BT-Drs. 15/1515, S. 95.)

Im Rahmen der Ermessensentscheidung der AA, ob und welche ABM zu fördern ist, spielen die Eingliederungsaussichten allerdings weiter eine große Rolle: Gemäß § 260 Abs. 2 SGB III sind Maßnahmen vorrangig zu fördern (→ S. 461), wenn damit zu rechnen ist, dass die Eingliederungsaussichten der in die Maßnahme zugewiesenen Arbeitnehmer erheblich verbessert werden.

3 Welche Maßnahmen welcher Träger sind förderungsfähig?
§§ 260, 261, 262 SGB III

- ABM gibt es seit 2004 gemäß § 260 Abs. 1 Nr. 1 SGB III regelmäßig nur noch zum Abbau von »hoher Arbeitslosigkeit entsprechend den Problemschwerpunkten der regionalen und beruflichen Teilarbeitsmärkte«. Der Gesetzgeber konkretisiert diese Voraussetzungen in seiner Beschlussempfehlung:

Bei hoher Arbeitslosigkeit

»Der Deutsche Bundestag fordert die BA auf, beim Einsatz der arbeitsmarktpolitischen Instrumente die besonderen Probleme der strukturschwachen Regionen angemessen zu berücksichtigen. Dies betrifft vor allem den Bereich der öffentlich geförderten Beschäftigung. (...) Solange die Arbeitslosenquote in einer Region über dem Bundesdurchschnitt liegt, sollte (...) der Einsatz von ABM eine besondere Bedeutung erhalten.« (BT-Drs. 15/1728, S. 13.)

Maßnahmen sind wie bisher grundsätzlich nur förderungsfähig, wenn die vorgesehenen Arbeiten zusätzlich sind und im öffentlichen Interesse liegen.

- Arbeiten sind zusätzlich, wenn sie ohne die Förderung nicht, nicht in diesem Umfang oder erst zu einem späteren Zeitpunkt durchgeführt werden. Arbeiten, die aufgrund einer rechtlichen Verpflichtung durchzuführen sind oder die üblicherweise von juristischen Personen des öffentlichen Rechts (Länder, Kreise, Gemeinden) durchgeführt werden, sind nur förderungsfähig, wenn sie ohne die Förderung voraussichtlich erst nach zwei Jahren durchgeführt würden.
Eine rechtliche Verpflichtung zur Durchführung bestimmter Arbeiten kann auf Gesetzen, Verordnungen oder Satzungen beruhen. So gehören z. B. bestimmte Waldarbeiten zu den Pflichtaufgaben nach dem BundeswaldG; solche Arbeiten sind nur förderungsfähig, wenn sie nicht oder nicht in diesem Umfang innerhalb von zwei Jahren durchgeführt werden müssen.

Zusätzliche Arbeiten

Gemäß § 270a Abs. 2 Satz 1 SGB III brauchen »Arbeiten zur Bewältigung von Naturkatastrophen oder sonstiger außergewöhnlicher Ereignisse« nicht »zusätzlich« zu sein.

Ausnahme: Naturkatastrophen

»Unter Naturkatastrophen fallen auch z. B. schwere Unwetter, Wirbelstürme, Erdbeben oder größere Waldbrände. Gewöhnliche Naturereignisse wie Gewitter, Hagel, Schlechtwetterperioden fallen nur unter Naturkatastrophen, wenn diese wegen besonderer geographischer und klimatischer Verhältnisse zu besonders schweren Folgen führen. Sonstige außergewöhnliche Ereignisse können z. B. Terroranschläge sein. Die Arbeiten müssen auf die Bewältigung der unmittelbaren Schäden gerichtet sein. Der wirtschaftliche Wiederaufbau ist grundsätzlich nicht förderbar.« (So die Begründung, BT-Drs. 15/1515, S. 98.)

Arbeiten im öffentlichen Interesse

- Arbeiten liegen im öffentlichen Interesse, wenn das Arbeitsergebnis der Allgemeinheit dient. Arbeiten, deren Ergebnis überwiegend erwerbswirtschaftlichen Interessen oder den Interessen eines begrenzten Personenkreises dient, liegen nicht im öffentlichen Interesse. Das Vorliegen des öffentlichen Interesses wird nicht allein dadurch ausgeschlossen, dass das Arbeitsergebnis auch den in der Maßnahme beschäftigten Arbeitnehmern zugute kommt (indem sie z. B. in von ihnen selbst errichteten Wohnungen als Mieter wohnen können), wenn sichergestellt ist, dass die Arbeiten nicht zu einer Bereicherung einzelner führen. »Um eine nicht gewollte Bereicherung einzelner oder einen sonstigen Missbrauch zu verhindern, sollen hierbei die Kommunen in die Maßnahmedurchführung einbezogen sein« (BT-Drs. 13/4941, S. 200).

Keine Qualifikationspflicht mehr

Verzichtet worden ist auf die Verpflichtung des Trägers, bei Regiemaßnahmen die ABMler für 20% der Zuweisungsdauer zu qualifizieren oder an Praktika teilnehmen zu lassen. Viele Träger hatten für diese Qualifizierung kein Geld.

Sofern ein Träger seine ABMler qualifiziert, kann die ABM aber verstärkt gefördert werden (→ S. 461).

Träger von ABM

Träger von ABM können gemäß § 21 SGB III alle natürlichen und juristischen Personen sein. Anders als der frühere § 92 AFG verlangt § 21 SGB III nicht mehr, dass private Träger gemeinnützige Zwecke verfolgen müssen. Dennoch können auf Gewinnerzielung ausgerichtete Arbeiten nicht gefördert werden; denn § 261 Abs. 3 Satz 2 SGB III schließt »Arbeiten, deren Ergebnis überwiegend erwerbswirtschaftlichen Interessen dient«, von der ABM-Förderung aus.

Träger von ABM sind in der Praxis Gebietskörperschaften (Länder, Kreise, Städte und Gemeinden), Kirchen und kirchliche Organisationen, Wohlfahrtsverbände, gemeinnützige Unternehmen.

Der Träger kann die ABM auf zwei Wegen durchführen (zum Folgenden siehe Handbuch Arbeitsförderung, S. 63):

Regiemaßnahme

- Der Träger führt die ABM selbst durch (so genannte Regiemaßnahmen, § 21 1. Alt. SGB III). In diesem Fall übernimmt der Träger durch Abschluss von Arbeitsverträgen mit den von der AA zugewiesenen Arbeitnehmern selbst Arbeitgeberpflichten und trägt die Verantwortung für die praktische Durchführung der ABM.

oder Vergabemaßnahme

- Der Träger lässt die ABM-Arbeiten von einem Dritten durchführen, vergibt also die Arbeiten (sog. Vergabemaßnahmen, § 21 2. Alt. SGB III) an ein Wirtschaftsunternehmen, das mit den dem Träger zugewiesenen Arbeitnehmern die Arbeitsverträge abschließt und dem Träger die aufgrund eines Vertrages (z. B. Werkvertrag, Geschäftsbesorgungsvertrag) durchgeführten Arbeiten in Rechnung stellt.

Nach Streichung des alten § 262 Abs. 1 SGB III »soll deutlich gemacht werden, dass Vergabe-ABM zwar noch möglich, Vergabemaßnahmen nach § 279a SGB III aber vorrangig sind« (so die Begründung, BT-Drs. 15/1515, S. 95).
Regie-ABM die Regel?

Vergabe-ABM kommen höchstens noch infrage, wenn eine Förderung als »Beschäftigung schaffende Infrastrukturmaßnahme« nach § 279a SGB III (→ S. 469) ausscheidet, weil der ABM-Träger kein öffentlich-rechtlicher Träger ist oder die von § 279a SGB III geforderten Eigenmittel nicht aufbringen kann.
Im Mai 2004 waren dementsprechend nur noch 2 % aller ABM Vergabemaßnahmen.
Vergabe-ABM die Ausnahme

4 Welche Arbeitslosen sind förderungsfähig?
§ 263 SGB III

Arbeitslose können gemäß § 263 Abs. 1 SGB III über ABM grundsätzlich nur gefördert werden, wenn sie

- arbeitslos sind **und** — *Arbeitslos*
- die Voraussetzungen erfüllen, um Entgeltersatzleistungen bei Arbeitslosigkeit oder als behinderte Menschen Leistungen zur Teilhabe am Arbeitsleben zu erhalten **und** — *Leistungsanspruch*
- nur durch ABM in Arbeit kommen. Dies sollte schon in der Eingliederungsvereinbarung festgehalten werden. — *ABM erforderlich*

Die AA kann nach § 263 Abs. 2 SGB III Arbeitslose auch ohne Leistungsanspruch fördern, wenn
Ausnahmen

- ihre Zuweisung wegen der Wahrnehmung von Anleitungs- oder Betreuungsaufgaben für die Durchführung der Maßnahme notwendig ist,
- die Arbeitnehmer bei Beginn der Maßnahme das 25. Lebensjahr noch nicht vollendet und keine abgeschlossene Berufsausbildung haben und die Maßnahme mit einer berufsvorbereitenden Bildungsmaßnahme verbunden ist oder
- die Arbeitnehmer wegen Art und Schwere ihrer Behinderung nur durch Zuweisung in die Maßnahme beruflich stabilisiert oder qualifiziert werden können,
- die Arbeitnehmerinnen Berufsrückkehrerinnen sind und bereits für die Dauer von mindestens zwölf Monaten in einem Versicherungspflichtverhältnis gestanden haben.
- »Darüber hinaus«, also zusätzlich zu den vier genannten Gruppen (so ausdrücklich BAMS, A – Z der Arbeitsförderung, Juli 2002, S. 17), können bis zu 10 % der pro Jahr in ABM Zugewiesenen Arbeitslose ohne Leistungsanspruch sein. Der Gesetzgeber dachte dabei insbesondere an Sozialhilfebezieher (BT-Drs. 14/6944, S. 43). An deren Stelle dürften seit 2005 ALG II-Bezieher getreten sein. — *10 %-Quote*

- Schließlich können auch Arbeitslose ABM zur Bewältigung von Naturkatastrophen zugewiesen werden, auch wenn Sie keinen Leistungsanspruch haben. Diese müssen auch nicht die Bedingung erfüllen, nur durch ABM in Arbeit zu kommen (§ 270a Abs. 2 Satz 2 SGB III).

Zuweisung

Die Arbeitslosen müssen von der AA zugewiesen werden (§ 260 Abs. 1 Nr. 4 SGB III).

Wartezeit: 2 Jahre

Eine Zuwendung ist grundsätzlich ausgeschlossen, wenn seit der letzten Beschäftigung in einer ABM- oder Strukturanpassungsmaßnahme noch nicht drei Jahre vergangen sind. Dies gilt nicht für Zuweisungen von Arbeitnehmern, die
- das 55. Lebensjahr vollendet haben (§ 267a Abs. 4 SGB III);
- Naturkatastrophen bewältigen sollen (§ 270a Abs. 2 Satz 3 i.V.m. § 267a Abs. 4 Satz 1 SGB III).

5 Wie hoch ist der pauschalierte ABM-Zuschuss?
§§ 264, 266 SGB III

Die Höhe des pauschalierten Zuschusses bemisst sich nach der Art der Tätigkeit des geförderten Arbeitnehmers in der Maßnahme. Der monatliche Zuschuss beträgt bei Tätigkeiten, für die in der Regel erforderlich ist

4 Pauschbetragsstufen

1.	eine Hochschul- oder Fachhochschulausbildung	1.300 €
2.	eine Aufstiegsfortbildung	1.200 €
3.	eine Ausbildung in einem Ausbildungsberuf	1.100 €
4.	keine Ausbildung	900 €

Für die Höhe der Pauschale ist die Tätigkeit des Arbeitnehmers in der ABM maßgebend und nicht die bisherige Tätigkeit oder Qualifikation. Mit dem Zuschuss werden auch die Beiträge des Arbeitgebers zur Sozialversicherung abgedeckt.

Realität: i.d.R. 720 €

Viele AA fördern ABM überwiegend in der 900 €-Stufe. Außerdem verlangen die AA häufig noch eine um 20 % verkürzte Arbeitszeit mit der Folge, dass der ABM-Zuschuss auf 720 € sinkt.

Erhöhter Pauschbetrag

Die AA kann den pauschalierten Zuschuss zum Ausgleich regionaler und in der Tätigkeit liegender Besonderheiten um bis zu 10 % erhöhen.

Nachwuchsabschlag

Der Zuschuss ist bei Arbeitnehmern, die bei Beginn der Maßnahme das 25. Lebensjahr noch nicht vollendet haben, so zu bemessen, dass die Aufnahme einer Ausbildung nicht behindert wird.

Der pauschalierte Zuschuss wird höchstens bis zur Höhe des monatlich ausgezahlten Arbeitsentgelts gezahlt. Es handelt sich dabei um das Brutto-Arbeitsentgelt des geförderten Arbeitnehmers.
Bei Teilzeit wird der Zuschuss entsprechend gekürzt.
Deckelung

Gemäß § 270a Abs. 1 SGB III übernimmt die AA bei Beschäftigung eines behinderten Menschen auch die Kosten einer notwendigen Arbeitsassistenz.
Arbeitsassistenz

Für weitere Kosten des Trägers (z. B. für Qualifizierung, Lohnzusatzkosten, Miete) bei der Durchführung der Arbeiten werden gemäß § 266 SGB III Zuschüsse in pauschalierter Form bis zu einer Höhe von 300 € pro Arbeitnehmer und Fördermonat erbracht, wenn
Verstärkte Förderung

- die Finanzierung einer Maßnahme auf andere Weise nicht erreicht werden kann **und**
- an der Durchführung der Maßnahme ein besonderes arbeitsmarktpolitisches Interesse besteht.

6 Wie lange kann eine Maßnahme gefördert und ein Arbeitsloser zugewiesen werden?
§§ 267, 267a, 270a Abs. 3 SGB III

Die Förderung einer Maßnahme und die Zuweisung eines Arbeitslosen darf in der Regel höchstens höchstens ein Jahr dauern.
1 Jahr

Die Förderung und die Zuweisung eines Arbeitslosen darf ausnahmsweise bis zur Gesamtdauer von zwei Jahren verlängert werden, wenn
2 Jahre
- an der Durchführung der Arbeiten ein besonderes arbeitsmarktpolitisches Interesse besteht **oder**
- der Träger sich verpflichtet, den zugewiesenen Arbeitnehmer in ein Dauerarbeitsverhältnis zu übernehmen.

Die Förderung und die Zuweisung eines Arbeitslosen darf bis zu 36 Monate dauern, wenn zu Beginn der Maßnahme überwiegend ältere Arbeitnehmer zugewiesen sind, die das 55. Lebensjahr vollendet haben.
3 Jahre

Die Förderung nach Jahren steht nur auf dem Papier. Tatsächlich gibt es fast nur noch ABM bis sechs Monate.
Realität: 6-Monats-ABM

Durch § 270a Abs. 3 SGB III dürfen ABM für arbeitslose Ausbilder und Betreuer in der beruflichen Ausbildung über die Zuweisungsdauer hinaus bis zum Ende der Ausbildungsverhältnisse ausgedehnt werden.
Ausbilderprivileg

Eine Maßnahme kann ohne zeitliche Unterbrechung wiederholt gefördert werden, wenn sie darauf ausgerichtet ist, während einer längeren Dauer Arbeitsplätze für wechselnde, besonders förderungsbedürftige Arbeitnehmer zu schaffen.
Wiederholte Förderung

Rückzahlungsgefahr

Die im zweiten Förderjahr erbrachten Zuschüsse sind nach § 268 SGB III zurückzuzahlen, wenn die vom Träger bei Antragstellung abgegebene Verpflichtung zur Übernahme eines zugewiesenen Arbeitnehmers in ein Dauerarbeitsverhältnis nicht erfüllt wird oder das Arbeitsverhältnis innerhalb von sechs Monaten nach Ende des Förderzeitraumes beendet wird.

Dies gilt nicht, wenn

- der Arbeitgeber bei Beendigung des Beschäftigungsverhältnisses berechtigt war, das Arbeitsverhältnis aus wichtigem Grund ohne Einhaltung einer Kündigungsfrist zu kündigen, oder
- die Beendigung des Arbeitsverhältnisses auf das Bestreben des Arbeitnehmers hin erfolgt, ohne dass der Arbeitgeber den Grund hierfür zu vertreten hat, oder
- der Arbeitnehmer das für ihn maßgebliche Rentenalter für eine Altersrente erreicht hat, oder
- es für den Arbeitgeber bei einer Ersatzzuweisung während des zweiten Förderjahres unter Würdigung der Umstände des Einzelfalles unzumutbar wäre, den zuletzt zugewiesenen Arbeitnehmer anstelle des zuvor zugewiesenen Arbeitnehmers im Anschluss an die Förderung in ein Dauerarbeitsverhältnis zu übernehmen.

7 Teilnehmerbeurteilung

Die Träger oder durchführenden Unternehmen haben spätestens bei Beendigung der Beschäftigung des geförderten Arbeitnehmers eine Teilnehmerbeurteilung für die AA auszustellen.

Auf die Teilnehmerbeurteilung ist zu verzichten, wenn der Teilnehmer anschließend der Vermittlung nicht mehr zur Verfügung steht. Das ist nicht nur dann der Fall, wenn wegen Alters ein Ende des Erwerbslebens absehbar ist, sondern auch dann, wenn der Teilnehmer erklärt, sich selbständig zu machen.

Die Teilnehmerbeurteilung enthält u. a. Aussagen über
- ausgeübte Tätigkeiten;
- erkennbare Begabungsschwerpunkte;
- in der ABM erworbene Qualifikationen;
- erforderliche weitere Qualifikationen;
- Arbeits- und Sozialverhalten:
  - Zuverlässigkeit/Pünktlichkeit,
  - Belastbarkeit/Ausdauer,
  - Teamfähigkeit,
  - Integrationsbereitschaft,
  - Motivation,
  - Eigenverantwortung/selbstständiges Arbeiten,
  - Fortbildungsbereitschaft;

- Einschränkung im Hinblick auf eine Vermittlung.

Diese Beurteilungen können im besten Fall bei der Er- und Umarbeitung einer Eingliederungsvereinbarung hilfreich sein. Nicht selten können sie aber auch Fehleinschätzungen fortschreiben und damit eine Eingliederung oder eine weitere Förderung erschweren.

Ein ABMler muss der Beurteilung seiner Leistung und seines Verhaltens zustimmen (so ausdrücklich auch der Bundesbeauftragte für den Datenschutz, 19. Tätigkeitsbericht [2001–2002], S. 132). Das gilt auch seit Änderung von § 318 SGB III; dessen Abs. 2 Satz 1 Nr. 2 verzichtet nicht auf die Zustimmung bei ABM (→ S. 57).
Nicht ohne Zustimmung

Zu unseren grundsätzlichen Bedenken gegen Teilnehmerbeurteilungen durch private Träger → S. 53 ff.

8 Verfahren und Bescheide[*]

Folgende Schritte durchläuft ein ABM-Verfahren:
1. Planung der ABM
2. Gegebenenfalls Vorbescheid über die grundsätzliche Förderungsfähigkeit bei Vergabe-ABM
3. ABM-Antrag
4. Prüfung der Fördervoraussetzungen
5. Anerkennungsbescheid
6. Zuweisung förderungsbedürftiger Arbeitsloser
7. Auszahlung der Leistungen
8. Schlussbescheid nach Gesamtabrechnung

1. Schritt: Planen Sie die ABM-Maßnahme frühzeitig. Besorgen Sie sich den ABM-Ideenkatalog der BA bei Ihrer AA. Suchen und pflegen Sie regelmäßig Kontakte zu den zuständigen Sachbearbeitern/Sachbearbeiterinnen in der AA und zu Mitgliedern des Verwaltungsausschusses (z. B. dem Gewerkschaftsvertreter/der Gewerkschaftsvertreterin). Halten Sie sich so auf dem Laufenden über die noch verfügbaren ABM-Mittel. Studieren Sie die Eingliederungsbilanz der zuständigen AA. Nach § 11 Abs. 4 SGB III muss sie öffentlich gemacht werden. Nutzen Sie die in der Eingliederungsbilanz zutage tretenden Schwachstellen (z. B. zu geringer Anteil geförderter Frauen, behinderter Menschen). Kümmern Sie sich rechtzeitig um Arbeitslose, die die Voraussetzung für eine ABM erfüllen und schlagen Sie passende Bewerber/Bewerberinnen für die Zuweisung vor.
Planung der ABM Ideenkatalog

2. Schritt: Zur Vermeidung des Planungsrisikos bei Vergabe-ABM (→ S. 458) kann dem Träger nach § 3 der inzwischen aufgehobenen, insoweit dem Rechtsgedanken nach aber weiterwirkenden
Vorbescheid

---

[*] Teilweise in enger Anlehnung an die erhellenden Ausführungen im Handbuch Arbeitsförderung, S. 78 ff.

ABM-AO bereits vor formaler Antragstellung eine Aussage zur grundsätzlichen Förderungswürdigkeit der geplanten Maßnahme erteilt werden. Will der Träger eine entsprechende Aussage erhalten, muss er darlegen:
- die Art der Maßnahme,
- die Dauer der Maßnahme,
- die Zahl der voraussichtlich beschäftigten Arbeitslosen und
- die ungefähre Höhe der mit der Maßnahme anfallenden Kosten.

Hat die AA eine Aussage zur grundsätzlichen Förderungsfähigkeit gemacht, ist sie hinsichtlich der von ihr geprüften und befundenen Fragen gebunden, so dass sie im nachfolgenden Verfahren nicht nochmals geprüft werden müssen. Insoweit hat die Förderaussage nach dem Rechtsgedanken des früheren § 3 ABM-AO die Wirkung eines Vorbescheides über die grundsätzliche Förderungsfähigkeit.

ABM-Antrag

3. Schritt: Der nach § 323 Abs. 1 SGB III notwendige Antrag kann nur vom Träger und nicht vom potenziellen ABMler gestellt werden. Er muss gemäß § 324 Abs. 1 Satz 1 SGB III vor Maßnahmebeginn gestellt sein. Das gilt insbesondere auch für Anträge auf Verlängerung einer ABM. Zwar kann die AA nach § 324 Abs. 1 Satz 2 SGB III zur Vermeidung unbilliger Härten auch eine verspätete Antragstellung zulassen. Da bei kostenintensiven ABM ein Förderantrag nach Maßnahmebeginn in der Regel auf eine fehlende Zusätzlichkeit der Maßnahme schließen lässt, dürfte eine unbillige Härte durch die Zurückweisung des Antrages regelmäßig nicht gegeben und eine Ablehnung wegen verspäteter Antragstellung bei ABM ermessensfehlerfrei sein (Handbuch Arbeitsförderung, S. 79).

Füllen Sie den aus mehreren Formularen bestehenden ABM-Antrag vollständig und ehrlich aus. Das fördert eine wohlwollende Ermessensausübung.

Prüfung der Fördervoraussetzungen

4. Schritt: Die Förderung von ABM steht im Ermessen der AA, ein Rechtsanspruch auf Förderung besteht nicht. Der Träger hat jedoch Anspruch auf eine ermessensfehlerfreie Entscheidung. Die AA hat neben dem Entschließungsermessen auch ein Auswahlermessen. Nach § 7 SGB III hat die AA bei der Auswahl von Ermessensleistungen der aktiven Arbeitsförderung unter Beachtung des Grundsatzes der Wirtschaftlichkeit und Sparsamkeit die für den Einzelfall am besten geeignete Leistung oder Kombination von Leistungen zu wählen. Dabei sind vorrangig die Fähigkeiten der zu fördernden Personen und die Erfolgsaussichten einer Eingliederung, auf die § 260 Abs. 2 SGB III (bevorzugte Förderung) besonders abstellt, zugrunde zu legen.

Bei Ermessensleistungen der aktiven Arbeitsförderung sollen besonders förderungsbedürftige Personengruppen, insbesondere Langzeitarbeitslose, schwerbehinderte Menschen, Ältere mit Vermittlungserschwernissen, Berufsrückkehrer/innen und gering Qualifizierte hinsichtlich ihres Anteils an der jeweiligen Gesamtzahl der Arbeitslosen angemessen vertreten sein.

Da die Mittel für eine Förderung im Eingliederungstitel der AA nach § 71b SGB IV veranschlagt sind, kann auch eine Förderung nur im Rahmen der bereitgestellten Mittel erfolgen. Die AA ist daher im Rahmen der ihr zur Verfügung stehenden Mittel zu einer die »Problemschwerpunkte der regionalen und beruflichen Teilarbeitsmärkte« (vgl. § 260 Abs. 1 Nr. 1 SGB III) berücksichtigenden Prioritätensetzung berechtigt und verpflichtet.

Auch wenn der Verwaltungsausschuss seit 2004 nicht mehr über die Verteilung der ABM-Mittel mitentscheidet (er ist zugunsten der Geschäftsführung der AA entmachtet worden), kann ein guter Draht zum Verwaltungsausschuss bei der Einrichtung bestimmter ABM helfen; vorausgesetzt, der Verwaltungsausschuss hat einen guten Draht zur Geschäftsführung der AA.

5. Schritt: Liegen die Voraussetzungen für eine Förderung vor, teilt die AA dem Träger in einem »Anerkennungsbescheid« Art, Höhe und Dauer der Leistungen mit. Der Anerkennungsbescheid ist hinsichtlich der Höhe der Förderung vorläufig, da die abschließende Entscheidung über den Umfang von zu erbringenden Leistungen erst nach Vorlage der Gesamtabrechnung erfolgt (§ 326 SGB III).
Anerkennungsbescheid

6. Schritt: Die förderungsbedürftigen Arbeitslosen müssen von der AA zugewiesen werden (§ 260 Abs. 1 Nr. 4 SGB III). Ein Rechtsanspruch auf Zuweisung eines bestimmten Arbeitslosen besteht nicht. Haben Sie einen guten Draht zur AA, können Sie die Zuweisung von für Ihren Träger passenden Arbeitslosen allerdings beeinflussen. Scheidet der zugewiesene Arbeitnehmer vorzeitig aus oder darf er wegen eines Beschäftigungsverbots (z.B. während des Mutterschutzes) nicht beschäftigt werden, ist – wie § 267 Abs. 2 SGB III zeigt – eine Ersatzzuweisung möglich.
Zuweisung förderungsbedürftiger Arbeitsloser

7. Schritt: Nach § 337 Abs. 3 Satz 1 SGB III werden die ABM-Zuschüsse mit der Entscheidung über den Antrag oder, soweit dem Berechtigten Kosten erst danach entstehen, zum entsprechenden Zeitpunkt ausgezahlt. Zuschüsse zum Arbeitsentgelt können daher auch monatlich gleichbleibend gezahlt werden. Nach § 337 Abs. 4 können zur Vermeidung unbilliger Härten angemessene Abschlagszahlungen, z.B. auch zum Anlaufen der ABM, geleistet werden.
Auszahlung der Leistungen

8. Schritt: Der Schlussbescheid ergeht erst nach Vorlage der für eine abschließende Entscheidung erforderlichen Unterlagen (Gesamtabrechnung). Diese hat der Träger gemäß § 326 Abs. 1 SGB III innerhalb einer Ausschlussfrist von sechs Monaten der AA vorzulegen. Die Frist beginnt mit dem Ablauf des Kalendermonats, in dem die Maßnahme beendet worden ist.
Schlussbescheid nach Gesamtabrechnung

Erfolgt die Gesamtabrechnung nicht rechtzeitig, sind gemäß § 326 Abs. 2 SGB III die ABM-Zuschüsse von dem Träger in dem Umfang zu erstatten, in dem die Voraussetzungen für die Leistungen nicht nachgewiesen worden sind.

9 Arbeitnehmer 2. Klasse

Zwischen dem zugewiesenen Arbeitnehmer und dem Anstellungsträger entsteht zwar ein Arbeitsverhältnis. Drei Nachteile machen ABM-Beschäftigte aber zu Arbeitnehmern 2. Klasse:
- Abschaffung der Arbeitslosenversicherungspflicht;
- häufig niedrige Bezahlung;
- Befristung.

9.1 Keine Versicherungspflicht (mehr) in der Arbeitslosenversicherung

Durch § 27 Abs. 3 Nr. 5 SGB III sind seit 2004 zugewiesene ABM-Beschäftigte nicht mehr versicherungspflichtig in der Arbeitslosenversicherung. Damit schafft eine ABM keine Anwartschaftszeit mehr für einen (verlängerten) Alg-Anspruch. In der Benachteiligung der ABM-Beschäftigten liegt eine Ungleichbehandlung gegenüber anderen Arbeitnehmern, die auf ihre Verfassungsmäßigkeit überprüft werden muss.

Versicherungspflicht besteht weiter in der Kranken-, Pflege- und Rentenversicherung.

Übergangsregelung

Wer bis zum 31.12.2003 eine ABM angetreten hat, blieb oder bleibt gemäß § 434j Abs. 1 SGB III bis zum Auslaufen der ABM versicherungspflichtig.

9.2 Niedrige Bezahlung

Was bedeutet der ABM-Zuschuss unter Tariflohn?

Der niedrige pauschalierte Zuschuss liegt regelmäßig unter dem Tariflohn. Bei der Frage, ob ein Arbeitgeber den niedrigen pauschalierten Zuschuss auf den Tariflohn anheben muss, sind vier Fallgruppen zu unterscheiden:

a) Einem nicht tarifgebundenen ABM-Beschäftigten muss ein tarifgebundener Arbeitgeber nicht den vollen Tariflohn zahlen, es sei denn, er hätte dies einzelvertraglich vereinbart. Insbesondere zwingt ihn nicht der arbeitsrechtliche Gleichbehandlungsgrundsatz zur Zahlung des vollen Tariflohns (so LAG Saarland, Urteil vom 13.11.1996 – 2 Sa 162/96, ZTR 1997, Heft 6, S. 279).

b) Einem tarifgebundenen ABM-Beschäftigten muss ein tarifgebundener Arbeitgeber den vollen Tariflohn zahlen. Das hat das Arbeitsgericht Dessau (Urteil vom 12.4.2001, info also 2001, Heft 4, S. 214–216) in einem Fall klargestellt, in dem Arbeitgeber und ABM-Beschäftigter dem »Tarifvertrag zur Regelung der Löhne [...] im Baugewerbe« unterstanden.

c) Besteht ein eigenständiger ABM-Entgelttarif (so z. B. in einigen Tarifbezirken der Metallindustrie in den neuen Bundesländern), dann gilt natürlich das darin geregelte Entgelt.

d) Streitig war, ob ein tarifgebundener Arbeitgeber einem tarifgebundenen ABM-Beschäftigten dann den vollen Tariflohn zahlen muss, wenn der Tarifvertrag die ABM-Beschäftigten von der Geltung des Tarifvertrages ausnimmt, wie z. B. § 3d BAT im öffentlichen Dienst. Während das LAG Hamm (Urteil vom 11.3.1996 – 17 Sa 1960/95) einem ABM-Beschäftigten den vollen Tariflohn zugesprochen hat, hält das BAG (Urteil vom 18.6.1997 – 5 AZR 259/96) im gleichen Fall eine niedrige Zahlung für recht- und verfassungsmäßig.

9.3 Befristung

Da das Arbeitsverhältnis bis zum Ablauf der ABM befristet ist, kann dem ABM-Beschäftigten zwar regelmäßig vor Ablauf der Frist ordentlich nicht gekündigt werden, mit Fristablauf endet das Arbeitsverhältnis aber automatisch. Damit kommt der ABM-Beschäftigte mit Fristablauf um den Genuss des Kündigungsschutzes nach dem KSchG, MuSchG, SGB IX. Auch Urlaubs- oder Weihnachtsgeldansprüche und die Ansprüche aus dem EntgeltfortzahlungsG werden durch den Fristablauf beeinträchtigt.

Versuche von ABM-Beschäftigten, im Wege einer Klage nach Beendigung einer ABM weiterbeschäftigt zu werden, sind gescheitert. Das BAG hat sogar die Weiterbeschäftigung eines wiederholt bei einer Behörde angestellten und dort mit Pflichtaufgaben (und nicht mit »zusätzlichen« Aufgaben) betrauten ABM-Beschäftigten abgelehnt (Urteil vom 12.6.1987, info also 1988, Heft 3, S. 114).

Trotz Befristung kann das Arbeitsverhältnis gemäß § 270 SGB III **vom Arbeitnehmer** ohne Einhaltung einer Frist gekündigt werden, wenn er
- eine Ausbildung oder Arbeit aufnehmen kann, oder
- an einer Maßnahme der Berufsausbildung oder der beruflichen Weiterbildung teilnehmen kann, oder
- aus der ABM abberufen wird.

Das Arbeitsverhältnis kann **vom Träger** ohne Einhaltung einer Frist gekündigt werden, wenn der Arbeitnehmer abberufen wird. Näheres zur Abberufung steht in § 269 SGB III.

9.4 Beteiligungsrechte

Personal- und Betriebsräte haben zugunsten der ABM-Beschäftigten die gleichen Beteiligungsrechte wie zugunsten der regulär Beschäftigten. Das gilt insbesondere bei der Einstellung.

Rechte von Personal-/Betriebsrat

Auf Verlangen der AA ist eine Stellungnahme des Personal-/Betriebsrates zu den Angaben im Antrag vorzulegen. Eine solche Stellungnahme ist zu verlangen, wenn die Förderungsdauer auf mehr als ein Jahr festgesetzt oder über diesen Zeitraum hinaus verlängert werden soll (so § 13 Abs. 1 der alten ABM-Anordnung). Diese Pflicht zur Stellungnahme gilt auch unter dem SGB III weiter.

Personal-/Betriebsräte haben insbesondere darauf zu achten, dass
- es sich bei der ABM um eine zusätzliche Arbeit handelt;
- die ABM nicht die Einrichtung zusätzlicher oder die Wiederbesetzung bestehender Dauerarbeitsplätze verhindert.

Gegebenenfalls sollte die Zustimmung zur Einstellung verweigert werden.

Personal-/Betriebsratswahl

ABM-Beschäftigte können wie reguläre Arbeitnehmer bei Betriebs-/Personalratswahlen wählen und gewählt werden, wenn sie in den Betrieb (die Dienststelle) integriert sind wie die Stammbelegschaft. Das Wahlrecht entfällt nicht deshalb, weil die Beschäftigung der Mitarbeiter in einer ABM daneben auch ihrer Qualifizierung und Eingliederung in den Arbeitsmarkt dient (BAG, Beschluss vom 13.10.2004 – 7 ABR 6/04).

10   Kombipackungen und Förderketten?

Kombipackungen?

Arbeitnehmer, die in ABM zugewiesen werden, können Mobilitätshilfen (→ S. 60) beantragen.

Maßnahmekosten für Qualifizierungs- und Praktikumszeiten können in voller Höhe nur dann von der AA übernommen werden, wenn die Fördervoraussetzungen für eine berufliche Weiterbildung vorliegen. Allerdings können Qualifizierungs- und Praktikumskosten des Trägers im Rahmen der verstärkten Förderung nach § 266 SGB III (→ S. 461) berücksichtigt werden.

Ein Eingliederungszuschuss (→ S. 476) ist neben einem ABM-Zuschuss nicht möglich.

Förderketten?

Nach § 267a Abs. 4 SGB III ist eine Zuweisung grundsätzlich ausgeschlossen, wenn seit der letzten ABM oder SAM noch nicht drei Jahre vergangen sind.
Dies gilt nicht für Zuweisungen von Arbeitnehmern, die 55 Jahre oder älter sind.
Auch bei ABM zur Bewältigung von Naturkatastrophen gilt die Wartezeit nicht (§ 270a Abs. 2 Satz 3 SGB III).

Da die »Beschäftigung schaffende Infrastrukturförderung« (→ S. 469) in § 267a Abs. 4 SGB III nicht genannt ist, dürfte eine Beschäftigung in deren Rahmen nicht die dreijährige Wartezeit auslösen.

Nach einer ABM können sich Zuschüsse für Existenzgründungen (Überbrückungsgeld, Existenzgründungszuschuss und Einstellungszuschuss bei Neugründungen) anschließen.

11 Arbeitslosigkeit nach ABM

Da eine seit 2004 beginnende ABM-Beschäftigung nicht mehr versicherungspflichtig in der Arbeitslosenversicherung ist, schafft eine ABM keine Anwartschaftszeit mehr für das Alg oder für eine Verlängerung der Alg-Bezugsdauer.

ABM schafft kein Alg (mehr)

Wir warnen davor, nach Verlust einer Arbeit mit Alg-Anspruch **bruchlos** eine längere ABM anzutreten. Bleibt ein ABMler nach einer zwei- oder dreijährigen ABM (soweit es solche überhaupt noch gibt!) arbeitslos, kann er seinen früheren, mit der versicherungspflichtigen Arbeit erworbenen Alg-Anspruch nicht mehr realisieren, weil innerhalb der dreijährigen Rahmenfrist keine zwölf Monate mit versicherungspflichtiger Tätigkeit mehr liegen. Das gilt bei einer zweijährigen ABM jedenfalls dann, wenn der ABMler nach der ABM nicht sofort einen Alg-Antrag stellt.

Deshalb: Vor Antritt einer längeren ABM einen Tag Alg beantragen. Der so angebrochene Alg-Anspruch kann gemäß § 147 Abs. 2 SGB III noch bis zu vier Jahre wieder reaktiviert werden.

Ein vor der ABM entstandener, noch nicht verbrauchter und auch nicht erloschener Alg-Anspruch kann bei Arbeitslosigkeit nach der ABM aufgebraucht werden. Das Alg bemisst sich nach dem (meist höheren) Entgelt der Beschäftigung vor der ABM; denn gemäß § 132 Abs. 1 Satz 2 SGB III bleibt Entgelt, von dem keine Beiträge (zur Arbeitslosenversicherung) erhoben werden – und ein solches ist seit 2004 das ABM-Entgelt – außer Betracht.

Alg – ABM – arbeitslos mit Rest-Alg

II Beschäftigung schaffende Infrastrukturförderung (BsI)
§ 279a SGB III

»Das zum Jahresbeginn 2002 neu geschaffene Instrument der Beschäftigung schaffenden Infrastrukturförderung (BsI) bietet in besonderem Maße die Chance arbeitsmarkt- und strukturpolitische Ziele zu verbinden und damit sowohl Arbeitsplätze zu schaffen und zu erhalten und wichtige Infrastrukturmaßnahmen zu ermöglichen.« (So der Deutsche Bundestag, BT-Drs. 15/1728, S. 13.)

Ziel

Gefördert werden können – enger als bei ABM – nur öffentlich-rechtliche Träger, also insbesondere Städte, Landkreise, Gemeinden, Anstalten des öffentlichen Rechts.

Wer?

Q Massnahmen zur Schaffung und Erhaltung von Arbeitsplätzen

Was?

Zu den förderbaren Maßnahmen zählen seit 2004 ausdrücklich auch Maßnahmen »zur Erhaltung und Verbesserung der Umwelt«.

6 Voraussetzungen Vergabe

Die Förderung der BsI ist an sechs Voraussetzungen geknüpft:

1. Der öffentlich-rechtliche Träger muss ein Wirtschaftsunternehmen mit den Arbeiten beauftragen.

Beschäftigung von Alg-/Alhi-Beziehern

2. Das Wirtschaftsunternehmen muss von der AA zugewiesene Arbeitslose, die Alg beziehen (können), – wenigstens befristet – einstellen.

in bezuschusster Arbeit

3. Das Wirtschaftsunternehmen muss die zugewiesenen Arbeitslosen »weit überwiegend« – d. h. mindestens zu 80 % – in der geförderten Strukturmaßnahme einsetzen.

darf 35 % nicht übersteigen

4. Der Anteil der zugewiesenen Arbeitslosen darf 35 % der bei Durchführung der Infrastrukturmaßnahme beschäftigten Arbeitnehmer nicht übersteigen. Dadurch sollen bereits bestehende Arbeitsverhältnisse nicht gefährdet werden.

Zusätzlichkeit

5. Der öffentliche Träger muss die Mittel zusätzlich zu den sonst eingesetzten Mitteln verwenden. Er muss »darlegen, dass die Förderung der AA ihn entweder erst in die Lage versetzt (mangels ausreichender Mittel), Arbeiten auszuschreiben und an ein Wirtschaftsunternehmen zu vergeben, oder ihm ermöglicht, den Auftrag zu erweitern, da durch die Fördermittel der AA insgesamt mehr Mittel zur Verfügung stehen« (BT-Drs. 14/6944, S. 47).

Verwaltungsausschuss

6. Der Verwaltungsausschuss darf der Förderung nicht widersprechen. Das Zustimmungsrecht ist ihm seit 2004 genommen.

Höhe

Die Förderung ist gemäß § 279a Abs. 1 Satz 2 SGB III so zu bemessen, dass in der Regel ein Anteil von 25 % der voraussichtlichen Gesamtkosten der Arbeiten nicht überschritten wird und die Fördermittel im Verhältnis zu den zugewiesenen Arbeitnehmern angemessen sind.

> Die Höhe des Zuschusses soll je nach Besonderheit des Einzelfalles, Eigeninteresse des Trägers, Lage des Arbeitsmarkts und strukturpolitischer Bedeutung zwischen Träger und AA ausgehandelt werden. Dabei besteht grundsätzlich ein weiter Gestaltungsspielraum. Der Begriff der Angemessenheit des Zuschusses wird nicht näher präzisiert, um den unterschiedlichen regionalen Bedürfnissen gerecht zu werden.« (BT-Drs. 14/6944, S. 47).

Wieder ein Flop

BSI »haben sich am Markt – mangels Kofinanzierung – nicht durchgesetzt« (so Arbeitsmarkt 2003, ANBA-SonderNr. vom 15.7.2004, S. 101).

III Zuschüsse für Transfermaßnahmen
§ 216a SGB III

Die Zuschüsse für Transfermaßnahmen lösen seit 2004 die Zuschüsse für Sozialplanmaßnahmen ab.

1 Voraussetzungen

Schaubild
Zuschüsse für Transfermaßnahme (Überblick)

Anlass	Drohende Arbeitslosigkeit aufgrund von Betriebsänderungen
Ziel	Transfer aus Arbeit in Arbeit durch Finanzierung von Eingliederungsmaßnahmen statt (oder ergänzend zu) Abfindungen
Vertragliche Grundlage für Eingliederungsmaßnahmen	Einzelvertrag; Betriebsvereinbarung/Dienstvereinbarung; Tarifvertrag
Vertragsparteien	Arbeitgeber – Arbeitnehmer; Arbeitgeber – Betriebsrat/Mitarbeitervertretung; Tarifvertragsparteien
Antragsteller	Arbeitgeber und/oder Betriebsrat/Mitarbeitervertretung
Maßnahmeträger	nur Dritte (z. B. Transfergesellschaft)
Zuschusshöhe	50 % der Maßnahmekosten, höchstens 2.500 € pro Arbeitnehmer
Kofinanzierung	durch Arbeitgeber im »angemessenen« Umfang
Rechtsanspruch?	Muss-Leistung
Zuständigkeit	AA

Nach § 216a Abs. 1 SGB III wird die Teilnahme von Arbeitnehmern, die aufgrund einer Betriebsänderung von Arbeitslosigkeit bedroht sind, an Transfermaßnahmen gefördert, wenn
- die Maßnahme von einem Dritten durchgeführt wird,
- die vorgesehene Maßnahme der Eingliederung der Arbeitnehmer in den Arbeitsmarkt dienen soll,
- die Durchführung der Maßnahme gesichert ist und
- ein System zur Sicherung der Qualität angewendet wird.

Was wird gefördert?

Von Arbeitslosigkeit bedroht sind gemäß § 17 SGB III Arbeitnehmer, die
- versicherungspflichtig beschäftigt sind und
- alsbald mit der Beendigung der Beschäftigung rechnen müssen und
- voraussichtlich nach Beendigung der Beschäftigung arbeitslos werden.

Welche Arbeitnehmer in welchen Betrieben?

Durch die 2004 erfolgte Neufassung des § 216a Abs. 1 Satz 3 SGB III ist jetzt klargestellt, dass »eine Förderung der Teilnahme an Transfermaßnahmen (...) auch Arbeitnehmerinnen und Arbeitnehmern kirchlicher und kirchennaher Einrichtungen (die ja nicht unter das Betriebsverfassungsgesetz fallen) zu Gute kommen« (BT-Drs. 15/3674, S. 21).»Eine Förderung von Transfermaßnahmen nach § 216a SGB III scheidet dagegen für Beschäftigte des öffentlichen Dienstes aus; nicht dagegen für Beschäftigte »öffentlich-rechtlicher Unternehmen, die in selbständiger Rechtsform erwerbswirtschaftlich betrieben werden« (BT-Drs. 15/3674, S. 21).

Grundsätzlich nicht gefördert werden Arbeitnehmer, die kraft Tarifvertrags/Arbeitsvertragsrichtlinien ordentlich nicht kündbar sind; es sei denn, eine Öffnungsklausel lässt ausnahmsweise eine ordentliche betriebsbedingte Kündigung zu.
Da der unmittelbare Transfer von Arbeit in Arbeit angestrebt wird, fördert die BA nur innerhalb der Kündigungsfrist.
Auf die Größe des Betriebs kommt es nicht an. Deshalb können auch Arbeitnehmer aus Kleinbetrieben gefördert werden.

Betriebsänderung

Als Betriebsänderungen gelten gemäß § 216a Abs. 1 Satz 3 SGB III i. V. m. § 111 Abs. 1 Satz 3 BetrVG
- Einschränkung oder Stilllegung des ganzen Betriebs oder von wesentlichen Betriebsteilen;
- Verlegung des ganzen Betriebs oder von wesentlichen Betriebsteilen;
- Zusammenschluss mit anderen Betrieben oder die Spaltung von Betrieben;
- grundlegende Änderungen der Betriebsorganisation, des Betriebszwecks oder der Betriebsanlagen;
- Einführung grundlegend neuer Arbeitsmethoden und Fertigungsverfahren.

Welche Maßnahmen werden gefördert?

Förderungsfähig sind alle Maßnahmen, die die Eingliederungsaussichten des Arbeitnehmers verbessern, z. B.:
– Maßnahmen der beruflichen Weiterbildung;
– Maßnahmen zur Vorbereitung der Gründung und Begleitung einer selbstständigen Existenz;
– Maßnahmen einer (außer)betrieblichen Einrichtung zum Abschluss einer bereits begonnenen Berufsausbildung;
– Trainingsmaßnahmen zur Feststellung der Leistungsfähigkeit, der Arbeitsmarktchancen und des Qualifikationsbedarfs der Arbeitnehmer;
– Maßnahmen zur Unterstützung der Arbeitsuche (entsprechend §§ 53, 54 SGB III);
– Einstellungszuschüsse für befristete und unbefristete Arbeitsverhältnisse bei anderen Arbeitgebern.

Auswahl und Pflichten der Maßnahmeträger

»Die Auswahl des Dritten obliegt den betrieblichen Akteuren. (...) Voraussetzung für die Förderleistung ist allerdings, dass der Dritte ein internes Qualitätssicherungssystem anwendet. Dabei soll zum einen am Ende der

Transfermaßnahme die Zufriedenheit der Teilnehmer und des Auftraggebers systematisch erhoben werden. Zum anderen sollen Vermittlungserfolge oder die Verbleibsquote sechs Monate nach Abschluss der Transfermaßnahmen dokumentiert werden.« (So die Begründung, BT-Drs. 15/1515, S. 91.)

Pro gefördertem Arbeitnehmer zahlt die BA höchstens 2.500 €.   Höhe

Der alte Arbeitgeber muss sich (nach § 216a Abs. 1 Satz 2 SGB III) an den Maßnahmekosten »angemessen beteiligen«. Die Begründung im Regierungsenwurf (zu § 216a Abs. 1 SGB III, S. 265) verlangt sogar eine »maßgebliche« Beteiligung. Was »angemessen« bzw. »maßgeblich« ist, sollte von der Kapitalkraft des alten Arbeitgebers, insbesondere von den durch die Entlassungen erwarteten Gewinnen abhängig gemacht werden. Jedenfalls muss der alte Arbeitgeber 50 % der Eingliederungskosten tragen.   Kofinanzierung

Keine Zuschüsse gibt es, wenn   Förderausschlüsse
- damit nicht die Eingliederungskosten, sondern die Lebenshaltung des entlassenen Arbeitnehmers (ko-)finanziert werden soll;
- die Maßnahme dazu dient, den Arbeitnehmer auf eine Anschlussbeschäftigung im gleichen Betrieb, gleichen Unternehmen oder gleichen Konzern vorzubereiten;
- durch die Förderung der Arbeitgeber von bestehenden Verpflichtungen entlastet wird. Das wäre z. B. der Fall, wenn in einem zwischen Arbeitgeber und Betriebsrat vereinbarten Interessenausgleich nach § 112 Abs. 1 BetrVG bereits die Qualifizierung der zu entlassenden Arbeitnehmer vorgesehen ist. Betriebsrat und Arbeitgeber sollten deshalb vereinbaren, dass der Arbeitgeber Eingliederungsmaßnahmen erst (ko-)finanziert, sobald die AA einen Zuschuss für Transfermaßnahmen bewilligt;
- die Kofinanzierung durch den Arbeitgeber nicht (z. B. durch eine Bankbürgschaft) abgesichert ist.

Während der Eingliederungsmaßnahme sind für die Teilnehmer andere Leistungen der aktiven Arbeitsförderung mit gleichartiger Zielsetzung ausgeschlossen (§ 216a Abs. 5 SGB III). Deshalb gibt es kein Transfer-Kug neben der Transfermaßnahme (a. A. Bepler, in: Gagel, SGB III Kommentar, RandNr. 3 zu § 258; Roeder, in: Niesel, SGB III, RandNr. 2 zu § 258). Auch ein gleichzeitiger Zuschuss zum Arbeitsentgelt gemäß § 417 Abs. 2 SGB III scheidet wohl aus (a. A. Cord Meyer, BB 2004, Heft 9, S. 490 ff.).   Kombipackungen?

Vor oder **nach** einer Förderung mit »Transfer-Kug« ist ein Zuschuss für Transfermaßnahmen möglich.   Förderkette

Die AA berät die Betriebsparteien auf Verlangen frühzeitig, insbesondere bei Sozialplanverhandlungen und auch bei Verhandlungen eines Interessenausgleichs.

Antrag

Die Förderung kann – obwohl »die Förderleistung (...) grundsätzlich als Leistung an den Arbeitnehmer ausgestaltet« sein soll (so die Begründung, BT-Drs. 15/1515, S. 91) – nur vom Arbeitgeber und/oder vom Betriebsrat/von der Mitarbeitervertretung beantragt werden (§ 323 Abs. 2 SGB III).

Der Antrag muss innerhalb einer Ausschlussfrist von drei Monaten gestellt werden. Die Frist beginnt mit Ablauf des Monats, in dem die zu fördernde Maßnahme beginnt (§ 325 Abs. 5 SGB III).

Zuständig ist die AA, in deren Bezirk der Betrieb des (bisherigen) Arbeitgebers liegt (§ 327 Abs. 3 Satz 3 SGB III).

Regelmäßig gibt es den Zuschuss erst nach Abschluss der Eingliederungsmaßnahme. Abschlagszahlungen können aber schon vorher beantragt werden.

Auf Verlangen der AA sind ihr die Ergebnisse von Maßnahmen der Eignungsfeststellung (Profiling) zu übermitteln (§ 320 Abs. 4a Satz 2 SGB III).

2 Pflicht zu Transfermaßnahmen?

BisAuch heute ist es vielfach noch üblich, Entlassene mit einer Abfindung »freizusetzen«. Insbesondere Sozialpläne beschränken sich häufig darauf, die Arbeitslosigkeit durch Einspannen der Rentenversicherung und durch möglichst hohe Entlassungsentschädigungen abzufedern. Diese Strategie des »Vorruhestands durch Sozialplan zulasten der gesetzlichen Rentenversicherung« wird durch das SGB III erschwert.

Pflicht zur Beschäftigungsförderung ...

Nach § 2 Abs. 2 SGB III steht es Arbeitgebern nicht mehr frei, sich bei Entlassungen auf die Zahlung von Entlassungsentschädigungen zu beschränken:

... seitens der Arbeitgeber

»**§ 2 Besondere Verantwortung von Arbeitgebern und Arbeitnehmern**
(2) Die Arbeitgeber haben bei ihren Entscheidungen verantwortungsvoll deren Auswirkungen auf die Beschäftigung der Arbeitnehmer und von Arbeitslosen und damit die Inanspruchnahme von Leistungen der Arbeitsförderung einzubeziehen. Sie sollen dabei insbesondere
1. im Rahmen ihrer Mitverantwortung für die Entwicklung der beruflichen Leistungsfähigkeit der Arbeitnehmer zur Anpassung an sich ändernde Anforderungen sorgen,
2. vorrangig durch betriebliche Maßnahmen die Inanspruchnahme von Leistungen der Arbeitsförderung sowie Entlassungen von Arbeitnehmern vermeiden.
3. (...) die Teilnahme an erforderlichen Qualifizierungsmaßnahmen ermöglichen.«

§ 2 Abs. 2 SGB III beeinflusst nicht nur die Frage, ob und wie betriebsbedingt gekündigt werden kann (vgl. Schaub, NZA 1997, S. 810; Preis, NZA 1998, S. 449ff.; Arbeitsgericht Gelsenkirchen, Urteil vom

28.10.1997 – 2 Ca 3762/96, ArbuR 1999, Heft 1, S. 38 mit zustimmender Anmerkung von Däubler; Bieback, ArbuR 1999, Heft 6, S. 209 ff.; Bepler, ArbuR, 1999, Heft 6, S. 219 ff.; a. A. Bauer/Haußmann, NZA 1997, S. 1100; Ettwig, NZA 1997, S. 1152), sondern auch die Gestaltung des Transfers in eine neue Arbeit.

Verstärkt wird diese Tendenz durch den mit dem Job-AQTIV-Gesetz eingeführten § 2 Abs. 3 Nr. 5 SGB III. Danach soll der Arbeitgeber die AA von Planungen unterrichten, »wie Entlassungen von Arbeitnehmern vermieden oder Übergänge in andere Beschäftigungsverhältnisse organisiert werden können«. Nach Dieter Hummel (AiB 2002, Heft 2, S. 69–73) macht diese Neuregelung nur Sinn, wenn man in ihr eine Pflicht der Arbeitgeber zu entsprechenden Planungen sehe. Es wäre ohne jeden Regelungsgehalt, sollte die Norm so verstanden werden, dass nur in den Fällen, in denen sich der Arbeitgeber ohnehin Gedanken über die Vermeidbarkeit von Entlassungen macht, er auch über diese zu berichten habe. Die Zielsetzung des Job-AQTIV-Gesetzes, Arbeitslosigkeit zu vermeiden, führe dazu, dass Arbeitgeber dazu angehalten würden, sich über die Vermeidbarkeit von Arbeitslosigkeit Gedanken zu machen und über diese Planungen der AA zu berichten.

Aber nicht nur die Arbeitgeber, auch die Betriebsräte werden vom Gesetzgeber verpflichtet, sich um Beschäftigungsförderung – statt Förderung von Entlassungsentschädigungen – zu kümmern. Durch die mit dem BetrV-Reformgesetz vom 23.7.2001 (BGBl I, S. 1825) eingefügten §§ 80 Abs. 1 Nr. 8, 92a BetrVG ist die Aufgabe des Betriebsrats, Beschäftigung zu fördern, verstärkt worden (näher hierzu Fischer, DB 2002, Heft 6, S. 322–324; Hänlein, DB 2001, Heft 39, S. 2097 f.).   *... seitens der Betriebsräte*

Der neue § 112 Abs. 5 Nr. 2a BetrVG fordert die Einigungsstelle bei der Aufstellung eines Sozialplans ausdrücklich auf, »insbesondere die im SGB III vorgesehenen Förderungsmöglichkeiten zur Vermeidung von Arbeitslosigkeit [zu] berücksichtigen«. In einem Sozialplan muss deshalb – zur Not erzwungen durch die Einigungsstelle (vgl. Bepler, Richter am BAG, ArbuR, 1999, Heft 6, S. 219 ff.; a. A. Matthes, RdA 1999, Heft 3, S. 178 ff.; Cord Meyer, DB 2003, Heft 4, S. 206 ff. und BB 2004, Heft 9, S. 490 ff.; vermittelnd Gaul, Bonanni, Otto, DB 2003, Heft 44, S. 2386 ff. [2390]) – auch Platz für Eingliederungsmaßnahmen, z. B. für Transfermaßnahmen, eingeräumt werden. Insbesondere dann, wenn die Qualifikationsprofile bestimmter Beschäftigungsgruppen verbessert werden müssen, damit sie nach der Entlassung auf dem Arbeitsmarkt bestehen können und nicht der Versichertengemeinschaft zur Last fallen. Seit 2003 verpflichtet die Nr. 3 des § 2 Abs. 2 SGB III Arbeitgeber ausdrücklich, für die Qualifizierung entlassener Arbeitnehmer zu sorgen.   *Einigungsstelle*

Dass Eingliederungsmaßnahmen nicht selten von nur an Entlassungsentschädigungen interessierten Beschäftigten abgelehnt werden, soll-   *... seitens der Arbeitnehmer* te im Auge behalten werden. Die beste Eingliederungsmaßnahme scheitert, wenn keine Motivation zur Eingliederung geweckt werden kann. Arbeitnehmer, die trotz schlechter Arbeitsmarktchance auf Entlassungsentschädigung pochen, müssen sich § 2 Abs. 4 SGB III entgegenhalten lassen. Danach haben Arbeitnehmer »bei ihren Entscheidungen verantwortungsvoll deren Auswirkungen auf ihre beruflichen Möglichkeiten einzubeziehen. Sie sollen insbesondere ihre berufliche Leistungsfähigkeit den sich ändernden Anforderungen anpassen.«

IV Eingliederungszuschüsse (EZ)
§§ 217–222, 421 f. SGB III

1 Was ist und für wen gibt es einen EZ?

Was ist ein EZ?

Arbeitgeber können zur Eingliederung von Arbeitnehmern mit Vermittlungshemmnissen Zuschüsse zu den Arbeitsentgelten erhalten, wenn deren Vermittlung wegen in ihrer Person liegender Umstände erschwert ist.

Anders als bei ABM setzt der EZ nicht voraus, dass der Arbeitslose Leistungen von der AA bezieht.

Es gibt fünf EZ:

1) EZ für nicht behinderte, schwer Vermittelbare (§ 218 Abs. 1 SGB III);
2) EZ für schwerbehinderte Menschen (§ 218 Abs. 2 SGB III);
3) EZ für besonders betroffene schwerbehinderte Menschen (§ 219 SGB III);
4) EZ für Ältere (§ 421f Abs. 1 und Abs. 3 SGB III);
5) EZ für besonders betroffene ältere schwerbehinderte Menschen (§§ 421f Abs. 2, 219 Abs. 1 Satz 2 SGB III).

Zu 1): Zur Gruppe der **schwer Vermittelbaren** zählen nach der Gesetzesbegründung (BT-Drs. 15/1515, S. 93) insbesondere:
- gering Qualifizierte;
- jüngere Arbeitnehmer, die eine außerbetriebliche Ausbildung abgeschlossen haben;
- Berufsrückkehrerinnen.

Unklar ist, ob – wie vor 2004 – über EZ weiter nicht behinderte Langzeitarbeitslose eingegliedert werden können.

Zu 2): Schwerbehinderte Menschen und sonstige behinderte Menschen sind – nach der Gesetzesbegründung (BT-Drs. 15/1515, S. 93) – »Personen mit Vermittlungshemmnissen«.

Zu 3): **Besonders betroffen** sind gemäß § 104 Abs. 1 Nr. 3a–d SGB IX schwerbehinderte Menschen, die

- wegen Art oder Schwere ihrer Behinderung oder sonstiger Umstände im Arbeitsleben besonders betroffen sind;
- länger als ein Jahr arbeitslos sind;
- im Anschluss an eine Beschäftigung in einer anerkannten Werkstatt für behinderte Menschen oder einem Integrationsprojekt eingestellt werden;
- als Teilzeitbeschäftigte eingestellt werden.

EZ für schwerbehinderte Menschen

Auch nach § 2 Abs. 3 SGB IX von der AA gleichgestellte behinderte Menschen können unter den genannten Voraussetzungen gefördert werden.
Ist der Arbeitsplatz eines besonders betroffenen, schwerbehinderten Menschen aus behinderungsbedingten Gründen gefährdet, kann auch das bestehende Arbeitsverhältnis gefördert werden, wenn durch diese Förderung eine dauerhafte berufliche Eingliederung erreicht werden kann (so ausdrücklich DA 222a O.1).

Zu 4): Als **Ältere** gelten Arbeitslose ab 50 Jahren.

Zu 5): Die Altersgrenze für **besonders betroffene, schwerbehinderte ältere Menschen** ist seit 2004 von 55 auf 50 Jahre herabgesetzt.

2 Höhe und Dauer des EZ

1) Für nicht behinderte **schwer Vermittelbare** darf der EZ 50 % des berücksichtigungsfähigen Arbeitsentgelts nicht übersteigen und längstens für eine Förderdauer von zwölf Monaten erbracht werden.

Bis 50 %
Bis 1 Jahr

2) Für **schwerbehinderte** oder sonstige behinderte Menschen kann die Förderhöhe bis zu 70 % des berücksichtigungsfähigen Arbeitsentgelts und die Förderdauer bis zu 24 Monate betragen.
Nach Ablauf von zwölf Monaten ist der EZ entsprechend der zu erwartenden Zunahme der Leistungsfähigkeit des Arbeitnehmers und den abnehmenden Eingliederungserfordernissen gegenüber der bisherigen Förderhöhe, mindestens aber um 10 %, zu vermindern.

Bis 70 %
Bis 2 Jahre
Mit Degression

3) Für **besonders betroffene, schwerbehinderte Menschen** darf die Förderung 70 % des berücksichtigungsfähigen Arbeitsentgelts sowie 36 Monate nicht überschreiten.
Bei der Entscheidung über Höhe und Dauer der Förderung von schwerbehinderten Menschen ist zu berücksichtigen, ob der schwerbehinderte Mensch ohne gesetzliche Verpflichtung oder über die Beschäftigungspflicht der Arbeitgeber nach §§ 71 ff. SGB IX hinaus eingestellt und beschäftigt wird. Zudem soll bei der Festlegung der Dauer der Förderung eine geförderte befristete Vorbeschäftigung beim Arbeitgeber angemessen berücksichtigt werden.

Bis 70 %
Bis 3 Jahre

Mit Degression	Nach Ablauf von zwölf Monaten ist der EZ entsprechend der zu erwartenden Zunahme der Leistungsfähigkeit des Arbeitnehmers und den abnehmenden Eingliederungserfordernissen gegenüber der bisherigen Förderhöhe, mindestens aber um 10 % jährlich, zu vermindern. Er darf 30 % nicht unterschreiten.
Bis 50 % Bis 3 Jahre Mit Degression	4) Für **Ältere ab 50 Jahren** kann ein EZ bis 50 % bis zu 36 Monate gezahlt werden. Nach Ablauf von zwölf Monaten ist der EZ um 10 % jährlich zu vermindern.
Bis 70 % Bis 5 Jahre	5) Für **besonders betroffene, schwerbehinderte Menschen** ab 50 Jahren kann ein EZ bis zu 70 % bis zu 60 Monate gezahlt werden, wenn sie bei Förderbeginn **noch nicht 55 Jahre** alt sind.
Bis 70 % Bis 8 Jahre Mit Degression	Sind sie bei Förderbeginn **mindestens 55 Jahre** alt, kann ein EZ bis 70 % bis zu 96 Monate gewährt werden. Dieser EZ ist erst nach Ablauf von 24 Monaten zu vermindern. Zeiten einer geförderten befristeten Beschäftigung beim Arbeitgeber sollen angemessen berücksichtigt werden.
Berücksichtigungsfähiges Arbeitsentgelt	Berücksichtigungsfähig ist das vom Arbeitgeber regelmäßig gezahlte Arbeitsentgelt. Nach oben hin ist das berücksichtigungsfähige Arbeitsentgelt vierfach gedeckelt. Nicht berücksichtigt werden:

- Einmalige Leistungen (z. B. Weihnachtsgeld);

- übertarifliches Arbeitsentgelt oder bei Nichtbestehen einer tariflichen Regelung überortsübliches Arbeitsentgelt;

- Arbeitsentgelt, das die Beitragsbemessungsgrenze in der Arbeitslosenversicherung (im Jahr 2005: monatlich 5.200 € im Westen, 4.400 € im Osten) übersteigt;

- Lohnerhöhung im Laufe des Förderungszeitraums (anders bei Lohnsenkungen; diese werden gemäß § 220 Abs. 2 Satz 1 SGB III berücksichtigt!).

Berücksichtigungsfähig ist auch der pauschalierte Arbeitgeberanteil an den Sozialversicherungsbeiträgen.
Für Zeiten, in denen der Arbeitgeber Erstattungsleistungen aus einer Ausgleichskasse für die Zeit der Erkrankung des Arbeitnehmers erhält, wird der EZ weiter gezahlt. Dies konnte dazu führen, dass der Arbeitgeber für die Zeit der Erkrankung seines Arbeitnehmers Leistungen (EZ und Erstattungsleistungen der Ausgleichskasse) erhielt, die seinen Lohnaufwand überstiegen. Die Erstattungsleistungen aus der Ausgleichskasse werden daher seit 2004 auf den Zuschuss angerechnet.
Allein die Tatsache, dass ein Arbeitgeber einen EZ erhält, ist kein Sachgrund i. S. § 14 Abs. 1 TzBfG für die Befristung des Arbeitsvertrages mit dem geförderten Arbeitnehmer (BAG, Urteil vom 4.6.2003, EWiR 3/2004, S. 135 f.).

3 Förderregeln

Die Förderhöhe und die Förderdauer richten sich gemäß § 217 Satz 2 SGB III nach dem Umfang einer Minderleistung des Arbeitnehmers und nach den jeweiligen Eingliederungserfordernissen.

Die AA hat einen »weiten Spielraum«, bei der Entscheidung,

> »ob tatsächlich eine anfängliche Minderleistung vorliegt, wie lange sie andauert oder ob ohne eine Förderung der Arbeitslose nicht oder nicht dauerhaft in den Arbeitsmarkt eingegliedert werden kann (...). Dies gilt auch hinsichtlich der Frage, ob die Förderung eines nur befristeten Arbeitsverhältnisses, die nicht ausgeschlossen ist, sofern das befristete Arbeitsverhältnis über die Förderungszeit hinausreicht, zur dauerhaften Eingliederung des Arbeitslosen beiträgt« (BT-Drs. 13/4941, S. 192).

Weiter Beurteilungsspielraum der AA

Berufsrückkehrerinnen dürften allerdings einen Rechtsanspruch auf EZ haben. Bis Ende 2003 stand das ausdrücklich in § 3 Abs. 5 SGB III. Diese Bestimmung ist zwar seit 2004 gestrichen. Demgegenüber ist aber auf Drängen des Deutschen Bundestags (BT-Drs. 15/1728, S. 13) ein neuer § 8b SGB III geschaffen worden; danach

Muss-Leistung bei Berufsrückkehrerinnen

> »sollen Berufsrückkehrerinnen die zu ihrer Rückkehr in die Erwerbstätigkeit notwendigen Leistungen der aktiven Arbeitsförderung (...) erhalten«.

Da zu den Leistungen der aktiven Arbeitsförderung auch der EZ gehört (§ 3 Abs. 4 SGB III), wird die AA nur in begründeten Ausnahmefällen einen EZ für eine Berufsrückkehrerin abschlagen können.

Den Antrag auf EZ muss der Arbeitgeber stellen.

Antrag

Die Zuschüsse werden zu Beginn der Maßnahme in monatlichen Festbeträgen für die Förderungsdauer festgelegt.

Einen EZ gibt es nicht, wenn

Förderausschluss

- zu vermuten ist, dass der Arbeitgeber die Beendigung eines Beschäftigungsverhältnisses veranlasst hat, um einen EZ zu erhalten, oder
- die Einstellung bei einem früheren Arbeitgeber erfolgt, bei dem der Arbeitnehmer während der letzten vier Jahre vor Förderungsbeginn mehr als drei Monate versicherungspflichtig beschäftigt war. Dies gilt nicht für besonders betroffene schwerbehinderte Menschen.

Der EZ ist teilweise zurückzuzahlen, wenn das Beschäftigungsverhältnis während des Förderungszeitraums oder der Nachbeschäftigungszeit beendet wird. Die Nachbeschäftigungszeit entspricht der Förderdauer; sie beträgt längstens zwölf Monate.

Rückzahlungspflicht

Dies gilt nicht, wenn

- der Arbeitgeber berechtigt war, das Arbeitsverhältnis aus Gründen, die in der Person oder dem Verhalten des Arbeitnehmers liegen, zu kündigen,
- eine Kündigung aus dringenden betrieblichen Erfordernisse, die einer Weiterbeschäftigung im Betrieb entgegenstehen, berechtigt war,
- die Beendigung des Arbeitsverhältnisses auf das Bestreben des Arbeitnehmers hin erfolgt, ohne dass der Arbeitgeber den Grund hierfür zu vertreten hat, oder
- der Arbeitnehmer das Mindestalter für den Bezug der gesetzlichen Altersrente erreicht hat.

Die Rückzahlung ist auf die Hälfte des Förderungsbetrages begrenzt und darf den in den letzten zwölf Monaten vor Beendigung des Beschäftigungsverhältnisses geleisteten Förderbetrag nicht überschreiten.

Ungeförderte Nachbeschäftigungszeiten sind anteilig zu berücksichtigen.

Für Arbeitnehmer, die das 50. Lebensjahr vollendet haben, entfällt die Verpflichtung des Arbeitgebers zur Rückzahlung und zur Nachbeschäftigung (§ 421f Abs. 3 SGB III).

V Freie Förderung
§§ 10, 11, 371 Abs. 4, 378 Abs. 3 SGB III;
§§ 71b, 71c SGB IV; BA-Rundbriefe 19/2003, 135/2003

1 Gesetzeszweck

Was ist freie Förderung?

Nach § 10 Abs. 1 Satz 1 SGB III können die AA bis zu 10 % der im Eingliederungstitel enthaltenen Mittel für Ermessensleistungen der aktiven Arbeitsförderung einsetzen, um die Möglichkeiten der gesetzlich geregelten aktiven Arbeitsförderungsleistungen durch Leistungen der aktiven Arbeitsförderung zu erweitern. Nach dem Willen des Gesetzgebers (BT-Drs. 13/4941, S. 154) kann damit jede AA mit »flexiblen, auf die konkrete Arbeitsmarktlage zugeschnittenen Instrumenten der aktiven Arbeitsförderung (...) innovative Ansätze verfolgen«.

Weiter Ermessensspielraum

Dabei wird »den Arbeitsämtern ein weitgehend freies Ermessen eingeräumt«. Allerdings werden Fantasie und Erfindungsreichtum durch § 10 Abs. 1 Satz 2 SGB III beschränkt. Danach müssen die freien Leistungen den Zielen und Grundsätzen der gesetzlichen Leistungen entsprechen und dürfen nicht gesetzliche Leistungen aufstocken.

Wie immer diese Einschränkung zu verstehen sein mag, der Gesetzgeber betont, dass trotz dieser Einschränkung den AA »ein großer Spielraum« bleibt (BT-Drs. 13/4941, S. 154).

2 Es war einmal ...

Kaum haben die AA sich an die neue Freiheit gewöhnt, werden sie wieder zurückgepfiffen. Hintergrund ist das Ziel, ohne Bundeszuschuss zur BA auszukommen. Dieses Ziel ist nur zu erreichen, wenn u. a. die Freie Förderung drastisch eingeschränkt wird. Zu Einsparungen kommt die BA (durch Rundbriefe 19/2003, 135/2003) auf zwei Wegen:

- Die Förderung einzelner Arbeitsloser oder Arbeitgeber, die so genannte »Individualförderung«, wird nur noch nach »genauer Prüfung« bewilligt. Da genaue Prüfung mit erhöhtem Arbeitsaufwand verbunden ist und die Fantasie schon im Vorfeld lähmt, wird die »Individualförderung« austrocknen.

»Genaue Prüfung« bei Individualförderung

- »Die trägerbezogene Förderung (Projektförderung und teilnehmerbezogene Umlagefinanzierung) bei der Förderung von Maßnahmen/Projekten ist bis auf Weiteres nicht mehr zuzulassen.«

Keine Projektförderung mehr?

Dieser Teil der Dienstanweisung ist rechtswidrig. Steht doch der generelle Ausschluss der Projektförderung im Widerspruch zu § 10 Abs. 1 Satz 4 SGB III, wonach »Projektförderungen zulässig sind«.

Angesichts des vorprogrammierten Absterbens der Freien Förderung verzichten wir »bis auf Weiteres« auf die bisher gegebenen Tipps und insbesondere auf den weiteren Abdruck unseres umfangreichen Ideenkatalogs. Nostalgiker verweisen wir auf die 16.–19. Auflage des Leitfadens für Arbeitslose.

VI Darlehen für Arbeits- und Ausbildungsplätze

Unternehmen können zinsgünstige Darlehen erhalten, wenn sie Arbeitsplätze mit Arbeitslosen besetzen oder Ausbildungsplätze schaffen. Betreut wird das Programm unter dem Stichwort »Kapital für Arbeit« von der Kreditanstalt für Wiederaufbau (KfW). Zurück geht das Programm auf Überlegungen, die die Hartz-Kommission unter dem Kauderwelsch-Schlagwort »Job-Floater« angestellt hat.

Darlehen können erhalten

Wer

- kreditwürdige Unternehmen (produzierendes Gewerbe, Handwerk, Handel und sonstiges Dienstleistungsgewerbe), die sich mehrheitlich in Privatbesitz befinden mit einem Jahresumsatz unter 500 Mio. €;

- freiberuflich Tätige (z. B. Ärzte, Steuerberater, Architekten), die kreditwürdig sind.

 Existenzgründer können **nicht** gefördert werden.

Wofür

Mit den Darlehen können finanziert werden:
- alle Investitionen und Aufwendungen im Rahmen von Vorhaben einschließlich der mit der Schaffung von Arbeits- und Ausbildungsplätzen und Qualifizierungsmaßnahmen verbundenen Kosten, **wenn**
- gleichzeitig Arbeitslose, von Arbeitslosigkeit Bedrohte, geringfügig Beschäftigte oder Auszubildende eingestellt werden.
Arbeitslose müssen für mindestens ein Jahr, Auszubildende für die Dauer der Berufsausbildung versicherungspflichtig beschäftigt werden.

Höhe

Mitfinanziert werden bis zu 100 % der förderfähigen Kosten, maximal jedoch 100.000 € je neu geschlossenem Arbeits- bzw. Ausbildungsverhältnis. Die Zahl der so geförderten Arbeits- bzw. Ausbildungsverhältnisse ist nicht begrenzt.

Art des Darlehens

Das Darlehen setzt sich aus zwei gleich großen Teilen, die beide zehn Jahre lang laufen, zusammen: aus der »Fremdkapitaltranche« und dem »Nachrangdarlehen«.
Die **»Fremdkapitaltranche«** ist ein normaler KfW-Förderkredit mit banküblichen Sicherheiten.

2 + 8

Nach zwei tilgungsfreien Anlaufjahren erfolgt die Tilgung acht Jahre lang in gleich hohen halbjährlichen Raten.
Für das **»Nachrangdarlehen«** muss das Unternehmen keine Sicherheiten stellen. Dadurch wird der Kreditspielraum des Unternehmens erweitert.

8 + 2

Nach acht tilgungsfreien Jahren wird das Darlehen in den letzten zwei Jahren halbjährlich in vier gleich hohen Raten getilgt.
Auch in den tilgungsfreien Jahren sind allerdings Zinsen zu zahlen.
Unter http://www.kfw.de finden Sie die Zinssätze und weitere Konditionen.

Antrag

Der Antrag ist bei einer normalen Bank zu stellen. Die Banken halten Antragsformulare bereit. Die KfW gewährt bewilligte Darlehen über die Bank, bei der das Darlehen beantragt wird.

Erfolg?

2003 wurden knapp 11.000 Arbeitsplätze geschaffen. Dafür sagte die KfW 764 Millionen Euro zu, pro Arbeitsplatz durchschnittlich also Darlehen in Höhe von jeweils fast 70.000 €.

> **R HILFEN ZUR EXISTENZGRÜNDUNG**
> §§ 45–55, 57, 58, 225–228, 421j, 421l,
> 434j Abs. 12 Nr. 2 SGB III; Anordnung zur
> Unterstützung der Beratung und Vermittlung;
> § 2 Richtlinien ESF-BA-Programm
>
> **I Hilfen zur Existenzgründung 483**
> 1 Überblick **483**
> 2 Überbrückungsgeld (ÜG) **484**
> 3 Existenzgründungszuschuss – »Ich-AG« **486**
> 3.1 Existenzgründungszuschuss (ExZu) **486**
> 3.2 »Ich-AG« **490**
> 4 Vergleich Überbrückungsgeld –
> Existenzgründungszuschuss **492**
> 5 Einstellungszuschuss (EinZu)
> bei Neugründungen **494**
> 6 Begleitende ESF-Hilfen **496**
>
> **II Was muss geändert werden? 497**
> 1 Überbrückungsgeld auch bei
> Existenzgründung im (EU-)Ausland **497**

I Hilfen zur Existenzgründung

1 Überblick

Die BA fördert Existenzgründungen durch
- Überbrückungsgeld (→ unter 2);
- Existenzgründungszuschuss für die »Ich-AG« (→ unter 3);
- Einstellungszuschuss bei Neugründung (→ unter 5).

Für einen Existenzgründer stellt sich insbesondere die Frage, ob er das Überbrückungsgeld oder den Existenzgründungszuschuss wählen soll. Die Wahl erleichtert das Schaubild unter 4.
Die Existenzgründung begleiten können Mittel des Europäischen Sozialfonds (→ unter 6).

Überbrückungsgeld und Existenzgründungszuschuss werden stark in Anspruch genommen. Die mit Überbrückungsgeld geförderten Existenzgründer sind vergleichsweise erfolgreich: Jeder Zweite der vormals Arbeitslosen betreibt (nach Frank Wießner, MittAB 2003, Heft 1,

Erfolge?

S. 77 ff.) fünf Jahre nach der Gründung noch sein Geschäft. Ob die mit Existenzgründungszuschuss geförderten »Ich-AGs« so lange durchhalten werden, wird die Zukunft zeigen.

2 Überbrückungsgeld (ÜG)
§ 57 SGB III

Zweck

Wer der Arbeitslosigkeit durch Sichselbstständigmachen entfliehen will, kann ÜG erhalten. Praktisch bedeutet das: Der Arbeitslose erhält Alg weiter, obgleich er nicht mehr arbeitslos (i. S. §§ 118, 119 SGB III) ist, sondern sich eine selbstständige Existenz aufbaut.

Nicht für Scheinselbstständige

ÜG kann nur erhalten, wer die Arbeitslosigkeit durch die Aufnahme einer echten selbstständigen Tätigkeit beendet. Für die Flucht in die Scheinselbstständigkeit gibt es kein ÜG.

Nur bei Hauptberuf

Die selbstständige Tätigkeit muss hauptberuflich ausgeübt werden. Hauptberuflich ist die selbstständige Tätigkeit nicht, wenn sie
- unter 15 Stunden oder
- kurzzeitig ausgeübt wird (im Voraus begrenzt auf bis zu zwei Monate oder 50 Arbeitstage im Jahr) oder
- andere abhängige oder selbstständige Nebentätigkeiten sowie Zeiten einer Ausbildung, Schulbildung oder eines Studiums in der Summe mehr Zeit beanspruchen als die mit ÜG geförderte Tätigkeit.

Nachweis der Selbstständigkeit

Die Aufnahme der selbstständigen Tätigkeit ist z. B. durch die Gewerbeanmeldung bei Gewerbebetrieben – § 14 Gewerbeordnung – bzw. durch eine Bestätigung der Anzeige einer freiberuflichen Tätigkeit – § 18 Einkommensteuergesetz –, ausgestellt vom zuständigen Finanzamt, nachzuweisen. Die Ausübung des Gewerbes im handwerklichen bzw. handwerksnahen Bereich ist in die Handwerksrolle bei der Handwerkskammer einzutragen und hierüber eine Bestätigung vorzulegen.

Enger zeitlicher Zusammenhang

Das ÜG setzt voraus, dass der Antragsteller in engem zeitlichen Zusammenhang (nach DA 57.11 bis zu einem Monat) mit der Existenzgründung oder einer vorgeschalteten Vorbereitungsmaßnahme eine Entgeltersatzleistung nach dem SGB III (z. B. Alg, Kug, Übg) bezogen hat bzw. diese ohne die Existenzgründung beziehen könnte oder über SGB III-ABM oder SAM gefördert worden ist.

An Übergangsgeld nach Vorschriften außerhalb des SGB III (z. B. nach §§ 20 ff. SGB VI) kann sich ÜG nicht anschließen (vgl. Detlev Friedrich, DRV 1999, S. 763–768). § 33 Abs. 3 Nr. 5 SGB IX sieht aber die Zahlung von ÜG durch die zuständigen Rehabilitationsträger nach § 6 Abs. 1 Nr. 2–5 SGB IX vor.

Außerdem muss eine fachkundige Stelle (z. B. IHK, Handwerkskammer, berufsständische Kammer, Fachverband, Kreditinstitut) bescheinigen, dass die Existenzgründung tragfähig ist.

Tragfähigkeitsbescheinigung

Grundlage dieser Tragfähigkeitsbescheinigung sind in der Regel:
- Kurzbeschreibung des Existenzgründungsvorhabens;
- Lebenslauf (einschließlich Befähigungsnachweis);
- Kapitalbedarfs- und Finanzierungsplan;
- Umsatz und Rentabilitätsvorschau;
- Angaben des Existenzgründungswilligen zur Selbstständigkeit der Tätigkeit.

Liegen die gesetzlichen Voraussetzungen vor, muss die AA ÜG gewähren.

Muss-Leistung

Das ÜG wird als Zuschuss in Höhe des Betrages gewährt, den der Selbstständige als Alg zuletzt bezogen hat oder bei Arbeitslosigkeit statt der SGB III-ABM/SAM hätte beziehen können.

Höhe

Das ÜG umfasst auch die Sozialversicherungsbeiträge. Nach § 57 Abs. 4 SGB III werden die Sozialversicherungsbeiträge nicht individuell auf der Grundlage der persönlichen Alg-Leistung ermittelt; übernommen wird vielmehr ein pauschalierter Sozialversicherungsbeitrag in Höhe des durchschnittlichen Alg-Gesamtsozialversicherungsbeitrags. Zum ÜG kommen demnach (2005) 70,8 % vom individuellen Alg hinzu.

Sozialversicherungsbeiträge pauschaliert

Das ÜG ist (wie die übrigen Lohnersatzleistungen für Arbeitslose) gemäß § 3 Nr. 2 EStG einkommensteuerfrei. Es wird – anders als z. B. das Alg – nicht in in die Berechnung der Einkommensteuer einbezogen (kein Progressionsvorbehalt nach § 32b Abs. 1 Nr. 1a EStG).

Steuerliche Behandlung

Zur Frage, ob Sie Ihr ÜG durch Alg II/Sozg und Einstiegsgeld nach dem SGB II aufstocken können → S. 488.

Aufstockung?

Das ÜG wird für sechs Monate gewährt.
In Zeiten, in denen der Alg-Anspruch ruht (z. B. wegen Entlassungsentschädigung, Krankengeld, Sperrzeit), kann kein ÜG bezogen werden.

Dauer

Minderte sich das Alg wegen verspäteter Arbeitsuchmeldung (→ S. 183), mindert sich das ÜG entsprechend.

Der Anspruch auf Alg wird durch das ÜG nicht verbraucht. Sollte die Existenzgründung scheitern, so können Sie einen Alg-Wiederbewilligungsantrag stellen und auf den alten, noch nicht aufgebrauchten Anspruch zurückgreifen. Das geht allerdings nicht mehr, wenn seit Entstehung Ihres alten Alg-Anspruchs (nicht des ÜG-Anspruchs) vier Jahre verstrichen sind (§ 147 Abs. 2 SGB III). Haben Sie vor der Existenzgründung ein Ihnen zustehendes Alg noch nicht beansprucht, sollten Sie vor Ablauf von vier Jahren Alg beantragen (§ 124 Abs. 3 Satz 1 Nr. 2, Satz 2 SGB III).

Kein Verbrauch von Alg

Wiedereinstieg in Alg nach Scheitern

R Hilfen zur Existenzgründung

Förderkette

»2. Chance« nach 2 Jahren

Nach Erschöpfung des ÜG kann ÜG (oder auch ein Existenzgründungszuschuss [siehe unten 3.1]) erneut bezogen werden, wenn
- die Selbstständigkeit auf einem neuen Geschäftskonzept beruht; und
- mindestens zwei Jahre seit der letzten geförderten Selbstständigkeit verstrichen sind.
Von der Zweijahresfrist kann die AA ausnahmsweise absehen, wenn die vorhergehende selbstständige Tätigkeit aus wichtigem Grund (z. B. Krankheit, Schwangerschaft) unterbrochen werden musste; und
- die Voraussetzungen für das ÜG, d. h. insbesondere Bezug von Alg, vorliegen.

3 Existenzgründungszuschuss – »Ich-AG«

Seit 2003 gibt es neben dem ÜG eine weitere Möglichkeit, mit Unterstützung der BA den Sprung aus der Arbeitslosigkeit in die Selbstständigkeit zu wagen: Über Existenzgründungszuschüsse soll die Gründung von Kleinstunternehmen (»Ich-AG«) vorangetrieben werden.

3.1 Existenzgründungszuschuss (ExZu)
§ 421l SGB III

Wer?

Den Existenzgründungszuschuss (ExZu) gibt es unter vier Voraussetzungen. Der bisher Arbeitslose muss:

a) in engem Zusammenhang mit dem Bezug von Alg oder mit einer SGB III-ABM/SAM eine selbstständige Beschäftigung aufnehmen;

b) die selbstständige Tätigkeit hauptberuflich ausüben;

c) die »Tragfähigkeit« der selbstständigen Existenz nachweisen;

d) als Selbstständiger (voraussichtlich) ein Arbeitseinkommen unter 25.000 € im Jahr erzielen.

Muss-Leistung

Liegen diese vier Voraussetzungen vor, muss der ExZu gezahlt werden.

im Anschluss an AA-Leistung

Zu a): Die Existenzgründung muss nicht im unmittelbaren Anschluss an den Alg-Bezug oder die SGB III-ABM/SAM erfolgen. Kurze Zwischenräume (nach DA 421l.14 bis zu einem Monat), z.B. für die Dauer der Teilnahme an einem Existenzgründungsseminar, schaden nicht.

Anders als beim ÜG genügt es nicht, dass der Existenzgründer Alg noch nicht bezieht, aber beanspruchen kann.

Nur bei Hauptberuf

Zu b: Wie beim Überbrückungsgeld muss die Selbstständigkeit hauptberuflich ausgeübt werden. Wann dies der Fall ist → S. 484.

Zu c: Wie beim Überbrückungsgeld muss der Existenzgründer neuerdings eine »Tragfähigkeitsbescheinigung« vorlegen. Diese kann er sich z. B. bei der IHK, der Handwerkskammer, bei einem Fachverband oder einer Bank besorgen. Die Prüfung der Tragfähigkeit soll Existenzgründern und -gründerinnen eine größere Sicherheit für die Umsetzung ihrer Geschäftsidee bieten und das Risko vermindern, mit der Existenzgründung zu scheitern.

Tragfähigkeitsbescheinigung

Die Aufnahme der selbstständigen Tätigkeit ist z. B. durch die Gewerbeanmeldung bei Gewerbebetrieben (§ 14 Gewerbeordnung) bzw. durch eine Bestätigung der Anzeige einer freiberuflichen Tätigkeit (§ 18 EStG), ausgestellt vom zuständigen Finanzamt, nachzuweisen. Die Ausübung des Gewerbes im handwerklichen bzw. handwerksnahen Bereich ist in die Handwerksrolle bei der Handwerkskammer einzutragen und hierüber eine Bestätigung vorzulegen.

Weitere Nachweise

Zu d): **Arbeitseinkommen** ist gemäß § 15 SGB IV der nach den Gewinnermittlungsvorschriften des Einkommensteuerrechts ermittelte Gewinn aus einer selbstständigen Tätigkeit.

Einkommensgrenze

Mit einbezogen wird auch **Arbeitsentgelt** i. S. § 14 SGB IV, also alle laufenden und einmaligen Einnahmen, z. B. aus einer abhängigen Nebenbeschäftigung.

Überschreitet das Gesamteinkommen (gemäß § 16 SGB IV die Summe aus Arbeitseinkommen und Arbeitsentgelt) im Laufe des Jahres die 25.000 €-Grenze, so muss der ExZu für dieses Jahr nicht zurückgezahlt werden; im folgenden Jahr gibt es aber keinen ExZu mehr.

Bei seiner Einführung konnte den ExZu nur erhalten, wer ohne Arbeitnehmer werkelte. Jetzt kann der Existenzgründer unbegrenzt Arbeitnehmer einstellen.

mit Arbeitnehmern

Mehrere Existenzgründer können sich zusammenschließen und z. B. als mehrere Gesellschafter eine GmbH gründen; für jeden einzelnen Gesellschafter gilt dann die Einkommenshöchstgrenze.

Von der »Ich-AG« zur »Wir-Gesellschaft«

Den ExZu gibt es höchstens drei Jahre.
Die Höhe sinkt nach dem ersten und zweiten Jahr.

Dauer Höhe

1. Jahr	600 € pro Monat
2. Jahr	360 € pro Monat
3. Jahr	240 € pro Monat

Der ExZu ist gemäß § 3 Nr. 2 EStG steuerfrei. Anders als das Alg unterliegt der ExZu nicht dem Progressionsvorbehalt nach § 32b Abs. 1 Nr. 1a EStG.

Steuerliche Behandlung

Wiederbewilligungsantrag	Der Antrag auf Wiederbewilligung ist nach zehn bzw. 22 Monaten zu stellen. Würde das Alg wegen einer Sperrzeit ruhen, verkürzt sich die ExZu-Dauer um die (noch nicht verstrichene) Ruhenszeit.
Kombipackungen?	Eine Kombination ist ausgeschlossen mit dem Überbrückungsgeld (gemäß § 421l Abs. 4 SGB III). Dagegen dürfte ein Einstellungszuschuss bei Neugründungen (→ unter 5) möglich sein, nachdem das Verbot, Arbeitnehmer zu beschäftigen, gefallen ist.
Aufstockung durch Alg II/Sozg?	Was passiert, wenn der »Ich-AGler« so wenig einnimmt, dass er sich (und seine Familie) von den Einnahmen nicht unterhalten kann? Kann er dann ergänzendes Alg II und für seine nicht erwerbsfähigen Kinder Sozg bekommen? Wir sagen ja. Wir haben schon in der 21. Auflage des Leitfadens die Auffassung vertreten, dass der ExZu durch ergänzende Sozialhilfe aufgestockt werden kann. Die Aufstockung haben viele Sozialämter mit z.T. abenteuerlichen Begründungen abgelehnt. Dagegen geht das Verwaltungsgericht Darmstadt (Beschluss vom 8.1.2004 – 6 G 3026/03) zu Recht davon aus, dass der ExZu eine ergänzende Sozialhilfe nicht ausschließt.

Dementsprechend kann der ExZu seit 2005 auch durch Alg II/Sozg aufgestockt werden. Jedenfalls, wenn der »Ich-AGler« nachweist, dass er Vollzeit arbeitet, sich um Aufträge bemüht und die ersten Aufträge abarbeitet. Dann darf Alg II/Sozg insbesondere nicht mit dem Hinweis verweigert werden, der »Ich-AGler« solle die Existenzgründung abbrechen und sich dem allgemeinen Arbeitsmarkt als abhängig Beschäftigter zur Verfügung stellen. Das würde dem gesetzlichen Zwecke der »Ich-AG« widersprechen. Der Gesetzgeber hat nach Vorschlag der Hartz-Kommission die »Ich-AG« mit ExZu gerade für weniger qualifizierte Arbeitslose geschaffen, denen der erste Arbeitsmarkt weitgehend verschlossen ist; sie sollen sich über »einfache Dienstleistungen« eine selbstständige Existenz schaffen können. Sollte ein Job-Center einer AA oder ein optierender Kreis/eine optierende kreisfreie Stadt die Möglichkeit einer Aufstockung bestreiten, können sich Aufstockungs-Antragsteller auf das BMWA berufen, das von der Möglichkeit einer Aufstockung ausgeht. In einer Presseerklärung vom 12.8.2004 hat es ausdrücklich klargestellt:

»Arbeitslosengeld II-Empfänger, die noch einen Anspruch auf Arbeitslosengeld haben, der ihren Bedarf jedoch nicht deckt, können (...) nach wie vor den Existenzgründungszuschuss oder Überbrückungsgeld beantragen.«

Allerdings tauchen bei einer Aufstockung schwer lösbare Probleme auf:

Hilfen zur Existenzgründung

- Soweit der ExZu auch nur um 1 € Alg II/Sozg aufgestockt wird, wird der Existenzgründer als jetzt Alg II/Sozg-Bezieher gesetzlich kranken-, pflege- und rentenversichert. Der Existenzgründer brauchte deshalb den ExZu nicht – wie vom Gesetzgeber vorgesehen – für die freiwillige/private Kranken-/Pflegeversicherung und für die gesetzliche Rentenversicherung verwenden; es sei denn, der Gesetzgeber klärt die »Sozialversicherungskonkurrenz« eindeutig. Das ist geplant.
Klären muss der Gesetzgeber auch den Fall, dass der Existenzgründer nur aufgrund seiner Beiträge zur freiwillgen oder privaten Krankenversicherung hilfebedürftig i. S. des SGB III würde, mit dem Bezug von Alg II gesetzlich krankenversichert würde und damit postwendend die Hilfebedürftigkeit wieder entfiele.

- Der aufstockungsbedürftige Existenzgründer muss sich den ExZu als Einkommen gemäß § 11 SGB II i. V. m. § 1 Abs. 1 Nr. 1 Alg II-Verordnung anrechnen lassen, denn der ExZu dient keinem »anderen Zweck« als das Alg II/Sozg (ebenso früher für die Anrechnung des ExZu auf die [ergänzende] Hilfe zum Lebensunterhalt nach dem BSHG das Verwaltungsgericht Darmstadt, a. a. O.). Vom anrechenbaren ExZu müssen nach unserer Meinung aber die in § 30 SGB II aufgeführten Freibeträge abgesetzt werden.
Dazu muss sich der aufstockungsbedürftige Existenzgründer auch das anrechnen lassen, was er als Selbstständiger verdient. Nach § 3 Nr. 3b Alg II-Verordnung kann er dabei aber mindestens pauschal 30 % der Betriebseinnahmen als Betriebsausgaben absetzen.

- Neben ExZu und ergänzendem Alg II/Sozg kann zusätzlich ein Einstiegsgeld gemäß § 29 SGB II gezahlt werden. Durch das Kommunale Optionsgesetz vom 30.7.2004 ist klargestellt, dass das Einstiegsgeld als Zuschuss zum Alg II auch bei der Aufnahme einer selbstständigen Erwerbstätigkeit gezahlt werden kann. Ob und in welcher Höhe das Einstiegsgeld gewährt wird, steht allerdings im Ermessen des Fallmanagers. Sein Ermessen ist sehr weit; insbesondere weil die in § 29 Abs. 3 SGB II vorgesehene Verordnung, die Kriterien für die Bemessung des Einstiegsgeldes festlegen sollte, nicht in Sicht ist. Allein mit der Begründung, der Existenzgründer beziehe ja schon den ExZu, darf das Einstiegsgeld aber nicht verweigert werden, denn der ExZu wird ja bereits auf das Alg II angerechnet.

Einstiegsgeld?

Jeder Existenzgründer/jede Existenzgründerin ohne Vermögen und ohne verdienende(n) Partnerin/Partner, insbesondere solche mit Kindern, sollte neben dem ExZu aufstockend Alg II/Sozg und ergänzend Einstiegsgeld beantragen.

Der Anspruch auf Arbeitslosengeld wird durch den ExZu nicht verbraucht.

Kein Verbrauch von Alg

Wiedereinstieg in Alg nach Scheitern

Sollte die Existenzgründung scheitern, so können Sie einen Alg-Wiederbewilligungsantrag stellen und in den alten unverbrauchten Anspruch wieder einsteigen. Das geht allerdings nicht mehr, wenn seit Entstehung Ihres alten Alg-Anspruchs (nicht des ExZu) vier Jahre (§ 147 Abs. 2 SGB III) und seit dem letzten Tag des Bezugs von Alg drei Jahre (§ 192 Satz 2 Nr. 2, 196 SGB III) verstrichen sind.

Förderkette

Nach der Erschöpfung des ExZu (oder auch des ÜG) kann der ExZu erneut bezogen werden, wenn

- die Selbstständigkeit auf einem neuen Geschäftskonzept beruht, und

»2. Chance« nach 2 Jahren

- mindestens zwei Jahre seit der letzten geförderten Selbstständigkeit verstrichen sind.

Von der Zweijahresfrist kann die AA ausnahmsweise absehen, wenn die vorhergehende selbstständige Tätigkeit aus wichtigem Grund (z. B. Krankheit, Schwangerschaft) unterbrochen werden musste.

3.2 »Ich-AG«

§ 7 Abs. 4 SGB IV; § 240 Abs. 4 Satz 2 SGB V;
§§ 2 Satz 1 Nr. 10, 5 Abs. 2 Satz 3, 6 Abs. 1a Satz 3, 126 Abs. 1 Satz 3, 165 Abs. 1 Satz 2, 196 Abs. 4 SGB VI

Die »Ich-AG« ist durch die Hartz-Kommission propagiert worden. Der Begriff taucht im Gesetz nicht auf, wohl aber in der Gesetzesbegründung. »AG« bedeutet dabei nicht Aktien-Gesellschaft, eher schon Abstell-Gleis für Arbeitslose.*

Was ist eine »Ich-AG«?

Die »Ich-AG« ist

- eine Existenzgründung mit ExZu für höchstens drei Jahre,
- mit Versicherungspflicht der Existenzgründer in der gesetzlichen Rentenversicherung und mit freiwilliger Versicherung in der gesetzlichen Krankenversicherung zu günstigen Beiträgen.

Angelpunkt ist der ExZu. Nur wer die Voraussetzungen für diesen erfüllt (→ S. 486), kann sich »Ich-AG« nennen.

---

* »Ich-AG« ist 2002 zum Unwort des Jahres gekürt worden. Die Begründung der Jury:
»Diese Wortbildung aus dem »Hartz-Papier« leidet bereits sachlich unter lächerlicher Unlogik, da ein Individuum keine Aktiengesellschaft sein kann. Selbst als ironisches Bild ist das Wort nicht hinzunehmen, da sich die aktuelle Arbeitslosigkeit mit solcher Art von Humor kaum noch verträgt. Ausschlaggebend für die Wahl war aber die Herabstufung von menschlichen Schicksalen auf ein sprachliches Börsenniveau. Ich-AG ist damit einer der zunehmenden Belege, schwierige soziale und sozialpolitische Sachverhalte mit sprachlicher Kosmetik schönzureden.«

Die meisten »Ich-AGler« haben den ExZu bitter nötig, um den – begrüßenswerten – Pflichtbeitrag in der Rentenversicherung und den Beitrag für die freiwillige Krankenversicherung aufzubringen.

Nach § 2 Satz 1 Nr. 10 SGB VI sind »Personen für die Dauer des Bezugs des Zuschusses nach § 421l SGB III« als selbstständig Tätige rentenversicherungspflichtig. Der »Ich-AGler« muss also den Arbeitgeber- **und** Arbeitnehmeranteil zur Rentenversicherung aufbringen.

Rentenversicherungspflicht

Der »Ich-AGler« hat die Wahl zwischen drei Rentenbeitragshöhen:

3 mögliche Beitragshöhen:

- Wie alle pflichtversicherten Selbstständigen kann der »Ich-AGler« in den ersten drei Jahren nach Aufnahme der selbstständigen Tätigkeit den halben Regelbeitrag zur Rentenversicherung leisten, der nach einem »fiktiven« Arbeitseinkommen entsprechend der halben monatlichen Bezugsgröße (alte Bundesländer: 2.415 € : 2 = 1.207,50 €; neue Bundesländer: 2.030 € : 2 = 1.015 € bemessen wird (§ 165 Abs. 1 Satz 2 SGB VI). Bei einem Beitragssatz von 19,5 % (2004) beträgt der monatliche Rentenbeitrag etwas über 235 € in den alten Bundesländern und rund 198 € in den neuen.

fiktive

- Auf Antrag kann ein höherer Beitrag (Regelbeitrag) bezogen auf die monatliche Bezugsgröße entrichtet werden.

höhere

- Auf Antrag kann der Beitrag auch nach dem tatsächlichen Arbeitseinkommen erhoben werden. Sofern der Nachweis über das niedrigere Arbeitseinkommen erbracht wird, sind Einkünfte von mindestens 400 € die Bemessungsgrundlage für die Rentenbeiträge. Daraus resultiert ein Rentenbeitrag von mindestens 78 € monatlich.

niedrigere

Der »Ich-AGler« kann sich bei Vorliegen der Vorbeschäftigungszeiten in der gesetzlichen Krankenversicherung freiwillig versichern. Die Beiträge richten sich nach den tatsächlichen Einnahmen des freiwilligen Mitglieds. Auch bei Nachweis von niedrigeren Einkünften muss ein Mindestbeitrag gezahlt werden. Der ExZu zählt selbst nicht zu den beitragspflichtigen Einnahmen. Als beitragspflichtige Mindesteinnahmen kann das Sechzigstel der monatlichen Bezugsgröße zugrunde gelegt werden (§ 240 Abs. 4 Satz 2 SGB V). Im Jahr 2004 werden 1.207,50 € als monatliche Mindesteinnahmen zugrunde gelegt. Daraus leitet sich bei einem Beitragssatz von beispielsweise 14 % ein monatlicher Mindestbeitrag von 170 € ab. Liegt das durchschnittliche Arbeitseinkommen in den ersten drei Jahren höher, müssen höhere Beiträge entrichtet und gegebenenfalls auch nachgezahlt werden, falls die ursprüngliche Beitragseinstufung unter Vorbehalt erfolgt ist.

Freiwillige Krankenversicherung

Freiwillige Mitglieder in der gesetzlichen Krankenversicherung sind versicherungspflichtig in der Pflegeversicherung. Sie können sich aber davon befreien lassen, wenn sie (und ihre Angehörigen oder Lebenspartner) privat gegen Pflegebedürftigkeit versichert sind (§ 20

Soziale Pflegeversicherung

Abs. 3 i. V. m. § 22 Abs. 1 SGB XI). Der monatliche Beitrag zur Pflegeversicherung liegt bei etwas über 20 €.

Gesetzliche Unfallversicherung?
Die »Ich-AG« hat sich im SGB VII – Gesetzliche Unfallversicherung – bisher nicht niedergeschlagen. Wir gehen davon aus, dass die »Ich-AGler« gemäß § 3 Abs. 1 SGB VII über die Satzung der einzelnen Berufsgenossenschaften aufgenommen werden.

Die »Ich-AGler« sollten auf jeden Fall bei der einschlägigen Berufsgenossenschaft nachfragen und auf Aufnahme in den gesetzlichen Unfallversicherungsschutz drängen.

Arbeitslosenversicherung?
Gemäß § 7 Abs. 4 Satz 2 SGB IV gelten »Ich-AGler« für die Dauer des Bezugs des ExZu unwiderlegbar als selbstständig Tätige. Als solche sind sie nicht versicherungspflichtig in der Arbeitslosenversicherung. Zeiten der Tätigkeit als »Ich-AG« begründen deshalb auch keinen Anspruch auf Alg oder auf eine andere beitragsabhängige Leistung.

Deshalb sollten »Ich-AGler« spätestens vor Ablauf des dritten Jahres mit ExZu entscheiden, ob sie weiter selbstständig bleiben oder nicht lieber in den Schoß der AA mit (Rest-)Alg zurückkehren (→ S. 490).

Selbstständig oder Arbeitnehmer?
Die Vermutung für Selbstständigkeit nach § 7 Abs. 4 Satz 2 SGB IV gilt ausdrücklich nur »für alle Zweige der Sozialversicherung« (so BT-Drs. 15/26, S. 23). Fraglich ist, ob sie auch für das Arbeitsrecht gilt. Das verneint Däubler (AiB 2002, Heft 12, S. 729, 734 f.). Er hält es für möglich, dass ein »Ich-AGler«, der z. B. weisungsabhängige Gartenarbeit für einen Parkbesitzer leistet, als Arbeitnehmer Anspruch auf Entgeltfortzahlung im Krankheitsfall hat. Das bezweifelt Peter Hanau (ZIP 2003, Heft 35, S. 1573 ff. [1579]): solange der »Ich-AGler« sich im Rahmen der von der AA mit ExZu geförderten Tätigkeit bewege, dürfe ein Auftraggeber davon ausgehen, dass der »Ich-AGler« Selbstständiger sei.

4 Vergleich Überbrückungsgeld – Existenzgründungszuschuss

Nach einer vom IAB durchgeführten Modellrechnung dürfte folgende Faustformel gelten:

Faustformel
Das ÜG ist günstig für Arbeitsuchende, die von der AA hohe Leistungen bekommen würden und mit ihrem Unternehmen ein schnelles Wachstum anstreben. Der ExZu für die »Ich-AG« ist günstig für Menschen, die von der AA weniger Geld zu erwarten haben und ihr Geschäft erst nach und nach ausbauen können. Günstig ist die »Ich-AG« auch für Menschen, die ein eingeschränktes Zeitbudget haben, etwa wegen familiärer Verpflichtungen. Die komplizierte Modellrechnung ist als IAB-Kurzbericht 2/2003 veröffentlicht unter http://www.iab.de.

I Hilfen zur Existenzgründung

Schaubild
Vergleich Überbrückungsgeld – Existenzgründungszuschuss[*]

	Existenzgründungszuschuss (ExZu) (§ 421l SGB III)	Überbrückungsgeld (ÜG) (§ 57 SGB III)
Zweck	Soziale Sicherung während einer bis zu dreijährigen Startphase	Sicherung des Lebensunterhalts und der sozialen Sicherung in den ersten sechs Monaten der Selbstständigkeit
Adressatenkreis	Arbeitslose Leistungsbezieher/-innen Beschäftigte in SGB III-ABM	Arbeitslose Leistungsbezieher/-innen Arbeitnehmer/-innen, die bei Arbeitslosigkeit **Anspruch** auf Lohnersatzleistungen hätten. Beschäftigte in SGB III-ABM
Weitere Fördervoraussetzungen	Vorlage einer **Stellungnahme** von einer fachkundigen Stelle über die Tragfähigkeit der Existenzgründung **Arbeitseinkommen** (einkommensteuerrechtlicher Gewinn) aus der selbstständigen Tätigkeit voraussichtlich nicht über 25.000 € im Jahr	Vorlage einer **Stellungnahme** von einer fachkundigen Stelle über die Tragfähigkeit der Existenzgründung
Muss-Leistung	Rechtsanspruch, wenn die Voraussetzungen erfüllt sind	Rechtsanspruch, wenn die Voraussetzungen erfüllt sind
Bezugsdauer	**Längstens drei Jahre** Jeweiliger Bewilligungszeitraum von zwölf Monaten. Antrag auf Wiederbewilligung nach zehn bzw. 22 Monaten notwendig. Wird die Einkommensgrenze im Bewilligungsjahr überschritten, fällt der ExZu für die Zukunft weg; keine Rückzahlung gewährter Zuschüsse	**Sechs Monate**
Förderhöhe	1. Jahr: **600 €** 2. Jahr: **360 €** 3. Jahr: **240 €** monatlich	**Leistungen in Höhe** des Betrages, der zuletzt als **Alg** bezogen wurde bzw. beziehbar wäre, zuzüglich der darauf entfallenden Sozialversicherungsbeiträge (pauschal + 68,5 %)
Gesetzliche Rentenversicherung	**Versicherungspflicht** während des Bezugs des ExZu. Zuschuss: in den ersten drei Jahren bezogen auf die halbe monatliche Bezugsgröße; Beitragserhöhung oder -ermäßigung auf Antrag möglich. Mindestbeitrag 78 € im Monat	**Versicherungspflicht nur in bestimmten Fällen**; bei arbeitnehmerähnlichen Selbstständigen auf Antrag Befreiung von der Versicherungspflicht in den ersten drei Jahren möglich. Beiträge (nur für Pflichtversicherte): in den ersten drei Jahren bezogen auf die halbe monatliche Bezugsgröße; Beitragserhöhung oder -ermäßigung auf Antrag möglich
Krankenversicherung	**Freiwillige Mitgliedschaft** Beitrag: Mindestbeitrag bezogen auf ein Sechzigstel der monatlichen Bezugsgröße. Zurzeit 170 € monatlich	**Freiwillige Mitgliedschaft** Beitrag: Mindestbeitrag bezogen auf ein Vierzigstel der monatlichen Bezugsgröße. Zurzeit 254 € monatlich
Antrag	Vor Aufnahme der selbstständigen Tätigkeit	Vor Aufnahme der selbstständigen Tätigkeit

[*] In Anlehnung an: Herbert Düll, Bundesarbeitsblatt 2003, Heft 2, S. 22.

494 R Hilfen zur Existenzgründung

Kündigen Sie einen Antrag auf ÜG oder ExZu frühzeitig an. Haben Sie den Antrag abgeholt, lässt Sie die AA in der Regel erst einmal in Ruhe.

Alternative: Existenzgründung neben Alg

Bevor Sie vorschnell bei Ihrer Existenzgründung auf ÜG oder ExZu bauen, sollten Sie erwägen, ob Sie nicht zunächst neben dem Alg-Bezug mit der Existenzgründung starten. Haben Sie größere Aufwendungen (z. B. für Computer), so können Sie diese vom bereits erzielten Nebeneinkommen absetzen (→ S. 193). Ihr Alg bleibt dann ungeschmälert. Eingeschränkt wird diese Möglichkeit dadurch, dass die Existenzgründung Sie nur weniger als 15 Stunden pro Woche in Anspruch nehmen darf; andernfalls sind Sie nicht mehr arbeitslos.

5 Einstellungszuschuss (EinZu) bei Neugründungen
§§ 225–228 SGB III

Zweck

Banken geben Existenzgründern regelmäßig zur Vorfinanzierung von Löhnen keinen Kredit. Hier springt die BA mit dem EinZu ein. Den EinZu können Existenzgründer von Kleinbetrieben für die unbefristete Beschäftigung von Arbeitslosen erhalten.

Welche Arbeitslose?

Bezuschusst werden kann die Einstellung von Arbeitslosen, die unmittelbar vor der Einstellung

- insgesamt mindestens drei Monate
  - Alg oder »Transfer-Kug« bezogen haben; oder
  - eine Beschäftigung im Rahmen einer SGB III-ABM/SAM ausgeübt haben; oder
  - an einer Maßnahme der beruflichen Weiterbildung teilgenommen haben; oder

- die Voraussetzungen für das Übg erfüllen (§ 226 Abs. 1 Nr. 1d SGB III); das ermöglicht insbesondere einen EinZu für behinderte Menschen (BT-Drs. 13/8994, S. 80);

- und ohne den EinZu nicht dauerhaft eingegliedert werden können.

Anders als die Eingliederungszuschüsse für die Förderung der Beschäftigung bestimmter Problemgruppen des Arbeitsmarktes setzt der EinZu keine vermutete oder tatsächliche Minderleistungsfähigkeit des Arbeitnehmers voraus.

Welche Arbeitgeber?

Den EinZu gibt es nicht (nach DA 1.2.11 zu § 55b AFG):
- Für Personen, die an dem Betrieb finanziell beteiligt sind;
- für Personen, die die Geschäftsführung übernehmen (sollen);
- für Ehegatten und Verwandte des Existenzgründers.

»Wegen wettbewerbsrechtlicher Bedenken der EU-Kommission ist eine Förderung in sog. sensiblen Bereichen, insbesondere der Landwirtschaft und dem Verkehrssektor, nicht möglich« (BMAS, A – Z der Arbeitsförderung, 2002, S. 88).

Den EinZu können nur echte Existenzgründer erhalten. Umgründungen werden nicht bezuschusst.
Die Existenzgründung darf nicht länger als zwei Jahre zurückliegen. Der Arbeitgeber muss einen neuen Arbeitsplatz mit einem unbefristeten Beschäftigungsverhältnis zur Verfügung stellen. Insgesamt dürfen höchstens fünf Arbeitnehmer beschäftigt sein; der EinZu kann höchstens für zwei vollzeitbeschäftigte Arbeitnehmer gleichzeitig geleistet werden. Teilzeitbeschäftigte werden bei der Feststellung der Zahl anteilig berücksichtigt:

Der Existenzgründer muss in seinem Antrag versichern, dass

- es sich nicht um eine bloße Umgründung eines bereits bestehenden Betriebes handelt;
- das Beschäftigungsverhältnis ohne die Gewährung des EinZu bei Neugründungen nicht zustande kommt;
- kein Beschäftigungsverhältnis beendet wurde, um einen EinZu bei Neugründungen zu erhalten.

Die AA übernimmt 50 % des berücksichtigungsfähigen Arbeitsentgeltes. Berücksichtigungsfähig ist gemäß §§ 227 Abs. 1 Satz 2 i. V. m. §§ 218 Abs. 1, 220 SGB III das vom Arbeitgeber regelmäßig gezahlte Arbeitsentgelt. Nach oben hin ist das berücksichtigungsfähige Arbeitsentgelt vierfach gedeckelt. Nicht berücksichtigt werden:

Höhe

- einmalige Leistungen (z. B. Weihnachtsgeld);
- übertarifliches Arbeitsentgelt;
- Arbeitsentgelt, das die Beitragsbemessungsgrenze in der Arbeitslosenversicherung (im Jahr 2005: monatlich 5.200 € im Westen, 4.400 € im Osten) übersteigt;
- Lohnerhöhung im Laufe des Förderungszeitraums (anders bei Lohnsenkungen; diese werden berücksichtigt!).

Berücksichtigungsfähig ist auch der pauschalierte Arbeitgeberanteil an den Sozialversicherungsbeiträgen.

Der EinZu unterliegt bei den Zuschussempfängern (Arbeitgebern) nicht der Umsatzsteuer. Im Rahmen der ertragssteuerrechtlichen Behandlung sind die Zuschussbeträge Betriebseinnahmen i. S. der steuerrechtlichen Vorschriften über Gewinnermittlung (DA 2.1 20 zu § 55b AFG).

Steuerliche Behandlung

Der EinZu kann für höchstens zwölf Monate gezahlt werden.

Bis 12 Monate

Neben dem EinZu kann für denselben Arbeitnehmer kein anderer Lohnkostenzuschuss gezahlt werden.

Keine Kombipackung

Denkbar ist aber, dass der mit ExZu oder ÜG geförderte Arbeitgeber einen EinZu erhält.

Förderketten

Der EinZu kann sich anschließen an:
- eine SGB III-ABM/SAM oder
- eine »Transfer-Kug«-Maßnahme oder
- eine berufliche Weiterbildungsmaßnahme oder
- (nach unserer Meinung) auch den Bezug von ÜG oder ExZu.

6 Begleitende ESF-Hilfen

Gemäß § 2 Abs. 1 Richtlinien ESF-BA-Programm vom 22.12.2004 kann für die Sicherung einer Existenzgründung im ersten Jahr nach der Gründung die Teilnahme an Maßnahmen zur Begleitung einer selbstständigen Tätigkeit gefördert werden, wenn an den Teilnehmer bei der Aufnahme dieser Tätigkeit ein ÜG nach § 57 SGB III oder ein ExZu nach § 421l SGB III erbracht wird.

Existenzgründungsseminare

Gefördert werden zum einen Existenzgründungsseminare. Ein vorgeschaltetes Seminar kann dazu beitragen, Mängel des unternehmerischen Konzepts (insbesondere der Marketingstrategien) und eine Unterschätzung des Kapitalbedarfs zu vermeiden und so die Überlebensfähigkeit des neu gegründeten Unternehmens sichern. Daneben können die Risiken vor Augen geführt werden. Denn nach einer Untersuchung des IAB hat »fast jeder Zweite, der zum Befragungszeitpunkt nicht mehr selbstständig tätig war, nach eigenen Angaben Schulden aus dem ›Abenteuer Selbstständigkeit‹ zu tragen«.

Die Existenzgründungsseminare können vier bis maximal zwölf Wochen dauern. Den Teilnehmer/innen können Lehrgangskosten, Fahrkosten und Kinderbetreuungskosten in entsprechender Anwendung des § 79 Abs. 2 und der §§ 80, 81 Abs. 1 Nr. 1 und § 83 SGB III gezahlt werden.

»Coaching«

Daneben kann ein »Coaching« gefördert werden. Berater/innen sollen den Existenzgründern/Exitenzgründerinnen in der Anfangsphase bei der Bewältigung von Problemen helfen.
»Coaching« wird nur gefördert innerhalb des ersten Jahres nach Aufnahme der selbstständigen Tätigkeit.
Teilnehmer/innen des »Coaching« erhalten die Lehrgangskosten und die Kinderbetreuungskosten.

Kombipackung

Ein/e Existenzgründer/in kann sowohl an einem Existenzgründungsseminar teilnehmen als auch sich »coachen« lassen. Die Lehrgangskosten für Existenzgründungsseminar und »Coaching« dürfen zusammen die Förderhöchstgrenze von 4.600 € je gefördertem Existenzgründer nicht überschreiten.

II Was muss geändert werden?

1 ÜG und ExZu auch bei Existenzgründung im (EU-)Ausland

Selbstständigmachen im Ausland (z. B. als Rentenberater oder Fußpfleger auf Mallorca) will die BA (nach DA 57.32) nicht durch ÜG fördern. Auch den ExZu gibt es nicht für eine »Ich-AG« im Ausland. Es fehle – anders als bei der Förderung der beruflichen Ausbildung in § 62 SGB III und der Förderung der beruflichen Weiterbildung in § 85 Abs. 3 Satz 2 SGB III – an einer ausdrücklichen Zulassung der Förderung im Ausland. Wir halten diese Fixierung auf Deutschland für verfehlt; jedenfalls, soweit es um ein Selbstständigmachen im EU-Ausland geht. Es ist nicht einzusehen, warum ein Alg-Bezieher drei Monate (geplant sind sechs Monate) auf Arbeitsuche ins EU-Ausland unter Weiterzahlung von Alg gehen kann (→ S. 99), einem Existenzgründer im EU-Ausland die Weiterzahlung von Alg für sechs Monate in Form von ÜG oder die Zahlung des ExZu aber verweigert werden soll. Es ist weiter nicht einzusehen, warum eine selbstständige Tätigkeit zwar (bisher noch) die Rahmenfrist gemäß § 124 Abs. 3 Satz 1 Nr. 3 SGB III auch dann verlängert, wenn sie im Ausland ausgeübt wird (so DA, RandNr. 21 zu § 124), gleichzeitig eine solche Auslandstätigkeit aber nicht über ÜG oder ExZu ermöglicht werden soll. Schließlich bleibt schleierhaft, warum mit dem Job-AQTIV-Gesetz Auslandsaktivitäten erheblich erleichtert worden sind (vgl. z. B. §§ 48 Abs. 2, 53 Abs. 3, 65 Abs. 4, 67 Abs. 1a, 85 Abs. 3 Satz 2 SGB III), ÜG bzw. ExZu demgegenüber auf Selbstständigmachen in Deutschland beschränkt bleiben soll.

Selbstständigmachen im Ausland?

Anders als die BA hält auch Ute Winkler (in: Gagel, SGB III, RandNr. 21 zu § 57 unter Hinweis auf LSG Baden-Württemberg, Urteil vom 24.1.1990 – L 5 Ar 1486/88, Breithaupt 1991, S. 426) ÜG für eine Existenzgründung im Ausland im Einzelfall für möglich.

S MITTEL AUS DEM EUROPÄISCHEN SOZIALFONDS (ESF)

I ESF: Teil der Arbeitsmarkt- und Beschäftigungspolitik von EU und Mitgliedstaaten **498**

II Der ESF 2000–2006 **500**

1. Ziel 1 **501**
2. Ziel 2 **501**
3. Ziel 3 **502**

III Das ESF-BA-Programm **504**

1. Überblick **504**
2. Planung und Durchführung von ESF-Projekten **506**

IV ESF-Informationen **508**

1. Im Internet **508**
2. Adressen und Ansprechpartner auf EU-, Bundes- und Landesebene **509**

I   ESF: Teil der Arbeitsmarkt- und Beschäftigungspolitik von EU und Mitgliedstaaten

Die EU stellt kontinuierlich ca. 10% ihres Haushalts für Mittel des ESF bereit. Gemeinsam mit weiteren Strukturfonds – dem Europäischen Fonds für regionale Entwicklung (EFRE), dem Europäischen Ausrichtungs- und Garantiefonds für die Landwirtschaft (EAGFL) und dem Finanzinstrument für die Ausrichtung der Fischerei (FIAF) – werden jährlich ca. 30 Mrd. Euro EU-weit eingesetzt.

In Deutschland werden aus dem ESF pro Jahr ca. 1,6 Mrd. Euro durch die AA und die Arbeits- und Sozialministerien der Länder zur Förderung von Einzelpersonen und Qualifizierungs- und Beschäftigungsprojekten aufgewendet. Die ESF-Mittel stellen damit gemessen am Gesamtbudget für Arbeitsmarktpolitik des Bundes und der Länder einen Anteil von gut 5% dar.

Neben einer so genannten »Grund-Verordnung« (Verordnung [EG] Nr. 1260/1999 des Rates mit allgemeinen Bestimmungen über die Strukturfonds vom 21.6.1999, in: Amtsblatt der EG L 161 vom 26.6.1999, S. 1–42) mit allgemeinen Bestimmungen ist für den ESF eine eigene Verordnung (Verordnung [EG] Nr. 1784/1999 des Europäischen Parlamentes und des Rates vom 12.7.1999 über den Europäischen Sozialfonds, in: Amtsblatt der EG L 213 vom 13.8.1999, S. 5–8) von Bedeutung. Nach ihr kann sich der ESF grundsätzlich beteiligen an

- der Förderung der aktiven Arbeitsmarktpolitiken und dem Zugang zum Arbeitsmarkt,
- der Förderung der beruflichen und allgemeinen Bildung sowie der beruflichen Mobilität,
- Maßnahmen im Bereich des »lebensbegleitenden Lernens« und der beruflichen Weiterbildung, wie auch der Verbesserung der Arbeitsorganisation und der Qualifizierung des Arbeitskräftepotenzials in Forschung und Entwicklung,
- der Förderung der Berufstätigkeit von Frauen,
- der Förderung lokaler Beschäftigungsinitiativen und des Bereichs »Informationsgesellschaft« sowie
- allgemeinen Maßnahmen der Gleichstellung von Frauen und Männern im Arbeitsleben.

Finanziell förderfähig sind, »vor allem in Form von Zuschüssen an Einzelpersonen«, wie es in der ESF-Verordnung heißt,

- alle Maßnahmen der beruflichen Erstausbildung und Weiterbildung sowie damit in Verbindung stehende Beratung, allg. Bildung usw.,
- Hilfen zur Beschäftigung und Existenzgründung,
- »nachakademische« Ausbildung im Bereich Forschung, Wissenschaft und Technologie,
- neue Beschäftigungsmöglichkeiten im Bereich der öffentlich geförderten Beschäftigung (im so genannten »Dritten Sektor«),
- Zuschüsse zu Strukturen und Systemen der Arbeitsmarktpolitik und Berufsbildung (Studien usw.),
- Zuschüsse zu begleitenden Diensten, sozialpädagogischen Maßnahmen und zur Öffentlichkeitsarbeit.

Die ESF-Verordnung gibt den EU-Mitgliedstaaten zunächst einen weit gefassten Rahmen, um mit ESF-Mitteln ihre nationalen Budgets für Arbeitsmarktpolitik aufzustocken. Dieser Rahmen wird durch eine notwendige Auswahl und Konzentration im Verlauf mehrjähriger nationaler oder regionaler ESF-Programme wieder eingeschränkt. Im entsprechenden Planungsprozess werden Schwerpunkte gesetzt, Maßnahmetypen oder Teil-Programme definiert und auf die »Nationalen Aktionspläne« bezogen, die die EU-Mitgliedstaaten im Rahmen der »europäischen Beschäftigungsstrategie« beschlossen haben. Damit wird – sinnvollerweise – das weite Spektrum wieder eingeengt und die Verantwortung an die nationalen oder regionale Akteure übertragen.

II Der ESF 2000–2006

Folgende Ziele verfolgen die Strukturfonds von 2000–2006:

Ziel 1
- Förderung der Entwicklung und der strukturellen Anpassung der Regionen mit Entwicklungsrückstand (gefördert aus dem EFRE, dem ESF, dem EAGFL und dem FIAF); dieses Ziel betrifft u. a. die neuen Bundesländer. Näheres → S. 501.

Ziel 2
- Unterstützung der wirtschaftlichen und sozialen Umstellung der Gebiete mit Strukturproblemen (gefördert aus EFRE, ESF, EAGFL und FIAF); dieses Ziel betrifft bestimmte Industrie- und ländliche Regionen in den alten Bundesländern. Näheres → S. 501.

Ziel 3
- Unterstützung der Anpassung und Modernisierung der Bildungs-, Ausbildungs- und Beschäfigungspolitiken und -systeme (nur ESF); dieses Ziel betrifft die alten Bundesländer flächendeckend. Näheres → S. 502.

Europäische Kommission – Generaldirektion Beschäftigung/Soziales			
Bundesministerium für Wirtschaft und Arbeit (BMWA)			
Arbeits- und Sozialministerien der Länder BA »ESF-BA-Programm«			
Ziel 1 6,11 Mrd. Euro	**Ziel 2** ca. 0,5 Mrd. Euro	**Ziel 3** 4,96 Mrd. Euro
	Baden-Württemberg	Baden-Württemberg
	Bayern	Bayern
Berlin (Ost)	Berlin (West)	Berlin (West)
Brandenburg		
		Bremen
		Hamburg
		Hessen
Mecklenburg-Vorpommern		
	Niedersachsen	Niedersachsen
	Nordrhein-Westfalen	Nordrhein-Westfalen
	Rheinland-Pfalz	Rheinland-Pfalz
	Saarland	Saarland
Sachsen		
Sachsen-Anhalt		
	Schleswig-Holstein	Schleswig-Holstein
Thüringen		

Die Ziel-1-Programme für die neuen Bundesländer wurden Ende 2000/ Anfang 2001 genehmigt (Kurzbeschreibung im Internet unter: http://europa.eu.int/comm/regional_policy/country/overmap/d/d_de.htm), die Ziel-2-Programme im Frühjahr 2001 und das Ziel-3-Programm (alte Bundesländer) bereits im Oktober 2000.

1 Ziel 1

6,11 Mrd. Euro stehen Bund und neuen Bundesländern aus dem ESF zwischen 2000 und 2006 zur Verfügung. Mit knapp 30 % der Mittel werden dabei Maßnahmen der AA unterstützt (siehe Ziel 3 → S. 502, Stichwort »ESF-BA-Programm«), die übrigen Mittel stehen den Arbeitsministerien der Länder für die Förderung arbeitsmarkt- und beschäftigungspolitischer Programme zur Verfügung.

Der Einsatz des ESF in den Ziel-1-Regionen der neuen Bundesländer betrifft alle in der ESF-Verordnung aufgeführten Politikbereiche. Die finanzielle Ausstattung der Politikfelder des ESF bzw. der Maßnahmebereiche soll wie folgt gewichtet werden:

Politikbereich A	Aktive Arbeitsmarktpolitiken zur Förderung der Beschäftigung	41 %
Politikbereich B	Eine Gesellschaft ohne Ausgrenzung	12 %
Politikbereich C	Förderung und Verbesserung der beruflichen und allgemeinen Bildung	6 %
Politikbereich D	Förderung der Anpassungsfähigkeit und des Unternehmergeistes	32 %
Politikbereich E	Spezifische Maßnahmen für Frauen	8 %
Politikbereich F	Lokales Soziales Risikokapital	1 %

Die von den AA durchgeführten Maßnahmen sind im Wesentlichen im Politikbereich A konzentriert (Maßnahmen für arbeitslose Jugendliche, Förderung überbetrieblicher Ausbildungsstätten, Förderung von Langzeitarbeitslosen, Gewährung von ESF-Uhg sowie von ABM). Die Arbeitsmarktprogramme der neuen Länder werden im Schwerpunkt auf die übrigen Politikbereiche konzentriert. Im wesentlichen entspricht die inhaltliche Ausgestaltung der ESF-Maßnahmen im Ziel 1 der unter Ziel 3 aufgeführten Beschreibung.

2 Ziel 2

Ca. 0,5 Mrd. Euro stehen aus dem ESF in den Ziel-2-Regionen einiger alter Bundesländer (Bayern, Berlin-West, Niedersachsen, Nordrhein-Westfalen, Rheinland-Pfalz, Saarland, Schleswig-Holstein) zwischen 2000 und 2006 zur Verfügung.

Die entsprechenden ESF-Programme werden von den Arbeitsministerien der Länder durchgeführt.
Gefördert werden in der Regel Qualifizierungs- und Beschäftigungsmaßnahmen mit Bezug zur Wirtschaftsförderung.
Maßnahmen und Projekte sind nur förderfähig, wenn sie in den Ziel-2-Gebieten stattfinden.
Eine Karte der deutschen Ziel-2- (und auch Ziel-1-) Gebiete finden Sie im Internet unter: http://europa.eu.int/comm/regional_policy/country/overmap/d/d_de.htm

3 Ziel 3

4,96 Mrd. Euro stehen dem Bund und den alten Bundesländern im Rahmen des Ziel-3-Programmes aus dem ESF in den Jahren 2000 bis 2006 zur Verfügung. Die Mittel sind nach folgendem Schlüssel auf verschiedene Politikereiche verteilt:

Politikbereich A	Aktive Arbeitsmarktpolitiken zur Förderung der Beschäftigung	42%
Politikbereich B	Eine Gesellschaft ohne Ausgrenzung	23%
Politikbereich C	Förderung und Verbesserung der beruflichen und allgemeinen Bildung	7%
Politikbereich D	Förderung der Anpassungsfähigkeit und des Unternehmergeistes	14%
Politikbereich E	Spezifische Maßnahmen für Frauen	10%
Politikbereich F	Lokales Soziales Risikokapital	1%
Technische Hilfe	Begleitung, Öffentlichkeitsarbeit usw.	3%

Aktive Arbeitsmarktpolitik

Im **Politikbereich A** ist die Förderung folgender Maßnahmen geplant:

- Berufliche Integration von Jugendlichen, Verhinderung von Jugendarbeitslosigkeit und Erhöhung des Ausbildungsplatzangebotes der Betriebe,

- Qualifizierungsmaßnahmen und Förderung der Integration in den ersten Arbeitsmarkt insbesondere für Langzeitarbeitslose und von Langzeitarbeitslosigkeit Bedrohte, Berufsrückkehrerinnen und Ältere durch den Übergang von passiven zu aktiven Fördermaßnahmen,

- Arbeitsplatzschaffung auf lokaler Ebene, im Umwelt-, im Dienstleistungsbereich, im Sozialwesen und in öffentlich geförderter Bschäftigung.

ESF-BA-Programm

Für das Programm der BA (ESF-BA-Programm) stehen 51% der gesamten Ziel-3-Mittel zur Verfügung. Näheres → S. 504.

Ergänzt wird das ESF-BA-Bundesprogramm durch zusätzliche Förderinstrumente zur Vermeidung und Bekämpfung von Langzeitarbeitslosigkeit (Modellversuche zur Verbesserung der Zusammenarbeit von Arbeits- und Sozialämtern, Modellversuche zur Erprobung von Beschäftigungsmöglichkeiten für gering Qualifizierte sowie die Förderung von Haushaltsdienstleistungen zur stärkeren Ausschöpfung der Beschäftigungspotenziale des Dienstleitungssektors). Desweiteren soll die Förderung von Maßnahmen zur beruflichen Bildung erfolgen, insbesondere im transnationalen Rahmen.

Der **Politikbereich B** – »Eine Gesellschaft ohne Ausgrenzung« – soll im kommenden Förderzeitraum des ESF mit einem Anteil von rund 23 % der zur Verfügung stehenden finanziellen Mittel ausgestattet werden. Die Mittel sollen hier auf besonders benachteiligte Zielgruppen des Arbeitsmarktes (Migranten, sozial benachteiligte Jugendliche, Strafgefangene usw.) konzentriert werden.

Gesellschaft ohne Ausgrenzung

Der **Politikbereich C** – »Förderung und Verbesserung der beruflichen und allgemeinen Bildung, lebenslanges Lernen« – soll sich auf systemverbessernde Aktionen und die Verstärkung der Kooperation von Bildungseinrichtungen und Arbeitsmarktakteuren konzentrieren. Hier geht es um die Verbesserung des dualen Ausbildungssystems, die Verstärkung von internationalen Qualifikationen, die Schaffung neuer Berufe in den Informationstechnologien und die Qualitätsverbesserung im Bereich der berufsbegleitenden Weiterbildung.

Lebenslange Bildung

Ziele des Bundes und der Länder im **Politikbereich D** – »Förderung der Anpassungsfähigkeit und des Unternehmergeistes« – sind der Abbau von Qualifikationsdefiziten bei Arbeitnehmern und Führungskräften, die Erhöhung der Zahl der Existenzgründungen und die Förderung der Teilzeitarbeit, insbesondere auch von Männern sowie von Modellen familienfreundlicher Arbeitszeiten.

Förderung des Unternehmergeistes

Die Kernpunkte des **Politikbereich E** – »Spezifische Maßnahmen für Frauen« – sind:

Frauenförderung

- Berücksichtigung von Frauen in den Fördermaßnahmen entsprechend ihrem Anteil an den Arbeitslosen,

- Bereitstellung von Qualifizierungs- und Beschäftigungsmaßnahmen für spezifische Gruppen von Frauen (Berufsrückkehrerinnen, Migrantinnen, alleinerziehende Frauen, ältere Arbeitnehmerinnen und ältere arbeitslose Frauen sowie Akademikerinnen),

- Systematische Analysen der Ursachen der Benachteiligungen von Frauen am Arbeitsmarkt,

- Bevorzugte Förderung der Qualifizierung von Mädchen und Frauen in zukunftsträchtigen und derzeit noch überwiegend von Männern besetzten Berufen und Branchen,

- Verbesserung des Zugangs zur Informationsgesellschaft für alle oben genannten Gruppen von Frauen,

- Weitere Erschließung der Potenziale von Frauen als Existenzgründerinnen.

Mobilisierung kleiner Träger

Im Bereich des **Politikfeldes F** – »Lokales Soziales Risikokapital« – ist vor allem die Mobilisierung bisher an der Umsetzung von Förderprogrammen nicht beteiligter kleiner, örtlicher Träger gedacht, die u. U. besser auf die regionale Situation angepasste, innovative Maßnahmen entwickeln können.

Technische Hilfe

Im Bereich der **»Technischen Hilfe«** schließlich werden u. a. Informations- und Begleitmaßnahmen (z. B. Studien) von Bund und Ländern gefördert.

III Das ESF-BA-Programm

1 Überblick

Grundlage für die Bewilligung von ESF-Mitteln sind die »Richtlinien für aus Mitteln des Europäischen Sozialfonds (ESF) mitfinanzierte zusätzliche arbeitsmarktpolitische Maßnahmen im Bereich des Bundes« (ESF-BA-Programm) vom 22.12.2004.[*]

Neu seit 2005

Anders als bisher begrenzen die neu gefassten Richtlinien den Kreis der mit ESF-Mitteln Geförderten nicht mehr von vornherein auf bestimmte benachteiligte Gruppen.

Das Leistungsspektrum ist um Deutsch-Kurse für Migranten erweitert worden.

Nicht mehr übernommen werden können Beiträge zur Sozialversicherung für Kug-Bezieher.

Nachrang

ESF-Leistungen sind nachrangig. Sie gibt es nur, soweit entsprechende Leistungen – insbesondere nach dem SGB III – nicht erbracht werden.

Sofern auch eine Förderung aus Mitteln der Länder erfolgt, ist eine ESF-Förderung nur zulässig, wenn sich die Leistungen ergänzen und keine Doppelförderung vorliegt.

---

[*] Die Richtlinien sind abgedruckt in: Arbeitslosenprojekt TuWas (Hrsg.), Arbeitslosenrecht. Die Gesetzessammlung für Arbeitslose, ihre Berater und Beraterinnen, 10. Auflage, Fachhochschulverlag, Stand: 1.1.2005.

Die Richtlinien sehen folgende Leistungen vor: *Die Leistungen*

- **ESF-Unterhaltsgeld**
  - bei beruflicher Weiterbildung (→ S. 410) und
  - bei Eignungsfeststellungs-/Trainingsmaßnahmen (→ S. 68),
  wenn
  - zwar Maßnahmekosten,
  - nicht aber Alg, Alg II oder Übg
  erbracht werden.

- **Kranken-/Pflegeversicherungsbeiträge** während des Bezugs von ESF-Uhg (→ S. 412 und → S. 68).

- **Lehrgangs- und Fahrkosten** bei Qualifizierung von Transfer-Kug-Beziehern (→ S. 337).

- **Begleitende Hilfen nach Existenzgründung** (Lehrgangs-, Fahr- und Kinderbetreuungskosten) für Bezieher von Überbrückungsgeld und Existenzgründungszuschuss (→ S. 496 und → S. 337)

- **Deutsch-Kurse für Migranten** (Lehrgangs-, Fahr-, Unterbringungs-/Verpflegungskosten und Kosten der Kinderbetreuung),
  wenn
  - Alg bezogen und
  - berufsbezogen Deutsch gelernt
  wird (→ S. 259).

Die ESF-Leistungen sind Kann-Leistungen.

Allerdings hat die AA bei der Förderung von Berufsrückkehrerinnen praktisch keinen Ermessensspielraum. Ihnen muss sie die ESF-Leistungen gewähren. Der Deutsche Bundestag hat Bundesregierung und BA aufgefordert,

> »sicherzustellen, dass Berufsrückkehrerinnen und Berufsrückkehrer über die Förderungsmöglichkeiten insbesondere auch des Europäischen Sozialfonds beraten und die möglichen Leistungen bei Vorliegen der Leistungsvoraussetzungen erbracht werden«. (BT-Drs. 15/1728, S. 13.)

Das verlangt auch der seit 2004 geltende neue § 8b SGB III; danach

> »sollen Berufsrückkehrerinnen die zu ihrer Rückkehr in die Erwerbstätigkeit notwendigen Leistungen der aktiven Arbeitsförderung (...) erhalten«.

Als erste Reaktion geben die Richtlinien Berufsrückkehrerinnen einen Rechtsanspruch auf das ESF-Uhg (§ 3 Abs. 1 Satz 2). Es bleibt schleierhaft, warum die Richtlinien der eindeutigen Forderung des Gesetzgebers nicht durch eine Bestimmung Rechnung tragen, dass Berufsrückkehrerinnen **alle** ESF-Leistungen beanspruchen können.

Antrag

Anträge von Teilnehmern oder Trägern nehmen die zuständigen AA entgegen, die über die entsprechenden Antragsformulare verfügen.

2 Planung und Durchführung von ESF-Projekten

Geduld

Die Planung und Durchführung ESF-geförderter Projekte ist komplex und nur bedingt standardisierbar, da die Schwerpunkte und Verfahren in den Bundesländern unterschiedlich sind. Die Antragstellung setzt neben den einschlägigen Informationen und Kompetenzen Geduld voraus: bis zur Bewilligung können Monate vergehen. Dies sollte man bedenken – auch im Hinblick auf die einzuwerbenden Mittel aus anderen Quellen. Auch die Verwaltung und Dokumentation von ESF-Projekten ist aufwendig.

Zu Beginn der Planung eines Projektes sollte man sicherstellen, dass man über alle notwendigen Basis- und Zusatzinformationen zum jeweiligen Förderprogramm verfügt. Dazu gehören die Rechtsgrundlagen, Antragsformulare und andere Materialien.

Klärungsbedarf vor Antragstellung

Anhand des Materials sollten folgende Fragen geklärt werden:
- An welche Institutionen bzw. Zielgruppen richtet sich das Programm?
- Welche Aktivitäten können gefördert werden?
- Existiert eine Antragsfrist?
- Werden inhaltliche oder organisatorische Prioritäten gesetzt?
- Welche Kosten sind zuschussfähig, welche nicht?
- Wie sollen Anträge präsentiert werden, gibt es einheitliche Antragsformulare?
- Gibt es eine maximale Förderdauer für das Projekt?
- Wie ist der Ablauf des Antragsverfahrens und welcher zeitliche Vorlauf ist damit verbunden?
- Gibt es absolute oder prozentuale Zuschussobergrenzen für den ESF-Anteil?
- In welche Höhe müssen eigene bzw. Komplementärmittel aus anderen Quellen eingesetzt werden?
- Welche Mittel kommen dafür in Frage?
- In welche Weise werden die Zuschüsse ausgezahlt?
- Welche Daten sind laufend zu erheben?

Arbeitsschritte bis zum Antrag

Ist die grundsätzliche Entscheidung für einen Antrag gefallen, sind folgende Arbeitsschritte zu beachten:
- Erstellen einer Projektskizze und eines Zeit- und Arbeitsplans;
- Aufstellen eines vorläufigen Kosten- und Finanzierungsplans;
- Durchführung von vorbereitenden Treffen potentieller Projektpartner;
- Ausarbeitung eines Antragsentwurfs;
- Stellen des Antrags.

Eine Projektskizze kann bereits den Strukturen des ESF-Programmes folgen, sie kann aber auch ein eigenständiges Dokument sein, das sich zur Vorlage bei anderen Stellen eignet. Eine Projektskizze besteht zumeist aus folgenden Abschnitten:

Projektskizze

- Ziele und Zielgruppe des Projekts;
- inhaltliches Konzept, Arbeitshypothesen und Projektbausteine;
- Zeitplan für die Durchführung;
- Finanzplan (Kosten und Einnahmen);
- Projektpartner, Aufgabenverteilung;
- Dokumentation, Evaluierung.

Für die Prüfung des Projektes im Hinblick auf seine Plausibilität ist neben der Frage nach der Aktualität der Problemstellung auch die des Zusammenhangs der gesteckten Ziele mit den gewählten Mitteln zu stellen. Mit anderen Worten: Stehen die Ziele, die Lösungen und die Kosten in einem nachvollziehbaren Verhältnis zueinander? Dies ist die zentrale Frage, die an das Projekt auf jede Stufe seiner Prüfung gerichtet werden wird.

Im Rahmen der ESF-Förderung handelt es sich um die Finanzierung von zusätzlichen oder anteiligen Kosten. Dies bedeutet, dass parallel ein oder mehrere Förderanträge bei anderen Stellen einzureichen oder Eigenmittel einzusetzen sind. Es kommen neben Gebühren, Kosten für die Freistellung von Arbeitnehmern bei berufsbegleitenden Weiterbildungsprojekten, vor allem Landes- und Bundesmittel infrage, wie solche im Rahmen von Weiterbildungs- oder anderen Gesetzen wie dem SGB III, dem KJHG oder aus Modellversuchsprogrammen.

Kofinanzierung

Für die Projektdurchführung selbst werden die Bedingungen je nach Gegenstand sehr verschieden sein. Die Dauer geförderter Projekte werden zwischen einigen Monaten und bis drei Jahren liegen. Die Überweisung von beantragten Finanzmitteln ist zumeist auf Kalenderjahre berechnet und wird entsprechend abgewickelt. Sie ist den Verfahren der Bewirtschaftung öffentlicher Mittel ähnlich und meistens an Berichtspflichten geknüpft.

Folgende Punkte während der Projektdurchführung dürften besondere Bedeutung haben:

Projektbegleitende Arbeiten

- Überarbeitung und laufende Fortschreibung des Arbeits- und Finanzierungsplans;
- Organisation von Seminaren, Projekttreffen usw.;
- Erstellen von Zwischen- bzw. Jahresberichten ;
- Auswertung von Programminformationen;
- Kontakte zu den Mittelgebern;
- Formulierung von Änderungsanträgen;
- Ausführung der Projektdokumentation inklusive Übersetzung(en);
- Entwicklung von Transferaktivitäten (Seminare, Produkte, Veröffentlichungen).

508 S Mittel aus dem Europäischen Sozialfonds (ESF)

Die Dokumentation ESF-geförderter Projekte ist aufwendig. Daten über die Teilnehmer, den Projektablauf und auch die Erfolgskontrolle nach Abschluss müssen von Träger erhoben werden. Die bestehenden Kontrollpflichten setzen eine eigene Buchführung voraus, nach der der Verbrauch der ESF-Mittel jederzeit gesondert nachgewiesen werden muss.

Über alle mit der Durchführung von ESF-Projekten zusammenhängenden Pflichten erteilen die unten genannten Ansprechpartner Auskunft.

IV ESF-Informationen

1 Im Internet

	Internet-Adresse
Web-Site des BMWA	http://www.bmwi.de/Navigation/Arbeit/arbeitsmarktpolitik.html
Informationen zu EQUAL	http://www.equal-de.de/
ESF-BA-Programm	http://www.arbeitsamt.de/hst/services/foerdweit/esf/index.html
ESF-Informationen der Europäischen Kommission	http://europa.eu.int/comm/employment_social/esf2000/index-de.htm
Informationen zur EU-Strukturpolitik	http://europa.eu.int/comm/regional_policy/index_de.htm
Texte der Strukturfondsverordnungen	http://europa.eu.int/comm/regional_policy/sources/docoffic/official/reglem_de.htm

Detaillierte weiterführende Informationen finden Organisationen aus den Bereichen Bildung, Soziales, Kultur und Entwicklungszusammenarbeit in: Wolfgang Petzold, EU-Förderprogramme, Fachhochschulverlag, Frankfurt am Main, 2003, 19 €.

2 Adressen und Ansprechpartner auf EU-, Bundes- und Landesebene

Europäische Union (EU)

- Europäische Kommission
GD Beschäftigung und Soziales
Herr Kintzelé
37, Rue Joseph II
B–1049 Bruxelles
☎ (0 03 22) 2 95–25 39
Telefax (0 03 22) 2 96–97 77
http://europa.eu.int/en/comm

Bund

- Bundesministerium für Wirtschaft und Arbeit
Ref. VII.a.3
Herr Winkler
Rochusstr. 1
D–53123 Bonn
☎ (02 28) 5 27–27 16
Telefax (02 28) 5 27–12 09

- Bundesagentur für Arbeit
Ref. I b 5
Herr Steckel, Herr Frank
Regensburger Str. 104
D–90478 Nürnberg
☎ (09 11) 1 79–23 92/23 65
Telefax (09 11) 1 79–21 23

Bundesländer

Baden-Württemberg

- Sozialministerium Baden-Württemberg
Herr Kohler
Postfach 10 34 43
D–70029 Stuttgart
☎ (07 11) 1 23–36 39
Telefax (07 11) 1 23–39 99

Bayern

- Bayerisches Staatsministerium für Arbeit und Sozialordnung, Familie, Frauen und Gesundheit
Herr Dittmann
Postfach 43 01 32
D–80731 München
☎ (0 89) 12 61–15 14
Telefax (0 89) 12 61–16 45

Berlin

- Senatsverwaltung für Arbeit, Berufliche Bildung und Frauen
Herr Walch
Storkower Str. 134
D–10407 Berlin
☎ (0 30) 90 22–26 23
Telefax (0 30) 90 22–28 75

Brandenburg

- Ministerium für Arbeit, Soziales, Gesundheit und Frauen des Landes Brandenburg
Frau Leubner
Heinrich-Mann-Allee 107
D–14473 Potsdam
☎ (03 31) 8 66–59 04
Telefax (03 31) 8 66–59 99

- BBJ Servis GmbH
Benzstr. 11/12
D–11482 Potsdam
☎ (03 31) 7 47–7 10
Telefax (03 31) 7 47–71 40

Bremen

- Freie Hansestadt Bremen
Senator für Arbeit, Frauen, Gesundheit, Jugend und Soziales
Frau Jansen
Contrescarpe 73
D–28195 Bremen
☎ (0421) 3 61–44 81
Telefax (0421) 3 61–1 87 18

Hamburg

- Freie u. Hansestadt Hambg.
Behörde für Arbeit, Gesundheit und Soziales
Herr Nauber
Hamburger Str. 118
D–22083 Hamburg
☎ (0 40) 4 28 63–28 43
Telefax (0 40) 4 28 63–33 69

- Johann-Daniel-Lawaetz-Stiftung
Neumühlen 16
D–22763 Hamburg
☎ (0 40) 3 98 41 20
Telefax (0 40) 39 75 48

Hessen

- Hessisches Sozialministerium
Herr Roloff
Dostojewskistr. 4
D–65187 Wiesbaden
☎ (06 11) 8 17–34 90
Telefax (06 11) 8 90 84 20

- InvestitionsBank Hessen AG (IBH)
Abraham-Lincoln-Str. 38–42
D–65189 Wiesbaden
☎ (06 11) 7 74–3 21
Telefax (06 11) 7 74–2 65

Mecklenburg-Vorpommern

- Ministerium für Arbeit, Gesundheit und Soziales
Herr Messmann
Werderstr. 24
D–19055 Schwerin
☎ (03 85) 5 88–39 20
Telefax (03 85) 5 88–30 92

- BBJ Servis gGmbH
Bleicheruferstr. 9
D–19053 Schwerin
☎ (03 85) 5 73–90
Telefax (03 85) 5 73–9 11

Niedersachsen

- Niedersächsisches Ministerium für Frauen, Arbeit und Soziales
Herr Gosling
Gustav-Bratke-Allee 2
D–30169 Hannover
☎ (05 11) 1 20–30 43
Telefax (05 11) 1 20–30 98

- LaBiB mbH
Bödekerstr. 56
D–30161 Hannover
☎ (05 11) 33 69 60
Telefax (05 11) 3 06 96 22

Nordrhein-Westfalen

- Ministerium für Arbeit,
  und Soziales, Qualifikation
  und Technologie des Landes
  Nordrhein-Westfalen
  Herr Dr. Bürger
  Breite Str. 27–31
  D–40219 Düsseldorf
  ☎ (02 11) 86 18–33 07
  Telefax (02 11) 86 18–31 26

- G.I.B.
  Im Blankenfeld 4
  D–46238 Bottrop
  ☎ (0 20 41) 7 67–0
  Telefax (0 20 41) 7 67–2 99

Rheinland-Pfalz

- Ministerium für Arbeit,
  Soziales und Gesundheit
  des Landes Rheinland-Pfalz
  Frau Sandhop
  Bauhofstr. 9
  D–55116 Mainz
  ☎ (0 61 31) 1 62–6 99
  Telefax (0 61 31) 1 62–0 98

- Schneider
  Organisationsberatung
  Paulinstr. 17
  D–54292 Trier
  ☎ (06 51) 14 64 50
  Telefax (06 51) 1 40–8 62

Saarland

- Ministerium für Frauen,
  Arbeit, Gesundheit und
  Soziales des Saarlandes
  Herr Gretsch
  Franz-Josef-Röder-Str. 23
  D–66119 Saarbrücken
  ☎ (06 81) 5 01–33 93
  Telefax (06 81) 5 01–33 02

- Neue Arbeit Saar GmbH
  Bertha-von-Suttner-Str. 1
  D–66123 Saarbrücken
  ☎ (06 81) 81 90–7 44
  Telefax (06 81) 81 90–7 10

Sachsen

- Staatsministerium für
  Wirtschaft und Arbeit
  des Freistaats Sachsen
  Herr Kaufmann
  Wilhelm-Buck-Str. 2
  D–01097 Dresden
  ☎ (03 51) 5 64–85 30
  Telefax (03 51) 5 64–55 09

Sachsen-Anhalt

- Ministerium für Arbeit,
  Soziales und Gesundheit
  des Landes Sachsen-Anhalt
  Frau Buschke
  Turmschanzenstr. 25
  D–39114 Magdeburg
  ☎ (03 91) 5 67–45 20
  Telefax (03 91) 5 67–45 22

- BBJ Servis gGmbH
  Geschwister-Scholl-Str. 143a
  D–39218 Schönebeck
  ☎ (0 39 28) 4 59–6 00
  Telefax (0 39 28) 4 59–6 66

Schleswig-Holstein

- Ministerium für Arbeit,
  Soziales, Gesundheit
  und Verbraucherschutz
  des Landes
  Schleswig-Holstein
  Frau Biadacz
  Adolph-Westphal-Str. 4
  D–24143 Kiel
  ☎ (04 31) 9 88–56 46
  Telefax (04 31) 9 88–54 16

- BSH mbH
  Haart 224
  D–24539 Neumünster
  ☎ (0 43 21) 9 77 20
  Telefax (0 43 21) 7 42 69

Thüringen

- Thüringer Ministerium
  für Wirtschaft, Arbeit
  und Infrastruktur
  Herr Fuchs
  Max-Reger-Str. 4–8
  D–99096 Erfurt
  ☎ (03 61) 37 98–5 30
  Telefax (03 61) 37 88–8 05

- BBJ Servis gGmbH
  Neuwerkstr. 47
  D–99084 Erfurt
  ☎ (03 61) 5 98–4 00
  Telefax (03 61) 5 98–40 80

Gemeinschaftsinitiative EQUAL

EU

- Europäische Kommission
  GD Beschäftigung und
  soziale Angelegenheiten
  Frau Verstraete
  37, Rue Joseph II
  B–1040 Brüssel
  ☎ (0 03 22) 2 95–45 61
  Telefax (0 03 22) 2 96–99 05

Annahme von Anträgen

Entgegennahme von Anträgen durch die Arbeits- und Sozialministerien der Länder oder das

- Bundesministerium für
  Wirtschaft und Arbeit
  Referat XB4
  Dr. Heister
  Lengsdorfer Hauptstr. 78–82
  D–53115 Bonn
  ☎ (02 28) 5 27–15 21
  Telefax (02 28) 5 27–23 96

T ZAHLUNG, SCHUTZ, ABZWEIGUNG, RÜCKZAHLUNG VON LEISTUNGEN

I Die Auszahlung der AA-Leistung 512

1. Zahlungsweise 512
2. Zahlungszeitraum 512
3. Abschlagszahlung 512
4. Verzinsung 513

II Schutz vor Gläubigern? 513

1. Kann Ihr Leistungsanspruch gepfändet werden? 513
2. Kann Ihr Leistungsanspruch abgetreten oder verpfändet werden? 516
3. Kann die AA-Leistung auf Ihrem Konto gepfändet werden? 516
4. Pfändung von Entlassungsentschädigungen 517
4.1 Pfändbarkeit 517
4.2 Pfändungsschutz? 517
4.3 Folgen der Pfändung für das Ruhen 518

III Abzweigung von Leistungen 518

IV Aufhebung von Leistungsbescheiden und Rückzahlung von Leistungen 520

1. Aufhebung von Leistungsbescheiden 520
1.1 Aufhebung des Bescheides bei Änderung der Verhältnisse 520
1.2 Rücknahme eines belastenden, von Anfang an rechtswidrigen Bescheides für die Vergangenheit? 522
1.3 Rücknahme eines begünstigenden, von Anfang an rechtswidrigen Bescheides für die Vergangenheit? 523
2. Die Rückzahlung von Leistungen 525
2.1 Aufrechnung 525
2.2 Überleitung 526
2.3 Beitreibung 527
2.4 Pfändung zukünftiger (Renten-)Ansprüche 527
3. Was tun, wenn ein Rückzahlungsbescheid kommt? 527
3.1 Widerspruch und Klage 527
3.2 Stundung, Ratenzahlung, Erlass, Niederschlagung 528
3.3 Pfändungsfreigrenzen beachten 528
4. Vorläufige Zahlungseinstellung 528

V Was muss geändert werden? 529

1. Streichung von § 330 SGB III 529
2. Rechtliches Gehör wieder ernst nehmen 529

I Die Auszahlung der AA-Leistung

1 Zahlungsweise
§ 337 SGB III; § 47 SGB I

Überweisung auf Ihr Konto

Alg wird regelmäßig durch Überweisung auf Ihr Bankkonto ausbezahlt. Das hat gemäß § 337 Abs. 1 SBG III, § 47 SGB I für Sie kostenfrei zu geschehen. Kostenfrei heißt aber nur, dass die AA keine Überweisungskosten von Ihnen verlangt. Kostenfreiheit bedeutet aber nicht, dass die von Ihrer Bank berechneten Kontoführungs- und Buchungsgebühren von der AA übernommen werden müssten.

Zahlungsanweisung zur Verrechnung

Besitzen Sie kein Girokonto, so erhalten Sie Ihre Leistung durch »Zahlungsanweisung zur Verrechnung«, d. h. durch einen Scheck, gegen den Sie am Postschalter Ihre Leistung in bar bekommen. Die Auszahlung erfolgt unter Abzug der durch den Zahlungsweg entstehenden Kosten (§ 337 Abs. 1 Satz 2 SGB III). Das gilt nicht, wenn der Arbeitslose nachweist, dass ihm die Einrichtung eines Kontos ohne eigenes Verschulden unmöglich ist.

Der Nachteil dieses teuren Zahlungsweges: Erhalten Sie den Scheck nicht, dauert es aus post- und AA-internen Gründen regelmäßig 6 Monate, bis Sie Ihre Leistung sehen!

2 Zahlungszeitraum
§§ 337 SGB III

1 Monat

Der Zahlungszeitraum beträgt einen Monat (§ 337 Abs. 2 SGB III) und umfasst den Anspruch für 30 Tage pro Monat. Alg wird nachträglich gezahlt; Weiterbildungskosten und Teilnahmekosten im Voraus (§ 337 Abs. 3 SGB III).

3 Abschlagszahlung
§ 337 Abs. 4 SGB III

Falls Sie so knapp bei Kasse sind, dass Sie keinen Monat auf die AA-Leistung warten können, können Sie versuchen, einen Abschlag zu erhalten. Ein Abschlag ist »zur Vermeidung unbilliger Härten« möglich.

Die AA zahlt einen Abschlag nur in Ausnahmefällen. Die Abschlagszahlungen dürfen keinen Dauercharakter erhalten, sondern nur unvorhergesehene Notsituationen überbrücken, auf die sich der Leistungsbezieher finanziell nicht einstellen kann und bei denen die monatlich nachträgliche Zahlung ihren gesetzlichen Zweck nicht erfüllen kann.

»Vom Leistungsberechtigten ist zu erwarten, seine Lohnersatzleistung so einzuteilen, dass diese bis zur nächsten regelmäßigen Zahlung für seinen und gegebenenfalls den Unterhaltsbedarf von Angehörigen ausreicht. (...)
Bei Festsetzung der Höhe einer Abschlagszahlung ist zu beachten, dass die jeweilige Leistung nachträglich fällig ist. Deshalb darf eine Abschlagszahlung nur für Zeiten erfolgen, für die der Leistungsanspruch bis zum Tag der Anweisung der Abschlagszahlung noch nicht erfüllt wurde.« (So RdErl 16/97.)

Ist fraglich, ob Sie überhaupt Anspruch auf Alg haben, sollten Sie sofort einen Antrag auf Alg II stellen.
Zum Vorschuss, der vom Abschlag zu unterscheiden ist, → S. 569.

4 Verzinsung
§ 44 SGB I

Ansprüche auf Geldleistungen sind gemäß § 44 SGB I mit 4% zu verzinsen. Die Verzinsungsregelung ist jedoch recht kompliziert. Die Verzinsung ist an sich von Amts wegen zu beachten, wird aber in der Regel nur auf Antrag gewährt. Stellen Sie daher, wenn das Geld gar zu lange auf sich warten lässt, den Antrag auf Verzinsung.

Da das Ausrechnen der Zinsen Arbeit macht, kann dieser Antrag dazu führen, dass die Akte eher bearbeitet wird.

II Schutz vor Gläubigern?
§§ 53–55 SGB I

1 Kann Ihr Leistungsanspruch gepfändet werden?

Alg ist eine Lohnersatzleistung. Sie kann deshalb gemäß § 54 Abs. 4 SGB I wie Lohn gepfändet werden, soweit nicht § 55 SGB I die Pfändung ausschließt (siehe unten 3).

Pfändung wie Lohn

Wie Lohn von einem Gläubiger gepfändet werden kann, regeln die §§ 850 ff. ZPO. Nach § 850 c ZPO muss dem Schuldner ein bestimmter Teil des Lohnes (oder der Lohnersatzleistung) belassen werden.

Dieser unpfändbare Teil ergibt sich aus der ab → S. 514 abgedruckten Lohnpfändungstabelle. Der pfändbare Betrag hängt davon ab, ob und wieviele Unterhaltsverpflichtungen Sie haben. Da Lohn bis zu einem Betrag von monatlich 940 € immer unpfändbar ist (außer bei Unterhaltsansprüchen), wird Alg nur selten pfändbar sein, wenn kein anderes Einkommen vorhanden ist.

Unpfändbarer Teil gemäß Lohnpfändungstabelle

Tabelle
Pfändungsgrenzen für Arbeitseinkommen

Alg monatlich kleiner als ... €	Pfändbarer Betrag bei Unterhaltspflicht* für					
	0 Personen	1 Person	2 Personen	3 Personen	4 Personen	ab 5 Personen
940						
950	7					
960	14					
970	21					
980	28					
990	35					
1.000	42					
1.010	49					
1.020	56					
1.030	63					
1.040	70					
1.050	77					
1.060	84					
1.070	91					
1.080	98					
1.090	105					
1.100	112					
1.110	119					
1.120	126					
1.130	133					
1.140	140					
1.150	147					
1.160	154					
1.170	161					
1.180	168					
1.190	175					
1.200	182					
1.210	189					
1.220	196					
1.230	203					
1.240	210					
1.250	217					
1.260	224					
1.270	231					
1.280	238					
1.290	245					
1.300	252	5				
1.310	259	10				
1.320	266	15				
1.330	273	20				
1.340	280	25				
1.350	287	30				
1.360	294	35				
1.370	301	40				
1.380	308	45				
1.390	315	50				

* Zu berücksichtigen sind Unterhaltsleistungen des Schuldners gegenüber seinem (Ehe-)Partner, einem früheren (Ehe-)Partner, einem Verwandten oder der Mutter eines nichtehelichen Kindes nach §§ 1615l, 1615n BGB.

II Schutz vor Gläubigern?

Alg monatlich kleiner als ... €	Pfändbarer Betrag bei Unterhaltspflicht* für					
	0 Personen	1 Person	2 Personen	3 Personen	4 Personen	ab 5 Personen
1.400	322	55				
1.410	329	60				
1.420	336	65				
1.430	343	70				
1.440	350	75				
1.450	357	80				
1.460	364	85				
1.470	371	90				
1.480	378	95				
1.490	385	100	2			
1.500	392	105	6			
1.510	399	110	10			
1.520	406	115	14			
1.530	413	120	18			
1.540	420	125	22			
1.550	427	130	26			
1.560	434	135	30			
1.570	441	140	34			
1.580	448	145	38			
1.590	455	150	42			
1.600	462	155	46			
1.610	469	160	50			
1.620	476	165	54			
1.630	483	170	58			
1.640	490	175	62			
1.650	497	180	66			
1.660	504	185	70			
1.670	511	190	74			
1.680	518	195	78			
1.690	525	200	82	3		
1.700	532	205	86	6		
1.710	539	210	90	9		
1.720	546	215	94	12		
1.730	553	220	98	15		
1.740	560	225	102	18		
1.750	567	230	106	21		
1.760	574	235	110	24		
1.770	581	240	114	27		
1.780	588	245	118	30		
1.790	595	250	122	33		
1.800	602	255	126	36		
1.810	609	260	130	39		
1.820	616	265	134	42		
1.830	623	270	138	45		
1.840	630	275	142	48		
...	...	...	...	...	...	

* Zu berücksichtigen sind Unterhaltsleistungen des Schuldners gegenüber seinem (Ehe-)Partner, einem früheren (Ehe-)Partner, einem Verwandten oder der Mutter eines nichtehelichen Kindes nach §§ 1615l, 1615n BGB.

Grenze: Grundsicherungsbedarf

Nach § 850f Abs. 1a ZPO kann das Amtsgericht als Vollstreckungsgericht dem Schuldner mehr als in der Tabelle vorgesehen lassen, wenn dem Schuldner weniger als der Bedarf zur Sicherung des Lebensunterhalts nach dem SGB II bliebe. Insbesondere bei hoher Mietbelastung kann dieser Bedarf höher als die Pfändungsfreigrenze sein.

Grundsicherungsbedarf berechnen lassen

Um dies nachzuweisen, müssen Sie sich sofort vom Träger der Leistungen (ARGE oder Sozialamt) Ihren Bedarf berechnen lassen und die Bedarfsberechnung beim Vollstreckungsgericht vorlegen.

Scharfe Pfändung bei Unterhaltsschulden

Die Pfändungsfreigrenzen der Tabelle gelten nicht, wenn Unterhaltsberechtigte wegen ausstehenden Unterhalts pfänden wollen. In solchen Fällen kann das Vollstreckungsgericht gemäß § 850d mehr pfänden, als in der Tabelle vorgesehen ist.

Zu pfändende Forderung muss genau bestimmt sein

Rechtsbehelf: Erinnerung

Der Schuldner erhält vom so genannten Pfändungs- und Überweisungsbeschluss eine Ausfertigung. Prüfen Sie sofort, ob die gepfändete Forderung genau beschrieben ist. Es reicht z. B. nicht, nur »Leistungen nach § 19 SGB I« oder »Leistungen bei Arbeitslosigkeit« zu pfänden. Es muss vielmehr konkret, z. B. »das Arbeitslosengeld«, gepfändet werden. Ist die Forderung nicht genau genug bezeichnet, legen Sie beim Vollstreckungsgericht Erinnerung ein.

»Drittschuldner« i. S. §§ 829, 845 ZPO ist die AA, die über den pfändbaren Anspruch entschieden bzw. zu entscheiden hat.

2 Kann Ihr Leistungsanspruch abgetreten oder verpfändet werden?

Abtretbarer und verpfändbarer Teil gemäß Lohnpfändungstabelle

Gemäß § 53 Abs. 3 SGB I können das Alg und andere Lohnersatzleistungen abgetreten und verpfändet werden, soweit sie den für Arbeitseinkommen geltenden, unpfändbaren Betrag übersteigen. Den übersteigenden Betrag können sie der nachfolgenden Tabelle entnehmen. Ansonsten ist die Abtretung oder Verpfändung zulässig, wenn sie die Rückzahlung von Unterstützungsleistungen sichern will, die im Vorgriff auf fällige Sozialleistungen zu einer angemessenen Lebensführung erbracht werden und wenn die AA feststellt, dass die Übertragung oder Verpfändung im wohlverstandenen Interesse des Berechtigten liegt.

3 Kann die AA-Leistung auf ihrem Konto gepfändet werden?

7-Tage-Pfändungsschutz!

Nach Überweisung von Alg auf Ihr Konto ist der überwiesene Betrag – nicht das gesamte Guthaben – gemäß § 55 SGB I für die Dauer von sieben Tagen seit der Gutschrift der Überweisung unpfändbar. Falls Sie Pfändungen befürchten müssen, sollten Sie den überwiesenen Betrag innerhalb der Sieben-Tage-Frist vom Konto abheben!

Die Unpfändbarkeit innerhalb der ersten sieben Tage gilt nicht nur für Dritte, sondern auch für Ihre Bank, wenn Sie das Konto, auf das Ihr Alg überwiesen wird, überzogen haben. Die Bank darf also in den ersten sieben Tagen nicht das Loch auf Ihrem Konto mit der eingegangenen AA-Leistung stopfen! Nach Ablauf der Sieben-Tage-Frist ist der überwiesene Betrag wie oben beschrieben pfändbar.

4 Pfändung von Entlassungsentschädigungen

4.1 Pfändbarkeit

Entlassungsentschädigungen sind Arbeitseinkommen i. S. des § 850 ZPO. Abfindungen werden deshalb insbesondere von formularmäßigen »Pfändungs- und Überweisungsbeschlüssen« erfasst.

4.2 Pfändungsschutz?

Die am Ende der Beschäftigungszeit in einer Summe ausbezahlte Entlassungsentschädigung stellt kein wiederkehrendes Arbeitsentgelt dar. Weil sie nicht für einen bestimmten Zeitraum gezahlt wird, kommt Pfändungsschutz kraft Gesetzes nach § 850c ZPO nicht in Betracht.

Bei Einmalzahlungen – wie Entlassungsentschädigungen – kann Pfändungsschutz nach § 850i ZPO gewährt werden (so Amtsgericht Hanau, Urteil vom 24.3.1997, mit Anmerkung von Klaus-Jürgen Hey und Dieter Zimmermann, info also 1999, Heft 2, S. 77 ff.).

Der für den Pfändungsschutz nach § 850i ZPO notwendige Antrag muss vor Beendigung der Zwangsvollstreckung gestellt und entschieden sein. Sobald der Drittschuldner (=Arbeitgeber) den »Pfändungs- und Überweisungsbeschluss« bedient hat, d. h., sobald der Entlassungsentschädigungsbetrag an den pfändenden Gläubiger ohne Vorbehalt ausgezahlt worden ist, fehlt für einen Pfändungsschutzantrag das Rechtschutzinteresse.

Deshalb sollte der Pfändungsschutzantrag nach § 850i ZPO

- möglichst frühzeitig (am besten schon, wenn das Ausscheiden mit Entlassungsentschädigung feststeht) beim Vollstreckungsgericht eingereicht werden;

- stets mit einem Antrag auf einstweilige Einstellung der Zwangsvollstreckung ohne Sicherheitsleistung verbunden sein (entsprechend § 732 Abs. 2 ZPO);

- sich auf sämtliche beim Drittschuldner vorliegende »Pfändungs- und Überweisungsbeschlüsse« beziehen.

Der Pfändungsschutzantrag muss begründet werden. Die rechtliche Begründung ist kompliziert. Wir verweisen auf die hilfreiche Musterbegründung von Michael Zierz-Isaak und Dieter Zimmermann, BAG-SB 1997, Heft 1, S. 25.

4.3 Folgen der Pfändung für das Ruhen

Pfändung verhindert nicht Ruhen

Auch wenn die Entlassungsentschädigung ganz (oder zum Teil) weggepfändet wird, verhindert dies nicht ein Ruhen des Alg-Anspruchs. Die Vorstellung vieler Arbeitsloser, sie hätten wegen der Pfändung nichts von der Entlassungsentschädigung, also könne diese auch nicht zum Ruhen des Alg führen, ist falsch. Da nämlich Schulden durch die Pfändung der Entlassungsentschädigung abgetragen worden sind, hat der Arbeitslose durchaus von der Entlassungsentschädigung profitiert.

III Abzweigung von Leistungen

Bei Verletzung der Unterhaltspflicht gegenüber (Ehe-)Partner und Kindern

Das Alg muss die AA nicht in jedem Fall in voller Höhe an den Arbeitslosen auszahlen. Nach § 48 Abs. 1 SGB I ist die AA berechtigt, einen Teil des Alg an den (Ehe-)Partner oder die Kinder des Leistungsberechtigten abzuzweigen, wenn dieser ihnen gegenüber seiner gesetzlichen Unterhaltspflicht nicht nachkommt. Vom Kug kann nichts abgezweigt werden (§ 181 Abs. 1 SGB III).

Voraussetzung für die Anwendung des § 48 SGB I ist eine gesetzliche Unterhaltspflicht

- gegenüber dem (Ehe-)Partner (die Bestimmung ist nicht zugunsten des geschiedenen (Ehe-)Partners anwendbar) oder

- gegenüber Kindern (hierzu gehören nicht nur die ehelichen Kinder, sondern auch die nichtehelichen und die Adoptivkinder).

Die Unterhaltspflicht des Arbeitslosen gegenüber seinem (Ehe-)Partner hängt von der Bedürftigkeit des (Ehe-)Partners und der Leistungsfähigkeit des Arbeitslosen ab. Wenn kein Unterhaltstitel vorhanden ist (Unterhaltsurteil, gerichtlicher Vergleich o. Ä.), hat die AA selbst festzustellen, ob der Arbeitslose unterhaltspflichtig ist und seine Unterhaltspflicht gegenüber seinem (Ehe-)Partner verletzt.

Mindestselbstbehalt

Das BSG hält für die alten Bundesländer für einen geeigneten Mindestselbstbehalt-Maßstab die »Düsseldorfer Tabelle«. Der Mindestselbstbehalt ist der Betrag, der dem Arbeitslosen als Mindesteigenbedarf verbleiben muss.

Nach der Düsseldorfer Tabelle beträgt der Selbstbehalt für den nicht erwerbstätigen Unterhaltspflichtigen zurzeit monatlich 730 €. Für Unterhaltspflichtige mit Wohnsitz (i. S. § 327 Abs. 1 SGB III) in den neuen Bundesländern des Beitrittsgebietes gilt einheitlich der Selbstbehalt der Berliner Tabelle (BSG, Urteil vom 29.8.2002 – B 11 AL 95/01 R); das sind derzeit für nicht erwerbstätige Unterhaltspflichtige 675 €.

Der Arbeitslose Kölner David Zunder erhält monatlich Alg in Höhe von 800 €. Er zahlt seiner von ihm getrennt lebenden Ehefrau, die ohne eigenes Einkommen ist, keinen Unterhalt. Die AA kann nun an Frau Zunder einen Betrag bis zu 70 € aus dem Alg des David Zunder zahlen; dieser erhält dann nur noch 730 € Alg.

Beispiel

Das BSG erlaubt aber auch die Berechnung des Unterhalts unter Berücksichtigung der Unterhaltsrichtlinien des jeweils regional zuständigen Oberlandesgerichts, die teilweise von einem etwas höheren Selbstbehalt ausgehen.

Es kann auch im einzelnen Fall eine individuelle Berechnung vorgenommen werden, wenn dies günstiger ist. Das kommt wohl nur in Betracht, wenn besondere Belastungen – z.B. durch Krankheit – bestehen. Die AA darf den Unterhaltsanspruch nur prüfen, wenn er nicht durch das Familiengericht festgestellt worden ist. Liegt ein Titel vor, darf die AA von diesem ausgehen und den die Pfändungsgrenzen übersteigenden Betrag an den unterhaltsberechtigten (Ehe-)Partner des Arbeitslosen abzweigen, allerdings nur bis zur Höhe des Unterhaltsanspruchs. Vor der Entscheidung muss die AA den Arbeitslosen anhören.

Individuelle Berechnung

Derzeit ist im Streit, ob die AA aufgrund eines Unterhaltstitels eine Abzweigung vornehmen darf, auch wenn dem Arbeitslosen dann der unterhaltsrechtliche Selbstbehalt nicht verbleibt. In einem solchen Fall sollten Sie Widerspruch erheben und gegebenenfalls Klage einreichen, da eine Entscheidung des BSG noch nicht vorliegt.

Die Entscheidung steht im Ermessen der AA. Sie können also versuchen, der AA klarzumachen, dass in Ihrem Fall – z.B. wegen hoher Schulden – eine Abzweigung für Sie eine besondere Härte bedeuten würde. Die AA wird in aller Regel nur auf Antrag des Berechtigten, also des (Ehe-)Partners oder der Kinder tätig werden; ein Antrag ist aber nicht erforderlich.

Ermessensentscheidung

Reicht der für die Abzweigung verbleibende Betrag zur Erfüllung aller Unterhaltsansprüche nicht aus, werden die Unterhaltsansprüche in der Regel anteilig erfüllt. Werden der (Ehe-)Partner oder die Kinder des Arbeitslosen von Dritten – z.B. dem Sozialamt – unterhalten, darf die AA die Unterhaltsleistung an die vorleistende Stelle auszahlen.

Abzweigung an Dritte

IV Aufhebung von Leistungsbescheiden und Rückzahlung von Leistungen

1 Aufhebung von Leistungsbescheiden

1.1 Aufhebung des Bescheides bei Änderung der Verhältnisse
§ 48 SGB X; § 330 Abs. 3 SGB III

Für die Zukunft bei Änderung der Verhältnisse

Ein Bescheid muss mit Wirkung für die Zukunft aufgehoben werden, wenn sich Ihre Verhältnisse ändern und Ihnen deshalb keine oder geringere oder höhere Leistungen zustehen.

Beispiel

Der Alg-Bezieher David Zunder sucht Sicherheit in der Ehe mit der Angestellten Elfriede Wehrmich. Mit der Heirat wählt er die Steuerklasse V. Die AA schickt einen neuen Bescheid mit stark gekürztem Alg.

Auch für die Vergangenheit

Ein Bescheid mit Dauerwirkung kann bei einer Änderung der Verhältnisse vom Eintritt der Änderung an auch für die Vergangenheit aufgehoben werden, soweit

- die Änderung zugunsten des Betroffenen erfolgt,
- der Betroffene einer durch Rechtsvorschrift vorgeschriebenen Pflicht zur Mitteilung wesentlicher, für ihn nachteiliger Änderungen der Verhältnisse vorsätzlich oder grob fahrlässig nicht nachgekommen ist,
- nach Antragstellung oder Erlass des Verwaltungsaktes Einkommen oder Vermögen erzielt worden ist, das zum Wegfall oder zur Minderung des Anspruchs geführt haben würde,
- der Betroffene wusste oder nicht wusste, weil er die erforderliche Sorgfalt in besonders schwerem Maße verletzt hat, dass der sich aus dem Verwaltungsakt ergebende Anspruch kraft Gesetzes zum Ruhen gekommen oder ganz oder teilweise weggefallen ist.

Beispiel für § 48 Abs. 1 S. 2 Nr. 2 SGB X

Der Alg-Bezieher David Zunder nimmt für zwei Wochen eine mehr als 15 Stunden wöchentlich umfassende Beschäftigung auf, ohne dies der AA mitzuteilen. Damit ist er nach § 119 Abs. 3 SGB III nicht mehr arbeitslos und hat keinen Anspruch mehr auf Alg. Nach Ablauf der zwei Wochen ist er zwar wieder arbeitslos. Da jedoch die Wirkung der Arbeitslosmeldung wegen der fehlenden Mitteilung an die AA nach § 122 Abs. 2 Nr. 2 SGB III durch die Aufnahme der Beschäftigung erloschen ist, hat er trotz wieder eingetretener Beschäftigungslosigkeit keinen Anspruch auf Zahlung von Alg, bis er sich erneut arbeitslos meldet und Alg beantragt. Wenn die AA von der Aufnahme der Beschäftigung erfährt, wird es die Bewilligung des Alg seit der Aufnahme der Beschäftigung rückwirkend aufheben. David Zunder hat gegen seine Verpflichtung aus § 60 Abs. 1 Satz 1 Nr. 2 SGB I verstoßen, wonach er alle Änderungen der Verhältnisse, die für die Leistung erheblich sind oder über die er im Zusammenhang mit der Leistung Erklärungen abgegeben hat, unverzüglich mitzuteilen hat. Dass die Aufnahme einer mehr als 15 Stunden wöchentlich umfassenden Beschäftigung die Arbeitslosigkeit beendet und deshalb anzeigepflichtig ist, wird Arbeitslosen regelmäßig bekannt sein. Andernfalls wird man ihnen zumuten, dies anhand des Merkblattes, das ihnen mit dem Antrag ausgehändigt wird, festzustellen.

Nicht jeder Verstoß gegen die Anzeigepflicht führt zur rückwirkenden Aufhebung der Leistungsbewilligung. Der Berechtigte muss mindestens grob fahrlässig gehandelt haben; d. h., er muss die erforderliche Sorgfalt in besonders schwerem Maße verletzt haben. Hierbei kommt es auf die Fähigkeit des einzelnen Berechtigten an, die Bedeutung einer Veränderung für den Leistungsanspruch zu erkennen.
Auf das Verhalten und die Kenntnis des Arbeitslosen kommt es nicht an, soweit er nach der Antragstellung oder nach Erlass eines Bewilligungsbescheides Einkommen erzielt hat, das für das Alg erheblich ist.

David Zunder erhält drei Monate nach Bewilligung des Alg rückwirkend eine Rente wegen voller Erwerbsfähigkeit zugesprochen. Diese führt rückwirkend zum Ruhen des Alg-Anspruchs (§ 142 Abs. 1 Satz 1 Nr. 3 SGB III). Hier fehlt es zwar für die Vergangenheit am Verschulden des Arbeitslosen. Darauf kommt es nach § 48 Abs. 1 Satz 2 Nr. 3 SGB X aber nicht an. Allerdings ist zu beachten, dass die AA sich in diesem Fall an den Rentenversicherungsträger halten muss. Sie kann sich nicht aussuchen, von wem sie ihr Geld zurückbekommt; davon gibt es nur wenige Ausnahmefälle (BSG, Beschluss vom 6.3.2000 – B 11 AL 43/99 B, DBlR 4631a SGB X/948).

Beispiel für § 48 Abs. 1 S. 2 Nr. 3 SGB X

Der Alg-Bezieher David Zunder nimmt eine Beschäftigung auf und teilt dies der AA schriftlich mit. Die Veränderungsmitteilung wird in der AA versehentlich nicht bearbeitet. Alg wird weitergezahlt. In aller Regel wird ein Arbeitnehmer wissen oder wissen können, dass ihm nach Beendigung der Arbeitslosigkeit Alg nicht mehr zusteht und in der AA etwas schief gelaufen ist. Im letzten Beispiel ist auch eine Rückforderung nach § 48 Abs. 1 Satz 2 Nr. 3 SGB X möglich, weil der Alg-Anspruch bei Zahlung von Arbeitsentgelt nach § 143 Abs. 1 SGB III ruht.

Beispiel für § 48 Abs. 1 S. 2 Nr. 4 SGB X

Wenn die Voraussetzungen vorliegen, muss die AA die Bewilligung ausnahmslos für die Vergangenheit rückgängig machen (§ 330 Abs. 3 SGB III). Für die übrigen Sozialrechtsgebiete ist die Entscheidung in atypischen Fällen vom Ermessen des Leistungsträgers abhängig. Die Schlechterstellung der Arbeitslosen, insbesondere bei den unverschuldeten Überzahlungen (§ 48 Abs. 1 Satz 2 Nr. 3 SGB X), erscheint mit dem Gleichheitssatz nur schwer vereinbar.

Rücknahmepflicht

Die AA kann einen Bescheid nach § 48 SGB X für die Vergangenheit nur innerhalb eines Jahres nach Kenntnis der Änderung der Verhältnisse erlassen (§ 48 Abs. 4 i. V. m. § 45 Abs. 4 Satz 2 SGB X). Die Frist beginnt regelmäßig erst mit dem Ende der Anhörung (BSG, Urteil vom 27.7.2000 – B 7 AL 88/99 R, SozR 3–1300 § 48 Nr. 72).

Frist für die Aufhebung: 1 Jahr

Anhörung

Vor der Entscheidung über die Aufhebung der Alg-Bewilligung muss die AA den Arbeitslosen anhören. Hierbei müssen ihm die Tatsachen mitgeteilt werden, auf die die AA die Herabsetzung oder Entziehung der Leistung stützen will. Tut es das nicht, kann die Anhörung nachgeholt werden (§ 41 SGB X). Hierzu genügt, dass sich aus dem Bescheid die Tatsachen ergeben, auf denen die Entscheidung beruht. Ist der Bescheid nicht oder unzureichend begründet, so führt das Widerspruchsverfahren nicht ohne weiteres zur Nachholung der Anhörung. In diesem Fall ist der Bescheid allein wegen der unterbliebenen Anhörung rechtswidrig (§ 42 i. V. m. § 24 SGB X).

Anhörungspflicht – eine Farce

Früher war die Nachholung der Anhörung nur bis zum Ende des Widerspruchsverfahrens möglich; seit 2001 kann die zunächst unterbliebene Anhörung bis zur letzten Tatsacheninstanz, also bis zur mündlichen Verhandlung vor dem LSG, nachgeholt werden. Die Pflicht zur Anhörung wird damit zur Farce.

Wird die Entscheidung vom Sozialgericht wegen fehlender Anhörung aufgehoben, kann sie nur wiederholt werden, wenn die Jahresfrist seit Kenntnis der wesentlichen Änderungen noch nicht verstrichen ist. Das wird aber nach Widerspruchs- und Gerichtsverfahren nur ausnahmsweise der Fall sein.

1.2 Rücknahme eines belastenden, von Anfang an rechtswidrigen Bescheides für die Vergangenheit?
§ 44 SGB X; § 330 Abs. 1 SGB III

Pflicht zur Rücknahme für Vergangenheit

Einen für Sie ungünstigen rechtswidrigen Bescheid, der rechtsverbindlich geworden ist, z.B. weil Sie die Widerspruchsfrist versäumt haben, muss die AA in der Regel mit Wirkung für die Vergangenheit zurücknehmen, allerdings nur für vier Jahre. Das gilt nicht, wenn Sie vorsätzlich falsche Angaben gemacht haben und der Bescheid darauf beruht. Dann ist aber immer noch eine Korrektur für die Zukunft möglich; für die Vergangenheit liegt die Entscheidung im Ermessen der BA (§ 44 Abs. 2 SGB X).

Eine Überprüfung ist auch bei Rückforderungsbescheiden zulässig, obwohl die Überzahlung meist unstreitig ist und nur zu prüfen bleibt, ob der Empfänger der Überzahlung diese durch falsche Angaben verschuldet hat oder die Unrichtigkeit erkannt bzw. grob fahrlässig nicht erkannt hat (BSG, Urteil vom 25.5.1997 – 14/10 R Kg 25/95, SozR 3–1500 § 44 Nr. 21).
Nach § 44 SGB X kann im Streit um eine Sperrzeit die Rechtmäßigkeit einer früheren Sperrzeit geprüft werden, die mehr als vier Jahre zurückliegt, wenn über das Erlöschen nach § 147 Abs. 1 Nr. 2 SGB III gestritten wird (BSG, Urteil vom 21.3.2002 – B 7 AL 44/01 R, SozR 3–4100 § 119 AFG Nr. 23). Dann wird, wenn sich die alte Sperrzeit als rechtswidrig erweist, Alg zwar nicht nachgezahlt, aber die Erlöschenswirkung tritt nicht ein.

Allerdings ist Ihre Position im Überprüfungsverfahren in einem wichtigen Punkt ungünstiger als bei sofortiger Kontrolle des Bescheides. Lässt sich der Sachverhalt nicht klären, geht das meist zu Ihren Lasten, weil sich dann nicht feststellen lässt, dass der Ursprungsbescheid falsch ist (BSG, Urteil vom 25.6.2002 – B 11 AL 3/02 R).
Deshalb sollten Sie, wenn Sie einen Bescheid für rechtswidrig halten, sofort Widerspruch einlegen.

Die AA darf gemäß § 330 Abs. 1 SGB III den rechtswidrigen Bescheid nicht für die Vergangenheit zurücknehmen, wenn die Unrichtigkeit darauf beruht, dass

- das BVerfG ein Gesetz für verfassungswidrig erklärt hat;   *2 Ausnahmen*
- das BSG in ständiger Rechtsprechung anders als die BA entscheidet. Damit ist aber nur der Fall erfasst, dass das BSG erstmals eine ständige Rechtsprechung entwickelt oder eine bisherige Rechtsprechung ändert.

Diese benachteiligende Sonderregelung für Arbeitslose verstößt nach unserer Meinung gegen den Gleichheitssatz. Wenn sich eine Änderung der Rechtsprechung anbahnt, sollten Sie jedenfalls nicht abwarten, bis sich die Rechtslage geklärt hat; denn ein Aufhebungsantrag zu diesem Zeitpunkt hilft Ihnen nichts für die Vergangenheit. Deshalb empfehlen wir, auf einer vorläufigen Entscheidung (gemäß § 328 SGB III) zu bestehen (→ S. 560). Die vorläufige Entscheidung kann für die Vergangenheit korrigiert werden. Erteilt die AA einen endgültigen Bescheid, so sollten Sie in diesen Fällen Widerspruch einlegen.

1.3 Rücknahme eines begünstigenden, von Anfang an rechtswidrigen Bescheides für die Vergangenheit?
§ 45 SGB X; § 330 Abs. 2 SGB III

Die AA darf einen rechtswidrigen, begünstigenden Bescheid nicht zurücknehmen, soweit der Arbeitslose auf die Rechtmäßigkeit des Bescheides vertraut hat und sein Vertrauen unter Abwägung mit dem öffentlichen Interesse an einer Rücknahme schutzwürdig ist. Das Vertrauen ist in der Regel schutzwürdig, wenn der Arbeitslose die Leistungen verbraucht oder eine Vermögensdisposition getroffen hat, die er nicht mehr oder nur unter unzumutbaren Nachteilen rückgängig machen kann.

Für die Vergangenheit kann die AA die Bewilligung von Leistungen an den Arbeitslosen nur aufheben, soweit

- er den Verwaltungsakt durch arglistige Täuschung, Drohung oder Bestechung erwirkt hat,
- der Verwaltungsakt auf Angaben beruht, die der Begünstigte vorsätzlich oder grob fahrlässig in wesentlicher Beziehung unrichtig oder unvollständig gemacht hat, oder

- er die Rechtswidrigkeit des Verwaltungsaktes kannte oder infolge grober Fahrlässigkeit nicht kannte; grobe Fahrlässigkeit liegt vor, wenn der Begünstigte die erforderliche Sorgfalt in besonders schwerem Maße verletzt hat.

Beispiel

Die AA zahlt David Zunder Alg nach einem Bemessungsentgelt von 39 € täglich, obwohl ihm nach seinem im Bemessungszeitraum erzielten Lohn nur Alg aus einem Bemessungsentgelt von 34,66 € täglich zustehen würde, weil der Arbeitgeber die Arbeitsbescheinigung unrichtig ausgefüllt hat. Die AA kann das überzahlte Alg in aller Regel nicht zurückverlangen, weil der Arbeitslose die Unrichtigkeit der Leistungsbewilligung nicht erkennen konnte.

Für das Vorliegen grober Fahrlässigkeit genügt es nicht, dass der Berechtigte mit der Rechtswidrigkeit des Bescheides rechnen musste. Verlangt wird vielmehr eine Sorgfaltspflichtverletzung in einem außergewöhnlich hohen Ausmaß, die dann zu bejahen ist, wenn schon einfachste, ganz nahe liegende Überlegungen nicht angestellt werden, wenn also nicht beachtet wird, was im gegebenen Fall jedem einleuchten musste (ständige Rechtsprechung des BSG, vgl. z. B. Urteil vom 6.3.1997 – 7 RAr 40/96 mit weiteren Nachweisen; Urteil vom 8.2.2001 – B 11 AL 21/00 R). Dabei ist kein objektiver Maßstab anzulegen, sondern auf die persönliche Urteils- und Kritikfähigkeit, das Einsichtsvermögen und das Verhalten der Betroffenen wie die besonderen Umstände des Falles abzustellen (BSG, a. a. O.). Bezugspunkt für die grobe Fahrlässigkeit ist die Rechtswidrigkeit des Verwaltungsaktes – also das Ergebnis der Tatsachenermittlung und Rechtsanwendung durch die Behörde, nicht einzelne Berechnungsfaktoren. Der Versicherte, der zutreffende Angaben gemacht hat, muss in aller Regel Verwaltungsakte nicht auf ihre Richtigkeit prüfen; er darf vielmehr davon ausgehen, dass die Fachbehörde seine korrekten Angaben fehlerfrei umsetzt (BSG, Urteil vom 8.2.2001, a. a. O.). Er ist zwar grundsätzlich gehalten, den Bewilligungsbescheid in seinen wesentlichen Teilen zur Kenntnis zu nehmen (BSG, Urteil vom 8.2.2001, a. a. O.).

Das gilt aber nur für den eigentlichen Bescheid und seine individuelle Begründung. Ergibt sich also aus der Zuordnung der von der Behörde zugrunde gelegten Tatsachen (z. B. Steuerklasse V oder letztes Bruttomonatsentgelt von 1.170 € statt 1.040 €) zu den gesetzlichen Merkmalen der bewilligten Leistung (Leistungsgruppe C statt D, Bemessungsentgelt von 39 € statt 34,66 € täglich) im Bescheid nicht, dass der Behörde ein Fehler unterlaufen ist, wird für den Begünstigten regelmäßig nicht erkennbar sein, dass die Behörde von unrichtigen Tatsachen ausgegangen ist; es besteht für ihn kein Anlass, an der Rechtmäßigkeit des Verwaltungsaktes und der bewilligten Leistung zu zweifeln (BSG, Urteil vom 8.2.2001, a. a. O.). Es genügt nicht, dass sich die Unrichtigkeit aus dem Merkblatt ermitteln lässt.

Etwas anderes gilt, wenn sich aus der Bewilligung selbst ein besonderer Anlass zur Überprüfung des Bescheides ergibt. In unserem obigen

Beispiel könnte das der Fall sein, wenn die AA das Alg von David Zunder mit einem Bemessungsentgelt von z.B. 110 € täglich errechnet hätte.

Frist für die Rücknahme

Der unrichtige Bescheid, der eine Dauerleistung betrifft, kann in der Regel nur innerhalb von zwei Jahren nach seiner Bekanntgabe zurückgenommen werden, es sei denn, dass er auf Angaben beruht, die der Berechtigte vorsätzlich oder grob fahrlässig in wesentlicher Beziehung unrichtig oder unvollständig gemacht hat, bzw. dass er die Rechtswidrigkeit des Bescheides kannte oder nur infolge grober Fahrlässigkeit nicht kannte. Dann gilt eine Zehn-Jahres-Frist. Die Rücknahmefristen gelten auch für zukünftige Zeiträume.

Kennt die AA die Tatsachen, aus denen sich die Rechtswidrigkeit des Bewilligungsbescheides ergibt, muss es den Bescheid innerhalb eines Jahres ab Kenntnis zurücknehmen (§ 45 Abs. 4 SGB X). Die Frist beginnt regelmäßig erst mit dem Ende der Anhörung (→ S. 521).

Muss-Entscheidung

Die Entscheidung über die Rücknahme für die Vergangenheit nach § 45 SGB X steht nicht im Ermessen der AA. Wenn die oben genannten drei Voraussetzungen vorliegen, muss die AA den Bescheid aufheben (§ 330 Abs. 2 SGB III). Auch das ist eine Sonderregelung für Arbeitslose, die mit dem Gleichheitssatz unvereinbar scheint. Das BSG hat einen Verfassungsverstoß verneint, soweit nach § 48 Abs. 1 Satz 1 Nr. 3 SGB X nur eine gebundene Entscheidung möglich ist, obwohl nach dieser Vorschrift die Rückforderung nicht von einem Verschulden des Leistungsbeziehers abhängig ist (Urteil vom 28.11.1996 – 7 RAr 56/96, SozR 3–4100 § 117 Nr. 13). Soweit die AA die Bewilligung der Leistung ganz oder teilweise für die Zukunft aufhebt, muss Ermessen ausgeübt werden.

Anhörung

Auch für die Entscheidung nach § 45 SGB X, § 330 Abs. 2 SGB III ist eine Anhörung des Arbeitslosen erforderlich (→ S. 521).

2 Die Rückzahlung von Leistungen

Haben Sie zu Unrecht Leistungen erhalten und müssen Sie diese zurückzahlen, so kann die AA die zuviel gezahlten Gelder auf verschiedenen Wegen zurückholen:

Rückzahlungsbescheid

2.1 Aufrechnung
§ 51 Abs. 2 SGB I; § 333 SGB III

Wenn Sie weiter laufende Leistungen von der AA zu beanspruchen haben, wird die AA diese Leistungen ganz oder teilweise kürzen, um so zu dem von Ihnen geschuldeten Geld zu kommen. Diese Kürzung nennen Juristen Aufrechnung.

Rückzahlung im Wege der Aufrechnung

Grenze: | Eine Aufrechnung ist aber nur in Grenzen zulässig:
die Hälfte der | Die AA darf im Wege der Aufrechnung Ihre laufende Leistung nur bis
Leistung – | zur Hälfte kürzen! Aber auch eine Kürzung um die Hälfte ist dann
mindestens der | nicht zulässig, wenn Sie durch die Kürzung grundsicherungsbedürf-
Grundsicherungs- | tig würden. Es muss Ihnen also soviel bleiben, wie Ihnen nach dem
bedarf | SGB II als Grundsicherung zusteht.

Ausnahme: | Haben Sie zu Unrecht zuviel Alg erhalten, weil Ihr Anspruch wegen
Aufrechnung bis | der Anrechnung von Nebeneinkommen oder wegen einer Sperrzeit
zur vollen Höhe | ruhte, so kann Ihnen die AA (sie muss aber nicht) Ihre laufende Leistung in voller Höhe kürzen (§ 333 SGB III).

Kann- | Da es sich bei dieser Ausnahmebestimmung um eine »Kann-Vor-
Entscheidung | schrift« handelt, ist die AA nicht gezwungen, Ihnen alles wegzukürzen. Die AA kann sich mit einer teilweisen Kürzung begnügen, wenn Sie eindringlich schildern, dass Sie auf das Geld angewiesen sind.

2.2 Überleitung
§ 332 SGB III

Wenn Sie der AA Leistungen erstatten müssen und gleichzeitig gegen einen Dritten (z. B. jetzigen Arbeitgeber, Rentenversicherung u. Ä.) einen Anspruch (auf Arbeitslohn, Rente u. Ä.) haben, so kann die AA diesen Anspruch auf sich überleiten. Dies geschieht durch schriftliche Anzeige der AA an den Arbeitgeber, Rentenversicherungsträger u. Ä. Haben Sie z. B. während des Bezuges von Alg Arbeitsentgelt zu beanspruchen und daher zu Unrecht Alg bezogen, so geht durch die an Ihren Arbeitgeber gerichtete Überleitungsanzeige der AA Ihr Arbeitsentgelt in Höhe der zurückzuzahlenden Leistung auf die AA über.

Nur bei | Übergeleitet werden dürfen Ansprüche nur insoweit, als sie für den
Zeitraumdeckung | gleichen Zeitraum bestehen, für den die AA Leistungen gezahlt hat (§ 332 Abs. 1 Satz 2 SGB III).

Beispiel | Elfriede Wehrmich war bis 30.6. arbeitslos gemeldet. Bereits am 15.6. nimmt sie eine neue Arbeit auf und vergisst, die AA hiervon zu benachrichtigen. Erst am 29.6. teilt sie der AA die Arbeitsaufnahme mit. Die Überzahlung vom 15.6. bis 28.6. muss Elfriede Wehrmich der AA zurückerstatten. Deshalb hebt die AA den Bewilligungsbescheid ab dem 15.6. auf und schickt dem neuen Arbeitgeber am 10.7. eine Überleitungsanzeige zu.
Hat der Arbeitgeber am 10.7. den Lohn für die Zeit vom 15.6. bis 28.6. noch nicht bezahlt, muss der Arbeitgeber von dem Lohn für diesen Zeitraum den Erstattungsanspruch der AA vorweg befriedigen und an die AA abführen.
Hat der Arbeitgeber dagegen am 10.7. den Lohn für die Zeit vom 15.6. bis 28.6. bereits an E. Wehrmich ausbezahlt, so darf der Arbeitgeber den Erstattungsanspruch der AA nicht aus der noch offenen Lohnforderung vom 1.7. bis 10.7. bezahlen. Hier läge keine Zeitraumdeckung vor.

Beruht die Überzahlung auf einer vorsätzlichen oder grob fahrlässigen Pflichtverletzung des Arbeitslosen, so kann die AA die Hälfte eines Rentenanspruchs (nicht aber von Arbeitslohn oder von Mutterschaftsgeld) auch für Zeiten überleiten, die sich nicht mit dem Zeitraum der Überzahlung decken. In einem solchen Fall dürfen also auch zukünftige Rentenansprüche übergeleitet werden (§ 332 Abs. 1 Satz 3 SGB III). Allerdings darf durch die Überleitung der Arbeitslose nicht grundsicherungsbedürftig i. S. des SGB II werden.

2.3 Beitreibung
§ 66 SGB X; §§ 1–5 Verwaltungsvollstreckungsgesetz

Kann die AA nicht aufrechnen oder überleiten, weil Sie keine laufenden Leistungen mehr erhalten, so wird sie versuchen, den ausstehenden Betrag bei Ihnen einzutreiben. Das geht für die AA vergleichsweise einfach und schnell. Die AA braucht kein Gericht einzuschalten, sondern holt sich ihr Geld selbst aufgrund des Rückzahlungsbescheides im Wege des Verwaltungsvollstreckungsverfahrens.

2.4 Pfändung zukünftiger (Renten-)Ansprüche
§ 54 SGB I

Wer glaubt, mit Übergang in die Rente schlage er der beitreibenden AA ein Schnippchen, irrt. Regelmäßig pfändet die AA die zukünftige Rente, soweit sie den pfändungsfreien Betrag übersteigt. Zukünftig entstehende oder fällig werdende laufende Geldansprüche gegen den Rentenversicherungsträger dürfen gepfändet werden, sofern die Ansprüche in einem bereits bestehenden Sozialversicherungsverhältnis wurzeln. Das gilt nicht nur für die Altersrente, sondern auch für die Rente wegen Erwerbsminderung (BGH, Beschluss vom 10.10.2003 – IXa ZB 180/03). Die Erwerbsminderungsrente wird in aller Regel aber so niedrig sein, dass sie nicht pfändbar ist.

3 Was tun, wenn ein Rückzahlungsbescheid kommt?

3.1 Widerspruch und Klage

Falls Ihnen ein Rückzahlungsbescheid ins Haus flattert, sollten Sie sofort tätig werden. Halten Sie den Rückzahlungsbescheid für rechtswidrig, z. B. weil Sie zutreffende Angaben gemacht und im Vertrauen auf die Rechtmäßigkeit der Alg-Leistung das Geld ausgegeben haben, so müssen Sie gegen den Rückzahlungsbescheid Widerspruch einlegen und gegebenenfalls klagen.

Widerspruch und Klage haben hier – anders als sonst – aufschiebende Wirkung, d. h., Sie können das Geld bis zum Abschluss des Widerspruchs- bzw. Sozialgerichtsverfahrens behalten und müssen es erst

Aufschiebende Wirkung

zurückzahlen, wenn Sie den Widerspruch bzw. die Klage verloren haben. Allerdings kann die AA nach § 330 Abs. 5 Satz 1 SGB III die sofortige Vollziehung eines Erstattungsbescheides anordnen (→ S. 566).

3.2 Stundung, Ratenzahlung, Erlass, Niederschlagung
§ 42 Abs. 3 SGB I i. V. m. § 76 Abs. 2 SGB IV

Haben Sie sich mit dem Rückzahlungsbescheid abgefunden, z. B. weil Ihnen von Anfang an klar war, dass Sie zuviel Alg bekommen haben, so bestehen noch folgende Möglichkeiten, die Rückzahlung schmerzloser zu gestalten:

- Sie können um Stundung der ganzen Summe oder eines Teils (Ratenzahlung) nachsuchen, wenn die sofortige Rückzahlung eine erhebliche Härte für Sie bedeuten würde. Dazu ist die AA im Allgemeinen bereit.

- Die AA kann die Rückzahlungsforderung ganz oder teilweise erlassen, wenn die Rückzahlung eine besondere Härte bedeuten würde (BSG, Urteil vom 9.2.1995 – 7 RAr 78/93, SozR 3–4427 § 5 Nr. 1). Eine besondere Härte kann vorliegen, wenn die Forderung durch rechtswidriges Verhalten der AA entstanden ist (z. B. SG Fulda, Urteil vom 4.6.1992 – 1c Ar 408/91, info also 1992, Heft 4, S. 186).

- Die AA kann die Rückzahlungsforderung niederschlagen, wenn die Einziehung keinen Erfolg haben wird oder die Kosten der Einziehung außer Verhältnis zu dem stehen, was bei Ihnen zu holen ist.

3.3 Pfändungsfreigrenzen beachten

Bleibt die AA hartnäckig und will schnell das ganze Geld zurück, so achten Sie darauf, dass Ihnen – z. B. bei der Pfändung Ihres Arbeitseinkommens – der pfändungsfreie Betrag (Tabelle → S. 514) bleibt (§ 5 VerwaltungsvollstreckungsG i. V. m. § 319 AbgabenO i. V. m. §§ 850 ff. ZPO).

4 Vorläufige Zahlungseinstellung
§ 331 SGB III

Die AA kann die Zahlung einer laufenden Leistung vorläufig einstellen, wenn es Kenntnis von Tatsachen erhält, die zum Ruhen oder zum Wegfall des Anspruchs führen, und der Bescheid deshalb mit Wirkung für die Vergangenheit aufzuheben ist. Die AA muss also Kenntnis davon haben, dass ein Anspruch nicht mehr besteht, also z. B. dass ein Alg-Bezieher eine Beschäftigung aufgenommen hat. Zugleich muss schon feststehen, dass die Bewilligung für die Vergangenheit zurückzunehmen ist, dass also der Berechtigte eine meldepflichtige Tatsache nicht mitgeteilt hat oder den Wegfall der Anspruchsvoraussetzung kannte oder in vorwerfbarer Weise nicht kannte. Nach § 48 Abs. 1 Satz 2 Nr. 3 SGB X kann auch der Bezug von Einkünften, die die bezogene Leistung beeinflussen, zur rückwirkenden Aufhebung einer Leistung führen. Auch hier kann eine vorläufige Zahlungseinstellung erlaubt sein.

Aus der Formulierung in § 331 Abs. 1 Satz 1 SGB III, »Tatsachen ..., die kraft Gesetzes zum Ruhen oder zum Wegfall des Anspruchs führen«, ergibt sich, dass eine vorläufige Zahlungseinstellung nur zulässig ist, wenn die Leistung zunächst zutreffend bewilligt worden war, nicht bei anfänglich unrichtigen Bescheiden. Die Regelung erfasst also nur die Vorbereitung von Entscheidungen nach § 48 SGB X, nicht die nach § 45 SGB X.

Soweit die Kenntnis der Tatsachen nicht auf einer Mitteilung des Berechtigten beruht, muss ihm die AA die vorläufige Einstellung und die maßgeblichen Gründe mitteilen und ihm Gelegenheit geben, sich zu äußern.

Anhörung

Die AA hat nach § 331 Abs. 2 SGB III nur zwei Monate Zeit, um den Aufhebungsbescheid zu erlassen; tut sie das nicht in dieser Frist, muss sie die vorläufig gestoppte Leistung unverzüglich nachzahlen. Bisher haben sich die AA für die endgültige Entscheidung häufig mehr Zeit gelassen. Die Nachzahlungspflicht schützt allerdings nicht davor, dass die AA später einen Aufhebungsbescheid mit Wirkung für die Vergangenheit erlässt und Sie dann die zu Unrecht bezogene Leistung zurückzahlen müssen.

Frist: 2 Monate

V Was muss geändert werden?

1 Streichung von § 330 SGB III

§ 330 SGB III sollte gestrichen werden. Es ist nicht einzusehen, dass bei der Rückforderung von Leistungen und Überprüfungsbescheiden nach dem SGB III andere Maßstäbe gelten als bei anderen Sozialleistungen.

2 Rechtliches Gehör wieder ernst nehmen

Nach § 24 SGB X ist der Bürger vor Erlass eines ihn belastenden Bescheids zu hören. Die zunächst unterbliebene Anhörung konnte vor 2001 nur bis zum Erlass des Widerspruchsbescheides nachgeholt werden. Mit der nach Einschätzung von Bundesverfassungsrichter Udo Steiner »schamhaft im 4. Euro-Einführungsgesetz versteckten, ärgerlichen, wenngleich nicht verfassungswidrigen« Neufassung des § 41 Abs. 2 SGB X darf die Anhörung bis zur letzten Tatsacheninstanz eines sozial- oder verwaltungsgerichtlichen Verfahrens nachgeholt werden. Das bedeutet, dass die Verwaltung auf die Richtigkeit des Verwaltungsverfahrens nicht mehr achten muss, weil Verstöße gegen Verfahrensvorschriften keine belastenden Folgen mehr für sie hat. »Der Gesetzgeber beugt gleichsam sein eigenes Recht«, so Steiner. Klagt der von einem unangekündigten belastenden Verwaltungsakt Betroffene, kann die Verwaltung die Anhörung nachholen, ohne ein Risiko einzugehen. Allerdings muss sie die Kosten des Verfahrens tragen (§ 63 Abs. 1 Satz 2 SGB X). Schon jetzt kommt es zu Klageverfahren vor den Sozialgerichten nur deshalb, weil die Verwaltung ihr Handeln nicht erläutert. Wer die Zahl der Klagen vor den Sozialgerichten vermindern will, muss das durch § 41 Abs. 2 SGB X »stumpfe Schwert« des rechtlichen Gehörs wieder schärfen. »Nur wehrhafte Vorschriften erhöhen die Bereitschaft der Behörden, diese zu beachten.« (So der Präsident des BSG, Matthias von Wulffen.)

U KRANKEN-, PFLEGE-, UNFALL-, RENTENVERSICHERUNG

I Krankenversicherung (KV) 532

1	KV-Schutz im Beschäftigungsverhältnis	532
1.1	Pflichtversicherung	532
1.2	Freiwillige und private KV	532
2	Beschäftigungslosigkeit und KV	533
2.1	Pflichtversicherte	533
2.2	Freiwillig oder privat Versicherte	533
2.3	KV beim Bezug von Krankengeld	534
3	KV bei AA-Leistungen	534
3.1	KV-Schutz	534
3.2	BA zahlt Beiträge	535
3.3	Beginn und Ende der KV	535
4	KV bei Ruhen der AA-Leistung	536
4.1	Ruhen wegen Sperrzeit	536
4.1.1	Sperrzeit nach Verlust des Arbeitsplatzes	536
4.1.2	Sperrzeiten wegen Arbeitsablehnung und wegen Ablehnung oder Abbruchs einer Maßnahme	537
4.1.3	Sperrzeiten von 21 Wochen	537
4.1.4	Krankheit am Ende der Sperrzeit	537
4.1.5	Arbeitslosmeldung trotz Sperrzeit	538
4.2	Ruhen wegen Arbeitsentgeltanspruchs	538
4.3	Ruhen wegen Urlaubsabgeltung	538
4.4	Ruhen wegen Zahlung einer Entlassungsentschädigung	539
4.5	Ruhen wegen nicht gestellten Reha-Antrags und wegen Arbeitskampfs	539
5	KV bei fehlendem Leistungsanspruch	539
6	Krankengeld	540
6.1	Arbeitsunfähigkeit	540
6.2	Arbeitsunfähigkeit vor dem Ende der Beschäftigung	541
6.3	Krankengeld und Sperrzeit	542
6.4	Höhe des Krankengeldes bei Arbeitslosigkeit	542
7	Kranken-Alg	543
8	Rangfolge von Alg und Krankengeld	545

II Pflegeversicherung 545

III Unfallversicherung 546

> IV **Rentenversicherung** 547
> 1 Beitragszeit **547**
> 1.1 Pflichtversicherung kraft Gesetzes **547**
> 1.2 Antragsversicherung **548**
> 1.3 Folgen **548**
> 2 Anrechnungszeit **548**
> 3 Beitrag **550**
> 4 Anhebung der Altersgrenze für die Altersrente wegen Arbeitslosigkeit **550**
>
> V **Was muss geändert werden?** 551
> 1 Einbeziehung aller Ruhensfälle in den Krankenversicherungsschutz **551**
> 2 Ausdehnung des Unfallversicherungsschutzes **551**

I **Krankenversicherung (KV)**

1 **KV-Schutz im Beschäftigungsverhältnis**

1.1 **Pflichtversicherung**

Während einer abhängigen Beschäftigung sind Arbeitnehmer nach § 5 Abs. 1 Nr. 1 SGB V in der gesetzlichen KV pflichtversichert, wenn ihr Einkommen die Versicherungspflichtgrenze nicht übersteigt. Die monatliche Einkommensgrenze liegt im Jahr 2005 im gesamten Bundesgebiet bei 3.900 €. Den Beitrag tragen Arbeitnehmer und Arbeitgeber je zur Hälfte (§ 249 Abs. 1 SGB V).

1.2 **Freiwillige und private KV**

Freiwillige KV

Die wegen der Höhe ihres Arbeitseinkommens versicherungsfreien Arbeitnehmer können sich freiwillig in der gesetzlichen KV versichern, wenn sie erstmals eine Beschäftigung aufnehmen (§ 9 Abs. 1 Nr. 3 SGB V); dann dürfen sie sich innerhalb von drei Monaten nach Aufnahme der Beschäftigung für die gesetzliche KV entscheiden (§ 9 Abs. 2 Nr. 3 SGB V). Dasselbe gilt nach § 9 Abs. 1 Nr. 1 SGB V, wenn das Arbeitsentgelt von zunächst versicherungspflichtigen Personen die Versicherungspflichtgrenze überschreitet und sie in den letzten fünf Jahren vor dem Ausscheiden wenigstens vierundzwanzig Monate oder unmittelbar vor dem Ausscheiden ununterbrochen mindestens zwölf Monate versichert waren; auch sie haben für ihre Entscheidung drei Monate Zeit (§ 9 Abs. 2 Nr. 1 SGB V).

Nichtversicherungspflichtige Arbeitnehmer können sich auch in einer privaten KV versichern. Sofern sie Arbeitnehmer sind, haben sie gegen ihren Arbeitgeber einen Anspruch auf einen Beitragszuschuss (§ 257 SGB V).

Private KV

2 Beschäftigungslosigkeit und KV

2.1 Pflichtversicherte

Wird der pflichtversicherte Arbeitnehmer arbeitslos, endet regelmäßig mit der Beschäftigung seine Mitgliedschaft in der gesetzlichen KV (§ 190 Abs. 2 SGB V).

Der ehemals Pflichtversicherte hat nach § 19 Abs. 2 SGB V für einen weiteren Monat beitragsfrei Anspruch auf Leistungen gegen die gesetzliche KV. Dieser Anspruch aus der fortwirkenden Pflichtversicherung läuft kalendermäßig ab, beginnend mit dem Ende der Mitgliedschaft, und endet mit dem Ablauf eines Monats nach dem Ende des Beschäftigungsverhältnisses, auch wenn der Betroffene in diesem Zeitpunkt arbeitsunfähig ist und/oder weiter ärztliche Behandlung braucht. Der Anspruch auf nachgehenden Versicherungsschutz besteht nach § 19 Abs. 2 Satz 2 SGB V nicht, wenn zugleich die Voraussetzungen für die Familienversicherung vorliegen (§ 10 SGB V).

Nachgehender Versicherungsschutz: 1 Monat

Da die Familienversicherten keinen Anspruch auf Krankengeld haben (§ 44 Abs. 1 Satz 2 SGB V), erhalten Sie dann auch im ersten Monat nach dem Ende des Beschäftigungsverhältnisses kein Krankengeld.

Wegen des hohen Risikos der Kosten einer Erkrankung empfiehlt sich immer eine freiwillige Versicherung, wenn der KV-Schutz nicht anderweitig gesichert ist.

2.2 Freiwillig oder privat Versicherte

Wird der freiwillig in der gesetzlichen KV oder der privat Versicherte arbeitslos, bleibt er weiterhin Mitglied seiner Krankenkasse. Ein nachgehender Anspruch nach § 19 Abs. 2 SGB V besteht nicht; auch erhält der Beschäftigungslose ohne Erwerbseinkommen in der gesetzlichen KV regelmäßig kein Krankengeld (§ 44 Abs. 2 SGB V in Verbindung mit der Satzung der Krankenkasse). Mit dem Verlust des Arbeitsplatzes besteht kein Anspruch mehr auf einen Beitragszuschuss gegen den Arbeitgeber, d. h. der freiwillig oder privat Versicherte muss nun den Beitrag allein tragen.

Kein nachgehender Versicherungsschutz

2.3 KV beim Bezug von Krankengeld

Bezieht der Arbeitnehmer beim Ende des Beschäftigungsverhältnisses Entgeltfortzahlung oder Krankengeld (Näher → S. 541), endet die Mitgliedschaft in der gesetzlichen KV nicht mit dem Ende der Beschäftigung, sondern dauert bis zum Ende der Arbeitsunfähigkeit oder bis zur Ausschöpfung des Krankengeldanspruchs (§ 192 Abs. 1 Nr. 2 SGB V). Krankengeld wird wegen ein und derselben Krankheit nur für 78 Wochen gezahlt (§ 48 Abs. 1 SGB V). Die Mitgliedschaft bleibt nur erhalten, wenn die Arbeitsunfähigkeit bereits während des Beschäftigungsverhältnisses eingetreten ist. Kann Krankengeld nur nach § 19 Abs. 2 SGB V (nachgehender Versicherungsschutz) gezahlt werden, endet der Anspruch ausnahmslos nach Ablauf eines Monats seit dem Ende des Beschäftigungsverhältnisses.

3 KV bei AA-Leistungen

3.1 KV-Schutz

Grundsatz: Versicherungspflicht

Wer Alg (nicht ESF-Uhg) von der AA erhält, ist kraft Gesetzes in der gesetzlichen KV pflichtversichert (§ 5 Abs. 1 Nr. 2 SGB V). Die Pflichtversicherung wegen Leistungsbezugs erfasst auch Personen, die während des letzten Beschäftigungsverhältnisses bzw. in der Zeit vor der Arbeitslosmeldung freiwillig oder privat oder gar nicht versichert waren.

2 Ausnahmen:

Von der Pflichtversicherung gibt es zwei Ausnahmen:

Ältere bisher versicherungsfreie Personen

- Personen, die nach Vollendung des 55. Lebensjahres Alg bekommen, sind durch den Bezug von Leistungen nach dem SGB III nicht krankenversichert, wenn sie in den letzten fünf Jahren vorher nicht gesetzlich versichert waren und mindestens die Hälfte dieser Zeit versicherungsfrei, von der Versicherung befreit oder selbstständig tätig waren (§ 6 Abs. 3a SGB V).

Versicherungsfreiheit auf Antrag

- Nach § 8 Abs 1 Nr. 1a SGB V können sich Arbeitslose, die in den letzten fünf Jahren vor Eintritt der Arbeitslosigkeit nicht Mitglieder der gesetzlichen KV waren, von der durch den Leistungsbezug begründeten Versicherungspflicht befreien lassen, wenn sie in einer der gesetzlichen KV gleichwertigen privaten Versicherung versichert sind. Arbeitslose, die diese Voraussetzungen erfüllen, sollten genau prüfen, welche Versicherung für sie günstiger ist.

Übrigens: dies ist eine der seltenen Gelegenheiten, wieder in die gesetzliche KV zurückzukehren.

Um eine Doppelversicherung (und damit auch eine doppelte Beitragsleistung) zu vermeiden, können Sie zum Ende des ersten Monats, in dem Sie durch die AA versichert sind, Ihren privaten Versicherungsvertrag lösen oder das Ruhen des Vertrages beantragen (§ 5 Abs. 9 SGB V). Deshalb empfiehlt es sich besonders für Personen, die privat krankenversichert sind, sich frühzeitig bei der AA zu melden und um beschleunigte Bearbeitung des Antrages zu bitten.

3.2 BA zahlt Beiträge

Die BA zahlt für die Pflichtversicherten den KV-Beitrag (§ 251 Abs. 4a SGB V).
Für die von der KV-Pflicht befreiten Leistungsbezieher und die nach § 6 Abs. 3a SGB V versicherungsfreien Arbeitslosen übernimmt sie die Beiträge in der privaten Krankenkasse in Höhe des durchschnittlichen allgemeinen Beitragssatzes der gesetzlichen Krankenkassen (§ 207a SGB III).
Neben dem ESF-Uhg können aus ESF-Mitteln gemäß § 3 Abs. 2 Richtlinien ESF-BA-Programm die Beiträge für eine freiwillige, ausnahmsweise auch für eine private KV übernommen werden (→ S. 411).

3.3 Beginn und Ende der KV

Die Pflichtmitgliedschaft in der gesetzlichen KV beginnt mit dem ersten Tag des Leistungsbezugs (§ 186 Abs. 2a SGB V); das gilt auch bei nachträglicher Zahlung der Leistung (BSG, Urteil vom 14.3.1985 – 7 RAr 61/84, SozR 4100 § 105b AFG Nr. 3).
Sie endet mit dem letzten Tag des Leistungsanspruchs bzw. des tatsächlichen Leistungsbezugs (§ 190 Abs. 12 SGB V).
Der KV-Schutz fällt nicht nachträglich weg, wenn die Leistungsbewilligung rückwirkend aufgehoben und die Leistung zurückgefordert wird (§§ 45, 48, 50 SGB X). Das sagt ausdrücklich § 5 Abs. 1 Nr. 2 SGB V.

Neben dem zu Unrecht bezogenen Alg müssen die Beiträge zur KV, die die BA gezahlt hat, an diese erstattet werden, wenn die Bewilligung für die Vergangenheit aufgehoben und die Leistung zurückgefordert wird (§ 335 Abs. 1 SGB III). Die Rückzahlungspflicht entfällt, wenn in derselben Zeit ein weiteres KV-Verhältnis bestanden hat. Zu den weiteren KV-Verhältnissen gehören nur Pflichtversicherungen in einer gesetzlichen Krankenkasse (BSG, Urteil vom 8.10.2000 – B 11 AL 119/99 R), nicht freiwillige oder private Krankenversicherungsverhältnisse.
Eine Familienversicherung nach § 10 SGB V, die ohne den unrechtmäßigen Leistungsbezug bestanden hätte, schützt nicht vor der Pflicht, die Beiträge zu erstatten (BSG, Urteil vom 5.2.1998 – B 11 AL 69/97 R, SozR 3–4100 § 157 AFG Nr. 2). Eine Pflicht zur Erstattung der KV- und Pflegeversicherungsbeiträge entsteht nicht, wenn der Arbeitslose korrekte Angaben gemacht und Änderungen rechtzeitig mitgeteilt hat (BSG, Urteil vom 21.11.2002 – B 11 AL 79/01 R). Wegen der Einzelheiten der Beitragserstattungspflicht siehe Ute Winkler, info also 1996, Heft 1, S. 32.

Rückzahlungspflicht

Nachgehender Versicherungsschutz

Auch bei Beendigung des Leistungsbezuges haben die Arbeitslosen nach § 19 Abs. 2 SGB V für einen Monat nachgehenden KV-Schutz (BSG, Urteil vom 6.2.1991 – 1/3 RK 3/90, DBlR 33809a AFG/§ 155a), wenn sie nicht aus anderen Gründen, z. B. wegen der Aufnahme einer Beschäftigung, Mitglied der gesetzlichen KV bleiben oder werden.

4 KV bei Ruhen der AA-Leistung

4.1 Ruhen wegen Sperrzeit

Eine Sperrzeit führt zum Ruhen des Anspruchs auf Alg (§ 144 Abs. 1 Satz 1 SGB III). Für den KV-Schutz ist zu unterscheiden, ob die Sperrzeit bei Beginn der Arbeitslosigkeit oder während des Leistungsbezugs eintritt und ob der Arbeitslose vorher freiwillig oder pflichtversichert war bzw. ob er während des Leistungsbezugs Mitglied der gesetzlichen KV bzw. versicherungsfrei war oder sich von der Versicherungspflicht hat befreien lassen.

4.1.1 Sperrzeit nach Verlust des Arbeitsplatzes

Im ersten Sperrzeitmonat

Für den ersten Monat einer Sperrzeit nach § 144 Abs. 1 Satz 2 Nr. 1 SGB III besteht KV-Schutz für alle unmittelbar vorher pflichtversicherten Arbeitnehmer, die nach § 19 Abs. 2 SGB V für einen Monat Anspruch auf Leistungen bei Krankheit gegen ihre bisherige Krankenkasse haben. Hierzu gehört an sich auch ein Anspruch auf Krankengeld, der aber im Falle einer Sperrzeit nach § 49 Abs. 1 Nr. 3 und 3a SGB V ruht.

Wer vorher freiwillig oder privat versichert war, muss sich bei einer Sperrzeit nach § 144 Abs. 1 Satz 2 Nr. 1 SGB III für den ersten Monat selbst versichern und den Beitrag allein tragen, weil § 19 Abs. 2 SGB V den einmonatigen nachgehenden Versicherungsschutz nur den Pflichtversicherten zubilligt, es sei denn, er ist familienversichert (§ 10 SGB V).

Auch zahlt die BA für diese Zeit keinen Beitrag zur privaten Versicherung, weil dieser nach § 207a SGB III vom gleichzeitigen Bezug von Leistungen abhängig ist.

Ab dem zweiten Sperrzeitmonat

Für alle Arbeitslosen in der gesetzlichen KV gilt, dass KV-Schutz für die Zeit nach dem ersten Monat der Sperrzeit bis zum Ende der zwölften Woche besteht, weil nach § 5 Abs. 1 Nr. 2 SGB V der Leistungsbezug für diese Zeit fingiert wird. Das setzt voraus, dass der Arbeitslose einen Antrag auf Alg gestellt hat oder vorher im Leistungsbezug gestanden hat und die AA über den Eintritt einer Sperrzeit entschieden hat.

Ab dem zweiten Monat sind mit Ausnahme der Personen, die sich von der Pflichtversicherung haben befreien lassen oder die nach § 6 Abs. 3a SGB V versicherungsfrei sind, alle Arbeitslosen krankenversichert; jedoch ruht der Anspruch auf Krankengeld nach § 49 Abs. 1 Nr. 3 SGB V. KV-Schutz bewirkt die Fiktion des Leistungsbezugs auch, wenn der Arbeitslose beim Beginn des zweiten Monats arbeitsunfähig krank ist.

Für die privat Versicherten übernimmt die BA keinen Beitrag, weil die Fiktion des Leistungsbezugs nur für die gesetzliche KV gilt.

4.1.2 Sperrzeiten wegen Arbeitsablehnung und wegen Ablehnung oder Abbruchs einer Maßnahme

Bei den Sperrzeiten nach § 144 Abs. 1 Satz 2 Nrn. 2–6 SGB III schützt § 19 Abs. 2 SGB III alle gesetzlich versicherten arbeitslosen Leistungsbezieher für den ersten Monat der Sperrzeit, wenn sie unmittelbar davor im Leistungsbezug gestanden haben, weil der nachgehende KV-Schutz auch für als Arbeitslose Versicherungspflichtige gilt.

Im ersten Sperrzeitmonat

Ab dem zweiten Monat der Sperrzeit bewirkt die Fiktion des Leistungsbezugs in § 5 Abs. 1 Nr. 2 SGB V die Zugehörigkeit zur gesetzlichen KV. Ausgenommen sind auch hier die Personen, die sich von der Versicherungspflicht nach § 8 Abs. 1 Nr. 1a SGB V haben befreien lassen oder nach § 6 Abs. 3a SGB V versicherungsfrei sind. Sie haben auch keinen Anspruch auf Übernahme der Beiträge durch die BA.

Ab dem zweiten Sperrzeitmonat

4.1.3 Sperrzeiten von 21 Wochen

Die Mitgliedschaft in der gesetzlichen KV endet mit dem Verlust des Leistungsanspruchs durch mehrere Sperrzeiten von insgesamt 21 Wochen nach § 147 Abs. 1 Nr. 2 SGB III. Hier besteht ab dem Erlöschen des Anspruchs nur nachgehender Versicherungsschutz nach § 19 Abs. 2 SGB III oder eine Familienversicherung ohne Krankengeldanspruch für einen Monat.

KV endet

4.1.4 Krankheit am Ende der Sperrzeit

Während einer Sperrzeit ruht der Krankengeldanspruch nach § 49 Abs. 1 Nr. 3 SGB V. Ist der Arbeitslose beim Ende der Sperrzeit arbeitsunfähig, kann er nicht im Anschluss an die Sperrzeit Kranken-Alg nach § 126 SGB III beziehen. Mit dem Ende der Sperrzeit lebt aber der Krankengeldanspruch wieder auf, sodass der Versicherungsschutz lückenlos erhalten bleibt, es sei denn, der Krankengeldanspruch, der wegen ein und derselben Krankheit nur für 78 Wochen besteht (§ 48 Abs. 1 SGB V), ist ausgeschöpft.

Kein Kranken-Alg, aber Krankengeld

4.1.5 Arbeitslosmeldung trotz Sperrzeit

Wegen des KV-Schutzes ist es stets ratsam, sich trotz einer drohenden Sperrzeit unmittelbar vor oder bei Beginn der Arbeitslosigkeit arbeitslos zu melden.

4.2 Ruhen wegen Arbeitsentgeltanspruchs

Beim Ruhen wegen eines Arbeitsentgeltsanspruchs nach § 143 Abs. 1 SGB III ist der Arbeitslose genauso versichert, wie er dies während der Beschäftigung war; bei freiwilliger oder privater Versicherung hat er gegen den Arbeitgeber neben dem Entgeltanspruch Anspruch auf einen Beitragszuschuss nach § 257 SGB V. Erhält er zunächst Alg im Wege der Gleichwohlgewährung nach § 143 Abs. 3 SGB III, ist er ohnehin nach § 5 Abs. 1 Nr. 2 SGB V versichert (BSG, Urteil vom 21.6.1978 – 3 RK 96/76, SozR 4100 § 155 AFG Nr. 5). Die Rückabwicklung hebt die Mitgliedschaft, die durch den Leistungsbezug begründet worden ist, nicht auf (BSG, Urteil vom 23.3.1983 – 3 RK 20/82, USK 8331); den Beitrag zur KV muss der Arbeitgeber der AA erstatten.

4.3 Ruhen wegen Urlaubsabgeltung

Ruht der Anspruch gegen die AA wegen einer Urlaubsabgeltung nach § 143 Abs. 2 SGB III, ist der Arbeitslose zunächst weder als Beschäftigter noch als arbeitsloser Leistungsbezieher gegen Krankheit versichert. Die Urlaubsabgeltung verlängert das Beschäftigungsverhältnis nicht, sondern gewährt einen Ausgleich für nicht genommenen Urlaub. Versicherungsschutz besteht auch hier nach § 19 Abs. 2 SGB V für einen Monat. Nach Meinung des BSG bestanden Bedenken gegen die Verfassungsmäßigkeit von § 5 Abs. 1 Nr. 2 SGB V in der bis zum 31.12.2001 geltenden Fassung, weil der Krankenversicherungsschutz nur während einer Sperrzeit, nicht während des Ruhens nach § 143 Abs. 2 SGB III gesichert war (Urteil vom 7.2.2002 – B 7 AL 28/01 R).

Das Job-AQTIV-Gesetz hat mit Wirkung vom 1.1.2002 die Zeit der Urlaubsabgeltung krankenversicherungsrechtlich der Sperrzeit gleichgestellt (§ 5 Abs. 1 Nr. 2 SGB V). Versicherungsschutz tritt ein, wenn ab Beginn des zweiten Monats der Anspruch auf Alg wegen einer Urlaubsabgeltung (§ 143 Abs. 2 SGB III) ruht. Damit ist das Problem jedoch nicht gelöst, das dann entsteht, wenn der Arbeitslose während der Ruhenszeit erkrankt und nach deren Ablauf sich wegen Arbeitsunfähigkeit nicht arbeitslos melden kann.

Urlaubsabgeltungen für eine Zeit von mehr als einem Monat sind sehr selten. Da die Ruhenszeit kalendermäßig abläuft, verschiebt sie sich nicht durch eine Erkrankung. Erkrankt der Arbeitslose während der Zeit, in der der Anspruch auf Alg wegen der Urlaubsabgeltung von unter einem Monat ruht, hilft ihm die Neuregelung nicht weiter.

Er bleibt nach Ablauf des nachgehenden Versicherungsschutzes von einem Monat nach § 19 Abs. 2 SGB V bei fortdauernder Erkrankung ohne Krankenversicherungsschutz, wenn nicht andere Vorschriften eingreifen (z. B. Familienversicherung, Nahtlosigkeitsregelung nach § 125 SGB III).

Im Falle der Gleichwohlgewährung besteht KV-Schutz nach § 5 Abs. 1 Nr. 2 SGB V, der bei Rückabwicklung der Zahlung nicht verloren geht. Erkrankt der Arbeitslose, der Alg im Wege der Gleichwohlgewährung erhält, während der Ruhenszeit, schließt sich die Zahlung von Kranken-Alg nach § 126 SGB III an (BSG, Urteil vom 26.6.1991 – 10 RAr 9/90, SozR 3-4100 § 117 AFG Nr. 4).

4.4 Ruhen wegen Zahlung einer Entlassungsentschädigung

KV-Schutz besteht beim Ruhen wegen vorzeitiger Beendigung des Beschäftigungsverhältnisses unter Zahlung einer Entlassungsentschädigung nach § 143a SGB III allenfalls bis zum Ablauf des ersten Monats nach § 19 Abs. 2 SGB V. Die übrige Ruhenszeit nach § 143a SGB III kann bis zu elf Monate dauern. Neben dem Ruhen der Lohnersatzleistung treffen den Arbeitslosen also zusätzlich die Beiträge für den freiwilligen KV-Schutz.

4.5 Ruhen wegen nicht gestellten Reha-Antrags und wegen Arbeitskampfs

Kein KV-Schutz nach § 5 Abs. 1 Nr. 2 SGB V besteht, wenn das Alg ruht, weil der Arbeitslose trotz Aufforderung innerhalb der Monatsfrist einen Antrag auf Reha-Leistungen (§ 125 Abs. 2 Satz 3 SGB III) oder auf Rente (§ 428 SGB III) nicht gestellt hat.

Beim Ruhen nach § 146 SGB III wegen eines rechtmäßigen Arbeitskampfes bleibt der KV-Schutz erhalten (§ 192 Abs. 1 Nr. 1 SGB V).

5 KV bei fehlendem Leistungsanspruch

Erhält der Arbeitslose von der AA keine Leistungen und auch kein Krankengeld, ist er als Arbeitsloser nicht krankenversichert. Hierzu gehören z. B. Personen, die die Anwartschaft für Alg nicht erfüllt haben oder deren anrechenbares Nebeneinkommen nach § 141 SGB III den Leistungsanspruch übersteigt.

Krankenversichert kann der Arbeitslose aufgrund anderer Tatbestände, z. B. als Familienangehöriger nach § 10 SGB V, als freiwillig Versicherter oder als Rentenantragsteller, sein. Auf die Gründe, warum kein Leistungsanspruch bei Arbeitslosigkeit besteht, kommt es nicht an.

6 Krankengeld

6.1 Arbeitsunfähigkeit

Anspruch auf Krankengeld hat nach § 44 Abs. 1 SGB V ein Versicherter, wenn ihn die Krankheit arbeitsunfähig macht oder er auf Kosten der Krankenkasse stationär in einem Krankenhaus, einer Vorsorge- oder Rehabilitationseinrichtung behandelt wird. Der Anspruch beginnt bei Arbeitslosigkeit mit dem ersten Tag der Arbeitsunfähigkeit, nicht erst am Tag nach der ärztlichen Feststellung (§ 47b Abs. 1 Satz 2 SGB V), soweit nicht ohnehin Kranken-Alg nach § 126 SGB III zu zahlen ist (→ S. 543). Zum Nachweis der Arbeitsunfähigkeit ist eine ärztliche Feststellung erforderlich, die innerhalb einer Woche bei der Krankenkasse vorliegen muss, andernfalls ruht das Krankengeld (§ 49 Abs. 1 Nr. 5 SGB V).

Arbeitsunfähig ist ein Arbeitnehmer, wenn er aus Gesundheitsgründen überhaupt nicht oder nur auf die Gefahr, seinen Gesundheitszustand zu verschlimmern, fähig ist, seiner bisher ausgeübten Erwerbstätigkeit nachzugehen (vgl. z. B. BSG, Urteil vom 19.6.1963 – 3 RK 37/59, BSGE 19, S. 179, 181; vgl. hierzu ausführlich Joussen, Krankengeld und Arbeitslosigkeit, in: ZfSH/SGB 2002, S. 458 ff.).

Nach Ende der Beschäftigung

Erkrankt der Arbeitslose nach Beendigung des Beschäftigungsverhältnisses, richtet sich die Frage, ob er arbeitsunfähig ist, danach, ob er aus Gesundheitsgründen dem Arbeitsmarkt für alle Arbeiten nicht mehr zur Verfügung steht, für die er zur Begründung eines Anspruchs auf Alg nach § 119 SGB III arbeitsfähig und arbeitsbereit sein muss, jedenfalls dann, wenn er wenigstens sechs Monate als Arbeitsloser krankenversichert war (vgl. BSG, Urteile vom 19.9.2002 – B 1 KR 11/02 R; vom 21.9.1995 – 11 RAr 35/95, SozR 3–4100 § 105b AFG Nr. 2; LSG Berlin, Urteil vom 24.3.2004 – L 15 KR 21/02, info also 2004, Heft 5).

Ab dem siebten Monat seiner Arbeitslosigkeit muss sich der Betroffene auf alle Beschäftigungen des allgemeinen Arbeitsmarktes verweisen lassen. Berufsschutz gibt es nicht mehr. Der Arbeitslose ist arbeitsunfähig, wenn er die Arbeiten, für die er sich der Vermittlung zur Verfügung gestellt hat, nicht mehr verrichten kann.

Das ist auch dann der Fall, wenn er sich für eine vollschichtige Tätigkeit zur Verfügung gestellt hat, aber gesundheitsbedingt nur noch zeitlich eingeschränkt arbeiten kann (BSG, Urteil vom 7.12.2004 – B 1 KR 5/03 R). Bezieher von Alg bei beruflicher Weiterbildung sind arbeitsunfähig, wenn sie aus Gesundheitsgründen nicht an der Bildungsmaßnahme teilnehmen können (BSG, Urteil vom 23.1.1986 – 11b/7 RAr 156/84 – 4100 § 44 AFG Nr. 40).

6.2 Arbeitsunfähigkeit vor dem Ende der Beschäftigung

Erkrankt der Versicherte während seines Beschäftigungsverhältnisses, richtet sich die Arbeitsunfähigkeit nach den Anforderungen der konkreten beruflichen Tätigkeit. Nach der Rechtsprechung des BSG darf der Arbeitgeber seinem Mitarbeiter nur eine gleichartige Tätigkeit anbieten, um die Arbeitsunfähigkeit trotz fortbestehender gesundheitlicher Einschränkungen zu beenden (z.B. Urteil vom 15.11.1984 – 3 RK 21/83, SozR 2200 § 182 RVO Nr. 96). Die Arbeitsunfähigkeit wird durch die Beendigung des Arbeitsverhältnisses nicht beseitigt (BSG, Urteil vom 8.2.2000 – B 1 KR 11/99 R, SV 2000, S. 271, und Urteil vom 14.2.2001 – B 1 KR 30/00 R, SozR 3-2500 § 44 Nr. 9).
Ein Versicherter ist also arbeitsunfähig, solange er die zuletzt ausgeübte bzw. eine gleich oder ähnlich geartete Tätigkeit nicht mehr verrichten kann; das gilt aber nur, wenn die Arbeitsunfähigkeit während des Beschäftigungsverhältnisses eingetreten ist. Eine Verweisung auf eine gesundheitlich zumutbare Arbeit außerhalb des bisherigen Berufsbereichs, wie in der Rentenversicherung, kommt in diesem Fall nicht in Betracht. Daran ändert sich auch nichts, wenn sich der Betreffende arbeitslos meldet und damit zu erkennen gibt, dass er zu einer beruflichen Neuorientierung bereit ist.

Erkrankt ein demnächst Arbeitsloser noch vor dem Ende der Beschäftigung, so beginnt der Anspruch auf Krankengeld noch während der auslaufenden Beschäftigung. Dies hat für den Arbeitslosen folgende Vorteile:

- Das Krankengeld ist höher (→ S. 542), richtet sich nach dem letzten Arbeitsentgelt und beträgt 70% des Bruttoarbeitsentgelts, begrenzt durch 90% des Nettoanspruchs (§ 47 Abs. 1 Satz 1 und 2 SGB V).
- Der Bezug von Krankengeld zählt als Anwartschaftszeit (§ 26 Abs. 2 Nr. 1 SGB III). Auch der Anspruch auf Krankentagegeld eines privatversicherten Arbeitslosen, der von der Pflichtversicherung befreit ist (§ 207a SGB III), kann eine Anwartschaft auf Alg begründen, wenn der Bezug des Krankentagegeldes sich nahtlos an eine versicherungspflichtige Beschäftigung oder den Bezug einer Leistung nach dem SGB III anschließt (§ 26 Abs. 2 Nr. 2 SGB III). Es kann damit ein Alg-Anspruch begründet oder verlängert werden.
- Der Krankengeldanspruch verbraucht den Alg-Anspruch nicht.
- Der Alg-Anspruch nach dem Bezug von Krankengeld kann länger sein, wenn der Betroffene während des Bezugs von Krankengeld eine neue Altersstufe für die Dauer des Anspruchs nach § 127 SGB III überschritten hat.

6.3 Krankengeld und Sperrzeit

Der Krankengeldanspruch ruht während der Dauer einer Sperrzeit (§ 49 Abs. 1 Nr. 3 SGB V). Ein Umsteigen vom ruhenden Alg auf das Krankengeld ist also nicht möglich. Das gilt aber nur, wenn der Arbeitslose vorher im Leistungsbezug gestanden hat oder wenigstens einen Antrag bei der AA gestellt hat (LSG Berlin, Urteil vom 16.5.1984 – L 9 Kr 72/83, Breithaupt 1984, S. 925). Da nach der Rechtsprechung des BSG die Sperrzeit unabhängig von der Arbeitslosmeldung und der Antragstellung kalendermäßig abläuft (Urteile vom 5.8.1999 – B 7 AL 14 und 38/98 R), ruht auch das Krankengeld während einer Sperrzeit, die die AA aber mangels Antrags nicht feststellt.

Eine Sperrzeit kann vermieden werden, wenn sich der Arbeitslose erst nach Ablauf eines Jahres nach dem Sperrzeitereignis gemäß § 144 Abs. 1 Satz 2 Nr. 1 SGB III arbeitslos meldet (§ 128 Abs. 2 SGB III); deshalb kann die Wirkung der Sperrzeit für das Alg und auch das Krankengeld erst eintreten, wenn die AA die Sperrzeit feststellt. Nach Beendigung des Arbeitsverhältnisses wird das Krankengeld häufig zunächst ausgezahlt, weil der Krankenkasse ein Sperrzeittatbestand nicht bekannt ist und darüber auch verbindlich nur die AA entscheidet. Hier kann die Krankenkasse das Krankengeld zurückfordern, wenn die Voraussetzungen der §§ 45, 48 SGB X vorliegen.

Der Anspruch auf Krankentagegeld der Mitglieder einer privaten Versicherung ruht während einer Sperrzeit nicht, weil § 49 Abs. 1 Nr. 3 SGB III nur für die gesetzliche KV gilt. Zum Ausgleich muss der Arbeitslose den Beitrag zur privaten KV während der gesamten Sperrzeit selbst tragen.

6.4 Höhe des Krankengeldes bei Arbeitslosigkeit

Berechnungsfaktoren

Die Höhe des Krankengeldes, das nach vorangegangenem Leistungsbezug wegen Arbeitslosigkeit zu zahlen ist, entspricht dem des Alg. Maßgeblich ist der Betrag, den der Arbeitslose unmittelbar vor der Arbeitsunfähigkeit beanspruchen konnte. Damit setzen sich Anrechnungen und Kürzungen von Alg beim Bezug von Krankengeld fort. Das gilt für Abzweigungen, Aufrechnungen, Verrechnungen, Abtretungen, Pfändungen u. Ä nach den §§ 48, 51-54 SGB I aber nur, wenn diese auch das Krankengeld erfassen. Ist Nebeneinkommen nach § 141 SGB III angerechnet worden, wird das Krankengeld von Beginn an ungekürzt auszuzahlen sein, wenn die Nebentätigkeit versicherungsfrei war **und krankheitsbedingt nicht ausgeübt wird** (Schmidt, in: Peters, Krankenversicherung – SGB V, 19. Auflage 1999, § 47b RandNr. 33). Dennoch gezahltes Nebeneinkommen hat keinen Einfluss auf den Krankengeldanspruch, weil nach §§ 49, 50 SGB V Einkommen aus nichtversicherungspflichtiger Beschäftigung nicht zur Kürzung des Krankengeldes führt. Dagegen beeinflussen die Berechnung des Alg nach den §§ 129 ff. SGB III und die Anrechnung von Nebeneinkommen nach § 141 SGB III **bei weiter ausgeübter Nebenbeschäftigung** die Höhe des Krankengeldes.

Nach § 140 SGB III wird der Anspruch auf Alg gekürzt, wenn der Arbeitslose sich nicht frühzeitig bei der AA arbeitsuchend meldet (§ 37b SGB III). Die Krankenkassen sind der Meinung, dass die Kürzung auch das Krankengeld erfasst. Wir halten das nicht für richtig. Auch die BA ist nicht bereit, die Kürzung des Krankengeldes bei der Zahlung von Alg zu berücksichtigen (BA-Rundbrief 93/2003; Udo Geiger, info also 2004, Heft 1, S. 6).

Kürzung bei verspäteter Arbeitsuchmeldung?

Ist die Leistung wegen Arbeitslosigkeit zu niedrig bemessen und wird dies später korrigiert, muss auch das Krankengeld neu bewilligt werden. Ist Alg zugunsten des Berechtigten fehlerhaft berechnet worden, bleibt es bei dem Krankengeld in Höhe des zunächst gezahlten Betrages, wenn eine Korrektur nach §§ 45, 48 SGB X nicht erfolgt.

Ändern sich während des Krankengeldbezugs die Verhältnisse, die für den Anspruch auf Alg maßgeblich waren, ist diese Änderung auf Antrag bei der Bemessung des Krankengeldes zu berücksichtigen (§ 47b Abs. 2 SGB V). Hierzu gehören Änderungen des Familienstandes, der Steuerklasse, der Wegfall tatsächlicher und rechtlicher Bindungen im Sinne des § 131 Abs. 5 SGB III usw. Änderungen, die zu einer Erhöhung des Krankengeldes um weniger als 10 % führen würden, sind allerdings unbeachtlich. Neuberechnungen zum Nachteil des Arbeitslosen sind nicht vorgesehen, da die Änderungen nur auf Antrag berücksichtigt werden. Bei mehreren Änderungen sind wiederholte Anträge zulässig, die aber jeweils die Grenze von 10 % erreichen müssen, wobei für die nachfolgenden Anträge jeweils der letzte Zahlbetrag maßgeblich ist. Streitig ist, ob der Wegfall von dem Versicherten vorteilhaften Änderungen noch während des Krankengeldbezugs zu einer Minderung des zunächst erhöhten Krankengeldanspruchs führen darf.

Änderungen der Berechnungsgrundlagen

Nach § 337 Abs. 2 SGB III ist das Alg im Nachhinein monatlich zu zahlen. Dabei zahlt die BA das Alg für Kalendertage und wie das Krankengeld für den vollen Kalendermonat jeweils für 30 Tage ohne Rücksicht auf die Zahl der Kalendertage im Zahlungsmonat (§ 134 Satz 2 SGB III; § 47 Abs. 1 Satz 5 SGB V).

30 Zahltage

7 Kranken-Alg

Hat der Arbeitslose zunächst Leistungen von der AA bezogen, richtet sich die Frage, ob er arbeitsunfähig ist, nach den Anforderungen des Berufsbereichs, für den er zur Vermittlung in Betracht kommt (→ S. 540). Steht der Arbeitslose bei Eintritt der Arbeitsunfähigkeit im Leistungsbezug, hat er zunächst nach § 126 SGB III einen Anspruch auf Leistungsfortzahlung gegen die AA für sechs Wochen.

Kranken-Alg für 6 Wochen

Nach Ablauf von sechs Wochen endet der Anspruch auf Kranken-Alg. Alg kann dann nur nach § 125 SGB III beansprucht werden; ansonsten besteht, sofern noch nicht erschöpft, ein Anspruch auf Krankengeld gegen die Krankenkasse.

Kranken-Alg ist nur zu zahlen, wenn der Betroffene unmittelbar beim Eintritt der Arbeitsunfähigkeit einen Anspruch auf Zahlung von Alg hat. Die BA erkennt das auch dann an, wenn der Arbeitslose sich zunächst – nach eingetretener Arbeitslosigkeit – arbeitslos meldet, und danach, aber am selben Tag, Arbeitsunfähigkeit ärztlich festgestellt wird. Die AA zahlt dann für einen Tag Alg und gegebenenfalls für sechs Wochen Kranken-Alg.

Kranken-Alg wird nicht gezahlt, wenn das Alg ruht (BSG, Urteil vom 24.5.1984 – 7 RAr 97/83, SozR 4100 § 105b AFG Nr. 1). Es genügt aber, dass Alg im Wege der Gleichwohlgewährung z. B. nach § 143 Abs. 3 SGB III gezahlt wird; auch an die Gleichwohlgewährung schließt sich ein Anspruch auf Kranken-Alg an (BSG, Urteil vom 26.6.1991 – 10 RAr 9/90, SozR 3–4100 § 117 AFG Nr. 4). Dabei bleibt es auch, wenn die Gleichwohlgewährung später rückabgewickelt wird.

Ist der Arbeitslose am Ende einer Sperrzeit arbeitsunfähig, hat er keinen Anspruch auf Kranken-Alg, sondern auf Krankengeld (BSG, Urteil vom 14.3.1985 – 7 RAr 61/84, SozR 4100 § 105b AFG Nr. 3); das gilt auch, wenn das Alg zunächst bewilligt, die Bewilligung dann rückwirkend wegen einer Sperrzeit aufgehoben wird (BSG, Urteil vom 24.7.1986 – 7 RAr 13/85, SozR 4100 § 105b AFG Nr. 6). Das Kranken-Alg verbraucht den Anspruch auf Alg und führt als Ruhenstatbestand zur Verkürzung des Krankengeldanspruchs wegen derselben Krankheit (§ 48 Abs. 3 Satz 1 SGB V).

Kein Anspruch auf Kranken-Alg besteht, wenn die Arbeitsunfähigkeit selbstverschuldet ist. § 126 SGB III hat hierbei die Regelung aus § 3 des EntgeltfortzahlungsG übernommen. Der Betroffene erhält dann stattdessen Krankengeld. Der Vorläufer des § 126 SGB III (§ 105b AFG) hatte der Verwaltungsvereinfachung dienen sollen, wegen einer kürzeren Krankheit sollte der Leistungsträger nicht gewechselt werden müssen (BT-Drs. 8/4022, S. 89). Dem widerspricht die Verschuldensklausel, die in der Praxis aber wohl keine wesentliche Rolle spielt.

Der Anspruch auf Kranken-Alg läuft kalendermäßig ab (BSG, Urteil vom 12.7.1989 – 7 RAr 100/88, SozR 4100 § 105b AFG Nr. 7). Kranken-Alg kann wiederholt gezahlt werden, auch innerhalb eines Kalenderjahres wegen derselben Krankheit.

Bei Alg-Erschöpfung: Krankengeld

Der Anspruch auf Kranken-Alg endet nach vorangegangenem Alg-Anspruch trotz fortbestehender Arbeitsunfähigkeit vor Ablauf von sechs Wochen, wenn der Anspruch auf Alg erschöpft ist. Es schließt sich dann ein Anspruch auf Krankengeld an, wenn dieser nicht bereits verbraucht ist (BSG, Urteil vom 21.9.1995 – 11 RAr 35/95, SozR 3–4100 § 105b AFG Nr. 2).

Bei Erschöpfung des Krankengeld-Anspruchs kommt eine Leistungsbewilligung durch die Bundesagentur für Arbeit höchstens in Betracht, wenn die Voraussetzungen der Nahtlosigkeit nach § 125 SGB III vorliegen.
Bei Krankengelderschöpfung: höchstens Nahtlosigkeits-Alg

Kranken-Alg erhalten Arbeitslose auch, wenn sie ein krankes Kind versorgen müssen. Voraussetzung ist, dass das Kind jünger als zwölf Jahre alt oder behindert und auf Hilfe angewiesen ist, nach ärztlichem Attest der Betreuung und Pflege bedarf und keine andere im Haushalt lebende Person das Kind betreuen kann. Die Leistung wird nur für höchstens zehn Tage für jedes Kind, bis zu 25 Tagen insgesamt, im Kalenderjahr gezahlt. Alleinerziehende können 20 Tage für jedes Kind, bis zu 50 Tagen insgesamt, beanspruchen. Während dieser Zeit braucht der oder die Arbeitslose einer Meldeaufforderung der AA nach § 309 SGB III nicht nachzukommen.
Kranken-Alg bei krankem Kind

8 Rangfolge von Alg und Krankengeld

Wer ohne Beschäftigung ist, aber aus Gesundheitsgründen der Arbeitsvermittlung nicht zur Verfügung steht, also nicht im Sinne des § 118 SGB III arbeitslos ist, kann, wenn KV-Schutz besteht, Anspruch auf Krankengeld haben. Er kann aber auch nach § 125 SGB III Anspruch auf Alg haben, wenn die Voraussetzungen der Nahtlosigkeitsregelung vorliegen. Bezieht der Berechtigte Krankengeld, ruht ein eventueller Anspruch auf Alg (§ 142 Abs. 1 Nr. 2 SGB III).

In einem neuen Urteil hat das BSG entschieden, dass das Krankengeld dem Anspruch nach § 125 SGB III vorgeht (Urteil vom 3.6.2004 – B 11 AL 55/03 R), d. h., die Krankenkasse kann den Arbeitslosen vor Ausschöpfen des Krankengeldanspruchs nicht an die AA und auf den Alg-Anspruch verweisen.
BSG-Rangfolge

II Pflegeversicherung

Wer Alg bezieht, ist versicherungspflichtiges Mitglied in der Pflegeversicherung, auch wenn die Entscheidung, die zum Bezug der Leistung geführt hat, rückwirkend aufgehoben oder die Leistung zurückgefordert oder zurückgezahlt worden ist; auch hier müssen die Beiträge u. U. erstattet werden (→ S. 535).

Ab Beginn des zweiten Monats bis zur zwölften Woche einer Sperrzeit (§ 144 SGB III) gelten die Leistungen als bezogen (§ 20 Abs. 1 Nr. 2 SGB XI).
Versicherungspflicht gilt auch für Personen, die in Einrichtungen der Jugendhilfe, in Berufsbildungswerken oder in ähnlichen Einrichtungen für behinderte Menschen für eine Erwerbstätigkeit befähigt werden, und für Teilnehmer an Maßnahmen der beruflichen Rehabilitati-

on sowie an Maßnahmen der Berufsfindung und Arbeitserprobung (§ 20 Abs. 1 Nr. 5 und 6 SGB XI). Die Beiträge trägt die BA, soweit sie Leistungen erbringt (§ 59 Abs. 1 SGB XI i.V.m. § 251 Abs. 1 und Abs. 2 Nr. 1 SGB V).

Lässt sich der Arbeitslose nach § 92 SGB XI von der Versicherungspflicht in der sozialen Pflegeversicherung befreien, zahlt die AA den Beitrag für die private Pflegeversicherung (§ 207a Abs. 1 Nr. 2 SGB III) bis zur Höhe des Beitrages in der sozialen Pflegeversicherung. Dasselbe gilt für aus anderen Gründen in der privaten Pflegeversicherung versicherte Personen.

III Unfallversicherung

Umfang des Unfallversicherungsschutzes

Als Empfänger von Alg, Übg und auch als Teilnehmer einer Maßnahme der beruflichen Weiterbildung ohne Leistungsanspruch sind Sie unfallversichert (§ 2 Abs. 1 Nr. 2, 14 und 15b SGB VII), und zwar bei »Arbeitsunfällen« (§ 8 Abs. 1 SGB VII) und »Wegeunfällen« (§ 8 Abs. 2 SGB VII).

In der Regel sind Sie versichert gegen Unfälle auf dem Weg:
- zu der AA oder zurück;
- zu einem Vorstellungsgespräch;
- zum Arzt, falls eine Einstellungsuntersuchung erforderlich ist;
- zur Stätte der beruflichen Weiterbildung oder Reha-Einrichtung oder Trainings-/Eignungsfeststellungsmaßnahme hin oder zurück und auch
- während der Reha- oder der Trainings-/Eignungsfeststellungsmaßnahme.

Die Bezieher von Alg sind nur unfallversichert, wenn sie eine dieser Stellen **auf Aufforderung der AA** aufsuchen. Gehen sie z. B. wegen drohenden Anspruchsverlusts zur AA, sind sie nicht unfallversichert (BSG, Urteil vom 26.6.2003 – B 2 U 45/02 R).

Sie sind auch nicht unfallversichert, wenn Sie von einem beauftragten Dritten (z. B. einem privaten Arbeitsvermittler) aufgefordert werden. »Die Unfallversicherung hat in solchen Fällen durch den Dritten zu erfolgen«, prophezeit das »Merkblatt für Arbeitslose« (S. 54). Fragen Sie den beauftragten Dritten, ob er Sie unfallversichert hat!

Nicht versichert sind weiter:
- die Arbeitsuchmeldung;
- die Arbeitslosmeldung;
- der Gang zur Bank, um die Leistungen der AA abzuholen;
- die Zugehörigkeit zu einer Beschäftigungs- und Qualifizierungsgesellschaft mit Transfer-Kug bei 0-Kurzarbeit. Sie begründet kein sozialversicherungspflichtiges Beschäftigungsverhältnis, wenn die

einzige vertragliche Verpflichtung des »Beschäftigten« darin besteht, sich um eine neues Arbeitsverhältnis zu bemühen. Die sozialversicherungspflichtige Beschäftigung setzt nämlich eine wirtschaftlich erhebliche Tätigkeit, die dem Interesse des Arbeitgebers dient, voraus (so SG Mannheim, Urteil vom 14.1.2003, BB 2003, Heft 7, S. 373 f.).

Unfälle müssen Sie sofort melden! Am besten stets der AA; denn wer im Einzelfall Unfallversicherungsträger ist, kann der Laie nicht durchschauen (vgl. z. B. zur Frage des Unfallversicherungsträgers bei Trainings-/Eignungsfeststellungsmaßnahmen → S. 68).

Sie erhalten bei Arbeitsunfähigkeit wegen des Unfalls Verletztengeld in der Höhe des Alg, das Sie zuletzt bezogen haben (§§ 45 ff. SGB VII). Wie beim Krankengeld können Sie bei einer Änderung Ihrer für den Bezug von Alg maßgeblichen Verhältnisse eine Erhöhung des Verletztengeldes beantragen. **Verletztengeld**

Der Unfallversicherungsschutz umfasst bei einem Arbeitsunfall auch Krankenpflege (also z. B. Arztkosten, Rezepte, Krankenhauskosten) wie in der gesetzlichen Krankenversicherung. **Krankenpflege**

Im Rahmen der Unfallversicherung erhalten Sie auch eine Verletztenrente, wenn Ihre Erwerbsfähigkeit infolge des Unfalles um wenigstens 20 % dauerhaft herabgesetzt ist. **Verletztenrente**

IV Rentenversicherung

1 Beitragszeit

1.1 Pflichtversicherung kraft Gesetzes

Zeiten, in denen der Arbeitslose Alg oder Übg bezieht, sind Beitragszeiten, wenn der/die Arbeitslose im Jahr vor Beginn der Leistung zuletzt rentenversicherungspflichtig war (§ 3 Satz 1 Nr. 3 SGB VI). Für die Versicherungspflicht kommt es auf den tatsächlichen Bezug der Leistung nach dem SGB III an; fällt der Rechtsgrund für die Leistung nachträglich weg, ändert sich an der Versicherungspflicht nichts.

Die Arbeitslosigkeit muss sich nicht unmittelbar an die Rentenversicherungspflicht anschließen. Es genügt, dass innerhalb des Jahres vor Leistungsbeginn an einem Tag Rentenversicherungspflicht bestand und ein Beitrag entrichtet worden ist. An die Zahlung von freiwilligen Beiträgen kann die Versicherungspflicht nicht geknüpft werden. Versicherungspflicht nach § 3 Satz 1 Nr. 3 SGB VI tritt auch nicht ein, wenn der/die Arbeitslose zwischen dem Ende der Versicherungspflicht und der Arbeitslosigkeit versicherungsfrei beschäftigt war, z. B. als Beamter, Richter oder in einer geringfügigen Beschäftigung

(§ 5 SGB VI). Es genügt aber eine Versicherungspflicht kraft Antrags nach § 4 Abs. 2 SGB VI.
Ob Versicherungspflicht in der Arbeitslosenversicherung bestand, ist für die Rentenversicherung nach § 3 Satz 1 Nr. 3 SGB VI ohne Bedeutung.

1.2 Antragsversicherung

War der/die Arbeitslose im Jahr vor Leistungsbeginn nicht rentenversicherungspflichtig, z. B. weil er/sie sich vorübergehend selbstständig gemacht hatte, in dieser Zeit überhaupt nicht oder nur geringfügig erwerbstätig war, als Beamter, Richter u. Ä. rentenversicherungsfrei war, kann er/sie auf Antrag versicherungspflichtig werden; das gilt allerdings nur, wenn er/sie die genannten Leistungen nach dem SGB III bezieht (§ 4 Abs. 3 Satz 1 Nr. 1 SGB VI).

Der Antrag muss beim Rentenversicherungsträger gestellt werden, bei dem der/die Arbeitslose zuletzt versichert war (§ 126 Abs. 1 SGB VI).

Die Versicherungspflicht kraft Antrags beginnt mit der Leistung, wenn der Antrag innerhalb von drei Monaten danach gestellt wird, andernfalls erst am Tag nach dem Eingang des Antrages (§ 4 Abs. 4 Satz 1 Nr. 2 SGB VI).
Die AA muss den Leistungsbezieher, der nicht schon nach § 3 Satz 1 Nr. 3 SGB VI versicherungspflichtig ist, auf die Möglichkeit der Versicherungspflicht auf Antrag und ihre Bedeutung hinweisen.

1.3 Folgen

AA-Leistung schafft Beitragszeit

Die versicherungspflichtige Zeit des Leistungsbezugs ist eine Beitragszeit und steht daher bei den Rentenvoraussetzungen den Zeiten einer versicherungspflichtigen Beschäftigung gleich. Die Zeiten des Leistungsbezugs sind zum Erwerb der Rentenanwartschaft geeignet. Sie werden auch bei allen versicherungsrechtlichen Voraussetzungen für Leistungen aus der gesetzlichen Rentenversicherung mit berücksichtigt, insbesondere werden sie bei allen Wartezeiten mitgezählt (§§ 50, 51 SGB VI).

2 Anrechnungszeit

Ohne AA-Leistung Anrechnungszeit

Erhält der/die Arbeitslose während der Arbeitslosigkeit keine Leistung, kann die Zeit als Anrechnungszeit angerechnet werden. Die Zeiten der Arbeitslosigkeit werden berücksichtigt, wenn der/die Arbeitslose sich arbeitslos meldet und eine öffentlich-rechtliche Leistung bezogen oder wegen des zu berücksichtigenden Einkommens oder Vermögens nicht bezogen hat, vorausgesetzt, dass durch Zeiten der Arbeitslosigkeit eine versicherungspflichtige Beschäftigung oder selbstständige Tätigkeit oder ein versicherter Wehr- oder Zivildienst unterbrochen ist (§ 58 Abs. 1 Satz 1 Nr. 3 und Abs. 2 SGB VI). Auch die Zeit der Ausbildungsplatzsuche bei der AA gilt als Anrechnungszeit (§ 58 Abs. 1 Satz 1 Nr. 3a und Abs. 2 SGB VI). Eine Unterbrechung der genannten Zeiten ist für Zeiten vor dem 25. Lebensjahr nicht erforderlich (§ 58 Abs. 2 SGB VI).

Unterbrochen ist eine Beschäftigung oder Tätigkeit nur, wenn zwischen deren Ende und dem Beginn der Arbeitslosigkeit kein voller Kalendermonat verstrichen ist.

Eine selbstständige Tätigkeit gilt nur dann als unterbrochen, wenn sie ohne die Mitarbeit des Versicherten nicht weiter ausgeübt werden kann; das wird hauptsächlich dann der Fall sein, wenn die Tätigkeit von der Qualifikation des Selbstständigen abhängt, also bei einem Arzt, einem Rechtsanwalt usw.
Eine selbstständige Tätigkeit, die nur geringfügig betrieben wird, steht der Anerkennung einer Anrechnungszeit wegen Arbeitslosigkeit nicht entgegen.

Die Arbeitslosmeldung verliert für den Nachweis von Arbeitslosigkeit jeweils nach drei Monaten ihre Wirkung; der Arbeitslose muss sich auf eigene Initiative ohne Aufforderung der AA alle drei Monate melden.

Bei der AA melden!

Keine Anrechnungszeiten sind leistungslose Zeiten, wenn dem Leistungsbezug bestimmte Gründe entgegenstehen. Das gilt vor allem für Sperrzeiten, insbesondere wenn sie das Erlöschen des Anspruchs bewirken, und Zeiten, in denen wegen mangelnder Mitwirkung nach §§ 60 ff. SGB I keine Leistungen erbracht werden (a. A. Niesel in Kasseler Kommentar, August 1995, § 58 SGB VI, RandNr. 34, der darauf hinweist, dass dem Arbeitslosen, der während einer Sperrzeit Sozialhilfe (jetzt Alg II) erhält, eine Anrechnungszeit gutgeschrieben wird).

Ohne AA-Leistung keine Anrechnungszeit

Dasselbe gilt für Zeiten, in denen Verfügbarkeit nach § 119 Abs. 5 SGB III nicht vorliegt, auch wenn hierfür z. B. Gesundheitsgründe verantwortlich sind, etwa weil der Rentenversicherungsträger verminderte Erwerbsfähigkeit festgestellt hat, ein Rentenanspruch aber nicht besteht und auch kein Krankengeld u. Ä. gezahlt wird, sofern nicht andere Anrechnungstatbestände eingreifen. Der Anrechnungszeit steht nicht entgegen, dass Alg mangels Anwartschaft nicht gezahlt wird, wenn Alg II aufgrund der Einkommens- oder Vermögensverhältnisse nicht in Betracht kommt.

Anrechnungszeiten werden nur bei der Ermittlung der Vorversicherungszeit für die Rente wegen verminderter Erwerbsfähigkeit (§§ 43 Abs. 3 Nr. 1, 44 Abs. 4 SGB VI), bei der Ermittlung der Voraussetzungen für die Höherbewertung von Niedrigverdienern (§ 262 SGB VI) und bei der Gesamtleistungsbewertung von beitragslosen Versicherungszeiten (§ 72 Abs. 3 Nr. 1 SGB VI) berücksichtigt. Anrechnungs-

Folgen der Anrechnungszeit

zeiten werden bei der Ermittlung der allgemeinen Wartezeit von fünf Jahren (§ 50 Abs. 1 SGB VI) nicht angerechnet. Bei der eigentlichen Rentenberechnung werden die Anrechnungszeiten wegen Arbeitslosigkeit nicht berücksichtigt; sie erhöhen die Rente nicht. Einzelheiten können Sie nachlesen bei Ute Winkler, info also 1996, Heft 4, S. 197.

3 Beitrag

Die Beiträge zur Rentenversicherung werden von der BA getragen.

Beim Alg Der Beitrag wird auf der Grundlage von 80 % des dem Alg zugrunde liegenden Arbeitsentgelts bemessen (§ 166 Abs. 1 Nr. 2 SGB VI).

Meldung Die BA meldet die Leistungszeit und die Zeit der Arbeitslosigkeit ohne Leistungsbezug sowie Sperrzeiten dem Rentenversicherungsträger. Über die Anerkennung der Versicherungspflicht oder einer Anrechnungszeit entscheidet der Rentenversicherungsträger.

4 Anhebung der Altersgrenze für die Altersrente wegen Arbeitslosigkeit

Vor dem 65. Geburtstag können Versicherte ab 2005 nur noch ausnahmsweise ohne Abschläge in Rente gehen (§ 77 SGB VI). Die Altersgrenzen für Arbeitslose und Altersteilzeitarbeitnehmer werden unter Berücksichtigung von Vertrauensschutzregelungen ab 2006 bis 2008 in Monatsschritten von 60 auf 63 Jahre angehoben. Von der Anhebung werden 1946 Geborene und jüngere Versicherte betroffen sein. Im Januar 1946 Geborene sollen dann die Altersrente frühestens mit 60 Jahren und einem Monat beziehen können, im Februar 1946 Geborene frühestens mit 60 Jahren und zwei Monaten und so weiter. Schließlich können im Dezember 1948 und später Geborene frühestmöglich mit 63 Jahren eine Altersrente wegen Arbeitslosigkeit oder nach Altersteilzeitarbeit in Anspruch nehmen.

 Ein Rentenbezug vor diesem Zeitpunkt ist – auch unter Inkaufnahme von Abschlägen – bei dieser Altersrente dann grundsätzlich nicht mehr möglich.

Versicherte, die nach dem 31.12.1951 geboren sind, haben bereits nach geltendem Recht keinen Anspruch mehr auf diese Rentenart.

Vertrauensschutz haben Versicherte, die
1. vor dem 1.1.1952 geboren sind und

Stichtag 1.1.2004 2. vor dem 1.1.2004 rechtsverbindlich über die Beendigung ihres Arbeitsverhältnisses disponiert hatten (z.B. durch Aufhebungsvertrag oder Vertrag über Altersteilzeitarbeit mit ihrem Arbeitgeber) oder an diesem Tag arbeitslos sind. Für sie wird die Altersgrenze für die frühestmögliche Inanspruchnahme **nicht** angehoben.

Beibehalten wird die Altersgrenze von 60 Jahren für Beschäftigte im Bergbau, wenn die Rente wegen Arbeitslosigkeit über den vorherigen Bezug von Anpassungsgeld in Anspruch genommen wird. (SPI 2003, Heft 6, S. 13.)

V   Was muss geändert werden?

1   Einbeziehung aller Ruhensfälle in den Krankenversicherungsschutz

Alle Ruhensfälle, insbesondere das Entlassungsentschädigungsruhen, müssen – wie schon die Sperrzeit – durch die Fiktion des Leistungsbezugs in den Krankenversicherungsschutz einbezogen werden. Der Krankenversicherungsschutz darf jedoch nicht erst mit dem zweiten Monat des Ruhens beginnen, weil Urlaubsabgeltung und das Entlassungsentschädigungsruhen regelmäßig oder häufig weniger als einen Monat dauern.

2   Ausdehnung des Unfallversicherungsschutzes

Leistungsträger sind nach § 2 Abs. 1 Nrn. 14, 15b SGB VII bei Arbeitsuche nur unfallversichert, »wenn sie einer besonderen, an sie im Einzelfall gerichteten Aufforderung des AA nachkommen«. Dieser eingeschränkte Versicherungsschutz passt nicht zu der vom SGB III geforderten Eigeninitiative. Diese verlangt viele – unfallträchtige – Wege. Auch wenn in der Eingliederungsvereinbarung gemäß § 6 Abs. 1 Satz 3 SGB III die Eigenbemühungen detailliert festgehalten werden, dürfte daraus kein Unfallversicherungsschutz folgen. Das widerspricht dem propagierten Grundsatz des »Förderns und Forderns«. § 2 Abs. 1 Nrn. 14, 15b SGB VII muss deshalb neu gefasst werden: Unfallversicherungsschutz muss für alle in der Eingliederungsvereinbarung festgeschriebenen Aktivitäten des Arbeitslosen gewährt werden.

V WIDERSPRUCH UND KLAGE

I Der Widerspruch 553

    1 Was Sie beim Widerspruch beachten müssen 553
    2 Muster für Widersprüche 554
    3 Das Widerspruchsverfahren 559
    4 Kein Widerspruch bei »Vorläufiger Entscheidung« 559

II Die Klage vor dem Sozialgericht (SG) 560

    1 Was Sie bei einer Klage beachten müssen 560
    2 Muster für eine Klage 562
    3 Das Verfahren vor den Sozialgerichten 564

III Was tun, falls Fristen versäumt wurden? 565

IV Was tun, falls die AA trotz Widerspruchs und Klage Leistungen verweigert? 566

    1   Antrag auf Aussetzung der Vollziehung 566
    1.1 Muster:
        Antrag auf Aussetzung der Entscheidung im Widerspruchsverfahren 568
    1.2 Muster:
        Antrag auf Aussetzung der Entscheidung im Sozialgerichtsverfahren 569

V Wie Sie die AA dazu bringen können, schneller zu zahlen 569

    1   Vorschuss 569
    2   Untätigkeitsklage 570
    2.1 Muster:
        Androhung einer Untätigkeitsklage 571
    2.2 Muster:
        Untätigkeitsklage 572
    3   Einstweilige Anordnung 573

VI Sich allein wehren oder sich vertreten lassen? 574

VII Was kostet die Rechtsverfolgung? 574

    1 Kosten 574
    2 Prozesskostenhilfe 576
    3 Beratungshilfe 578
    4 Zusammenfassung 579

VIII Wie aussichtsreich ist der juristische Weg? 580

IX Tipps zu guter Letzt 580

I Der Widerspruch
§ 77, 84 SGG

1 Was Sie beim Widerspruch beachten müssen

Mit einem Widerspruch erreichen Sie die Überprüfung eines Bescheides durch die AA, genauer durch die Widerspruchsstelle der AA.

Was ist ein Widerspruch?

Das Widerspruchsverfahren kostet nichts, und Sie riskieren nichts. Mehr als eine Ablehnung des Widerspruchs kann nicht passieren; insbesondere darf die Widerspruchsstelle Sie durch den Widerspruchsbescheid nicht schlechter stellen als vor dem Widerspruch. Dafür haben Sie aber die Chance, dass die AA unter Umständen einen fehlerhaften Bescheid korrigiert, und Sie verhindern, dass der Bescheid durch Fristablauf endgültig rechtswirksam ist.

Widerspruchsverfahren kostenfrei

Sie können den Widerspruch auf zwei Wegen einlegen:

- Sie schreiben den Widerspruch selbst. Wichtig ist, dass Sie sich von dem Widerspruch – wie auch von allen Schreiben an die AA – eine Kopie machen, damit Sie später wissen, was Sie geschrieben haben. Der Widerspruch muss grundsätzlich in Deutsch eingelegt werden. Arbeitslose aus bestimmten Ländern (→ S. 24) können ihre Muttersprache benutzen.

Widerspruch selbst schreiben

- Falls Sie Schreibarbeit scheuen, können Sie den Widerspruch von der Widerspruchsstelle bei der AA protokollieren lassen. Die AA ist zur Protokollierung Ihres Widerspruchs verpflichtet; dazu müssen Sie allerdings zur AA gehen. Ein Telefonanruf zur Protokollierung des Widerspruchs ist nicht möglich.
Aber auch wenn Sie den Widerspruch zu Protokoll geben, ist es sinnvoll, sich die Begründung vorher kurz zu notieren, damit Sie nicht auf die Formulierungshilfe des Sachbearbeiters angewiesen sind.
Lesen Sie den protokollierten Widerspruch auf jeden Fall durch, bevor Sie ihn unterschreiben, und prüfen Sie, ob der Sachbearbeiter auch wirklich das geschrieben hat, was Sie erklärten.

Widerspruch zu Protokoll

Sie müssen den Widerspruch innerhalb eines Monats bei der AA einlegen. Die Frist beginnt mit dem Zugang des Bescheides bei Ihnen. Für den Fristbeginn kommt es nicht auf den Poststempel an, also wann die AA den Bescheid absandte. Entscheidend ist vielmehr der Zeitpunkt, an dem Sie den Bescheid in den Briefkasten bekommen haben oder er Ihnen auf dem Amt ausgehändigt wurde.

Frist: 1 Monat

Auf den Zugang kommt es an

Das Gleiche gilt auch für den Zugang des Widerspruchs: Er muss innerhalb der Widerspruchsfrist bei der AA zugegangen sein. Wenn es zeitlich knapp wird, kann das Widerspruchsschreiben in den Briefkasten der AA eingeworfen werden. Ein Einwurf in den (Nacht-)Briefkasten der AA vor Mitternacht des letzten Tages genügt.
Fällt das Fristende auf einen Samstag, Sonntag oder Feiertag, so gilt die Frist als gewahrt, wenn der Widerspruch am folgenden Werktag bei der AA eingeht.

Wird der Widerspruch mit der Post übersandt, sollte dies per Einschreiben mit Rückschein erfolgen, damit Sie nachweisen können, dass Sie den Widerspruch abgesandt haben. Aber Vorsicht: Einschreibesendungen dauern länger als normale Briefe; also genügend Zeit für die Einhaltung der Frist einkalkulieren.

Am sichersten ist die Abgabe des Widerspruchs bei der AA selbst – am besten in der Widerspruchsstelle. Sie sollten sich unbedingt die Abgabe auf Ihrer Kopie bestätigen lassen, z. B. durch einen Eingangsstempel.

Will die AA einen Widerspruch wegen Versäumnis der Monatsfrist abweisen, so muss die AA zunächst den Zugang des angegriffenen Bescheides nachweisen. Da es bei der Post Verzögerungen bei der Zustellung oder sogar Verluste von Briefsendungen geben kann, ist es für die AA in der Regel nicht so einfach, den Zugang an einem bestimmten Tag nachzuweisen, wenn nicht förmlich zugestellt worden ist.

Haben Sie trotz aller Bemühungen die Ein-Monats-Frist versäumt, ist noch nicht alles verloren. Was Sie dann tun können, → S. 565 f.

Ausnahmsweise verlängert sich die Widerspruchsfrist auf ein Jahr, wenn der Bescheid keine oder eine unrichtige Rechtsbehelfsbelehrung enthält. Eine solche Rechtsbehelfsbelehrung beginnt regelmäßig mit den Worten: »Gegen diesen Bescheid kann binnen eines Monats Widerspruch eingelegt werden ...«. Aber auch wenn die Rechtsbehelfsbelehrung mal fehlen sollte, sollten Sie im eigenen Interesse schnell Widerspruch einlegen.

Was muss

Der Widerspruch **muss** enthalten:
- Ihren Namen und Ihre Anschrift;
- das Datum des Bescheids, gegen den Sie sich wenden.

und was sollte ein Widerspruch enthalten?

Weiterhin **sollte** der Widerspruch enthalten:
- Ihre Kundennummer;
- Ihre Unterschrift;
- eine Begründung. Hier sollten Sie schreiben, warum Sie den Bescheid für falsch halten. Häufig (z. B. bei Sperrzeitbescheiden) geht die AA von falschen Tatsachen aus. Dann sollten Sie in Ihrem Widerspruch ausführlich schreiben, wie es wirklich gewesen ist.

Auch wenn Sie den Widerspruch nicht begründet haben, ist die AA verpflichtet, das bisherige Verfahren auf seine Richtigkeit zu kontrollieren. Ohne Begründung macht sich die Widerspruchsstelle in der Regel jedoch keine große Mühe.

2 Muster für Widersprüche

Im Folgenden bringen wir Muster für Widersprüche in typischen Situationen. Zu jedem Widerspruch haben wir eine von vielen denkbaren Begründungen verfasst. Allgemein gültige Hinweise für die Begründung können wir nicht geben, da die Begründung stets vom Einzelfall abhängt.

Muster: Widerspruch gegen Ablehnungsbescheid bei Antrag auf Arbeitslosengeld

David Zunder
Bert-Brecht-Straße 7
60320 Frankfurt am Main

30.7.2004

An die
Agentur für Arbeit Frankfurt am Main
Widerspruchsstelle

Kundennummer ....
Widerspruch gegen Ihren Bescheid vom 15.7.2004

Sehr geehrte Damen und Herren,

gegen Ihren Bescheid vom 15.7.2004, mir zugegangen am 18.7.2004, mit dem Sie meinen Antrag vom 2.6.2004 auf Gewährung von Arbeitslosengeld ablehnen, lege ich

Widerspruch

ein.

Gründe:
Sie behaupten, ich hätte die Anwartschaftszeit von zwölf Monaten innerhalb der Rahmenfrist nicht erfüllt. Dies ist unzutreffend. Neben meiner versicherungspflichtigen Beschäftigung als Arbeiter bei der Fa. ... in der Zeit von ... bis ... haben Sie folgende Versicherungszeit unberücksichtigt gelassen:
Im Anschluss an eine 6-wöchige Krankheit, für die ich von der Fa. ... Entgeltfortzahlung erhielt, bezog ich von der Krankenkasse noch für weitere drei Wochen Krankengeld. Diese Zeit ist anwartschaftsbegründend.

Angesichts dieser Umstände bitte ich, den Bescheid umgehend aufzuheben und das beantragte Arbeitslosengeld sofort zu bewilligen.

Mit freundlichen Grüßen

David Zunder

Muster: Widerspruch gegen (zu geringe) Dauer des Arbeitslosengeldbezugs

Briefkopf und Gestaltung siehe Muster → S. 555.

Gegen Ihren Bescheid vom 15.7.2004, mir zugegangen am 18.7.2004, mit dem Sie mir Arbeitslosengeld nur für sechs Monate bewilligen, lege ich

Widerspruch

ein.

Gründe:
Sie haben meinen unbezahlten Urlaub bei Berechnung der Anwartschaftszeit nicht berücksichtigt. Da ich weniger als vier Wochen unbezahlten Urlaub hatte und dieser auch nicht nachträglich an das ursprünglich vereinbarte Ende des Beschäftigungsverhältnisses angehängt worden ist, muss diese Zeit berücksichtigt werden (§ 7 Abs. 3 Satz 1 SGB IV). Danach beträgt meine Anwartschaftszeit mehr als 16 Monate. Damit steht mir für acht Monate Alg zu.

Muster: Widerspruch gegen (zu geringe) Höhe des Arbeitslosengeldes

Briefkopf und Gestaltung siehe Muster → S. 555.

Gegen Ihren Bescheid vom 13.7.2005, mir zugegangen am 16.7.2005, mit dem Sie mir Arbeitslosengeld gekürzt um ... € wegen verspäteter Arbeitsuchmeldung bewilligen, lege ich

Widerspruch

ein.

Gründe:
Die Kürzung ist rechtswidrig, weil

[1] Bei unbefristeten Arbeitsverhältnissen

... ich von der Pflicht zur frühzeitigen Meldung nichts ahnte; mein Arbeitgeber hat mich nicht darauf hingewiesen, dass ich mich unverzüglich nach Erhalt der Kündigung arbeitsuchend melden muss.

Ich verweise insoweit auf die Urteile folgender Sozialgerichte:
- SG Berlin, Urteil vom 26.3.2004 – S 58 AL 6603/03;
- SG Freiburg, Urteile vom 15.4.2004 – S 9 AL 3989/03 – und vom 2.7.2004 – S 3 AL 382/04;
- SG Mannheim, Urteil vom 14.5.2004 – S 11 AL 3776/03;
- BSG, Urteil vom 11.5.2000 – B 7 AL 54/98 R.

2 Zusätzlich zu 1 oder unabhängig von 1 bei befristeten Arbeitsverhältnissen

... die Frist zur Meldung aus § 37b Satz 2 SGB III nicht zu entnehmen ist. Das Gesetz legt nur fest, wann die Meldung frühestens erfolgen darf, aber nicht, bis wann sie erfolgen muss.
Ich verweise auf das Urteil des SG Dortmund vom 14.7.2004 – S 33 AL 169/04 und auf das Urteil des SG Aachen vom 24.9.2004 – S 8 AL 81/04).

3 Bei vorhergehendem Krankengeldbezug

... ich nicht wusste, dass der Bezug von Krankengeld ein Versicherungspflichtverhältnis im Sinne des SGB III begründet. Die Krankenkasse hat mich nur auf die drohende Aussteuerung, nicht aber auf die Meldepflicht nach § 37b SGB III hingewiesen.
Ich verweise auf das Urteil des SG Mannheim vom 14.5.2004 – S 11 AL 3776/03.

4 Zusätzlich zu 1 insbesondere in Fällen mit einem täglichen (Brutto-)Bemessungsentgelt knapp über 60 €

... ich nicht verstehe, dass nur, weil ich [z. B.] 61 € als tägliches (Brutto-)Bemessungsentgelt habe, mir mein Arbeitslosengeld um 35 € täglich gekürzt werden soll; hätte ich lediglich 59 € täglich als Bemessungsentgelt, wären es nur 7 €. Dieser »Bocksprung« ist durch nichts gerechtfertigt.
Ich verweise insoweit auf den Vorlagebeschluss des SG Frankfurt/Oder vom 1.4.2004 – S 7 AL 42/04.

5 In allen Fällen

... die §§ 37b, 140 SGB III verfassungswidrig sind.
Ich verweise auf den Beschluss des SG Frankfurt/Oder vom 1.4.2004 – S 7 AL 42/04. Das Gericht hat mit einleuchtender Begründung das Bundesverfassungsgericht angerufen.
Ich beantrage deshalb,
die Entscheidung über den Widerspruch bis zur Entscheidung des Bundesverfassungsgerichts über den Vorlagebeschluss des SG Frankfurt/Oder auszusetzen.

Muster: Widerspruch gegen Sperrzeitbescheid

Briefkopf und Gestaltung siehe Muster → S. 555.

Gegen Ihren Bescheid vom 15.7.2005, mir zugegangen am 18.7.2005, mit dem Sie eine zwölfwöchige Sperrzeit verhängt haben, lege ich **Widerspruch** ein.

Gründe:
Die Kündigung erfolgte nicht wegen des vom Arbeitgeber angegebenen verhaltensbedingten Grundes, einem Streit mit meinem Meister. In Wahrheit liegen personen-/betriebsbedingte Gründe vor: Ich war arbeitsunfähig erkrankt. Außerdem rationalisiert die Geschäftsleitung zurzeit Arbeitsplätze weg. Der Arbeitgeber wollte lediglich die bei betriebsbedingten Kündigungen erforderliche Sozialauswahl unter den vergleichbaren Arbeitnehmern durch das Vorschieben von verhaltensbedingten Gründen umgehen.
Im Übrigen habe ich gegen die Kündigung Klage beim Arbeitsgericht Frankfurt am Main erhoben. Das Aktenzeichen lautet: 11 Ca 108/05. Termin ist bestimmt auf den 25.10.2005. Angesichts dieser Umstände bitte ich um umgehende Aufhebung des Sperrzeitbescheides.
Hilfsweise beantrage ich, die Sperrzeit gemäß § 144 Abs. 3 Satz 2 Nr. 2b SGB III auf sechs Wochen zu ermäßigen, da eine Sperrzeit von zwölf Wochen für mich eine besondere Härte aus folgenden Gründen darstellen würde: ...

Muster: Widerspruch gegen rückwirkende Entziehung von Leistungen

Briefkopf und Gestaltung siehe Muster → S. 555.

Gegen Ihren Bescheid vom 23.8.2005, mir zugegangen am 25.8.2005, mit dem Sie mir das gezahlte Alg ab 4.1.2005 teilweise entziehen, lege ich **Widerspruch** ein.

Gründe:
Sie durften die Bewilligung des Alg nicht teilweise für die Vergangenheit zurücknehmen. Zwar haben Sie mir mit Bescheid vom 4.1.2005 Alg unter Berücksichtigung einer 38-Stunden-Woche gezahlt, obwohl ich schon seit vielen Jahren nur 30 Wochenstunden arbeite. Ich habe Ihnen dies jedoch im Alg-Antrag mitgeteilt. Mich trifft an der Überzahlung kein Verschulden. Ich konnte Ihrem Bescheid nicht entnehmen, dass Sie von falschen Voraussetzungen ausgegangen sind. Ich wusste nicht, wie das Alg im einzelnen berechnet wird. Der Betrag von wöchentlich 170,60 € Alg war auch nicht so hoch, dass sich mir die Unrichtigkeit Ihrer Berechnung aufdrängen musste.
Deshalb bitte ich um Aufhebung des Bescheides.

3 Das Widerspruchsverfahren
§§ 78 ff. SGG

Über den Widerspruch entscheidet die AA durch einen schriftlichen Bescheid.
Hält die AA Ihren Widerspruch für berechtigt, so erlässt sie einen Abhilfebescheid. Dieser hebt den angegriffenen Bescheid auf.
Hält die AA den Bescheid für richtig, dann weist sie den Widerspruch durch den Widerspruchsbescheid zurück.

Widerspruchsbescheid

Die AA muss den Widerspruchsbescheid begründen.

Begründung

Jeder Bescheid ist mit einer Rechtsbehelfsbelehrung zu versehen. Diese informiert Sie darüber, dass Sie – falls Sie mit dem Widerspruchsbescheid nicht einverstanden sind – innerhalb einer Frist von einem Monat nach Zugang des Bescheides gegen den Widerspruchsbescheid vor dem SG klagen können.

Rechtsbehelfsbelehrung

4 Kein Widerspruch bei »Vorläufiger Entscheidung«
§ 328 SGB III

Widerspruch brauchen Sie nicht einzulegen, wenn die AA eine nur vorläufige Entscheidung (§ 328 SGB III) gefällt hat.
Das kann es in drei Fällen:

»Vorläufige« Entscheidung

- wenn über eine Vorschrift des SGB III vor dem Bundesverfassungsgericht oder dem Europäischen Gerichtshof gestritten wird;
- wenn eine Grundsatzentscheidung beim BSG ansteht;
- wenn aus tatsächlichen Gründen ohne Verschulden des Arbeitslosen nicht sofort endgültig entschieden werden kann.

Die Entscheidung muss ausdrücklich als »vorläufig« bezeichnet werden.
Der Vorteil der vorläufigen Entscheidung ist die schnelle Bewilligung. Sie müssen aber gegebenenfalls zuviel Gezahltes erstatten.

Achten Sie darauf, ob der Bescheid insgesamt vorläufig ist oder nur teilweise. Wenn z. B. der Bescheid über die Höhe einer Leistung nur vorläufig entscheidet, müssen Sie Widerspruch einlegen, wenn Sie mit Beginn und Dauer der Leistung nicht einverstanden sind.

Muster: Antrag auf vorläufige Entscheidung

David Zunder 3.2.2004
Bert-Brecht-Straße 7
60320 Frankfurt am Main

An die
Agentur für Arbeit Frankfurt am Main

Kundennummer: ....
Mein Antrag auf Arbeitslosengeld vom 3.2.2004
Antrag auf vorläufige Entscheidung

Sehr geehrte Damen und Herren,

ich bitte, über meinen Alg-Antrag gemäß § 328 Abs. 1 Satz 1 Nr. 1 SGB III **vorläufig zu entscheiden**.

Gründe:
Ich halte die Arbeitsbescheinigung meines Arbeitgebers für falsch. Tatsächlich habe ich im Bemessungszeitraum noch Provisionen bekommen, die in der Arbeitsbescheinigung nicht enthalten sind. Da ich nicht warten kann, bis mein Arbeitgeber die Arbeitsbescheinigung berichtigt hat, bitte ich um eine vorläufige Entscheidung.

Mit freundlichen Grüßen

David Zunder

II Die Klage vor dem Sozialgericht (SG)
§§ 87 ff. SGG

1 Was Sie bei einer Klage beachten müssen

Im Gegensatz zum Widerspruchsverfahren, bei dem die AA selbst ihre Entscheidung überprüft, wird durch die Klage beim SG die Entscheidung der AA durch ein Gericht überprüft.

Zwei Voraussetzungen muss jeder Kläger erfüllen:

Abgeschlossenes Widerspruchsverfahren
- Sie können die Klage in der Regel erst einlegen, wenn Sie Widerspruch erhoben haben und das Widerspruchsverfahren abgeschlossen ist. Ohne abgeschlossenes Widerspruchsverfahren wartet das SG zunächst ab, bis der Widerspruchsbescheid vorliegt.

- Die Klage muss binnen eines Monats nach Zustellung des Widerspruchsbescheides erhoben worden sein, sonst wird der Widerspruchsbescheid bindend und die Klage abgewiesen.

Klagefrist:
1 Monat

Für die Frist gilt das, was auf Seite → S. 553 zur Einhaltung der Widerspruchsfrist gesagt wurde, entsprechend.
Fehlt im Widerspruchsbescheid die Rechtsbehelfsbelehrung oder ist sie falsch, so verlängert sich die Klagefrist auf ein Jahr.

Die Klage muss zweifach beim SG eingereicht werden, sonst kann das Gericht Fotokopierkosten in Höhe von 0,50 € pro Seite berechnen.

Klageschrift
zweifach

Wichtig: Kopie der Klageschrift für die eigene Akte behalten!

Kopie

Obwohl die Gerichtssprache grundsätzlich Deutsch ist, kann die Klage von Ausländern rechtsgültig auch in der Sprache eines der auf → S. 24 aufgezählten Länder eingelegt werden.

Babylon
ist möglich

Sie können – wie beim Widerspruch – die Klage auch zu Protokoll erklären. Sie müssen dann in die Geschäftsstelle des SG gehen und den Sachverhalt schildern. Diese fertigt dann ein Klageprotokoll an, das Sie, nachdem Sie sich vergewissert haben, dass alles richtig aufgenommen ist, unterschreiben müssen.

Klage zu Protokoll

Die Klage soll Angaben enthalten darüber:

Was soll die
Klage enthalten?

- wer die Klage einlegt (Ihren Namen, Ihre Anschrift) und gegen wen sich die Klage richtet (gegen die BA);
- wogegen sich die Klage richtet (wenn ein Widerspruchsbescheid erlassen ist, genügt die Angabe des Widerspruchsbescheids mit Aktenzeichen und Datum);
- was beantragt wird (z.B. Aufhebung eines Sperrzeitbescheides und Zahlung von Alg usw.);
- Unterschrift sowie Ort und Datumsangabe;
- eine Begründung, warum Sie den Bescheid für falsch halten, und die Beweismittel, auf die Sie Ihre Begründung stützen.

Wie beim Widerspruch hängt auch bei der Klage die Begründung vom jeweiligen Einzelfall ab. Die Begründung der Klage entspricht im Wesentlichen der Begründung des Widerspruchs. Wir verweisen daher auf die Begründungen zu den einzelnen Widerspruchsmustern.

Natürlich müssen Sie, wenn die AA im Widerspruchsbescheid neue Gründe anführt, diese in der Klagebegründung zusätzlich behandeln und wenn möglich widerlegen.

2 Muster für eine Klage

Muster: Klage gegen einen Sperrzeitbescheid

David Zunder Datum
Zur Freien Stunde 2
13088 Berlin

An das
Sozialgericht Berlin

Klage

des Hilfsarbeiters David Zunder – Klägers –

gegen

die Bundesagentur für Arbeit,
vertreten durch den Vorstand der BA,
dieser vertreten durch die Geschäftsführung
der Agentur für Arbeit Berlin Nord – Beklagte –

wegen Zahlung von Alg / Verhängung einer Sperrzeit

Ich beantrage,
die Beklagte zu verurteilen, unter **Aufhebung des Bescheides** vom 15.1.2004, mir zugegangen am 19.1.2004, mit dem gegen mich eine Sperrzeit von drei Wochen verhängt wurde, und des Widerspruchsbescheides vom 11.6.2004, mir zugegangen am 14.6.2004, auch für Zeiten vom 1.1.2004 bis 21.1.2004 Alg in Höhe von ... € **zu zahlen**,

Begründung:
Mit Bescheid vom 15.1.2004 hat die Beklagte gegen mich eine Sperrzeit von drei Wochen für die Zeit vom 1.1.2004 bis 21.1.2004 verhängt, weil ich mich geweigert habe, eine von der Beklagten angebotene Arbeit bei der Firma X anzutreten.
Beweis: Bescheid vom 15.1.2004.
Hiergegen legte ich am 3.2.2004 Widerspruch ein,
Beweis: Widerspruchsschreiben vom 3.2.2004,
und erhielt am 14.6.2004 den ablehnenden Widerspruchsbescheid vom 11.6.2004.
Beweis: Widerspruchsbescheid vom 11.6.2004.
Die Sperrzeit ist rechtswidrig. Ich durfte die Arbeit zu einem Nettolohn in Höhe meines bisherigen 60%-Alg ablehnen. Ein solches Arbeitsangebot ist unzumutbar.
Die AA kann sich zwar auf § 121 Abs. 3 SGB III berufen, wenn sie meint, nach sechs Monaten Arbeitslosigkeit sei ein Nettolohn in Höhe meines bisherigen 60%-Alg zumutbar. Sie übersieht aber § 36 Abs. 1 SGB III. Danach darf die AA nicht in eine gesetz- oder sittenwidrige Arbeit vermitteln.

Die angebotene Bezahlung ist lohnwucherisch niedrig; sie verstößt gegen den Straftatbestand des § 291 Abs. 1 Satz 1 Nr. 3 StGB; sie ist außerdem gemäß § 138 Abs. 2 BGB nichtig. Die angebotene Bezahlung steht in »auffälligem Missverhältnis« zur auszuführenden Arbeit. Ein auffälliges Missverhältnis beginnt – jedenfalls bei Löhnen in Branchen, in denen sowieso schon schlecht bezahlt wird –, wenn der Lohn um mehr als 33 % unter dem vergleichbaren Lohn liegt. Ich sollte in eine Lohnarbeit gedrückt werden, in der ich sogar 40 % weniger als der vergleichbare Tariflohn erhalten sollte.

Ein solcher Lohn ist unzumutbar. Ich verweise zur Begründung auf die Urteile des BGH in Strafsachen vom 22.4.1997, NJW 1997, Heft 40, S. 2689, des Arbeitsgerichts Bremen vom 30.8.2000, AiB 2001, Heft 10, S. 610 ff., des SG Berlin vom 18.1.2002, info also 2002, Heft 3, S. 114 ff., und des SG Fulda vom 17.3.2004, info also 2004, Heft 5, S. 217 ff.

Im Übrigen widerspricht ein solcher Lohn dem, was die BA selbst für zumutbar hält: Die BA geht bei einem Lohn, der 30 % und mehr unter dem tariflichen (oder ortsüblichen) Lohn liegt, von Lohnwucher aus. So ausdrücklich die »Durchführungshinweise der BA zum SGB II«, RandNr. 10.3 zu § 10 SGB II. Was für die Zumutbarkeit nach § 10 Abs. 2 Nr. 4 SGB II gilt, muss erst recht für die Zumutbarkeit nach § 121 Abs. 3 SGB III gelten.

Weiter verstößt die auf § 121 Abs. 3 Satz 3 SGB III gestützte Praxis der Beklagten gegen die Grundnorm aus § 1 Satz 2 SGB I. Danach soll das Sozialgesetzbuch dazu beitragen, »den Erwerb des Lebensunterhalts durch eine frei gewählte Tätigkeit zu ermöglichen«. Das ist mit dem angebotenen Lohn nicht möglich.

Schließlich rüge ich einen Verstoß gegen Art. 12 GG: »Die Freiheit, einen Beruf auszuüben, ist untrennbar verbunden mit der Freiheit, eine angemessene Vergütung zu fordern.« Diese vom Bundesverfassungsgericht aus Art. 12 GG abgeleitete Freiheit wird mir genommen, wenn ich unter Berufung auf § 121 Abs. 3 Satz 3 SGB III und unter Androhung einer Sperrzeit oder gar des Verlusts meines Leistungsanspruchs zu einer zwar meinem bisherigen 60 %-Alg entsprechenden, aber sittenwidrig niedrig bezahlten Arbeit gezwungen werde.

Ich bitte daher, antragsgemäß zu entscheiden.

Mit freundlichen Grüßen

David Zunder

3 Anlagen

3 Das Verfahren vor den Sozialgerichten
§§ 103 ff. SGG

SG ermittelt von Amts wegen

Das SG ermittelt nach Eingang der Klage von Amts wegen den Sachverhalt. Es hat die am Prozess Beteiligten (also Sie als Kläger und die BA als Beklagte) auf die rechtlichen Möglichkeiten hinzuweisen.

Wir haben das Klagemuster ausführlich formuliert. Dies ist nicht unbedingt nötig. Da das SG von Amts wegen den Sachverhalt ermitteln muss, reicht eine Klageerhebung unter der Angabe, welcher Bescheid angefochten wird. Um aber zeitraubende Rückfragen des Gerichts zu vermeiden, empfehlen wir, die Klage so vollständig und ausführlich wie möglich zu begründen.

Das SG entscheidet in der Regel aufgrund einer mündlichen Verhandlung, zu der Kläger wie Beklagte geladen und in der u. U. Zeugen vernommen werden. Eine Entscheidung ergeht in diesem Fall durch Urteil. Das SG kann gemäß § 105 Abs. 1 Satz 1 SGG ohne mündliche Verhandlung durch Gerichtsbescheid entscheiden, wenn die Sache rechtlich einfach ist, der Sachverhalt klar ist und die Beteiligten vorher angehört worden sind. Dieser Bescheid wirkt dann als Urteil.

Ein Rechtsstreit kann auch durch Anerkenntnis der AA, Vergleich oder Rücknahme der Klage enden.

Berufung zum LSG

Wenn Sie mit einer Entscheidung des SG nicht einverstanden sind, ist grundsätzlich die Berufung an das Landessozialgericht (LSG) zulässig (§§ 143 ff. SGG). Nicht zulässig ist die Berufung, wenn lediglich ein Betrag bis zu 500 € streitig ist; betrifft der Betrag bis 500 € eine wiederkehrende oder laufende Leistung für mehr als ein Jahr, ist die Berufung möglich. Lässt das SG die Berufung nicht zu, können Sie Nichtzulassungsbeschwerde einlegen. Das LSG muss die Berufung zulassen, wenn die Streitsache grundsätzliche Bedeutung hat, das SG von der Rechtsprechung des BSG oder eines LSG abgewichen ist oder wenn dem SG ein Verfahrensfehler unterlaufen ist. Berufung und Nichtzulassungsbeschwerde müssen Sie innerhalb eines Monats nach Zugang des Urteils beim SG oder beim LSG einlegen. Das Urteil des SG muss Sie über die Rechtsmittelmöglichkeiten im einzelnen unterrichten.

Revision zum BSG

Schwierig ist es, gegen eine Entscheidung eines LSG (oder SG) die Revision (oder Sprungrevision) zum BSG zu erreichen. Hier müssen Sie sich zudem noch von einem Gewerkschaftssekretär oder Rechtsanwalt, am besten von einem »Fachanwalt für Sozialrecht« vertreten lassen.

III Was tun, falls Fristen versäumt wurden?

Grundsätzlich wird der Bescheid der AA bei Versäumung der Widerspruchs-/Klagefrist rechtswirksam und damit gemäß § 77 SGG für den Arbeitslosen und die AA bestandskräftig. Diese Bestandskraftwirkung kann auf zwei Wegen beseitigt werden:

- Sie können bei der AA einen »Antrag auf Überprüfung des Bescheids« nach § 44 SGB X stellen. Näheres → S. 522.

Überprüfung des Bescheids

- Sie können bei der AA (bei Versäumung der Widerspruchsfrist) und beim SG (bei Versäumung der Klagefrist) die »Wiedereinsetzung in den vorigen Stand« beantragen (§ 27 SGB X; § 67 SGG).

Wiedereinsetzung in den vorigen Stand

Voraussetzung für die Wiedereinsetzung ist, dass Sie die Frist ohne Verschulden versäumt haben.

Der Antrag auf Wiedereinsetzung in den vorigen Stand ist bei Versäumung der Widerspruchsfrist und Versäumung der Klagefrist binnen eines Monats nach Wegfall des Hindernisses zu stellen.
Außerdem muss die versäumte Handlung (also Widerspruch bzw. Klage) nachgeholt werden.

Frist: 1 Monat

Regelmäßig empfiehlt es sich, zugleich einen Antrag nach § 44 SGB X zu stellen. Sind nur Rechtsfragen streitig, genügt ein Antrag nach § 44 SGB X. Ist der Sachverhalt aus Ihrer Sicht unklar oder im Streit, tragen Sie bei einer Prüfung nach § 44 SGB X die Beweislast dafür, dass dem Ausgangsbescheid ein unrichtiger Sachverhalt zugrunde liegt (vgl. BSG, Urteil vom 25.6.2002 – B 11 AL 3/02 R). Bei einem erfolgreichen Wiedereinsetzungsantrag wird das vermieden.

IV Was tun, falls die AA trotz Widerspruchs und Klage Leistungen verweigert?

1 Antrag auf Aussetzung der Vollziehung
§ 86a Abs. 3 SGG

Allein das Einlegen eines Widerspruchs oder das Erheben einer Klage hindert die AA in der Regel nicht, einen für Sie nachteiligen Bescheid zu vollziehen. Widerspruch und Klage haben keine aufschiebende Wirkung, soweit es sich um die Herabsetzung oder Entziehung einer Leistung handelt (§ 86a Abs. 2 Nr. 2 SGG).

So führt beispielsweise ein Sperrzeitbescheid zur Sperre Ihres Alg-Bezugs, auch wenn Sie sich mit Widerspruch und Klage gegen den Sperrzeitbescheid wehren.

Antrag auf Aussetzung bei Entziehung einer laufenden Leistung

Wollen Sie, dass auch während Ihres Widerspruchs- und Klageverfahrens Ihr laufendes Alg weitergezahlt wird, dann müssen Sie einen so genannten Aussetzungsantrag stellen (nach § 86a Abs. 3 SGG im Widerspruchsverfahren und nach § 86b Abs. 1 Satz 1 Nr. 2 SGG im Klageverfahren).

Gibt die AA bzw. das SG Ihrem Aussetzungsantrag bei Entzug einer laufenden Leistung statt, dann erhalten Sie erst einmal weiter Alg.

Wird später Ihr Widerspruch zurückgewiesen bzw. Ihre Klage abgewiesen, dann verlangt die AA das zwischenzeitlich gezahlte Alg allerdings zurück.

Der Vorteil des Aussetzungsverfahrens besteht darin, dass Sie zunächst die laufende Leistung weiter erhalten. Kommt es später zur Rückforderung, dann gibt es immer noch die Möglichkeit der Stundung, Ratenzahlung oder sogar u. U. des Verzichts auf Rückforderung seitens der AA (→ S. 528).

Ein Nachteil kann dann entstehen, wenn Sie wegen des (stattgegebenen) Aussetzungsantrages (und des deshalb zunächst weitergezahlten Alg) keinen Antrag auf Alg II gestellt haben. Fordert die AA die Leistung zurück, können Sie nicht rückwirkend aufstockend Alg II beantragen.

Deshalb sollten Sie, wenn Sie nur von der AA-Leistung leben müssen, statt eines Aussetzungsantrages besser einen Antrag auf Alg II stellen.

Ermessensentscheidung

Die Entscheidung über die Aussetzung steht im Ermessen der Widerspruchsstelle. Sie muss unter Berücksichtigung der Erfolgsaussichten des Widerspruchs eine Abwägung zwischen dem Vollzugsinteresse und den Belangen des Arbeitslosen vornehmen.

IV Was tun, falls die AA trotz Widerspruchs und Klage Leistungen verweigert?

Über den Aussetzungsantrag hat die Widerspruchsstelle unverzüglich durch Verwaltungsakt zu entscheiden. Lehnt die AA die Aussetzung ab oder entscheidet sie über den Antrag nicht, kann sich der Arbeitslose an das Sozialgericht wenden und einen Aussetzungsantrag stellen (§ 86b Abs. 1 Satz 1 Nr. 2 SGG). Das Sozialgericht kann die Aussetzung mit Auflagen versehen oder befristen (§ 86b Abs. 1 Satz 3 SGG).

hat unverzüglich zu ergehen

Kein Aussetzungsantrag ist im Regelfall erforderlich, wenn die AA bereits gewährte Leistungen zurückfordert. Dann muss die AA (gemäß § 86a Abs. 1 SGG) mit seiner Rückforderung warten, bis über den Widerspruch bzw. die Klage rechtskräftig entschieden ist.

Kein Aussetzungsantrag nötig bei Rückforderungen durch die AA

Die AA kann nach § 86a Abs. 2 Nr. 5 SGG die sofortige Vollziehung von Erstattungsbescheiden besonders anordnen, wenn eine sofortige Vollziehung im öffentlichen Interesse liegt. Die AA hat in diesen Fällen das besondere öffentliche Interesse schriftlich zu begründen. Ohne die schriftliche Begründung wird die Anordnung der sofortigen Vollziehung nicht wirksam. Als Begründung kann das allgemeine Interesse an der Realisierbarkeit einer Rückforderung nicht ausreichen. Das besondere öffentliche Interesse kann wohl nur darin bestehen, dass der Schuldner Widerspruch oder Klage nur erhebt, um den Zeitpunkt der Rückzahlung hinauszuschieben (vgl. BT-Drs. 13/5936, S. 37) und dadurch die Verwirklichung des Rückzahlungsanspruchs gefährdet wird. Gegenüber Arbeitslosen kommt die Anordnung der sofortigen Vollziehung von Erstattungsbescheiden selten vor.

Sofortige Vollziehung

Gegen die Anordnung der sofortigen Vollziehung können Sie sich mit einem Antrag beim SG zur Wehr setzen. Das kann auch schon vor der Erhebung der Klage geschehen.

Nachfolgend finden Sie Muster für Anträge auf Aussetzung der Entscheidung im Widerspruchs- und im Sozialgerichtsverfahren.

1.1 Muster: Antrag auf Aussetzung der Entscheidung im Widerspruchsverfahren

David Zunder
Bert-Brecht-Straße 7
60320 Frankfurt am Main

3.8.2004

An die
Agentur für Arbeit Frankfurt am Main
Widerspruchsstelle

Kundennummer ....
Bescheid vom 15.7.2004
Antrag auf Aussetzung der Entscheidung gemäß § 86a Abs. 3 SGG

Sehr geehrte Damen und Herren,

Unter Bezugnahme auf meinen Widerspruch von heute beantrage ich, den Vollzug des Bescheides vom 15.7.2004, mit dem wegen Arbeitsaufgabe eine Sperrzeit verhängt worden ist und mir mein Alg für zwölf Wochen entzogen werden soll, auszusetzen.

Begründung:
Eine sofortige Vollziehung des Sperrzeitbescheides ist für mich eine besondere Härte: Ich kann meine Miete nicht mehr bezahlen und muss deshalb damit rechnen, meine Wohnung zu verlieren und obdachlos zu werden. Wie Sie der Begründung des Widerspruchs entnehmen können, bestehen sehr ernsthafte Zweifel an der Rechtmäßigkeit des Sperrzeitbescheides.

Ich darf Sie darauf hinweisen, dass über meinen Antrag unverzüglich zu entscheiden ist.

Mit freundlichen Grüßen

David Zunder

1.2 Muster: Antrag auf Aussetzung der Entscheidung im Sozialgerichtsverfahren

Briefkopf und Gestaltung siehe Klagemuster → S. 562.

Ich beantrage,
1. den Aufhebungsbescheid vom 9.7.2004 und den Widerspruchsbescheid vom 10.11.2004 aufzuheben und weiter Arbeitslosengeld zu zahlen,
2. den Vollzug des Bescheides vom 9.7.2004 und des Widerspruchsbescheides vom 10.11.2004 gemäß § 86b Abs. 1 Satz 1 Nr. 2 SGG auszusetzen.

Begründung zu 1:
Der Aufhebungsbescheid ist rechtswidrig, weil ...

Begründung zu 2:
Mit meinem Widerspruch vom 2.8.2004 stellte ich gleichzeitig den Antrag, den Vollzug des Bescheides vom 9.7.2004 auszusetzen. Dieser Antrag wurde mit Widerspruchsbescheid vom 10.11.2004 abgelehnt.
Nunmehr ist erneut der Antrag auf Aussetzung der Entscheidung zu stellen, da ich noch dringender auf das Alg angewiesen bin.
Im Übrigen bestehen, wie in meiner Klagebegründung ausgeführt, ernsthafte Zweifel an der Rechtmäßigkeit der angefochtenen Bescheide.

V Wie Sie die AA dazu bringen können, schneller zu zahlen

1 Vorschuss
(§ 42 Abs. 1 SGB I)

Besteht ein Leistungsanspruch dem Grunde nach und steht die Bewilligung nur wegen der noch nicht berechneten Höhe der Leistungen aus, so kann ein Vorschuss verlangt werden. Ein Vorschuss muss allerdings u. U. zurückgezahlt werden, während Alg II dann nicht nachträglich beansprucht werden kann. Gegen die Rückzahlung können Sie nicht einwenden, die Zahlung des Vorschusses sei ermessenswidrig gewesen (BSG, Urteil vom 15.8.2002 – B 7 AL 24/01 R).

Zum Vorschuss auf Insg → S. 354.

Der Vorschuss ist nicht zu verwechseln mit dem Abschlag (→ S. 512).

2 Untätigkeitsklage
§ 88 SGG

Oft müssen Arbeitslose zu lange auf Entscheidungen der AA warten. Hier kann die Untätigkeitsklage, besser nur deren Androhung die Entscheidung beschleunigen. Das gilt insbesondere im Widerspruchsverfahren.

6 Monate nach Antragstellung

Für den AA-Bescheid, der auf einen Antrag hin ergehen muss, ist die Untätigkeitsklage allerdings erst sechs Monate nach Antragstellung zulässig (§ 88 Abs. 1 Satz 1 SGG). Früher ist sie nur dann zulässig, wenn die AA es ausdrücklich abgelehnt hat, einen Bescheid zu erteilen.

3 Monate nach Widerspruchseinlegung

Dagegen ist eine Untätigkeitsklage schon früher möglich, wenn der Arbeitslose bereits Widerspruch eingelegt hat. Hier muss die AA im Normalfall innerhalb von drei Monaten nach Einlegung des Widerspruchs einen Widerspruchsbescheid erlassen. Tut sie das nicht, ist in diesem Fall die Untätigkeitsklage schon drei Monate nach Einlegung des Widerspruchs zulässig (§ 88 Abs. 2 SGG).

Meistens wird die Untätigkeitsklage dann auch begründet sein mit der Folge, dass die AA die Kosten des Klageverfahrens tragen muss, d.h. bei Einschaltung eines Anwalts die Anwaltskosten, sonst die Auslagen des Klägers selbst; das Gerichtsverfahren als solches ist sowieso für Arbeitslose kostenfrei.

Begründet ist die Untätigkeitsklage, wenn die AA ohne zureichenden Grund in angemessener Frist nicht entschieden hat, also über den Antrag auf Leistung nicht innerhalb von sechs Monaten und über den Widerspruch nicht innerhalb von drei Monaten.

Gründe, die es rechtfertigen, dass die AA diese Fristen überschreiten darf, sind selten. Die AA darf z.B. dann diese Fristen überschreiten, wenn es umfangreiche Ermittlungen bei anderen Behörden, bei Firmen oder Privatpersonen anstellen muss, und diese auf eine rechtzeitige Anfrage der AA nicht fristgemäß antworten. Aber auch in diesen Fällen muss die AA die Kosten der Untätigkeitsklage tragen, wenn sie nicht rechtzeitig dem Kläger einen Zwischenbescheid erteilt hat, in dem konkret angegeben wird, aus welchen Gründen die Entscheidung sich verzögert. Die übliche, formularmäßige Bestätigung der AA, dass der Widerspruch eingegangen sei und noch Ermittlungen angestellt werden müssten, reicht hierzu nicht aus (Hessisches LSG vom 17.9.1984 – L 10 B 62/83).

Keine Untätigkeitsklage bei Untätigkeit des Arbeitslosen

Die Fristüberschreitung ist natürlich gerechtfertigt, wenn der Arbeitslose selbst der AA noch für die Entscheidung maßgebliche Unterlagen einreichen muss oder angekündigt hat, dass er den Widerspruch noch begründen wird, dies aber noch nicht getan hat. Denn in diesen Fällen verursacht er selbst die Verzögerung.

Weiter ist die Fristüberschreitung dann gerechtfertigt, wenn die Sache nicht dringlich war, z.B. wenn es sich nur um eine minimale Nachzahlung oder um Zinsen handelt. Insbesondere ist die Widerspruchsbescheidung nicht dringlich, wenn gegen die Rückforderung einer Leistung Widerspruch eingelegt wurde. Denn hier hat der Widerspruch aufschiebende Wirkung (§ 86a Abs. 1 SGG), d.h., der Arbeitslose braucht bis zur Entscheidung über den Widerspruch – und wenn er später gegen den Widerspruchsbescheid klagt, bis zur Entscheidung über die Klage (§ 86a Abs. 1 SGG) – die zurückgeforderten Beträge nicht an die AA zu zahlen.

Untätigkeitsklagen führen nicht automatisch dazu, dass die AA schneller tätig werden und den Bescheid/Widerspruchsbescheid alsbald erlassen. Denn nicht selten führt die Untätigkeitsklage zu einer zusätzlichen Verzögerung, weil die AA ihre Akten dem Gericht vorlegen muss, diese deshalb zeitweise nicht bearbeiten kann. Da auch die Sozialgerichte überlastet sind, kann auch die Untätigkeitsklage längere Zeit in Anspruch nehmen. Deshalb kann es sinnvoll sein, eine Untätigkeitsklage zwar anzudrohen, letztlich aber nicht zu erheben.

2.1 Muster: Androhung einer Untätigkeitsklage

David Zunder   3.8.2004
Bert-Brecht-Straße 7
60320 Frankfurt am Main

An die
Agentur für Arbeit Frankfurt am Main

Kundennummer ....
Mein Antrag (Widerspruch) vom ...

Sehr geehrte Damen und Herren,

am ..., also vor mehr als sechs Monaten (beim Widerspruch: also vor mehr als drei Monaten) habe ich einen Antrag auf ... (einen Widerspruch gegen den Bescheid vom ...) eingereicht. Bis heute haben Sie über meinen Antrag (über meinen Widerspruch) nicht entschieden. Ich bin auf die Entscheidung dringend angewiesen.
Sollten Sie nicht innerhalb von 14 Tagen entscheiden, werde ich Untätigkeitsklage beim Sozialgericht erheben.

Mit freundlichen Grüßen

David Zunder

2.2 Muster: Untätigkeitsklage

Rechtsanwalt Horst Müller 20.8.2004
Gerichtsstraße 3
60316 Frankfurt am Main

An das
Sozialgericht Frankfurt am Main
Adickesallee 36
60322 Frankfurt am Main

Untätigkeitsklage

des Schlossers David Zunder – Klägers –

gegen

die Bundesagentur für Arbeit,
vertreten durch den Vorstand der BA,
dieser vertreten durch die Geschäftsführung
der Agentur für Arbeit Frankfurt am Main – Beklagte –

Namens und im Auftrag des Klägers, dessen Vollmacht beigefügt ist, erhebe ich Klage mit dem Antrag,
(bei Nichtbescheidung eines Antrages) die Agentur für Arbeit zu verurteilen, auf den Antrag vom ... (z. B. auf Gewährung von Arbeitslosengeld) einen Bescheid zu erteilen
(bzw. nach eingelegtem Widerspruch) die Agentur für Arbeit dazu zu verurteilen, den Widerspruch vom ... zu bescheiden und der Agentur für Arbeit die außergerichtlichen Kosten des Klägers aufzuerlegen.

Begründung:
Der Kläger hat einen Rechtsanspruch auf unverzügliche Bescheidung gemäß § 88 SGG. Die Agentur für Arbeit hat nicht in der gesetzlich vorgesehenen Frist entschieden, obwohl der Antrag vollständig (bzw. der Widerspruch mit einer Begründung versehen) war. Sollte sich die Agentur für Arbeit auf Arbeitsüberlastung berufen, weise ich schon jetzt vorsorglich darauf hin, dass die Arbeitsüberlastung auf einem Organisationsmangel beruht. Der Bundesregierung ist seit Jahren bekannt, dass die vorhandenen Sachbearbeiter angesichts der seit Jahren sehr hohen Arbeitslosenzahlen nicht ausreichen (vgl. z. B. Meyer-Ladewig, Sozialgerichtsgesetz, 7. Auflage 2002, § 88 Anm. 7b; Hess. LSG vom 17.9.1984 – L 10 B 62/83; SG Frankfurt/M. vom 30.1.1985 – S 19 Ar 478/85).

Horst Müller
Rechtsanwalt

3 Einstweilige Anordnung

Schließlich gibt es den Antrag auf »Einstweilige Anordnung« beim SG, um eine Entscheidung schnell herbeizuführen. Dieser Antrag sollte indes nur in Ausnahmefällen gestellt werden.

Nur selten ist er bisher erfolgreich gewesen. Auf jeden Fall sollte ein Fachanwalt für Sozialrecht oder ein Gewerkschaftssekretär zu Rate gezogen werden. Zu beachten ist, dass die »Einstweilige Anordnung« nur einen vorläufigen Rechtsschutz darstellt, deshalb das Hauptsacheverfahren nicht ersetzt und auch nicht die Widerspruchs- oder Klagefrist wahrt.

Selten erfolgreich

Zu beachten ist weiter, dass ein Rechtsanwalt für die Einstweilige Anordnung zusätzlich (zu der normalen Klage) Gebühren berechnet.

Eine einstweilige Anordnung kommt grundsätzlich in Betracht, wenn die AA Ihnen eine beantragte Leistung verweigert. Da während des Rechtsstreits notfalls Alg II den Lebensunterhalt sichern muss, wird ein Antrag auf Erlass einer einstweiligen Anordnung nur ausnahmsweise erfolgreich sein. Prüfen Sie zunächst, ob es günstiger ist, Alg II zu beziehen, weil Sie Alg eventuell zurückzahlen müssen, aber nachträglich kein Alg II erhalten können. Gegen die Rückzahlung können Sie nicht einwenden, die Leistung hätte Ihnen nicht bewilligt werden dürfen (BSG, Urteil vom 15.8.2002 – B 7 AL 24/01 R).

Im Wesentlichen ist in drei Fällen an einen Antrag auf eine Eilentscheidung mit Aussicht auf Erfolg zu denken:

- Ist der Abstand zwischen dem Alg und dem Alg II sehr groß und würde die Verweisung auf die Entscheidung in der Hauptsache zu erheblichen Veränderungen Ihrer Lebensverhältnisse führen, die später nicht mehr oder nur schwer rückgängig gemacht werden können (z. B. Aufgabe einer Wohnung), kann eine einstweilige Anordnung ergehen, wenn der Leistungsanspruch bei vorläufiger Prüfung besteht.

- Ist die Sicherung der Rechtsposition nur durch eine sofortige Entscheidung möglich, weil die rechtswidrige Versagung später nicht mehr zu heilen ist, wird eine einstweilige Anordnung zu erlassen sein, wenn es sich um einen erheblichen Rechtsverlust handelt und die Klage bei vorläufiger Prüfung aussichtsreich erscheint. Das ist z. B. der Fall, wenn die AA die Zahlung von Überbrückungsgeld nach § 57 SGB III, ohne die eine selbstständige Tätigkeit nicht begonnen werden kann, versagt.

- In besonders gelagerten Fällen kann auch die Teilnahme an einer Berufsbildungsmaßnahme durch eine einstweilige Anordnung gesichert werden.

VI Sich allein wehren oder sich vertreten lassen?
§ 73 SGG

Sowohl im Widerspruchs- als auch im Klageverfahren vor dem SG und dem LSG kann sich jeder selbst vertreten.

Sie können sich aber auch von einem Beistand, von einem Rechtsanwalt oder von Ihrer Gewerkschaft vertreten lassen.

Beistand
Als Beistände kommen nicht nur so genannte Rechtsbeistände, sondern auch Freunde infrage, auch Betriebsratsmitglieder oder Gewerkschafts- und Arbeitskollegen, sofern diese eine solche Vertretung nicht »geschäftsmäßig« betreiben. Sie sollten allerdings nur solche Bekannte als Beistände hinzuziehen, die sich im SGB III und im Gerichtsverfahren auskennen. Es bleibt Ihnen natürlich unbenommen, Freunde/Verwandte als Zuschauer zum Gericht mitzubringen.

Rechtsanwalt
Sie können auch einen Rechtsanwalt beauftragen. Dies kostet aber unter Umständen Geld, falls Sie den Prozess verlieren (→ S. 575). Da das Arbeitslosenrecht ein Rechtsgebiet ist, in dem Anwälte nicht viel verdienen können, gibt es nur wenige Rechtsanwälte, die sich im Arbeitslosenrecht gut auskennen. Sie sollten deshalb einen »Fachanwalt für Sozialrecht« beauftragen.

Gewerkschaftlicher Rechtsschutz
Als Gewerkschaftsmitglied können Sie kostenlos den Rechtsschutzsekretär Ihrer Einzelgewerkschaft bzw. den Rechtsschutzsekretär des DGB beauftragen.

Vorher schon mal einen Prozess besuchen
Sie sollten sich vor der mündlichen Verhandlung eine Sozialgerichtsverhandlung ansehen. Das hat den Vorteil, dass Sie sich schon etwas auskennen und mit der Gerichtssituation vertrauter sind. Die Verhandlungen sind öffentlich. Am besten erkundigen Sie sich, welcher Richter oder welche Richterin für Ihren Fall zuständig ist, und besuchen eine Verhandlung dieses Richters bzw. dieser Richterin.

VII Was kostet die Rechtsverfolgung?

1 Kosten
§§ 183 ff. SGG

Regelmäßig keine Gerichtskosten für Arbeitslose
Seit 2002 ist das sozialgerichtliche Verfahren nicht mehr für alle Gruppen gerichtskostenfrei. Kostenfreiheit besteht für Versicherte, Leistungsempfänger und deren Sonderrechtsnachfolger nach § 56 SGB I sowie die Personen, die bei erfolgreichem Prozess zu diesem Personenkreis gehören (§ 183 SGG). Arbeitslose brauchen also weiterhin keine Gerichtsgebühren zu zahlen. Das gilt aber schon nicht mehr für alle Fälle der Rechtsnachfolge, weil § 56 SGB I nur für laufende Geldleistungen gilt, nicht aber für Einmalleistungen wie das Insolvenzgeld. Hier fallen Gerichtskosten zwar nicht für die Instanz an, in dem die Rechtsnachfolge eintritt (§ 183 Satz 2 SGG), aber für

die nächste Instanz, oder wenn die Rechtsnachfolge vor Klageerhebung eintritt für den gesamten Prozess.
Gerichtskosten nach dem Gerichtskostengesetz müssen jetzt alle anderen Gruppen tragen, z. B. Arbeitgeber.

Arbeitslose (aber auch die BA) können seit 2002 vom Sozialgericht mit einer so genannten »Missbrauchsgebühr« belastet werden (§ 192 SGG). Das kann in zwei Fällen geschehen: Missbrauchsgebühr

- Sie haben die Vertagung einer mündlichen Verhandlung oder die Anordnung eines neuen Termins zur mündlichen Verhandlung verschuldet, z. B. durch verspätete Mitteilung von entscheidungserheblichen Tatsachen. Das gilt auch, wenn die Schuld bei Ihrem Vertreter oder Prozessbevollmächtigten liegt.

- Sie haben den Rechtsstreit fortgeführt, obwohl der Vorsitzende Ihnen in einem Termin die Missbräuchlichkeit der Rechtsverfolgung dargelegt und Sie auf die Möglichkeit der Kostenauferlegung hingewiesen hat; auch hier wird Ihnen das Verschulden des Prozessbevollmächtigten oder des Vertreters angelastet. Missbrauch liegt nicht bereits dann vor, wenn die Klage keine Ausssicht auf Erfolg hat. Zu berücksichtigen ist die Sicht des erstmals mit seinem einzeln gelagerten Fall betroffenen Beteiligten (LSG Sachsen-Anhalt, Beschluss vom 28.5.2003 – L 1 RA 36/03 E R).

Es hilft Ihnen nichts, wenn Sie die Klage nach der Auferlegung der Missbrauchskosten zurücknehmen.
Die Gebühr beträgt vor dem Sozialgericht mindestens 150 €, vor dem Landessozialgericht 225 € und vor dem Bundessozialgericht 300 €; sie kann erhöht werden, wenn die durch das beanstandete Verhalten verursachten Kosten höher sind. In der Praxis wird es wahrscheinlich bei den gesetzlichen Mindestbeträgen bleiben, weil es sehr schwierig ist, die durch das Prozessverhalten verursachten Kosten zu berechnen.

Werden Sie vom Gericht (als Kläger oder Beklagter) geladen und ordnet das Gericht Ihr persönliches Erscheinen an, so erhalten Sie Ihre Auslagen (z. B. Fahrkosten, (Neben-)Verdienstausfall) erstattet; aber nur, wenn Sie einen Antrag stellen! Bei Ladung: Auslagenerstattung beantragen!

Unter Umständen fallen außergerichtliche Kosten an. Das sind im Wesentlichen Kosten, die durch die Vertretung entstehen können. Wie schon gesagt, ist der gewerkschaftliche Rechtsschutz für Gewerkschaftsmitglieder kostenlos, sodass hier keine Kosten entstehen. Beauftragen Sie einen Rechtsanwalt, so hat die BA dessen Gebühren zu bezahlen, sofern Sie den Prozess gewinnen.

Verlieren Sie den Prozess, so müssen Sie nicht die Kosten für die Rechtsvertretung der BA bezahlen.
Sie müssen aber für die Kosten Ihres Rechtsanwalts aufkommen. Die Anwaltsgebühren betragen für die 1. Instanz durchschnittlich 450 €. Rechtsanwaltsgebühren bei Prozessverlust

Hinzu kommen noch eine Pauschale für Porto und Fernsprechgebühren in Höhe von höchstens 20 €, Auslagen für Fotokopien (0,50 € pro Stück für die ersten 50 Seiten, für jede weitere Seite 0,15 €), Kosten für Fahrten des Rechtsanwalts zum Gericht (0,27 € pro km), evtl. Anwesenheitsgebühr, ein Tagegeld und 16 % Mehrwertsteuer.

Vertritt ein Rechtsanwalt in derselben Angelegenheit mehrere Auftraggeber (z. B. mehrere Umschüler klagen wegen derselben Kürzung des Alg bei Weiterbildung), dann berechnet er für jeden weiteren Auftraggeber nur 3/10 der Gebühren.

2 Prozesskostenhilfe
§ 73a SGG; §§ 114 ff. ZPO

Da es für die meisten Arbeitslosen schwer ist, bei einem vor dem SG verlorenen Prozess die Rechtsanwaltsgebühren aufzubringen, sollten Sie vor jeder Klage prüfen, ob Sie nicht Prozesskostenhilfe gemäß § 73a SGG vom Staat erhalten können.

Prozesskostenhilfe (früher Armenrecht) kann Ihnen die Rechtsanwaltsgebühren ganz sparen oder Ihnen wenigstens ermöglichen, die Rechtsanwaltsgebühren ohne Zinsbelastung in Raten aufzubringen.

Nur bei Bedürftigkeit

Ob und in welcher Höhe Sie Prozesskostenhilfe erhalten können, hängt von Ihrem Einkommen und Ihrem Vermögen ab.

Einkommen

Zum Einkommen zählen alle Einkünfte in Geld oder Geldeswert. Bei Arbeitslosen gehören zum Einkommen insbesondere Alg u. ä. Lohnersatzleistungen. Da Sie mit diesen Leistungen ja Ihren »ordentlichen« Lebensunterhalt bestreiten sollen, brauchen Sie außerordentliche Prozesskosten nur zu tragen, wenn Ihnen dafür etwas übrig bleibt, wenn Sie also noch Einkommen haben, dass Sie dafür »einsetzen« können.

Freibeträge

»Einzusetzendes Einkommen« ist nach § 115 ZPO nur solches Einkommen, dass bestimmte Freibeträge übersteigt. Bis längstens 30.6.2005 gelten gemäß § 115 Abs. 1 ZPO i. V. m. Erste Prozesskostenhilfebekanntmachung vom 21.12.2004.

Schaubild
Einkommensfreibeträge bei Prozesskostenhilfe

	Alte Bundesländer außer Bayern	Neue Bundesländer	Bayern
für den Antragsteller	442 €	424 €	436 €
für den Ehegatten/ Lebenspartner	442 €	424 €	436 €
für jede weitere Person, die gesetzlich geschuldeten Unterhalt erhält	311 €	298 €	307 €

Dazu kommt ein zusätzlicher Freibetrag für Antragsteller, die (nebenbei) erwerbstätig sind. Die Höhe dieses zusätzlichen Freibetrages ist im Gesetz nicht genannt. Nach der Rechtsprechung des BSG (Beschluss vom 4.4.1995 – 11 BAr 153/94) ist ein Betrag von 25% des Freibetrages angemessen.
Dieser Freibetrag kann sich bei Behinderung erhöhen.

- Neben den Freibeträgen können die Kosten der Unterkunft (Miete, Mietnebenkosten, Heizung) abgesetzt werden.   **Unterkunft**

- Abgesetzt werden können außerdem besondere Belastungen, soweit sie angemessen sind. Das können z. B. sein: Schulden, Anwaltskosten und Raten für Prozesskostenhilfe aus früheren Prozessen, ärztliche Behandlungskosten, Ausgaben für Nachhilfeunterricht, Aufwendungen für berufliche Weiterbildung, Kosten, die durch Geburt, Heirat oder Tod entstehen.   **Besondere Belastungen**

Bleiben nach Abzug der Freibeträge, der Kosten für Unterkunft und der besonderen Belastungen dem Prozesskostenhilfesuchenden weniger als 15 € übrig, so erhält er volle Prozesskostenhilfe.   **Volle** Prozesskostenhilfe

Bleiben ihm mehr als 15 €, so wird ihm das Recht eingeräumt, die Prozesskosten in monatlichen, nach der Einkommenshöhe gestaffelten Raten zu zahlen.   **Darlehensweise** Prozesskostenhilfe
Wer nur ein niedriges Alg bekommt und sonst kein (Neben-)Einkommen oder Vermögen hat, wird regelmäßig volle Prozesskostenhilfe beanspruchen können.

Vermögen müssen Sie einsetzen, soweit dies zumutbar ist. Wann es zumutbar ist, regelt § 115 Abs. 2 ZPO i. V. m. § 90 SGB XII.   **Vermögen**

Nach § 90 Abs. 2 Nr. 9 SGB XII muss ein »kleiner Barbetrag« nicht eingesetzt werden. Klein ist (nach § 1 Satz 1 Nr. 1b der VO zu § 90 Abs. 2 Nr. 9 SGB XII) ein Barbetrag bis zu 2.600 €. Hinzu kommen 256 € für jeden, der vom Prozesskostenhilfesuchenden überwiegend unterhalten wird.

Ob der Arbeitslose Anspruch auf Prozesskostenhilfe hat, richtet sich zunächst nur nach seinen eigenen Einkommens- und Vermögensverhältnissen. Wenn er bedürftig ist, muss geprüft werden, ob er einen Anspruch auf Prozesskostenvorschuss gegen seinen Ehepartner nach § 1360a BGB hat. Das ist schon dann nicht der Fall, wenn der Ehepartner selbst Anspruch auf Prozesskostenhilfe hätte, wenn er einen Prozess führen müsste. Dafür genügt, wenn er die Kosten nur in mehr als vier Raten aufbringen kann (BSG, Beschluss vom 7.2.1994 – 919a RVg 4/92, SozR 3-1750 § 115 ZPO Nr. 1).

Auch wenn Sie bedürftig sind, erhalten Sie Prozesskostenhilfe nur, wenn Ihre Klage hinreichende Aussicht auf Erfolg bietet und nicht mutwillig erscheint. Ob das der Fall ist, prüft das SG.   **Hinreichende Erfolgsaussicht der Klage**

Antrag

Um Prozesskostenhilfe zu erhalten, müssen Sie beim SG einen Antrag stellen. Sind Sie entschlossen, sich von einem Rechtsanwalt (am besten einem »Fachanwalt für Sozialrecht«) vertreten zu lassen, dann stellt er für Sie den Antrag. Dem Antrag ist eine Erklärung über die persönlichen und wirtschaftlichen Verhältnisse beizufügen. Den nötigen Vordruck gibt es beim SG oder bei Ihrem Rechtsanwalt.

3 Beratungshilfe

Beratungshilfe bei Beratung und Widerspruch?

10 € eröffnen Rechtsrat

Rechtsanwaltsgebühren entstehen nicht nur, wenn der Rechtsanwalt Sie vor dem SG vertritt. Auch für eine bloße Beratung oder für die Vertretung im Widerspruchsverfahren verlangt der Rechtsanwalt Geld. Viele Leistungsempfänger können von ihrem schmalen Alg nicht auch noch die Beratung durch einen Rechtsanwalt bezahlen. Hier hilft das BeratungshilfeG. Danach können Sie sich für 10 € von einem Rechtsanwalt beraten und im Widerspruchsverfahren vertreten lassen. Aber nur, wenn Sie so knapp bei Kasse sind, dass Ihnen **volle** Prozesskostenhilfe zusteht. Wann das der Fall ist, können Sie im vorausgehenden Kapitel lesen.

Antragsvordruck

Um herauszufinden, ob Sie bedürftig sind, füllen Sie beim Rechtsanwalt einen Beratungshilfeantrag aus. In dem dafür vorgesehenen Vordruck wird Ihr Einkommen und Vermögen – wie bei der Prozesskostenhilfe (→ S. 576) – durchleuchtet. Sollten Sie neben Alg aufstockendes Alg II beziehen, so können Sie sich durch Vorlage des Alg II-Bescheides viel Arbeit beim Ausfüllen des Vordruckes ersparen. Den ausgefüllten Antragsvordruck schickt der Rechtsanwalt an das Amtsgericht, das nachträglich über die Beratungshilfe entscheidet.

 Haben Sie eine Rechtsschutzversicherung oder als Gewerkschaftsmitglied Anspruch auf gewerkschaftlichen Rechtsschutz, so kann der Anspruch auf Beratungshilfe entfallen.

Jeder Rechtsanwalt ist zu Beratungshilfe verpflichtet. In der Regel bringt aber nur eine Beratung durch einen »Fachanwalt für Sozialrecht« etwas.

Ausnahmen: Bremen und Hamburg

In den Ländern Bremen und Hamburg bleibt es bei der dort schon seit längerem eingeführten öffentlichen Rechtsberatung. Dort kann man also nicht wegen einer Beratung nach dem BeratungshilfeG einen Rechtsanwalt aufsuchen. Auskunft erteilen in Hamburg die öffentlichen Rechtsauskunfts- und Vergleichsstellen, in Bremen die Arbeitnehmerkammer.

Berlin

In Berlin kann man zwischen der dort schon eingeführten öffentlichen Rechtsberatung und anwaltlicher Beratungshilfe wählen.

 Sind Sie – z. B. durch Nichtmelden von Nebenverdienst – in den Verdacht einer Ordnungswidrigkeit oder einer strafbaren Handlung geraten, so ermöglicht die Beratungshilfe nur die Beratung durch einen Rechtsanwalt, nicht aber die Vertretung z. B. in einem Ordnungswidrigkeits- oder Strafverfahren.

Wer keine Beratungshilfe erhält, muss die Beratung durch einen Rechtsanwalt voll (und nicht nur mit 10 €) bezahlen. Er muss den Rechtsanwalt auch für die Vertretung in einem Widerspruchsverfahren bezahlen; es sei denn, der Widerspruch hat Erfolg. Dann muss die AA die Rechtsanwaltsgebühren bezahlen, wenn die Zuziehung des Rechtsanwalts notwendig war (§ 63 Abs. 2 SGB X). In der Regel wird die Zuziehung eines Rechtsanwalts notwendig sein, auch wenn es sich nicht um ein schwieriges und umfangreiches Widerspruchsverfahren handelt. Der Arbeitslose ist nämlich nur in Ausnahmefällen in der Lage, seine Rechte gegenüber der AA ausreichend zu wahren (so BVerfG, Kammerbeschluss vom 18.12.2001 – 1 BvR 391/01, NZS 2002, S. 420).

Kosten der Beratung bei Antragstellung werden nicht erstattet, auch wenn dem Antrag stattgegeben wird.

4 Zusammenfassung

- Die Klage vor dem SG und LSG kostet Arbeitslose nichts.
- Das Widerspruchsverfahren bei der AA kostet nichts.
- Gebühren für einen Rechtsanwalt entstehen
  - bei Beratung, die nicht von der AA erstattet wird;
    Ausnahme: Sie erhalten Beratungshilfe;
  - im Widerspruchsverfahren, wenn Ihr Widerspruch zurückgewiesen wird,
    Ausnahme: Sie erhalten Beratungshilfe;
  - im Klageverfahren, wenn die Klage abgewiesen wird,
    Ausnahme: Sie erhalten volle Prozesskostenhilfe.

Eine Rechtsschutzversicherung muss schon vor dem Verfahren abgeschlossen sein; unter Umständen muss eine Wartezeit verstreichen; für bereits entstandene Streitigkeiten besteht also kein Versicherungsschutz.

Auch in den Genuss des gewerkschaftlichen Rechtsschutzes kommen Sie regelmäßig nur, falls Sie schon eine gewisse Zeit Gewerkschaftsmitglied sind.

Falls Sie bei einem Gericht ein (z. B. in diesem Leitfaden zitiertes) Urteil anfordern, so berechnet Ihnen das Gericht Fotokopierkosten in Höhe von 0,50 € pro Seite!

VIII Wie aussichtsreich ist der juristische Weg?

Der Erfolg von Widerspruch und Klage hängt von vielen Faktoren ab, insbesondere vom einzelnen Fall und von Ihren juristischen Kenntnissen und Ihrer Fähigkeit, sich durchzusetzen.

Durchschnittliche Erfolgsaussicht von Widersprüchen

Wir können deshalb nur Aussagen über die durchschnittlichen Erfolgsaussichten von Widerspruch und Klage treffen:
Von den im Jahr 2003 erledigten 651.768 Widersprüchen wurden 383.714 zurückgewiesen, 196.524 Widersprüchen wurde voll stattgegeben; 34.483 Widersprüche waren teilweise erfolgreich, 37.047 erledigten sich ohne Entscheidung (z. B. durch Rücknahme u. Ä.). Das bedeutet: 35,44 % aller Widersprüche führten zur Abänderung des angegriffenen Bescheides (ANBA – Arbeitsstatistik 2003 – Jahreszahlen, S. 139).

von Klagen

Von den 2003 in allen Bundesländern erledigten 47.219 Klagen, an denen Versicherte beteiligt waren, waren 10.045 völlig und 7.414 Klagen teilweise erfolgreich, insgesamt 36,97 % (Ergebnisse der Statistik der Sozialgerichtsbarkeit 2003, herausgegeben vom Bundesministerium für Gesundheit und Soziale Sicherheit).

von Widersprüchen und Klagen gegen Sperrzeitbescheide

Überproportional erfolgreich sind Widersprüche und Klagen gegen Sperrzeiten. Im Jahr 2001 waren von 55.041 erledigten Widersprüchen gegen Sperrzeiten 19.877 in vollem Umfang und 2.239 teilweise erfolgreich, das sind 40,2 %. Von 6.044 endgültig erledigten Klagen gegen Sperrzeiten wurden 285 in vollem Umfang und 125 teilweise zugunsten des Arbeitslosen entschieden; in 2.745 Fällen gab die BA ganz oder teilweise nach, sodass insgesamt 52,2 % der Klagen gegen Sperrzeiten ganz oder teilweise erfolgreich waren (BT-Drs. 14/9884). Neuere Zahlen liegen nicht vor.

IX Tipps zu guter Letzt

Ein weiterer Weg: Schreiben an die Regionaldirektion

Neben Widerspruch und Klage gibt es einen weiteren Weg, um zu einer Überprüfung eines Sie belastenden Bescheides zu kommen: Ein Schreiben an die zuständige Regionaldirektion (früher LAA) wirkt manchmal Wunder. Schreiben Sie höflich, stellen Sie Ihren Fall knapp und klar dar, und verzichten Sie auf Angriffe gegen den (meist überlasteten) Sachbearbeiter in der AA.

»Beschwerdemanagement«

Neuerdings reicht die Regionaldirektion die Schreiben meist an die »Beauftragten für Kundenreaktionen« der zuständigen AA runter. Nach BA-Rundbrief 36/2003 hat jede AA ein »Beschwerdemanagement (Kundenreaktionsmanagement) einzurichten«.

»Kunden der BA haben Anspruch auf eine zeit- und sachgerechte Bearbeitung ihrer Reaktion in angemessener Form. Beschwerden sind keine Störung. Berechtigte Beschwerden sind eine Chance, Hinweise für eine bessere Aufgabenerledigung zu erhalten.« (BA-Rundbrief 36/2003, S. 2.)

Größere AA besitzen in der Regel eine Rechtsauskunftsstelle. Einzelne Arbeitslose haben uns berichtet, dass sie dort sachkundig und freundlich beraten worden sind.

Rechtsauskunftsstelle bei der AA

Was immer Sie unternehmen, es verbessert Ihre Chancen, wenn Sie nicht vereinzelt, sondern gemeinsam mit anderen vorgehen! Mit erwerbslosen Kollegen und Kolleginnen, aber auch – wo möglich – mit solchen, die noch in Arbeit stehen.

Allein – machen sie Dich ein

Wir können Ihnen keine fertigen Rezepte liefern. Eine Möglichkeit gemeinsam vorzugehen, sind Arbeitslosenselbsthilfegruppen. Solche Gruppen sind in den letzten Jahren in vielen Orten entstanden. Einigen ist es gelungen, die Einsamkeit von Arbeitslosen zu durchbrechen, der Diffamierung von Arbeitslosen entgegenzuwirken, Ansprüche gegenüber Ämtern durchzusetzen, kurz: ihr Selbstbewusstsein zu stärken und neuen Mut zu schöpfen.

Arbeitsloseninitiativen

Über Arbeitsloseninitiativen informiert der Förderverein gewerkschaftlicher Arbeitslosenarbeit e.V.

Förderverein gewerkschaftlicher   Telefon (0 30) 8 68 76 70–0
Arbeitslosenarbeit e.V.   Telefax (0 30) 8 68 76 70–21
Märkisches Ufer 28–34   E-Mail: info@erwerbslos.de
10179 Berlin   http://www.erwerbslos.de

Unter dieser Internet-Adresse bietet der Förderverein Erwerbslosen, Arbeitslosenprojekten und Akteuren in der Arbeitsmarkt- und Beschäftigungspolitik Hilfe zur Selbsthilfe, gegenseitige Kontaktaufnahme und Ideenaustausch sowie Projektberatung an.

Anregungen und Hilfen im Internet

An Internetseiten sind außerdem sehr zu empfehlen, insbesondere, wenn Sie nach Auslaufen des Alg-Bezugs Alg II/Sozg beantragen müssen:

Arbeitnehmerkammer   Telefon (0 04 21) 3 63 01–0
im Lande Bremen   Telefax (0 04 21) 3 63 01–89
Bürgerstraße 1   E-Mail: info@arbeitnehmerkammer.de
28195 Bremen   http://www.arbeitnehmerkammer.de

Tacheles e.V.   Telefon (0 02 02) 31 84 41
Luisenstr. 100   Telefax (0 02 02) 30 66 04
42103 Wuppertal   E-Mail: info@tacheles-sozialhilfe.de
   http://www.tacheles-sozialhilfe.de

STICHWORTVERZEICHNIS

A

Abfindung s. Entlassungs-
  entschädigung
ABM s. Arbeitsbeschaffungsmaßnahme
Abschlag 465, 512, 569
Abtretung von Leistungen 516
Abwicklungsvertrag 266
Abzweigung von Leistungen
  518
ältere Arbeitslose 35, 47, 92,
  301, 316, 318 f., 325, 397,
  412, 456, 460, 461, 464,
  468, 476 ff., 502, 503, 534
ärztliche Untersuchung 36, 40,
  287, 397, 418, 425
Akteneinsicht 39, 70, 289
Altersteilzeit 111, 161, 316,
  550
Anhörung des Arbeitslosen 37,
  39, 290, 522, 525, 529
Antragsunterlagen 27, 353,
  376, 482, 506
Anwartschaft(szeit)
  – für Alg 21, **105 ff.**, 116,
    117, 201, 399, 466, 469,
    541, 555, 556
  – für Übg 427
Arbeitnehmerfreizügigkeit
  219
Arbeitnehmerhilfe 71
Arbeitnehmerüberlassung
  s. Leiharbeit
Arbeitsaufnahme
  – Förderung der 58, 60,
    383, 421, 441, 468, 472
Arbeitsbedingungen (s. auch
  Arbeitsentgelt, Arbeitszeit,
  Tariflohn) 127, 147 f., 302,
  304, 309
Arbeitsberechtigung 237
Arbeitsbeschaffungsmaß-
  nahme 17, 73, 93, 114,
  165, 169, **455 ff.**, 501
Arbeitsbescheinigung 28, 73,
  289, 354
Arbeitsentgelt
  – abgerechnetes 170
  – abgesenktes 131, 163,
    166, 169, 478, 495
  – Abzüge 172, 190, 370
  – berücksichtigungsfähiges
    445, 478, 495
  – einmalig gezahltes 29,
    113, 159, 189, 316, 327,
    342, 356, 363, 436, 437,
    467, 478, 495
  – erzieltes 170
  – Mindestlöhne 132
  – zumutbares 36, **131 ff.**
  – Zuschläge 159 f., 189,
    355
Arbeitserlaubnis 238
Arbeitserlaubnis-EU 245
Arbeitsgenehmigung-EU 215
Arbeitsgenehmigungs-
  verfahren 215
Arbeitskampf 36, 328
Arbeitskleidung 69, 369, 402
Arbeitslosengeld 75 ff.,
  154 ff., **200 ff.**
  – bei beruflicher Weiter-
    bildung 76, 392, 399
  – Berechnung 173
  – Dauer 5, 77, 98, 99,
    200 ff., 296 ff., 328, 401
  – Erlöschen 209
  – Höhe 15, **154 ff.**, 556
  – Voraussetzungen 77 ff.
  – Weiterzahlung bei
    Trainings-/Eignungsfest-
    stellungsmaßnahme 67,
    197
Arbeitslosengeld II 5, 15,
  24 f., 34, 343, 402, 485,
  488 f., 566, 569, 573,
  578
Arbeitslosenhilfe 5
Arbeitslosmeldung **20 ff.**, 24,
  32, 91, 98, 101, **103 ff.**,
  359, 401, 434, 538, 549
  – Erlöschen 103
  – und Krankheit 22, 541
arbeitslos sein **77 ff.**, 120,
  188, 269, 484
Arbeitsmarktprüfung 234, 235
Arbeitsuchmeldung 15 ff., 20,
  126, 144, 151 f., 183, 546,
  556
Arbeitsunfähigkeit 17, 22, 36,
  70, 73, 89, 102, 207, 288,
  327, 360, 365, 401, 411,
  432, 440, 537, 540 f.
Arbeitsvermittlung 32, 34 ff.,
  38, 43 ff., 137, 208
  – private 43 ff., 79, 143 ff.,
    546
Arbeitszeit (s. auch Teilzeitbeschäftigung) 36, 80 f.,
  147, 158, 162, 333, 356
Assessment
  s. Eignungsfeststellung
Asylberechtigte 225
Asylbewerber 231, 233
Asylverfahren 234
Aufenthaltserlaubnis 227,
  228, 232
Aufenthaltserlaubnis-EU 222
Aufenthaltsgestattung 232,
  233
Aufenthaltstitel 215
Aufhebung von Leistungs-
  bescheiden 520, 555, 558,
  562, 569
Aufhebungsvertrag 265 f.,
  271, 301, 303, 326, 339
Aufrechnung 199, 525
Aufwandsentschädigung 94,
  158, 189
ausbildungsbegleitende
  Hilfen (abH) 377, 380 f.
Ausbildungsgeld 422, 440
Ausbildungsvergütung
  (s. auch Berufsausbildungs-
  beihilfe (BAB)
  – Zuschüsse zur 380, 444
Auskunftsanspruch
  – der AA 30
  – des Arbeitslosen 40, 70
Ausländer 24, 35, 82, 115,
  139, **211 ff.**, 366, 503,
  505, 561
  – Arbeitsverbot 230
  – Au-pair-Tätigkeit 246
  – Berufspraktika 248
  – Beschäftigung **211 ff.**
  – Duldung 230, 233, 234
  – ehemalige Deutsche
    229
  – Ein-Euro-Jobs 223, 231
  – Erwerbstätigkeit 216
  – Familienangehörige 218,
    221, 224
  – Familienbetrieb 231
  – Familiennachzug 227

- Ferienbeschäftigungen 252
- Grenzgänger 249
- Härtefälle 230
- Haushaltshilfen 247
- hoch Qualifizierte 231, 240
- karitative und religiöse Beschäftigungen 252
- Mitarbeiter von EU-Unternehmen 252, 254
- ohne qualifizierte Berufsausbildung 239
- Praktika 231
- Studierende 223, 229
- Werkvertragsarbeitnehmer 246
- Wiederkehr 229

Ausländerbehörde 214, 216
Auslandstätigkeit 60, 64, 99, 112, 304, 308, 348, 364, 368, 369, 393, 396, 429, 497
Aussetzungsantrag
- im Sozialgerichtsverfahren 566, 569
- im Widerspruchsverfahren 566

Auszubildende 16, 59, 63, 111, 138, 156, 304, 334, **364 ff.**, **377 ff.**, 421, 422, 440, 444, 461, 467, 472, 481, 499, 501, 503, 573

B

BAB s. Berufsausbildungsbeihilfe
Bedürftigkeit
- bei BAB 367 ff.
- bei Beratungshilfe 578
- bei Existenzgründungszuschuss 486
- bei Prozesskostenhilfe 576

behinderte Menschen 47, 52, 92, 93, 108, 111, 317, 368, **416 ff.**, 418, 459, 461, 463, 464, 467, 476 ff., 477, 479, 494, 545
Beitragsbemessungsgrenze 158, 173, 344, 357, 478, 495
Beitreibung 527

Bemessungsentgelt
- bei Alg 157 ff.
- bei Freistellungszeiten 160
- bei Kug 342
- bei Übg 436
- fiktive Bemessung 164 f., 167 f., 169, 438
- nach ABM 469
- nach Alg 161, 169
- nach Kug 343
- nach Teilzeitbeschäftigung 163 f., 169
- nach Zwischenbeschäftigung 73, 161
- unbillige Härte 166, 169
- vor Teilzeitbeschäftigung 162, 168

Bemessungsrahmen 162 ff.
Bemessungszeitraum 162 ff., 185, 436
Beratung
- Anspruch auf 41, 446
- fehlerhafte 42, 99, 306

Beratungshilfe 578 f.
berufliche Eingliederung behinderter Menschen 85, **416 ff.**
- allgemeine Leistungen 421
- Arbeitshilfen 445
- Ausbildungsgeld 440
- besondere Leistungen 421, 422
- Dauer 426
- Eingliederungszuschüsse 418, 445
- Integrationsfachdienste 446
- Integrationsprojekte 450
- sonstige Hilfen 442
- Teilnahmekosten 422, 440
- Übg s. Übergangsgeld
- Verfahren 449
- Voraussetzungen 424
- Zuschüsse zur Ausbildungsvergütung 444
- Zuständigkeit der BA 418, 420, 433

berufliche Weiterbildung 63, 76, 85, 93, 94, 148, 192, 305, **391 ff.**, 421, 445, 467, 472, 476, 494, 496, 499
- Alg bei 76, 392, 399
- Dauer 394, 422

- ESF-Uhg bei 411, 505
- Formen 393
- Voraussetzungen für Teilnahme 395, 422
- Weiterbildungskosten 68, 148, 259, 337, 392, **401 ff.**, 411, 412, 505, 512
- Zertifizierung 404 ff.

Berufsausbildung
s. Auszubildende
Berufsausbildungsbeihilfe (BAB) **364 ff.**, 424
- Bedarf 367
- Bedürftigkeitsprüfung bei Azubi-BAB 367 ff.
- in Alg-Höhe 375

Berufsrückkehrerinnen 35, 68, 401, 411, 429, 459, 464, 476, 479, 502, 503, 505
Berufsunfähigkeit s. verminderte Erwerbsfähigkeit
berufsvorbereitende Bildungsmaßnahme 365 ff., 379, 381, 440
Beschäftigung begleitende Eingliederungshilfen 379
Beschäftigung schaffende Infrastrukturförderung (BsI) 468, 469 f.
Beschäftigungserlaubnis 214, **232 ff.**, 235
- Anwerbung 237
- Arbeitsbedingungen 237
- Arbeitsmarktprüfung 240
- Arbeitsvermittlung 237
- Leiharbeit 237
- Pauschalprüfung 236
- Prüfungsverfahren 236

Beschäftigungslosigkeit
s. arbeitslos sein
Beschäftigungssuche 32, **58 ff.**, **120 ff.**
Bescheid
- Frist für Leistungsbescheid 570
- Frist für Widerspruchsbescheid 570
- sofortige Vollziehung 260, 528, 567
- Überprüfung eines rechtskräftigen Bescheids 290, 297, 522, 565
- Vorbescheid 464
- Widerspruchsbescheid 559

Betriebsrat 271, 317, 332, 334, 346, 356, 358, 467, 471 ff., 475
Betriebsübergang 315, 339, 341, 363
Bewerbungskosten 24, 58, 125
Bildungsgutschein 148, 397 f.
Bußgeldgefahr 29, 260
Bußgeldverfahren 578

C

Coaching 496

D

Datenschutz 49 ff.
Deutschkurse s. Sprachkurse
Dienstleistungsfreiheit 221
Drogen 82, 286, 302

E

E 303 99
eheähnliche Partner 305, 367
(Ehe-)Partner/Ehegatte 175, 305, 307, 311, 367, 371, 373, 494, 577
ehrenamtliche Betätigung 93, 98, 306
Eigenbemühungen 32 f., 79, 119, 264, 283
Eignungsfeststellung **32 ff.**, 52, **62 ff.**, 85, 95, 119, 150, 224 f., 336, 337, 402, 472, 474, 505
Eingliederungsbilanz 46, 463
Eingliederungsvereinbarung **32 ff.**, 79, 125, 283, 398, 459, 551
Eingliederungszuschüsse 48, 73, 418, 445, 468, 476 ff.
Einkommen (s. auch Nebeneinkommen)
 – Anrechnung bei Azubi-BAB 370
 – Anrechnung bei Beratungshilfe 578
 – Anrechnung bei Prozesskostenhilfe 576
 – Berücksichtigung bei Existenzgründungszuschuss 486 f.

einmalige Einkünfte
 s. Arbeitsentgelt, einmalig gezahltes
Einstellungszuschüsse
 – bei Neugründungen 494
 – bei Transfermaßnahmen 472
Einstiegsgeld 489
Einstiegsqualifizierung Jugendlicher (EQJ) 384 ff.
einstweilige Anordnung 573
Eltern 368, 369, 372, 374
Entgeltsicherung (ES) für Alg-Berechtigte ab 50 Jahren 71 ff.
Entlassungsentschädigung 158, 267, 271, 274, 303, **313 ff.**, 314, 355, 475, 517, 539
Entziehung der Leistung 33 f., 37, 566
Erlöschen des Leistungsanspruchs 116, 209, 297, 537
erreichbar sein 69, 80, 82 f., 92
Erwerbsminderung s. verminderte Erwerbsfähigkeit
Erziehungsgeld 86, 163, 167, 189
EU-Beitrittsstaaten 219
Europäischer Sozialfonds (ESF) 259, 337, 340, 410, 412, 430, 496, **498 ff.**, 535
EU-Staatsangehörige 217
Existenzgründung (s. auch Selbstständige) 108, 337, 338, 414, 415, 469, 472, 482, **483 ff.**, 499, 501, 503, 505
Existenzgründungszuschuss 469, 486 ff., 490, 492

F

Fahrkosten 61, 68, 142, 191, 258, 338, 369, 403, 441, 505, 575
Fahrzeit 306, 368
Flüchtlinge 226, 227, 234
Förderketten 338, 461, 473, 486, 490, 496
»Fördern und Fordern« 33, 64, 263, 551

Förderung junger Menschen
 – s. Ausbildungsvergütung, Zuschüsse zur
 – s. Berufsausbildungsbeihilfe (BAB)
 – s. Einstiegsqualifizierung Jugendlicher (EQJ)
 – s. jugendliche Arbeitslose
Frauen(förderung) (s. auch Berufsrückkehrerinnen) 35, 128, 142, 306, 376, 395, 401, 463, 479, 499, 501, 502, 503
Freie Förderung 480
Freistellung von der Arbeitsleistung 111, 356
freiwilliges ökologisches Jahr 156, 163
freiwilliges soziales Jahr 156, 163
15-Stunden-Grenze 81, 93, 104, 114, 188, 191, 194 f., 78, 80, 494

G

»Gastarbeitnehmer« 242
Gefangene 52, 111, 311, 503
Geldbuße 29
gering Qualifizierte 129 f., 153, 377 ff., 464, 476 f., 488
geringfügige Beschäftigung 30, 112 f., 195
Geringfügigkeit 113
gesundheitliche Einschränkungen 35, 36, 37, 52, 82, 90, 142, 428
gewerkschaftlicher Rechtsschutz 13, 574, 575, 578
Gleichwohlgewährung 538, 539, 544
 – bei BAB 375
 – bei Ruhen wegen Entlassungsentschädigung 324
Grundrechte der Arbeitslosen 130, 134 ff., 142, 143 f., 147, 152, 181, 185, 296, 304, 307, 310, 426, 523, 557, 559, 563

H

Heimarbeiter 85, 115

I

»Ich-AG« 490 f.
Insolvenzgeld (Insg) 14, 169, 348 ff.
Integrationsfachdienste 446
Integrationskurse 257 f.
Integrationsprojekte 450, 477

J

Job-Center 15, 25
»Job-Floater«
  s. »Kapital für Arbeit«
Jobrotation 413 ff.
Jugendliche 233
jugendliche Arbeitslose **377 ff.**, 459, 460, 476, 501, 502, 503

K

»Kapital für Arbeit« 481
Kinder 147, 155, 342, 371, 372, 374, 403, 435
Kinderbetreuung 69, 85, 86, 112, 117, 142, 143 f., 163, 308, 396, 441, 442, 545
  – Kosten 68, 132, 369, 403
Kindergeld 375
Kinderzuschlag 25
Kirchensteuer 173
Klage vor dem Arbeitsgericht
  s. Kündigungsschutzklage
Klage vor dem Sozialgericht 260, 527, **560 ff.**
  – Begründung 561
  – Erfolgsaussichten 580
  – Formalien 561
  – Frist 561, 565
  – Muster 562, 569, 572
  – Verfahren 564
Klage vor dem Verwaltungsgericht 260
Kombilöhne 71 ff.
Kombipackungen 26, 73, 338, 343, 385, 415, 468, 473, 488, 489, 494, 495, 496, 504, 507
Kosten
  – Arbeitsgerichtsverfahren 13, 360
  – Arbeitsuche 58, 472
  – Bildungsmaßnahmen 394

– Eingliederungsträger 46
– Integrationsfachdienst 449
– Personal-Service-Agentur (PSA) 48
– private Arbeitsvermittlung 44
– Rechtsanwalt 13, 570, 573, 575, 578, 579
– Sozialgerichtsverfahren 530, 574, 579
– Widerspruchsverfahren 553, 579
– Zertifizierung 410
Kranken-Alg 23, 38, 70, 89, 207, 401, 432, 537, 539, 543
Kranken-Ausbildungsgeld 440
Kranken-Kug 346
Kranken(tage)geld 22, 38, 89, 104, 111, 207, 346, 428, 433, 537, 540 ff., 545, 555
Kranken-Übg 432
Krankenversicherung(sschutz) 68, 101, 201, 327, 329, 345, 357, 360, 369, 489, 491, 493, 505, **532 ff.**
Kündigung
  – Arbeitgeberkündigung 269, 302, 322, 332, 347, 462, 467, 474, 558
  – Eigenkündigung 264, 308, 322, 360, 462, 467
Kündigungsfristen 317
Kündigungsschutz 271, 303, 317, 467
Kündigungsschutzklage 13, 267, 308, 332, 354, 362
Kürzung des Alg nach verspäteter Arbeitsuchmeldung 15, 183 f., 485, 543, 556
Kur 93, 97
Kurzarbeit 73
Kurzarbeitergeld (Kug) 29, 111, **331 ff.**, 358, 436, 473, 494, 496, 505, 546

L

Langzeitarbeitslose 47, 464, 477, 501, 502
Lebenspartnerschaft, eingetragene (s. auch (Ehe-)Partner/Ehegatte) 227, 367, 372

Lehr-/Lernmittel 369, 402, 441
Lehrgangskosten 68, 258, 337, 369, 402, 441, 505
Leiharbeit (s. auch Personal-Service-Agentur (PSA) 143 ff., 221, 237, 281, 309, 414
Leistungsentgelt 131, 155, 172 f.
»Leistungsmissbrauch« 30 f., 43 ff., 65, 66, 104, 479, 495
Lohnkostenzuschüsse (s. auch Kombilöhne, s. auch Eingliedrungszuschüsse, s. auch Einstellungszuschüsse)
  – bei Weiterbildung 69, 413
  – Entgeltsicherung für Alg-Berechtigte ab 50 Jahren 71
Lohnpfändungstabelle 513
Lohnrückstand 29, 348 ff., 353, 359
Lohnstundung 169, 361 f., 528
Lohnverzicht 169, 361 f.
Lohnwucher 36, 137 ff., 152, 259, 309, 563

M

Meldepflicht (s. auch Arbeitslosmeldung, Arbeitsuchmeldung) 287 ff., 545
Meldeversäumnis 287
Merkblatt für Arbeitslose 15, 27, 122, 123, 125, 282, 354, 359, 521
Minderung der Anspruchsdauer 98, 206, 210, 296 ff., 328, 401
Minderung der Leistungsfähigkeit 23, 90, 116, 301, 302, 310, 464, 494
mithelfende Familienangehörige 78, 115, 196, 199
Mitwirkungspflichten des Arbeitslosen 27, 30, 37, 175, 208, 284, 290, 398
Mobbing 304, 309
Mobilitätshilfen s. Arbeitsaufnahme, Förderung der
Mutterschutz 82, 112, 271, 310, 317, 365, 465, 467

N

Nahtlosigkeit 23, 37, 38, **90 ff.**, 539
Nebeneinkommen **187 ff.**, 342, 526
– Bescheinigung 188, 199
– »müheloses« 189, 439
– Nachforschungen durch die AA 30
– neben Alg 114, 187
– neben Alg bei beruflicher Weiterbildung 197
– neben Alg bei Trainings-/ Eignungsfeststellungs- maßnahme 197
– neben Ausbildungsgeld 198
– neben BAB 198, 371, 375
– neben Krankengeld 542
– neben Kug 198, 342
– neben Teil-Alg 197
– neben Übg 198, 439
Nettoentgeltdifferenz
– bei Entgeltsicherung 72
– bei Kurzarbeitergeld 343
Niederlassungserlaubnis 225, 228, 231
Niederschlagung der Rückzahlungsforderung 528

O

Opfer von Menschenhandel 234
Ordnungswidrigkeit
s. Bußgeldgefahr

P

Pendelzeiten 141
Personal-Service-Agentur (PSA) (s. auch Leiharbeit) 46 ff., 73, 144, 259, 281, 409
Pfändung 360, 513, 517, 528
Pflegebedürftige betreuen 87, 108, 109, 142, 143 f., 185, 189, 435
Pflegeversicherung(sschutz) 68, 329, 345, 357, 369, 411 f., 489, 491, 505, 545
Praktika 66 f., 365, 379, 393, 434, 456, 458, 468

»Profiling«
s. Eignungsfeststellung
Prozesskostenhilfe 576
Prüfungen 402
Prüfungsgebühren 68, 402
psychologische Untersuchung 36, 287, 397, 425

Q

Qualifikation 128, 460
Qualität von Maßnahmen 46, 336, 404, 430, 471, 472

R

Rahmenfrist
s. Anwartschaft(szeit)
Rechtsantragstelle
– beim Arbeitsgericht 13
– beim Sozialgericht 561
Rechtsanwalt 13, 574, 579
Rechtsbehelfsbelehrung 559, 561
Rechtsfolgenbelehrung 37, 39, 282, 283, 285, 299
Regiemaßnahme 458
Rehabilitation s. berufliche Eingliederung behinderter Menschen
Reisekosten 58, 60, 61, 62, 125, 441
Remanenzkosten 340
Rente/Rentenversicherung 22, 72, 91, 93, 316, 329, 345, 357, 419, 439, 474, 491, 493, 527, **547 ff.**
Rentner 116, 370
Rücknahme von Leistungsbescheiden 522, 529, 558
Rückzahlung von Leistungen 325, 371, 462, 465, 479, 520, 525, 529, 559, 567, 571
Ruhen der Leistung 208, **313 ff.**
– bei Arbeitsentgelt 326, 538
– bei Arbeitskampf 328, 539
– bei Entlassungsentschädigung 208, 287, 314, 485, 518, 539, 551
– bei nicht gestelltem Reha-Antrag 92, 327, 539

– bei nicht gestelltem Rentenantrag 93, 327
– bei Sozialleistungen 327, 485
– bei Sperrzeit 287, 296, 329, 485, 488, 536
– bei Urlaubsabgeltung 327, 538, 551
– Dauer 322
– Folgen 328
– und Krankheit 536
– Zusammentreffen mehrerer Ruhenszeiten 329

S

Saisonarbeit(er) 66, 106, 202, 203, 220, 244
Schüler 87, 396, 422, 423, 429, 258, 365
Schwarzarbeit 31 f., 104, 139
Selbstständige (s. auch Existenzgründung) 78, 108, 188, 192, 196, 199, 220, 337, 396, 421, 439, 483, 484, 549
sofortige Vollziehung eines Bescheids 260, 528, 567
sozialpädagogische Betreuung 378, 379, 380, 381, 381 f., 446, 459, 461, 499
sozialrechtlicher Herstellungsanspruch 42, 90, 182, 353, 434
Sozialversicherungsbeiträge 31, 158 ff., 172, 191, 325, 413, 478, 485, 495, 532, 535, 536, 550
Spätaussiedler 225, 255
Sperrzeit 27, 29, 34, 37, 64, 79, 140, 207, **261 ff.**, 335, 399, 403, 522, 568
– Beginn 291
– bei Abbruch einer zumutbaren Bildungsmaßnahme 119, 286
– bei Abbruch einer zumutbaren Trainings-/Eignungsfeststellungsmaßnahme 69, 119, 286
– bei Ablehnung einer zumutbaren Bildungsmaßnahme 119, 152, 284, 537
– bei Ablehnung einer zumutbaren Trainings-/Eignungs-

feststellungsmaßnahme 69, 119, 149, 152, 284
– bei Ablehnung eines zumutbaren Arbeitsangebots 39, 119, 278 ff., 537, 562 f.
– bei Arbeitsplatzverlust 119, 264, 269, 536, 558, 562
– bei Torpedierung einer zumutbaren Arbeitsstelle 119, 278 ff.
– bei unzureichenden Eigenbemühungen 119, 126, 283
– Beweislast 289 ff.
– Dauer 291 ff.
– Erlöschen des Leistungsanspruchs 116, 209, 263, 297, 537
– gegenüber Arbeitsuchenden 151 f., 153, 278 ff.
– Minderung der Anspruchsdauer 207, 296 ff., 329
– nach Meldeversäumnis 287 ff.
– und Krankheit 536, 542, 545
– und Ruhen 296, 329, 536
– Verkürzung 292 ff., 558
– wichtiger Grund 275 ff., 282, 285, 286, 288, 300 ff.
Sprachkurse 95, 256, 257 ff., 378, 379, 505
Steuer(erklärung) 172, 183, 190, 192, 325, 330, 347, 355, 370, 485, 487, 495
Steuerklasse 175, 190, 343
Steuerklassenwahl/-wechsel 30, 175 ff., 186
Strafverfahren 31, 260, 578
Studierende 87, 116, 192, 223, 229, 393, 396

T

Tagespendelbereich 81, 141
Tariflohn 72, 146, 302, 310, 437, 466, 478, 495, 563
Teilarbeitslosengeld 114, 163, 197, 202, 203, 276
– Dauer 206
– Erlöschen 209
– Vorraussetzungen 79, 105

Teilnehmerbeurteilung 56, 70, 462
Teilzeitbeschäftigung 81, 141, 148, 163 f., 168, 169, 276, 396, 414, 438, 461, 477
Touristen 220
Trainingsmaßnahmen 62, 62 ff., 85, 95, 149, 310, 472, 505
Transfergesellschaft 336 ff., 338
Transfer-Kug s. Kurzarbeitergeld (Kug) 29
Transfermaßnahme 471 ff.

U

Überbrückungsgeld 484, 488, 492, 497, 573
Übergangsbeihilfe 61
Übergangsgeld (Übg) 108, 110, 163, 422, **427 ff.**
– Anschluss-Übg 434, 438
– Berechnungsgrundlage 436
– Höhe 435
– Voraussetzungen 427
– Vorbeschäftigungszeit 427
– Zwischen-Übg 432, 438
Übergangshilfe 378
Überleitung 526
Umschulung
s. berufliche Weiterbildung
Umzug 14, 83, 143, 310
Umzugskosten 61, 160, 383
Umzugskostenbeihilfe 143
Unfallversicherung(sschutz) 68, 419, 492, 546, 551
unständig Beschäftigte 114
Untätigkeitsklage 570
Unterhaltsansprüche/-pflicht
– Abzweigung 518
– bei BAB 374
– Pfändung 516, 518
– zumutbare Arbeit 126
Unterhaltsgeld (Uhg) 76 f.
– ESF-Uhg 68, 411, 412, 430, 505, 534, 535
Unterkunftskosten 60, 69, 368, 369, 372, 403, 441
Urlaub 65, 95, 270, 352, 467
Urlaubsabgeltung 116, 160, 327, 330, 352, 356, 363, 538, 551

Urlaubsentgelt 356
Urlaubsgeld 352, 355, 357

V

Veränderungsmitteilung 14, 28
Verdienstausfall 71, 442, 575
Verfügbarkeit 36, 63 f., **80 ff.**, 208, 399, 431, 540
Vergabemaßnahme 458, 463
Vergleich 274, 302
»Verjährungs«-Fristen 31, 109, 117, 209, 352, 360, 465, 485, 490
verminderte Erwerbsfähigkeit 23, 38, 112, 116, 327
Vermittlungsgutschein 44 f.
Vermittlungsvergütung 44, 48
Vermögen
– Anrechnung bei Beratungshilfe 578
– Anrechnung bei Prozesskostenhilfe 577
vermögenswirksame Leistungen 360
Verpflegungskosten 60, 69, 368, 369, 441
Versicherungsfreiheit 114, 116, 533, 536, 537
Versicherungspflicht 16, 73, 79, 110, 114, 116, 158 ff., 163, 427, 456, 466, 491, 493, 532, 534, 535, 536, 537, 545, 547, 550
Verwaltungsausschuss 463, 470
Verzinsung 513
Vorbeschäftigungszeit
– für Übg 427
vorläufige Entscheidung 188, 354, 523, 559
vorläufige Zahlungseinstellung 528
Vorschuss 354, 569

W

Wehrpflichtige 106, 110, 156, 202, 203 f., 396
Weiterbildung, Weiterbildungskosten s. berufliche Weiterbildung

Werbungskosten 131, 156, 183, 191, 193, 194, 371
Widerspruch 260, 527, **553 ff.**
– Begründung 554
– Erfolgsaussicht 580
– Formalien 554
– Frist 553, 565
– Muster 554, 556, 558
– Verfahren 559, 566
Wiedereinsetzung in den vorigen Stand 565
Wochenendpendeln 142
Wohngeld 25 f., 42

X

x-beliebige Arbeit
s. Zumutbarkeit

Y

York, arbeiten z.B. in s. E 303

Z

Zahlungsweise 512
Zahlungszeitraum 465, 512, 543
Zivildienst Leistende 106, 110, 156, 202, 203 f., 396
Zumutbarkeit 80, **118 ff.**, 304, 311, 312, 434
– Arbeit 127, 128, 132, 151, 153, 281, 540, 562 f.
– berufliche Weiterbildung 148
– Beschäftigungssuche 119, 120 ff., 153
– Entgelt 36, **131 ff.**, 145 ff., 149, 151, 152, 259
– Fahrzeit 148, 149
– gegenüber Arbeitsuchenden 151 f.
– Leiharbeit 144 ff.
– sonstige Arbeitsbedingungen 281
– Trainingsmaßnahmen 149
Zuschlag nach Alg-Vorbezug 25 f.
zuständige AA 14, 393, 474
Zwischenbeschäftigung 161, 204
Zwischenübergangsgeld
s. Übergangsgeld (Übg)

X VERZEICHNIS DER TABELLEN UND SCHAUBILDER

Schaubild
Einschalten des ärztlichen/
psychologischen Dienstes **37**

Schaubild
Rechtmäßigkeit von Teilnehmerbeurteilungen **57**

Schaubild
Art und Dauer der Trainings-
maßnahmen / Maßnahmen der
Eignungsfeststellung **63**

Schaubild
Summieren von Anwartschaftszeiten **113**

Tabelle
Leiharbeiter-Stundenlöhne 2005 und 2006
nach dem BZA-DGB-Tarifvertrag **146**

Schaubild
Qualifikationspauschalen **168**

Schaubild
Lohnminderung vor Alg-Bezug **169**

Maske
BA-Programm Selbstberechnung Alg **174**

Tabelle I
Steuerklassenwahl bei Ehegatten –
Bei Rentenversicherungs**pflicht** des höher
verdienenden Ehegatten (2005) **178**

Tabelle II
Steuerklassenwahl bei Ehegatten –
Bei Rentenversicherungs**freiheit** des höher
verdienenden Ehegatten (2005) **179**

Tabelle
Noch geltende Alg-Anspruchsdauer **202**

Tabelle
Zukünftige Alg-Anspruchsdauer **203**

Schaubilder
Kündigungsfristen **318**

Tabelle
Anrechenbarer Teil der
Entlassungsentschädigung **320**

Schaubild
Unterschiede »Verbleibe-Kug« –
»Vertreibe-Kug« **336**

Tabelle
Rechnerische Leistungssätze nach
den pauschalierten monatlichen
Nettoentgelten (Auszug) **344**

Schaubild
Bedarf bei Azubi-BAB **368**

Schaubild
Bedarf bei berufsvorbereitender
Bildungsmaßnahme **369**

Schaubild
Zuschüsse für Transfermaßnahme
(Überblick) **471**

Schaubild
Vergleich Überbrückungsgeld –
Existenzgründungszuschuss **493**

Tabelle
Pfändungsgrenzen für
Arbeitseinkommen **514**

Schaubild
Einkommensfreibeträge bei
Prozesskostenhilfe **576**

Y   PRESSESTIMMEN

- »Er ist sowas wie ein Klassiker für Arbeitslose.« (Stuttgarter Zeitung)

- »Das Buch mit dem markanten gelben Umschlag, der ›Leitfaden für Arbeitslose‹, hat sich zum Standardwerk für alle entwickelt, die sich praxisnah mit dem Thema Arbeitslosigkeit beschäftigen.« (Westdeutsche Allgemeine Zeitung)

- »Der Leitfaden bleibt der verlässliche und wohl preisgünstigste Rechtsratgeber für die Praxis.« (Arbeit und Recht – Zeitschrift für Arbeitsrechtspraxis)

- »Der mit Abstand beste Rechtsratgeber für Arbeitslose in Buchform.« (Berliner Arbeitslosenzentrum)

- »Der Leitfaden ist mehr, als der recht bescheidene Titel andeutet. Er hat sich an Hochschulen, insbesondere an Fachhochschulen zum Standardwerk über den Leistungsbezug bei Arbeitslosigkeit entwickelt. Gerne greifen auch Anwälte und Arbeitslosenzentren auf diese zuverlässige und engagierte Rechtshilfe zurück. (…)
Der Leitfaden für Arbeitslose ist für Hochschule und Praxis ein wichtiges Handbuch, das an Aktualität und Praxisnähe kaum zu überbieten ist.« (www.socialnet.de)

- »Der ›Gelbe Ratgeber‹ aus dem Fachhochschulverlag gehört zu den wenigen wichtigen Handbüchern, die sich Betroffene und Berater von Betroffenen unbedingt zulegen sollten. Damit gerüstet ist man gegenüber den oft weniger gut unterrichteten Beratern der Arbeitsverwaltung bestens über seine Rechte und tatsächliche Pflichten informiert. Nach wie vor uneingeschränkte Empfehlung.« (Arbeitsmarkt, Umweltschutz und Naturwissenschaften)

- »Herauszuheben ist: Das Buch ist konsequent aus der Perspektive arbeitslos gewordener Menschen verfasst. Deshalb ist es auch in der Lage, die besonderen Bedürfnisse Arbeitsloser zu erkennen, zu wissen, welche Fragen in dieser Situation auftauchen und wie – gescheite und nicht wohlfeile – Antworten aussehen können und müssen.« (Crash Bücher-Report)

- »Es hat knapp 600 Seiten, überwiegend gelb gestaltete Buchdeckel und ist so informativ wie das dicke gelbe Telefonbuch der Deutschen Post.« (Mitteldeutsche Zeitung)

- Der Band besticht nicht nur durch seine Übersichtlichkeit und allgemein verständliche Sprache, sondern auch durch seinen niedrigen Preis. Das macht ihn zu einem unverzichtbaren Ratgeber für alle Profis und Laien in Fragen des Arbeitslosenrechts.« (KKV)

- »Eine in jedem Fall lohnende Investition.« (metall, Magazin der IG Metall)

WEITERE BÜCHER DES FACHHOCHSCHULVERLAGS ZUM THEMA ARBEITSLOSENRECHT/ARBEITSLOSIGKEIT

Neuerscheinung

Arbeitslosenprojekt TuWas
Leitfaden zum Arbeitslosengeld II
Der Rechtsratgeber zum SGB II

Das »Vierte Gesetz für moderne Dienstleistungen am Arbeitsmarkt« hat die Arbeitslosenhilfe mit der Hilfe zum Lebensunterhalt für erwerbsfähige Sozialhilfebezieher zum neuen Arbeitslosengeld II verschmolzen und in einem neuen »SGB II – Grundsicherung für Arbeitsuchende« geregelt.

Diese Neuregelung stellt das Arbeitslosenprojekt TuWas in einem eigenen »Leitfaden zum Arbeitslosengeld II« dar.

Berücksichtigt sind
- das »Kommunale Optionsgesetz«
- das »Vierte Gesetz zur Änderung des SGB III und anderer Gesetze«,
- alle Verordnung zum SGB III

Band 4, ca. 300 Seiten, 2-farbig
**1. Auflage
Stand 1.1.2005, 9,– €**

Neuauflage

Arbeitslosenprojekt TuWas (Hrsg.)
Arbeitslosenrecht
Die Gesetzessammlung für Arbeitslose, ihre Berater und Beraterinnen

Die Gesetzessammlung enthält u. a.:
- SGB III (Arbeitsförderung)
- SGB II (Grundsicherung für Arbeitsuchende)
- Verordnungen zum SGB II, zum SGB III und zum Aufenthaltsgesetz, u. a.
  – Arbeitslosengeld II-VO
  – Kommunalträger-ZulassungsVO
  – Einigungsstellen-VerfahrensVO
  – MindestanforderungsVO
  – EingliederungsmittelVO
  – Anerkennungs- und ZulassungsVO-Weiterbildung
  – VO über die ehrenamtliche Betätigung von Arbeitslosen
  – BeschäftigungsverfahrensVO
  – BeschäftigungsVO
- Erreichbarkeits-Anordnung
- Anordnung zur Unterstützung der Beratung und Vermittlung
- Richtlinie Sonderprogramm Einstiegsqualifizierung Jugendlicher (EQJ Ri)
- Die wichtigsten EG-Verordnungen
- ESF-Richtlinien vom 22.12.2004

Band 40, ca. 574 Seiten
**10. aktualisierte Auflage
Stand 1.1.2005, 15,– €**

Neuauflage Arbeitslosenprojekt TuWas (Hrsg.)
Durchblick für Arbeitslose
100 Schaubilder zum SGB III

10. überarbeitete Auflage
Stand 1.1.2005

Buchausgabe
Band 36.1, 100 Schaubilder, DIN A5
8,50 €

Foliensatz
Band 36.0, 100 Overhead-Folien
im Ringordner, DIN A4
97,– €

Neuauflage Arbeitslosenprojekt TuWas (Hrsg.)
Ausblick für Arbeitslose
83 Schaubilder zum SGB II

3. erweiterte Auflage
Stand 1.1.2005

Buchausgabe
Band 7.1, 83 Schaubilder, DIN A5
7,50 €

Foliensatz
Band 7.0, 83 Overhead-Folien
im Ringordner, DIN A4
75,– €

Rainer Roth
Sozialhilfemissbrauch
Wer missbraucht eigentlich wen?

Band 9, 103 Seiten
2004, 5,80 €

Klartext e. V. (Hrsg.)
Sind Arbeitslose faul?
Was ist dran an den Vorwürfen?

Band 2, 48 Seiten
2004, 3,– €